Geschichte

der

Völkerwanderung

von

Hans Prutz

Mit authentischer Illustration,
777 Abbildungen im Text und auf 32 Tafeln
und 9 Karten

Das beeindruckende Standardwerk

Die Geschichte der Völkerwanderung
von Hans Prutz

erscheint im Rahmen ausgewählter Literatur
als exklusive Reprint-Ausgabe in der
Historischen Bibliothek des Melchior Verlages.

Die Historische Bibliothek enthält wichtige
sowie interessante Bücher zur deutschen Geschichte
und lässt anhand dieser eindrucksvollen Zeitzeugen
bedeutende Ereignisse, Begebenheiten und Personen
aus längst vergangener Zeit wieder lebendig erscheinen.

Nachdruck der Originalausgabe von 1920
nach einem Exemplar aus Privatbesitz.

M
Reprint

Wolfenbüttel
www.melchior-verlag.de

ISBN: 978-3-939791-50-8

Inhaltsverzeichnis

Einleitung

Erstes Buch

Zweites Buch

Drittes Buch

Einleitung.

Medaillon von Theoderich d. Gr., König der Ostgoten. (S. 314.)
Gold. Gewicht 15,32 Gramm. Originalgröße.

Auf der Vorderseite des Königs Brustbild (charakteristisch: das lange Haar); über dem Schuppenpanzer der Mantel; die rechte Hand vor die Brust erhoben, in der linken eine kleine auf einer Kugel stehende Siegesgöttin; Umschrift: REX THEODERICVS PIVS PRINCIS (ceps). Auf der Rückseite eine Siegesgöttin mit Kranz und Palme in den Händen; Umschrift: REX THEODERICVS VICTOR GENTIUM (Besieger der Völker), im Abschnitt COMOB. (Gewindereste auf der Rückseite deuten auf ehemalige Verwendung als Gewandschmuck.) Berlin, Königl. Münzkabinett.

Grundzüge
der weltgeschichtlichen Entwickelung
vom Beginn des vierten bis zur Mitte des achten Jahrhunderts.

So wenig wie die Natur kennt die Geschichte eine Lücke oder gar einen Sprung: ein ursachloses Vergehen findet in ihr ebensowenig statt wie ein unvorbereitetes, gleichsam aus dem Nichts geborenes Entstehen. Vielmehr beruht das Wesen alles geschichtlichen Lebens in der Entwickelung: ganz allmählich und nicht selten für die menschliche Beobachtung zunächst überhaupt unerkennbar wächst das in der Stille werdende oder gewordene Neue aus dem schwindenden Alten hervor, das zuweilen selbst im Zustande scheinbar höchster Blüte bereits wieder in der Auflösung und im Absterben begriffen ist. Aber während das, was wir im Leben der Natur als Entwickelung zu bezeichnen pflegen, unter dem Zwange des diese beherrschenden Gesetzes im allgemeinen nichts anderes darstellt als einen sich immer wiederholenden, immer von neuem durchmessenen Kreislauf, der in einer bestimmten, stets wieder von vorn beginnenden Reihenfolge immer die gleichen Erscheinungen oder Formen auseinander hervorgehen läßt, wurzelt die geschichtliche Entwickelung in der Freiheit des menschlichen Handelns, mag diese auch auf der einen Seite beschränkt sein durch die Unterordnung des Menschen unter gewisse, sein natürliches Dasein beherrschende Gesetze, auf der anderen in ihrer Bethätigung bedingt werden durch die Gesamtheit des bisher Geschehenen und die daraus entsprungenen Verhältnisse und Zustände. Daher steht die Kette von Ursache und Wirkung, welche die geschichtliche Entwickelung innerlich zusammenhält, nur in betreff gewisser, für das natürliche menschliche Dasein unentbehrlicher Voraussetzungen unter dem Bann des unwandelbaren Naturgesetzes: ihrem Wesen nach vollzieht sie sich in dem höheren Gebiete des geistigen und sittlichen Lebens. Im Gegensatz zu der immer neue Kreisläufe erzeugenden Entwickelung in der Natur fördert infolgedessen die geschichtliche Entwickelung selbst bei sehr ähnlichen oder annähernd gleichen Ursachen in unberechenbarer Mannigfaltigkeit eine unerschöpfliche Fülle wechselnder Erscheinungen zu Tage. Das bringt es mit sich, daß ihr gegenüber der beschränkte Blick des Mitlebenden oder des zunächst danach Lebenden die ununterbrochene Kette von Ursache und Wirkung, die sich darin bethätigt, immer nur auf kurz gemessene Strecken deutlich zu übersehen vermag.

Gesamtrichtung und Gesamtgestaltung eines viel verzweigten, innerlich zerklüfteten Gebirges treten in bestimmten scharfen Linien und übersichtlich gegliedert erst demjenigen entgegen, der es aus größerer Entfernung mit einem Blicke zu umfassen vermag. So werden auch die Richtungen, welche die Entwickelung von Menschenaltern und von Jahrhunderten beherrschen und bestimmen, indem sie Ereignisse, die, dann oft mit scheinbar unvermittelter Plötzlichkeit hereinbrechend, tief greifende Umwälzungen herbeiführen und zu Marksteinen zwischen ganzen Weltaltern werden, unmerklich vorbereiten und allmählich zur Reife gelangen lassen, als solche in ihrer Einheit recht erkennbar meistens erst für die lange danach lebenden Generationen. Dem Zeitgenossen entgehen sie unter dem verwirrenden Eindruck der auf ihn einstürmenden Fülle der Ereignisse: erst bei der Betrachtung aus weiterer Ferne schiebt sich deren Masse perspektivisch zu geschlossenen Gruppen zusammen, welche die wechselnden Richtungen und das Auf- und Absteigen des von der geschichtlichen Entwickelung durchmessenen Weges in seiner Gesamtheit übersehen lassen.

Streng genommen ist daher eigentlich jede Abgrenzung bestimmter geschichtlicher Perioden unberechtigt und steht in einem gewissen Widerspruch mit der unlösbaren Kontinuität der historischen Entwickelung. Aber andererseits sind Gliederungen der sonst kaum übersehbaren Vergangenheit unentbehrlich für das historische Verständnis und daher als berechtigt anzuerkennen. Nur muß man dabei alle Zeit des Einen eingedenk bleiben, daß es sich handelt um die Setzung nicht wirklicher, sondern gleichsam nur ideeller Grenzsteine, bestimmt zur Bezeichnung des Höhepunktes, des Wendepunktes oder der auch äußerlich zu Tage tretenden Krisis in einer Entwickelung, die längst im Gange war und die auch damit noch nicht zum Abschluß gekommen ist, sondern weitergeht in der Richtung auf ein Ziel, das vielleicht nun erst deutlicher zu Tage getreten oder sogar klar erkennbar geworden ist.

Wenn es daher seit den Zeiten des Hallenser Geschichtsprofessors Christoph Cellarius (gestorben 1707), ungeachtet des heftigen Widerspruchs, der von seiten der Theologen erhoben wurde, allgemein üblich geworden ist, das Ganze der Weltgeschichte nicht mehr nach den vier biblischen Monarchien einzuteilen, sondern nach den drei großen Perioden des Altertums, des Mittelalters und der neueren Zeit und dabei die Grenze zwischen Altertum und Mittelalter durch den Untergang des längst in Auflösung begriffenen römischen Reiches bezeichnen zu lassen, so leuchtet die Anfechtbarkeit gerade dieser Festsetzung schon bei oberflächlicher Betrachtung ein. Wenn sie dennoch beibehalten wird, so muß doch auf das Konventionelle und die bloß relative Gültigkeit derselben besonders nachdrücklich hingewiesen werden. Denn, weit davon entfernt, einen Einschnitt zu bezeichnen, der ihrem Wesen und Inhalt nach verschiedene Perioden der Entwickelung scharf voneinander trennte, stellt der Untergang des weströmischen Reiches vielmehr nur einen einzelnen Moment dar in einer Entwickelung, die bereits Jahrhunderte im Gange war und noch Jahrhunderte weiterging, und zwar einen Moment, der mehr äußerlich auffallend ist als innerlich charakteristisch für das Wesen des großen historischen Prozesses, in dessen Verlauf er gehört. Viel allmählicher und unmerklicher, als die landläufige Periodisierung vermuten läßt, hat sich der Übergang vom Altertum zum Mittelalter vollzogen, und einen Zeitraum von einem halben Jahrtausend können füglich beide gleichmäßig in Anspruch nehmen. Vielleicht tritt das Wesen der geschichtlichen Entwickelung kaum noch anderswo so charakteristisch zu Tage wie hier und läßt so deutlich erkennen, wie das allmähliche Absterben eines in Auflösung begriffenen Weltalters sich bis zur Unentwirrbarkeit vermischt und durchsetzt mit dem unvermerkten ersten Aufkeimen eines sich in weiter Ferne dämmernd erhebenden neuen, das jenes auf- und abzulösen und die von ihm gezeitigte Kultur zu überwinden und durch eine neue und höhere zu ersetzen berufen ist. Wie in der Natur geht auch in der Geschichte vielfach aus dem Tode neues, wenn zunächst auch nicht immer vollkommeneres Leben hervor.

Die Teilung des römischen Weltreiches, wie Theodosius der Große sie 395 unter seine Söhne Arcadius und Honorius vollzog, hat weder einen neuen staatsbildenden oder auch nur staatsordnenden Gedanken zuerst verwirklicht, noch aus der ihr zu Grunde liegenden praktischen Tendenz alle die Konsequenzen gezogen, die berechtigt und wünschenswert gewesen wären.

Denn daß selbst die genialste Herrschernatur, in der sich die außerordentlichsten staatsmännischen Fähigkeiten mit der größten militärischen Begabung vereinigt hätten, außer stande war, der ungeheuren Last dieses Imperiums und der an ihren Träger gestellten, sich dauernd vervielfältigenden und immer gewaltsamer andringenden Anforderungen gerecht zu werden, das hatte die Geschichte des römischen Reiches im Laufe des letzten Jahrhunderts zur Genüge gezeigt. Bereits die eigentümliche Organisation, welche Diokletian, praktische und ideelle Gesichtspunkte in origineller, aber doch nicht lebensfähiger Weise miteinander verbindend, dem Weltreiche gegeben hatte, war aus der Erkenntnis entsprungen, daß es unmöglich sei, die Einheit zwischen Teilen aufrecht zu erhalten, die so ungleichartig waren, daß sie eigentlich mit einer gewissen Naturnotwendigkeit auseinander streben mußten. Die fortschreitende Lockerung des militärischen und politischen Verbandes ließ den Gegensatz zwischen der römischen Kultur des Westens und der hellenistisch-orientalischen des Ostens, der in der Entwickelung von Jahrhunderten begründet lag, um so mächtiger wirken, als er bald noch verschärft wurde durch den Einfluß, den nach dem Erliegen des Heidentums die leidenschaftlichen Parteiungen innerhalb der christlichen Kirche auf alle Verhältnisse des Staates sowohl wie auf die gesellschaftlichen und geistigen Zustände gewannen. Unter diesen Umständen begründeten die militärischen und die administrativen Aufgaben, die jede der beiden Reichshälften von dem Standpunkte ihrer eigenen Wohlfahrt aus, der für sie zunächst maßgebend war, zu lösen hatte, zwischen ihnen gerade in sehr entscheidenden Momenten einen Gegensatz der Interessen, der dazu führte, daß die Gemeinschaft, die in anderen, nicht minder wichtigen Fragen nach wie vor zwischen ihnen obwaltete, wenn nicht ganz vergessen, so doch thatsächlich mißachtet wurde, daß sie einander vielfach Schaden thaten und sich schließlich in offener Feindschaft begegneten.

Dennoch lebte der große Gedanke der Einheit des Römerreiches im Osten sowohl wie im Westen fort, und auch die folgenden Generationen sahen in der Sonderung der beiden Hälften mehr ein Zugeständnis, das aus praktischen Gründen an die Bedrängnisse der harten Zeit gemacht war, als daß sie sich in die Vorstellung von einem endgültigen Auseinandergehen ihrer Wege hineingelebt hätten. Am entschiedensten behauptete sich diese Anschauung begreiflicherweise an den Höfen zu Rom und Konstantinopel. Unbelehrt durch das schnelle Anwachsen der Gefährdung von außen und der Verwirrung im Inneren, hielt man sich hier wie dort für berechtigt und für berufen, auch den anderen Teil wieder unter seine Herrschaft zu bringen und den Glanz des alten, die Welt einheitlich beherrschenden Imperiums in verjüngter Herrlichkeit zu erneuern. Dieser Anspruch und das Bemühen, ihn trotz der unaufhaltsam fortschreitenden Auflösung zur Anerkennung zu bringen, wurde die Quelle einer verhängnisvollen Nebenbuhlerschaft, in der beide Reiche verblendet den Weg in ihr Inneres Gegnern bahnten, die gemeinschaftlich abzuwehren sie alles, was sie trennen konnte, hätten niederhalten und zurückdrängen müssen. In den Spalt, der — ganz wörtlich und räumlich genommen — sich infolgedessen bereits wenige Jahre nach Theodosius' Tod zwischen beiden aufthat, haben die Germanen, die in weitem Bogen beutelustig rings um das Reich lauerten, mit ebensoviel militärischem wie politischem Scharfblick den Keil getrieben, dessen wiederholte Stöße den morschen Bau beider Staaten auf das schwerste erschüttern und dann nach jahrzehntelangem Todeskampf den ruhmlosen Zusammenbruch des Westreiches herbeiführen sollten.

Mit der sich so vollendenden Ausbreitung der Germanen über die seit Menschenaltern von ihnen bedrängten Provinzen des weströmischen Reiches, von denen sie sich zunächst der im Norden der Alpen gelegenen bemächtigten, um dann in gewaltigem Ansturm die Mittelmeerländer hinüber bis zur Nordküste Afrikas einzunehmen, während sie mit der Gründung des angelsächsischen Reiches in Britannien einen äußersten Vorposten nach dem fernen Nordwesten und in den Atlantischen Ocean vorschoben, nahm eine völlige Neugestaltung der politischen Verhältnisse des Abendlandes ihren Anfang: die eigentlich führende, ja geradezu die herrschende Stellung war dabei für beinahe ein Jahrtausend den Germanen beschieden. Das bleibende Ergebnis aber, das jene gewaltig bewegte Zeit, die man nach ihrem augenfälligsten äußeren Merkmal, aber doch eigentlich ihrem Wesen wenig entsprechend, als die der Völkerwanderung zu bezeichnen sich gewöhnt hat, aus dem jähen Wechsel von Sieg und Niederlage, von Staatengründung und Staatenzerstörung, von schnellem Erblühen und noch schnellerem Hinwelken zu Tage gefördert hat, war zunächst weniger ein politisches als vielmehr ein allgemein kulturhistorisches: denn sie brachte nicht gleich lebensfähige Staaten hervor, sondern bereitete nur durch ein gewaltiges Roden und Umpflügen, Bestellen und Wiederbrachliegenlassen gleichsam den Boden, aus dem erst späterhin zur Dauer und zu großartiger Entwickelung berufene staatliche Neubildungen erwachsen sollten.

Zur Dauer nämlich konnten von solchen nur diejenigen berufen sein, in denen einmal der Gegensatz überwunden war zwischen dem Germanentum, das, jugendkräftig unbändig, noch halb in der Barbarei wurzelte, und dem Römertum, welches, obgleich absterbend, doch alle die Keime in sich bewahrte, die aus der gesamten voraufgegangenen Kulturentwickelung noch lebendig geblieben waren, ferner aber auch der Gegensatz seine Begleichung gefunden hatte, welcher, innerhalb der christlichen Kirche entstanden, durch den Kampf zwischen Orthodoxie und Arianismus jenen ersten erneute und verschärfte und eine Zeit lang unausgleichbar zu machen drohte. Ein bloß äußerliches Nebeneinander von Römern und Germanen, von Orthodoxen und Arianern konnte niemals eine zuverlässige Grundlage abgeben für die politische, kirchliche und gesellschaftliche Ordnung in den auf den Trümmern des römischen Reiches entstandenen Staaten. An diesem Widerspruch gingen die Bastardstaaten zu Grunde, welche Burgunder, Westgoten und Vandalen errichteten, während in dem Ostgotenreich des großen Theoderich, den die Sage zum Urbild germanischen Helden- und Herrschertums verklärte, nicht einmal der Versuch zur Gewinnung einer engeren Lebensgemeinschaft zwischen Römern und Germanen gemacht wurde, so daß es an dem nationalen und an dem religiösen Gegensatz, der es zerriß, dahinsiechte und selbst durch den unvergleichlichen Opfermut eines Heldenvolkes nicht gerettet werden konnte. Erst indem sie ihre nationale Sonderexistenz aufgaben und sich der überlegenen Kultur des Römertums beugten, haben diese Völker den Grundstock für die Entstehung der romanischen Nationen abgegeben, in denen der nationale und religiöse Gegensatz zwischen Römern und Germanen überwunden und beide Elemente zu einer neuen lebensfähigen Einheit verschmolzen wurden.

Mehr noch als den Langobarden und Angelsachsen, die, auch von der heimischen Erde gelöst, die national germanische Grundlage ihres Staatswesens zunächst noch lange festhielten, ist es endlich den Franken, welche sich auch bei der raschen Erweiterung ihres Reiches niemals ganz von dem alten Boden lösten, gelungen, in den durch die Stürme der Völkerwanderung gleichsam umgepflügten Boden nicht bloß festgefügte und tragkräftige, sondern auch erweiterungsfähige Fundamente einzusenken und darauf einen Bau zu errichten, welcher den nur allmählich ablaufenden Wogen der stürmischen Völkerbewegung zu widerstehen stark genug war. Und indem seine einzelnen Teile sich allmählich zusammenschlossen, erneuten sie die Einheit, welche die abendländischen Völker seit der Auflösung des römischen Reiches eingebüßt hatten, aber doch zu ihrem Gedeihen im Inneren so wenig wie zu erfolgreicher Sicherung nach außen entbehren konnten. So macht sich in der Entwickelung des Westens statt des Zersetzungsprozesses, der sie seit den Zeiten Theodosius' des Großen beherrscht hatte, hinfort immer stärker die Richtung auf einheitliche Zusammenfassung geltend, die endlich in der Entstehung eines neuen, im Boden des Christentums wurzelnden romanisch-germanischen Weltreiches ihren Abschluß findet.

Aber die zusammenfassende, einigende Kraft, die sich darin bethätigt, ist weniger politischer oder überhaupt staatlicher als vielmehr geistiger und sittlicher Natur und kommt vornehmlich in der Form des kirchlichen Lebens zur Erscheinung; ihrem nationalen Charakter nach ist sie nicht germanisch, sondern römisch. Denn auch nach der Zertrümmerung des römischen Reiches, durch die es seinen staatlichen Mittelpunkt verloren und wie früher seine militärische, so nun auch seine politische Bedeutung eingebüßt hatte, war das Römertum doch eine geistige Macht geblieben. Durch die neue, auf ein geistiges römisches Imperium gerichtete Organisation, die ihm die Kirche gab, wurde es nicht bloß gleichsam verjüngt, sondern stieg auch dem erst allmählich zur Entfaltung kommenden Germanentum gegenüber zu dem Range einer sittlichen Kulturmacht empor, welche jenes erzog und veredelte. Damit erhielt die Idee eines Weltreiches, die in ihm fortlebte, einen neuen Inhalt und auch für die Folgezeit eine ungeheuere praktische Bedeutung. Denn sie verquickte sich mit der Vorstellung von dem Beruf zur Eroberung der Welt, von der das Christentum bereits in den Zeiten härtester

Verfolgung erfüllt gewesen war und die sein bisheriger Siegeslauf so überwältigend als berechtigt erwiesen hatte. Dieser Verbindung entsprang der große Gedanke einer die romanischen und germanischen Völker umfassenden Einheit, und er verdichtete sich schließlich im Höhestande seiner Geltung zu dem zugleich kirchlichen und politischen Ideal eines in der Gemeinschaft des rechten Glaubens wurzelnden Gottesreiches auf Erden. Darin, daß es den ersten erfolgreichen Versuch zu dessen Verwirklichung gemacht hat, liegt die weltgeschichtliche Bedeutung des karolingischen Hauses und des von ihm zur Vormacht des Abendlandes erhobenen fränkischen Reiches.

Dem Altertum mit seiner Fülle von nationalen und lokalen Gottheiten und seiner im Fortgang der Zeit immer phantastischer ausschweifenden Neigung zu bunter Mischung der heterogensten Kulte war der Gedanke einer religiösen Einheit ebenso fremd geblieben, wie es von dem eines allumfassenden staatlichen Verbandes, wie ihn das römische Reich verwirklicht hatte, alle Zeit befangen geblieben ist. Dagegen gewann derselbe im Westen an Geltung und Einfluß, seit die auch dort in der Idee noch lange Zeit festgehaltene Verbindung mit dem Ostreiche, das in einer Vermischung hellenistischer und orientalischer Kultur wurzelte, mehr und mehr gelockert und endlich ganz gelöst wurde. Seine Bedeutung stieg noch höher, seit dann gar an ihrer Stelle durch das Zusammenwirken zumeist kirchlicher, weiterhin aber auch politischer und nationaler Momente zwischen den ehemals verbundenen Teilen eine ausgesprochene Gegnerschaft entstand. Denn um so fester schloß sich nun, entsprechend der größeren Gleichartigkeit seiner Bestandteile, der Westen zusammen. Das aber war in der Hauptsache das Werk der Kirche: in ihr zu einem geistigen Weltreich organisiert, dessen Ausdehnungsfähigkeit keine Grenzen zu haben schien, gewann das Römertum, das auf den Schlachtfeldern und im Wettbewerb der Staaten unterlegen war, vermöge des Papsttums geistig und sittlich die Herrschaft über seine Besieger zurück.

So wurde die Verbindung des Frankenreichs, das zur Vorherrschaft unter den Germanen und Romanen aufgestiegen war, mit dem Papsttum, das an die Spitze der abendländischen Kirche erhoben war, das weltgeschichtliche Moment, unter dessen Einfluß die nahezu ein Jahrtausend umfassende kampferfüllte Übergangszeit vom Altertum zu dem eigentlichen Mittelalter endlich ihrem Abschluß entgegenreifte. Vermittelt hat diese Verbindung, wider seinen Willen freilich und zu seinem eigenen Verderben, das Rom und die Kirche bedrohende Langobardenreich, während dem Volke der Angelsachsen insofern eine besonders bedeutende Rolle dabei zufiel, als es seine im Germanentum wurzelnde Kirche war, die, als eine der ersten für das römische Bistum gewonnen, die fränkische Vorherrschaft mit den Waffen des Geistes begründen half, indem sie die germanischen Stämme, die noch an dem alten heidnischen Volksglauben festhielten, dem Christentum zuführte und damit den allumfassenden Bau eines christlichen und romanisch-germanischen Reiches im Abendlande erst ermöglichte und zugleich vollendete.

Nun werden Bestrebungen, welche die Zusammenfassung und Einigung aufeinander angewiesener Kräfte herbeiführen wollen, zu allen Zeiten besonders wirksam gefördert und zu erfolgreicherer Thätigkeit gesteigert durch den Widerstand, der sich ihnen entgegensetzt, und die Gefahren, welche ihre Träger bedrohen. So ist denn auch die zugleich kirchliche und staatliche Einigung der germanischen und romanischen Völker beschleunigt und gefestigt worden durch den Gegensatz, in den sie nach zwei Seiten hin zu treten genötigt waren, und durch die Gefahren, die ihnen von dorther drohten. Auf der einen Seite galt es den Andrang der Slawen abzuwehren, welche, in das von den Germanen verlassene osteuropäische Tiefland eingerückt, ungeduldig westwärts strebten. In ihrer Bekämpfung, Christianisierung und zum Teil auch Germanisierung hatten die Germanen nicht bloß um der eigenen Sicherheit willen eine ähnlich große und folgewichtige Kulturaufgabe zu lösen, wie sie unter anderen Verhältnissen und in anderen Formen, im ganzen aber doch in entsprechender Weise die Römer und ihre romanisierten Unterthanen einst an ihnen selbst gelöst hatten. Bereits zu Ende dieser Übergangszeit nimmt das Germanentum, aus dem sich das deutsche Volk erst zu sammeln beginnt, die große kulturgeschichtliche Mission in Angriff, die während der folgenden Jahrhunderte den vornehmsten und folgenreichsten Teil seiner gesamten Lebensarbeit bilden sollte.

Und währenddessen vollzog sich in der östlichen Hälfte des einst unter dem römischen Imperium zusammengefaßten Weltreiches eine Revolution von nicht minder großartiger geschichtlicher Wirkung wie die, welche im Westen der Gesamtverlauf der Völkerwanderung hervorgebracht hatte, nur gewaltsamer, stürmischer und von Anfang an zielbewußter als jene. Auch über das oströmische Reich brach eine Völkerwanderung herein, um so unwiderstehlicher in ihrem Ansturm und um so furchtbarer in ihrem Eindruck auf das entnervte Byzantinertum und das zu einer Art von Götzendienst entartete byzantinische Christentum, als sie getragen wurde von einem Eroberervolk, das nicht bloß vor thatenlustiger Jugendkraft gleichsam überschäumte, sondern, von höchstem religiösen Eifer zu himmelstürmender Kühnheit begeistert, seinen jungen Glauben der Welt mit dem Schwert aufzuzwingen für die heiligste aller Pflichten erachtete. Die Stiftung des Islam durch Mohammed, der Siegeslauf der Araber durch die byzantinischen Provinzen im Osten und im Süden des Mittelmeeres, der sie bis nach Spanien hinüberführte und dort zuerst mit der romanisch-germanischen Welt des christlichen Westens in folgenreiche Berührung brachte, und die Zusammenfassung der Mehrzahl dieser alten Kulturländer in der politischen und zugleich religiösen Einheit des Khalifats bildeten im Osten das Seitenstück und zugleich das Widerspiel zu der auf einen ähnlichen einheitlichen Abschluß gerichteten Entwickelung des Abendlandes.

Schärfer noch als zu Beginn ist so zu Ende dieser Periode die einst in dem römischen Reich beschlossen gewesene Welt in zwei feindliche Hälften geteilt. Im Westen gestaltet sich allmählich das System der germanischen und romanischen Völker, welche unter den letzten Nachwirkungen der Völkerwanderungsstürme ihre äußere Zusammenfassung im Frankenreich fanden und ihrer inneren unter der im Papsttum zu sichtbarer Einheit gediehenen römisch-katholischen Kirche entgegenreiften. Im Osten wird die mohammedanische Welt, durch die eiserne Faust eines Erobervolkes von religiösen Schwärmern in erstaunlich kurzer Zeit zusammengerafft und im Khalifat politisch und religiös geeinigt, um dann frühzeitig der zersetzenden Einwirkung der sich schnell vervielfältigenden nationalen, religiösen und politischen Gegensätze zu erliegen und nach kurzer Blüte dem Verfall und der Auflösung entgegenzueilen. Mitteninne zwischen beiden, beiden verfeindet und dabei doch auch vielfach auf beide angewiesen, steht das byzantinische Reich und behauptet trotz rasch wachsender Bedrängnisse aller Art in überraschend zäher Lebenskraft seine Stellung als ein wichtiges und hoch verdientes Glied in der Kette, welche die Kulturbewegung und den Kulturaustausch zwischen Ost und West und Nord und Süd vermittelt. In weitem Kreise darum aber lagern noch in dämmerigem Dunkel die germanischen Stämme des fernen Nordens und die slawischen Völker des Ostens, von denen jene unter dem Einfluß des zum Erben Roms emporwachsenden karolingischen Frankenreichs, diese erst mit dessen Zerfall zu vollem historischen Leben erwachen sollten.

Erstes Buch.

Der Eintritt der Germanen in die Geschichte.

Erstes Kapitel.

Die germanische Urzeit.

Keine auch nur einigermaßen sicher beglaubigte historische Überlieferung reicht zurück bis zu dem ersten Eintritt der Germanen in die Geschichte. Denn zu der Zeit, wo der überraschende Einbruch einzelner ihrer vielverzweigten Völkerschaften in das römische Machtgebiet sie zuerst aus dem Dunkel, das bisher auf ihnen gelegen, plötzlich hervortreten läßt, um bald danach für längere Zeit wiederum darin zu verschwinden, hatten die Germanen bereits eine viele Jahrhunderte umfassende Entwickelung hinter sich, die sie mit verschiedenen Ländern und Völkern in Berührung gebracht und ihnen einen mannigfachen Besitz an äußerer und geistiger Kultur zu eigen erworben hatte.

Wie bei dem einzelnen Menschen von den Erlebnissen und Eindrücken der ersten, in glücklicher Bewußtlosigkeit verbrachten Jugend ein und das andere Bild auch in späterem Alter noch fortlebt oder gelegentlich wieder auftaucht, aus dem Zusammenhange, in den es ursprünglich gehört, gelöst oder durch die unwillkürliche Vermischung mit Erlebnissen und Eindrücken späterer Lebensperioden vollends gewandelt: so birgt auch das Geistesleben der Völker noch in den fortgeschrittensten Stadien ihrer reifenden oder gar bereits alternden Entwickelung manchen unverstandenen oder verkehrt gedeuteten Nachklang aus jenen frühesten Zeiten, wo sie sich erst allmählich von den Fesseln des Naturzustandes zu lösen und zu einer höheren Kultur aufzusteigen begannen. In religiösen Vorstellungen, den solchen entsprungenen Sitten und Gebräuchen, die mit dem Wegfall ihrer ursprünglichen Grundlage dem Volke selbst allmählich unverständlich wurden und dann von späteren Generationen gelegentlich die wunderlichsten Mißdeutungen erfuhren, dann namentlich in Rechtsanschauungen und Rechtsformen und in Sagen und Liedern, die räumlich und zeitlich weit auseinander liegende Personen und Ereignisse in phantastischer Willkür in eine sachlich unmögliche Einheit zusammenzwingen und dabei nicht selten das Ergebnis einer Entwickelung von Menschenaltern konzentriert als das eines einzigen Momentes darstellen, lebten wie bei anderen Völkern, auch bei den Germanen dunkle Erinnerungen aus der ersten Kindheit noch lange fort: ja, manche davon sind bei den aus ihnen hervorgegangenen Völkern noch heute erhalten — ein kostbares Material für die vergleichende Sprachforschung und Religionswissenschaft, die freilich, so Großes sie geleistet, doch noch lange nicht alle die da vorliegenden Rätsel einwandfrei gelöst haben. Soviel aus diesen Denkmälern für die Kenntnis von dem frühesten Geistes- und Gemütsleben der Germanen zu gewinnen ist und so unmittelbar sie für Zeiten, die der historischen

Forschung sonst unerreichbar sind, deren sittliche Eigenart veranschaulichen: — für den Mangel einer geschichtlichen Überlieferung von den Thaten und Leiden der germanischen Völker in den ältesten Zeiten, einer ihre Gesamtschicksale wiederspiegelnden germanischen Urgeschichte vermögen sie doch nicht vollen Ersatz zu geben.

Um so wertvoller ist es daher, daß wenigstens das Zuständliche der germanischen Urzeit aus einer Fülle uns erhaltener Denkmäler und Überreste in den Hauptzügen rekonstruiert werden kann, und zwar nicht bloß mit einer Anschaulichkeit, die manche von der historischen Überlieferung erst spät überhaupt beachtete Züge in helles Licht setzt, sondern auch — was mehr sagen will — wenigstens in den kulturgeschichtlich besonders wichtigen Richtungen mit einem ungewöhnlichen Grade von Sicherheit. Einmal nämlich hat die vergleichende Sprachforschung seit ihrer Begründung durch Franz Bopp (geb. 1791, gest. 1867) und die ihr eng verbundene deutsche Altertumskunde, die in den Brüdern Jakob (geb. 1785, gest. 1863) und Wilhelm (geb. 1788, gest. 1859) Grimm ihre Schöpfer und zugleich ihre unübertroffenen Meister verehrt, in den germanischen Sprachen aus den Wandelungen, welche sie, die Schicksale der sie sprechenden Völker wiederspiegelnd, in langen Jahrhunderten durchgemacht haben, eine ebenso reichlich fließende wie zuverlässige Quelle erschlossen, um die Entwickelung, welche die Germanen bis zu ihrem Eintritt in die Geschichte durchlebt haben, wenigstens in den Hauptmomenten nach ihrer zeitlichen Folge und ihrem inneren Zusammenhange klarzulegen und festzustellen. Ihre Herkunft und verwandtschaftliche Verzweigung, was sie an wirtschaftlicher, sittlicher und geistiger Kultur als ältesten Besitz bereits aus der Urheimat mitnahmen, ihre Wanderungen und Niederlassungen, der neue Erwerb, durch den sie unterwegs und in den neuen Sitzen diesen Besitz vermehrten, sei es durch die Aneignung fremder Kulturelemente oder durch die mehr oberflächliche Einwirkung von solchen aus weiter Ferne oder durch die selbständige Fortbildung ihnen eigentümlicher Anlagen: — alle diese geschichtlichen und kulturgeschichtlichen Vorgänge und Zustände haben in den Wandelungen der Sprache durch Vermehrung des Wortschatzes, Aufnahme von Lehenwörtern u. a. m. ein Abbild gefunden und einen Niederschlag zurückgelassen, welche sie auch ohne eigentliches historisches Zeugnis einigermaßen zu rekonstruieren erlauben.

Diese Ergebnisse, die wir der Sprachforschung für die germanische Urzeit verdanken, werden nun auf das glücklichste ergänzt und durch eine Fülle belebender Einzelanschauungen in ihrem kulturgeschichtlichen Werte gesteigert durch den reichen Ertrag, den die planmäßige Sammlung, kritische Sichtung und methodische Bearbeitung der vorgeschichtlichen Altertümer während der letzten Jahrzehnte geliefert haben. Wird sich auch nicht in Abrede stellen lassen, daß auf diesem Gebiete selbst heute noch ein mehr thatenlustig vorwärts drängender als zu eigentlich streng wissenschaftlicher Arbeit geneigter Dilettantismus gelegentlich viel Platz einnimmt und dem eigenartigen und oft schwer deutbaren Material umfänglichere und sicherere Ergebnisse abgewinnen zu können meint, als dasselbe seiner Natur nach zu gewähren im stande ist, so darf doch auf der anderen Seite auch mit dem Zugeständnis nicht zurückgehalten werden, daß die prähistorische Forschung wenigstens gewisse große kulturgeschichtliche Perioden ihrer Natur, ihrem Umfange und ihrem

Erläuterungsblatt zu der Tafel

Waffen, Schmucksachen, Haus- und Feldgerätschaften der Steinzeit.

1. Lanzenspitze aus gelbbraunem Feuerstein; $16^1/_2$ cm lang. Von der Insel Rügen.
2. Lanzenspitze aus schwarzem Feuerstein; $19^1/_2$ cm lang. Aus Schweden.
3. Pfeilspitze aus grauem Feuerstein; $8^1/_2$ cm lang. In Skône (Schweden) gefunden.
4. Pfeilspitze aus lichtbraunem Feuerstein; $^2/_3$ der natürlichen Größe. Gefunden in Kloppenburg (Oldenburg).
5. Keil aus Diorit. Gefunden bei Nördlingen. (Nach Ranke.)
6. Lanzenspitze; aus einer Hirschgeweihsprosse geschnitzt. Aus einer Felsenwohnung bei Pottenstein im fränkischen Jura. (Ebd.)
7. 8. 9. 10. Pfeil- und Harpunenspitzen aus Knochen. Von demselben Fundorte. (Ebd.)
11. Doppelbeil von Feuerstein; rauh beschlagen, nur an den beiden Enden zur Schneide angeschliffen. Gefunden in Sorup auf der Insel [illegible]zen. (Nach Lindenschmit.)
12. Feuersteinbeil mit Holzstiel. Im hohen Moor bei Altenwalde gefunden. (Nach Ranke.)
13. Feuersteinbeil mit Hirschgeweihstiel; von demselben Fundorte. (Ebd.)
14. Steinbeil mit doppelter Befestigung; in Hirschhorn und Holz. (Ebd.)
15. In Hirschhorn gefaßtes Steinbeil; 12 cm breit. Aus dem Pfahlbau im Pfäffiker See bei Robenhausen (Schweiz).
16. Hammer von Hornstein. Bei Kaufbeuern gefunden. (Nach Lindenschmit.)
17. Stein-Doppelaxt. Bei Buxtehude gefunden. (Ebd.)
18. Stein-Doppelaxt. Bei Cteritz gefunden. (Ebd.)
19. Halsschmuck von durchbohrten Tierzähnen; 30 cm lang. Bei einem weiblichen Skelett in den Gräbern von Langen-Eichstätt gefunden.
20. Durchbohrter Eberzahn. Bei Oberingelheim gefunden.
21. Säge oder Schwert; Griff aus Hirschhorn, Zähne aus eingesetztem Feuerstein. Bei Aschaffenburg gefunden. (Nach Ranke.)
22. Beil aus Hornblendeschiefer. Bei Mainz gefunden.
23. Beil aus Serpentinschiefer. Bei Heilbronn gefunden.
24. Hacke aus schwarzem Taunusschiefer; $^1/_5$ der natürlichen Größe. Bei Mainz gefunden.
25. Beil aus poliertem Grünstein. Bei Damme (Oldenburg) gefunden.
26. Holzschaft für Beile; 40 cm lang. Aus dem Salzbergwerk von Reichenhall.
27. Axt aus Hirschhorn; 36 cm lang. Aus dem Ihmeflusse bei Hannover.
28. Pflugschaaren oder Spaltkeile? a) 43 cm lang; aus Grünsteinschiefer. b) bei Gabsheim in Rheinhessen gefunden, 43 cm lang; aus Taunusschiefer.
29. Einfache Handmühle für Getreide; aus Sandstein. Aus dem Gräberfelde von Monsheim.
30. Lederschneidmesser von Knochen. In einer Felsenwohnung bei Pottenstein im fränkischen Jura gefunden. (Nach Ranke.)
31. Dreifach durchbohrte Knochenplatte zum Schnurdrehen. Von demselben Fundorte. (Ebd.)
32. Pfeilförmiges Weberschiffchen von Knochen. Von demselben Fundorte. (Ebd.)
33. Kleines Weberschiffchen von Knochen. Von demselben Fundorte. (Ebd.)
34. Häkelnadel von Knochen. Von demselben Fundorte. (Ebd.)
35. Spindelsteine aus Thon. Bei Dresden und Frankfurt a. O. gefunden.
36. Spinnwirtel von Hirschhorn. In einer Felsenwohnung bei Pottenstein im fränkischen Jura gefunden. (Nach Ranke.)
37. 38. Spinnwirtel aus Thon. Von demselben Fundorte. (Ebd.)
39. Breite Flechtnadel aus Knochen. Von demselben Fundorte. (Ebd.)
40. 41. Weberschiffchen aus Knochen. Von demselben Fundorte. (Ebd.)
42. Rundes Weberschiffchen aus Knochen. Von demselben Fundorte. (Ebd.)
43. Nähnadel aus Knochen. Von demselben Fundorte. (Ebd.)
44. Nähnadel aus Horn; natürliche Größe. Von dem Opferherde bei Schlieben.
45. Stechinstrument aus einem zugespitzten Knochen. Aus den Felsenhöhlen bei Inzighofen (Sigmaringen). (Nach Lindenschmit.)
46. Untere und 47. obere Ansicht eines Schlittschuhes aus Pferdeknochen. In einem Grabhügel bei Oosterend in Friesland gefunden. (Ebd.)

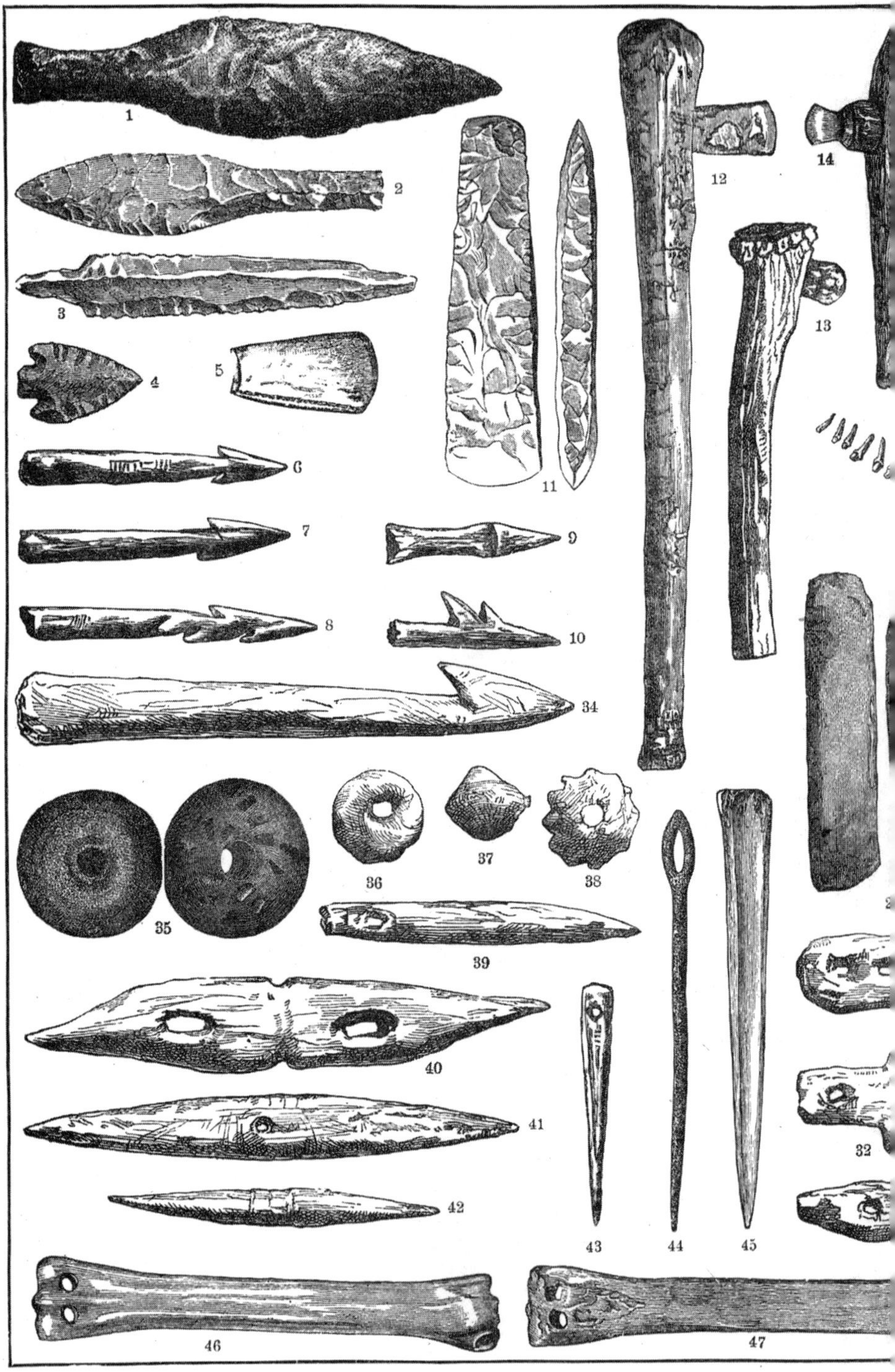

Waffen, Schmucksachen, Haus-

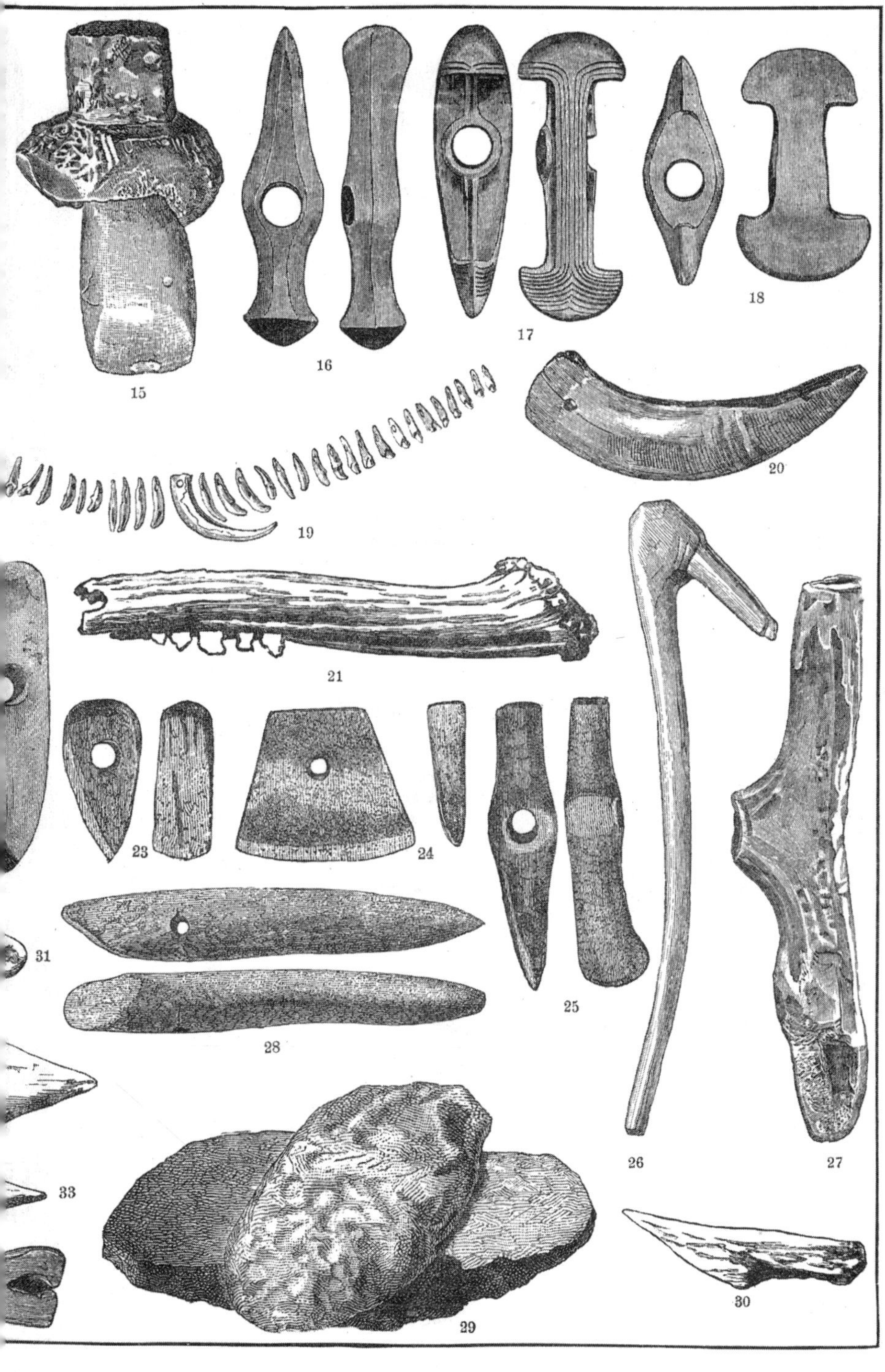

Feldgerätschaften der Steinzeit.

Verlaufe nach festgelegt hat. Dadurch ist eine Reihe von Gesichtspunkten gewonnen, die sicher genug begründet sind, um einen beträchtlichen Teil von der großen Masse prähistorischer Fundstücke so zu ordnen, daß sie in einer chronologisch wenigstens ungefähr zutreffenden Folge das Nacheinander gewisser, sich in aufsteigender Entwickelung ablösender Kulturperioden veranschaulichen: sie geben uns auch ein Bild von dem Gange, den die Germanen in den Anfängen ihrer Geschichte durchmessen haben. Freilich wird dabei strenger, als zuweilen geschieht, mit der noch nicht allgemein genug anerkannten Thatsache zu rechnen sein, daß die gewöhnlich unterschiedenen prähistorischen Kulturperioden in den zu Tage geförderten Fundstücken thatsächlich vielfach ineinander übergehen und ihre genaue zeitliche Fixierung nur in vereinzelten, dann freilich besonders lehrreichen Fällen möglich ist. Dieselbe ist geeignet, manche von den herkömmlichen chronologischen Ansetzungen als unhaltbar zu erweisen.

Auch die Völker, die wir seit Jahrhunderten als Träger einer hoch entwickelten und sich unausgesetzt verfeinernden Kultur kennen und uns demgemäß kaum anders als im Besitz einer solchen denken können, haben dereinst in Zuständen gelebt, wie die Entdeckungsreisenden unserer Tage sie bei einzelnen Stämmen Amerikas und der Südseeinseln gefunden haben. Unbekannt mit der Beschaffung und der Bearbeitung der Metalle, namentlich des für das tägliche Leben so wichtigen Eisens, haben auch sie sich dermaleinst die Gerätschaften, deren sie zur Jagd und zum Krieg, im Hause und zu ihrem bescheidenen Gewerbebetriebe bedurften, durch entsprechende Herrichtung sonst dazu geeigneter Stoffe beschafft. Bei ihnen allen hat erst die Bekanntschaft mit dem ebenso widerstandsfähigen wie bildsamen Eisen zweckmäßiger gestaltete und dauerhaftere Geräte, wirksamere Waffen und kunstreicher ausgeführte Schmucksachen ermöglicht. Demgemäß unterscheidet man zwei prähistorische Hauptperioden, die metalllose und die Metallzeit. Die der metalllosen Zeit angehörigen Geräte und Waffen sind aus Stein, Holz, Geweihen, Hörnern, Knochen, Tierzähnen u. a. m. hergestellt, während dazu in der Metallzeit teils die aus Zinn und Kupfer gemischte Bronze, teils Eisen verwendet worden ist. Eine bestimmte zeitliche Grenze zwischen beiden läßt sich nicht ziehen. Innerhalb der metalllosen oder Steinzeit aber sondert sich deutlich eine ältere oder paläolithische Periode von einer jüngeren oder neolithischen. Die Steingeräte der ersteren sind nur mit roh zugehauenen Schärfen versehen, nicht geschliffen und nicht poliert, und meistens ist nur der leicht spaltbare Feuerstein dazu verwendet: aus Höhlen und Diluvialschichten sind ihrer große Massen zu Tage gefördert. Dagegen wird die neolithische Periode charakterisiert nicht bloß durch die zunehmende Verwendung auch anderer Steinarten, sondern auch durch den Fortschritt in der Bearbeitung derselben: die Schneiden und Spitzen der Geräte sind geschliffen, die Flächen poliert und gelegentlich bereits mit primitiven Zieraten versehen. Daher spricht man auch von einem Zeitalter des geschlagenen und einem solchen des polierten Steins. Dagegen hat sich die früher übliche Teilung der Metallzeit in eine ältere Periode, die noch nicht den Gebrauch des Eisens, sondern nur den der Bronze gekannt haben soll, und eine jüngere, deren Kultur auf der allgemeinen Verwendung des Eisens beruhte, als unhaltbar erwiesen, seit unzählige Funde unwiderleglich dargethan haben, daß der Gebrauch der Bronze

1 3 2

1. Fragment eines Thongefäßes mit gesichtsähnlicher Ornamentierung; aus einer Grabkammer von Magleby auf der Insel Möen. Etwa 1/4 der natürl. Größe. 2. Thongefäß; aus einem Ganggrabe bei Arby unweit Kalundborg. Etwa 1/4 der natürl. Größe. 3. Spange; gefunden zu Gallerhöi bei Maribo in Dänemark. Etwa 1/3 der natürl. Größe. (Nach Undset.)

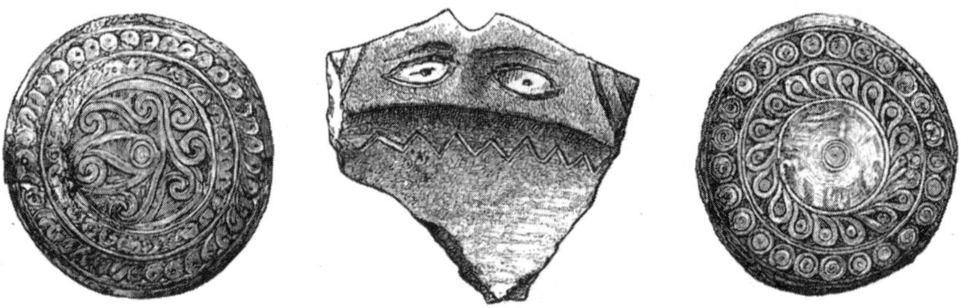

4 6 5

4. 5. Große Goldknöpfe aus Mykenae; etwa 3/4 der natürl. Größe. 6. Bruchstück einer auf der Baustelle von Troja in der ersten Ansiedelung gefundenen glänzend schwarzen Schale mit eingeschnittener und mit weißem Kalk gefüllter Ornamentierung; etwa 1/3 der natürl. Größe. (Nach Schliemann.)

Fundstücke aus Nord- und Süd-Europa mit verwandter Ornamentierung.

keineswegs immer dem des Eisens vorangegangen ist, vielmehr sehr häufig mit dem Ende der reinen Steinzeit von Anfang an Eisen gleichzeitig mit Bronze, zuweilen sogar noch vor ihr verwendet worden ist.

1 2

Gesichtsurnen aus Süd- und Nord-Europa.

1. Aus der Baustelle von Troja; in der fünften vorhistorischen Ansiedelung gefunden. (Nach Schliemann.) 2. Gefunden bei Bohlschau, Kreis Neustadt in Westpreußen. (Nach Undset.)

Im übrigen haben auch auf diesem Gebiete zeitlich sowohl wie räumlich mehr oder minder allmähliche Übergänge stattgefunden, die eine Unterscheidung scharf abgegrenzter Perioden ausschließen: in dem einen Lande herrschte nach Überwindung der eigentlichen Steinzeit noch die reine Bronzekultur, während in dem südlich benachbarten daneben auch bereits das Eisen in Gebrauch war, das in einem noch weiter nach Süden gelegenen Lande aber die Bronze schon völlig verdrängt hatte. Denn im allgemeinen hat die Kultur auf diesem Gebiete den Weg von Süden nach Norden genommen: am frühesten gelangte das Eisen in Süd-Europa zur Herrschaft, und als in Mittel-Europa die Bronzekultur bereits im Erlöschen war, begann sie im Norden sich erst recht zu entfalten, wie überhaupt in dem raschlebigeren Süden auch diese Wandelungen augenscheinlich schneller verliefen als in dem

1

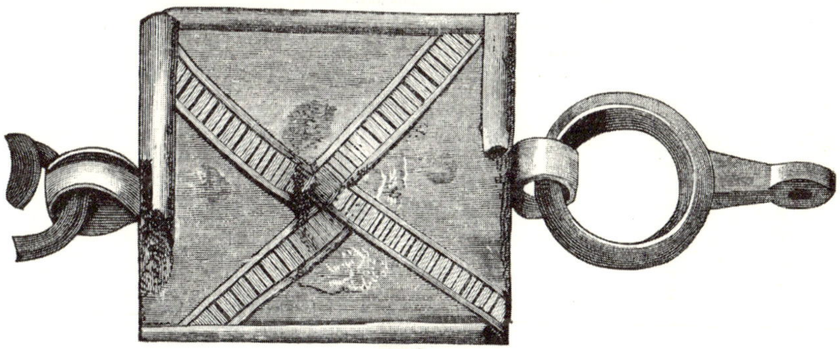

2

Fundstücke aus Süd- und Nord-Europa mit verwandter Ornamentierung.

1. Eine Seite eines Formsteins von Granit zum Gießen verschiedener Schmucksachen; gefunden zu Mykenae. Natürliche Größe. (Nach Schliemann.) 2. Ein Glied eines aus fünf Platten bestehenden Gürtels; die Platten sind aus Eisenblech mit ornamentiertem Bronzeblech überlegt, die verbindenden Ringe sind von Bronzeguß. Aus einem Urnengrabe zu Tungendorf bei Neumünster. (Nach Undset.)

langsamer vorschreitenden Norden. Außerdem aber hat zwischen den auf ungleicher Kulturstufe stehenden Ländern auch ein Verkehr stattgefunden, welcher Austausch und Anregung vermittelte und die Bronze- und Eisenprodukte des einen Gebietes nicht bloß als Importartikel, sondern auch als nachzuahmende Vorbilder in das andere führte. Daraus erklärt sich die Entstehung gewisser Stilarten, die

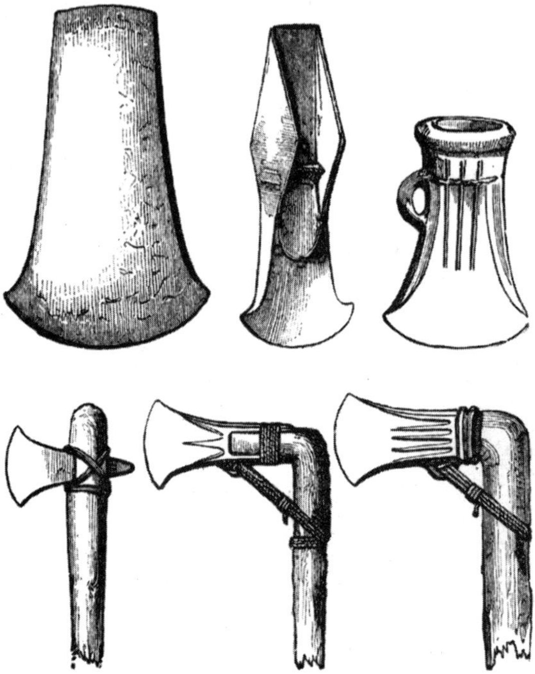

Drei verschiedene Typen des Celts
nebst Darstellung der mutmaßlichen Art ihrer Handhabung.
1. Kupfer-Celt von Waterford. 2. Ausgeschweifter Celt aus Irland.
3. Röhren-Celt aus Irland. (Nach Lubbock.)

zeitlich und räumlich weithin verfolgbar sind. Auch waren ja die zur Herstellung der Bronze nötigen Metalle nicht überall vorhanden, sondern für weite Gebiete nur durch Einfuhr aus der Ferne zu beschaffen. Das Zinn der Bronzegeräte, die im Gebiete der Schweizer Seen gefunden sind, zeichnet sich durch eine solche Reinheit aus, daß es kaum anders woher als aus den Gruben in Cornwallis oder des westlichen Frankreich stammen kann, während die Bronze der in Mecklenburg gefundenen Stücke durch den Mangel an Blei und den Silbergehalt auf die Beimischung von Kupfer schließen läßt, das in dieser Beschaffenheit nur im Ural gefunden wird. Andererseits lassen sich in Bezug auf die Gestaltung viel vorkommender Geräte, Waffen oder Schmucksachen, sowie auf ihre allmählich reicher werdende Verzierung gewisse landschaftliche Gruppen erkennen. Schwerter und Lanzenspitzen waren in Dänemark anders gestaltet und an den Griffen und Schäften anders befestigt als in England. Als Motive für die Ornamentierung kamen zuerst eigentlich nur die Spirale und der feine sogenannte Wolfszahn vor; dann wurden geometrische Muster, Zickzacklinien, Kreise, Buckel u. a. m. üblich, und erst späterhin finden sich auch Tier- und Pflanzenbilder (S. 17). Einzelne von diesen Verzierungen haben sich augenscheinlich in bestimmten Gegenden besonderer Beliebtheit erfreut, wie ja auch heutigen Tages noch gewisse Landschaften in dieser Hinsicht ihren besonderen Geschmack und Brauch festhalten. Bei den einstigen

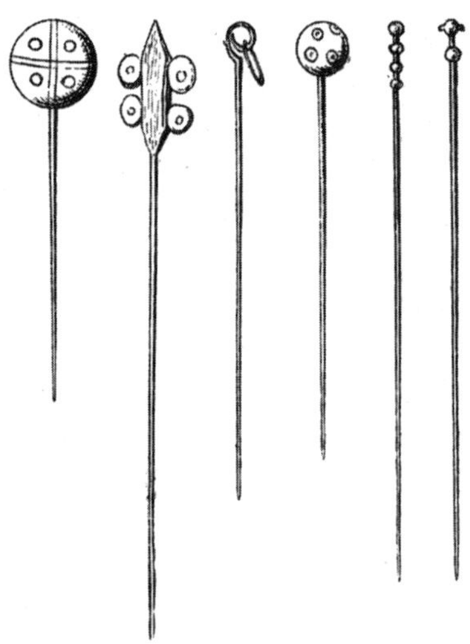

Haarnadeln.
1. 2. Gefunden in der Erde und 3—6 im See, bei Lausanne (Schweiz).

Bewohnern Dänemarks und Mecklenburgs z. B. sind nach Ausweis der dort gemachten Funde Spiralornamente besonders beliebt gewesen, während ihre südlichen Nachbarn die ringförmigen vorzogen. Für diejenigen Gerätschaften aber, die be-

1

2

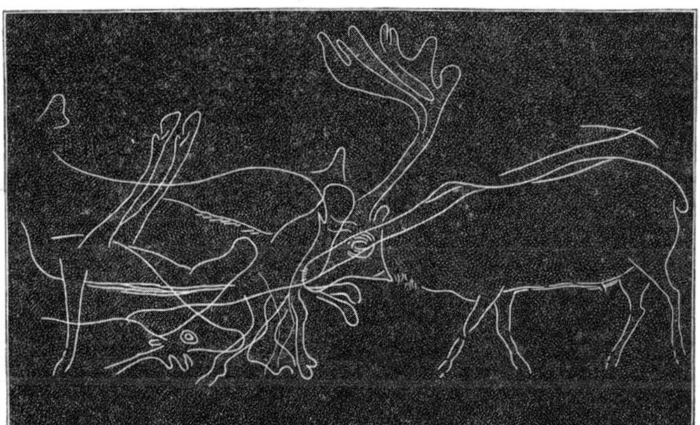

3

Bildwerke der Urzeit; gefunden in einer Höhle zu La Madelaine.

1. Mammut; mit deutlichen Spuren langer Behaarung am Halse; eingeritzt auf ein Stück Stoßzahn vom Mammut. 2. Fisch, eingeritzt auf ein cylindrisches Stück Renntierhorn. 3. Renntiergruppe. (Nach Lubbock.)

sonders viel gebraucht wurden und deren man daher in Massen bedurfte, ist eine ganz fabrikmäßige Herstellung erkennbar, wie namentlich die bei Zürich gemachten Funde von Nadeln, Sicheln, Angelhaken, Messern, Lanzenspitzen und Celten (meißelartigen Steininstrumenten, S. 16) gelehrt haben. Für einige hat man sogar die Technik der Herstellung nachweisen und nachahmen können.

Erläuterungsblatt zu der Tafel:

Werkzeuge aus der Bronze- (Erz-) Periode.

1. Beil aus Bronze.
2. Axt aus Bronze, 18 cm lang; in Ungarn gefunden.
3. Axt aus Bronze, 12 cm lang; bei Salzwedel gefunden.
4. Axt aus Bronze, $25\frac{1}{2}$ cm lang; in Monheim (Bayern) gefunden.
5. Erzener Hammer; bei Langensalza gefunden. Stab 45 cm, Hammer 39 cm lang.
6. Messer aus Erz, $34\frac{1}{2}$ cm lang; in Italien gefunden. Paris, Museum des Louvre.
7. Messer aus Erz; aus der Mark Brandenburg.
8. Erzenes Werkzeug von bisher unerklärter Bestimmung (Lederbearbeitung?), 40 cm hoch; bei Gaualgesheim gefunden.
9. Sichel aus Erz, mit dem römischen Zahlzeichen XIII, 16 cm Durchmesser; in der Felsenhöhle bei Kloster Beuron gefunden.
10. Meißel aus Erz, $38\frac{1}{2}$ cm lang; aus einer Urne auf dem Feuerberg bei Friedolsheim in Rheinbayern.
11. Meißel aus Erz, $18\frac{1}{2}$ cm lang; aus der Ulrichshöhle bei Hardt in Württemberg.
12. Celt aus Erz; in einem Kegelgrab bei Barnsen im Amte Oldenstädt gefunden. Hannover, Ver. Sammlung. (Nach Lindenschmit.)
13. Erzener Meißel (Celt), 15 cm lang; bei Gießen gefunden.
14. Celt (Keil) aus Erz, $12\frac{1}{2}$ cm lang; aus dem sogen. Geestenbruche bei Haselünne.
15. Celt aus Erz; aus Italien. München, Ver. Sammlung. (Nach Lindenschmit.)

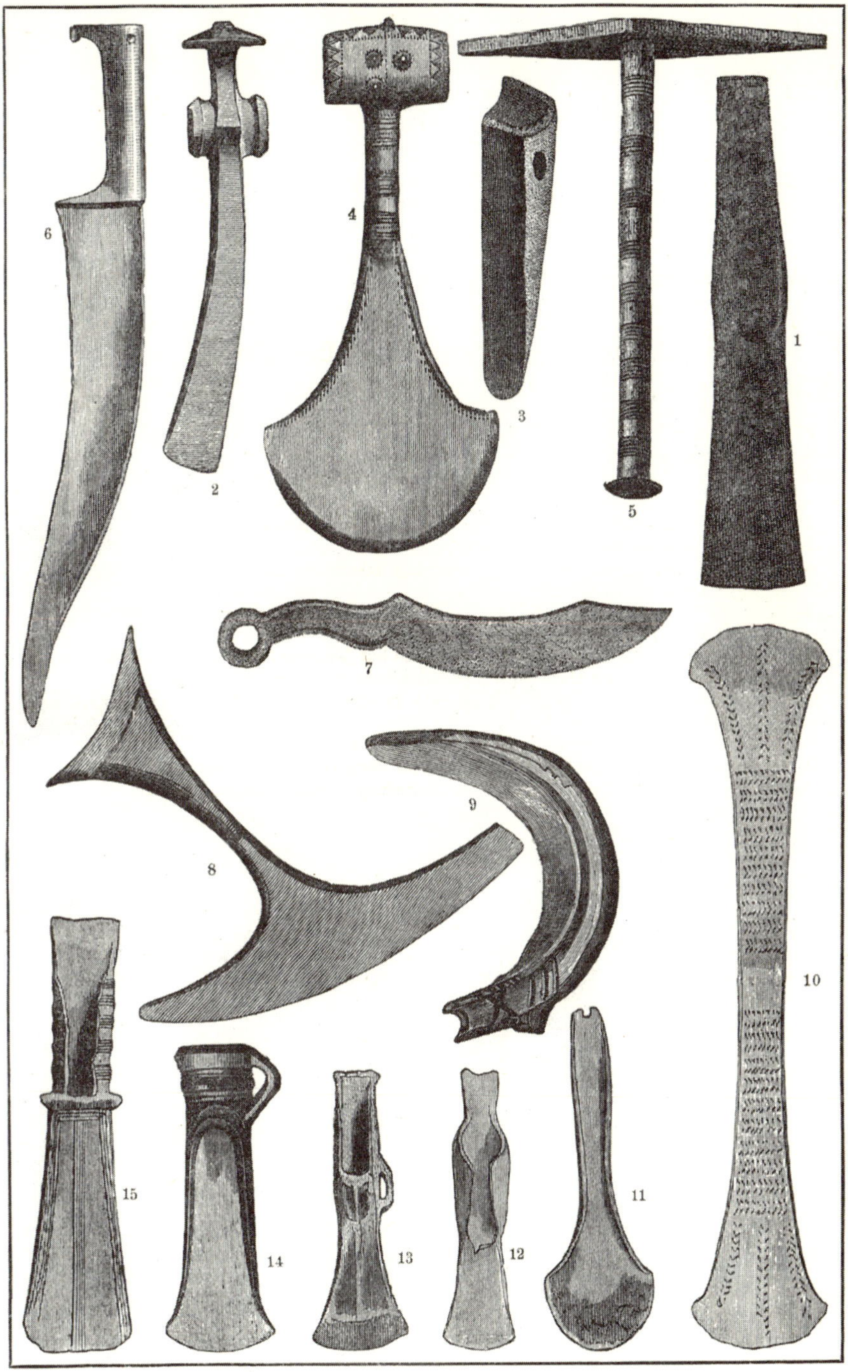

Werkzeuge aus der Bronze- (Erz-) Periode.

Erläuterungsblatt zu der Tafel:

Gerätschaften aus der Bronze- (Erz-) und Hallstatt-Periode.

---

1. Grabgefäß von Thon aus einem Urnenfelde der Bronze-Periode in Norddeutschland. München.
2. Kleines Bronzegefäß aus getriebenem Blech. Bei Grevenkrug, Kirchspiel Bordesholm in Holstein, gefunden. (Nach Undset.)
3. Bronzekanne. Landshut.
4. Großes Thongefäß mit Zickzack-Ornamenten, in Locras gefunden. Neuville, Sammlg. Groß. (**Gross, les Protohelvètes.**)
5. Thongefäß, in Locras gefunden. Neuville, Sammlg. Groß. (Ebd.)
6. Thongefäß mit Henkel, in Locras gefunden. Neuville, Sammlg. Groß. (Ebd.)
   (Nr. 4, 5, 6 gehören der Steinzeit an.)
7. Bronzekessel. Augsburg.
8. Getriebene Schale ohne Henkel aus einem Erdfunde von Badelunda-ås in Westmanland, Schweden. (Nach Undset.)
9. Bronzekessel. Augsburg.
10. Becken aus getriebenem Erz; 32,8 Centim. Durchmesser; aus einem Grabhügel im Lüneburgischen.
11. Hängebecken aus dünnem Erzguß, Seitenansicht; $18^{1}/_{2}$ Centim. hoch, größte Weite 29 Centim. Gefunden in der Gegend von Neubrandenburg. Strelitz, Großherz. Mus. (Nach Lindenschmit.)
12. Schale von getriebenem Bronzeblech mit getriebenen Buckeln. Gefunden im Ögemose, einem Moor auf Fünen. (Nach Undset.)
13. Bronze-Eimer. Neuburg a. D.

14\. 15. Cylindrische Bronzecifte mit elf Rippen, zwischen welchen Reihen eingestanzter Punkte. Der umgebogene Rand ist durch einen eingelegten Eisendraht verstärkt. Am oberen Rande bemerkt man das Siglum ||||ΛΛ/·. Die Ciste wurde im Jahre 1845 bei Pansdorf unweit Lübeck in einem Grabhügel gefunden. (Nach Undset.)

16\. Kamm aus Erz, 4 Centim. hoch; in Meldorf im Dietmarschen am sogen. Wodensberge gefunden.

Gerätschaften aus der Bronze- (Erz-) und Hallstatt-Zeit.

Erläuterungsblatt zu der Tafel:

Zierat aus der Bronze- (Erz-) Periode.

1. Diadem von Erz; $^5/_9$ der natürlichen Größe. Gefunden in einem Grabe bei Altsammit bei Krakow in Mecklenburg. Schwerin, Museum.
2. Ein massiv geschlossener Ring aus Erz; halbe Originalgröße. Gegen die verbundenen Schlußköpfe hin eigentümlich einwärts gebogen. Gefunden bei Lindentruth in Hessen. Darmstadt, Großherz. Museum.
3. Ein hohler, durch Vereinigung seiner beiden Knöpfe zu einer Kugel geschlossener Ring; aus Erz gegossen, ciselirt, verziert mit einem umlaufenden Mäander-Ornament und eingraviertem Zickzack. Innerer größter Durchmesser etwa 7 cm. Gefunden in Mecklenburg. Schwerin, Museum. (Nach Lindenschmit.)
4. Armring aus Bronze.
5. Schildförmige Brustspange aus Erz; $^5/_{12}$ der natürlichen Größe. Gilt als das größte Stück der bis jetzt bekannt gewordenen Funde dieser Gattung. Gefunden bei Basedow in Mecklenburg.
6. Armring aus Bronze.
7. Fingerring aus Erz. Aus den Gräbern von Oberolm. Natürliche Größe. Mainz, Museum.
8. Armring aus Bronzedraht; an einem Armknochen gefunden.
9. Kleines Gewinde von Bronzedraht, wahrscheinlich Haarschmuck. Gefunden auf dem Petersberge bei Halle a. S.
10. Mantelspange mit Drahtgewinden. Gefunden in der Gegend von Pattense im Lüneburgischen. Privatbesitz.
11. Mantelspange, aus einer etwa 30 cm langen Nadel und zwei hohlen Drahtgewinden. Gefunden bei Schweidnitz in Schlesien.
12. Gewinde von Bronzedraht, wahrscheinlich Haarschmuck (?). Privatbesitz.
13. Fragment einer Gürtelkette. Halbe Originalgröße. Die einzelnen Glieder bestehen aus starkem Erzdraht, welcher zu drei Schlingen zusammengeflochten und an seinen beiden Enden in Spiralen aufgerollt ist; ihre Verbindung unter sich ist durch kleine in die Schlingen gehängte Erzringe hergestellt. Aus einem etruskischen Grabe. Karlsruhe, Mahler'sche Sammlung im Großherzogl. Museum.
14. Erzene Haarnadel; halbe Originalgröße. In Schlesien gefunden.
15. Haarnadel von Erz mit Hohlspiegel an Stelle des Knopfes; halbe Originalgröße. Gefunden bei Tolkewitz, in der Nähe von Dresden.
16. Palstäbe (Kommando- oder Führerstäbe) aus Erz. Gefunden im Mansfeldischen.

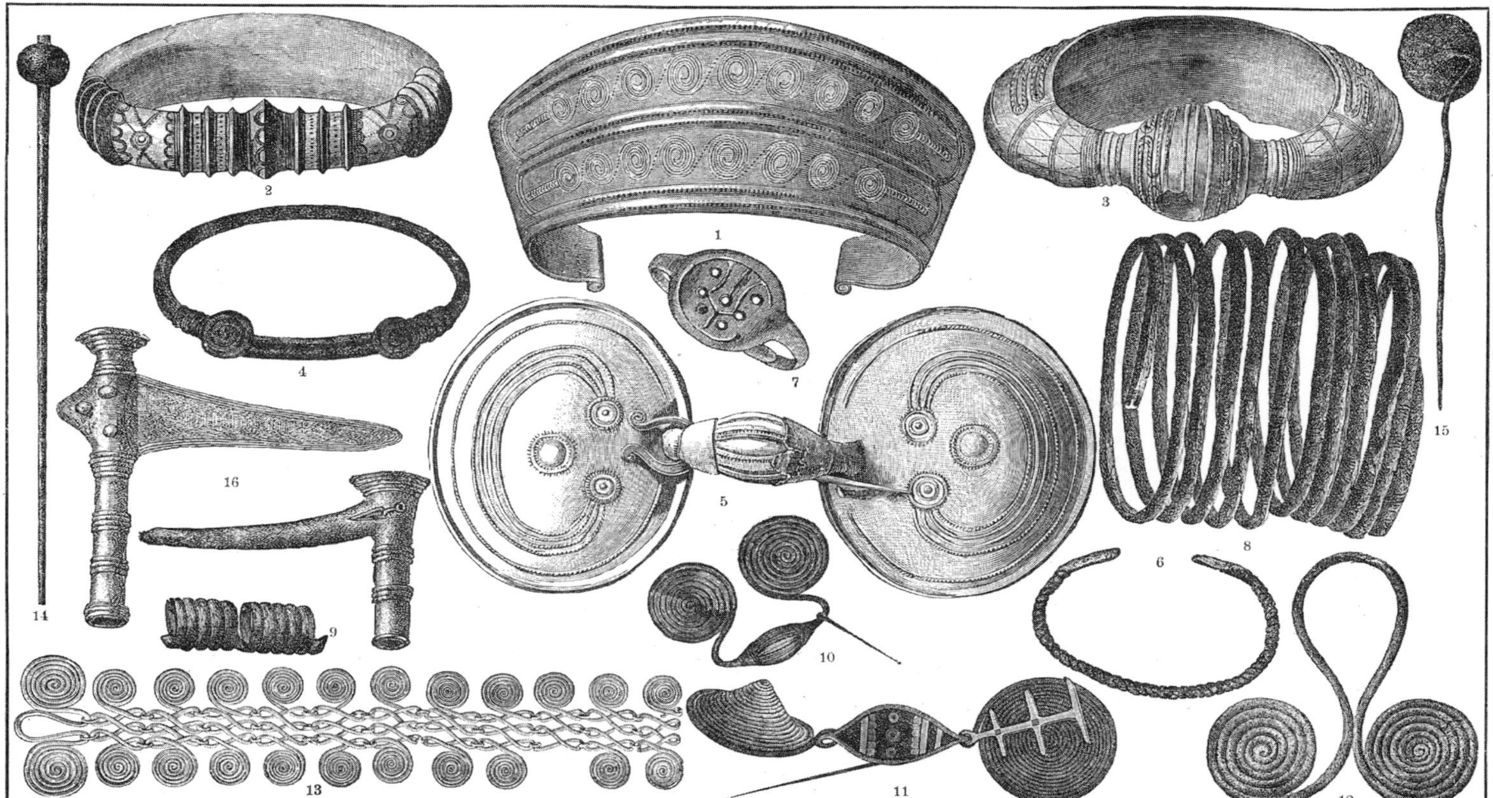

Zierrat aus der Bronze- (Erz-) Periode.

Erläuterung zu der Tafel:

Waffen der Bronze- (Erz-) Periode.

1. Rückseite eines Panzers; von starkem mit getriebenen Verzierungen versehenen Erzblech. Gefunden bei Grenoble. Paris, Artillerie-Museum. (Lindenschmit.)
2. 3. Vorder- und Rückseite eines Schildes von Erz; Rand durch Einlage eines dicken Erzdrahtes verstärkt; 39 Centimeter Durchmesser. Die Rückseite hat außer dem einfachen Griff des Schildes noch zwei aufgenietete Haften zur Befestigung der Schildfessel. Bei Bingen gefunden. (Ebd.)
4. Helmhaube von Erz; bei Kreuznach gefunden. Mainz, Museum. (Ebd.)
5. 6. Seiten- und Vorder-Ansicht eines Helmes. Besteht aus zwei aufeinander genieteten Hälften aus starkem Erzblech. Im Rhein bei der Main-Mündung gefunden. Mainz, Museum. (Ebd.)
7. Helm von Erz; 18 Centimeter hoch. Unweit Pfordten in der Niederlausitz gefunden.
8. Erzener Helm, reich verziert und mit der Gabel und den Aufsätzen für den dreifachen Helmbusch versehen. Im Neapolitanischen gefnnden. Karlsruhe, Altert.-Samml. (Ebd.)
9. Erzener Helm, Rückseite; mit einem Aufsatz von angenieteten Hörnern und der Gabel für den Helmbusch. Zu Canosa gefunden. Karlsruhe, Altert.-Samml. (Ebd.)
10. Helm von Erzblech mit Wangenbändern, seitliche Ansicht. Gefunden im Paß Lueg bei Salzburg. Salzburg, **Mus. Carol. August.** (Ebd.)
11. Helm von Erz. Zu Selsdorf bei Dobbertin, Mecklenburg, gefunden. Schwerin, Museum. (Ebd.)
12. Erzschwert der ältesten Periode. Augsburg, Museum.
13. Schwert von Erz; 67 Centimeter lang. In der Donau bei Regensburg gefunden.
14. Schwert von Erz; 60 1/2 Centimeter lang. Aus einem Grabhügel bei Echzell (Oberhessen).
15. Bronzeschwert der jüngeren Periode. Landshut, Museum.
16. Erzenes Kurzschwert; Länge 48 1/2 Centimeter, Griff 11 Centimeter, Klingenbreite am Griff 78 Millimeter. Klinge und Griff sind besonders gegossen und durch Stifte, welche durch jeden der vier großen Buckeln laufen, mit einander verbunden. Bei Frankfurt a. M. gefunden. (Ebd.)
17. Schwert von Erz; 67 1/2 Centimeter lang. Bei Worms gefunden.
18. Schwert von Erz; 54 Centimeter lang. Zu Retzow in Mecklenburg gefunden.
19. Erzenes Schwert; in dem See von Luyssel bei Bex (Waadtland) gefunden. Bern, Museum. (Lindenschmit.)
20. Erzenes Schwert in seiner Scheide aus Erzblech, welche mit getriebenen Buckeln und Kreisornamenten verziert ist. Gefunden zu Nismes. Paris, Artillerie-Museum. (Ebd.)
21. Bronze-Kurzschwert mit Ortband. Neuburg a. D., Museum.
22. 23. Speerspitzen aus Erz.
24. Erzener Streitkolben; 13 Centimeter lang. In Bayern gefunden.
25. Dolch aus Erz; 34 1/2 Centimeter lang. Bei Gauböckelheim in Rheinhessen gefunden.
26. Dolch aus Erz; 34 Centimeter lang. Bei Gauböckelheim in Rheinhessen gefunden.

Waffen der

(Erz-) Periode.

Vorsichtig und mit stets wachsamer Kritik benutzt, geben diese prähistorischen Funde in Verbindung mit den auf wissenschaftlich sicherem Boden stehenden Resultaten der vergleichenden Sprachforschung auch über die germanische Urzeit, von der kein unmittelbares historisches Zeugnis erhalten ist, eine Reihe von Aufschlüssen, welche in den wesentlichsten Zügen teils erläutert, teils bestätigt werden durch die Übereinstimmung, in der die spätere Entwickelung der Germanen sich damit befindet.

Die Sprachvergleichung hat zwischen einer Anzahl von Sprachen eine Übereinstimmung der Art nachgewiesen, daß sie nur durch die Annahme ihrer Herkunft von einer ihre gemeinsame Mutter darstellenden Ursprache erklärt werden kann. Eine solche aber setzt ein sie sprechendes Urvolk voraus, von dem die sich jener Tochtersprachen bedienenden Völker abstammen oder abgezweigt sein müssen. Dabei werden diejenigen Worte, die sich in allen so zusammengehörigen Sprachen wiederfinden, bereits in jener Ursprache vorhanden gewesen sein. Es ergiebt sich von hier aus die Möglichkeit, von dem Wesen und dem Kulturzustand jenes Urvolks ein ungefähres Bild zu gewinnen. Denn dasselbe kann füglich doch nur für solche Dinge sprachliche Bezeichnungen gehabt haben, die ihm selbst bekannt waren. Sich selbst nannte dieses Volk, mit dem die alten Perser, dann die Inder, weiter die ursprünglich ein Volk bildenden Griechen und Italiker, dann die Kelten, die Germanen und endlich die Letten und Slawen zusammengehören, Arier, d. h. Edle oder Herren, während wir die Gesamtheit der von ihm abzuleitenden Völker nach zweien der Hauptzweige als Indogermanen zu bezeichnen pflegen. Im Anschluß an den Wortschatz, den wir aus den allen indogermanischen Sprachen gemeinsamen Worten als den Ariern eigen nachweisen können, muß die Heimat derselben in einem Lande gesucht werden, in dessen Nähe hohe Berge aufragten und das sich eines gemäßigten Klimas erfreute, jedoch nicht vom Meere bespült wurde. Gewöhnlich vermutet man sie danach und im Hinblick auf die von ihr ausgegangene Bewegung der verschiedenen indogermanischen Völker im westlichen Innerasien, den Landschaften östlich vom Kaspischen Meere. Doch ist neuerdings auch versucht worden, sie weiter nach Westen zu verlegen und in Europa selbst nachzuweisen, eine Hypothese, die eine Stütze erhalten hat durch die Auffindung einer Menge von prachtvollen Bronzegeräten in den Gräberfeldern von Koban im Kaukasus. Diese ergaben nämlich die wichtige Thatsache, daß die einst in jenem Gebiete herrschende Kultur dort nicht einheimisch war und etwa späterhin von dort weiter westwärts verbreitet wurde, sondern erst von Südwesten her, aus Griechenland und den kleinasiatischen Gebieten dorthin eingeführt worden ist. Wo auch immer aber die Arier dereinst gesessen haben mögen: der nachweisbare Bestand ihrer Sprache ergiebt, daß sie über das Leben als Jäger und Fischer bereits hinaus waren, einzelne Haustiere (namentlich das Pferd, das Rind, das Schaf und den Hund) und Getreidearten kannten, etwas Ackerbau trieben, das Salz und einige Metalle gebrauchten, bekleidet einhergingen, Waffen führten und häusliche Niederlassungen, wenn auch vielleicht noch keine eigentlichen festen Wohnsitze kannten. Ihre religiösen Vorstellungen beruhten auf dem Kultus des Lichts, ihre Rechtsanschauung auf der Schutzgemeinschaft der derselben Sippe Angehörigen, ohne daß sie es von da aus schon zu einer umfassenden staatlichen Organisation gebracht hätten.

Von diesem arischen Urvolk haben sich nun zuerst die Perser gelöst und sind nach Osten wandernd in dem iranischen Hochlande seßhaft geworden. Eine weitere Abzweigung führte Stammgenossen der Arier nach Südosten: sie ließen sich als Inder im Thal des Indus nieder. Von dort aus verbreiteten sie sich allmählich über den größten Teil der vorderindischen Halbinsel und in das Thal des Ganges, indem sie die vorgefundene Urbevölkerung teils in die Berglandschaften des Nordens, teils in das centrale Hochland zurückdrängten. Demgemäß stehen die Sprachen der Perser und der Inder der arischen Ursprache auch am nächsten. Mannigfaltiger und folgenreicher für die allgemeine Entwickelung waren die Abzweigungen nach Westen, die zur Besiedelung Europas geführt haben. Zuerst brachen in dieser Richtung die Kelten auf, denen auf ihrem Zuge durch Europa erst das Meer im Westen Halt gebot. Ihnen folgten — eine Zeit lang, während des Aufenthalts im östlichen Europa, vermutlich ein Volk bildend — die Gräco-Italiker und dann die Germanen. Während letztere sich später nordwärts wandten, schlugen erstere, sich in zwei gesonderte Völker auflösend, den Weg nach Süden ein und besetzten die östliche und die mittlere von den drei südeuropäischen Halbinseln. Noch später haben sich dann die Letten und endlich die Slawen von dem Urvolke gelöst und im Rücken der Germanen die osteuropäische Tiefebene bis zum Gestade der Ostsee eingenommen.

So sind die Völkerschichten entstanden, welche ethnographisch die Grundlage für die Geschichte unseres Erdteils geworden sind. Natürlich kann diese Einwanderung der verschiedenen Zweige der Arier nach Europa füglich nur auf dem Landwege geschehen sein. Ihre Zeit zu bestimmen ist unmöglich, und nur als eine jedes sicheren Anhalts entbehrende Hypothese ist es zu bezeichnen, wenn man annimmt, Germanen und Gräco-Italiker hätten Europa etwa um das Jahr 2000 v. Chr. betreten, die voraufgegangenen Kelten aber wären damals bereits an dem Gestade des westlichen Meeres angekommen gewesen. Danach sollen dann die Germanen im achten Jahrhundert v. Chr. das ganze weite Gebiet der Weichsel, Oder und Elbe inne gehabt haben. Doch scheint die älteste Bewegung dieser Völker nicht nach Westen, sondern nach Süden und Osten gerichtet gewesen zu sein: vermutlich durchbrachen erst nach dem Verfall der Keltenmacht die Germanen das große mitteldeutsche Waldgebirge, drängten nach Süden und überschritten westwärts den Rhein, während die ihnen folgenden Slawen in die von ihnen leer gelassenen Wohnsitze einrückten. Es hängt mit diesen Problemen zusammen, daß nach mancher Altertumsforscher Annahme die ältesten Sitze der Germanen vielmehr im Norden, in Mecklenburg, Schleswig-Holstein, Jütland, auf den dänischen Inseln und in Südschweden zu suchen sein sollen. Ein einigermaßen sicheres Bild von der Art, wie diese indogermanischen Einwanderer, nachdem die ursprünglich zwischen ihnen bestehende und eine Zeit lang noch festgehaltene Gemeinschaft endgültig gelöst war, über Europa verteilt gewesen sind, vermögen wir uns erst für die letzten Jahrhunderte vorchristlicher Zeitrechnung zu machen. Damals waren auch bereits die Slawen als selbständige Gruppe aufgetreten und hatten sich im heutigen Rußland, nördlich von der pontischen Steppe und östlich von der mittleren Weichsel niedergelassen. Westlich von ihnen saßen die Germanen, die im vierten Jahrhundert v. Chr. wahrscheinlich Skandinavien, die Ostseeprovinzen und Nord- und Mitteldeutschland bis gegen Thüringen hin inne hatten. Südlich von ihnen bis zu den Alpen saßen die Kelten, als deren Stammland wohl Süddeutschland und Gallien zu gelten haben werden.

Graburnen von Thon; auf dem Rosenauberge bei Augsburg 1844—1845 gefunden.

Rechts unten eine seltene Urne von Glas, etwa 21 Centimeter hoch, in der Öffnung etwa $14\frac{1}{2}$ Centimeter, in der Bauchung etwa 23 Centimeter Durchmesser. Augsburg, Maximilians-Museum.

(Jahresber. des histor. Kreisvereins für Schwaben und Neuburg; 1846.)

Wann die einzelnen Zweige sich von dem indogermanischen Urstamm gelöst haben, wie lange die untereinander nächstverwandten auch in den neuen Wohnsitzen die alte Lebensgemeinschaft noch festgehalten haben, um sich dann endgültig zu spalten und gesonderte Wege der Entwickelung zu verfolgen — von allen diesen Vorgängen gewinnen wir allein aus der fortschreitenden Spaltung der Sprachen und der immer selbständigeren Entwickelung der einzelnen eine ganz allgemeine Vorstellung: sie zeitlich genau fixieren zu wollen ist ein vergebliches Bemühen. Für die Germanen insbesondere müssen wir uns an der sprachgeschichtlich und aus den prähistorischen Funden erweisbaren Thatsache genügen lassen, daß sie, nach den Kelten aus den Ursitzen aufbrechend, ungefähr um dieselbe Zeit, wo die Griechen und Italiker die später von ihnen bewohnten Länder einnahmen, in das nachmalige eigentliche Germanien einrückten. Vermutlich fanden sie dort wenigstens Reste einer Urbevölkerung vor, die teils sich vor ihnen zurückzog, teils ausgerottet wurde, nicht ohne mancherlei eigenartige Beweise ihres Daseins zu hinterlassen. Doch kommen dafür nicht jene ältesten Menschen in Betracht, von denen dürftige, auf ein kümmerliches, noch halb tierisches Dasein hinweisende Spuren hier und da in Höhlen gefunden sind, die Menschen der sogenannten jüngeren Eiszeit, die für uns durch die fossilen Reste des Mammut, des Höhlenbären und dann weiterhin des Renntiers gekennzeichnet wird, während von ihrer niedrigen Kultur die primitiven Gerätschaften der älteren Steinzeit uns ein ungefähres Bild geben — Lanzenspitzen, Äxte und Schaben aus roh zugehauenen, ungeschliffenen und unpolierten Steinen. Daß aber auch diese Menschen fortschritten, beweist das aus der Masse der Funde erkennbare allmähliche Aufkommen besserer Instrumente aus Bein, Holz und Horn. Auch Thongefäße finden sich späterhin, und zahlreiche Knochennadeln bezeugen, daß ihre Benutzer bereits genähte Kleider trugen. Endlich lassen naturwüchsige Versuche in der Verzierung von Geräten und Gefäßen erkennen, daß es selbst diesen doch wahrlich noch niedrig stehenden Menschen weder an Sinn für die sie umgebende Natur noch an der Neigung gefehlt hat, Waffen, Werkzeuge und sonstige Gebrauchsgegenstände durch allerlei an sich unnötige Zuthaten zu schmücken. Alle

2

1

Thongefäße.

1. Aus einem Grabhügel im Königreich Sachsen; 29 Centimeter hoch. 2. Aus den fränkischen Gräbern von Osthofen bei Worms; 20 Centimeter hoch. (Nach Klemm.)

hierher gehörigen Überreste aber stammen von einem Menschengeschlecht, welches zu der Zeit, wo die germanische Einwanderung von Osten her erfolgte, bereits — vielleicht bis auf einige dürftige Überreste — verschwunden war. Dagegen berechtigt eine Reihe von Umständen zu der Annahme, daß die Germanen den nördlichen und östlichen Teil der von ihnen besetzten Gebiete beim Einrücken von einer Bevölkerung besiedelt fanden, die in der Kultur schon wesentlich höher und zwar auf der Stufe stand, die für uns durch die Funde der jüngeren Steinzeit veranschaulicht wird, den Bewohnern der sogenannten Pfahlbauten: die letzten Stammverwandten derselben werden wir in den weit nach Norden zurückgedrängten Finnen zu erblicken haben.

Man hat sowohl in Italien wie namentlich auch in der Schweiz, Süddeutschland und Österreich Spuren und Reste zahlreicher, ziemlich gleichmäßig angelegter Ansiedelungen gefunden, welche — augenscheinlich aus Gründen der Sicherheit — im Wasser, auf eingeramm-

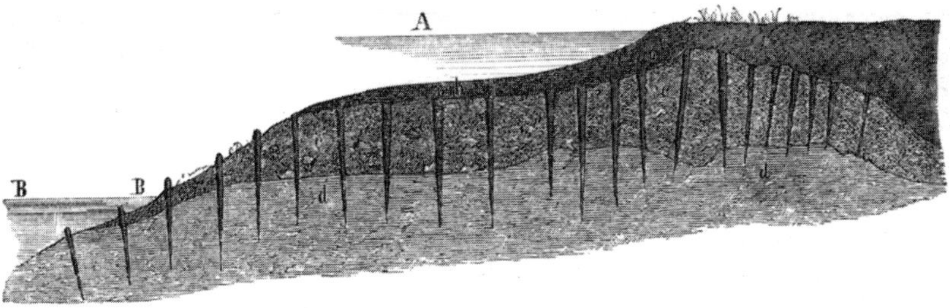

Reste der Pfahlbauansiedelung im Moosedorfsee bei Bern.
(Mitteil. d. antiqu. Gesellschaft in Zürich. XIV.)

A = früherer Wasserspiegel. B B = gegenwärtiger Wasserspiegel. b b = Schicht von Schlamm und Schilfwurzeln. c c = lockerer Torf mit Steinen, Kies, Holzwerk, Kohlen, Knochen u. s. w. d d = alter Seegrund. e = dichter Torf.

ten Pfählen oder von solchen getragenen Rosten hergerichtet gewesen sind. Wie einst die Bewohner der Sumpfburgen (Terramaren, Crannoge), welche aus den gleichen Gründen auf natürlichen oder künstlichen Inseln errichtet und z. B. in Irland hier und da noch bis in das Mittelalter benutzt wurden, warfen auch die der Pfahlbauten die massenhaften Abfälle, die ihr täglicher Hauswirtschaftsbetrieb ergab, in das nahe Wasser, wo sie sich im Laufe der Zeit zu förmlichen Wällen auftürmten, deren bunt gemischter Inhalt, nach seinen Bestandteilen bestimmt, uns eine überraschend deutliche Anschauung giebt von der Lebensführung der einst dort hausenden Menschen. Dieselben nährten sich von dem Ertrage des Meeres und dem Fleische der Säugetiere, trieben aber auch, wie es scheint, nicht unbedeutende Viehzucht. Namentlich finden sich massenhaft die Knochen von Pferden, Schafen, Rindern, Schweinen und Ziegen. Auch der Hund war bereits Haustier. Sie bauten Gerste, Hirse und Weizen, den sie zu Brot zu verbacken verstanden, aßen Obst und mancherlei Vegetabilien und kleideten sich nicht mehr bloß in Felle, sondern auch schon in Zeuge, die sie aus Flachs und

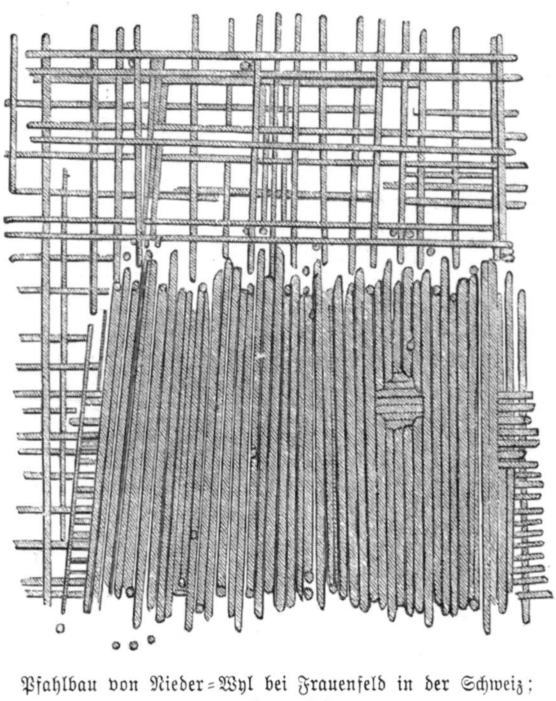

Pfahlbau von Nieder-Wyl bei Frauenfeld in der Schweiz; von oben gesehen.
(Mitteil. d. antiqu. Gesellschaft in Zürich. XII.)

Bast verfertigten. Auch die Gerätschaften, deren sich die Bewohner der Pfahlbauten bedienten, sind wesentlich vervollkommnet, mannigfaltiger und zweckentsprechender gestaltet als die der Menschen der jüngeren Steinzeit: mit ihrer Hilfe hat man selbst die Technik auffinden und nachahmen können, die zur Herrichtung verschiedener, vielgebrauchter Bedarfsartikel angewandt wurde. Durch zugehörige Gräberfunde vermehrt, finden sich in unseren prähistorischen Sammlungen endlose Reihen von Äxten, Beilen, Hämmern, Meißeln, Sägen, Sicheln, Messern, Dolchen, Pfeilen, Speeren und Harpunen, von denen manche bereits eine beachtenswerte Ausbildung der Holzindustrie erkennen lassen. Auch die Töpferei war schon ziemlich weit vorgeschritten, und für gewisse in großer Menge gebrauchte Gerätschaften verschiedener Art ist eine massenhafte, fabrikmäßige Anfertigung in besonderen, dazu eingerichteten Werkstätten erkennbar. Daß endlich selbst der Handel, wenn er zunächst auch noch auf den einfachen Tauschverkehr beschränkt blieb, den Trägern der uns hier entgegentretenden Kultur nicht fremd war, geht daraus hervor, daß in ihren Ansiedelungen hier und da Bronzegegenstände zweifellos etruskischen Ursprungs gefunden worden sind. Dabei ist freilich die Möglichkeit nicht ausgeschlossen, daß diese erst von den Besiegern der Pfahlbautenbewohner, den den Germanen voraufgegangenen Kelten, dorthin gebracht worden sind. Denn in den von ihnen besetzten Gebieten haben dieselben vorgefundene Niederlassungen der Art, so weit sie ihre abziehenden Bewohner nicht selbst der Zerstörung preisgaben, nicht immer gleich vernichtet, sondern vielfach selbst noch als Wohnsitze benutzt, wie das Vorkommen keltischer und selbst germanischer Geräte in den oberen Schichten der Abfalllager erkennen läßt.

In dem westlichen und südlichen Teil des späterhin von ihnen bewohnten Landes sind die Germanen Nachfolger der Kelten gewesen und werden dann oft genug die von diesen benutzten Pfahlbauten auch ihrerseits noch weiter bewohnt haben. Für eine Menge von Örtlichkeiten im Herzen später ganz germanischen Landes sind die Namen in Gebrauch geblieben, die ihnen die einst dort sitzenden Kelten beigelegt hatten. Demgemäß muß denn auch die von den Kelten dort entwickelte Kultur auf die germanischen Einwanderer eingewirkt haben. Diese aber veranschaulicht uns eine reiche Fülle von Fundstücken, die noch unausgesetzt vermehrt wird. Sie zeigt die Kelten als Träger einer hoch entwickelten Bronzekultur. Ihre genaue Kenntnis, die für die Entwickelung der prähistorischen Forschung überhaupt epochemachend geworden ist, verdanken wir namentlich dem seit 1846 aufgedeckten ungeheuren Gräberfeld bei Hallstatt im Salzkammergut, auf dem im Laufe der Jahre aus mehr als tausend Gräbern über sechstausend Gegenstände zu Tage gefördert worden sind, die im ganzen und großen alle einer und derselben Zeit angehören. Die Leichen, in deren Ruhestätten sie sich fanden, waren teils verbrannt, teils beerdigt. Besonderes Interesse erwecken unter den Fundstücken natürlich die Waffen, von denen selbst die der Zahl nach überwiegenden eisernen doch die für Bronzewaffen charakteristischen Formen zeigen. Die Schwerter haben schwere, breite und bis anderthalb Meter lange Klingen mit schräg abgeschnittener Spitze; der an sie gleich angeschmiedete Handgriff endet in einen großen Knauf, und unterhalb des Griffansatzes ist die Klinge mit seitlichen Einschnitten versehen. An den Dolchen ist die Klinge meist von Eisen, der Griff aus

1

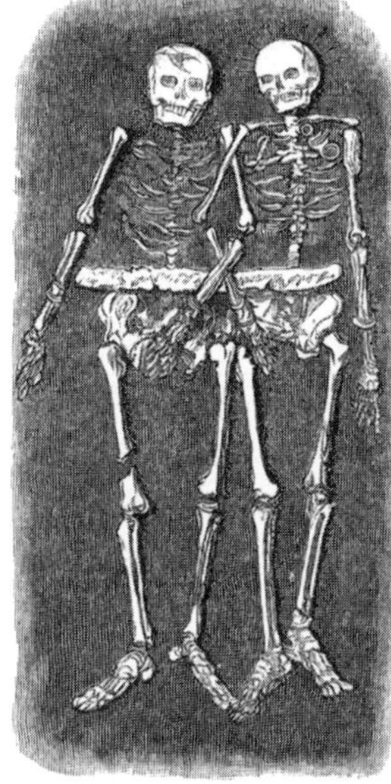

3

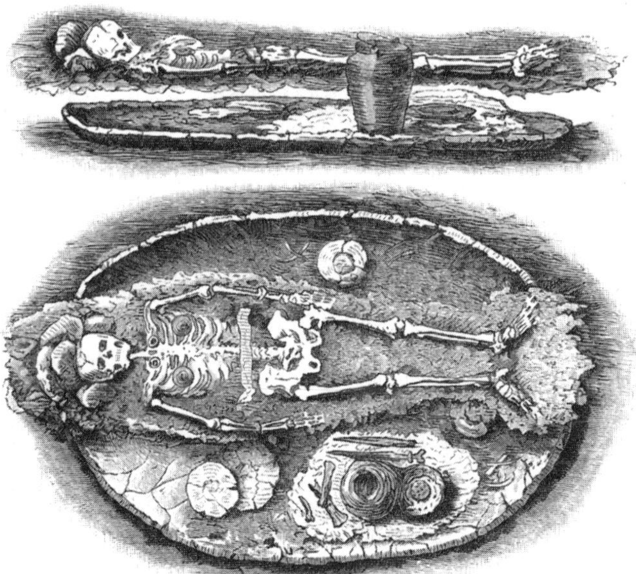

2

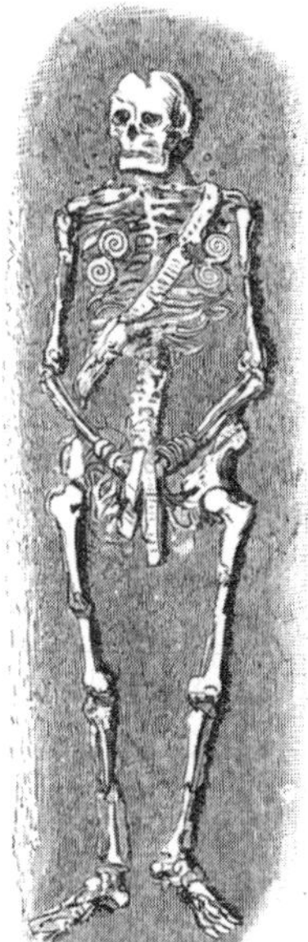

4

Leichenverbrennung und Bestattungsweise in dem Gräberfelde von Hallstatt.

1. Brandgrab in einer Thonmulde mit teils auf die Brandreste gelegten, teils neben sie gestellten Beigaben. 2. Gemeinschaftliches Grab einer bestatteten und einer verbrannten Leiche in einer Thonlade. 3. Doppelgrab, Bestattung. 4. Bestattete Leiche mit Zierat. (Nach v. Sacken.)

Bronze. Die Messer sind breit, einschneidig, geschweift. Unter den Schmucksachen finden sich prächtige bronzene Gürtelbleche mit dreieckigem Haken als Verschluß und in getriebener Arbeit reich verziert. Die Gewandspangen sind Spiral- oder Bügelfibeln. Von den Armringen sind die größeren meist hohl, die kleineren dagegen massiv, mit Schnüren aufgereihter Perlen, Kugeln und Halbkugeln verziert. An Gürteln, Ohrringen und Fibeln finden sich an zierlichen Kettchen herabhängend Zierstücke und Klappenbleche. Außerordentliche Mannigfaltigkeit der Formen weisen die Bronzegefäße auf, darunter ein- und zweihenkelige Eimer und quer gerippte Cisten. Die ebenfalls sehr verschieden gestalteten Thongefäße sind teils einfach durch eingeritzte Linien, Kreise, Dreiecke u. a. m., teils durch farbige, meist schwarze und rote Bänder und Streifen verziert. Goldene Schmucksachen kommen nur vereinzelt vor, silberne gar nicht. Dagegen findet sich Bernstein hier und da

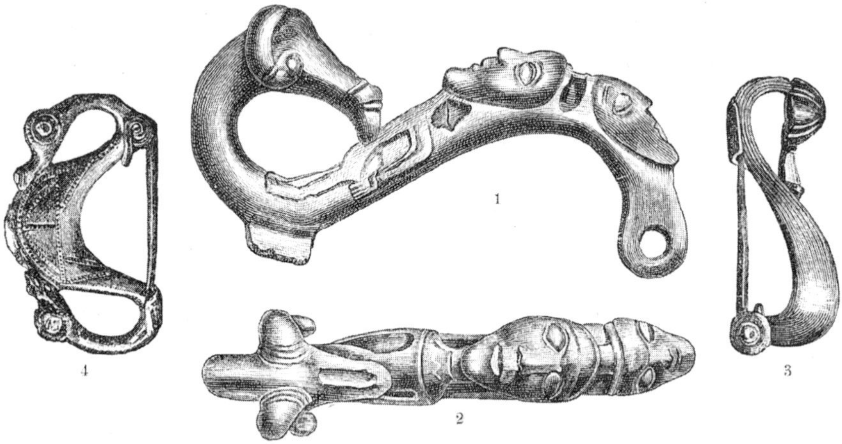

Gewandnadeln (Fibeln) vom Charakter der Funde in den Gräbern bei Hallstatt.

1. 2. Vordere und Seitenansicht einer größeren Gewandnadel. Verziert mit zwei Masken, der Bügel in einem Widderkopf endigend; auf der Stirn desselben und an den Seiten des Bügels Vertiefungen zur Aufnahme farbiger, schmelzartiger Masse. Gefunden zu Niederschönhausen bei Berlin. (Nach Lindenschmit.) 3. Fibula aus Erz; Seitenansicht in natürlicher Größe. Gefunden in einem Grabhügel der oberen Maingegend. (Mainz, Museum.) 4. Schmucknadel aus Erz; $^2/_3$ der natürl. Größe. Obere Ansicht. Von dem mittleren Teile des Zierstückes erheben sich, wie aus einem gemeinsamen Körper, zwei Schwanenhälse, deren Köpfe rot emaillierte Augen haben. Die Farbe des Schmelzwerkes an den Schnäbeln und an dem sie verbindenden Streifen des Bügels ist nicht mehr zu erkennen. Die übrigen Ornamentstreifen sind eingraviert. Gefunden zu Schwabsburg, zwischen Nierstein und Selzen.

verwendet. Als Verzierungen sind hier und da auch Figuren von Menschen und Tieren benutzt, von letzteren namentlich Pferde und Vögel, in roher Zeichnung freilich und meist zu Reihen geordnet; Pflanzenmotive kommen nicht vor.

Eine noch etwas spätere Entwickelungsstufe der keltischen Kultur stellt in seiner Gesamtheit ein ähnlicher Fund dar, welcher am nördlichen Ende des Neuenburger Sees bei dem Dörfchen Marin in einem von den anwohnenden Fischern La Tène genannten Pfahlbau gemacht worden ist. Ihm entsprechende Stücke haben sich weit verstreut bis nach Norddeutschland sowie Skandinavien, Britannien und Irland gefunden. Daher hat man eine ganze prähistorische Periode danach benannt. Nach den zugehörigen Münzen muß sie den letzten Jahrhunderten vor Christi Geburt angehören. Unter den la Tène-Gegenständen überwiegen die

Erläuterung zu der Tafel:

Waffen, Zierat, Gefäße und Geräte aus dem Gräberfelde von Hallstatt.

1. Gürtelbeschlag aus Erz. Aus einem Grabhügel bei Habsthal. Sigmaringen, Fürstliches Hohenzollersches Museum. (Lindenschmit.)
2. Bruchstück eines Gürtelbeschlages aus dünnem Erzblech. Aus einem Grabhügel des Kanton Zürich. Zürich, Museum. (Ebd.)
3. Brustplatte, verziert mit Pferden, Schwänen und mit erhaben getriebenen Buckeln, an denen an Kettengliedern Bleche hingen. Die Randteile sind ergänzt. (v. Sacken, Das Grabfeld von Hallstatt.)
4. Gürtel aus Erzblech mit erhaben getriebenen Ornamenten. (Ebd.)
5. Gürtelblech mit gravierten Ornamenten im Tremolierstich. (Ebd.)
6. 7. Gürtel aus Erzblech mit erhaben getriebenen Ornamenten. (Ebd.)
8. Teil eines Gürtels aus Erzblech mit erhaben getriebenen Ornamenten. (Ebd.)
9. Teil eines großen mit Figuren und Pferden verzierten Gürtels aus Bronze. (Ebd.)
10. Bronzenes Halsblech mit erhaben gearbeiteten Verzierungen. (Ebd.)
11. Gürtel mit erhaben getriebenen Ornamenten; aus Erzblech. (Ebd.)
12. Teil eines geknüpften Streifens von schwarzem Wollstoffe mit eingearbeiteten, schachbrettartigen braunem Ornament und mit durchgezogenen Pferdehaaren. (Ebd.)
13. Hängeschmuck in Radform; durch den oberen Knopf lief eine Schnur. (Ebd.)
14. Vollständige Gürtelkette aus Erz ($^2/_9$ der natürlichen Größe). Der Haken in Form eines langhalsigen Tierkopfes mit Ohren und knopfförmiger Schnauze sitzt auf einem Beschlag von zwei querlaufenden Stangen, welche noch Spuren farbigen Emails zeigen. Gefunden in einem Grabe bei Kreuznach. Mainz, Museum. (Lindenschmit.)
15. Halbmondförmige Fibula mit Kettengehänge. (v. Sacken.)
16. Massives Gehänge mit einer birnenförmigen Schelle. (Ebd.)
17. Bulla, bestehend aus zwei aufeinander gelegten mit erhabenen Verzierungen ornamentierten convexen Blechen, an denen Kettchen hängen; die obere Hälfte ist mit einer beinernen Einfassung versehen. (Ebd.)
18. Teil eines bronzenen Gürtels mit Klapperblechen an den Kettchen. (Ebd.)
19. Schmucknadel, deren Spitze in ein besonderes Vorsteckstück versenkt ist. Bronze. (Ebd.)
20. 21. 22. Armring. (Ebd.) — 23. Hohler Halsring. (Ebd.) — 24. Drahtartiger Halsring. (Ebd.)
25. Hafte mit vier Spiraldisken. (Ebd.) — 26. Goldene Scheibenfibula. (Ebd.)
27. Spiralfibula aus sich verjüngendem Draht. (Ebd.) — 28. 29. 30. Bügelhaften. (Ebd.)
31. Fibula mit einem Querstift; derselbe ist mit Draht, welcher von einem zum andern Ende läuft und in den Dorn übergeht, umwunden; am Bogen ein Riegel aus gewundenem Golddraht. (Ebd.)
32. Fibula mit hohlem Bogen. (Ebd.) — 33. Bügelhafte. (Ebd.) — 34. Blattförmige eiserne Lanzenspitze. (Ebd.)
35. Sehr lange eiserne Speerspitze mit scharfen Mittelgraten. (Ebd.)
36. Blattförmige eiserne Lanzenspitze. (Ebd.)
37. Helm mit zwei Kämmen; vorn und hinten Haken zur Befestigung eines Wulstes; der Rand ist mit Knöpfchen besetzt, an den Seiten Ringe für Kinnbänder. (Ebd.)
38. Das größte der im Hallstatter Grabfeld gefundenen Schwerter: Klinge von Eisen, Griff und Knauf mit Bernstein ausgelegt. (Ebd.)
39. Bronzeschwert mit Griffzunge, welche mit Horn oder Holz bekleidet war. (Ebd.)
40. Bronzeschwert älterer Form; mit Absicht in vier Stücke zerbrochen. (Ebd.)
41. Prachtdolch; die gerippte Klinge ist von Eisen, der Griff mit Figürchen und die bronzene Scheide mit Flußperlen besetzt. (Ebd.)
42. Langer Dolch von Eisen, Griff von Bronze. (Ebd.)
43. Einschneidiger Dolch, ganz von Eisen, Griff und Scheide vollständig mit Goldblech überzogen. (Ebd.)
44. Eiserne Messerklinge. (Ebd.) — 45. Eisernes Hackmesser. (Ebd.)
46. Geriffeltes Eisenbeil, in dessen Schaftröhre noch der Rest des Holzstieles sitzt. (Ebd.)
47. Dünnes eisernes Beil ohne Lappen oder Tülle. (Ebd.) — 48. 49. Bronzene Beile. (Ebd.)
50. Untersatz für Kessel (?) verziert mit Scheiben und Vögeln in Relief. (Ebd.)
51. Kessel aus Bronzeblech mit zwei Henkeln und Deckel. (Ebd.)
52. Deckel dieses Kessels mit Tiergestalten archaischen Stils in Relief. (Ebd.)
53. Deckel eines ähnlichen Kessels mit Hunden und Rosetten in Relief ornamentiert. (Ebd.)
54. Großer Schöpflöffel aus Bronze. (Ebd.) — 55. Gerippte Schale aus Bronze. (Ebd.)
56. Schale von Thon; die Mäander mit weißer Farbe gemalt. (Ebd.)
57. Vase aus Bronzeblech; ein Kranz von konischen Nägeln hält Ober- und Unterteil zusammen. (Ebd.)
58. Kessel aus Bronzeblech. (Ebd.)
59. Schale aus Bronzeblech, der Rand mit Kreisen und Wasservögeln in erhabener Arbeit verziert. (Ebd.)
60. Schale aus feinem, hart gebranntem Thon mit Rippen und grün gemalten Ornamenten. (Ebd.)
61. Schale von Bronzeblech mit hohlem Fuß. (Ebd.)
62. Eimer mit Wulsten von Bronzeblech. (Ebd.) — 63. Scheibenförmiges Schmuckstück. (Ebd.)
64. Bronzebecken mit zwei Tragreifen, der Rand durch einen gravierten Mäander verziert. (Ebd.)
65. Schale von Bronzeblech. (Ebd.) — 66. Vasenförmige Schöpfkelle aus Bronze. (Ebd.)
67. Schmuckstück in Form einer menschlichen Halbfigur. (Ebd.)
68. Schmuckstück in Form eines Rindes. (Ebd.) — 69. Bronzene Haftnadel in Form einer Tiergestalt. (Ebd.)
70. Kleine Bronzeaxt, vermutlich als Abzeichen einer Würde auf einem Stabe getragen. (Ebd.)
71. Fischangel. (Ebd.)

Waffen, Zierrat, Gefäße und Ge

s dem Gräberfelde von Hallstatt.

eisernen. Die Formen zeichnen sich vor den im Hallstatter Funde vertretenen aus durch Abrundung und kräftige Profilierung. Besonders charakteristisch ist die rückwärts gebogene, aus einem Stück gearbeitete Spange. Die Schwerter haben dünne, gerade Eisenklingen bis zu einunddreiviertel Meter Länge, die in Bronze- oder Eisenscheiden stecken. Den Griff bildet ein mit Holz oder Horn bekleideter dünner Eisendorn, der in einen Knopf endet. Auch kürzere, zum Stechen bestimmte Schwerter und Dolche kommen vor. Die Lanzenspitzen mit starker Mittelrippe sind lanzettförmig. Einen bedeutenden Fortschritt lassen die Schmucksachen erkennen. Bemerkenswert sind darunter namentlich die aus Tierköpfen gebildeten Gürtelhaken. Arm- und Halsringe sind mit Knöpfen besetzt und laufen oft spiralförmig aus.

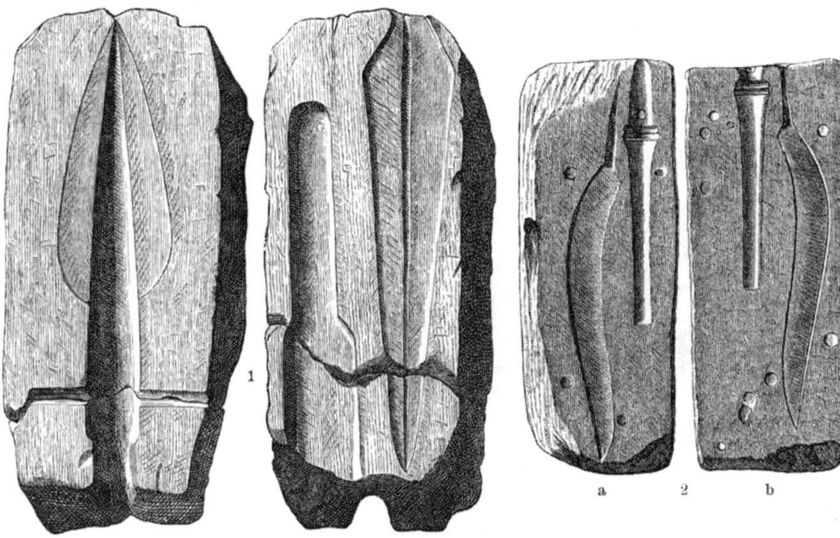

Formen für Metallguß.

1. Zwei Formen auf einem Steine zum Gießen von Lanzenspitzen; gefunden (1857) zu St. Margarethenberg bei Burghausen. Länge 22 Centimeter; Breite 9 Centimeter. (München, Bayerisches Nationalmuseum.) 2. Zwei Steintafeln mit Gußformen für ein Messer und einen Meißel; $^1/_5$ der natürl. Größe. Die Platten enthalten die Form für eine leicht gekrümmte Messerklinge mit gradem Dorn für den Griff, wobei sich der Einguß auf der Seite des Dorns befindet. Neben demselben ist die Form für einen Meißel in den Stein gearbeitet, bei dessen Guß aber die beiden Platten verschoben werden mußten, so daß die eine über die andere vorragte. Bei Nr. 2a ist deshalb auch die Rinne des Eingusses verlängert. In dieser Vertiefung ist ein Loch eingebohrt, vermutlich um das Kernstück für die Schafthülse des Meißels zu befestigen. Gefunden am Schermützelsee bei Bukow in der Mark Brandenburg. — Müncheberg, Sammlung des Vereins für Heimatskunde.
(Nach Lindenschmit.)

In den fein gearbeiteten Bronzeketten sind die Ringe durch besondere Zwischenglieder verbunden. Unter den Gefäßen fallen die bronzenen Schnabelkannen auf mit hoch ragendem Ausguß. Die Ornamentierung überrascht durch Mannigfaltigkeit und Reichtum der Motive, die gelegentlich eine selbständige Behandlung klassischer Vorbilder erkennen lassen. Neu sind rote, emailartige Scheiben und roter, leicht schmelzbarer Glasfluß. Auch Silber findet sich hier verwendet. Schüsseln und Urnen kommen in beträchtlicher Größe vor, erstere tief, letztere meist dickbäuchig.

Sowohl die Hallstatt- wie die la Tène-Funde bezeugen eine hochentwickelte Kultur, die auch bereits über eine ungewöhnliche technische Fertigkeit verfügte.

Aber während letztere in der Hallstatt-Kultur sich besonders in der Behandlung der Bronze offenbart, die man zu Platten von bewunderungswürdiger Dünnheit und Ebenmäßigkeit zu hämmern verstand, um sie dann in Formen auszutreiben, mit Ornamenten zu versehen und aneinander zu nieten, wird die von la Tène gekennzeichnet durch den hohen Stand der Schmiedekunst, wie ihn nur ein zur vollsten Entfaltung ausgereiftes Zeitalter des Eisens erreichen konnte. In einem solchen fanden demnach die Germanen die Bewohner der südlichen und westlichen Teile des von ihnen eingenommenen Gebiets. War ihnen selbst Gebrauch und Bearbeitung des Eisens nicht mehr unbekannt, so hatten sie jedenfalls in den neuen Wohnsitzen außerordentlich viel zu lernen.

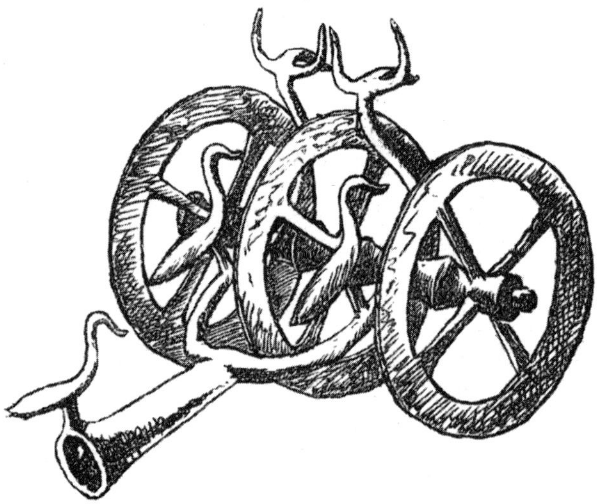

Kleiner Wagen von Bronze.

In einem Moor bei Burg im Spreewalde gefunden. Drei vierspeichige Räder an einer Achse; an dieser die Deichsel, deren Enden sich halsartig aufwärts biegen und vogelkopfähnlich in zwei Hörner enden; auf der Deichsel drei Vögel. Hat vielleicht Kultuszwecken gedient. (Nach Undset.)

Wurde den Germanen demnach beim Eintritt in das bisher von den Kelten bewohnte Gebiet auch in anderen Hinsichten eine Fülle des Neuen und des Vollkommeneren erschlossen, so darf man doch ja nicht etwa meinen, sie selbst seien mit ihrer eigenen, mitgebrachten Kultur dagegen überhaupt noch sehr weit zurückgewesen. Man darf sie sich nicht als Barbaren denken, die allein vermöge ihrer physischen Überlegenheit Herren des Landes höher entwickelter Völker wurden und plötzlich einen gewaltigen Fortschritt machten, indem sie sich die Früchte der Kulturentwickelung anderer Völker aneigneten. Aber auch die Ansicht ist unhaltbar, welche den Übergang von der Bronze- zur Eisenzeit in jenen Gebieten in der Art mit den Germanen in Verbindung bringt, daß sie dieselben zu Trägern der den Kelten unbekannt gebliebenen Eisenkultur macht. Wohl haben sie bereits in ihren asiatischen Wohnsitzen so gut wie die Kelten die Bronze und wahrscheinlich auch schon das Eisen gekannt und gebraucht. Aber auch bei ihnen ist die scharfe Scheidung eines reinen Bronzezeitalters von einem reinen Eisenzeitalter nicht möglich, vielmehr gehen beide ineinander über und nebeneinander her. Das beweisen auch für die Folgezeit noch die an verschiedenen Orten gemachten reichen Funde aller Art, die von der äußeren Ausstattung des germanischen Lebens zu einer Zeit, bis zu der eine geschichtliche Überlieferung nicht hinaufreicht, ein zum Teil sehr anschauliches Bild gewähren. Auch hat selbst späterhin auf diesem Ge-

Erläuterungsblatt zu der Tafel:

Waffen, Gerät und Zierat der Eisen- (la Tène-) Periode.

1. Zweischneidiges Eisenschwert; der Griff aus dünnem geripptem Silberblech über einer Holzunterlage. In einem Moore Schleswigs gefunden. (Nach Lindenschmit.)
2. Schwertklinge von Eisen mit wellenförmiger Damascirung des Mittelstückes. Die Klinge besteht der Länge nach aus drei Teilen; die Mitte bildet das damascirte aus vielen Drähten oder Stäben zusammengeschweißte oder gehämmerte Stück; die beiden Seitenteile, welche die Schneiden bilden, sind angeschmiedet und zwar von weniger festem Eisen, wie aus den zahlreichen tiefen Scharten wahrzunehmen ist. In einem Moore Schleswigs gefunden. Kiel, Museum. (Ebd.)
3. Damascirte Schwertklinge von Eisen; besonders schöne Arbeit. Aus einem Moore in Schleswig. Kiel, Museum. (Ebd.)
4. Eisenschwert; dasselbe befand sich in einer Scheide von Eisenblech, von welcher sich Bruchstücke bei der zweimal zusammengebogenen und zerbrochenen Klinge fanden. Gefunden in einem Grabe bei Heidesheim in der Nähe von Ingelheim. (Ebd.)
5. Vorderteil einer Schwertscheide von Erz mit eingravierten Verzierungen; die Rückseite der Scheide war nicht von Erz, sondern von Holz und Leder. Im Flusse Tweed bei Carham in Northumberland gefunden. (Ebd.)
6. Erzene Schwertscheide. (Ebd.)
7. 8. Vorder- und Rückseite eines **la Tène**-Schwertes in der Scheide. Biel, Sammlung Schwab.
9. 10. Vorder- und Rückseite eines **la Tène** Schwertes mit dem oberen Stück seiner Scheide. Biel, Sammlung Schwab.
11. Zusammengebogenes **la Tène**-Schwert in der Scheide.
12. Größere **la Tène**-Lanzenspitze. Landshut.
13. Messer; aus der Schweiz. (Nach Lubbock.)
14. 15. 16. Messer; aus dänischen Grabhügeln. (Ebd.)
17. Messer; aus der Schweiz. (Ebd.)
18. Messer; aus einer Steinkiste in einem Grabhügel bei Wennbüttel. (Nach Undset.)
19. Rasiermesser; aus Dänemark. (Nach Lubbock.)
20. Messer von Erz mit Schiffzierraten; in Holstein gefunden. Kiel, Museum. (Nach Lindenschmit.)
21. Scheere. München.
22. Halsring von Erz; gefunden in einem Grabe von Sierre in Wallis. (Nach Lindenschmit.)
23. Halsring von Erz; Schlußknöpfe von ungewöhnlicher Größe; im Departement **des Vosges** gefunden. St. Germain, Museum. (Ebd.)
24. Verzierter Halsring aus Gold; wahrscheinlich etruskischen Ursprungs. Halbe Originalgröße. Gefunden bei Dürkheim (Rheinbayern) bei einem erzenen Dreifuß. Speyer, Museum.
25. Halsring aus Bronze, etwa $^5/_{13}$ der Originalgröße. Er mißt **17 cm** im Durchmesser, ist **585 g** schwer, am stärksten Teile etwa **13 mm** dick, mit schönem, apfelgrünem Roste bedeckt und besteht aus enggewundenen Gängen, die in umgebogene, mit Knöpfen versehene Haken endigen. Gefunden im Hainerfeld bei Kraft Solms. Privatbesitz.
26. Bronze-Armring; an der oberen Seite mit flachen Querwülsten, die Kugeln mit dem Triquetrum verziert. Bei Keldbye auf der dänischen Insel Möen gefunden. (Nach Undset.)
27. Armring aus tiefblauem Glase; etwa $^5/_8$ der natürl. Größe. Gefunden in einem Grabe zu Heimersheim (Rheinhessen). Wiesbaden, Museum.
28. Gewandnadel aus Erz; $^5/_6$ der Originalgröße. Der Bügel ist mit Kreisornamenten und gestreiften Bändern verziert. Unterhalb des Hakens, in den die Nadel eingreift, ist er nach aufwärts umgebogen und trägt an seinem Ende einen scheibenförmigen Knopf, der sich dem Oberteil des Bügels wieder anschließt. Auf dieser runden Platte ist eine Scheibe aus hochroter Fritte mit einem kleineren Plättchen von Erz befestigt, welches in drei bogenförmige Abschnitte auf eine Weise geteilt ist, die als charakteristische Verzierung gewisser Bronzegeräte unserer Grabhügel zu beachten ist. Gefunden in Hard bei Zürich. Zürich, Museum.
29. Eiserne Fibula; gefunden in einer Urne mit verbrannten Gebeinen bei Tageröd, Schweden. (Nach Undset.)
30. Zweiteiliger Gürtelbeschlag aus Erz; $^4/_9$ der natürlichen Größe. Der eine Teil besteht aus der Mittelplatte, in der die Umrisse zweier phantastischen Tiere ausgeschnitten sind. Die in dem Rahmen, welcher letztere umgiebt, befindlichen Vertiefungen waren anscheinend mit einer farbigen Einlage ausgefüllt. Nach der einen Seite schließt sich an diese Mittelplatte eine Vorrichtung zur Befestigung des Gürtelleders an, auf der anderen sitzen die Haken, als Tierköpfe mit langgeschlitzten Augen und spitzen Ohren geformt; im Profil gesehen, erscheint ihr Rachen weit geöffnet. Den anderen Teil des Beschlags bildet ein starker Rahmen, der auf der einen Seite die Ringe trägt, in welche die tierköpfigen Haken eingreifen, auf der anderen eine schmale Platte, durch welche er von zehn Nietnägeln auf dem Gürtelleder befestigt wurde. In Frankreich gefunden. Paris, Artillerie-Museum.
31. Trense aus Bronze; $^2/_5$ der natürlichen Größe. In den äußeren Teilen der Gebißstange hängt auf beiden Seiten ein einfacher Ring und eine Zierscheibe, ähnlich einem Rade, dessen Speichen durch vier, in durchbrochener Arbeit verzierte Sparren gebildet werden. Das Innere dieses Ornaments nimmt ein viereckiger Rahmen ein, in dem wiederum ein barbarischer Versuch gemacht ist, eine menschliche Figur darzustellen durch Ansetzen einer Art von Kopf, Armen und Beinen an einen unförmlich breiten Körper. Gefunden in Bayern. München, Nationalmuseum.
32. 32a. Ein Gürtel aus Platten von Eisenblech. (Nach Undset.)
33. Eimer von Bronze; bei Keldby auf der dänischen Insel Möen gefunden; jedenfalls vorrömischen, wahrscheinlich etruskischen Ursprungs.
34. Erzgefäß, Oinochon; bis zur Ausgußspitze **37 cm** hoch, größte Weite **21 cm**, am Boden **13 cm**. Aus dem Grabhügelfund im Klein-Aspergle bei Ludwigsburg. (Nach Lindenschmit.)

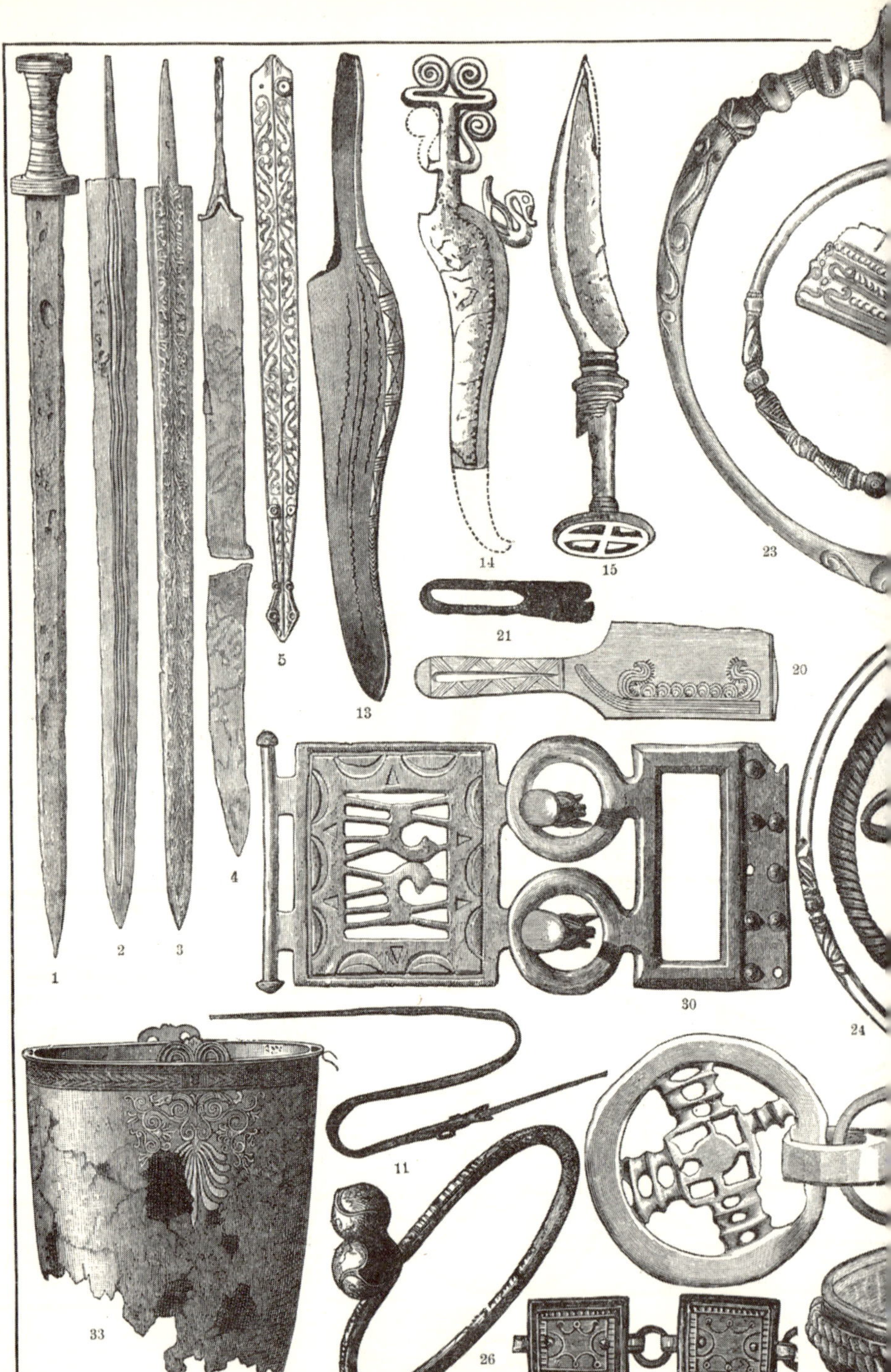

Waffen, Gerät und Zier

Eisen- (la Tène-) Periode.

biete sicher nicht bei allen Germanen Gleichmäßigkeit geherrscht, haben nicht alle ihre zahlreichen Stämme gleichzeitig auf der gleichen Kulturstufe gestanden. Vielmehr werden die einen mit dem Gebrauch der Bronze, ja dem des Eisens vertraut gewesen sein, als andere noch überwiegend Steingeräte verwandten, ganz abgesehen davon, daß doch wohl sogar bei einem und demselben Stamme die leichter herstellbaren und daher billigeren Geräte und Waffen aus Stein, Horn u. a. m. von den Ärmeren immer noch gebraucht sein werden, als die Wohlhabenderen sich längst nur solcher aus Bronze und Eisen bedienten. Endlich ist bereits damals manches kostbare Stück aus der Fremde eingeführt und dann auch gelegentlich wohl von geschickten Arbeitern nachgebildet worden. Aus alledem ergiebt sich aber jedenfalls das eine, daß die Germanen bei ihrem ersten beglaubigten Auftreten in der Geschichte nicht mehr als Völker von wandernden Hirten gedacht werden dürfen, sondern als Ackerbau und Viehzucht treibend, also bis zu einem gewissen Grade bereits seßhaft geworden.

Gefäß von Bronze; in einem Moor bei Lavindsgard (Amt Odensee) gefunden. Etwa 1/4 der natürlichen Größe. In ihm lagen elf kleinere Gefäße von getriebenem Golde mit langen, in einen Tierkopf auslaufenden Stielen. (Nach Undset.)

Recht dürftig und unsicher erscheinen im Vergleich mit der lebhaften Veranschaulichung der germanischen Urzeit durch die Masse uns erhaltener Überreste die knappen und abgerissenen, zudem in ihrer Deutung nicht selten strittigen Angaben, welche die antiken Autoren zunächst von den Germanen machen. Die älteste stammt von dem griechischen Seefahrer Pytheas von Marseille, der zur Zeit Alexanders des Großen, von Gades aus die Küsten des westlichen und nördlichen Meeres entlang fahrend, bis zu der Insel Thule gelangt ist, unter der freilich nicht Island zu verstehen ist, sondern die Shetlandsinseln. In seinem Bericht darüber, den uns der unter Kaiser Tiberius schreibende Geograph und Historiker Strabo übermittelt und den auch der beim Ausbruch des Vesuv umgekommene ältere Plinius benutzt hat, erwähnt er eines Volkes an der Bernsteinküste, das er als Gutonen bezeichnet. Daß Pytheas nicht bis in das bernsteinreiche Samland gekommen ist, steht fest: er hat höchstens die Westküste Jütlands und die westfriesischen Inseln erreicht. Nun hat man in den Gutonen die Goten wiederfinden wollen, während andere einen Irrtum oder einen Schreibfehler annehmen zu müssen meinen und in dem Namen vielmehr die Teutonen erkennen wollen. Von anderer Seite ist dagegen neuerdings darauf hingewiesen worden, daß die beiden Völkernamen dem Berichte des Pytheas selbst vermutlich ganz fremd und erst durch seinen Benutzer Plinius aus vermeintlicher eigener Wissenschaft hinzugethan sind, während der massiliotische Seefahrer, wenn er selbst auch nur bis an die Nordseeküste gelangt sein kann, dort doch Erkundigungen über weiter entlegene Gegenden eingezogen haben wird, so daß die von ihm gemachten Angaben sich immerhin sehr wohl auf das wahre Bernsteinland an der Ostsee beziehen können. Aus alledem erhellt jedenfalls das eine, daß aus des Pytheas Bericht irgend welche Kenntnis von den Germanen nicht gewonnen wird.

Anderthalb Jahrhunderte später (170 v. Chr.) werden dann als angebliche Germanen die Bastarnen erwähnt: an der unteren Donau sitzend wurden sie von dem Macedonierkönig Perseus während seines Kampfes mit den Römern zu einem Einfall in Italien aufgereizt, dabei aber im heutigen Serbien von den Dardanern aufgehalten; auf dem eiligen Rückzug sollen die meisten von ihnen in der Donau ertrunken sein. Doch ist ihre germanische Herkunft zum mindesten zweifelhaft. Wohl aber scheint eben um jene Zeit im nordwestlichen Teil des von den Germanen eingenommenen Gebiets ein erster weiterer Vorstoß derselben stattgefunden zu haben. Etliche ihrer Stämme überschritten den Niederrhein und faßten im Westen desselben inmitten der dort heimischen Kelten festen Fuß, mit denen sie dann im Laufe der Zeit zu dem keltisch-germanischen Mischvolk der Belgier verwuchsen, mochten auch einzelne der später unter diesen unterschiedenen Stämme die Erinnerung an ihre germanische Abkunft bewahren.

Erst zu Ende des zweiten Jahrhunderts v. Chr. machten die Römer die Bekanntschaft der Germanen. Hatten sie dieselben bisher vielfach mit den Kelten verwechselt oder für eins gehalten: die furchtbaren Erfahrungen, die ihnen gleich bei diesem ersten Zusammenstoß beschieden waren, flößten ihnen alsbald eine gewaltig hohe Meinung von der Kraft dieses zu so großen Dingen berufenen Volkes ein, und wenn sie sich desselben schließlich diesmal auch noch glücklich erwehrten: die Erinnerung an die bestandenen Gefahren und die erlittene Schmach lebten um so eindrucksvoller fort, als dieselben zugleich den Anlaß gegeben hatten, daß der fortschreitende Verfall ihres innerlich tiefkranken Staates plötzlich in erschreckender Weise offenbar wurde. Andererseits aber ist dieser erste Zusammenstoß zwischen Römern und Germanen auch deshalb lehrreich, weil er die überraschende Beständigkeit gewisser dem Germanentum eigentümlicher Züge erkennen läßt und Gelegenheit bietet, Jahrhunderte vor der Völkerwanderung ein wanderndes germanisches Volk zu beobachten und festzustellen, daß die charakteristischen Formen in dem Leben eines solchen bereits damals im wesentlichen dieselben gewesen sind wie späterhin. Offenbar handelt es sich da um Erscheinungen, die mit der Lebenswurzel germanischen Wesens überhaupt auf das engste verbunden und als natürliche, ja gewissermaßen naturnotwendige Äußerungen desselben aufgefaßt werden müssen.

Denn wenn während des jahrelangen Hin- und Herziehens unter allerlei anderen Völkerfragmenten auch keltische Haufen sich ihnen angeschlossen haben mochten: daß die Cimbern Germanen gewesen, ist nicht zu bezweifeln. Gestritten wird freilich, ob sie vor ihrem Aufbruch an der mittleren Elbe gesessen haben, wie die einen annehmen, oder in Schleswig-Holstein und Jütland, wie die anderen meinen, während wiederum andere ihre ältesten Sitze noch weiter nach Norden suchen und aus vereinzelten und unklaren Nachrichten entnehmen wollen, sie seien von dort zunächst südostwärts gezogen, am Schwarzen und Asowschen Meere seßhaft geworden, von dort aber durch die über Don und Dniepr hereinbrechenden Sarmaten verjagt und wiederum nach Nordwesten zu wandern genötigt worden. Für ihre Herkunft aus dem südlichen Teil der im Altertum nach ihnen Chersonesus Cimbrica benannten jütischen Halbinsel wird namentlich auch darauf hingewiesen, daß nach einer bei ihnen fortlebenden Überlieferung ihr Aufbruch veranlaßt sein sollte durch eine gewaltige Sturmflut, die einen großen Teil ihres Landes unbewohnbar gemacht hätte. Dazu stimmt, daß auch in späterer Zeit noch in jenen Gegenden Reste des cimbrischen Volks nachweisbar sind. Wenn dagegen diese Annahme auch dadurch hat gestützt werden sollen, daß man die den Cimbern sich alsbald anschließenden Teutonen, bisher ihre südlichen Nachbarn, ebenfalls in jene nördlichen Lande versetzte, so haben dagegen neuere Forschungen wahrscheinlich gemacht, daß die Teutonen einmal überhaupt gar nicht Germanen waren, sondern Reste der Kelten, die vor den Germanen das ganze rechtsrheinische Land erfüllten und dann vor ihrem Aufbruch in dem Gebiete des Mains gesessen haben. Da sie nun südliche Nachbarn der Cimbern waren, können auch diese wenigstens nicht mehr unmittelbar vor dem Antritt ihrer Wanderung in Jütland heimisch gewesen sein. Diese Annahme erhält eine Stütze in der gut beglaubigten Nachricht, jene wandernden Germanen seien auf ihrem Zuge nach Süden am hercynischen Walde, unter welcher Benennung die Böhmen begrenzenden Sudeten zu verstehen sind, von dem dort sitzenden keltischen Volk der Bojer aufgehalten und genötigt worden, ihren Weg in weitem Bogen nach Südosten fortzusetzen, um nach Überschreitung der Donau sich erst in den nördlichen Vorbergen der Alpen nach Westen zu wenden. So kamen sie durch das Land der Skordisker in das Gebiet der Taurisker, die als „Gastfreunde“ unter dem Schutze der Römer standen, ein wanderndes Volk oder doch ein beträchtlicher Teil eines solchen, nicht eigentlich von Abenteuer- oder Eroberungslust vorwärts getrieben, sondern durch feindliche Naturgewalten oder sonst unverschuldete Heimsuchung neue Wohnsitze zu suchen genötigt und daher bereit, sobald ihnen solche gewährt wurden, sich friedlich anzusiedeln. Daher waren nicht bloß die waffentüchtigen Männer aufgebrochen, sondern auch Greise, Weiber und Kinder, Knechte und Sklaven zogen mit. Auf Wagen, die zusammengefahren eine ihr Lager schützende Wagenburg bildeten, führten sie ihre bewegliche Habe mit, darunter selbst ihre aus Baumstämmen gefertigten, zusammenlegbaren Blockhäuser. Gewiß wurden auch ihre Herden mitgetrieben, damit sie, sobald sie Wohnsitze erlangten, das daheim gewohnte Leben wieder aufnehmen konnten.

Dieser sozusagen friedliche Charakter ihres Zuges erklärt es auch, daß die Cimbern des von Aquileja herbeieilenden Konsuls Gnaeus Papirius Carbo Aufforderung, das Land der seinem Schutze befohlenen Taurisker zu verlassen, ohne

Weigern nachkamen und sich gutmütig den Führern anvertrauten, die ihnen den Weg zeigen sollten. Aber gleich hier sollten sie römische Untreue und Hinterlist kennen lernen, zugleich jedoch auch durch ihre unbändige Kraft über sie triumphieren und furchtbare Vergeltung an ihr üben. Bei Noreja in Kärnten in einen Hinterhalt geführt, in dem sie hatten aufgerieben werden sollen, brachten sie vielmehr dem Konsul eine vernichtende Niederlage bei (113 v. Chr.). Statt dann aber über die nun freien Alpenpässe nach Italien zu gehen, wie die entsetzten Römer fürchteten, wandten sie sich überraschenderweise nach Westen in die heutige Schweiz, das Land der keltischen Helvetier, von denen der Stamm der Tiguriner und wohl auch der Tougener sich ihnen für den weiteren Zug anschloß. Auch die Teutonen, die bisher ihre eigenen Wege gegangen waren, vereinigten sich dort wieder mit ihnen. Beträchtlich verstärkt überschritten die Germanen den Rhein und suchten während der nächsten Jahre (113—110 v. Chr.) Gallien verwüstend heim, freilich ohne der zahlreichen festen Städte Herr werden zu können. So sahen sich die Römer in ihrer die Verbindung Italiens mit Spanien sichernden gallischen „Provinz“ bedroht. Als daher der Konsul Marcus Junius Silanus den Cimbern Halt gebot, waren sie wiederum zu friedlicher Fügsamkeit bereit, erbaten aber die Anweisung von Land zur Niederlassung. Die Antwort war ein Angriff, der jedoch mit einer neuen blutigen Niederlage der Römer endete (109 v. Chr.). Wie ernst es ihnen aber mit dem Wunsche nach friedlicher Siedelung war, bewiesen die Germanen auch jetzt noch, indem sie Gesandte nach Rom schickten und dort die Bitte um Land wiederholten, wogegen sie sich der Republik zum Kriegsdienst verpflichten wollten. Natürlich wurden sie wieder abschlägig beschieden und so zur Fortsetzung der eigentlich nicht gewollten Feindseligkeiten genötigt.

Vermutlich haben einsichtige Römer diese Abweisung bald als einen schweren Fehler beklagt. Denn die nächsten Jahre brachten Rom Niederlage auf Niederlage und ließen den gleichzeitig durch leidenschaftliche Parteiungen zerrissenen Staat bis in seine Grundfesten erschüttert werden durch die furchtbaren Schläge der siegreichen Barbaren, vor denen, alles gleichsam lähmend, der „cimbrische Schrecken“ einherging. Jetzt erst lernten die römischen Soldaten die unheimlich fremdartige ihnen je länger je mehr Entsetzen einflößende Eigenart der bisher unterschätzten Feinde recht kennen, und diese entfalteten sie in demselben Maße furchtbarer, als die Erbitterung des heimatlosen, im Wandern mehr und mehr verwildernden Volkes sich steigerte. Vor dem Kampf als Dank für den erflehten Sieg den Göttern geweiht, wurden die gefangenen Römer massenweise dem Tode überliefert, entweder gehängt oder von den greisen, in weißen Gewändern einherschreitenden Priesterinnen der Germanen wie Opfertiere durch Abschneiden der Kehle geschlachtet, um das Blut in großen Becken aufzufangen und daraus zu weissagen. Und dazu kam die unwiderstehliche Wucht des todesmutigen Angriffs, mit dem die Germanen unter wildem Kriegsruf, die gewaltigen, starkknochigen und hochragenden, fast nackten Leiber kaum deckend, keilförmig geordnet, in dichtgeschlossenen Reihen in die von Speeren starrenden, für undurchbrechbar geltenden Reihen der römischen Kohorten eindrangen, während hinter ihnen auf der Wagenburg mit den Kampfunfähigen die Weiber zusahen und ihre Kampflust durch lauten Zuruf anfeuerten. Endlich drohte die lange Reihe von militärischen Katastrophen, die ihnen so bereitet wurden,

den Römern auch politisch verhängnisvoll zu werden. Die Achtung, in der sie bei den Nachbarvölkern gestanden hatten, begann zu schwinden, und selbst bereits unterworfene meinten, als sie die gefürchteten Legionen immer wieder von den Barbaren schmachvoll geschlagen sahen, auch für sie sei nun die Zeit gekommen, um die fremde Herrschaft abzuschütteln und die alte Freiheit zurückzugewinnen. So wuchs der Cimbernkrieg zu einer ungeheuren Krisis empor, in welcher der römische Staat, dem ruhmlosen Zusammenbruch des römischen Kriegswesens folgend, kläglich zu Grunde gehen zu müssen schien, wenn ihn nicht eine letzte verzweifelte Anstrengung noch rettete.

Das Unheil begann mit der Niederlage, welche die Tiguriner und Tougener, die bereits über den Rhein gegangen und weiter westwärts gezogen waren, im Jahre 107 v. Chr. bei Agen zwischen Loire und Garonne dem in einen Hinterhalt gelockten Konsul Lucius Cassius Longinus beibrachten. Mit seinen Legaten fand dieser selbst den Tod, während der überlebende kleine Rest seines Heeres sich nur durch einen schimpflichen Vertrag retten konnte: er überließ sein Gepäck den Siegern und nahm, indem er durch das Joch ging, die nach römischen Begriffen ärgste militärische Demütigung auf sich. Was für die Republik auf dem Spiele stand, lehrte die erfolgreiche Empörung der Stadt Tolosa in der römischen Provinz Gallien. Zwar wurde sie bereits im folgenden Jahre von dem Konsul Quintus Servilius Caepio wieder unterworfen, aber die Uneinigkeit zwischen Caepio und dem 105 v. Chr. ebenfalls mit einem Heere auf diesem Kriegsschauplatz erscheinenden Konsul Cnejus Manlius hinderte zunächst jede ernstliche Unternehmung gegen die im Lande hausenden Germanen und verschaffte diesen sogar Gelegenheit, den Legaten Marcus Aurelius Scaurus zu überfallen und zu schlagen. Unbelehrt jedoch durch diese Erfahrung konnten die beiden Feldherren sich auch fernerhin nicht zu gemeinsamem Handeln verständigen. Als nun gar Caepio Kenntnis davon erhielt, daß die Cimbern ihre Bitte um Land bei Manlius erneut hatten und dieser mit ihnen unterhandelte, fürchtete er um den gehofften Ruhm zu kommen und wollte ihn sich durch einen schnellen entscheidenden Schlag sichern, wurde aber am 6. Oktober 105 v. Chr. bei Arausio (Orange) vollständig besiegt. Sein Lager wurde genommen, sein Heer vernichtet: er selbst entkam mit wenigen Leuten über den Rhone. Seit dem Unglückstage von Cannae hatte Rom derartiges nicht erlebt. Denn als bald danach auch Cnejus Manlius den Feinden erlegen war, hatte es rasch nacheinander nicht weniger als drei Heere zu Grunde gehen sehen. Italien zitterte: schutzlos lag es vor den siegreichen Barbaren. Das Beispiel, das unlängst Tolosa gegeben hatte, fand in Gallien vielfach Nachahmung, und selbst in Spanien gärte es. Weithin schien die römische Herrschaft ernstlich gefährdet.

Aber so energisch die Maßregeln waren, die der Senat zur Abwehr des drohenden Verhängnisses ergriff: seine vorläufige Rettung verdankte Italien doch eigentlich nur der Planlosigkeit der Germanen selbst, welche den Sieg, von dessen Größe sie offenbar keine Ahnung hatten, nicht zu benutzen verstanden. Während die Teutonen sich nach dem nördlichen Gallien gegen die Belgier wandten, zogen die Cimbern mit den Tigurinern und Ambronen nach Spanien, wo sie die nächsten zwei Jahre raubten und kämpften, ohne einen durchschlagenden Erfolg und namentlich ohne das gewünschte Land zu gewinnen. Deshalb kehrten sie schließlich nach Gallien zurück und zogen durch dessen westliche Landschaften nach der unteren Seine, wo sie sich bei Rouen mit ihren alten Genossen vereinigten. Jetzt erst beschlossen sie, Italien selbst anzugreifen. In zwei gewaltigen Heerhaufen traten sie den Marsch an: die Teutonen, Ambronen und Tougener gingen durch die Landschaften an der oberen Loire und der Saône nach dem Rhonethal, um die Seealpen zu übersteigen, Cimbern und Tiguriner zunächst nach der Schweiz, um dann weiter östlich von Norden her in die Halbinsel einzubrechen.

Dort aber hatte die Lage der Dinge sich inzwischen wesentlich zu ihrem Nachteil geändert. Voll wütender Entrüstung über die sittliche Verkommenheit und die elende Unfähigkeit, welche die bisher herrschenden Optimaten in Afrika Jugurtha und in Gallien den Germanen gegenüber bewiesen hatten, hatte sich das Volk blindlings in die Arme des Cajus Marius geworfen, des aus seiner eigenen Mitte emporgekommenen Helden. Gegen das Gesetz abwesend für das Jahr 104 v. Chr. zum zweitenmale zum Konsul gewählt, trat dieser an die Spitze des neuen Heeres, das nach dem Schreckenstage von Arausio eiligst zusammengebracht worden war. Daß die Feinde, die man unmittelbar hereinbrechen zu sehen gedacht hatte, statt dessen unerwarteterweise nach Spanien und in das nördliche Gallien zogen, gab ihm Zeit, die Abwehr in einer Weise vorzubereiten, die den Erfolg einigermaßen verbürgte. An der Mündung der Isère in den Rhone schlug er ein stark befestigtes Lager auf, in dem er die Truppen durch strenge Zucht und planmäßige militärische Schulung zunächst wieder kriegstüchtig machte. Auch ließ er dasselbe durch einen Kanal mit dem Meere verbinden, um die Zufuhr zu erleichtern und zu sichern. In den nächsten Jahren zum dritten- und viertenmale Konsul, harrte er in dieser vortrefflich gewählten Stellung der Rückkehr der Feinde, um ihnen den Weg nach Italien zu verlegen, sei es, daß sie über den Kleinen Bernhard, sei es, daß sie längs der Meeresküste dorthin kommen wollten. Erst im Jahre 102 v. Chr. erschienen endlich die Teutonen: nach Überschreitung des Rhone stießen sie auf das römische Lager. Vergeblich aber suchten sie die Legionen aus demselben herauszulocken, um draußen die Überlegenheit ihres furchtbaren Keilangriffs von neuem zu bewähren: Marius hielt seine Leute hinter den schützenden Wällen und Gräben. Dadurch verloren für sie die draußen lärmenden Feinde allmählich an Furchtbarkeit: die Römer gewöhnten sich an ihren bisher so unheimlichen Anblick. Ihr Mut wuchs, ihre Zuversicht stieg, und als die Teutonen endlich angriffen und drei Tage nacheinander wütend gegen das Lager Sturm liefen, wurden sie mit blutigen Köpfen zurückgewiesen. Da beschlossen sie, unbekümmert darum, daß das römische Heer ihnen im Rücken blieb, den Marsch nach Italien anzutreten. Höhnisch fragten sie im Vorbeiziehen die römischen Soldaten, ob sie an ihre Frauen daheim nicht etwas auszurichten hätten. Kaum aber hatten sie sich südwärts gewandt und nach dem Übergange über die Durance die Richtung nach Marseille eingeschlagen, als auch Marius aufbrach und ihnen in einiger Entfernung folgte, indem er sich vorsichtig immer über der Ebene auf den Höhen hielt. So kamen beide Heere bis nach Aquae Sextiae — heute Aix in der Provence — und lagerten einander dort gegenüber. Reibereien zwischen Wasser holenden römischen Troßknechten und den den Nachtrab des feindlichen

Heeres bildenden Ambronen führten eines Abends zu einem Handgemenge, das, ganz nach Marius' Absicht und Berechnung, schnell zu einem Kampfe erwuchs und noch ehe die Nacht sank, zur Niederlage der Ambronen führte. Allein trotz dieses Erfolges erwarteten die Römer nur voll banger Sorge den Angriff der zahlreicheren und gefürchteteren Teutonen, denen sie sich auch jetzt noch nicht gewachsen glaubten. Erst am Morgen des zweiten Tages rückten diese endlich heran. Marius verließ sein Lager und zog ihnen entgegen, während er den Marcus Claudius Marcellus mit einer Reiterabteilung absandte, sie zu umgehen und ihnen im entscheidenden Augenblick in den Rücken zu fallen. In ihrer wilden Kampflust warteten die Germanen nicht, bis die Römer in Schlachtordnung langsam von der Höhe in die Ebene herabgestiegen waren, sondern stürmten übereifrig ihnen aufwärts entgegen. So mißlang der Angriff, und auch seine mehrfache Wiederholung hatte keinen Erfolg. Die Ungunst des Terrains und die Überlegenheit des kurzen, breiten römischen Schwertes, gegen das die Teutonen mit ihren langen und breiten, schlecht gearbeiteten Hiebwaffen im Nahkampf nichts ausrichten konnten, brachten sie je länger je mehr in Nachteil. Ihre Reihen schwankten: sie wandten sich zur Flucht, als Marcellus, unvermerkt herangekommen, ihnen mit seinen Reitern plötzlich unter wildem Kriegsruf in den Rücken fiel. Die Schlacht war entschieden, der Sieg endlich zu den römischen Adlern zurückgekehrt. Ihm folgte ein furchtbares Blutbad, dem bis auf einen kleinen Teil der ganze wandernde Stamm der Teutonen zum Opfer fiel. Unter den Gefangenen befand sich sein König Teutobod. Die teutonischen Frauen aber, als sie die Niederlage der Ihrigen sahen, gaben sich auf der Wagenburg den Tod; auch die in Gefangenschaft gefallenen schieden in der nächsten Nacht freiwillig aus dem Leben, um nicht der Schmach rechtloser Sklaverei zu verfallen.

Der Sieg bei Aquae Sextiae war zur rechten Zeit gewonnen. Denn inzwischen war die von den Cimbern drohende Gefahr aufs höchste gestiegen; aber auch da war es Marius bestimmt, Roms Retter zu werden. Sein Amtsgenosse im Konsulat des Jahres 102 v. Chr., Quintus Lutatius Catulus, hatte die von Norden nahenden Feinde im Etschthal in der Gegend von Trient erwartet, bei ihrem Anmarsch aber seine Stellung räumen müssen, sei es nach einem unglücklichen Kampf, sei es unter dem Einfluß des cimbrischen Schreckens, der seine Legionen ergriff, als sie sahen, wie diese nordischen Barbaren, deren nackten Leibern die Kälte des Alpenwinters nichts anhatte, auf ihren breiten Schilden von den Höhen über Schnee und Eis ins Thal hinabsausten und die die Verbindung des römischen Heeres sichernde Etschbrücke zu zerstören versuchten, indem sie Baumstämme und Balken von dem reißenden Strome dagegen treiben ließen. Und so eilig hatten es die Römer mit dem Rückzug, daß sie gleich bis hinter den Po wichen und das ganze Land zwischen dem Fluß und den Alpen ohne Schwertstreich räumten. Aber auch diesmal verloren die Cimbern nutzlos kostbare Zeit: statt dem weichenden Feinde rastlos nachzudrängen, ließen sie es sich in dem reichen Lande wohl sein. So konnte Marius bei Aquae Sextiae siegen und, nun bereits zum fünftenmale Konsul, sich 101 v. Chr. mit Lutatius Catulus vereinigen. Als sie den Cimbern entgegen über den Po gingen, erneuten diese die Bitte um Land. Abgewiesen, verlangten sie die Ansetzung eines bestimmten Tages zur Schlacht: gleich am nächsten Morgen, den 30. Juli, war Marius zu fechten bereit. So kam es zu dem letzten Entscheidungskampfe, dessen Schauplatz der von Marius auf Verlangen der Cimbern getroffenen Bestimmung gemäß die südlich von Vercelli gelegenen raudischen Felder wurden. Unter dem Schutze des Nebels, der des Morgens die sumpfige Niederung bedeckte, griffen die fünfzigtausend Mann starken Römer die ihnen an Zahl weit überlegenen Germanen überraschend an, brachten ihre in ein Viereck zusammengedrängte Reiterei in Verwirrung und warfen sie auf das noch nicht zum Ansturm geordnete Fußvolk, das gleichzeitig von Catulus mit den Legionen in der Front gefaßt wurde und um so weniger lange widerstehen konnte, als Marius bei der Wahl der Stellung dafür gesorgt hatte, daß Sonne und Staub den Gegnern zur Last fielen. Bis Mittag war alles entschieden, das Heer der Cimbern, dessen erste Reihen, um nicht durchbrochen zu werden, sich angeblich mit Ketten verbunden hatten, bewältigt und der Vernichtung durch die Schwerter der Römer preisgegeben: hundertvierzigtausend Cimbern sollen gefallen, sechzigtausend gefangen worden sein. Auch hier versuchten die Weiber, die erst gegen die fliehend nahenden Männer die Waffen gekehrt hatten, unter dem Schutz der Wagenburg noch Widerstand zu leisten; als er vergeblich war, schieden sie freiwillig aus dem Leben; manche nahmen selbst ihre Kinder mit in den Tod. Reiche Beute fiel in die Hände der Sieger, eine Menge Feldzeichen, riesige Schlachthörner und das als heilig verehrte bronzene Bild eines Stiers. Die Gefangenen verfielen der Sklaverei: ihre Kraft und Gewandtheit in der Führung der Waffen ließ sie besonders zu Gladiatoren geeignet erscheinen. Der Zauber, der dieses Volk bei seinem Auftreten in den Augen der Römer unheimlich umgeben hatte, war gebrochen: endgültig meinten sie mit ihm fertig geworden zu sein und feierten Marius als den Neubegründer ihres Staates.

Zweites Kapitel.

Römische Eroberung und germanische Abwehr.

56 v. Chr. bis 69 n. Chr.

Ein halbes Jahrhundert etwa verfloß seit dem bedrohlichen Anbranden der cimbrisch-teutonischen Völkerwoge, bevor die Römer zum zweitenmale mit den ihnen so furchtbar erschienenen Germanen in Berührung kamen. Während dieser Zeit lag der Schwerpunkt der römischen Entwickelung im Inneren der von großen politischen und socialen Krisen der Monarchie entgegengedrängten Republik; nach außen hin wurde ihre Kraft vornehmlich beansprucht für die Sicherung, Erweiterung und Organisation ihrer Herrschaft im Osten. Dadurch allzu sehr beschäftigt, überließen die Römer sogar die Gebiete, die Italien nordwestlich zunächst benachbart waren, kurzsichtig sich selbst, obgleich die Änderungen, welche damals dort eintraten, auch sie bereits nahe berührten und ihre Sicherheit bald ernstlich gefährden konnten. Erst der geniale Scharfblick eines Gajus Julius Cäsar sollte diese Versäumnis richtig erkennen und dem römischen Reiche die Bahn weisen, die es einzuschlagen hatte, wollte es anders seine weltherrschende Stellung nicht nur behaupten, sondern fester begründen und weiter ausdehnen. Dazu galt es namentlich den all die Zeit her nach Westen und Süden vordrängenden Stammesgenossen der Cimbern Halt zu gebieten und dann das zwischen der römischen Grenze und dem immer mehr ausgedehnten germanischen Gebiet liegende Gallien militärisch und politisch als ein großes Außenwerk Roms zu organisieren.

Bildnis Julius Cäsars mit dem Lorbeerkranz auf einer Münze.
Silber. Originalgröße. Berlin, Königl. Münzkabinett.

Ohne Frage hatten die Germanen seit lange auf Kosten der Kelten beträchtlich an Gebiet gewonnen. Denn daß ein großer Teil des nachmals von ihnen bewohnten Landes früher von Kelten besiedelt war, das beweisen ja außer der reichen Fülle auf diese zurückgehender Gerätschaften, Waffen und Schmuckgegenstände, die den hohen Stand der keltischen Bronzekultur erkennen lassen, namentlich die zahlreichen keltischen Benennungen für Berge, Flüsse und Örtlichkeiten aller Art, welche die Germanen von jenen als den früheren Herren des Landes überkommen und beibehalten haben, mögen sie ihnen auch zunächst bekannt und geläufig geworden sein durch die keltischen Reste, die unter ihrer Herrschaft im Lande blieben. Aber erst in den Jahrzehnten, die dem Cimbernkriege folgten, haben sich die Germanen auch der westlichsten der rechtsrheinischen Landschaften und der Gebiete längs des nördlichen Donauufers bemächtigt, so daß hinfort die beiden Flüsse die Grenze des eigentlichen Germanien gegen die Kelten bildeten. Freilich wird die Bevölkerung in diesen neugewonnenen Gebieten zunächst noch eine gemischte gewesen sein. Denn einmal blieben natürlich viel Kelten inmitten der eingedrungenen Germanen sitzen, und dann haben, während weiter ausschwärmende germanische Haufen bereits links vom Rhein und südlich von der Donau festen Fuß faßten, die zurückgedrängten Kelten es auch ihrerseits nicht an Versuchen fehlen lassen, das verlorene Gebiet zurückzugewinnen und namentlich die rechtsrheinischen Uferlandschaften mitsamt den germanischen Einwanderern wieder in ihre Gewalt zu bringen. Doch haben sie damit jedenfalls keinen dauernden Erfolg gehabt. Denn so wenig uns von diesen Vorgängen im einzelnen zuverlässig bekannt ist: darüber wird im ganzen und großen kein Zweifel herrschen können, daß das Keltentum trotz eines gewissen bestechenden Glanzes der äußeren Erscheinung sich damals bereits gleichsam überlebt hatte und im Absterben begriffen war. Jedenfalls konnte es dem

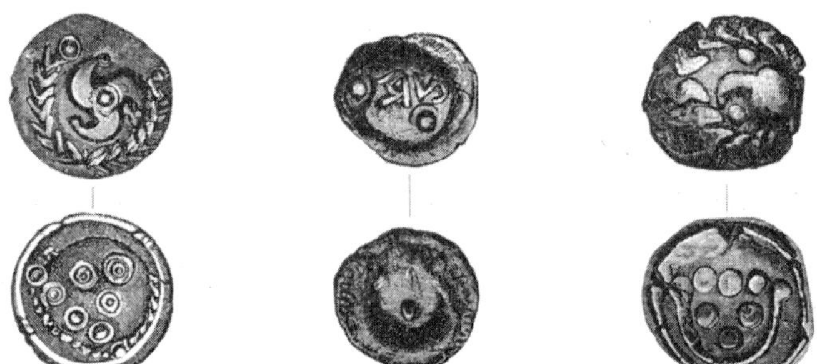

Drei keltische Goldmünzen,

wie sie in der bayerischen Ebene zwischen Alpen, Rhein, Main und Inn gefunden werden. Das Gold wurde aus dem Sande der Alpenflüsse gewaschen. Das Volk nennt diese Münzen Regenbogenschüsseln: man glaubte, wo ein Regenbogen den Fuß aufsetze, liege ein solches Schüsselchen. Auch am Südabhange der Alpen, namentlich bei Vercelli, werden sie gefunden. Strabo sagt (V, 1 Ende): da das Gold auf der Nordseite der Alpen erschöpft sei, hätten die Kelten begonnen, Goldbergwerke bei Iktimuloi in der Gegend von Vercelli zu bearbeiten. Auch Plinius (**H. N. XXXIII, 21**) kennt noch die „**Ictimulorum auri fodinae**“. Hierdurch ist also auch die Zeit bestimmt. Diese Münzen haben keinerlei Ähnlichkeit mit griechischen oder römischen, sondern stehen mit ihrer Schüsselform und ihren Typen vereinzelt da; sie haben etwas Primitives. Die erste hat eine Art von Dreischenkel auf der einen und sechs Ringel, von einem Zierat umgeben, auf der anderen Seite. Die zweite hat **CVR** (rückläufig) und auf der Rückseite ein drachenähnliches Tier. Die dritte zeigt auf der Vorderseite einen Vogelkopf und auf der anderen sechs Kugeln, von einem Halsring umgeben. Die mit lateinischen Buchstaben geschriebene Aufschrift beweist, daß die Münzen zu einer Zeit geprägt sind, in der die Kelten mit den Römern in Verbindung waren. Man könnte an Curia, Chur, denken, eine uralte Stadt.

Originalgröße. Berlin, Königl. Münzkabinett.

jugendkräftig vorwärts drängenden Germanentum, das zudem über ein unerschöpfliches Menschenmaterial zu verfügen schien, unmöglich auf die Dauer Widerstand leisten.

Namentlich gilt das von den gallischen Kelten, die nicht bloß geographisch, sondern auch rücksichtlich der geistigen und sittlichen Entwickelung gewissermaßen im Mittelpunkt des gesamten keltischen Volkstums gestanden zu haben scheinen. An ihnen treten die für dieses überhaupt charakteristischen Züge am augenfälligsten in die Erscheinung, mehr als bei den mit fremden Elementen vermischten Keltiberern der pyrenäischen Halbinsel und den im Süden der Alpen in Italien heimisch gewordenen keltischen Stämmen. Am nächsten scheinen ihnen in der Ent-

Erläuterung zu der Tafel:

Keltische Denkmäler.

(Nach Gailhabaud.)

1. Dolmen (keltisch, = Steintafel) bei Locmariaker in der Bretagne, „table de César" oder „table des marchands", auch „Dolvarchant" genannt. Die Platte ist 8.70 Meter lang, 4 Meter breit und 1 Meter dick; sie ruht in der Richtung von Ost nach West auf den Spitzen von drei aufrechtstehenden Steinen. An der unteren Seite der Steintafel waren früher Skulpturen sichtbar, welche die Zeit inzwischen zerstört hat. Die Dolmen hatten eine religiöse Bestimmung; wahrscheinlich waren es Opfertische, die, öfters ausgehöhlt, das Blut der Opfer, auch wohl Menschenopfer, aufnahmen.

2. Der schwingende Stein bei Perros-Guyrech (Côtes-du-Nord), 14 Meter lang, 7 Meter dick, der größte seiner Art. Er ruht mit der Spitze, in die er unten verläuft, auf einem platt am Boden liegenden noch größeren Steine. Bei einer Schwere von etwa 500,000 Kilogramm hat er eine so vollkommene Beweglichkeit, daß ein einzelner Mensch imstande ist, ihn in Schwingungen zu versetzen. Seine Oberfläche ist abgeplattet und hat in der Mitte eine Aushöhlung, von welcher eine anscheinend durch Menschenhand gegrabene Rinne ausgeht.

3. Keltische Grabhügel (Tumulus) bei Tirlemont in Belgien. Diese aus Erde oder kleinen Steinen aufgeschütteten Hügel kommen in verschiedenen Größen, einzeln, in Gruppen und in Reihen, wie letzteres in diesem Falle, vor. Die Zeit ihres Entstehens scheint über das zweite Jahrhundert n. Chr. nicht hinauszureichen. Sie dienten teils als Einzel-, teils als Massengräber, sind demgemäß von geringeren oder größeren Dimensionen und öfter — auf Familiengräber hindeutend — in mehrere aus Stein gebaute Gänge und Kammern eingeteilt. Die Gebeine, an welchen sich zuweilen Feuerspuren entdecken lassen, sind meistens geordnet, freilich nach verschiedenen Systemen hineingelegt. Manchmal sind diese Hügel wohl auch Denkmäler, wo dann die Wichtigkeit des Ereignisses, zu dessen Gedenken sie errichtet, ihre Größe bestimmte. Andere dienten als Gerichtsplätze zur Verkündigung und Vollstreckung des Urteils.

4. Die „pierres plates" zu Locmariaker am Golf von Morbihan, ein Gangbau von 3,40 Meter Breite, 21,50 Meter Länge und einer Höhe bis zu 1,74 Meter. Nach Süden mündet derselbe in ein kleines von nur einer Steinplatte bedecktes Gemach. Der Eingang befindet sich meerwärts, an der Nordseite. Fünf von den als Stütze dienenden, jetzt zerstörten Steinen trugen früher auf der Innenseite unverständliche Figuren. Solche verdeckte Gänge, vom Volke „Feengrotten" genannt, die sich meistens nach dem Ende zu erweitern und in ein rundes oder viereckiges Gelaß münden, dienten wahrscheinlich religiösen Zwecken.

5. Keltisches Grab bei Hérouval (Eure), etwa 1 Meter unter der Erde, aus sechs Steinplatten, die sich je zu zweien mit ihren oberen Seiten dachartig aneinander lehnen und sich gegenseitig als Stütze dienen, gebildet. Es wurden sechs Skelette in demselben (1839) aufgefunden.

6. Die Steine von Kervarieau; Druidendenkmäler bei Carnac im Departement Morbihan (Niederbretagne). Die Abbildung zeigt einen Teil der bei Carnac (keltisch, carn = Stein) gelegenen umfangreichsten Stätte druidischer Denkmäler. Dieselben bestehen aus ungefähr 1200 in den Boden gesetzten rohen Granitobelisken, von denen die höchsten 6—7 Meter, viele 3—4 Meter, einige nur 1—2 Meter hoch sind und die schwersten auf 40,000 Kilogramm Gewicht geschätzt werden. Sie sind in parallele und rechtwinkelig sich schneidende Colonnaden geordnet, an deren südlicher Seite ein 20 Meter hoher konischer Tumulus liegt, unter welchem 1862 ein Gemach mit menschlichen Gebeinen und keltischen Altertümern gefunden wurde. Die Bedeutung dieser Denkmälerstätte ist noch nicht erklärt.

7. Plan einer gallischen Gräberstätte zu Somsois (Marne). Wie die meisten alten Gräber, so ist auch diese am Abhange eines Hügels unweit eines alten Weges gelegen. Im Bereiche von 21 Meter Länge und 12 Meter Breite liegen in einer Tiefe von 1,30 Meter die einzelnen durchschnittlich 2 Meter langen und 85 Centimeter breiten Gräber ohne ausgesprochene Anordnung verstreut. Die Skelette ruhen in ihrer natürlichen Stellung horizontal in denselben. Neben ihnen fanden sich Lanzen, Schwerter, Finger- und Armringe u. dergl.

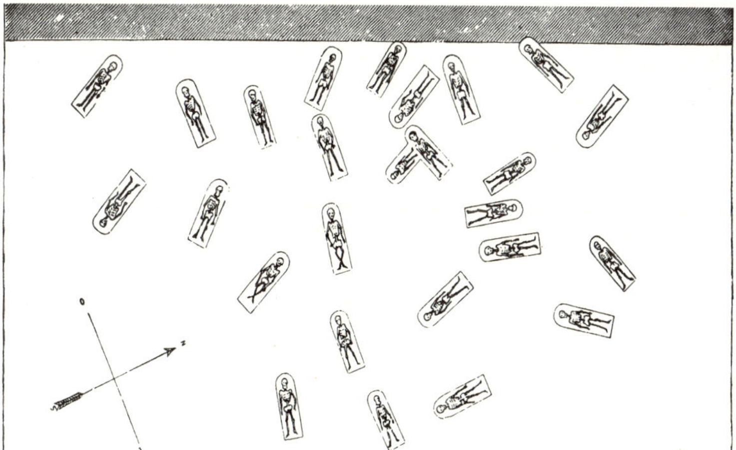

7. Plan einer gallischen Gräberstätte zu Somsois (Marne)

1. Keltischer Dolmen bei Locmariaker in der Bretagne.

2. Der schwingende Stein bei Perros-Guyroch (Côtes-du-Nord).

3. Keltische Grabhügel bei Tirlemont in Belgien.

4. Keltischer Gangbau bei Locmariaker.

5. Keltisches Grab bei Hérouval (Eure).

6. Druidendenkmäler bei Carnac im Departement Morbihan.

Keltische Denkmäler.

faltung keltischer Eigenart diejenigen gekommen zu sein, die über den Kanal setzend den südlichen Teil Britanniens eingenommen hatten. Die Kelten waren danach ein Volk von großer geistiger Beweglichkeit, aber auch vielfachen und plötzlichen Änderungen geneigt, daher leicht entzündbar, aber auch unbeständig und ohne Ausdauer, von ritterlichem Sinn und tapferem Mut, aber ohne zähe Widerstandskraft gegenüber den Heimsuchungen des Schicksals; dem Glanze geneigt, daher leicht von ihm geblendet und mit einer gewissen Eitelkeit allzu bereit, sich durch ihn täuschen zu lassen. So waren sie wohl im ganzen mehr berufen, von außen kommende Anregung sich geschickt und wirksam anzueignen als in ernster Arbeit aus den Tiefen des eigenen Volkstums schöpfend die Träger einer eigenen nationalen Kultur zu werden, durch die andere Völker in ihrer Schule zu einer höheren Entwickelung hätten erhoben werden können. Der schöne Schein vermochte offenbar mehr über sie als die schmucklose, aber festbegründete und zuverlässige Wirklichkeit. Auch was wir von ihrem Staatswesen wissen, spiegelt diese Eigenschaften ab. Obgleich sie das Gefühl der nationalen Zusammengehörigkeit hatten, waren sie nach Art der Germanen in eine Menge von einzelnen Stämmen zerspalten, die selbst äußeren Feinden gegenüber ihres steten Haders nicht leicht vergaßen und in vielfachen inneren Kämpfen die Kraft des Gesamtvolkes allmählich untergruben. Wirtschaftlich hoch entwickelt, hatten sie doch ihre gesellschaftlichen Verhältnisse nicht entsprechend auszubilden vermocht. Gegenüber einem prunkliebenden, übermütigen und gewaltthätigen Adel, der waffenlustig namentlich vortreffliche Reiter lieferte, stand verarmt und in drückender Abhängigkeit gehalten die große Masse des Volks. Ihre Staaten zeigen in regellosem Wechsel locker gefügte Adelsrepubliken und Königreiche, die doch um nichts in sich gefestigter sind, weil auch der Träger der Krone mit der Eigenmacht und dem Eigennutz der ihn möglichst einschränkenden adligen Herren zu rechnen hatte, die in dem einflußreichen Priesterstand der Druiden Bundesgenossen fanden.

Von der phocäischen Kolonie Massilia aus waren die Gallier zuerst mit der verfeinerten griechischen Kultur bekannt geworden. Bei ihrer Liebe für Pracht und Glanz werden sie sich den Genüssen derselben um so mehr ergeben haben, je reicher infolge des Aufschwunges, den der rasch erblühende Handel Massilias nahm, die demselben benachbarten Gebiete am unteren Laufe des Rhone wirtschaftlich gediehen. Das Bedürfnis nach Schutz gegen die in dem nahen Spanien gebietenden Karthager ließ die Massilioten zeitig die Freundschaft der Römer suchen. Für diese wurde das damit begründete Verhältnis vollends wichtig, als sie nach dem zweiten punischen Krieg zur Sicherung der Verbindung mit Spanien in jenem südgallischen Küstenlande selbst festen Fuß faßten und die nach ihrer Hauptstadt benannte narbonensische Provinz errichteten. Infolge mannigfacher Erweiterung umfaßte diese schließlich die Provence, Languedoc, die Dauphiné und die westliche Schweiz, schob sich also bastionartig als ein Italien deckendes Vorwerk in das gallische Gebiet hinein. Obgleich nur durch starke Besatzungen im Zaume gehalten und wiederholt für Aufstände und Abfallsversuche gezüchtigt, nahm die Bevölkerung doch erstaunlich schnell die überlegene römische Kultur an und wurde die Vermittlerin für ihre weitere Ausbreitung auch bei den gallischen Stämmen, die sich der römischen Herrschaft noch entzogen.

Nun wirkte aber dieser rasch weitergeführten Romanisierung des südlichen Gallien, allmählich erstarkend, von Norden und Osten her eine ähnliche Bewegung entgegen, indem immer von neuem die Germanen gegen Gallien andrangen und bei dem allmählichen Erlahmen des Widerstandes in einem Maße Gebiet gewannen, das die schließliche Germanisierung Galliens als unabwendbar erscheinen ließ. Welche Anlässe diesem Vorgange zu Grunde gelegen haben, vermögen wir freilich nicht zu sagen. Denn die Behauptung, daß die Übervölkerung ihres Landes, die daraus entstandene Landnot und die infolge dieser für Tausende und Abertausende eintretende Notwendigkeit, vor dem drohenden Hunger in die Fremde zu fliehen, die Germanen zum Wandern gezwungen habe, ist an sich für jene Zeit und ihre Bevölkerungsverhältnisse wenig wahrscheinlich. Sie kann jedenfalls so lange nicht für erwiesen gelten, als sie sich in erster Linie gründet auf die augenscheinlich übertriebenen Angaben der römischen Autoren über die ungeheure Stärke der durch die Legionen besiegten oder vernichteten Germanenheere, im übrigen aber mit Hypothesen rechnet über die Quantität des damals in Germanien vorhandenen anbaufähigen Landes und der darauf zu erzeugenden Lebensmittel. Als Thatsache darf es dagegen gelten, daß etwa ein Menschenalter nach dem Cimbernkriege eine, wenn auch noch nicht gerade planmäßige, so doch allgemeine und konstante Bewegung der Germanen gegen die Ostgrenze Galliens längs ihrer ganzen Ausdehnung von Norden nach Süden stattgefunden hat, daß der von Anfang an nur teilweise erfolgreiche Widerstand der Gallier je länger je mehr nachließ und der Zeitpunkt daher nicht mehr fern schien, wo Gallien von den Germanen überflutet werden mußte und die Römer die Stammverwandten der gefürchteten Cimbern zu unmittelbaren Grenznachbarn haben würden. Schon waren auf dem linken Rheinufer in der Gegend von Worms und Speier und von da hinauf bis Straßburg die germanischen Stämme der Vangionen, Nemeter und Triboker seßhaft geworden, als im Jahre 71 v. Chr. bei dem neuen Entbrennen des alten Streites zwischen den keltischen Sequanern und Häduern, welche letztere von den Römern beschützt wurden, erstere die Hilfe von germanischen Heerhaufen verschiedenen Stammes anriefen, die in den benachbarten rechtsrheinischen Landschaften beutelustig und Land suchend herumschweiften. Den anfangs erschienenen fünfzehntausend von diesen Sueben folgten, angelockt durch die Kunde von dem ihrer wartenden behäbigen Unterkommen, bald neue Scharen. Unter der Führung eines Heerkönigs Ariovist, eines militärisch sowohl wie politisch weit über Barbarenmaß hinaus veranlagten Mannes, der unter Umständen auch den Römern gefährlich werden konnte, allmählich auf die Stärke von hundertundzwanzigtausend Mann angewachsen, nötigten sie ihren Schützlingen, den Sequanern, schließlich den dritten Teil ihres Landes ab, machten sich im Elsaß seßhaft und traten, auf ihre kriegerische Überlegenheit pochend, so übermütig und gewaltthätig auf, daß schließlich die mißhandelten Kelten (61 v. Chr.) zusammen die Waffen gegen sie ergriffen. Sie wurden jedoch besiegt. Ariovists Herrschaft schien in jenen oberrheinischen Landen nun erst recht fest begründet und wurde auch von dem römischen Senat anerkannt, der ihm den hochtönenden Titel eines „Königs und Freundes des römischen Volkes“ verlieh. Von einer germanischen Staatsgründung aber kann dabei nicht gesprochen werden. Denn wenn sie auch zeitweise militärisch geeinigt waren, so blieben doch die in dem Wandervolk der Sueben vertretenen germanischen Stämme politisch gesondert, und jeder von ihnen verwaltete seine Angelegenheiten unter seinen eigenen Fürsten in altherkömmlicher Weise.

Um dieselbe Zeit nun, wo Ariovists Sieg über Sequaner und Häduer am Oberrhein einen neuen Keil in die schon erschütterte Reihe der gallischen Stämme trieb, erschienen, von den Sueben aus ihren bisherigen Sitzen verdrängt, die germanischen Stämme der Usipier und Tenkterer in den Landschaften rechts vom Unterlauf des Rheines, nötigten die keltischen Menapier, auf das linke Ufer zu entweichen, und warteten dann kampfbereit die Gelegenheit ab, um ebenfalls über den Fluß zu setzen und erobernd weiter in das durch seinen Reichtum lockende Gallien einzudringen. Unmittelbarer aber noch bedrohte die römische Provinz der gleichzeitige Andrang der keltischen Helvetier, die, in ihren Sitzen zwischen Rhein, Rhone und Jura mehr und mehr eingeengt, von der anderen Seite die übrigen Germanen andrängen sahen und deshalb im Begriff standen, sich einen Ausweg zu erzwingen, indem sie in das benachbarte Land der Häduer einbrachen und dort neue Sitze eroberten.

So war Gallien gleichzeitig an drei Stellen ernstlich gefährdet, ohne daß von seiten der römischen Beschützer der Häduer auch nur der Versuch zu einer Gegenwirkung gemacht worden wäre. Auch dort schaffte erst der Umschwung Abhilfe, der in den inneren Verhältnissen der Republik eintrat und Gajus Julius Cäsar, den Erben der Marianischen Traditionen, auf den Schauplatz stellte, wo er zugleich mit der Sicherheit und Größe Roms seine eigene Zukunft am wirksamsten fördern konnte. Cäsar erkannte Gallien als die schwächste Stelle des römischen Reiches und erfaßte die Gefahr in ihrer ganzen Größe, welche drohte, wenn die seit Jahrzehnten im Gang befindliche germanische Bewegung nicht aufgehalten würde, weil sie dann in nicht allzu ferner Zeit über die Alpen fluten und Italien selbst treffen mußte. Während der ereignisreichen neun Jahre seiner gallischen Statthalterschaft hat Cäsar mit den Germanen selbst zwar nur vereinzelt zu thun gehabt; aber der allgemeinen Tendenz nach war doch alles, was er dort leistete, eigentlich gegen sie gerichtet: sich selbst zu schützen unfähig, mußten die Gallier römisch werden, damit sie nicht germanisch würden. Von dieser Erkenntnis aus sind die Germanen zuerst für Cäsar ein wichtiger Faktor für die Zukunft des römischen Weltreiches geworden und damit, so kann man sagen, eigentlich erst in die Weltgeschichte eingetreten. Der größte Mann des sinkenden Römertums hat die Macht, der die Zukunft gehörte, zuerst als solche erkannt und anerkannt. Was er von da aus geleistet, ist militärisch und politisch gleich außerordentlich: es ist bestimmend geworden nicht bloß für sein eigenes Schicksal und das Schicksal des seiner Herrschaft entgegenreifenden Staates, sondern mittelbar auch für das Schicksal der Germanen.

Rückseite eines Denars des Julius Cäsar.

Ein Tropäum von gallischen Waffen: zwei Speere, Schilde, Trompeten, die in Tierköpfe mit offenen Rachen enden; der Helm hat Hörner, man erkennt auch den Torques (gewundene Halskette, vgl. Abbildung S. 63). Unten steht: CAESAR. Silber. Originalgröße. Berlin, Königl. Münzkabinett.

Nachdem er zunächst die dringendste Gefahr von seiner Provinz abgewandt hatte, indem er im Frühjahr 58 v. Chr. die in das Land der Häduer eingebrochenen Helvetier bei Bibracte (Autun) schlug, zur Umkehr und Wiedereinnahme der alten Sitze nötigte, wandte sich Cäsar gegen die unter Ariovist verbundenen germanischen Stämme und verlegte ihnen durch die überraschende Wegnahme der sequanischen Stadt Vesontio (Besançon am Doubs) den Weg. Aber auf seine Aufforderung zur Räumung des römischem Schutze befohlenen Landes bekam er die trotzige Frage zu hören, was er denn eigentlich in „Ariovists Gallien" zu suchen habe. Da war es denn freilich übel, daß unter dem Eindruck der gallischen Berichte von der Unwiderstehlichkeit der germanischen Krieger die Legionen wiederum vom cimbrischen Schrecken befallen wurden. An einem günstigen Ausgange des Kampfes mit diesen Feinden verzweifelnd, wähnten die Soldaten und Offiziere ihre letzte Stunde gekommen, saßen klagend in den Zelten, zeichneten ihren letzten Willen auf und bereiteten sich sonst auf das, wie sie meinten, unabwendbar nahe Ende. Die ganze moralische Überlegenheit seiner genialen Persönlichkeit mußte der Feldherr einsetzen, um der allgemeinen Entmutigung Halt zu gebieten und seine Leute zu ihrer Pflicht zurückzurufen. Ein Eilmarsch brachte ihn an den Feind. Eine Unterredung, die er auf Ariovists Wunsch mit diesem hatte, führte nicht zu einem Einverständnis, obgleich ihm der Germane mit seinem Volke gegen seine politischen Widersacher daheim Hilfe leisten wollte, wenn er ihm seinerseits dafür Gallien überließe. So standen beide Heere in der Gegend von Mülhausen im Elsaß, nicht fern vom Rhein, kampfbereit einander gegenüber. Durch einen überraschenden Marsch umging Ariovist den Gegner, bedrohte seine Rückzugslinie und erschwerte ihm die Zufuhr. Erst indem er sein Heer teilte und mit der kleineren Hälfte nun seinerseits wieder die Germanen umging, befreite sich Cäsar aus dieser kritischen Lage. Dann eilte er zur Entscheidungsschlacht, für die er bei seiner überlegenen Kriegskunst und der besseren Schulung der Legionen eines glücklichen Ausgangs zum voraus gewiß war. Leicht freilich wurde ihm der Sieg dennoch nicht. Auf dem einen Flügel geschlagen, waren die Massen Ariovists auf dem anderen im Vordringen begriffen, als der überraschende Ansturm des dritten römischen Treffens ihnen Halt gebot, sie aufrollte und bald zu verwirrter Flucht nötigte, auf der die rastlose Verfolgung durch die römische Reiterei ihre Niederlage vollendete. Nur dürftige Reste des germanischen Heeres retteten sich über den nahen Rhein. Auch Ariovist war unter den Entkommenen: er hatte seine Rolle ausgespielt, und es fehlt jede weitere Kunde von ihm.

Die oberrheinischen Gebiete Galliens waren damit gerettet, mochten auch einzelne Gruppen der früher eingedrungenen Sueben im Elsaß sitzen bleiben und die schon früher ins Land gekommenen Vangionen, Nemeter und Triboker, allerdings als Unterthanen Roms und mit der Deckung der Grenze gegen ihre rechtsrheinischen Volksgenossen beauftragt, in ihrem Gebiete belassen werden. Einige Jahre später gelang es Cäsar denn auch am Niederrhein dem germanischen Andrange Halt zu gebieten. Dort war es den Usipiern und Tenkterern schließlich doch gelungen, die Wachsamkeit der keltischen Menapier zu täuschen und über den Fluß zu setzen. Nachdem er die anfangs zu ihnen neigenden Belgier gewonnen hatte, trat Cäsar ihnen im Jahr 55 v. Chr. entgegen, indem er zwischen Nimwegen und Cleve lagerte. Auch er trug kein Bedenken, gegen die Barbaren die anfechtbaren, aber wirksamen Mittel der römischen Politik anzuwenden. Unter dem Vorwande von Unterhandlungen lockte er die Häupter der Germanen in sein Lager und nahm sie gefangen. Dann überfiel er das ahnungslose Volk und ließ es ohne Ansehen von Alter und Geschlecht unbarmherzig zusammenhauen. Was den Schwertern der Römer entging, fand auf der Flucht im Rhein seinen Tod. Nur die Reiterei, die zur Zeit des hinterlistigen Überfalls abwesend war, konnte sich noch jenseits des Flusses rechtzeitig in Sicherheit bringen und fand bei dem an der Lippe sitzenden tapferen Volk der Sugambern eine Freistätte. Cäsars Ver-

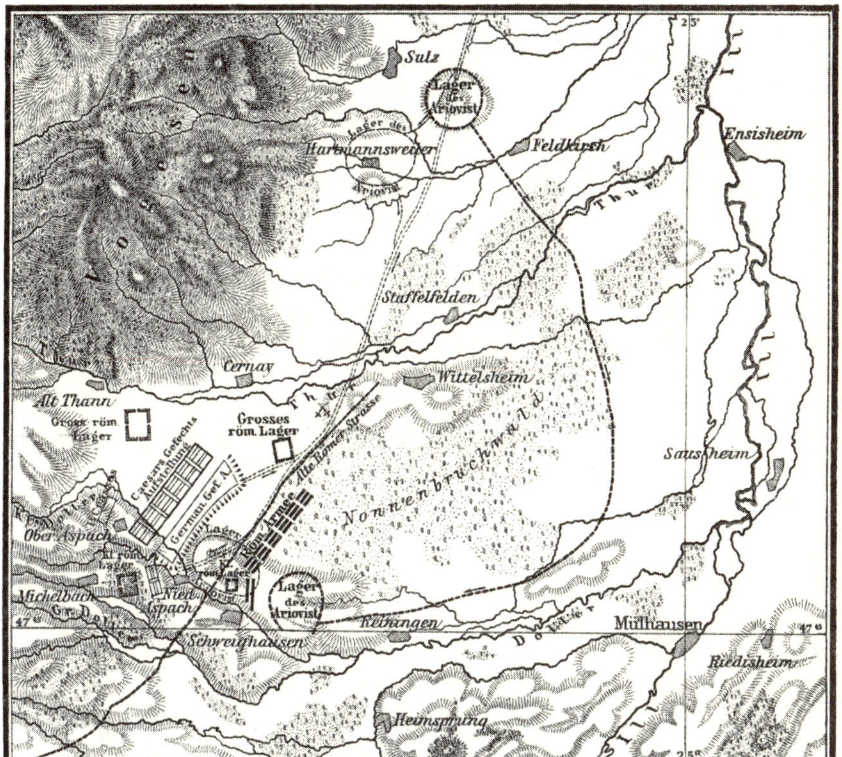

Maßstab von 1: 200.000.

1 ½ 0 1 2 3 4 5 6 Kilometer.

Lager, Marschroute u. Gefechts-Aufstellungen sind nach Napoleon III Karte mit starken (▬▬▬) Strichen, nach A. von Kampen mit schwachen (---) Strichen gezeichnet.

Situationsplan zu der Schlacht Cäsars mit Ariovist.

langen, daß man ihm die Flüchtlinge ausliefere, wurde abgewiesen: die Germanen waren nicht gewillt, den Römern, die eben Herren Galliens zu werden im Begriff standen, in ihrem eigenen Lande irgend welche oberherrliche Rechte einzuräumen, zumal ihnen nicht unbekannt geblieben sein wird, wie der schnöde Verrat, dem Cäsar den Sieg über Usipier und Tenkterer verdankte, in Rom einen Sturm des Unwillens entfesselte und von seinen politischen Gegnern sogar benutzt wurde, um ihn durch den Antrag auf seine Auslieferung an die überlisteten Barbaren moralisch zu Grunde zu richten. Um so weniger durfte Cäsar sich den Sugambern

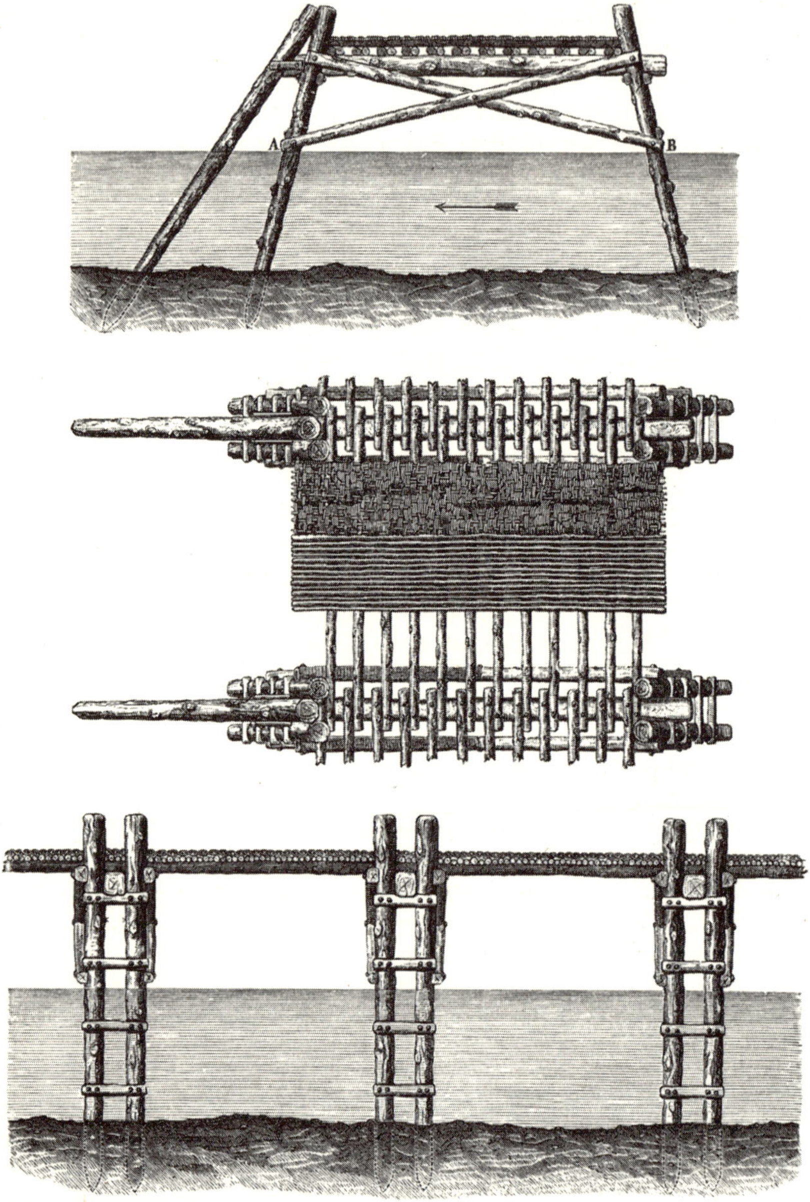

Cäsars Pfahlbrücke über den Rhein. Querdurchschnitt, Ansicht von oben und Längenansicht. [1])

1) Die Art des Brückenbaues war folgende: Zwei an einem Ende zugespitzte Baumstämme von etwa 36 Centimeter Dicke und einer der Flußtiefe entsprechenden Länge wurden vermittelst Querhölzer in einem Abstande von etwa 47 Centimeter miteinander verbunden. Durch auf zusammengekoppelten Schiffen aufgestellte Maschinen wurden sie mit dem Blocke in den Flußgrund eingerammt, und zwar schräg, nach der Strömung zu geneigt. Ungefähr

gegenüber etwas vergeben, sondern mußte auch dort wenigstens den Schein eines Erfolges zu gewinnen suchen, zumal ihn auch die auf dem rechten Rheinufer sitzenden Ubier um Schutz gegen den immer stärkeren Andrang der Sueben angingen. Deshalb schlug er zwischen Andernach und Koblenz eine auf eingerammten Pfählen ruhende Brücke über den mächtigen Strom und führte seine Legionen in das noch von keines Römers Fuß betretene germanische Land. So leicht aber, wie er gedacht, waren Lorbeeren dort nicht zu gewinnen. Die Sugambern versagten sich ihm vorsichtig, indem sie ihre Dörfer und Weiler verließen, mit Weib und Kind und ihrer beweglichen Habe in das Innere des mit Wald bedeckten Landes zurückwichen, in das Cäsar sich natürlich nicht tiefer hineinwagen mochte. Die Niederbrennung ihrer Ansiedelungen und des reif auf den Feldern stehenden Getreides war alles, was die Römer diesen Feinden anhaben konnten. Doch wurden dadurch einige Nachbarstämme so weit eingeschüchtert, daß sie ihre Unterwerfung erklärten und Geiseln zu stellen versprachen. Ähnlich verlief dann der Zug stromabwärts in das Gebiet der Ubier. Auch die suebischen Stämme, welche diese bedrängten, wichen vor dem römischen Heere zurück, um erst tiefer im Inneren in einer sorgsam ausgewählten Position mit ihrer gesamten waffenfähigen Mannschaft den Eindringling aufzuhalten. Unter solchen Umständen verzichtete Cäsar hier ebenfalls auf einen Kampf. Schon nach achtzehn Tagen war er wieder auf dem linken Ufer des Rheins und ließ die Brücke abbrechen. Nur die Grenze Galliens und damit des römischen Reiches sah er im Rhein: germanische Eroberungen lagen außerhalb seiner Entwürfe.

Das lehrt auch der Verlauf seines zweiten Zuges in das rechtsrheinische Land im Jahr 53 v. Chr., den die Unterstützung der aufständischen Trevirer durch suebische Reiterscharen veranlaßte. Ungefähr an derselben Stelle wie 55 v. Chr., nur etwas weiter stromaufwärts, wurde abermals eine Brücke gebaut. Aber auch diesmal stieß man in dem leeren Lande nicht auf den Feind: derselbe hatte sich mit allen seinen Streitkräften weit nach Osten zurückgezogen. So tief aber wagte sich Cäsar um so weniger in das Land, als die Verpflegung des Heeres, welche die Ubier beschaffen mußten, bald Schwierigkeiten machte. Auch diesmal wurde daher der Rückzug angetreten, ohne daß es zu einem ernsteren Kampfe gekommen wäre. Aber als ob er demnächst zurückkehren und die unterbrochene Unternehmung mit mehr Nachdruck fortführen wollte, ließ Cäsar die Brücke nur zum Teil ab-

---

$9^1/_2$ Meter stromabwärts gegenüber wurde ein gleiches Paar von Pfählen in gleicher Weise, aber um dem Strome zu widerstehen, in entgegengesetzter Richtung geneigt, eingerammt. Die in der Abbildung oben mit A—B bezeichnete Distanz beträgt etwa $11^3/_4$ Meter. Diese beiden (Pfahl-)Pfeiler dienten als Träger für einen starken Stamm, dessen Enden zwischen die beiden Pfähle jedes Pfeilerpaares gelegt wurden. Diese letzteren wurden oben durch zwei einander kreuzweise überschneidende Stämme so verbunden, daß ihr Abstand voneinander weder größer noch kleiner werden konnte. Dieser Aufbau bildete ein Joch der Brücke, deren so viele errichtet wurden, als die Breite des Rheines erforderte. Die Seite wurde aus Längenbalken hergestellt, die von einem Querbalken zum anderen reichten; darüber wurde in die Quere aufgestapeltes Holz gelegt und dieses mit Flechtwerk bedeckt. Schließlich wurde in schräger Richtung stromabwärts von jedem Pfahljoch ein als Strebepfeiler dienender Baumstamm eingesenkt. Stromaufwärts der Brücke wurden auch Pfähle eingerammt, die bestimmt waren, die Zerstörungswerkzeuge, welche die Feinde gegen die Brücke treiben lassen könnten, aufzuhalten.

brechen und errichtete zur Sicherung der stehen bleibenden Hälfte einen mehrstöckigen Turm, in dem noch längere Zeit eine Besatzung blieb.

Immerhin verdankten die Römer diesen beiden Expeditionen Cäsars, so ereignis- und erfolglos sie ausgegangen waren, nicht bloß eine genauere Bekanntschaft, sondern auch engere und nicht wieder abgebrochene Beziehungen zu den Germanen. Die Folge davon war, daß dieselben ihre schreckhafte Fremdartigkeit für sie verloren und wegen gewisser, nun erst recht erkannter und geschätzter Eigenschaften an Ansehen bei ihnen gewannen. Namentlich waren es ihre kriegerischen Tugenden, welche die Germanen nun zur Geltung bringen konnten. Denn wie sie zur Zeit ihres Kampfes gegen die Römer ihre Waffen als Söldner den Galliern geliehen hatten, so traten sie hinfort in immer wachsender Zahl in die Dienste der Römer, und zwar thaten das nicht bloß Angehörige der links vom Rhein seßhaft und Rom unterthänig gewordenen Stämme, sondern auch solche von jenseits des Grenzstroms. Schon Cäsar begann die kriegerische Kraft und Lust der Germanen für sich nutzbar zu machen, indem er sich namentlich ihrer vortrefflichen Reiterei bediente. Geworbene germanische Reiter waren es, die 52 v. Chr. in dem gefährlichen Entscheidungskampf gegen den von Vercingetorix geleiteten großen gallischen Aufstand durch ihr unwiderstehliches Ungestüm den Sieg an die römischen Adler fesselten, und eben solchen schrieb man nachmals den Erfolg zu, den Cäsar bei Pharsalus über Pompejus davontrug, mochten sie vorher auch durch allzu reichlichen Genuß des feurigen griechischen Weines zum Gespött des römischen Heeres geworden sein. Und auch in der Folge blieben Germanen ein dauernder, sich stetig mehrender Bestandteil des römischen Heeres und fanden da bald namentlich als Leibwächter der Kaiser Verwendung. Die bevorzugte Stellung, die damit verbunden war, die glänzende Waffnung, der reiche Sold und die Genüsse des großstädtischen Lebens lockten unwiderstehlich, und selbst Jünglinge königlicher Abkunft hielten es nicht unter ihrer Würde, ihre besten Jahre im Dienste der römischen Herrscher zu verbringen.

Auf die Gesamtheit der Bewohner des eigentlichen, rechtsrheinischen Germanien freilich übten diese Beziehungen zunächst nur geringen Einfluß aus. Größer und folgewichtiger war derjenige, der von dem schnell vollständig romanisierten Gallien auf dieses ausging. Denn vollauf bestätigte dessen Entwickelung die Ansicht seines Eroberers, nach der die Gallier, wenn sie nicht römisch würden, in kurzer Zeit germanisch geworden sein würden: alsdann aber wäre ihr Land, das nun ein starkes Bollwerk zum Schutz Italiens gegen den germanischen Andrang darstellte, vielmehr die Basis gewesen, von der dieser sich gegen Italien gerichtet hätte. Nur ergab sich doch auch jetzt, daß die Abwehr allein nicht genügte, um die so weit vorgeschobene römische Grenze dauernd zu sichern. Vielmehr konnte die neue Provinz ihren Zweck nur dann erfüllen, wenn die Verteidigung noch vor ihre Grenze verlegt, d. h. durch einen fortgesetzten Angriffskrieg gegen die unruhigen Nachbarn geführt wurde. Daraus aber ergab sich naturgemäß die Entstehung einer Art von Militärgrenze, eines in das feindliche Land hinein vorgeschobenen Außenwerks mit einer allezeit kampfbereiten Besatzung. Schon damals brachte es die eigentümliche Konsequenz der geographischen und ethnographischen Verhältnisse mit sich, daß der Rhein nicht Germaniens Grenze, sondern Germa-

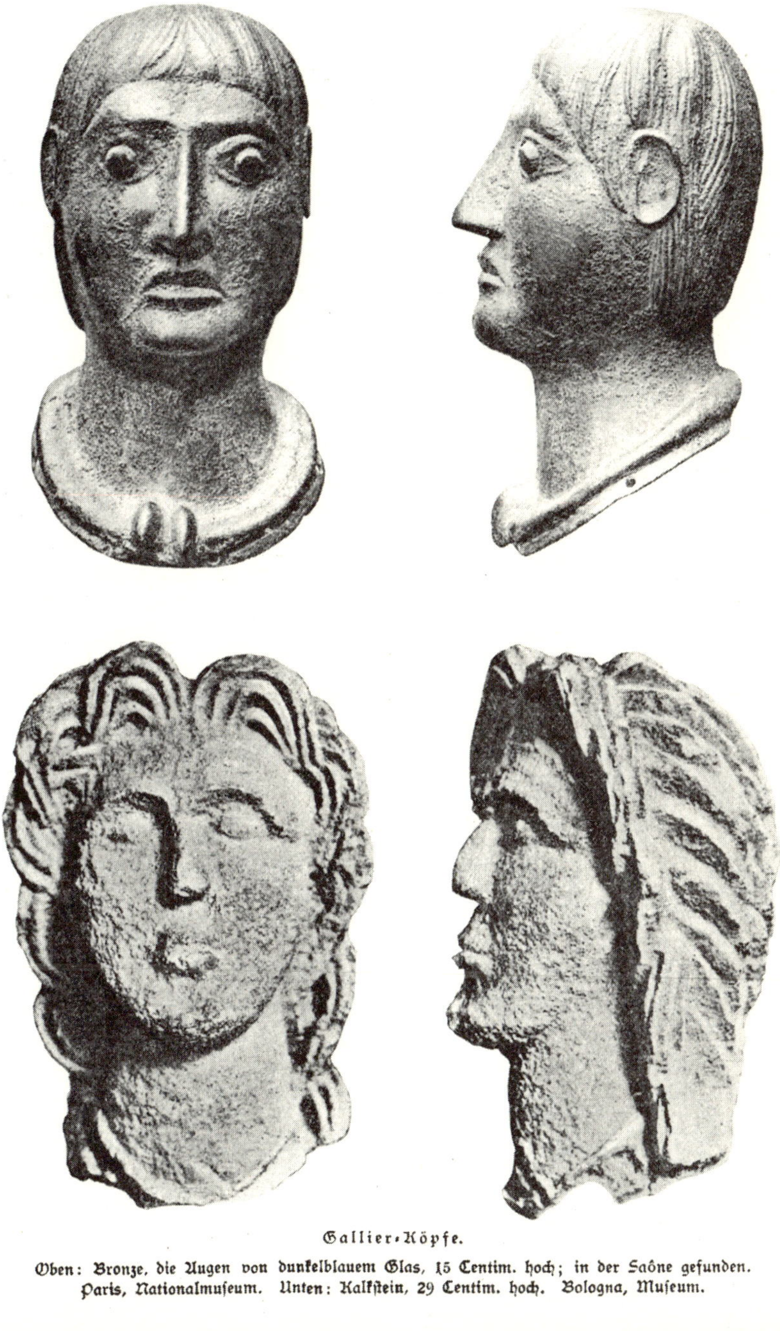

Gallier-Köpfe.

Oben: Bronze, die Augen von dunkelblauem Glas, 15 Centim. hoch; in der Saône gefunden. Paris, Nationalmuseum. Unten: Kalkstein, 29 Centim. hoch. Bologna, Museum.

niens Fluß war: wer Herr des Landes bleiben wollte, mußte auf seinen beiden Ufern gebieten.

Welche Bedeutung er dabei, ganz im Sinne Cäsars, dem rasch erblühenden Gallien als dem Bollwerk gegen die gefährliche germanische Nachbarschaft beimaß, hat nach Gewinnung der Alleinherrschaft auch Augustus dadurch unzweideutig zum Ausdruck gebracht, daß er gerade diese Provinz — mit Ausnahme späterhin allein des narbonensischen Teils — dauernd unmittelbar unter seiner eigenen Verwaltung behielt. Durch das wichtige Rauraca (nachmals Augst bei Basel) und Lugdunum (später Lyon) niedergehalten und gedeckt, dann allmählich mit zahlreichen anderen festen Plätzen versehen, wurde sie durch Marcus Vipsanius Agrippa, der es für ihn verwaltete, glücklich gegen einen neuen Anfall der Sueben geschützt, die wiederum am Rhein erschienen und namentlich den mit Rom befreundeten Ubiern zusetzten. Diese für die Zukunft zu sichern und zugleich zu wirksamerer Abwehr der übrigen Germanen zu verwenden, verpflanzte sie Agrippa auf das linke Rheinufer: ihre Hauptstadt, nachmals zur römischen Kolonie erhoben, wurde Colonia Agrippinensis, Köln. Das an Hilfsquellen aller Art überreiche Land, in dem bei der Neigung und Begabung der Bevölkerung für die Genüsse und Aufregungen des städtischen Lebens bald eine beträchtliche Zahl von reichen und glänzenden Städten emporwuchs, wurde in wirtschaftlicher Hinsicht einer der blühendsten Teile des Reichs, zumal seine Bewohner sich mit echt gallischer Leichtigkeit der ihnen nun auf allen möglichen Wegen übermittelten römischen Kultur hingaben und dieselbe sich bald völlig zu eigen machten: ein Menschenalter nach der Eroberung war Gallien in Sitte und Sprache von dem benachbarten Italien nicht mehr allzu verschieden. Aber auch militärisch lag dort eigentlich der Schwerpunkt des Reiches. Frühzeitig scheint Augustus entschlossen gewesen zu sein, das von Cäsar am Rhein Begonnene zu Ende zu führen und gleichsam dessen politisches Testament dort zu vollstrecken. Denn wenn der östliche Teil der gallischen Provinz, der sich am linken Rheinufer lang gestreckt von Süd nach Nord hinzog, die Benennung Germanien empfing und den größten und tüchtigsten Teil des römischen Heeres als allezeit kampfbereite Besatzung enthielt, so geschah das doch wohl nicht bloß im Hinblick darauf, daß dort die Bevölkerung bereits stark mit Germanen durchsetzt war und deshalb vielleicht als besonders unzuverlässig gelten konnte, sondern es wurde damit der Anspruch zum Ausdruck gebracht, den Rom auf die Herrschaft auch über das jenseits gelegene eigentliche Germanien erhob. Wurde doch bald genug erkannt, daß den in unruhiger Bewegung verharrenden kriegs- und beutelustigen

Bildnis des Augustus auf einer Münze.

Silber. Originalgröße. Berlin, Königl. Münzkabinett.

Der gallische Eber.

Kleines keltisches Monument; Bronze. Gefunden zu Cosa, Stadt im alten Etrurien.

Gallische Münztypen.

1. Goldmünze; das Monogramm unter den Pferden wird **AR** gedeutet und deshalb die Münze den Arverni zugeschrieben. 2. Kupfermünze. 3. Silbermünze von Rhoda (heutiges Rodez, Depart. Aveyron), mit dem Kopfe der Ceres auf der Vorderseite und, an das Wort Rhoda anschließend, einer von unten gesehenen Rose auf der Rückseite. Römisches Original, von welchem 4. eine gallische Nachbildung in barbarisch umgestaltender Form ist. (Silber.) 5. Kupfermünze mit der Umschrift **PVBLICOA SEMISSOS LEXOVIO.** Beispiel gallischer Behandlung römischen Münzstils. 6. Kupfermünze mit der Darstellung eines Pferdes und Ebers. Der Eber

Germanen nur durch einen Angriffskrieg im großen Stil werde Halt geboten werden können.

Das brachten schon die Gefahren mit sich, welche jede in Gallien ausbrechende Unruhe dem römischen Staate zu bereiten drohte, sobald die Germanen jenseits des Rheins sie nachdrücklich unterstützten. Dergleichen zu besorgen gab namentlich die trotzige und herausfordernde Haltung der Sugambern allezeit Anlaß. Gegen sie hatte bereits im Herbst 27 v. Chr. von neuem mit Waffengewalt eingeschritten werden müssen. Zehn Jahre später wurden sie durch die Erpressungen des Statthalters von Gallien, Marcus Lollius Paullinus, so erbittert, daß sie in ihr Gebiet geschickte römische Beamte ermordeten, im Bunde mit Usipiern und Tenkterern den Rhein überschritten und nicht bloß die römische Provinz Untergermanien mit Raub und Verwüstung heimsuchten, sondern über die Römer einen Sieg davontrugen und einen Legionsadler erbeuteten, die herbeieilende römische Reiterei in einem Hinterhalt arg zusammenhieben und Lollius selbst, der ihnen Einhalt thun wollte, zum Rückzug nötigten (16 v. Chr.). So bedenklich gestaltete sich dadurch für den Augenblick die Lage Galliens, daß Augustus in eigener Person dort erschien, um während eines mehrjährigen Aufenthalts die Ruhe herzustellen und den kostbaren Besitz durch umfassende militärische Maßnahmen zu sichern, namentlich durch die Anlage neuer fester Plätze und den Bau von Militärstraßen, welche die Bewegung der Heere erleichterten. Auch hatte inzwischen bereits eine andere

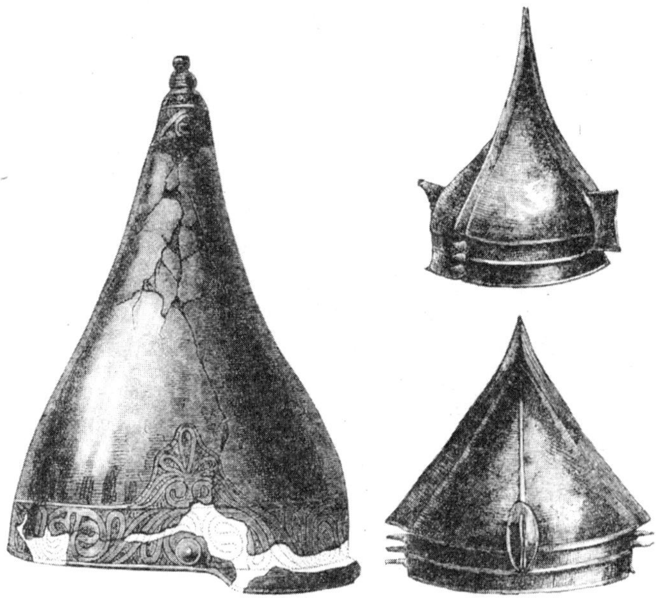

Gallische Helme. Bronze. In Gräbern gefunden.

auf gallischen Münzen hat symbolischen Wert als Nationaltypus (s. Nr. 6, 8, 12, 14, hier trägt ihn ein Reiter als Feldzeichen auf einer Stange). Nr. 7—17 sind Münzen mit den Namen gallischer Könige und Häuptlinge. 7. Adietuan, König der Sotiates. Silber. 8. Andecomborius, Häuptling der Remer. Silber. 9. Galba, König der Suessiones. Kupfer. 10. Cambil (Camulogenus), Häuptling der Aulerci Eburovices. Kupfer. 11. Eccaios (Iccius), Häuptling der Remer. Kupfer. 12. Litavicus, Häuptling der Äduer. Silber. 13. 14. 15. 16. Silbermünzen von Orgetorix, Häuptling der Helvetier. 17. Vartice (Vertico), Häuptling der Nervier. Kupfer. Nr. 18—21 merkwürdig durch das Reversbild: Vogel und Pferd, ein Typus, welcher sich nur auf gallischen Münzen findet und dem eine mythologische Vorstellung zu Grunde zu liegen scheint. 18. Münze der Arverni. 19. Münze der Carnutes. 20. Münze der Bituriges. 21. Münze der Parisii.

große kriegerische Aktion begonnen, die mittelbar ebenfalls der Sicherung Galliens zu gute kam und zugleich für ein planmäßiges Vorgehen gegen Germanien eine breitere und festere Operationsbasis zu geben bestimmt war. Denn auch der Weg nach Süden, den sie in demselben Maße mehr zu gewinnen suchen mußten, als ihnen die Ausbreitung nach Westen durch die Römer in Gallien und am Rhein unmöglich gemacht wurde, konnte den Germanen doch nur dann auf die Dauer verlegt und damit Italien endgültig gegen sie geschützt werden, wenn die Römer auch die mittleren und östlichen Alpen in ihre Gewalt brachten und im Norden derselben eine ähnliche Schutzwehr errichteten, wie im Westen Gallien für sie geworden war. Um die Germanen dauernd auf das zur Zeit von ihnen inne gehabte Gebiet zu beschränken oder gar ihrer Herr zu werden, mußte Augustus die Nordgrenze des Reiches bis an die Donau vorschieben. So wurden denn wie erst die Pannonier in den nächsten Jahren die Noriker, Rätier und Vindelicier unterworfen und ihre Gebiete als Provinzen organisiert. Knotenpunkt für die Heerstraßen, die sie durchzogen und untereinander und mit Italien sowohl wie mit Gallien verbanden, wurde Augusta Vindelicorum, Augsburg, das nun als Hauptwaffenplatz auch im übrigen rasch zu hoher Bedeutung aufstieg.

Pferdekopf, wahrscheinlich von einer römischen Reiterstatue. In der Wertach bei Augsburg 1769 gefunden. Bronze. $^4/_{13}$ der natürl. Größe. Augsburg, Maximilians-Museum.

Diese Kämpfe, in denen des Augustus Stief- und Adoptivsöhne Drusus und Tiberius ihren kriegerischen Ruhm begründeten, waren (13 v. Chr.) eben glücklich beendet, als (12 v. Chr.) ein neuer Einfall der Sugambern, Usipier und Tenkterer in Gallien zeigte, daß die endliche gründliche Abrechnung mit den unruhigen Nachbarn nicht länger aufgeschoben werden dürfe. Damit nahmen die langjährigen römischen Kämpfe zur Eroberung Germaniens ihren Anfang, deren schließlich ergebnisloser Ausgang einen entscheidenden Wendepunkt bezeichnet in der Gesamtentwickelung des römischen Reiches. Denn er hat in gewissem Sinn die Krisis vorbereitet, die später über dasselbe hereinbrach. Dahingestellt wird es dabei allerdings bleiben müssen, ob beim Eintritt in diese Germanenkriege Augustus und seinen Beratern wirklich der Cäsar zugeschriebene große Gedanke vorschwebte, Roms Herrschaft in Europa abzuschließen und gegen jede Beunruhigung durch die Barbaren des Nordens und Ostens zu decken durch die Eroberung all der weiten Lande, die sich zwischen dem Rhein und dem Schwarzen Meere noch wie ein gewaltiger Keil in ihr sonst so festgefügtes und wohlabgerundetes Gebiet hineinschoben. Eine von den Voraussetzungen, die weiterhin erfüllt sein mußten, wenn so umfassende Pläne verwirklicht werden sollten, wäre allerdings thatsächlich gegeben gewesen mit der bald danach erfolgten Unterwerfung Mösiens, die auch den unteren Lauf und die Mündung der Donau in die Gewalt der Römer brachte. Sieht man aber, wie Drusus den geplanten Krieg vorbereitete, indem er von dem westlichen Mündungsarme des Rheins einen Kanal nach der Yssel und dem Zuydersee führte, durch den die römische Flotte allezeit sicher in die Nordsee und dann längs der Küste in die Ströme Germaniens gelangen konnte, um auf diesen tief in das Innere des sonst schwer zugänglichen Landes einzudringen, so scheint es sich doch zunächst nur um die Niederkämpfung des Gallien benachbarten Germanien, nicht aber um die Eroberung eines Gebiets gehandelt zu haben, das als ein breiter Streifen quer durch ganz Europa ging. Jedoch auch in dieser verhältnismäßigen Beschränkung war, wie der Ausgang gelehrt, die Aufgabe, die es zu lösen galt, über die Kräfte selbst dieses Riesenreichs: ihr waren, obgleich eigentlich jahrelang auf diesen einen Punkt konzentriert, sogar seine ungeheuren militärischen Mittel nicht gewachsen. Immerhin erscheint doch auch die Lage der Germanen einigermaßen kritisch einem Angriff gegenüber, der einheitlich geleitet gleichzeitig von drei Seiten her, von der Donau im Süden, dem Rhein im Westen und der Meeresküste im Norden, in konvergierenden Vorstößen in das Innere des Landes eindringen sollte — um so kritischer, als es ihnen auch jetzt an der Einigkeit fehlte, die eine siegreiche Abwehr am ehesten verbürgte, und kriegerische Verwickelungen zwischen den zunächst bedrohten Stämmen dem fremden Eroberer den Weg bahnten und unerwartet Helfer erstehen ließen. Denn gleich seinen ersten größeren Erfolg verdankte Drusus dem alten Hader der Brukterer und der Friesen, und weiterhin hat ihm namentlich die bittere Feindschaft zwischen den Sugambern und ihren östlichen Nachbarn, den zahlreichen und kriegslustigen Chatten, erwünschte Förderung gewährt.

Im Jahre 12 v. Chr. fuhr Drusus durch den neuen Kanal in die Nordsee und nötigte durch die Eroberung Borkums und einiger anderer Inseln die Friesen zum Anschluß. Als er dann von diesen unterstützt in die Ems einfuhr und diese aufwärts segelte, suchten ihm die Brukterer den Weg zu verlegen. Deshalb schlossen sich die diesen verfeindeten Chauken, ihre westlichen Nachbarn, ihm an. Ihrer Hilfe und der Treue der Friesen verdankte er auf dem Rückweg die Rettung aus großer Gefahr: seine schweren Kriegsschiffe gerieten in dem niedrigen Fahrwasser auf Grund und mußten angesichts der nachdrängenden Feinde erst wieder flott gemacht werden. Im nächsten Jahre (11 v. Chr.) erschien er nach Überbrückung der Lippe unvermutet im Lande der Sugambern, deren wehrhafte Mannschaft eben auf einem Kriegszuge gegen die Chatten abwesend war, weil sich diese nach dem Beispiel der Brukterer, Tenkterer und Cherusker geweigert hatten, dem Aufgebot zu gemeinsamem Widerstand gegen die Römer Folge zu leisten. Ohne Kampf drang er daher durch das verwüstete Sugambernland in das Gebiet der Cherusker und bis zur Weser vor. Erst auf dem Rückweg sah er sich durch die verbündeten Germanen in den Engen der waldbedeckten Höhen des heutigen Westfalen aufgehalten und einmal sogar ringsum eingeschlossen. Aber durch einen übereilten und ungeordneten Angriff gaben die Feinde den fast sichern Sieg selbst wieder aus den Händen. Mit blutigen Köpfen abgewiesen, mußten sie den Weg freigeben, und Drusus erreichte glücklich den Rhein.

Daß diese Einfälle auf die Eroberung ihres Landes gerichtet gewesen, werden die Germanen kaum angenommen haben. Aber schon traf Drusus Anstalten, um wenigstens in einem Teil desselben dauernd festen Fuß zu fassen. Weit in das germanische Gebiet hinein vorgeschoben, errichtete er als Stützpunkt für die Züge in das Innere das Kastell Aliso, eine gewaltige, mehrere Legionen fassende Zwingburg am Zusammenfluß von Alme und Lippe, die nach rückwärts mit den großen Standlagern am linken Rheinufer in Verbindung gesetzt wurde, während der Ausbau eines Kastells, das er bereits früher dem festen Mainz gegenüber angelegt hatte, die dort errichtete Rheinbrücke sicherte und eine stets offene Einfallspforte in das rechtsrheinische Land herstellte. Von dort zog Drusus in dem folgenden Jahre (10 v. Chr.) gegen die Chatten, die unter dem Eindruck seiner letzten bedrohlichen Erfolge ihre bisherige römerfreundliche Haltung aufgegeben und mit den übrigen Stämmen gegen ihn gemeinsame Sache gemacht hatten.

Nach solchen Vorbereitungen dachte Drusus dann im Jahre 9 v. Chr. einen Hauptschlag zu führen, einen Stoß in das Herz Germaniens, der den westlichen Stämmen die Lust zu fernerem Widerstand nehmen und die östlichen so einschüchtern sollte, daß sie die römische Grenze hinfort respektierten. Von Mainz aufbrechend rang er in heißem Kampf die Chatten nieder, wandte sich dann nordwärts in das Gebiet der Cherusker, ging über die Weser und drang trotz der Hindernisse, die ihm die Unwegsamkeit des waldbedeckten Sumpflandes bereitete, und trotz des Widerstandes der Germanen, die sich einer solchen Kühnheit des römischen Angriffs nicht versehen hatten, bis an die Elbe vor. Auch diese wollte er in seinem Thatendrang noch überschreiten. Doch mißlang der Versuch, und den Übergang angesichts der Feinde zu erzwingen, ließen die Massen der jenseits lagernden Semnonen und Langobarden als zu gewagt erscheinen. Aber auch so war der Eindruck, den sein Erscheinen in diesen der römischen Machtsphäre bisher völlig entrückten Gegenden hervorbrachte, ein übergewaltiger. Ihm gab die Sage Ausdruck, eine der germanischen weisen Frauen habe ihn vor dem Überschreiten des Flusses gewarnt und sein baldiges Ende verkündet: sie spiegelt, was thatsächlich geschah, wieder in der mächtigen Erregung der beiden streitenden Völker. Nachdem er die Stelle am Ufer der Elbe, bis zu der er die römischen Adler geführt, durch ein Siegesdenkmal bezeichnet hatte, trat Drusus den Rückzug an. Auf demselben that er einen schweren Sturz mit dem Pferde, infolgedessen er nach einmonatlichem Siechtum noch im Inneren Germaniens starb, in den Armen seines Bruders Tiberius, der auf die Kunde von dem Unglück herbeigeeilt war.

Münze von Drusus d. älteren.

Umschrift: **DE GERMANIS.** Im Felde germanische Waffen: ein Vexillum, Schilde, Speere und Trompeten. Silber. Originalgröße. Berlin, Königl. Münzkabinett.

Dieser wurde denn auch berufen, das große Werk fortzuführen, vor dessen Vollendung jener inmitten einer glorreichen Laufbahn vorzeitig abberufen war. Wohl fehlt ihm auch in seinen Germanenkämpfen der dem Drusus eigene Zug großangelegter, kühner Ritterlichkeit, die in der Entwerfung weitausgreifender Pläne und in der zielbewußten Energie in ihrer Ausführung etwas von Cäsarischem Geist erkennen läßt: aber als ein Meister in fein angelegter politischer Berechnung, gewohnt, jede

Blöße, die sich der Gegner gab, unbarmherzig auszunutzen und dabei auch militärisch begabt und bewährt, hat Tiberius große Erfolge gewonnen und die Erreichung des von seinem Vorgänger erstrebten Zieles mit anderen Mitteln zwar, als jener sie anzuwenden gewohnt war, aber doch nicht minder wirksam gefördert. Nicht mit Unrecht hat man ihn geradezu als den gefährlichsten Feind bezeichnet, der den Germanen jemals von Rom her erstanden ist. Mit vernichtender Schwere traf er zunächst die Sugambern. Des Drusus Kriegführung hatte auch ihren bisher so trotzigen Sinn gebrochen: als ob sie sich von Tiberius noch schlimmerer Dinge versähen, schickten sie im Jahre 8 v. Chr. die Vornehmsten des Stammes als Gesandte an ihn mit der Bitte um Frieden. Wohl weil die früher verübten Frevel noch nicht gesühnt waren, ließ Tiberius dieselben gefangen nehmen und in Gallien internieren. Verzweifelnd haben sie sich dort das Leben genommen. Tiberius aber fiel über das nun führerlose Volk her, bewältigte es mit leichter Mühe und verpflanzte, um seine Kraft endgültig zu brechen und Rom so unbequemer Nachbarn zu entledigen, angeblich nicht weniger als vierzigtausend auf das linke Rheinufer, teils in geschlossener Masse zwischen die Rom befreundeten Ubier und Bataver, teils in kleineren Gruppen bis tief nach Gallien hinein verstreut. Diese Sugambern entwöhnten sich allmählich der alten Freiheit. Doch hat augenscheinlich nicht das ganze Volk ihr Schicksal geteilt: ein Rest war rechtzeitig in das Innere Germaniens entwichen und scheint später, als die Verhältnisse am Rhein sich zum Nachteil der römischen Herrschaft änderten, in die Sitze zurückgekehrt zu sein, die einst seine Väter innegehabt hatten.

Bildnis des Tiberius auf einer Münze.

Umschrift: TI(berius) CAESAR · DIVI · AVG(usti) F(ilius) AVGVST(us) IMP(erator) VIII. Kupfer. Originalgröße. Berlin, Königl. Münzkabinett.

Unter dem Eindruck dieses Strafgerichts, durch das eines der stolzesten und kriegerischsten Völker aus der Reihe der selbständigen Germanenstämme vorläufig verschwand, hat die römische Herrschaft während des nächsten Jahrzehntes eine fortschreitende Festigung erfahren, augenscheinlich ohne große militärische Unternehmungen, wenn die Waffen auch natürlich nicht ganz geruht haben, es vielmehr bald hier, bald da eine Gärung zu beschwichtigen oder einen Aufstandsversuch zu ersticken galt und einzelne energische Vorstöße ins Innere unternommen wurden, um die Bewohner der östlichen Landschaften einzuschüchtern. So drang im Jahre 2 v. Chr. der Legat Domitius Ahenobarbus durch das Gebiet der befreundeten Hermunduren, das heutige Thüringen, sogar bis beträchtlich über die Elbe vor. Unter der Deckung durch solche Vorstöße aber fuhren die Römer fort, durch Anlage von Heerstraßen und Ziehung von Kanälen, die Errichtung fester Lager für Winters- und Sommerzeit und die Aufführung starker Zwingburgen von dem Lande zwischen Rhein und Weser planmäßig immer fester Besitz zu ergreifen. Wie die enger und enger geschürzten Maschen eines gewaltigen, an wichtigen Stellen besonders fest verknoteten Netzes legte sich dieses römische Befestigungssystem auf und über das Land. Ohne besonderes Widerstreben aber wird man dasselbe doch nur da getragen haben, wo es nicht nur erleichtert, sondern bis zu einem gewissen Grade angenehm gemacht wurde durch den davon untrennbaren lockenden Einfluß der verfeinerten römischen Kultur, die den Germanen neue Genüsse erschloß, sie aber auch an neue Bedürfnisse gewöhnte und damit immer neue Motive in Wirksamkeit setzte, um junge Germanen vornehmer Abkunft ihr Glück im römischen Heerdienst suchen zu lassen. Doch ergab sich daraus auch ein Vorteil für die Germanen: immer häufiger wurden unter ihren Fürsten und Führern die Männer, die mit dem römischen Staat und — was besonders wichtig war — mit dem römischen Kriegswesen aus eigener Erfahrung bekannt waren und daher im Notfall auch ihre Stammesgenossen zu wirksamer Abwehr anleiten konnten.

Im ganzen scheint die römische Herrschaft gerade während jenes verhältnismäßig ruhigen Jahrzehnts in dem eigentlichen Germanien beträchtliche Fortschritte gemacht zu haben. Aber auch die Krisis, die bald danach über sie hereinbrach, ist eben in jener Zeit eingeleitet worden, ohne daß wir im einzelnen nachzuweisen vermöchten, welche Momente dabei ausschlaggebend zusammenwirkten. Die Hauptsache war jedenfalls, daß die weiter östlich wohnenden Germanen allmählich der wachsenden Gefahr inne wurden, welche die fortschreitende Ausbreitung der römischen Herrschaft auch ihrer Freiheit bereitete, diejenigen aber, die bereits unter Rom gebeugt waren, endlich einzusehen begannen, daß sie der Fremdherrschaft ihrerseits die Wege gebahnt hatten durch den Mangel an Einigkeit und durch die von Tiberius geflissentlich genährte innere Parteiung. Damals wurde, unmerklich zunächst, bald aber in einzelnen Erscheinungen deutlicher zu Tage tretend, der Anfang gemacht zu einer gewissen nationalen Reaktion. Ihr kam dann im entscheidenden Augenblick die schwere Verlegenheit zu Hilfe, welche den Römern, als sie eben zum letzten vernichtenden Schlage gegen die germanische Freiheit ausholten, durch den Ausbruch eines gefährlichen Aufstands in Pannonien bereitet wurde. Denn dieser nötigte sie zu einer Teilung ihrer Kräfte, die gerade in jenem Moment für sie verhängnisvoll zu werden drohte.

Die Entwickelung der germanisch-römischen Verhältnisse war in einem verheißungsvollen Zuge, als Tiberius im Jahre 4 n. Chr. als Statthalter auf den Schauplatz seiner früheren Erfolge zurückkehrte: ungehindert konnte er nach Besiegung der Brukterer und einiger benachbarter kleinerer Stämme mitten im Lande der damals römerfreundlichen Cherusker überwintern. Diese schienen berufen, die vornehmste Stütze der ihrer Vollendung entgegengehenden römischen Herrschaft über Germanien zu werden. Von ihren Fürsten empfing Segestes das römische Bürgerrecht. Sein Bruder Segimer ließ seine beiden Söhne, Armin und Flavius, in den kaiserlichen Kriegsdienst treten. Ihr Land wurde die Operationsbasis, von der aus die letzten freien Germanen niedergekämpft und die Grenzen Roms bis an oder über die Elbe vorgeschoben werden sollten. Von dort aus drang Tiberius im Jahre 5 n. Chr. über die Weser vor und brach dann nordwärts in das Land der Chauken ein, die zu beiden Seiten der Weser zwischen Ems und Elbe wohnten. Und in wohlberechneter und pünktlich durchgeführter Kooperation mit seinen Legionen erschien zum Schrecken der überraschten Germanen die römische Flotte und segelte ein Stück die Elbe hinauf. Noch niemals war eine römische Streitmacht so tief in Germanien gesehen worden. Aber die Elbe zu überschreiten wagte Tiberius so wenig wie früher Drusus. Drüben standen kampfbereit die Semnonen, Hermunduren und Langobarden, wichen aber, sobald die Römer Miene machten überzugehen, scheu zurück, offenbar in der Absicht, den Tiberius tiefer in das Innere zu locken und ihm dort unter ungünstigen Verhältnissen die Schlacht aufzunötigen. So trat das römische Heer schließlich den Rückzug an, ohne daß es zu einem Kampfe gekommen wäre. Einen Überfall, den die Germanen nun versuchten, schlug es glücklich ab.

Nur ein mächtiger Stamm schien jetzt noch bewältigt werden zu müssen, um die Unterwerfung Germaniens zu vollenden, die Markomannen, die zu der weitverzweigten Völkerfamilie der Sueben gehörten. Aber auch ihrer durfte Tiberius hoffen Herr zu werden. Denn schon hatten sie angefangen, vor dem steigenden Druck des römischen Angriffs und der Feindschaft der Rom freundlichen Germanen zurückzuweichen. Ihre Sitze im oberen Mainthal hatten sie verlassen, um sich in Böhmen zu konzentrieren, wohin ein Teil von ihnen sich schon früher gewandt hatte. Ehemals von den keltischen Bojern bewohnt, bot dieses mit seinen schützenden, waldbedeckten Randgebirgen, die es einer gewaltigen natürlichen Festung vergleichbar machten, für die Abwehr selbst eines übermächtigen feindlichen Angriffs die denkbar günstigsten Bedingungen. Auch scheint eben im Hinblick darauf dem Zuge der Markomannen nach Böhmen noch eine besondere, unmittelbar gegen Rom gerichtete Absicht zu Grunde gelegen zu haben, so daß er mit den Wanderungen anderer germanischer und namentlich auch suebischer Stämme nicht ohne weiteres in Vergleich gestellt werden kann. Denn mit ihm zugleich und wohl infolge von ihm vollzog sich in den staatlichen Verhältnissen der Markomannen eine tiefgehende Wandelung, welche sie über ihre bisherige Leistungsfähigkeit und Bedeutung weit hinauswachsen ließ und zu einer führenden Stellung unter den Germanen überhaupt zu berufen schien. Bei ihnen zuerst sehen wir die Vielheit locker gefügter Gaue oder Teilstaaten, in die sich nach altgermanischer Art das Gesamtvolk gliederte, zu dem festeren Verband einer gesamtstaatlichen Einigung verwachsen — ein Prozeß, der sich bei den übrigen Stämmen, soweit er bei ihnen überhaupt eingetreten ist, durchweg sehr viel später und unter wesentlich abweichenden Umständen vollzogen hat und der, wo man ihn anderwärts um dieselbe Zeit herbeizuführen versuchte, die innere Spaltung nur gesteigert oder wohl gar erschütternde Parteikämpfe heraufbeschworen hat. Hier war er das Werk einer imponierenden Persönlichkeit, eines Mannes, welcher das durch den römischen Angriffskrieg erzeugte Bedürfnis seiner Zeit sichern Blickes erkannte, sein Volk von der Richtigkeit des von ihm gewiesenen Weges überzeugte und dadurch vermochte, ihm willig darauf zu folgen. Als ein Mann, der seiner Zeit vorauseilte, erscheint von diesem Gesichts-

Kaiser Tiberius.
Antike Marmorbüste. Rom, Museum des Vatikan.

punkte aus der Markomanne Marbod, der zuerst den Versuch zur Gründung eines großen germanischen Reiches gemacht hat, um dabei nach einer Reihe von außerordentlichen Erfolgen schließlich doch zu Fall zu kommen und ruhmlos unterzugehen. Obgleich nicht königlichen Stammes, gewann Marbod, der ebenfalls nicht umsonst als Soldat die Schule Roms durchgemacht hatte, die königliche Herrschaft über sein Volk und scheint sie mit gewissen, dem Imperium entlehnten eindrucksvollen Formen umgeben zu haben. Mehr wert war es, daß er auch die Wehrkraft seiner Markomannen zu voller Entfaltung brachte, indem er sie nach römischem Vorbild organisierte. Infolge davon verfügte er über ein stehendes Heer, das angeblich auf mehr als siebzigtausend Mann gebracht werden konnte. Aber auch in der Politik war Marbod ein gelehriger Schüler Roms und hatte die Künste, denen dieses seine Erfolge so oft verdankte, mit Meisterschaft üben gelernt. Um Roms Gunst und Freundschaft werbend, wußte er lange Zeit die Besorgnisse zu beschwichtigen, welche das Aufkommen einer solchen Macht bei dessen Staatsmännern hätte erzeugen müssen. Man ließ ihn gewähren, offenbar in der Meinung, in ihm einen zuverlässigen Verbündeten gegen die übrigen Germanen gewonnen zu haben und sich mit ihm in die Herrschaft über sie gewissermaßen teilen zu können.

Dieses gute Einvernehmen konnte aber natürlich nicht von Dauer sein. Da beide Teile doch einander ausschließende Ziele verfolgten, mußte es schließlich zu einem Zusammenstoß kommen. Denn je mehr es mit der Freiheit der übrigen Germanen zu Ende zu gehen drohte, um so mehr erschien das bisher von Rom begünstigte Markomannenreich als deren letzter Hort, der niedergeworfen sein mußte, wenn anders Germanien bewältigt werden sollte: um so feindlicher mußte Marbod sich Rom entgegenstellen und dessen Feinden nach Möglichkeit Vorschub leisten. Bald fanden die flüchtigen Vorkämpfer der untergehenden germanischen Freiheit bei ihm Aufnahme und Schutz. Die römischen Reklamationen wurden abgewiesen. Nicht ohne Grund stieg bei den Römern die Besorgnis auf, der ehemalige Schützling werde das in zahlreichen Kämpfen geschulte Heer bei erster Gelegenheit gegen sie wenden. Schließlich erschien die Zertrümmerung seiner Macht als unerläßliche Voraussetzung für das Gelingen der römischen Pläne. Sie war denn auch der Zweck des Angriffs, zu dem Tiberius, nach gewaltigen Rüstungen von der Donau heranziehend, sich mit dem vom Rhein kommenden Legaten Sentius Saturninus in Böhmen vereinigen wollte. Aber noch bevor die beiden römischen Heere — über hundertundfünfzigtausend Mann, eine größere Macht also, als man bisher jemals gegen Germanen ins Feld gestellt hatte — zusammengekommen waren, brach im Rücken des Tiberius ein Aufstand aus, in dem sich die scheinbar endgültig unterworfenen Völker Pannoniens, Dalmatiens und der Nachbargebiete wie ein Mann gegen Roms Herrschaft erhoben. Wohl nicht mit Unrecht hat man in dem Hereinbrechen einer solchen Krisis gerade in diesem Augenblick einen meisterhaften Schachzug des Markomannenkönigs vermutet, mag er auch nichts weiter gethan haben, als daß er die in den Landschaften südlich von der Donau durch den Druck der römischen Herrschaft erzeugte Gärung durch seine Aussendlinge nährte und steigerte durch den Hinweis auf die ungewöhnlich günstigen Aussichten, die ein Losschlagen gerade damals der Sache der Freiheit eröffnete. Auch Tiberius erkannte mit einem Blick, wie gefährlich durch diesen Zwischenfall die Lage für

Rom gewandelt war: statt, wie er gewollt, Marbod vernichten zu können, mußte er mit ihm wie mit dem Träger einer Rom ebenbürtigen Macht unterhandeln und ihm einen ehrenvollen Frieden gewähren. Die Zertrümmerung des Markomannenreichs war aufgeschoben: endgültig darauf verzichtet hat Tiberius sicherlich nicht. Aber bevor er nach mehrjährigem, mühseligem Kampf den Aufstand in den Donauländern, der zeitweise Italien gefährdete, niedergerungen hatte und an den Markomannen Vergeltung zu üben denken konnte, waren die Dinge in Germanien selbst so gänzlich verändert, daß er auf die Wiederaufnahme jenes früheren Planes verzichten mußte. Wie er erst durch die Empörung der Donauländer vor dem vernichtenden Streich gerettet worden war, den Rom gegen ihn zu führen im Begriff gewesen war, so sah Marbod die Gefahr eines solchen jetzt abgewandt durch die siegreiche Erhebung der Germanen, die nicht bloß die weitere Ausdehnung der römischen Herrschaft zu hindern, sondern selbst ihren bisherigen Bestand in Frage zu stellen schien. So konnte er, auch ferner noch, selbstsüchtig und zweideutig, zwischen den beiden, ihm gleich feindlichen und gleich gefährlichen Mächten lavierend, auf Kosten beider in die Höhe zu kommen suchen, indem er, wie erst die pannonische Erhebung, so nun auch die zum Freiheitskampfe aufstehenden Germanen ohne die Hilfe ließ, die sie von ihm hätten erwarten dürfen.

Freilich wird man auch bei der Würdigung der Ereignisse, deren Schauplatz die germanischen Lande der Römer damals wurden, sich davor hüten müssen, aus dem schließlichen Erfolge auf das ursprüngliche Vorhandensein einer gerade auf diesen Ausgang gerichteten Absicht zu schließen, und darf nicht annehmen, daß die Dinge da genau so gekommen sind, wie die dabei die leitende Rolle spielenden Persönlichkeiten gewünscht und gewollt hatten. Dazu hätte eine weitausschauende Planmäßigkeit der Entwürfe und eine berechnete Folgerichtigkeit des Handelns gehört, wie sie bei der Zerfahrenheit und Uneinigkeit, die bei den Germanen selbst innerhalb der einzelnen Stämme herrschte, vollkommen ausgeschlossen war. Vielmehr war die germanische Erhebung, die im Jahre 9 n. Chr. ausbrach und in ihrem Fortgang so große Bedeutung erlangte, daß sie der weiteren Ausbreitung der römischen Herrschaft Halt gebot, rücksichtlich ihrer nächsten Beweggründe und Ziele von ähnlichen Aufständen früherer Zeit nicht wesentlich verschieden. Nur die besonderen Umstände, unter denen sie eintrat, und die für Freund und Feind gleich überraschenden Folgen, die sich schließlich aus ihr ergaben, haben sie in ihrem Fortgang zu einer viel höheren Bedeutung erhoben. Von nationalem Bewußtsein im modernen Sinne des Worts haben die Germanen jener Zeit nichts besessen: an eine nationale Erhebung in dem Sinne, den wir mit diesem Worte zu verbinden pflegen, haben sie also auch damals nicht denken können, und um eine bewußte Freiheitsthat hat es sich bei ihnen daher nicht gehandelt, mag im Verlauf der durch den Aufstand veranlaßten Ereignisse auch thatsächlich die bedrohte Freiheit der Germanen gerettet oder wenigstens ihrer weiteren Erdrückung Einhalt gethan sein. Auch hier haben verhältnismäßig kleine Ursachen Wirkungen von weltgeschichtlicher Bedeutung hervorgerufen und Motive, die zunächst rein persönlicher und vielleicht nichts weniger als idealer Natur waren, Leidenschaften entfesselt, die ins Große gehend ihre Träger gewissermaßen über sich selbst erhoben und unbewußt zu Werkzeugen eines großen, für Nationen entscheidenden Schicksals machten. Die Erkenntnis davon hat dann freilich nachträglich bestimmend auf das Bild eingewirkt, das spätere Geschlechter, denen die weitere Entwickelung des damals Begonnenen in ihrem Gesamtverlaufe vor Augen stand, sich auch von den Anfängen derselben machten. Dadurch sind hier wie so oft in die Überlieferung fremde, nicht in der Sache selbst wurzelnde Elemente hineingetragen worden.

Der pannonische Aufstand nötigte Tiberius, während der nächsten drei Jahre alle verfügbaren Truppen auf dem dortigen Kriegsschauplatz zu konzentrieren. Daher wurden auch die germanischen Gebiete teils von Truppen entblößt, teils der Obhut der jüngsten und am wenigsten bewährten Legionen befohlen. Das wird gerade den Cheruskern gegenüber um so unbedenklicher erschienen sein, als diese einmal in sich geteilt waren, da eine ausgesprochen römisch gesinnte Partei unter dem Stammfürsten Segestes bei ihnen Einfluß hatte, dann aber den Sueben überhaupt und namentlich den Markomannen von altersher in erbitterter Feindschaft gegenüberstanden, so daß der Haß, der die beiden mächtigen Völkerbünde trennte, geradezu ein Moment gewesen zu sein scheint, das wesentlich zu Gunsten der römischen Herrschaft in die Wagschale fiel. Auch hier wurde die Teilung der Gegner deren beste Stütze. Ebenda scheint aber die gefährliche Selbsttäuschung entsprungen zu sein, in die ein Teil des römischen Beamtentums in Germanien sich einlebte. In dem stolzen Gefühl der Überlegenheit des Römertums den Barbaren gegenüber hielten die Herren die Unterwerfung für vollständiger, als sie war, betrachteten den durch den letzten Feldzug herbeigeführten Zustand als einen endgültigen und meinten daher, auf ihm als auf einer sicheren Grundlage weiterbauen zu können. Daraus erklärt sich die veränderte Haltung den Germanen gegenüber, das gegen die bisherige Verwaltungspraxis empfindlich kontrastierende neue System, als dessen Träger des Sentius Saturninus Nachfolger, Quintilius Varus, erscheint, mag auch die persönliche Eigenart dieses Mannes wesentlich dazu beigetragen haben, es für die davon Betroffenen bald unerträglich zu machen. Nicht bloß die Habgier des an ein üppiges Leben gewöhnten Herrn, die ihm bereits in Syrien einen üblen Ruf eingetragen hatte und die er auch hier auf Kosten der Provinzialen zu befriedigen suchte, mußte bei den solcher Behandlung ungewohnten Germanen bitteren Unmut erzeugen: größeren Anstoß noch und noch üblere Befürchtungen für die Zukunft erregte es, daß Varus mit den Germanen umspringen zu können meinte wie mit den Asiaten, die seit Menschengedenken an eine despotische Regierung gewöhnt und dabei verweichlicht und entartet waren. Bei ihm war nicht die Rede von der klugen und versöhnenden Rücksichtnahme auf germanische Sitten und Anschauungen, wie sie selbst Tiberius geübt hatte, um die Unterworfenen allmählich in die neue Ordnung hinüberzuleiten und sich in sie eingewöhnen zu lassen: er behandelte die Provinz, als ob sie bereits romani=

Bildnis des Varus
auf einer Münze von Achulla
in Byzacene (Afrika).

Umschrift: **P. QVINC+LI** (+ ist **TI**) **VARI ACHVLLA.** Auf der Kehrseite der Kopf des Augustus zwischen denen seiner Enkel Cajus und Lucius. Varus war Prokonsul von Afrika; es ist wohl nicht zu bezweifeln, daß dies sein Bildnis. Die Münze ist vor dem Jahre 4 n. Chr. geprägt, denn damals ging er nach Syrien, wo er auf Münzen von Antiochia seinen Namen setzte.
Kupfer. Originalgröße.
Berlin, Königl. Münzkabinett.

siert wäre, nicht erst romanisiert werden sollte. Die Streitigkeiten, die vor ihn gebracht wurden, entschied er rücksichtslos nach römischem Recht: freie Germanen ließ er daraufhin mit Ruten streichen oder gar hinrichten und trieb von verbündeten oder gar von unbesiegten Völkern Steuern ein wie von tributpflichtigen Unterthanen — Maßregeln, die germanisches Denken und Fühlen empfindlich verletzten und, als sie auf beginnendes Widerstreben mit gesteigertem Druck durchgesetzt wurden, je länger je mehr erbitterten und schließlich unerträglich schienen. Anzeichen der steigenden Gärung werden nicht ausgeblieben sein: Varus aber hatte kein Verständnis dafür, ja es scheint, als ob er durch sie nur zu schärferem Auftreten, zu verletzenderen Repressalien gereizt worden sei, in der Meinung, dadurch einzuschüchtern und durch Schrecken regieren zu können. So ganz fehlte diesem Manne, der durch die asiatische Kriecherei, die er so lange vor Augen gehabt, verwöhnt, dem verachteten Barbaren weder Sinn für die Freiheit noch auch nur Gefühl für seine persönliche Würde zutraute, das Verständnis für dieses ehrliebende und stolze Volk, das Drusus und Tiberius und auch noch Sentius Saturninus so gut zu nehmen und so geschickt zu behandeln gewußt hatten, daß er an die Möglichkeit einer Entladung des in der Stille genährten und immer weitere Kreise ergreifenden Unwillens gar nicht geglaubt zu haben scheint. Warnungen, die sich darauf bezogen, schlug er in den Wind und arbeitete dadurch den geheimen Häuptern der sich allmählich organisierenden Aufruhrpartei verblendet in die Hände.

Wie diese zusammengebracht, wie sie die Ausführung des in der Stille Beschlossenen vorbereitet, über welche Mittel sie dabei verfügt hat: — von alledem fehlt uns selbstverständlich jede nähere Kunde, und wir dürfen es als ein Glück ansehen, daß uns wenigstens von der eigentlich leitenden Persönlichkeit eine Reihe von Zügen überliefert ist, die uns ein Bild von ihr gewinnen und in die Motive der germanischen Nationalpartei einen Blick thun lassen. Freilich wird auch da manches der Eigenart der römischen Auffassung entsprungen, werden in der unbewußten Absicht, die zur Erklärung des Geschehenen nicht zureichende Kenntnis der Verhältnisse zu ergänzen, gewisse Züge, die der Blick vorurteilsloser Römer als den Germanen überhaupt eigen erkannt und schätzen gelernt hatte, vereinigt auf den nur in unbestimmten Umrissen erkennbaren Helden des siegreichen Aufstandes übertragen sein, so daß dieser gewissermaßen zu einer idealisierten Verkörperung des Germanentums wurde. Denn noch wußte der Römer Vaterlandsliebe und Freiheitssinn auch an dem Gegner seines Volkes zu ehren. Als Sohn des cheruskischen Gaukönigs Segimer, der wie sein Bruder Inguiomer bei seinem Volke ein Fürsprecher des Friedens und der Freundschaft mit Rom gewesen war, hatte Armin, wie damals so viele junge Germanen edler Abkunft gemeinsam mit seinem Bruder Flavius Ehre und Bildung, namentlich militärische Schulung im Dienste Roms gesucht, auch an den Feldzügen gegen die Stämme an Weser und Elbe teilgenommen und war durch die Verleihung des Bürgerrechts und der Ritterwürde belohnt worden. Rascher fassend und geistig begabter, als die Römer die Barbaren zu finden pflegten, war er doch nicht bloß ein tapferer Soldat, sondern auch ein warmherziger und freiheitliebender Patriot, der schon durch seine äußere Erscheinung auf die Menge Eindruck zu machen, sie mit sich fortzureißen und zu beherrschen berufen schien. Ein Meister in jener arglistigen Kunst der Verstellung, die dem Barbaren als eine besonders glückliche Mitgift erscheinen mußte, weil sie die Römer mit den eigenen Waffen zu bekämpfen erlaubte, verstand es Armin, den in ihm aufsteigenden Plan, der sicherlich nicht bloß idealen Motiven entsprang, vor seinen römischen Gönnern streng geheim zu halten und diese in dem Glauben an seine Treue und Ergebenheit zu befestigen, während er bereits Genossen zur Ausführung warb und durch sie sein Volk auf den entscheidenden Augenblick vorbereiten ließ. Ganz gewahrt freilich blieb das Geheimnis bei der Menge der Mitwisser nicht. Unter den Fürsten und Großen der Cherusker gab es überzeugte Römerfreunde genug, um Warnungen vor dem, was drohte, an Varus gelangen zu lassen. In seinem verblendeten Sicherheitsgefühl aber und in thörichter Unterschätzung der Barbaren scheint dieser einem Mann, der im römischen Dienst zu hohen Ehren aufgestiegen war, solche Feinheit nicht zugetraut zu haben. Im Hinblick aber auf die Eigenart des Germanentums jener Zeit, die Zerspaltenheit der Cherusker und gewisse spätere Vorgänge wird man bei Armin Vaterlands- und Freiheitsliebe allein als Beweggründe nicht annehmen können. Bietet doch der Cheruskerfürst nicht bloß in der Gesamterscheinung, sondern auch in betreff der Ziele, die er nach dem Gelingen des Aufstandes verfolgte, eine gewisse Ähnlichkeit mit dem Markomannenfürsten Marbod (S. 55). Sein Volk der Fremdherrschaft zu entziehen war nur ein Teil der Aufgabe, die er sich gestellt hatte. Das befreite Volk fest in seiner Hand zusammenzufassen und als Herrscher an seine Spitze zu treten, scheint sein weiteres und eigentliches Ziel gewesen zu sein. So käme zu der Gegnerschaft, welche der alte Haß zwischen Cheruskern und Markomannen zwischen ihnen begründete, noch ein weiteres Motiv, um die Verfeindung der beiden größten Germanen jener Zeit zu erklären, auf welche die Überlieferung mehrfach hinweist.

Wie die Beweggründe der dabei an hervorragender Stelle handelnden Männer und die Ziele, die sie im Auge hatten, so sind auch die Ereignisse selbst, die daraus entsprangen, leider vielfach in Dunkel gehüllt und nur den allgemeinsten Umrissen nach sicher erkennbar. Zeit und Ort so wenig wie die Zahl und die Reihenfolge der verschiedenen Momente in dem großen Drama, das wir als Schlacht im Teutoburger Walde zu bezeichnen pflegen, welche die einander vielfach widersprechenden Berichte zu sondern scheinen, stehen zweifellos fest, und selbst die unermüdlich erneute Specialforschung unserer Tage wird darauf verzichten müssen, das hier herrschende Dunkel völlig zu lichten.

Wie üblich hatte Varus, offenbar ohne dabei eigentlich kriegerische Absichten zu verfolgen, die gute Jahreszeit in dem Sommerlager in dem östlichen Teil seiner Statthalterschaft verbracht und die Germanenfürsten dem Herkommen gemäß huldigend dort erscheinen sehen. Auch Armin hatte nicht gefehlt und wird seine Treue recht geflissentlich zur Schau getragen haben. Denn eine erneute Warnung des Segestes vor der drohenden Empörung und der Rat, ihr durch Gefangennahme der anwesenden Stammeshäupter vorzubeugen, ließ Varus wie die früheren unbeachtet. Inzwischen lief die Nachricht ein von dem angeblichen Aufstand eines fernen Stammes. Den schnell niederzuschlagen, brach Varus — es muß in der ersten Hälfte des August 9 n. Chr. gewesen sein — alsbald auf, indem er sein Heer ohne irgend welche Vorsichtsmaßregel und Kampfbereitschaft einherziehen ließ, untermischt mit dem Troß von Händlern und Weibern, der sich bei längerem Aufenthalt in jedem Lager anzusammeln pflegte. Sorglos ging er in die Falle, die Armin und seine Mitwisser ihm stellten. Wo jenes Sommerlager gestanden und welches daher der Weg gewesen, auf dem Varus zunächst westwärts gezogen, ist Gegenstand verschiedener Hypothesen, von denen aber keine einwandfrei ist. Augenscheinlich jedoch flammte noch an demselben Tage, wo Varus aufgebrochen war, der Aufstand hinter ihm auf, indem, was von Römern zurückgeblieben war, im Rücken des Heeres zusammengehauen wurde. An eine ernste Gefahr freilich glaubte Varus auch jetzt noch nicht. Bald aber sahen sich seine drei Legionen, die getrennt marschierten, aber in der waldbedeckten Gegend nur langsam vorwärts kamen, auch von den Höhen rechts und links und vom Rücken her angegriffen. Es war der Heerbann der Cherusker und der ihnen verbündeten Stämme, der, auf Armins geheime Weisung gesammelt, von allen Seiten hereinbrach. So übel die Lage war, die Römer erwehrten sich des überraschenden Angriffs und setzten, freilich unter schweren Verlusten, ihren Weg fechtend fort. Am Abend versuchten sie wie üblich ein vorschriftsmäßig abgestecktes und regelrecht befestigtes Lager aufzuschlagen, kamen damit aber infolge ihrer Erschöpfung und der ununterbrochenen feindlichen Angriffe nicht mehr zu stande. Der nächste Tag sah sie einer noch erdrückenderen Übermacht gegenüber. Doch hoffte Varus noch das Heer wenigstens zum Teil zu retten. Dazu scheint er den bisher verfolgten Weg, auf dem den Weitermarsch zu erzwingen sich als unmöglich herausstellte, verlassen zu haben, um eine andere, wegsamere Straße, auf der man schneller vorwärts kam und freieren Umblick hatte, und auf dieser das Gebiet der römischen Grenzfesten und womöglich die bedeutendste davon, Aliso, zu erreichen. Vielleicht aber hat gerade dieser Quermarsch sein Verderben nur beschleunigt. Denn während desselben war sein ermattetes Heer in dem verfolgten Thalwege den Angriffen der auf der Waldhöhe gedeckt stehenden Germanen vollends ungeschützt preisgegeben. So verminderte sich von Stunde zu Stunde die Aussicht auf Entkommen: unaufhaltsam schwanden die Legionen zusammen. Die Überlebenden waren von dem steten Kampfe zum Tode erschöpft. Dazu schienen Sturm und Regen sich den Germanen verbündet zu haben, deren Scharen, durch immer neuen Zuzug anschwellend, immer zuversichtlicher, immer wütender, immer grausamer andrangen und in ihrer mit der furchtbaren Blutarbeit wachsenden wilden Leidenschaft die erschöpft zu Boden sinkenden oder verwundet liegenden Römer einen qualvollen Tod erwarten ließen, dem gegenüber die Gefangenschaft und im Verfolg derselben die Sklaverei manchem noch als das erwünschtere Los erscheinen mochte. Am Abend des zweiten Marsch- und Kampftages konnte der Ausgang schon nicht mehr zweifelhaft sein. Die Kräfte der dezimierten Legionen reichten nicht aus, das Lager herzurichten. Nur noch um einen ehrenvollen Untergang hatten sie zu kämpfen, vielleicht daß es dem einen oder anderen gelang, sich im Dickicht bergend, die Wachsamkeit der barbarischen Sieger zu täuschen und in ängstlicher Flucht das rettende Aliso zu erreichen.

So wenig aber wie der Weg, den Varus von dem Sommerlager bis zu der Stätte des letzten blutigen Aktes verfolgt hat, ist diese selbst bisher zu ermitteln gewesen. Nur so viel läßt sich mit einiger Wahrscheinlichkeit hinstellen, daß das

Schlachtfeld in den Waldschluchten des Osning zu suchen sein dürfte, und zwar in dem Teil desselben, der der Lippische Wald genannt wird. Von dem gräßlichen Schlußakt selbst gewinnen wir wenigstens ein allgemeines Bild. Varus mochte die von ihm verschuldete Niederlage nicht überleben: er stürzte sich in sein Schwert. Nicht einmal der Reiterei gelang es zu entkommen: anfangs glücklich durchgebrochen, wurde sie von neuem umstellt und zusammengehauen. Außer elenden versprengten Resten, welche atemlos die Schreckenskunde von dem Geschehenen an den Rhein trugen, war nichts mehr von dem stattlichen römischen Heere vorhanden. Und glücklich, wer im Kampf gefallen war! Wer von Offizieren oder Beamten lebend in die Hände der Sieger fiel, wurde den Göttern als Opfer geschlachtet oder an Bäumen aufgeknüpft. Besonders entlud sich der wilde Haß gegen die an der römischen Rechtspflege beteiligt Gewesenen, die unter Hohn und Spott durch raffinierte Martern langsam zu Tode gequält wurden. Auch an des Varus Leichnam, den zu verbrennen den Seinen nicht mehr gelungen war, übten die Sieger unmenschlichen Spott. Das Haupt ließ Armin dem Marbod überbringen, der es nach Rom sandte.

Furchtbar war der Eindruck, den die Nachricht von der Vernichtung des Varus und seiner Legionen in Rom hervorrief. Im ersten Augenblick allgemeinen Entsetzens schienen die Tage des cimbrischen Schreckens sich zu erneuern. Jammernd beklagte der greise Augustus den Verlust eines Heeres, das bei der noch immer kritischen Lage an der Donau nicht zu entbehren war und doch nicht ersetzt werden konnte. Man meinte, sich von den zahlreichen Germanen im römischen Dienst eines Handstreichs versehen zu müssen, und ergriff gegen unschädliche Reisende, die zufällig gerade in der Stadt weilten, Maßregeln, welche die allgemeine Erregung nur steigern konnten. Schon sahen manche im Geist Gallien von den siegreichen Germanen überflutet, hielten die kaum wieder bewältigten Landschaften im Süden der Donau von neuem für gefährdet und zitterten wohl gar für Italien selbst. Aber nichts von alledem geschah. Den Sieg und die Bestürzung der Römer auszunutzen haben die Germanen nicht einmal den Versuch gemacht. Wohl zerstörten die Chatten die mächtige Saalburg, die Drusus auf der Höhe des Taunus (bei Homburg) aufgeführt hatte, und die römischen Grenzbefestigungen von der Lippe bis zum Rhein. Die Besatzung des wichtigen Aliso aber, das während der letzten Jahre der vornehmste Stützpunkt für den römischen Eroberungskrieg in Deutschland gewesen war, schlug sich glücklich nach dem Rhein durch. Von weiteren Unternehmungen der Sieger gegen die schwer erschütterte römische Herrschaft auf dem rechten Rheinufer hören wir nichts. Augenscheinlich hatten die Germanen keine Vorstellung von der Größe des gewonnenen Sieges und ahnten nicht im entferntesten die Tragweite, die ihm eine energische Ausnutzung so leicht hätte geben können — Beweis dafür, daß es sich nicht um eine große nationale Erhebung gehandelt hatte, für die ein ganzes Volk sein Dasein einsetzte, daß vielmehr die ganze Unternehmung, mag auch Armin für seine Person ein weiter hinausliegendes, höheres Ziel im Auge gehabt haben, sich wohl dem Maßstabe und den nächsten Folgen nach, aber nicht ihrem Wesen nach von früheren Überfällen der Art unterschieden hat, durch welche Germanen hier und da versucht hatten, den Römern Abbruch zu thun. Thatsächlich war denn auch durch den

Denkstein eines im Feldzuge des Varus gefallenen Römers.

Höhe $1^1/_3$ Meter. Gefunden 1633 bei Xanten. Bonn, Museum. — Im vollen militärischen Schmuck ist der vornehme Krieger, Manius Caelius, dargestellt: auf dem Haupte die **Corona civica**, ein breiter über der Stirn durch ein Medaillon geschlossener Eichenkranz, der für Errettung eines Bürgers in der Schlacht verliehen wurde; der Hals ist von der gewundenen **Torques** umschlossen; an den Schultern hängen in Schleifen zwei große **Armillae**. Die besonderen militärischen Ehrenzeichen sind die beiden über den Schultern sichtbaren Löwenköpfe und die auf der Brust hängenden fünf großen Medaillen, **Phalerae**; auf der größten derselben ist ein Medusenhaupt dargestellt, epheubekränzte Köpfe und ein Löwenkopf auf den anderen. Aller Schmuck ist mit Riemen auf dem Panzer, der **Lorica**, befestigt. Die Hand hält den Rebstock, **vitis**, das Zeichen des Centurionenranges. Die Handgelenke sind mit Armringen geschmückt. Die Inschrift wird erklärt: **M**(anio) **CAELIO**, **T**(iti) **F**(ilio), **LEM**(onia), (tribu) BON(onia), (legat)O ·LEG(ionis) XIIX, ANN(orum) LIIIS(emis). (ce)CIDIT BELLO VARIANO. OSSA (i)NFERRE LICEBIT. **P**(ublius) **CAELIVS**, **T**(iti) **F**(ilius) **LEM**(onia) (tribu) **FRATER FECIT**. Auf besonderen Postamenten rechts und links von der Hauptfigur stehen die kleineren Büsten zweier Freigelassenen des Manius Caelius, die wahrscheinlich wie er in den Kämpfen gegen die Germanen gefallen sind. Die Inschriften dieser Nebenbüsten: **M**(anius) **CAELIVS**, **M**(anii) **L**(ibertus) **PRIVATVS**; und **M**(anius) **CAELIVS**, **M**(anii Libertus) **THIAMINVS**.

Sieg im Teutoburger Walde der Herrschaft der Römer jenseits des Rheins ein Ende nicht gemacht: nicht einmal der römischen Eroberung war Halt geboten. Vielmehr wurde diese nun erst recht mit neuen Kräften und größerer Planmäßigkeit wieder aufgenommen und gewann während der nächsten Jahre eine Reihe von Erfolgen, welche denen des Drusus an die Seite gestellt werden konnten. Wenn das dann plötzlich anders wurde und man römischerseits auf die Eroberung Germaniens verzichtete, so hatte das andere Gründe und darf nicht als eine Folge der Varianischen Niederlage angesehen werden.

Des Aufstands in Pannonien und Illyricum kaum Herr geworden, eilte Tiberius nach den bedrohten Rheinlanden. Die Katastrophe, der Varus verfallen war, rechtfertigte noch nachträglich die vorsichtige und klug zuwartende Haltung des Thronerben während seiner letzten Anwesenheit und empfahl die Anwendung der gleichen Mittel. Auch wurde durch sie bei den Germanen alsbald die gleiche Wirkung erzielt: sobald Tiberius mit seinen schlagfertig zusammengehaltenen Legionen rechts vom Rhein erschien, wichen sie ihm scheu aus und ließen ihn ungehindert ihre Dörfer niederbrennen und ihre Felder verwüsten. Ohne Kampf, ja ohne einen Mann verloren zu haben, kehrte er nach Gallien zurück. Das geschah ebenso in den nächsten Jahren. Angesichts der Truppenmassen — acht Legionen, im ganzen hunderttausend Mann —, die nun längs des Rheins aufgehäuft waren, hielten die Germanen sich ruhig. Sie sparten ihre Kräfte zur Abwehr des Strafgerichts, das, wenn auch verspätet, doch sicher zu erwarten stand. Es zu vollstrecken, wurde, als Tiberius 14 n. Chr. den Thron bestiegen hatte, der von ihm adoptierte Sohn des Drusus, Germanikus, berufen. In einem kritischen Augenblick übernahm er das Kommando. Die vier Legionen des niederrheinischen Germanien fand er bei seiner Ankunft in vollem Aufruhr. Mit seltener Geistesgegenwart und Energie erstickte er denselben und wußte in den jungen Truppen das soldatische Ehrgefühl und den römischen Stolz zu entflammen. Dann eilte er mit ihnen vor den Feind. Im Lande der Marser, angeblich Resten der einst dort gesessenen Sugambern, schlug er ein wohlbefestigtes und vorsichtig gegen jeden Handstreich gesichertes Lager auf. Von dort aus überfiel er den Stamm, der sorglos beim Fest der Göttin Tanfana zu tagelang dauernden frohen Gelagen in einem benachbarten heiligen Hain versammelt war, und richtete unter ihm ohne Rücksicht auf Alter und Geschlecht ein furchtbares Blutbad an, dem dann eine greuliche Verwüstung des ganzen Gaues folgte. Das war die römische Antwort auf das im Teutoburger Wald Geschehene. Gleiche Züchtigung fürchtend, griffen nun die Nachbarstämme, zu äußerstem Widerstand entschlossen, zu den Waffen. Obenan die Brukterer drangen sie von allen Seiten auf das rheinabwärts ziehende Römerheer ein und suchten es beim Austritt aus der Waldregion ins freie Feld durch einen wilden Ansturm auf die Nachhut zu erdrücken und ihm das Schicksal des Varus zu bereiten. Aber nach einem Moment der Verwirrung und des Schwankens stellten die unter des Germanikus eigener Führung herbeieilenden Legionen das Gefecht wieder her und machten den abseits gedrängten Feind im Handgemenge nieder.

Die Entwickelung, welche die Dinge seit der siegreichen, dann aber ohne weitere Folge gebliebenen Erhebung des Jahres 9 n. Chr. genommen, hatte auch auf die Germanen eines tiefen Eindrucks nicht verfehlt. Schien sie doch denen Recht zu geben, welche, durchdrungen von dem Glauben an die Unwiderstehlichkeit der römischen Übermacht oder um der Vorteile willen, die sie für sich und ihr Volk von einem friedlichen und freundschaftlichen Verhältnis zu dem Kaiserreich erhofften, Armins Pläne bekämpft und sich ihrer Ausführung entweder nur widerwillig und wie gezwungen angeschlossen oder gar demonstrativ fern gehalten hatten. Letzteres galt von Inguiomer, einem Oheim Armins, ersteres von dem Stammhäuptling Segestes, der sich durch den schließlichen Ausgang der Unternehmung in seinen römischen Sympathien nur bestärkt fühlte. Die politischen Gegensätze innerhalb des cheruskischen Volkes wurden durch private Streitigkeiten gesteigert. Des Segestes Tochter Thusnelda, die der Vater einem anderen Edlen zur Gattin bestimmt hatte, war von Armin entführt worden. Darüber hatten beide mit ihren Sippen die Waffen gegeneinander ergriffen: unter den Cheruskern tobte ein Bürgerkrieg, während der Erbfeind mit größerer Macht als je zuvor an ihren Grenzen stand, um den günstigen Moment zu einem vernichtenden Schlage zu benutzen. Kaum begann das Frühjahr, als Germanikus zeitiger, als die Germanen nach dem sonstigen Brauch der Römer sich dessen irgend versahen, bei Mainz den Rhein überschritt, im Gebiet der Chatten erschien und unter den Wehrlosen furchtbar hauste, während die waffenfähige Mannschaft sich eilig über die nahe Eder rettete. Dann erzwang er auch dort den Übergang auf einer trotz des chattischen Widerstandes hergerichteten Brücke. Nun wichen die Germanen entmutigt noch weiter zurück. Ungehindert erreichte Germanikus den Hauptort der Chatten, Mattium, und brannte ihn nieder. Mit Feuer und Schwert züchtigte er dann das offene Land. Denn die Chatten blieben ohne die gehoffte Unterstützung durch die Cherusker, gegen die Germanikus einen Teil seines Heeres unter dem Legaten Cäcina geschickt hatte. Zudem dauerte dort der Bürgerkrieg noch fort. Segestes, der sich seiner Tochter wieder zu bemächtigen gewußt hatte, wurde von Armin, zu dem der größte Teil des Stammes gehalten zu haben scheint, in seinem festen Hause belagert und befand sich in höchster Bedrängnis. Sein Hilferuf erreichte Germanikus erst auf dem Rückweg nach dem Rhein. Aber sofort kehrte er um und entsetzte Segestes, der sich ihm mit all den Seinen überantwortete und dagegen mit Rücksicht auf die sonst allezeit bethätigte römerfreundliche Gesinnung für die Teilnahme an dem Verrat gegen Varus Verzeihung erhielt. Dabei fiel auch Armins schwangere Gemahlin Thusnelda in die Hände der Römer und wurde als Gefangene nach Italien geführt. Dort gab sie einem Sohne, Thumelikus, das Leben, der in Ravenna aufwuchs und schwer an dem tragischen Konflikt zwischen seiner Herkunft von einem germanischen Freiheitshelden und dem Elend eines kriegsgefangenen Barbaren zu tragen gehabt haben soll, ohne daß wir zu sagen vermöchten, worin die ihm daraus erwachsene Schmach eigentlich bestanden haben mag. Denn daß der kleine Knabe nachmals neben der in ungebeugtem Stolz einherschreitenden Mutter in dem Triumphzug des Germanikus aufgeführt wurde, wird sie doch wohl nicht ausgemacht haben.

Wenn aber Germanikus geglaubt hatte, durch die Einmischung in einen zwar unpolitischen, aber mit höchster Erbitterung geführten Familienstreit die Cheruskerfürsten einzuschüchtern oder dazu zu bestimmen, daß sie durch Werben um Ver-

Römische Statue einer Germanin, sogen. Thusnelda.
Florenz, Loggia dei Lanzi.

zeihung und Wiedergewährung der kaiserlichen Gnade das Schicksal der edlen Gefangenen günstig zu wenden versuchten, so hatte er sich vollkommen getäuscht. Vielmehr trat gerade die entgegengesetzte Wirkung ein. In wütender Erbitterung über die ihm zugefügte Schmach und voll verzweifelter Sorge um das Schicksal von Weib und Sohn eilte Armin von Gau zu Gau, seine Volksgenossen zum Kampf aufrufend gegen einen Feind, der, wie er höhnend meinte, sich nicht entblödete, gegen schwangere Weiber Krieg zu führen, den streitbaren Männern aber furchtsam aus dem Wege zu gehen. Er erinnerte an die Vernichtung des Varus und seiner Legionen, deren Gedächtnis die in den heiligen Hainen errichteten Siegeszeichen bewahrten, und meinte, was ein Tiberius nicht erreicht habe, werde man doch einen Jüngling wie Germanikus erst recht nicht durchsetzen lassen. Das machte Eindruck: selbst sein Oheim Inguiomer wurde mit fortgerissen und schloß sich der immer weitere Kreise ziehenden Bewegung an. Aber

Germanikus war wachsam und rüstete rechtzeitig zu energischem Gegenwirken. Durch einen neuen Vorstoß bis tief in das Innere Germaniens dachte er dem Angriff zuvorzukommen, indem er dabei die bewährte Strategie seines Vaters Drusus nachahmte. Während er selbst im Jahre 15 n. Chr. mit vier Legionen auf dem Wasserwege die Ems erreichte, zog sein Legat Cäcina durch das Gebiet der Brukterer dorthin. Die Reiterei kam durch die Gaue der Friesen zu dem verabredeten Sammelplatz. Auch chaukische Hilfsvölker fanden sich dort ein. Dann wurde das Land der Brukterer zwischen Ems und Lippe verwüstet. Auf dem Weitermarsch stieß man auf die Stelle, wo Varus und die Seinen den letzten Verzweiflungskampf ausgefochten hatten. Inmitten der gräßlichen Siegeszeichen der Germanen fand man ihre Gebeine noch unbestattet und erwies ihnen endlich die letzte Ehre. Dann ging es weiter auf den Feind. Immer tiefer wich dieser zunächst in das unwegsame Innere seiner Wälder zurück, brach dann aber zu plötzlichem Angriff daraus hervor, wo das sumpfige Terrain, das bei jedem Schritt von den schmalen Pfaden sicheres Verderben drohte, den Römern die größten Schwierigkeiten bereitete. Die Reiterei geriet in Verwirrung, und eine Zeit lang war ihre Lage äußerst gefährlich. Schon drohte sie weichend das Fußvolk mit sich fortzureißen, als Germanikus selbst herbeieilte und mit solcher Energie eingriff, daß Armin auf die Fortsetzung des Kampfes verzichtete. Kein Teil konnte sich des Sieges rühmen. Doch mochten die Germanen sich als Sieger fühlen, da die Römer den Rückzug antraten. Während Germanikus selbst wiederum den Wasserweg wählte, sah sich Cäcina auf dem mühseligen Marsch durch die Sumpflande im Westen der Ems plötzlich von den Cheruskern ringsum angegriffen und in so harte Bedrängnis gesetzt, daß er dem Schicksal des Varus verfallen schien. Rechts und links von den durch die Waldhöhen gedeckten Germanen bestürmt, mußte sein Heer selbst erst den Bohlenweg herstellen, auf dem es den weiterhin beginnenden trockenen und festen Boden erreichen konnte. Aber die Ausdauer und Umsicht des Cäcina, der seine Leute zu immer neuen Anstrengungen entflammte, öffnete fast wider Erwarten den Weg zur Rettung. Drei Tage dauerte der mühselige Marsch, auf dem jeder Schritt vorwärts dem Moorboden und der feindlichen Übermacht abgerungen werden mußte. Allabendlich wurde regelrecht gelagert und mit äußerster Wachsamkeit gegen jeden Handstreich des Feindes Vorkehrung getroffen. So kam man glücklich ins Freie, wo auch die Germanen sich ganz entfalten und ihre Überzahl zur Geltung bringen konnten. Armin aber, der die militärische Überlegenheit der Römer nur zu gut kannte, trug Bedenken, die bisherigen Erfolge durch das Wagnis einer Feldschlacht wiederum aufs Spiel zu setzen, und wollte deshalb die bisherige Kampfweise fortsetzen, welche sichere Aussicht bot, die erschöpften und entmutigten Legionen auf dem weiteren Marsch vollends aufzureiben. Aber die Kampflust, der Blutdurst und die Beutegier seiner Volksgenossen, deren Art eine solche Kriegskunst widersprach, ließen sich nicht länger bändigen. Auf Inguiomers Rat beschlossen sie, in der Morgenfrühe das römische Lager zu stürmen und so den Feind mit einem Schlage zu vernichten. Auch waren sie dicht gedrängt aufwärts kletternd bald auf der Krone des Walles und begannen bereits, ohne Widerstand zu finden, die Pallisaden niederzubrechen oder zu übersteigen, als sie plötzlich von den Römern, die sie zu verzweifeltem Widerstand gerüstet drinnen zu treffen erwarteten, völlig überraschenderweise sich im Rücken angegriffen sahen. Cäcina hatte im entscheidenden Augenblick das Lager heimlich verlassen, war mit den Legionen, die er in der voraufgegangenen schlaflosen und sorgenvollen Nacht zu einer äußersten Anstrengung begeistert hatte und die entschlossen waren, ihr Leben jedenfalls so teuer wie möglich zu verkaufen, in festgefügter Schlachtordnung eilig hinausgezogen und fiel den Germanen, die sich des Sieges und der Beute bereits ganz sicher wähnten, in gewaltigem Ansturm in Rücken und Flanke. Nach einem kurzen blutigen Handgemenge lösten sich deren Reihen, die bei der Ersteigung des Walles schon arg durcheinander geraten waren, in wirre Flucht auf, welche die rastlose römische Verfolgung zu einer vollständigen Niederlage machte. Einige Tage später war Cäcina am Rhein geborgen, wo man ihn bereits verloren geglaubt hatte und auf das dunkel umlaufende Gerücht von einer über ihn hereingebrochenen Katastrophe kleinmütig sogar schon die Abbrechung der Rheinbrücke und die Räumung des rechten Ufers erwogen hatte. Auch um Germanikus selbst herrschte längere Zeit ernste Besorgnis. Einen Teil seines Heeres hatte er, um die Schiffe nicht schon während der Flußfahrt zu schwer belasten zu müssen, zunächst noch zu Lande seewärts ziehen lassen, um sie erst bei späterem Zusammentreffen einzuschiffen: dieselben wurden unterwegs von einer die flache Küste plötzlich weithin überschäumenden Sturmflut in große Bedrängnis versetzt und aufgehalten, so daß sie auch schon verloren geglaubt waren, als sie verspätet und zum Tode erschöpft endlich herankamen. Erleichtert atmete man am Rhein und in Gallien auf, als der Oberfeldherr endlich mit seiner Flotte den Rhein heraufsegelte.

Eines besonderen Erfolges freilich konnte Germanikus sich auch jetzt nicht rühmen. Vielmehr enthielt gerade der Verlauf dieses so großartig angelegten Zuges eine ernste Mahnung und nachdrückliche Lehre. Mit jedem Einbruch in das innere Germanien auf dem Landwege waren Gefahren verbunden, deren auch die größte Feldherrnkunst und das geschulteste Heer einmal nicht Herr werden konnten, und je näher die Germanen dem Cäcina gegenüber ihrem Ziele gewesen waren, um so sicherer ließ sich erwarten, daß sie die gleiche Art der Kriegführung immer von neuem und jedesmal vollkommener und wirksamer anwenden würden. Deshalb beschloß Germanikus für den nächsten Feldzug seine ganze Kraft auf den Angriff von der See her zu konzentrieren. In dem wasserreichen Lande der seekundigen Bataver wurde mit Aufbietung aller Kräfte an dem Bau einer gewaltigen Flotte gearbeitet, während ein Streifzug die Chatten züchtigte und Germanikus selbst das wichtige Aliso entsetzte, vor dem ein germanisches Belagerungsheer erschienen war. Im Juni fuhr er dann mit der inzwischen fertig gestellten Flotte auf dem früher benutzten Wege in die Ems, landete aber auf deren westlichem Ufer, um erst weiter aufwärts Brücken zu schlagen und sein Heer nicht ohne Verlust hinüberzuführen. Dann drang er, sich im Rücken durch die Züchtigung der unruhigen Angrivarier deckend, südöstlich gegen die Weser vor: jenseits derselben erst stand das cheruskische Heer zum Widerstand gerüstet. Auch Armin war bei demselben. Auf seinen Wunsch erschien sein Bruder Flavius, der nach wie vor im römischen Dienst stand — ein Beweis mehr, wie in sich zerspalten und uneins das Germanentum blieb — und nach Entfernung der Zeugen hatten beide über den Fluß hin eine Unterredung. Armin suchte seinen Bruder zur Sache seines Volkes und der Freiheit herüberzuziehen, Flavius das Verkehrte der von jenem verfolgten Politik darzuthun durch den Hinweis auf Roms Macht und Herrlichkeit und die drohende Vergeltung für die Rebellion, die schließlich doch erliegen müsse. Aber beide sprachen vergeblich: die Kluft zwischen ihnen wurde nur erweitert. Ein Wort gab das andere, die Leidenschaft erhitzte sich, und als Armin ihn einen treulosen Verräter an Familie und Volk schalt, da wollte Flavius, durch den Fluß sprengend, sich auf ihn stürzen. Nur mit Mühe hielten herbeieilend die römischen Führer den Wütenden zurück. Trotzig forderte Armin die Gegner heraus, über den Fluß zu kommen und sich mit ihm in offener Feldschlacht zu messen. Auch war das des Germanikus Absicht. Doch mußten dazu erst die nötigen Brücken geschlagen werden. So ließ der Feldherr nur die Reiterei über den Fluß gehen. Angesichts des Feindes erreichten die batavischen Reiter das andere Ufer durch eine Furt und waren bald mit der cheruskischen Reiterei in einem wild hin und her wogenden Gefecht, in dem sie, hart bedrängt, sich der Übermacht nur mit genauer Not erwehrten, bis endlich die römischen Reiter, die den Fluß weiter aufwärts passiert hatten, herangesprengt kamen und die Germanen zum Rückzug nötigten. Einige Tage danach stand das ganze römische Heer auf dem rechten Weserufer. Ein nächtlicher Überfall, den die in einem nahen Walde kampfbereit versammelten Cherusker gegen das Lager versuchten, scheiterte an der Wachsamkeit der Römer, die mit Vertrauen und Verehrung zu ihrem so glänzend bewährten jugendlichen Führer emporblickten. So beschloß dieser, hier die Schlacht zu liefern: die wiesenbedeckte, hier und da mit Wald und Gehölz besetzte Ebene, in der man lagerte, bot ihm die Möglichkeit, die Überlegenheit seiner Römer im rangierten Kampf zur Geltung zu bringen, zumal wenn sie seinem Rat gemäß auch ihre bessere Bewaffnung den nur mit Schild und Speer (S. 70) bewaffneten Germanen gegenüber recht ausnutzten, indem sie ihre kurzen Pila nur reihenweise schleuderten, mit den kurzen Schwertern aber — wie Cäsar einst seinen Truppen bei Pharsalus geraten hatte — immer in das ungeschützte Gesicht der Feinde hieben. Auch auf die Zuchtlosigkeit der Germanen rechnete Germanikus, die in der Hitze des Kampfes einheitlicher Leitung widerstrebten. Wußte er zudem doch, wie der erste Mißerfolg die Germanen zu verwirren und zu übereiltem Verzagen einzuschüchtern pflegte.

Diese Berechnung traf denn auch bei dem nun folgenden Kampfe auf der Ebene Idisiavisus vollkommen zu. Ein verfrühter, vor Armins Befehl losbrechender Angriff der Germanen bot der römischen Reiterei Gelegenheit, sie in Flanke und Rücken zu fassen, während Germanikus selbst sie in der Front angriff. Zwar gelang es Armin, durch einen verzweifelten Gegenstoß einen Teil der Legionen vorübergehend zu erschüttern: doch erhielten diese von den herbeieilenden gallischen, römischen und vindelicischen Kohorten noch rechtzeitig Unterstützung. Da blieb Armin kein anderer Ausweg als eilige Flucht, zu deren Gelingen die geflissentliche Unachtsamkeit der auf römischer Seite fechtenden Chauken beigetragen haben soll. Unter den Fliehenden richteten die Römer ein furchtbares Blutbad an: weithin war der Boden mit Leichen bedeckt. Aber so glänzend der Sieg schien, die Unsicherheit und Hinfälligkeit des damit erlangten Erfolges wurde auch diesmal wieder überraschend schnell offenbar. Denn als Germanikus nun weiter ostwärts gegen die Elbe hin vordrang, fand er den Weg an der Grenze des Gaues der Angrivarier durch einen stark besetzten Wall gesperrt. Erst nach wiederholten Angriffen gelang es seine Räumung zu erzwingen. Aber die Feinde wichen nur ein kleines Stück, bis zum Rande eines weiterhin gelegenen Waldes. Dort setzten sie sich alsbald von neuem fest und leisteten trotz furchtbarer Verluste erfolgreich Widerstand, obgleich sieben, ja zeitweise acht Legionen unter Führung des Germanikus selbst im Gefechte standen. Als die sinkende Nacht endlich zur Einstellung der Blutarbeit nötigte, konnte kein Teil sich des Sieges rühmen. Ja, gerade während dieses heißen Ringens scheint dem Germanikus zuerst die Erkenntnis recht aufgegangen zu sein, daß er es mit einem Feind zu thun hatte, wie Rom bisher noch keinen bekämpft hatte. Denn nur so erklärt sich der Zuruf, den er mit der

Germanen mit Schild und Speer im Kampfe gegen römische Bogenschützen von den germanischen Auxiliaren. (S. 69.)

Relief an der Siegessäule Kaiser Mark Aurels (Colonna Antonina in Rom).[1]

Mahnung, unbarmherzig weiterzumorden, an die Seinen gerichtet haben soll, nicht eher werde dieser Krieg ein Ende haben, als bis alle Germanen gefallen sein würden.

Es entsprach also dem Thatbestand nicht und war ein Ausfluß römischer Ruhmredigkeit, wenn er dennoch ein Siegesdenkmal aufrichten ließ, in dessen Inschrift er für Tiberius die Besiegung der Germanen zwischen Rhein und Elbe in Anspruch nahm. Auch daß die durch die letzten Kämpfe erschöpften Angri-

1) Nach dem Vorbilde der dem Kaiser Trajan für die Niederwerfung der Daken errichteten Ehrensäule sind an der dem Kaiser Mark Aurel nach Beendigung des Markomannenkrieges (a. 176) gesetzten Siegessäule in einer langen Spirale von Reliefs viele Scenen aus diesem großen Germanenkriege dargestellt. Sie veranschaulichen nicht nur die römische Kriegführung und germanische Kampfweise, sondern auch mancherlei Eigentümlichkeiten, Sitten und Gebräuche der Germanen und ihres Lebens. Vielfach sind in diesen Skulpturen, ebenso auch der Trajanssäule, die kämpfenden Germanen mit nacktem Oberkörper dargestellt, niemals in der barbarischen Umhüllung und dem drohenden Kopfschmuck von Fellen und Schädeln wilder Tiere.

varier sich ihm beugten, änderte nichts an der Thatsache, daß der mit so gewaltigen Mitteln unternommene Zug den erstrebten Erfolg nicht gehabt hatte. Germanikus mußte den Rückzug antreten, ohne in Germanien so weit vorgedrungen zu sein wie einst sein Vater Drusus. Seine Kräfte reichten nicht aus, das zuletzt durchzogene Gebiet in der üblichen Weise zu dauerndem Besitz für Rom zu sichern. Und nun wurde seine Flotte auf der Heimkehr von furchtbaren Stürmen überfallen, zum Teil vernichtet und zum Teil verschlagen, unter ungeheuren Verlusten an Menschenleben und Material. Man hatte sie bereits verloren gegeben, als ihre Reste, darunter das weit abgetriebene Schiff des Germanikus selbst, endlich an der Küste der Bataver erschienen.

Unter diesen Umständen konnte der schließliche Ausgang des Feldzuges vom Jahre 16 n. Chr. auf die Zeitgenossen, namentlich aber die Germanen, nur den Eindruck einer römischen Niederlage machen. Ihn zu verhüllen oder doch einigermaßen abzuschwächen, ließ Germanikus trotz der vorgerückten Jahreszeit noch verwüstende Einfälle in das Land der Marser und der Chatten unternehmen. Ehrlicher handelte Kaiser Tiberius selbst. Ihm waren Land und Leute Germaniens aus eigener Anschauung hinreichend bekannt, um ihn vor einer Selbsttäuschung zu bewahren, wie sie Germanikus sei es wirklich hegte, sei es seinen Waffengenossen gegenüber zur Schau trug, wenn er sich den Anschein gab, als ob er Kraft und Mut der Barbaren durch die letzten verzweifelten Anstrengungen zur Abwehr seines Angriffs für gebrochen hielte und gewiß wäre, sie in einem der nächsten Feldzüge vollends zu beugen. Tiberius erkannte die ruhmwürdige Verdienstlichkeit des von Germanikus mit seinen Legionen Geleisteten vorbehaltlos an, sah aber doch auch nicht ohne Sorge, welch ungeheure Opfer dabei hatten gebracht werden müssen ohne einen recht erkennbaren Gewinn. Was die Cherusker durch die Vernichtung des Varus gefrevelt, so urteilte er, sei ihnen hinreichend vergolten; das Weitere zu erreichen werde nun eine Politik genügen, wie er sie den Sugambern und Marbod gegenüber mit Erfolg durchgeführt habe. So mußte Germanikus den Schauplatz seiner großen Thaten verlassen, in der Stille grollend und wie die begeistert an ihm hängenden Legionen in der Stille der Meinung, daß er eigentlich doch nur abberufen sei, weil der Kaiser den gewonnenen Kriegsruhm ihm nicht gönnte und durch ihn verdunkelt zu werden fürchtete: — eine Ansicht, die doch in den Verhältnissen selbst eine sichere Begründung nicht findet, wohl aber in den Augen des mißmutigen Heeres nachträglich bestätigt zu werden schien, als Germanikus im Jahre 19 n. Chr. im fernen Asien unter Umständen starb, nach denen er das Opfer eines Giftmordes geworden zu sein schien.

So bezeichnet der beispiellos glänzende Triumph (S. 72), der ihm nach der Rückkehr aus Germanien im Frühjahr 17 n. Chr. bewilligt worden war, den Höhepunkt der römischen Waffenerfolge gegen Germanien, zugleich aber auch das Ende des planmäßigen römischen Eroberungskrieges jenseits des Rheins. Doch war es eine Unwahrheit, nur auf die Blendung der Massen berechnet, wenn auch dabei, wie es Germanikus selbst an dem für Tiberius errichteten Siegesdenkmal gethan hatte, Cherusker, Chatten, Angrivarier und die übrigen Völker zwischen Rhein und Elbe als besiegt aufgeführt und dem schaulustigen und leichtgläubigen Volk der Hauptstadt vor Augen gestellt wurden. Eine stattliche Reihe vornehmer germanischer

Gefangener, — darunter ein Sohn des Segest, eine Schwester und vor allem die Gattin Armins, Thusnelda, mit dem dreijährigen Thumelikus u. a. m., die aber doch nur elender Stammes- und Familienhader in römische Gewalt geliefert hatte — und die ihnen folgenden Vertreter der Chauken, Brukterer, Usipier und Marser bestätigten scheinbar die Fiktion von der Besiegung Germaniens bis zur Elbe. Zudem entwickelten sich die Dinge jenseits des Rheins in einer Weise, welche des Kaisers Verzicht auf den Angriffskrieg rechtfertigte und die Aussicht eröffnete, daß Rom mit der von ihm empfohlenen Politik rascher und weiter vorwärts kommen würde. Kaum hatten sich nämlich die Germanen mit Aufbietung aller Kraft des Germanikus glücklich erwehrt und brauchten seine rastlose Energie nicht mehr zu fürchten, als sie auch ihre alten inneren Streitigkeiten mit gesteigerter Leidenschaft wieder aufnahmen. Cherusker und Markomannen, die beiden Stämme, die mit den um sie gesammelten Völkerbünden, unabhängig voneinander Rom Halt geboten hatten, Armin und Marbod, die beiden Männer, die als die Retter der bedrohten Freiheit gefeiert wurden, die Mächte und die Personen also, deren Eintracht Germaniens Unabhängigkeit für alle Zeit gesichert und den Römern die Wiederaufnahme ihrer Eroberungspolitik endgültig unmöglich gemacht haben würde, traten einander in verhängnisvoller Verblendung feindlich gegenüber. Im kleinen spielten sich dort bereits in jener frühen Zeit Dinge ab, die geradezu vorbildlich genannt werden können für das selbstverschuldete Verhängnis, dem die Deutschen durch innere Zwietracht und Herbeiziehung fremder Einmischung mehr als einmal in den aussichtsreichsten Momenten großer Erhebungen kläglich erliegen sollten.

Münze auf den Triumph des Germanikus über die Cherusker, Chatten und Angrivarier im Jahre 17 n. Chr. (S. 71.)

Die Vorderseite mit der Inschrift **GERMANICVS CAESAR** zeigt den Feldherrn im Triumphwagen; auf der Kehrseite ist er dargestellt, wie er das Heer anredet, einen Legionsadler im linken Arm haltend; die Inschrift **SIGNIS RECEPT(is) DE VICTIS GERM(anis)** bezieht sich auf die bei der Niederlage des Varus verlorenen Adler, welche Germanikus zurückgebracht hatte. Darunter **S(enatus) C(onsultum)**, Beschluß des römischen Senats. (S. 76.) Kupfer. Originalgröße. Berlin, Königl. Münzkabinett.

So wenig der Varusschlacht an sich für die Gestaltung des Verhältnisses zwischen Römern und Germanen entscheidende Bedeutung beizumessen gewesen war, so hatte sie doch im Fortgang der nächsten Jahre an historischer Wichtigkeit gewonnen, insofern die nationale Opposition gegen die römischen Eroberungspläne, deren gefährliche Konsequenzen allzulange verkannt worden waren, immer weitere Kreise gezogen und sich allmählich fest organisiert hatte. Und in demselben Maße waren der Ruhm und die Auktorität Armins, des Cheruskerfürsten, gewachsen. Zunächst nur der vielverschlagene, erfindungsreiche Meister in jeder kriegerischen List, von heimlichem Haß gegen die Römer durchglüht, um deren Gunst und Gnade er bisher geworben hatte, und in dieser seiner Vergangenheit widerstreitenden Richtung bestärkt durch die Verbindung, in der ihm persönlich verfeindete Stammesgenossen mit eben diesen Römern standen, war er allmählich zu einer weit höheren Stellung aufgestiegen und in den Augen der Römer so gut wie seines eigenen, sich immer zuversichtlicher um ihn scharenden Volkes zu dem bewußten und anerkannten Helden der nationalen Freiheit geworden. Daß die Römer nach den letzten Feldzügen des Germanikus trotz der errichteten Siegeszeichen und des pomphaften Triumphes den Angriff nicht erneuerten, ließ die Germanen erst die ganze Tragweite der eben durchfochtenen, zunächst unentschiedenen Kämpfe ermessen. Mit um so größerer Hingabe schlossen sie sich dem Manne an, dessen unermüdliches Mahnen und Treiben, Organisieren und Waffnen sie zu siegreicher Abwehr des übermächtigen Angriffs befähigt hatte, zumal sie sich sagen mußten, daß sie noch Größeres erreicht haben würden, wenn sie auch in der Hitze des Kampfes sich seiner Weisung gefügt hätten, statt unbändig und unbedacht darauf losstürmend der überlegenen römischen Kriegskunst immer neue Blößen zu bieten. Seit nun gar die Führer der römischen Partei unter den Cheruskern mit Germanikus aus dem Lande gezogen waren, scheint Armins Ansehen bei seinem Stamme aufs höchste gestiegen zu sein. Derselbe gewann dadurch eine festere innere Geschlossenheit, vermöge deren er auch auf die benachbarten Stämme eine größere Anziehungskraft ausübte. Der Anschluß an den von ihm geleiteten Völkerbund schien besonders geeignet, den einzelnen Stämmen die Freiheit nach außen und die Erhaltung der althergebrachten freiheitlichen Ordnung im Inneren zu verbürgen. Um so übler stach dagegen die zweideutige Haltung Marbods und das imperatorisch zurechtgemachte Regiment ab, unter das er seine Markomannen gebeugt hatte. Das mag es gewesen sein, was Semnonen und Langobarden bestimmte, sich von ihm loszusagen und zu Armin überzutreten. Die alte suebisch-cheruskische Feindschaft lebte infolgedessen von neuem auf und wurde verschärft durch die politischen und persönlichen Gegensätze, die hinzukamen. Marbod sah die gebietende Stellung gefährdet, die er seit Jahren zwischen Römern und Cheruskern behauptet hatte. Zudem wurde er durch den Ruhm Armins in Schatten gestellt. Aber auch in Armins Stellung scheint sich bereits damals eine Krisis vorbereitet zu haben. Denn es kann nichts Geringes gewesen sein, was seinen Oheim Inguiomer bestimmte, sich gerade jetzt von ihm loszusagen und auf Marbods Seite zu treten. Hatte er, der scharfsichtigste von des Helden Verwandten, so frühzeitig dessen geheime Absicht erkannt, sich in ähnlicher Weise, wie es Marbod bei den Markomannen gelungen war, eine höhere Gewalt über seine Stammesgenossen anzueignen? So standen denn, ganz wie des Tiberius schlaue Berechnung erwartet hatte, die beiden Völkerbünde unter ihren ruhmgekrönten Führern einander bald zum Entscheidungskampf gegenüber. Eine furchtbare Schlacht entbrannte: aber kein Teil konnte sich des vollen Sieges rühmen. Die größeren Verluste jedoch hatte Marbod erlitten: er ging der erwarteten Erneuerung des Kampfes aus dem Wege und trat den Rückzug an. Seine Bitte um Hilfe aber wurde in Rom abgewiesen: schadenfroh sah der Imperator zu, wie die Zwietracht der Germanen bewirkte, was seine Legionen unter einem Germanikus zu erzwingen nicht vermocht hatten. Bald waren dieser Politik noch weitere Erfolge beschieden.

Sah er doch wenige Jahre später den einst so gewaltigen Markomannenfürsten als Flüchtling Schutz suchend an der illyrischen Grenze erscheinen und nach längeren Verhandlungen auf die an ihn ergangene Einladung nach Italien kommen, um sein Leben als römischer Pensionär in Ravenna zu beschließen. Was zu dieser überraschenden Wendung geführt hat, ist im einzelnen nicht sicher erkennbar. Wahrscheinlich aber war die ungewöhnliche Art der Königsherrschaft, die Marbod sich angeeignet hatte, der Grund seines jähen Sturzes, mag auch der letzte Anstoß zu der entscheidenden Bewegung kein eigentlich politischer gewesen, sondern zum Teil in privater Feindschaft zu suchen sein. Ein Jüngling edler Abkunft, nach den einen gotischen, nach den anderen markomannischen Stammes, Katwalda mit Namen, hatte, so wird berichtet, vor dem neuen Gewalthaber in die Fremde entweichen müssen. Nach Marbods sieglosem Kampf gegen Armin kehrte er mit einer Schar gleichgesinnter Genossen zurück, erhob die Fahne des Aufruhrs und gewann, dank der bereits herrschenden allgemeinen Mißstimmung, bald so starken Anhang, daß er sich durch einen Handstreich der Königsburg und der dort aufgehäuften Schätze bemächtigen konnte. Von allen verlassen, mußte Marbod, ohne den Kampf um die Behauptung der Herrschaft wagen zu können, über die Donau in die norische Provinz der Römer fliehen. Daß ihm von Rom Hilfe zu seiner Wiederherstellung geleistet werden würde, kann er kaum gehofft haben, nachdem man ihm dort einst die erbetene Unterstützung gegen Armin schadenfroh verweigert hatte: als hochgeehrten Gast, der in betreff seiner Entschlüsse und Bewegungen volle Freiheit genießen sollte, hieß ihn Tiberius gleißnerisch willkommen, froh, durch eine glückliche Fügung einen Mann in seine Gewalt bekommen zu haben, dessen Namen schon unter Umständen eine Waffe sein und der daher als ein nützliches Werkzeug der römischen Politik gebraucht werden konnte. Dazu aber ist es thatsächlich doch nicht gekommen. Denn die germanischen Angelegenheiten gestalteten sich für Tiberius' Absichten so günstig, daß es einer derartigen Einwirkung fürs erste gar nicht bedurfte. So hat Marbod sein Leben in ruhmloser Unthätigkeit zu Ravenna beschlossen, indem er durch den Gegensatz zwischen seiner einstigen Macht und seinem jetzigen glänzenden Elend die Herrlichkeit ihres staatsklugen Imperators den Römern um so eindrucksvoller vor Augen stellte, als auch sein Gegner Katwalda bald gestürzt war und ebenfalls den Schutz Roms aufsuchte, um sein Leben im narbonensischen Gallien zu beschließen.

Von dem Markomannenreiche, das nun rasch zerfiel, hatte Rom also nichts mehr zu besorgen, und auch die Cherusker hörten bald auf ihm Gefahr zu drohen. Denn Armin endete durch Meuchelmord unter den Schwertern der eigenen Verwandten. Leider ist unsere Kenntnis von den Umständen, die zu diesem blutigen Ende führten, wiederum sehr unvollständig und läßt der Vermutung nur allzuviel Spielraum. Wenn die Römer Armin als den Befreier Germaniens bezeichneten, so brauchen seine eigenen Volksgenossen ihn darum noch nicht auch ohne weiteres als solchen anerkannt zu haben. Vielmehr berechtigt die nur allzu bekannte germanische Art eher zu der Annahme, daß die verschiedenen Gaue der Cherusker, die selbst im Drange der Abwehr des römischen Angriffs sich nur widerstrebend dem Gebote eines den Kampf einheitlich leitenden Herzogs gefügt, ja in wichtigen Momenten eigensinnig den Gehorsam versagt hatten, nach Herstellung des Friedens vollends nicht geneigt waren, eine mehr monarchisch konzentrierte Auktorität über sich zu dulden. Auf der anderen Seite erscheint es freilich nicht bloß politisch, sondern auch menschlich und militärisch berechtigt, wenn der siegreiche Führer des Freiheitskrieges die Stellung, die ihm während desselben eingeräumt war, noch weiterhin zu behaupten trachtete, zumal die Bedrohung seines Volkes durch die Römer auf der einen und durch die Markomannen auf der anderen Seite zunächst fortdauerte und die Beibehaltung der bisherigen strafferen Einigung wünschenswert machte. Ebendeshalb mag Armin im Bewußtsein seines Verdienstes und seines Wertes geglaubt haben, im Interesse der Zukunft seines Volkes ein höheres Recht beanspruchen zu dürfen und in dessen ausdrücklicher Anerkennung einen Rückhalt gesucht haben gegen den kleinlichen Ehrgeiz und die niedrige Selbstsucht, von der er zum Verderben der gemeinen Sache einen Segest und Inguiomer gegen ihn selbst erfüllt gefunden hatte. Solche Motive und Ziele würden das Streben nach dem Königtum, das man ihm schuld gab, allerdings erklären. Dafür aber waren die Germanen noch nicht reif, und Armin büßte den Versuch, seiner Zeit vorauszueilen, mit einem frühen und tragischen Tod. Nur siebenunddreißig Jahre ist er alt geworden. Zwölf Jahre lang hat er an der Spitze seines Volkes gestanden, welches das Gedächtnis an ihn als die erste glorreiche Verkörperung nationalen Heldentums treu bewahrte und in Liedern dankbar verherrlichte, so daß sein Namen noch nach Jahrhunderten als Parole der nationalen Einheit und Freiheit von Millionen mit Dank und Verehrung genannt wurde.

Seit Tiberius auf die Eroberung Germaniens verzichtet und die Einhaltung des Rheins als Grenze des Reichs angeordnet hatte, blieb den jenseits desselben behaupteten Positionen nur noch die Bedeutung eines zur Abhaltung der Germanen bestimmten Außenwerks, und bei den kriegerischen Ereignissen, an denen es auch dort in der Folge nicht ganz gefehlt hat, handelte es sich nur noch um einzelne Streifzüge oder Vorstöße, die den Germanen die Wachsamkeit der Römer bezeugen und vor ihren Waffen Respekt einflößen sollten, nicht aber um Momente in der Ausführung eines groß angelegten militärischen und politischen Programms. Freilich nahm eine solche stete Kriegsbereitschaft immerhin beträchtliche Mittel in Anspruch, besonders wenn es, wie das wiederholt geschah, in Gallien gärte und zu befürchten stand, die germanischen Nachbarn möchten die Gelegenheit zu einem neuen Ansturm auf die linksrheinischen Lande benutzen, deren blühender Reichtum ihre Begehrlichkeit dauernd reizte. Im allgemeinen aber war das Verhältnis beider Völker die nächsten Jahrzehnte ein friedliches, und die wirtschaftlichen Beziehungen, die sich infolgedessen in den Grenzlanden rasch vervielfältigten und befestigten, bahnten der römischen Kultur neue Wege zu wachsender Beeinflussung der germanischen Eigenart. So begann für diese ein folgenreicher Wandel, mag von einer Romanisierung füglich auch nur in den Gebieten jenseits des Rheins gesprochen werden dürfen, die von den Römern als Grenzwehr behauptet wurden.

Nur einmal noch wurde diese friedliche Entwickelung durch gewaltige und für Rom unerwartet gefährliche Unruhen unterbrochen, welche mit den in römischer Abhängigkeit gebliebenen Germanen zugleich einen großen Teil Galliens in Waffen brachten und momentan die im Norden der Alpen bestehende Ordnung überhaupt in Frage stellten.

Bereits Drusus hatte in den niederrheinischen Landen und dem benachbarten Gebiet der Nordseeküste eine der wichtigsten Stützen für Roms Herrschaft gefunden, und die Bewohner jenes vielgeteilten Niederungslandes hatten sich als Verbündete der Römer auch im Kampf gegen die rechtsrheinischen Germanen zu Lande und zur See vielfach bewährt. Infolgedessen hatten neben den Friesen, die zur Zeit des Kaisers Claudius von Rom abhängig geworden waren, namentlich die Bataver eine eigenartig bevorzugte Stellung gewonnen. Ein Zweig des großen chattischen Stammes, hatten sie infolge innerer Zwistigkeiten die alte Heimat verlassen und sich zwischen Rhein und Waal angesiedelt. Schon Cäsar hatte zu ihnen freundliche Beziehungen unterhalten. Ihr Gebiet war nicht Provinz, und sie zahlten keine Steuern, unterstanden aber, ohne König durch ihre Gaufürsten regiert, der Aufsicht des Statthalters des benachbarten Untergermanien und ließen sich regelmäßige Aushebungen zum römischen Kriegsdienst gefallen. Batavische Söldner waren in den kaiserlichen Heeren weitverbreitet, und manche Kohorte bestand ausschließlich aus solchen, da die Bildung besonderer batavischer Abteilungen unter eigenen Führern frühzeitig üblich geworden war. In Bewaffnung, Exercitium und Kampfweise jedoch waren auch diese ganz römisch und erfreuten sich ihrer bewährten Tapferkeit wegen besonderen Rufes. Doch wurde auch dieses gute Verhältnis allmählich getrübt durch die Ausschreitungen, deren sich römische Beamte bei den Aushebungen schuldig machten, sei es um sich zu bereichern, sei es — worüber namentlich geklagt wird — um schöne batavische Knaben in ihre sittenlose Gewalt zu bringen. Dergleichen hatte bereits bei den benachbarten Friesen einen Aufstand veranlaßt, an dessen Niederwerfung auch batavische Kontingente teilnahmen. Dann aber erzeugte der steigende Druck auch bei den Batavern eine starke römerfeindliche Partei, und die Spaltungen, die dadurch in dem tüchtigen Volk entstanden, verknüpften sich mit den Gegensätzen innerhalb des römischen Reiches selbst, die nach dem Erlöschen des Julischen Hauses eine Reihe von raschen und gewaltsamen Thronwechseln herbeiführten. Den Ausschlag dabei gaben die Legionen der Provinzen. Aus diesen Verhältnissen entsprang auch der große Bataveraufstand, als dessen Haupt Claudius Civilis erscheint.

Münze von Kaiser Claudius.

Im Felde ein Triumphbogen mit der Inschrift DE GERMANIS; es ist wohl der seinem Vater Drusus oder der seinem Bruder Germanikus, nach dessen berühmtem Triumphzuge i. J. 17 n. Chr. (S. 72) errichtete Bogen. Gold. Originalgröße. Berlin, Königl. Münzkabinett.

Unter den Männern edler Abkunft, welche, freilich nicht ohne vielfachen inneren Hader, die Bataver in Krieg und Frieden leiteten und, wie schon ihre durchweg römische Namen erkennen lassen, zugleich Träger der fortschreitenden Romanisierung derselben waren, tritt bereits gegen Ende der Regierung Neros ein Brüderpaar Julius Paullus und Claudius Civilis bedeutsam in den Vordergrund. Der Teilnahme an dem Aufstandsversuch des Julius Vindex beschuldigt, wurde ersterer von dem römischen Statthalter getötet, letzterer in Ketten zur Aburteilung nach Rom geführt. Da rettete ihn des Kaisers Ende vor dem sicheren Untergang, und Civilis sah die Freiheit und die Heimat wieder. Die erfahrene Mißhandlung steigerte seinen Unwillen über die wachsende Knechtung seines Volks, verschaffte ihm aber auch bei diesem größeren Einfluß, namentlich seit unter Vitellius die Mißregierung stieg und er seine Agitation durch die scheinbare Parteinahme für Vespasian decken und beschönigen konnte. Der Augenblick zum Handeln war gekommen, als der Abzug der nach Italien beorderten Legionen das Land und die

Nachbarprovinzen der gewöhnlichen starken Besatzung beraubte. Doch wußte Civilis die Sache geschickt so zu wenden, daß nicht seine Bataver, sondern die zum Anschluß gewonnenen Kaninefaten unter Brinno den ersten entscheidenden Schritt thaten, indem sie gemeinsam mit den Friesen ein römisches Winterlager in der Nähe des Meeres überfielen und nahmen. Vor dem nun rasch um sich greifenden Aufstand zogen sich die übrigen römischen Truppen tiefer in das Innere des batavischen Insellandes zurück. Erst als die Truppen, obgleich meist Germanen, die Rückkehr in die vereinzelten Standlager, die Civilis unter der Maske des Vermittlers und rettenden Helfers empfahl, da sie dann leichter zu überwältigen gewesen wären, mißtrauisch verweigerten, schlossen sich auch die Bataver dem Aufruhr offen an, dem aus den Reihen der römischen Kohorten und der römischen Flottenmannschaft alsdann zahlreiche Genossen erstanden. Des Statthalters Hordeonius Flaccus Legat Mummius Lupercus, der mit zwei Legionen herbeieilte, wurde geschlagen, da nicht bloß die bisher treu gebliebene batavische Reiterei, sondern auch die Hilfstruppen der Ubier und Trevirer abfielen. Mit den Resten seines Heeres zog er sich in die gewaltige Lagerstadt Castra Vetera zurück, den festesten Stützpunkt der römischen Herrschaft in den niederrheinischen Landen.

Aber nicht dort allein lag die Gefahr: sie war bald eine allgemeine. Jetzt zuerst offenbarte es sich, welche Mißstände das massenhafte Eindringen der Germanen in das römische Heer mit sich brachte. Eine schwere Krisis konnte daraus für das ganze Reich entspringen, wenn, wie jetzt ein Thronstreit, dessen Entscheidung bei den Legionen lag, mit einem Germanenkrieg zusammentraf und die durch letzteren entfesselten Leidenschaften im Centrum des Reiches dessen Wehrkraft plötzlich lähmten oder gar zu einem Teil dem Feinde zur Verfügung stellten. Auf die Kunde von den Siegen des Civilis und Brinno kehrten acht Kohorten Bataver und Kaninefaten, die mit Vitellius gegen Otho nach Italien unterwegs waren, eigenmächtig um, schlugen sich bei Bonn durch die römischen Abteilungen, die sie aufhalten wollten, durch und stellten ihre Waffen in den Dienst der Freiheit. Auch von den rechtsrheinischen Germanen strömten dem Civilis immer größere Scharen zu, namentlich von den Tencterern und Brukterern. Bei letzteren erhob sich eine Prophetin Veleda, eine Jungfrau aus vornehmem Geschlecht, die in dem dunklen Waldland an der mittleren Lippe in einem Turme geheimnisvoll lebte. Indem sie, von dem Volke abgöttisch verehrt, den Sieg der Germanen und den Untergang der Römer verkündete, erlangte ihre moralische Auktorität geradezu politische Bedeutung und wurde dadurch für Civilis von hohem Wert. Bald lag dieser mit der vereinigten Streitmacht der aufständischen Völker vor dem festen Castra Vetera, während die zu Rom stehenden linksrheinischen Germanen durch Verwüstung ihres Landes gezüchtigt wurden. Aber Castra Vetera hielt sich unerwartet lange, obgleich die Lage der eingeschlossenen Legionen vollends aussichtslos wurde, seit der Aufstand, immer weitere Kreise ziehend, auch Gallien zu ergreifen anfing. Schon knüpften die Trevirer geheime Verhandlungen mit Civilis an. Dann folgten die Lingonen ihrem Beispiel. Nun empörten sich auch die aus diesen Stämmen entnommenen römischen Truppen. Bald wurden auch ihre Nachbarn zum Anschluß genötigt. Der Ruf nach Errichtung eines gallischen Reiches flog durch die Lande. Immer mehr erhitzten sich die Leidenschaften, und als die tapfere Besatzung von Castra Vetera endlich durch Hunger zur Kapitulation gezwungen war, brachen die Sieger treulos ihr Wort und hieben die Abziehenden zusammen. Bald waren, Mainz und Vindonissa ausgenommen, alle römischen Lager in der Gewalt der Aufrührer. Die römische Herrschaft am Rhein schien verloren. Auch in Gallien war sie ernstlich bedroht. Denn dort schlossen sich nun auch die Remer der nationalen Bewegung an. In ihrem Hauptort Reims tagten Vertreter der gallischen Stämme, um über die künftige staatliche Ordnung des befreiten Landes Beschluß zu fassen. Freilich offenbarten sich dabei erst recht die Schwierigkeiten, die es nach Verjagung der Römer bei einer neuen nationalen Organisation zu überwinden gelten würde. Einig war man nur darüber, daß Gallien nicht den Batavern unterthänig werden sollte. Aber welchem von den gallischen Stämmen die Leitung des geplanten Reiches zufallen sollte, drohte alsbald der Gegenstand inneren Streites zu werden. Um so mehr Spielraum fand der persönliche Ehrgeiz der durch den Aufstand in die Höhe gekommenen Führer. Civilis wollte von einem gallischen Reiche überhaupt nichts wissen: er scheint nur national-germanische Ziele verfolgt zu haben. Dazu verfeindete er sich mit Classicus, dem Haupte der Trevirer, dem er die beabsichtigte Plünderung der reichen Hauptstadt der Ubier, Köln, verwehrte. Der Führer der Lingonen, Julius Sabinus, träumte gar von einem gallischen Kaisertum, dessen Krone er sich auf das Haupt zu setzen dachte, stieß damit aber schon bei den Sequanern auf Widerstand und wurde, als er diesen gewaltsam zu brechen versuchte, geschlagen und zur Flucht genötigt. Lange Zeit hat er sich den Nachstellungen der Römer entzogen und galt für tot, wurde aber endlich entdeckt und büßte seine Schuld noch spät mit dem Tode.

Die Verschiedenheit der von den Führern verfolgten Pläne und der Mangel an Einigkeit zwischen Germanen und Galliern minderten die anfänglichen Aussichten des Aufstandes je länger je mehr. Sie schwanden vollends, als der Streit um den kaiserlichen Purpur beendet war und der Sieg Vespasians ein einheitliches und energisches Vorgehen der Römer ermöglichte. Schon das zuversichtliche Auftreten des Legaten Petilius Cerealis verfehlte bei den ratlosen Galliern nicht seines Eindrucks. Durch einige rasche Schläge bahnte er sich den Weg in die aufständischen Landschaften und brachte bald Trier in seine Gewalt, ließ dort aber klug Gnade für Recht ergehen. Da sah er sich plötzlich von dem vereinigten Heere der Aufständischen mit Übermacht angegriffen, schlug dasselbe aber nach anfänglicher harter Bedrängnis glücklich zurück. Nun fiel das wichtige Köln, das trotz der Schonung, die Civilis ihm ausgewirkt hatte, nur widerwillig bisher zu den Batavern gehalten hatte, verräterisch von ihnen ab, vernichtete eine durchziehende batavische Abteilung und überlieferte des Civilis Gattin und Schwester, die seinem Schutze befohlen waren, den Römern. Um so größere Anstrengungen freilich machten die Bataver. Bei Castra Vetera lagen die Heere sich nochmals gegenüber. Durch Aufschüttung eines Dammes, der die Fluten des Rheins auf die flache Niederung drängte, setzte Civilis die Gegend zum Teil unter Wasser. Infolgedessen in ihren Bewegungen auf das schwerste behindert, mußten die Römer in der endlich entbrennenden Schlacht trotz aller Tapferkeit und trotz der erhaltenen Verstärkungen schließlich zurückweichen. Auch am nächsten Tage neigte sich der wiederaufgenommene Kampf bereits mehr und mehr zu Gunsten der Germanen, und erst als ein batavischer Überläufer römische Reiter in den Rücken der Germanen führte und plötzlich die Römer ihre letzte Kraft zusammennahmen, kam die Schlacht wiederum zum Stehen. Eines Sieges freilich konnte Cerealis sich auch jetzt nicht rühmen. Aber Civilis wagte doch nicht den Kampf noch einen dritten Tag fortzusetzen, sondern zog sich über den Strom auf die batavische Insel zurück. Alsbald schickten sich die Römer an, ihm zu folgen. Doch gelang es ihnen nicht, den Übergang zu erzwingen. So dauerte der Krieg, in kleinen Unternehmungen, namentlich zu Wasser geführt, unentschieden fort. Aber gerade das entsprach germanischer Art am wenigsten. Die Kampflust der Bataver ließ nach. Was war denn für sie überhaupt noch zu gewinnen? Blieben die Beschwerden abgestellt, die sie zuletzt zu erheben gehabt hatten, und kehrte die alte Ordnung wieder, unter der sie als römische Verbündete und Schutzbefohlene, aber in ihren eigenen Angelegenheiten frei schaltend, sich wohl befunden und Ehre und Reichtum erworben hatten, so waren eigentlich alle ihre Wünsche erfüllt. Besonders die Vornehmen, die schon halb zu Römern geworden waren, werden so gedacht haben. Auch wird mancher von ihnen an des Civilis Ansehen, seiner in der Oberfeldherrschaft begründeten außerordentlichen Machtstellung Anstoß genommen haben. Damit aber trat auch hier die so oft bewährte Politik Roms in Wirksamkeit, und Petilius Cerealis war mit ihren Künsten hinreichend vertraut, um sie erfolgreich spielen zu lassen. Bald fühlte Civilis den Boden unter seinen Füßen wanken. Die Abwendung der ehemaligen Genossen ließ ihn Verrat befürchten. Denn wie gern würden die Römer für seine Auslieferung auch dem am schwersten Kompromittierten Straflosigkeit gewährt haben! Deshalb beschloß er selbst mit dem römischen Feldherrn in Verhandlung zu treten. Das Ergebnis ist uns nicht bekannt. Des Tacitus Historien brechen im Beginn des Berichts über die Zusammenkunft der beiden Gegner ab. Aus den Zuständen aber, die in der Folgezeit in dem Bataverlande herrschen, dürfen wir den Schluß ziehen, daß die ehemals dort geltende Ordnung einfach wiederhergestellt worden, der Aufstand also schließlich ohne bleibende Wirkung zu Ende gegangen ist. Auch Claudius Civilis und seine tapferen Genossen entschwinden unseren Blicken.

Drittes Kapitel.

Das Taciteische Germanien.

Dem Erlöschen des batavischen Aufstandes, der für Rom ohne die zunächst drohenden unheilvollen Folgen geblieben war und in der Lage der Gallier so wenig wie in der der Bataver und ihrer germanischen Verbündeten etwas geändert hatte, folgte ein Jahrhundert friedlichen nachbarlichen Verkehrs zwischen Römern und Germanen, während dessen einmal die Romanisierung der unterworfenen oder in ein Schutzverhältnis zu Rom getretenen Germanen bedeutende Fortschritte machte, dann aber die Römer auch mit den frei gebliebenen Germanen näher bekannt wurden, so daß sie von Land und Leuten eine der Wirklichkeit mehr entsprechende lebhaftere Anschauung gewannen und Verfassung und gesellschaftliche Ordnung, Sitte, Brauch und religiöse Vorstellungen des ihnen so befremdlich erscheinenden Volks näher kennen lernten. Zu einer einheitlichen Schilderung zusammengefaßt hat das alles kein Geringerer als der größte römische Geschichtschreiber der Kaiserzeit, Cornelius Tacitus.

Allerdings giebt uns sein Buch „Germania" oder, wie der Titel genauer gelautet haben dürfte, „über Ursprung, Wohnsitze und Sitten der Germanen", das durch eine eigentümliche Fügung dem Mittelalter ganz unbekannt geblieben ist, noch immer mancherlei Rätsel auf. Nicht selten hat man ehemals wohl gemeint in dem Werke eine Tendenzschrift sehen zu müssen und aus einzelnen Wendungen schließen zu dürfen, der Verfasser habe, entsprechend der ihm sonst wohl eigenen pathologischen Betrachtungsweise, in der Schilderung der unverdorbenen Einfachheit, harten Sittenstrenge und naturwüchsigen Reinheit der Germanen seinen entarteten Landsleuten gewissermaßen einen Spiegel vorhalten und sie durch diese mittelbare satirische Geißelung ihrer Schwächen zur Umkehr und Besserung mahnen wollen. Doch hat sich diese Annahme ebensowenig als haltbar erwiesen wie die andere, Tacitus sei darauf ausgegangen, unter dem Bilde des Germanentums einen der Wirklichkeit fremden Idealstaat zu zeichnen, in der Art etwa, wie das Platon in seiner Republik und später andere Autoren unter allerlei anderen Einkleidungen gethan haben. Ein historischer Wert wäre in beiden Fällen seiner Germania nicht zuzuerkennen. Gerade dieser aber ist, wie die Forschung je länger je mehr ergeben hat, ein höchst bedeutender. Ohne moralisierende oder idealisierende Tendenz giebt das Werk bei aller Knappheit der Form eine erstaunliche Fülle von Einzelheiten wirklicher Zustände, die nicht bloß mit unverkennbarem sachlichen Interesse, sondern auch mit großer sachlicher Kenntnis geschildert werden. Freilich fehlt es auch nicht an Mißverständnissen und Irrtümern. Doch will das wenig bedeuten gegenüber der Thatsache, daß Tacitus den Charakter, das Leben und die Institutionen des den Römern sonst wenig verständlichen Volks mit einer gewissen Kongenialität erfaßt und durch die Masse der von ihm mitgeteilten Einzelheiten in einer Weise zur Anschauung gebracht hat, die uns zugleich auch selbst die Mittel an die Hand giebt, um mit untergelaufene schiefe Auffassungen und falsche Verallgemeinerungen zu verbessern und auf das rechte Maß zurückzuführen. Sehr ansprechend hat man gerade aus diesen Eigentümlichkeiten der Taciteischen Germania die Vermutung hergeleitet, das Buch, um 98 n. Chr. entstanden, beruhe auf den Eindrücken, die ein vornehmer römischer Reisender während eines Ausflugs in das geschilderte Land an Ort und Stelle empfangen hat im Verkehr mit den ihn gastlich aufnehmenden römerfreundlichen Häuptern des einen und des anderen Stammes, die ihn in den Stand gesetzt, das und jenes von germanischem Leben und Treiben mit eigenen Augen zu beobachten. Von ferner abliegenden Gebieten hat der römische Tourist daher nur von Hörensagen unbestimmte und verschieden deutbare Kunde erhalten, die er mit dem sonst Vernommenen und Gesehenen auf seine Weise in Einklang zu bringen strebte.

Als Tacitus schrieb, waren seit dem Cimbernkrieg zwei Jahrhunderte verflossen. Unverkennbar hatte in dieser Zeit die Kultur der Germanen beträchtliche Fortschritte gemacht. Selbst gegen das Bild, das etwa anderthalb Jahrhunderte früher Cäsar weniger aus eigener Anschauung als auf Grund gallischer Berichte entworfen hatte, ergeben sich solche. Doch ist dabei immer der Umstand in Rechnung zu ziehen, daß für eine Menge von Dingen germanischen Lebens und Wesens die Gallier auch die Vermittler geblieben sind, die Römer also manches überhaupt nur mit gallischen Augen und daher niemals ganz richtig gesehen haben. Das gilt gleich auch von dem Namen Germanen, dessen celtischer Ursprung ebenso zweifellos wie seine Deutung umstritten ist. Noch Tacitus bezeichnet ihn als erst neuerdings aufgekommen, und zwar dadurch, daß die erste Völkerschaft, die vom rechten Rheinufer in Gallien einbrach, die Tungern, von den Galliern so benannt und diese Bezeichnung dann auch auf alle ihr verwandten Stämme übertragen wurde, gleichviel ob sie ebenfalls über den Rhein kamen oder rechts von demselben sitzen blieben. Der Namen hätte demnach zunächst nur die den Galliern benachbarten Stämme bezeichnet und wäre erst allmählich auf alle mit diesen zusammengehörigen Völkerschaften ausgedehnt worden, ohne irgend einen Zug in dem Wesen der Germanen hervorzuheben. Denn die Deutung von Germanen als „Rufer im Streit" hat sich doch nicht als stichhaltig erwiesen, und auch die Vermutung, es habe den Sinn von „stammesecht" und sei von den Belgiern, einem germanisch-celtischen Mischvolk, ihren nachmals auf das linke Rheinufer nachdrängenden Verwandten beigelegt worden, hat ebensowenig allgemeine Zustimmung gefunden wie die Erklärung als „Nachbarn" oder als „Waldbewohner", so zutreffend eine solche Benennung gerade von gallischem Standpunkte aus gewesen sein würde.

Von dem Lande der Germanen hatten die Römer inzwischen doch so viel erfahren, daß sie sich von seiner Gestaltung und Beschaffenheit wenigstens ein allgemeines Bild machen konnten. Denn während ihre Heere nur ganz vereinzelte

Male bis zur Elbe vorgedrungen waren, werden in den hundert Jahren fast ungestörten Friedens gallische und römische Händler viel tiefer in das Innere gekommen sein. Aber den Bewohnern des sonnigen Südens und Westens erschien Germanien auch jetzt noch düster und unwirtlich, und seine rauhe nordische Natur machte ihnen oft einen geradezu unheimlichen und beängstigenden Eindruck. Auch das scheinbar Unbegrenzte seiner Erstreckung nach Norden und Osten beschäftigte ihre Phantasie. Denn gegen die Sarmaten und Daken, meint Tacitus, wird die Grenze Germaniens teils durch gegenseitige Furcht, teils durch Gebirge gebildet, gegen Rätien und Pannonien durch die Donau, gegen Gallien durch den Rhein. Im Norden bespült seine Küste der Ocean, der tief eingreifende Busen bildet und von zahlreichen Inseln erfüllt ist. Von Norden nach Süden denkt er sich Germanien in drei Regionen geteilt. Dem Ocean zunächst wohnen die Ingävonen, im Süden die Istävonen und zwischen beiden die Herminonen. Doch handelt es sich dabei nicht um eine eigentliche territoriale Sonderung, der eine auch politisch bedeutsame Gliederung der Einwohner entsprochen hätte, sondern nur um die Unterscheidung gewisser Gruppen, die sich innerhalb des Gesamtvolkes, aber unbeschadet seiner Einheit, nach Sitte und Sprache voneinander abhoben, so daß jede einzelne vermöge der näheren Zusammengehörigkeit der in ihr vereinigten Einzelstämme sich durch eine diesen gemeinsame Eigenart von den beiden übrigen unterschied. Dementsprechend leiteten denn auch, wie es heißt, die Germanen diese drei Völkergruppen her von drei eponymen Helden, den Söhnen des Tuisko, des Sohnes des Mannus, der als der gemeinsame Stammvater aller Germanen verehrt wurde. Nach der späteren Verteilung der Stämme würden zu den Ingävonen etwa die Niedersachsen und Friesen, zu den Istävonen die Alamannen und Bajuvaren und zu den Herminonen die Franken und Thüringer gehört haben. Natürlich war die Sonderung nicht streng durchgeführt, vielmehr werden die Grenzen entsprechend der Unbestimmtheit des Unterscheidungsgrundes vielfach geschwankt haben.

Nach der Meinung der Römer waren die Germanen in dem von ihnen bewohnten Lande von jeher seßhaft. Konnten diese sich doch keinen Grund denken, der ein Volk hätte bestimmen können, eine mildere und fruchtbarere Heimat mit einem so unwirtlichen Lande zu vertauschen. Namentlich die dichten Wälder, die Germanien auf weite Strecken bedeckten und deren Gefahren die römischen Legionen mehr als einmal kennen gelernt hatten, die sie erfüllenden Sümpfe und Moräste, der erstaunliche Wasserreichtum der das Land weithin überschwemmenden Flüsse und dann vor allem das tosende, in rastlosem Anbranden das Land unterwühlende und abreißende Meer an den nördlichen Gestaden, dessen Wogen den Germanikus mit dem Untergang bedroht hatten, blieben für die Römer allezeit ein Gegenstand unheimlichen Grauens. Dazu kam der häufige dichte Nebel, im Winter strenge Kälte mit Massen von Eis und Schnee. Namentlich die Bewohner der nördlichen, von wilden Sturmfluten umtosten Inseln schienen den Römern, die nächst Tacitus namentlich noch Plinius nähere Kunde von Germaniens Natur verdankten, eigentlich überhaupt kein menschenwürdiges Dasein mehr zu führen. Und ähnlich fremdartig mutete die Römer die Tierwelt an, die durch das gewaltige Elenn und das fabelhafte Elch charakterisiert wurde. Tacitus nennt außerdem wilde Rinder und Pferde. Doch spielt auch die Viehzucht bereits eine bedeutende Rolle, dank dem Reichtum des Landes an trefflichen Weiden. Aber gegen den bei ihnen heimischen großen Schlag erschienen den Römern die Tiere nur klein. Gerühmt dagegen wurde das Geflügel, namentlich die Gänse ihrer zarten Daunen wegen. Von Getreide wurde in Germanien Hafer und Gerste gebaut, dann allerlei Gemüse und in den milderen Strichen des Südens und Westens verschiedene Obstsorten. Auch Salzquellen fehlten nicht, während man im Norden den Salzgehalt der See nutzbar zu machen wußte. Eisen dagegen war nur wenig

Armring und Fingerring.

Gold. Natürliche Größe. Aus dem Grabhügel bei Rodenbach in der Rheinpfalz.

Der Armring ist hohl. Die abgebildete Verzierung der Vorderseite wiederholt sich in ganz gleicher Weise auf der Rückseite. Den Mittelpunkt der Ornamentierung bildet die groteske Maske eines männlichen Kopfes mit einem merkwürdigen, in seiner oberen Ansicht durch 1a dargestellten Kopfschmuck. Nach beiden Seiten schließen sich zwei mit abgewendeten Köpfen daliegende, mit Filigranarbeit verzierte Widdergestalten an. Diesen reihen sich zwei kleine männliche Köpfe und diesen wieder zwei groteske Widdergestalten an, worauf das Ornament palmettenartig ausläuft, wie 1b zeigt. — Bei dem Fingerringe wird die Verzierung durch zwei gegeneinander stehende groteske männliche Masken gebildet: mit ausgeschnörkelten, stark markierten Augenbrauen, Backenbart, welcher über die Oberlippe läuft, Locken an beiden Wangen. Den Abschluß nach unten bildet ein blattartiges Ornament. Gehören wohl in die früheste La Tène-Periode, wenn es nicht etruskischer Import ist. (Nach Lindenschmit.)

vorhanden, während Edelmetalle die Germanen nach Tacitus überhaupt noch nicht kannten. Jedenfalls aber waren auch in dem Taciteischen Germanien sehr verschiedene Kulturstufen nebeneinander vorhanden. Während die Bewohner der entlegenen Teile noch im Steinzeitalter standen, wie des Tacitus Angaben über die Herrichtung ihrer Waffen aus Stein, Horn, Geweih und Knochen erkennen lassen, waren die Stämme des Westens und Südens nicht bloß bereits in die Metallzeit eingetreten, sondern hatten sich durch den regen Verkehr mit den romanisierten Rheinlanden und mit den Römern selbst auch schon in den äußeren Formen des Lebens wesentlich verfeinert.

Als durchaus unzutreffend muß es daher zurückgewiesen werden, wenn unter dem Einfluß einer bei ihnen nicht seltenen nationalen Eitelkeit namentlich französische Forscher die Anschauung vertreten haben, als ob die Germanen des Tacitus eigentlich nicht viel mehr als Wilde gewesen seien und, unfähig zu jeder eigenen positiven Kulturleistung, ihre Laufbahn zunächst als Träger eines zerstörungslustigen Barbarentums begonnen hätten. Sie widerlegt zur Genüge schon der damalige Stand ihrer äußeren Kultur, wie er uns auch in den ungefähr dieser Zeit angehörigen Gräberfunden entgegentritt. Vor allem wären damit die hohen sittlichen Eigenschaften unvereinbar, die Tacitus ihnen nachrühmt: sie lassen eine Kultur des Herzens und des Gemüts erkennen, die nicht anders erwachsen sein kann als aus einer Jahrhunderte hindurch gleichmäßig fortschreitenden, sich vervollkommnenden und vertiefenden Entwickelung des Schatzes, den die Germanen bereits als uralte arische Mitgift auf ihre Wanderung nach dem Westen mitgenommen hatten.

Zum Belege dafür ist mit Recht namentlich auf die ungewöhnliche Hochschätzung hingewiesen, deren sich im Vergleich mit anderen im übrigen viel höher entwickelten Völkern bei den Germanen das Weib erfreute, auf die darin wurzelnde Heiligkeit der Ehe und den züchtigen, sittigen Ton, der bei aller glücklichen natürlichen Freiheit das Verhältnis der Geschlechter zu einander kennzeichnete. Verehrten die Germanen nach des Tacitus bekanntem Wort in dem Weib doch geradezu etwas Heiliges und Prophetisches und hörten gerade in besonders wichtigen Dingen gern auf seinen Rat. Gelegentlich haben sogar in großen politischen Krisen weise Frauen eine hervorragende Rolle gespielt, wie zur Zeit des Bataverkrieges die brukterische Seherin Veleda (S. 77). Damit ist es wohl vereinbar, daß die Frau im übrigen und namentlich in rechtlicher Hinsicht dem Manne nicht gleich stand, sondern als unmündig angesehen wurde und daher einer Vertretung durch ihn bedurfte. Charakteristisch ist es ferner, daß römischerseits besonders die Treue gerühmt wird, welche die Germanen in Erfüllung des gegebenen Wortes walten lassen. So weit gehen sie darin zur Verwunderung des Berichterstatters, daß sogar der Spieler, wenn er in der als Erbfehler der Germanen gerügten Leidenschaft für das Spiel nach dem Verlust alles Eigentums erst Weib und Kind und dann schließlich sich selbst und damit seine Freiheit auf die Würfel gesetzt und verloren hat, auch einen solchen Vertrag ohne Weigern erfüllt und sich dem Gewinner als Sklave überantwortet.

Einen größeren und nachhaltigeren Eindruck aber als alle diese Eigenschaften machte auf die Römer doch die todesmutige Tapferkeit der germanischen Krieger. Freilich wurde sie in ihren allgemeinen Wirkungen einigermaßen beeinträchtigt durch einen anderen Zug, der dem römischen Beobachter an den Germanen besonders auffiel, den Mangel an einer dauernden festeren Einigung und die Zerspaltung in eine Menge von einzelnen Völkerschaften, die dem Glauben an die Herkunft von einem ihnen allen gemeinsamen Stammvater eigentlich widersprach.

Ja, die meisten von diesen bildeten noch nicht einmal in sich eine Einheit, sondern zerfielen, wenigstens solange es nicht die gemeinsame Abwehr eines Feindes galt, in eine größere oder geringere Anzahl von politisch selbständigen Gauen. Tacitus geht diese der Reihe nach durch und entwirft so gewissermaßen eine Völkertafel, welche für uns als Ausgangspunkt und Voraussetzung aller späteren Völkerbewegungen und Völkerneubildungen vom höchsten Interesse ist.

Er beginnt mit den Trevirern und Nerviern, die germanischen Ursprung für sich in Anspruch nehmen, ohne ihn anders als durch den Gegensatz zu den Galliern erweisen zu können. Am frühesten sind, ihren Stammesgenossen den Weg weisend, Vangionen, Triboker und Nemeter über den Rhein gegangen. Ihre Wohnsitze bezeichnet die Lage ihrer Hauptorte Worms, Brumat, Straßburg und Speier. Später sind sie in das neuentstandene Mischvolk der Alamannen aufgegangen. Rheinabwärts folgten dann die Ubier, d. h. vermutlich die Üppigen, Verweichlichten, die unter dem Druck ihrer unruhigen östlichen Nachbarn, der Sueben — d. h. vermutlich der Schläfrigen, der Schlafmützen —, in das gallische Gebiet übergetreten waren und, von Augustus dort mit Land versorgt, allezeit treu zu den Römern hielten. Mit Köln, der alten Ara Ubiorum, dann Colonia Agrippinensis, als Hauptstadt nahmen sie das Land von Zülpich (Tolbiacum) im Süden bis Gellep (Gelduba) bei Kaiserswerth im Norden ein. Als Abtrünnige und Römerfreunde lebten sie mit ihren rechtsrheinischen Stammesgenossen allezeit in bitterer Feindschaft. Dann folgten die kriegerischen Sugambern, seit Cäsars erstem Einfall in ihr Gebiet die schlagfertigsten Gegner der Römer und ihrer gallischen und germanischen Schützlinge. Dafür hatte Tiberius sie heimtückisch furchtbar gezüchtigt und die Überlebenden zu beiden Seiten der Ruhr auf das linke Rheinufer verpflanzt. Daß die salischen Franken Nachkommen dieser Sugambern gewesen seien, ist zum mindesten nicht erweisbar, und wenn der heilige Remigius nachmals den Frankenkönig Chlodowech bei seiner Taufe als stolzen Sugambern angeredet haben soll, so ist darin vielleicht nur eine unzeitige klassische Reminiscenz des berichtenden Autors zu sehen. Nördlich und westlich an die Gaue der Sugambern grenzten die Usipier und Tencterer. Bereits früher auf dem linken Rheinufer seßhaft geworden, waren sie von Cäsar von dort wieder verdrängt, hatten dann später aber auch das Land im Norden der Lippe wieder räumen müssen, als die Römer es in das System ihrer Grenzsperre hineinzogen. Dies Schicksal teilten damals die von der Ems her in jene Gegend gerückten Amsivarier und Chamaven. Östlich von diesem nun durch die Römer occupierten Gebiet und nördlich von den Sugambern folgten zu beiden Seiten der Lippe die Brukterer bis an und über den oberen Lauf der Ems und nach dem Teutoburger Walde hin, südlich aber von Ruhr und Eder als südöstliche Nachbarn der Sugambern nach der oberen Lahn, der Werra und Fulda hin die Chatten, ein Teil des weitverzweigten Suebenvolks. Sie zerfielen wiederum in verschiedene Stämme. In dem Gebiet des einen, der Mattiaker, die am Taunus zwischen Lahn, Main und Rhein wohnten, lagen die vielbesuchten heißen Quellen von Aquae Mattiacae, Wiesbaden; andere waren die Kaninefaten und die Bataver.

Damit ist ungefähr das Gebiet der Stämme umschrieben, auf die schon während der ersten großen römisch-germanischen Kämpfe eine dauernde Einwirkung

Roms stattfand und bei denen die Römer daher hoffen konnten, den unbeständigen Erfolgen ihrer Waffen durch einen allmählichen, aber dauernden Sieg ihrer Kultur nachhelfen zu sehen. Viel geringer blieb deren Einwirkung natürlich bei den weiter in das Innere wohnenden Stämmen. Daher wurden diese auch die Träger des sich organisierenden nationalen Widerstandes, welcher den Römern Halt gebot und den Rhein in der Hauptsache als Grenze behauptete. Östliche Nachbarn der Chatten, aber bitter mit ihnen verfeindet waren die Hermunduren, ebenfalls Sueben und in sich wieder vielfach geteilt. Ihre Gaue erstreckten sich ostwärts bis an die Elbe und die Sudeten, nach Norden bis zum Harz und grenzten im Südwesten an das spätere römische Zehntland. Wohl infolge ihrer alten Verfeindung mit Chatten, Cheruskern und Markomannen pflegten die Hermunduren zu Tacitus' Zeit freundschaftliche Verbindung mit Rom und genossen daher gewisser Vorzüge: sie allein von allen Germanen durften ohne die sonst übliche mißtrauische Kontrolle in Augsburg ein- und ausgehen. Sie sind die Stammväter der späteren Thüringer. Ihnen nördlich benachbart war das Land der Cherusker, welche die Waldberge des Harzes von ihren alten Widersachern, den Chatten, trennten. Dort lag während des Höhestandes der römischen Erfolge die Grenze des römischen Einflusses. Dort wurde das Schicksal Germaniens entschieden. Vorurteilslos erkennt auch Tacitus dem Armin den ehrenden Beinamen eines Befreiers Germaniens zu. Nach seinem Tode erreichte die führende Stellung der Cherusker schnell ihr Ende. Getrennt von ihnen durch Sumpfland und einen Grenzwall, an dem einst Germanikus vergeblich um den weiteren Vormarsch in das Innere gefochten hatte (S. 70), folgten nordwestlich die Angrivarier zu beiden Seiten der Weser. „Weser-Anger-Leute" deutet man ihren Namen, der in der späteren Bezeichnung des mittleren Teils von Sachsen als Engern fortlebte. Diesen nordöstlich benachbart waren die Langobarden zu beiden Seiten der unteren Elbe: noch nach Jahrhunderten, als sie längst jenseits der Alpen Gründer eines großen Reiches geworden waren, lebte ihr Namen fort in dem Bardengau und der von Heinrich dem Löwen zerstörten Handelsstadt Bardewik.

Zu dem großen Stamm der Sueben gehörten auch die Markomannen, die, wieder vielfach verzweigt, ursprünglich am oberen Main saßen, dann aber sich in dem den celtischen Bojern entrissenen Böhmen niederließen. Wie früher in den Kämpfen zwischen Celten und Germanen, so haben die „Grenzbewohner" auch in denen gegen die Römer nachmals eine hervorragende Rolle gespielt, die freilich infolge der von Marbod verfolgten Politik einigermaßen zweideutig war (S. 55 ff.). Später haben sie den Grundstock zur Entstehung des bayerischen Volksstammes gegeben. Ihre südöstlichen Nachbarn waren die Quaden im heutigen Mähren und dem angrenzenden nordwestlichen Ungarn. Die Gesamtheit der nördlich und östlich von dieser inneren Gruppe wohnenden germanischen Völkerstämme wurde gelegentlich unter dem Namen der lugischen begriffen, ohne daß der Umfang des damit bezeichneten Gebiets sich näher bestimmen ließe. Auch bleibt es zweifelhaft, ob wir es in ihnen mit rein germanischen oder mit solchen Stämmen zu thun haben, die mit fremden Bestandteilen durchsetzt waren.

Ebenfalls der großen Familie der Sueben zugerechnet wurden die reichen und mächtigen Semnonen, welche, durch die Elbe von den Hermunduren getrennt, das Land um Havel und Spree inne hatten. Sie standen an der Spitze eines Völkerbundes, dessen religiöser Mittelpunkt ein in ihrem Gebiet gelegener heiliger Hain gewesen zu sein scheint. Südlich davon, an der oberen Spree, folgten dann nach der oberen Oder hin die zu den Vandalen gehörigen Silingen, während jenseits der Oder in dem sumpfigen Niederungslande an Warthe und Netze die Burgunder wohnten, ehe sie ihre Wanderung nach dem Süden antraten. Jenseits der Weichsel endlich und nordöstlich längs dem Strande der Ostsee finden wir das zu großen Dingen berufene Volk der Goten, ohne den Zug ihrer Grenze gegen die Nachbarn genauer bestimmen zu können. Auch sie zerfielen in eine Menge einzelner Völkerschaften, die erst lange danach durch große Ereignisse fester zusammengefügt wurden.

Schärfer sondern sich von den im Binnenlande wohnenden Germanen die an der Meeresküste heimischen. Da saßen zunächst im Mündungsgebiete des Rheins und von da bis zur Ems hin die seetüchtigen Friesen. Bereits von Drusus der römischen Hoheit gebeugt, wurden sie mit dem Rückzug der Römer über den Rhein thatsächlich unabhängig, blieben jedoch auf den rechtsrheinischen Küstensaum beschränkt. Zur Zeit ihrer Befreundung mit Rom hatten sie dieses gegen die benachbarten Chauken unterstützt, die längs der Küste von der Ems bis zur Weser wohnten, in sich ebenfalls in eine Menge kleiner Gaue zerfallend. Die östlich von ihnen genannten Teutonen sind vielleicht Überbleibsel eines ehemals dort in größerer Ausdehnung sitzenden celtischen Stammes (S. 31). Mit ihnen zusammen erscheinen immer die Ambronen. An der Elbmündung werden wir die Sachsen zu suchen haben, deren Namen später auf einen großen nord- oder niederdeutschen Stamm ausgedehnt wurde, in den die Mehrzahl der genannten Völkerschaften, soweit sie nicht in die Ferne zogen, allmählich aufgegangen zu sein scheint. Am weitesten nach Norden vorgeschoben, als Bewohner der nach ihnen benannten cimbrischen Halbinsel werden endlich die Cimbern genannt.

Soviel Punkte in dieser römischen Tafel der germanischen Völker unklar und zweifelhaft sein mögen, sie genügt doch, um uns von der damaligen Verteilung Germaniens unter seine Bewohner ein ungefähres Bild zu geben. Auch läßt sie bereits gewisse charakteristische Momente hervortreten, die für die weitere Entwickelung der germanischen Verhältnisse von Wichtigkeit geworden sind. Sieht man ab von der sie beherrschenden Vorstellung von ihrer gemeinsamen Herkunft von einem Stammvater (S. 82), so fehlt bei den Germanen noch jeder Ansatz zu einer, wenn auch noch so lockeren Vereinigung des ganzes Volkes. Was in dieser Hinsicht hier und da durch die Zusammenfassung größerer Gruppen von Stämmen zu Völkerbündnissen gewonnen wurde, hat sich immer nur kurze Zeit in Wirksamkeit erhalten und ist meistens durch die gesteigerte Anfeindung, der solche Verbände ringsum begegneten, schnell wiederum zu Fall gebracht worden. Die Geschichte der Sueben, der Markomannen und der Cherusker bietet dafür Belege. Andererseits scheint die Neigung zur Zersplitterung der einzelnen Völker und die ihr entsprechende politische Vielteilung des von ihnen bewohnten Gebietes nach Westen hin zuzunehmen — wohl wenigstens zum Teil infolge der stärkeren Beeinflussung durch die Römer und ihre überlegene Kultur. Doch wird dazu auch die mannigfaltigere Gestaltung des Landes beigetragen haben, zusammen mit seinem reicheren Ertrage, der größere Menschenmengen auf verhältnismäßig beschränktem Gebiete ihren Unterhalt finden ließ, während das von Wald und Sumpf bedeckte Innere nur einer auf weite Räume zerstreuten Bevölkerung das zum Unterhalt Nötige gewährte. Dementsprechend müssen denn auch in dem Jahrhundert friedlicher Beziehungen zu Rom die einzelnen germanischen Stämme sich in sehr ungleichem Kulturzustand befunden haben, und zwar wird man da ebenfalls eine Abnahme von Westen nach Osten voraussetzen dürfen. Doch wird eben diese Ungleichheit und Mannigfaltigkeit der Zustände eine von den Ursachen geworden sein für die schnelle und eigenartige Entwickelung, welche die Germanen in der Folge durchmachten. Aber selbst die noch am weitesten zurückgebliebenen Stämme waren doch nach der Schilderung, die Tacitus von ihren Gewohnheiten und Einrichtungen giebt, längst aus jenem noch halbbarbarischen Zustande heraus, den man ihnen angedichtet hat, hatten bereits eine Reihe sich übereinander erhebender Kulturstufen durchlebt und befanden sich nicht mehr im Übergang vom Nomadentum zur Seßhaftigkeit und damit erst zu einem auf Ackerbau und Viehzucht gegründeten wirtschaftlichen Leben. Mochten auch einzelne Stämme noch nicht zu voller Seßhaftigkeit gediehen sein und bei anderen einzelne Teile noch oder wieder wandern, so hatte doch die überwältigende Mehrheit bereits feste Wohnsitze inne und die damit verbundenen Fortschritte in ihrer wirtschaftlichen und gesellschaftlichen Entwickelung hinter sich. Demgemäß finden wir bei ihnen denn auch durchweg die Anfänge festgeordneten staatlichen Lebens.

Die Grundlagen desselben waren von den Anschauungen, in denen das politische Denken eines Römers um das Jahr 100 n. Chr. wurzelte, allerdings so durchaus verschieden, daß es auch einem Tacitus schwer fallen mußte, sich in sie hineinzufinden, und mancher eigentümliche Zug ihm nicht völlig verständlich wurde. Mögen ihm aber infolgedessen auch Irrtümer begegnet und schiefe Vorstellungen haften geblieben sein, so hat er doch gerade das, worin der fundamentale Unterschied zwischen römischer und germanischer Staats- und Gesellschaftsordnung lag und was erst durch die Germanen als ein neues und äußerst wirksames Moment in die staatliche Entwickelung der nun beginnenden Übergangszeit hineingebracht wurde, mit sicherem Takt herausgefunden und auch klar und bestimmt zur Anschauung gebracht. Das ist die enge, geradezu unlösbare Zusammengehörigkeit von Heer, Volk und Landesteilung, der zufolge Volk und Heer ein und dasselbe sind, und die sich darin offenbarende Bedeutung des Grundbesitzes, der nach altgermanischer Anschauung das alleinige und unbedingt geltende Maß ist für alle Rechte des einzelnen in der Gemeinde und im Staat und dem auf der anderen Seite auch alle die Pflichten entspringen, welche dem einzelnen jenen Verbänden gegenüber obliegen.

Die germanische Gemeinde, wie Tacitus sie schildert, beruht auf der Feldgemeinschaft, auf der Gemeinschaft des Grund und Bodens — allein schon Beweis genug, daß die Germanen in ihrer überwältigenden Mehrheit damals längst feste Wohnsitze hatten und ihr ganzes wirtschaftliches Sein auf den Ackerbau gründeten und nur einzelne, gewissermaßen zurückgebliebene Stämme noch in einer an die alte Wanderzeit erinnernden Beweglichkeit verharrten. Städte freilich kannten auch die Germanen des Tacitus noch nicht. In die Mauern solcher sich einzuschließen hat ihnen noch lange widerstrebt und haben sie erst sehr spät gelernt. Vielmehr standen sie auch in ihrer Seßhaftigkeit noch in lebendiger Beziehung zur Natur, gewissermaßen in engem Verkehr mit ihr. Denn sie paßten die Art ihrer Ansiedelung immer den besonderen Verhältnissen der betreffenden Landschaft an: sie wohnten, wie Tacitus sagt, gesondert und getrennt, wie Quelle, Flur und Hain zur Ansiedelung einlud, oder in Dörfern, deren Häuser jedoch einzeln stehen, jedes unmittelbar von dem zu Hof und Garten nötigen Raum umgeben. In letzterem Falle beruhte die Dorfgemeinde auf der Verteilung des um das Dorf gelegenen Landes, das nach seiner Qualität und der dadurch bedingten Verwendbarkeit und Ertragsfähigkeit in verschiedene Klassen zerlegt war. Von jeder dieser Klassen war jedem Dorfgenossen ein entsprechender Anteil zu vollem Eigentum überantwortet. Jedoch konnte er diese Ländereien natürlich nur in Gemeinschaft mit den übrigen Dorfgenossen in der durch ihre Beschaffenheit bedingten Weise verwerten, d. h. die Ackerparzelle nur so bestellen, wie die Eigentümer der benachbarten Landlose die ihren bestellten. Für die Wirtschaftsart des einzelnen war also die allgemeine Regel oder, wo eine solche fehlte, der gemeinsame Beschluß der Interessenten maßgebend. Eine solche Gebundenheit der einzelnen war natürlich unnötig bei den nur durch die lockere Markgenossenschaft verbundenen Einzelansiedelungen: da konnte einem jeden in der Verwendung seines Grund und Bodens größere Freiheit gelassen werden, und jene Gebundenheit trat nur ein in betreff desjenigen Teils der gemeinsam besiedelten Feldmark, bei dem seiner Natur nach eine Teilung ausgeschlossen und bloß eine bestimmte Art der Verwendung möglich war, wie bei Wiese, Wald und Weide.

Mehrere solche Gemeinden nun, die je nachdem auf der dörflichen Feldgemeinschaft oder der zerstreut liegende Ansiedelungen vereinigenden Markgenossenschaft beruhten, bildeten den einfachsten politischen Organismus, dessen Funktionen einerseits das altgermanische Staats- und Gemeindeleben, andererseits die militärische Organisation bedingten. Bei allen Germanen finden wir als Abteilungen des Heeres Hundertschaften, d. h. Gruppen von je hundert waffenfähigen Männern (centena, centana). Daraus ergiebt sich bei der für die Germanen charakteristischen untrennbaren Zusammengehörigkeit, ja Identität von Volk und Heer, vermöge deren das Heer nichts anderes war als das im Krieg befindliche Volk, mit Notwendigkeit des Vorhandensein den militärischen Hundertschaften entsprechender politischer Abteilungen der gleichen Art. Diese aber können wiederum nur auf einer entsprechenden Einteilung des Landes beruht haben. Also müssen Hundertschaften auch bei den Germanen des Tacitus vorhanden gewesen sein, obgleich dieser sie nicht ausdrücklich erwähnt. Ungefähr hundert — allzusehr pressen darf man die Zahl natürlich nicht — Grundstücke derselben Mark oder ebensoviel Gehöfte eines oder mehrerer Dörfer bildeten eine Gemeinde, die ihre Angelegenheiten mittels der durch das Herkommen dazu bestellten Organe selbst verwaltete und deren Glieder zum Kriegsdienst aufgeboten einen geschlossenen militärischen Körper bildeten. Unmittelbar über der Hundertschaft aber stand dann, ohne weitere vermittelnde Zwischenstufe, das Gebiet des ganzen Stammes, der ganzen Völkerschaft, d. i. der Gau. Abweichend von dem mißverständlichen Sprachgebrauch späterer Zeit ist demnach unter Gau — wofür Tacitus ganz sinngemäß stets den Ausdruck civitas, d. i.

Staat anwendet — nicht ein Teil des von einem Volke bewohnten Gebietes zu verstehen, sondern das ganze Gebiet, das je nach der Größe des betreffenden Stammes in eine größere oder kleinere Anzahl von Hundertschaften — Tacitus nennt sie pagus — zerfiel.

Für die römische Auffassung, die mit so ganz anders gearteten und unendlich viel größeren Verhältnissen zu rechnen gewohnt war, hatte schon diese starke Betonung der territorialen Teilung als der Grundlage für Gemeinde und Staat ihr Befremdliches. Aber noch absonderlicher mußten ihr die Gesichtspunkte erscheinen, nach denen bei den Germanen die bürgerlichen Rechte bestimmt und abgemessen wurden. Bürger im politischen Sinne, d. h. berechtigt, an den öffentlichen Angelegenheiten teilzunehmen, war da nämlich nur, wer sich im Besitz voller Freiheit befand und Grundbesitz hatte oder wenigstens zu haben befähigt war. Wem in einer von beiden Richtungen etwas fehlte, der war auch nicht vollberechtigtes Glied des Staates. Unterscheidungen, die den Römern von altersher geläufig waren, hatten hier eine ganz neue und eigenartige Begründung erhalten und führten daher zu ganz neuen socialen und politischen Kombinationen, die in ihren verschiedenen Abstufungen auch Tacitus nicht ganz klar oder nicht durchweg bekannt geworden sind. Doch werden seine hier lückenhaften Angaben in erwünschter Weise ergänzt durch die Rückschlüsse, welche uns die späteren Zustände der germanischen Völker auf die ihnen zu Grunde liegenden älteren Ordnungen gestatten.

Auch Tacitus unterscheidet als Bestandteile des Volks Freie, Freigelassene und Sklaven. Die letzteren ergänzten sich außer durch den Nachwuchs an Kindern von Sklaven einmal durch die der Unfreiheit verfallenen Kriegsgefangenen, dann dadurch, daß freie Leute durch irgend welches Verschulden das kostbare Gut der Freiheit verwirkten, wie es z. B. gelegentlich leidenschaftliche Spieler thaten, die nach Verlust von Hab und Gut, von Weib und Kind schließlich sich selbst auf die verhängnisvollen Würfel setzten (S. 84). Aber auch als Strafe scheint Verlust der Freiheit eingetreten zu sein. Mit den römischen Sklaven freilich konnten die germanischen kaum verglichen werden. Denn sie waren nicht wie jene der Hauptmasse nach Haussklaven, die mit und in der Familie lebten, sondern lagen auf dem Lande als Bauern der Bearbeitung eines ihnen von dem Herrn gegebenen Grundstückes ob, von dessen Ertrag an Getreide, Vieh u. s. w. sie einen bestimmten Teil abliefern mußten, während der Überschuß ihnen zu ihrem und ihrer Familie Unterhalt verblieb. Sie konnten sich demnach gelegentlich in einer wirtschaftlich ganz behäbigen Lage befinden. Unerwähnt läßt Tacitus die über ihnen stehende Zwischenklasse der Läten, Liten oder Lazen, die aber gemäß dem Wesen der germanischen Gesellschaftsgliederung damals auch schon vorhanden gewesen sein müssen. Nicht eigentlich unfrei, waren sie doch auch nicht frei in dem hohen politischen Sinn der Germanen. Persönlich frei und niemandem zu Dienst verpflichtet, wie das echt germanisch darin zum Ausdruck kam, daß ihre Tötung oder Verletzung von dem Schuldigen mit einem gesetzlich feststehenden Wehrgeld gebüßt werden mußte, waren sie doch nicht frei in Bezug auf ihr Eigentum, insofern dieses irgendwie mit Abgaben oder Diensten belastet war. Denn nach der altgermanischen Auffassung, die erst späterhin allmählich gewandelt und überwunden worden ist, lag allein darin schon eine gewisse Minderung der Ehre. Auch die Freigelassenen, deren Tacitus neben den Sklaven Erwähnung thut, genossen nur eine beschränkte Freiheit und standen den Freigeborenen weder an politischen noch an persönlichen Rechten gleich. Demgemäß betrug denn auch das Wehrgeld, das für ihre Verletzung oder Tötung erlegt werden mußte, nur die Hälfte des dem Vollfreien zustehenden Satzes. Ferner konnte der Freigelassene nicht echtes Eigentum erwerben und blieb daher von der Teilnahme an der Volksversammlung sowohl wie an dem Gericht ausgeschlossen. Denn wie die Liten bebauten sie ein ihnen angewiesenes, nicht ein ihnen uneingeschränkt gehöriges Land. Dementsprechend galten die Freigelassenen nach Art der minderjährigen Kinder für unmündig und bedurften in allen rechtlichen Beziehungen der Vertretung durch ihren Schutzherrn oder dessen Bevollmächtigten.

So kamen für die Gemeinde und den Staat der Taciteischen Germanen allein die Freien in Betracht. Da aber in beiden nur die Freiheit ein Recht gab, Recht und Freiheit also zusammenfielen, wurde mit peinlicher Genauigkeit auf das Vorhandensein aller Voraussetzungen gesehen, welche die volle Freiheit und damit das volle Recht bedingten. Das war einmal die Herkunft aus einer echten, d. h. zwischen Eltern von makelloser Freiheit eingegangenen Ehe, dann das Leben in echter Familie und die Fähigkeit zur Erwerbung von Grundbesitz. In der dadurch bedingten Zugehörigkeit zur Gemeinde beruhte das Recht des einzelnen an deren Beschlüssen teilzunehmen. Denn entsprechend der durchaus demokratischen Grundanschauung des germanischen Gemeinde- und Staatslebens lag die höchste Gewalt ursprünglich in der Gesamtheit der Vollfreien. Diese bestimmte, was Recht sein sollte, und wie der einzelne berechtigt war, bei dieser Bestimmung mitzuwirken, so war er andererseits verpflichtet, sich dem also gesetzten Recht zu beugen und die Schranken zu achten, die dadurch seiner persönlichen Unabhängigkeit gesetzt wurden. Denn nur wo das geschieht, wo der einzelne sich dem gehorsam fügt, was die Gesamtheit in der herkömmlichen Weise als ihren Willen verkündet und damit als Recht gesetzt hat, herrscht Friede. Ihn zu schaffen und zu erhalten ist nach germanischer Auffassung der eigentliche Beruf des Staates. Daher erschien ihr jede Verletzung des Rechtes als ein Bruch des Friedens und insofern als ein Vergehen gegen die Gesamtheit, das auch als solches gebüßt werden muß. Aus einer und derselben Wurzel entspringt also hier germanisches Staats- und germanisches Strafrecht.

Diese Grundanschauung kam charakteristisch in der Art zum Ausdruck, wie des Freien Stellung in und unter der Gemeinde, der er angehörte, geregelt war. Da nur der Freie an der Setzung des Rechts durch die Gemeinde mitzuwirken befugt war, übte diese, um Unbefugte auszuschließen, eine strenge Aufsicht darüber, daß keinem der zur Teilnahme an ihren Angelegenheiten Zuzulassenden eine der dazu nötigen Eigenschaften abging. Da das politische Recht des Freien bedingt war durch die Unanfechtbarkeit seiner privatrechtlichen und Familienverhältnisse, wurden die diese ordnenden Akte nicht bloß unter der Auktorität, sondern in Gegenwart der Gemeinde, ja gewissermaßen durch diese selbst vollzogen. Dahin gehörte namentlich die Wehrhaftmachung des jungen Mannes, durch die er mit dem Recht und der Pflicht der Waffenführung im Dienste der Gemeinde das Recht der Teilnahme an ihren Beratungen erlangte, mochte er zunächst auch noch unter väterlicher Vormundschaft bleiben, bis er selbständigen Grundbesitz erwarb. Denn erst mit diesem zusammen verlieh die volle Freiheit auch volles politisches Recht. Sonst hatte der Freie natürlich keinen anderen Herrn als den dem ganzen Volk gemeinsamen und keine andere Auktorität über sich als die der Gesamtgemeinde. Innerhalb dieser Schranken ist er völlig unabhängig, namentlich also durchaus sein eigener Herr auf seinem Hofe, in seiner Familie und seinen Sklaven gegenüber. Denn die Gemeinde setzt nur das öffentliche Recht fest und greift nicht ein in die privatrechtlichen Verhältnisse.

Nun liegt es aber in der Natur jeder fortschreitenden gesellschaftlichen und wirtschaftlichen Entwickelung, daß sich innerhalb eines größeren, ursprünglich völlig gleichberechtigten Kreises, also hier der altgermanischen Freien, allmählich gewisse Unterschiede bilden, die zu Abstufungen, wenn zunächst auch noch nicht des Rechts, so doch des Ansehens führen. Es bildete sich ein Adel. Auch ihn kennt Tacitus bereits und giebt Anhaltspunkte genug, um von dem Wesen des ihm beigemessenen Vorzugs eine Vorstellung zu gewinnen. Adlige wurden gern zu Heerführern genommen, auch gern als Geiseln weggeführt; sie liebten den Krieg und suchten ihn, wenn ihre Stämme in Frieden lebten, auf eigene Hand auf. Vor allem aber konnten nur Adlige die Königswürde erlangen. Über den Ursprung des Adels aber giebt uns Tacitus so wenig Auskunft wie sonst eine Quelle. Ihn zu erklären reicht auch keine von den Annahmen hin, die dafür gemacht worden sind, indem die einen den dem Adel beiwohnenden Vorzug von der Abstammung aus königlichem Geschlecht, die anderen von der aus priesterlichem haben herleiten wollen. Auch die Vereinigung eines größeren Grundbesitzes in der Hand einer Familie reicht nicht aus, um die dem Adel eingeräumte Stellung zu erklären. Sein Vorrecht war anerkannt und wurde geachtet, ohne daß man zu sagen vermochte, wo, wann und wie es eigentlich entstanden war: man nahm es hin als eine aus der Vorzeit überkommene Einrichtung, als etwas geschichtlich Gegebenes. Die Bedeutung des Adels war historisch und kam demgemäß vornehmlich darin zum Ausdruck, daß das Vorrecht, welches seinen Gliedern vom Volke eingeräumt wurde, als ein ererbtes und weiter zu vererbendes galt. Daher hatte der Adlige auch ein höheres Wehrgeld als die übrigen Freien. Erst viel später ist unter dem Einfluß der sich allmählich wandelnden Verhältnisse eine neue Art von Adel entstanden, dessen Vorrang nicht in der Geburt beruhte, sondern in der Auszeichnung, welche der Dienst an einem Fürstenhofe gewährte, ein Dienstadel, der dann im Lauf der Zeit vollständig in den Genuß der einst dem Geburtsadel eingeräumten Vorzüge eintrat.

Der demokratische Grundzug des altgermanischen Staates bedingte auch die Gestaltung der Organe, deren er sich zur Erfüllung der ihm obliegenden Pflichten bediente. Ist die Gemeinde die Trägerin aller öffentlichen Gewalt, so muß naturgemäß auch ihre Versammlung die höchste Instanz in ihren Angelegenheiten sein. Demgemäß lag die eigentlich politische Macht in der Versammlung aller vollberechtigten Freien des Gaues. Sie gab und handhabte die Gesetze und war zugleich das Gericht, während innerhalb ihrer Unterabteilungen, der Hundertschaften, entsprechende kleinere Versammlungen die betreffenden Befugnisse ausübten, ohne

Germanische Ratsversammlung.

Eine der letzten in der Reihe der Darstellungen an der Siegessäule Marc Aurels; daher anzunehmen, daß die Frage, welche die Versammlung beschäftigt, die der Unterwerfung unter den Kaiser ist. Relief an der Siegessäule des Kaisers Marc Aurel in Rom.

daß wir die Grenze zwischen den Wirkungskreisen beider genau anzugeben vermöchten. Wohl aber unterschied man überall regelmäßige Versammlungen der Art, die auch ohne besondere Ansage und Ladung als „ungeboten“ an ein für allemal dafür bestimmten Terminen gehalten wurden, meist bei Neu- und Vollmond, und außerordentliche, die auf einen besonderen Anlaß hin angesagt, „geboten“ wurden. Der äußere Verlauf beider war natürlich derselbe. Die Teilnehmer erschienen gewaffnet. Zur Sicherung der Verhandlungen wurde der Heer- oder Thingfriede geboten, den zu schützen Sache der Priester war, die auch zu Beginn der Verhandlungen durch Werfen des Loses die Gunst der Götter erkundeten. Alle mußten schweigen: zuerst äußerte sich der König oder Fürst über die zur Beratung stehende Angelegenheit, dann nahmen die anderen das Wort, wie sie Alter, Adel, Kriegsruhm oder Beredsamkeit dazu berechtigt erscheinen ließ. Irgend welche ständische Gliederung kam also nicht zur Geltung. Ebensowenig fand eine eigentliche Abstimmung statt. Vielmehr gaben die Versammelten ihre Zustimmung durch lauten Beifallsruf und Waffengeklirr zu erkennen. Unwilliges Geschrei dagegen galt als Verwerfung des gemachten Vorschlages.

Eine der wichtigsten Obliegenheiten dieser Volksversammlungen war die Wahl der Fürsten (principes). Deren Sache war nach Tacitus' Angaben die Entscheidung minder wichtiger Fragen und die Vorberatung wichtigerer, ehe sie an die Volksversammlung gebracht wurden, dann der Vortrag über solche, nachdem der König sich darüber geäußert hatte, die Wehrhaftmachung der Jünglinge, die Leitung des Gerichts und die Teilnahme am Vollzuge gewisser religiöser Ceremonien durch den König. Ihre Auszeichnung bestand in einem Gefolge (comitatus) und zuweilen lang herabwallendem Lockenhaar. Die Fürsten bildeten demnach nicht, wie man wohl gemeint hat, einen den Freien übergeordneten Stand wie der Adel, sondern waren Beamte, bildeten eine erwählte Obrigkeit. Daher muß es Fürsten verschiedener Art gegeben haben, entsprechend den verschiedenen Kreisen, in denen nach der Gliederung des Volkes und der Teilung des Landes öffentliche Funktionen zu üben, Ämter wahrzunehmen waren. Denn wie das Dorf und die Markgenossenschaft so bedurfte zur Wahrnehmung ihrer gemeinsamen Angelegenheiten die Hundertschaft, der Gau und weiter der mehrere Gaue vereinigende Völkerbund solcher Vorsteher und zwar für den Frieden sowohl wie für den Krieg. Wo es für letzteren einen Fürsten zu wählen galt, wurde allein auf bewährte Tapferkeit Rücksicht genommen, nicht auf vornehme Abkunft. Das sind die Herzöge, die duces des Tacitus, welche, da es sich bei Kriegen nicht um Unternehmungen einzelner Hundertschaften, sondern immer des ganzen Stammes handelte, wohl stets dem ganzen Stamm vorgesetzt wurden und schon dadurch den im Frieden fungierenden Fürsten an Machtbefugnis voranstanden, welche durch die im Kriege gebotene Einheitlichkeit und Unumschränktheit der Leitung naturgemäß noch gesteigert wurde. Daher ließ man diese Herzöge auch nur so lange im Amt, als der Krieg dauerte: mit Herstellung des Friedens erlosch ihre Auktorität. Immerhin enthielt diese Stellung den Keim zu einer den Germanen sonst fremden höheren, in gewissem Sinn monarchischen Gewalt und konnte unter Umständen von Ehrgeizigen in dieser Richtung gemißbraucht werden. Die Geschichte Marbods (S. 73) sowohl wie Armins (S. 75) giebt ein Beispiel dafür.

Die Friedensfürsten dagegen wurden stets zu längerer, vielleicht gleich lebenslänglicher Thätigkeit berufen, aber immer nur durch Wahl von seiten des Volkes. Von einer Erblichkeit des Fürstentums findet sich keine Spur. Es wird Fürsten der Hundertschaft, des Gaues und der ganzen Völkerschaft gegeben haben, welche letzteren dann allerdings eine sehr ähnliche Stellung einnahmen wie die Könige, ohne deren Rang und Vorrechte zu genießen. Da unter den einfachen Verhältnissen jener Zeit von einer eigentlichen Verwaltung füglich noch nicht die Rede sein konnte, wird die Thätigkeit der Fürsten im wesentlichen in der Leitung des Gerichtswesens bestanden haben, d. h. sie werden den Vorsitz geführt haben in den zur Rechtsprechung gehaltenen Gemeindeversammlungen. Denn das Recht zu finden war Sache der Gemeinde selbst. Ihre Vorsteher hatten nur die Leitung der Verhandlungen, fungierten aber nicht als rechtskundige, das Urteil fällende Richter. Dem würde es denn auch entsprochen haben, wenn, wie es scheint, den Fürsten überhaupt mehr eine Reihe von Ehrenrechten zugestanden hätte als eine eigentlich obrigkeitliche Auktorität, die sich Gehorsam zu erzwingen befugt und befähigt gewesen wäre: die Unterordnung des Volkes unter sie wird mehr als eine freiwillige aufgefaßt werden dürfen. Daher hatten die Fürsten denn auch nicht etwa ein anerkanntes Recht auf einen bestimmten Entgelt für ihre Mühen. Vielmehr vergalt das Volk ihnen dieselben durch Darbringung freiwilliger Gaben an Früchten, Vieh und dergleichen. Die augenfälligste und charakteristischste Auszeichnung der Fürsten aber bestand darin, daß sie ein Gefolge hatten. Tapfere Männer schlossen sich ihnen freiwillig an, um ihnen dadurch eine Ehre zu erweisen, während jüngere Leute es ihrerseits als eine Ehre ansahen, wenn sie ihrer edlen Abkunft wegen oder mit Rücksicht auf die Verdienste ihres Vaters in das Gefolge eines Fürsten aufgenommen wurden. Diesem verbanden sich die Gefolgsleute durch einen besonderen Treueid. Im Frieden eine ehrende Begleitung, gelegentlich wohl auch ein Beirat des Fürsten, waren sie im Krieg als besondere Schutzwache auf seine Sicherheit bedacht. Erst später kam in diesem Verhältnis ein neues Moment zur Geltung, insofern dem Gefolge eines Fürsten anzugehören als eine Auszeichnung galt und dem darin Aufgenommenen selbst zur Ehre gereichte. Fand ursprünglich innerhalb des Gefolges ein Unterschied zwischen adligen und nichtadligen Genossen nicht statt, so fühlte sich späterhin doch das Gefolge im ganzen allen nicht in dem gleichen Verbande stehenden — Adligen wie Nichtadligen — überlegen und leitete daraus einen Vorzug für sich ab. Damit war der Ansatz zur Bildung eines neuen Adels gegeben, namentlich wenn ein solcher Fürst in der Fremde sein Glück machte, Land und Leute gewann und die Getreuen, die ihm dazu in erster Linie verholfen hatten, aus dem ihm zugefallenen reichen Besitz mit Gütern und Herrschaften ausstattete.

Auf einem ganz anderen Boden steht das altgermanische Königtum. Aber so alten Ursprungs es ist: daß es, wie man gemeint hat, ein specifisch germanisches Institut und erst durch die Germanen in die Geschichte eingeführt sei, läßt sich doch nicht erweisen. Denn einmal findet es sich gar nicht bei allen germanischen Völkern. Manche, und zwar sehr bedeutende haben ohne Könige gelebt, die Tacitus bei den Sueben, Quaden, Markomannen, Goten und nordischen Germanen kennt. Auch ist kein Beispiel dafür bekannt, daß bei einem Stamm das Königtum bestanden hätte, in späterer Zeit aber abgeschafft worden wäre. Demnach kann es also doch nicht gewissermaßen in dem Wesen des germanischen Staatslebens notwendig begründet gewesen sein: auch ohne diesen krönenden Abschluß fungierte dieses und erfüllte seinen Zweck vollkommen. Doch war das Königtum auch nicht ein fremdem Vorbild entlehntes Institut. Wo es als solches eingeführt wurde, hat es sich nicht behauptet, sondern ist höchstens eine Zeit lang geduldet, aber bei erster Gelegenheit wiederum beseitigt worden: auch dafür sind Marbod und Armin Beispiele. Bei einer Anzahl von Stämmen ist es offenbar uralt gewesen, bei anderen erst in historischer Zeit entstanden. Denn es ergab sich aus den dem germanischen Leben zu Grunde liegenden Bedingungen unter gewissen Umständen sozusagen von selbst, als die naturgemäße Entwickelung der darin enthaltenen Ansätze. Es entsprach dann einem neuentstandenen Bedürfnis und füllte eine Lücke aus, die sich erst im Fortgange der Zeit eingestellt hatte. So hat es schließlich bei allen Stämmen die Herrschaft gewonnen, obgleich die besonderen Umstände, die dazu führten, bei den einzelnen sehr verschieden gewesen sein werden. Begünstigt wurde seine Entstehung namentlich durch Wanderungen in die Fremde, Eroberungen oder Verbindungen einer Anzahl bisher gesonderter Stämme zu einem größeren Reiche. Doch kommt auch dabei stets die germanische Grundanschauung zum Ausdruck, nach der die höchste Gewalt bei der Gesamtheit des Volkes liegt. Das Königtum wird vergeben nur durch Wahl des Volkes: es ist durchaus demokratischen Ursprungs und namentlich nicht herzuleiten etwa aus einer Übertragung durch das Gefolge, wie sich auch kein Beispiel dafür findet, daß ein Fürst oder ein Herzog sich der königlichen Würde durch Usurpation bemächtigt hätte.

Gerade dieses Moment ist von besonderer Wichtigkeit für das Wesen des germanischen Königtums. In ihm verknüpft sich die Anerkennung der höchsten Gewalt als einer bei und in dem Volk liegenden mit dem Gedanken der erblichen Vertretung desselben durch ein vom Volke immer wieder damit beauftragtes Geschlecht, und eben die Erblichkeit ist es, die es von dem Fürstentum unterscheidet. Wohl ist letzteres auch lebenslänglich, aber jenes ist außerdem erblich, allerdings nicht in dem gewissermaßen mechanischen Sinn, den das moderne Denken mit dem Begriff der Erblichkeit verbindet, sondern erblich in der Art, daß ein bestimmtes Haus allein oder doch zunächst ein Recht darauf hat. Das Wahlrecht des Volks ist an die Glieder dieses einen Hauses gebunden, muß, wenn es einen König zu erheben gilt, ihn unter diesen suchen, ist jedoch nicht gehalten, dem Vater immer den Sohn folgen zu lassen. Und in diesem ihm zustehenden nächsten Recht auf das Königtum liegt das, was dieses eine Geschlecht vor allen anderen auszeichnet und als das edelste über alle anderen edlen erhebt. Wie hoch es geachtet wurde und wie man sich, solange es irgend vermieden werden konnte, von ihm abzuweichen scheute, beweist zur Genüge die auf keine andere Weise erklärbare Hartnäckigkeit, mit der man an dem königlichen Hause festhielt, auch wenn seine Entartung und Unfähigkeit längst erwiesen war und man dadurch eigentlich dauernd gegen die Wohlfahrt des Reiches handelte, die am ersten durch die Erhebung eines tüchtigen Mannes aus unköniglichem Geschlecht gesichert worden wäre. Wie lange haben unter solchen Umständen die Franken erst die merowingische und dann die karolingische Herrschaft ertragen! Dieser Zug ist auch nicht zu erklären durch die von manchen versuchte Herleitung des germanischen Königtums von einem ursprünglichen Oberpriestertum.

Mit einem solchen hat das germanische Königtum ebensowenig zu thun wie mit dem militärischen Fürstentum, dem Herzogtum, obgleich sein Träger sowohl priesterliche wie militärische Eigenschaften besaß und seine Thätigkeit sich demgemäß auf beide Gebiete erstreckte. Vielmehr erscheint der germanische König als die Darstellung der ursprünglich in dem ihn wählenden Volke ruhenden höchsten Gewalt, insbesondere als der Träger derjenigen Befugnisse, welche dieses in seiner Gesamtheit füglich nicht ausüben konnte, weil sie zugleich ihm selbst gegenüber als jedem einzelnen Gliede übergeordnet zum Ausdruck gebracht werden mußten, wenn sie anders willige Anerkennung und Gehorsam finden sollten. Demgemäß beruft und leitet der König die Volksversammlung und führt den Vorsitz in der zu Gericht versammelten Gemeinde. Für diese fürstliche Seite seiner Thätigkeit

Bündnisschluß zwischen dem König der Markomannen (oder Quaden) und einem anderen germanischen Fürsten.

An einem Flusse, vielleicht der gegenseitigen Grenze, sind die Fürsten mit ihrem Gefolge zusammengekommen, und vor dem Zelte, in der Mitte hervorragender Volksgenossen, leisten sie nun den Treuschwur einander in die Hände. Auf dem Flusse liegen drei Kähne, bereit, das noch auf dem jenseitigen Ufer befindliche Gefolge überzusetzen. Die Pferde unterscheiden sich in ihrer Aufzäumung wesentlich von den römischen: sie haben weder den bei letzteren üblichen Stirn- und Brustschmuck, noch eine Schabracke, sondern sind nur höchst einfach gesattelt. Relief an der Siegessäule des Kaisers Marc Aurel in Rom.

lohnen ihn von dem Volke dargebrachte Geschenke. Aber er hat auch ein zahlreiches Gefolge und ist reich an Grundbesitz, dem jeder glückliche Krieg Zuwachs gewährt. Denn er ist zugleich der geborene Führer seines Volks, wenn es zu den Waffen greift. Am deutlichsten offenbart sich des Königs Stellung als die des persönlichen Trägers der eigentlich in dem Gesamtvolk liegenden höchsten Gewalt darin, daß er die bei den königlosen Stämmen vom Volke gewählten Beamten seinerseits ernennt, um ihn in den einzelnen Bezirken als Richter und Vorsteher zu vertreten: er war der Träger der obrigkeitlichen Gewalt, das Centrum der gesamten Rechtspflege und die Quelle alles Rechts. Insbesondere war er daher auch der Hüter des Friedens, dessen Schutz ursprünglich die Sache der Gesamtgemeinde war. Wer den Frieden brach, verging sich gegen den König, und diesem verfiel daher die dafür zu zahlende Buße. Von hieraus erfuhr nun die Auktorität des germanischen Königtums eine bedeutende Erweiterung, insofern ihr Träger überhaupt der Beschützer aller derjenigen wurde, die eines besonderen Schutzes bedurften. Der König vertrat bei den eines Familienverbandes entbehrenden Freien die Familie und übte den Freigelassenen gegenüber die Pflichten ihrer Herren. Dafür zog er dann auch die sonst diesen aus einem solchen Verhältnis erwachsenden Vorteile, indem er sie im Fall ihres Todes beerbte und das für ein ihnen zugefügtes Unrecht zu erlegende Wehrgeld erhielt. So galt der König als der berufene Beschützer aller Hilfsbedürftigen und Schwachen und war für alle der Hüter des ihre Wohlfahrt bedingenden Friedens.

So anschaulich trotz ihrer Knappheit und, an den übrigen Quellen gemessen, im allgemeinen auch sachlich zutreffend des Tacitus Angaben über die gesellschaftlichen und staatlichen Einrichtungen der Germanen genannt werden dürfen: auf einem anderen, für die Erkenntnis des germanischen Geisteslebens besonders wichtigen Gebiete sind seine Mitteilungen dagegen unzureichend und haben manche Verwirrung und lange herrschende Unklarheit verschuldet, zumal sie vielfach durch falsche Verallgemeinerungen und unzutreffende Vergleiche mißdeutet worden sind. Denn nur sehr dürftig sind die übrigen Quellen für die Kenntnis von den religiösen Vorstellungen der Germanen, seit man sich überzeugt hat, daß die früher mit Vorliebe als solche benutzten Lieder der beiden Edden, welche in die uns vorliegende Form erst im zwölften und dreizehnten Jahrhundert gebracht worden sind, mag auch ihr mythologischer Inhalt im siebenten und achten Jahrhundert gestaltet sein, keineswegs die allen Germanen gemeinsame Götterlehre wiedergeben, sondern nur die, welche unter starker Einwirkung fremder Elemente, namentlich auch schon der des Christentums, bei den nordischen Germanen ausgebildet und nicht ohne eine gewisse gelehrte Absichtlichkeit in ein System gebracht wurde. Von dem altgermanischen Götterglauben und den in ihm wurzelnden Vorstellungen Zeugnis abzulegen sind eigentlich doch nur die Überreste recht geeignet, welche sich davon lebendig erhalten haben und als letzte Nachklänge von heidnischem Glauben und Brauch in Aberglauben, Sitten und Bräuchen des Volks noch gegenwärtig hier und da fortleben. Wie schwierig aber ist oft ihre Deutung, zumal die Mythologen der Versuchung nicht immer widerstanden haben, welche die vergleichende Religions- und Sagenforschung bereiteten, indem sie für weite Völkerkreise dieselben religiösen Grundbegriffe nachzuweisen und aus diesen dieselben Anschauungen herzuleiten unternahmen! Daß den Germanen von ihrer arischen Herkunft auch auf diesem Gebiete eine gewisse unverlierbare Mitgift eigen gewesen ist, versteht sich von selbst. Aber mit Unrecht hat man angenommen, dieser ursprüngliche Besitz sei nun auf der Wanderung und in den neuen westlicheren Sitzen bei allen Germanen in der gleichen Art weiter entwickelt und ausgestaltet worden, so daß dieselben trotz ihrer vielfachen Teilung überall denselben Götterkult besessen und sich einer religiösen Einheit erfreut hätten, die ihre politische Zerrissenheit geistig gewissermaßen aufhob. Vielmehr hat die neuere Forschung gelehrt, daß auf diesem Gebiet bei ihnen eine außerordentliche Mannigfaltigkeit geherrscht und selbst der einzelne Stamm im Laufe der Zeit überraschende Wechsel durchgemacht hat. Von der ihnen allen gemeinsamen Grundlage aus hat sich bei den Germanen gerade

Germanische Gerichtsscene.

Der König der Quaden, im bis auf die Knöchel herabwallenden Kriegsmantel (in der Hand eine Pergamentrolle oder ein Scepter?), wohnt der Enthauptung mehrerer Germanen bei, die mit den Römern Bündnis eingegangen. So die übliche Deutung: vielleicht wird man aber eher umgekehrt Bestrafung von Germanen für Verletzung des von ihrem König mit Rom geschlossenen foedus (Bündnisses) annehmen müssen.
Relief an der Siegessäule des Kaisers Marc Aurel in Rom.

hier eine starke Differenzierung vollzogen, die wir freilich zeitlich so wenig fixieren, wie nach den sie bewirkenden besonderen Anlässen erklären können. Man sollte eigentlich nicht von einer germanischen Religion sprechen, sondern von germanischen Religionen.

Wie die Arier überhaupt, so faßten auch die Germanen die Mächte, die ihnen in der Natur lebendig wirkend entgegentraten, als persönliche Wesen auf und malten sie sich als solche nach Analogie des Menschen aus. Ein beträchtlicher Fortschritt aber lag doch darin, daß sie den zu Personen verdichteten Naturkräften auch die geistige und sittliche Eigenart des Menschen beilegten und sie so zu Trägerinnen bestimmter ethischer und geistiger Vorstellungen machten, freilich nicht zu solchen, die ihrem Wesen nach durchaus über dem Menschen gestanden oder sich gar zu Verkörperungen bestimmter sittlicher Ideale verklärt hätten. Die Götter, welche die Germanen als Träger der ringsum wirkenden Naturkräfte verehrten, waren und blieben Menschen mit menschlichen Leidenschaften und menschlichen Vorzügen, hafteten also gewissermaßen an der Erde und hörten nicht auf, Genossen und Teilnehmer auch der kleinen Freuden und Leiden des menschlichen Lebens zu sein. Die Vorstellung von einem wohlgeordneten Götterstaat ist der Gesamtheit der Germanen fremd geblieben. Höchstens Anfänge dazu finden sich hier und da: möglich, daß sie weiter entwickelt und allgemeiner herrschend geworden wären, wenn nicht vor der entscheidenden Wendung dazu das Christentum auf sie einzuwirken begonnen hätte. So hat nur die nordgermanische Welt eine solche Systematisierung zu Tage gefördert.

Insbesondere ist auch nicht, wie man im Anschluß an die Edda wohl annimmt, Wodan ursprünglich der oberste und am allgemeinsten verehrte Gott bei den Germanen gewesen, sondern Ziu, der auf einen arischen Himmelsgott Tiwaz zurückgeht. Unter verschiedenen Namen — Ziu bei den Goten, Hermunduren, Semnonen und Sueben, Thingus bei den Friesen und Sahsnot bei den Sachsen — wurde er zumeist als Kriegsgott verehrt und daher von den Römern mit ihrem Mars identifiziert. Ursprünglich die Personifikation der leuchtenden Sonne, wurde er sinnbildlich unter dem gleich dieser blitzenden Schwerte dargestellt und so zum Schwert- und Kriegsgott. Auch der von den Sachsen verehrte Irmin, dem an verschiedenen Stellen vielberühmte Heiligtümer errichtet waren, die ihrer Beschaffenheit nach noch immer rätselhaften Irmensäulen, und die friesische Gottheit Fosite, deren Kultstätte auf dem danach Fositeland genannten Helgoland war, erscheinen als Abwandelungen Zius. Auch im Lande der Semnonen, der späteren Mark Brandenburg, befand sich ein weithin berühmtes Heiligtum des Ziu, zu dem sämtliche weitverstreute suebische Völkerschaften einmal jährlich ihre Festgesandtschaften abordneten, um unter gemeinsamen Opfern wohl auch ihre gemeinsamen Angelegenheiten beraten zu lassen. Es war also das Centrum eines Bundes, der an die Amphiktionien der Hellenen erinnert, indem er die zur gemeinsamen Verehrung eines Heiligtums geeinigten Völker zugleich auch politisch einigermaßen zusammenhielt.

Allmählich aber ist Ziu, ursprünglich der am allgemeinsten verehrte Gott der Germanen, durch Wodan gleichsam entthront worden, der infolgedessen vielfach als der eigentliche Herrscher im germanischen Götterreich angesehen wurde. Eigentlich aber ist Wodan nur der Windgott, wie Ziu also eine Abzweigung aus dem ihnen beiden zu Grunde liegenden arischen Tiwaz, der die Gesamtheit der Himmelserscheinungen in sich verkörperte. Die Römer stellten Wodan daher ihrem Merkur an die Seite, mit Recht auch insofern, als er zugleich der Totengott war, der die Seelen der Verstorbenen nach dem Jenseits geleitete. Mochte aber die Erinnerung an ihn als an den Windgott auch später noch weiter verbreitet sein und in der Sage und allerlei volkstümlichem Aberglauben lange nachleben — (der wilde Jäger z. B. ist ein schattenhaftes Abbild des alten Windgottes, den man im Wolkenhut und blauem Sturmmantel, hoch zu Roß und von einem wütenden Heere gefolgt im brausenden Wetter durch die Luft einherfahren zu sehen und zu hören glaubte) —: zu keiner Zeit ist Wodan wirklich bei allen Germanen verehrt worden. Vielmehr blühte sein Kultus namentlich in den niederrheinischen Gebieten und in der niederdeutschen Tiefebene bis nach Mitteldeutschland hinein, also gerade bei denjenigen Stämmen, die am frühesten zu höherer Kultur aufstiegen, wie z. B. Franken, Thüringern, Angelsachsen und Langobarden. Infolgedessen kam in sein Bild ein ganz neuer Zug. Das rasche Gedeihen dieser Völker wurde als sein Werk angesehen, und in demselben Maße, wie ihr Ansehen und ihr Einfluß wuchsen und sie ihre Herrschaft über andere germanische Völker ausbreiteten, wurde auch ihr Hauptgott dort heimisch, trat allmählich an die Stelle der bisher dort verehrten Götter oder wurde ihnen als der oberste Gott vor- und übergeordnet. Außerdem haben namentlich bei den Grenzstämmen römische und celtische Einflüsse mancherlei fremde Elemente hinzugefügt und sein Bild in ungermanischer Weise aus- und umgestaltet. Namentlich ist Wodan römischen Vorstellungen entsprechend so mit Jupiter vermischt worden. Das ließ ihn vollends als den Mittelpunkt und Herrscher der germanischen Götter erscheinen und minderte noch weiter die Bedeutung der früher neben ihm verehrten. Er wurde schließlich selbst ein Kriegsgott: er spendete den Sieg, und an seiner Tafel in Walhalla glaubte man nachmals die im Kampf gefallenen Helden zu ewiger Freude vereinigt. Daher sind Rabe und Wolf, die das Schlachtfeld suchen, ihm heilig, vor allem aber das Roß. Man machte ihn ferner aber auch zum Sonnengott. Die Sonne ist sein eines Auge: mit ihm blickt er, so meinten die Langobarden, des Morgens durch ein Fenster im Osten auf die Erde herab. Er segnet den Acker und giebt den Früchten des Feldes Gedeihen. Endlich glaubte man ihn im Besitz geheimer Weisheit, namentlich heilkräftiger Zaubersprüche, die auch dem kranken Tiere Genesung bringen.

Als eine dritte Differenzierung endlich des arischen Himmelsgottes erscheint Thonar oder Thor, in dem die schreckenhaften und zerstörenden Erscheinungen des Himmels, wie sie sich namentlich im Gewitter offenbaren, zu einer poesievollen Persönlichkeit verdichtet waren. Auch er ist bei den meisten Stämmen verehrt worden. Tacitus bezeichnet ihn als Herkules. Später wurde er dargestellt als einherfahrend auf einem mit Böcken bespannten Wagen; aus seinem wild wallenden Bart zucken Blitze hernieder, und in der Faust schwingt er seinen gewaltigen Hammer. So kämpft er gegen die bösen Riesen, in denen die den Menschen feindlichen Naturgewalten verkörpert waren. Namentlich zur Zeit des endenden Winters und des nahenden Frühjahrs ringen sie mit ihm, werden aber zum Heil der Menschen niedergedonnert. Auch die Gestalt Thors ist späterhin von den nordischen Germanen mit Vorliebe und reicher Erfindungsgabe ausgemalt worden und hat so eine Bedeutung erlangt, die ihr ursprünglich nicht zukam.

Wie Ziu, Wodan und Donar durch eine Art von Differenzierung abgeleitet erscheinen aus einer ursprünglich einheitlichen Götterfigur, deren verschiedene Bethätigungen auf verschiedene Personen übertragen wurden, um diese dann einzeln gemäß den ihnen zugeschriebenen Haupteigenschaften breit auszumalen, so sind wohl auch die Figuren der germanischen Göttinnen durch ähnliche Teilungsprozesse entstanden. Doch gestattet hier das dürftige Material nur ein weniger sicheres Urteil. In ihrer einheitlichen Gestalt ist diese Göttin ursprünglich wohl als Verkörperung der Erde aufgefaßt worden. Als solche wurde Frija oder Frigga einmal dem Himmelsgott als Gemahlin oder Geliebte beigesellt oder als Göttin der dunklen Unterwelt entgegengesetzt. In ersterer Eigenschaft wurde sie dann die Göttin der Liebe und weiterhin die Beschützerin der Frauen und des Familienlebens, aber auch Teilhaberin an ihres Gemahls geheimnisvoller Weisheit. Entsprechend dem Wechsel, der im Laufe der Zeit in der Stellung an der Spitze der Götter zwischen Ziu und Wodan stattfand, erscheint sie ursprünglich als Ehegenossin des ersteren, dann des letzteren. Von da aus wurde sie durch die Abwandelung nach der einen Seite hin die dunkle, die Toten verschlingende Hela — sie lebt als solche fort in der Frau Holle der Sage und in Hölle —, nach der anderen zu der im weißen Wintergewande glänzenden Frau Bertha. Diese kommt bei Tacitus als die Göttin Nerthus vor, deren Kultus namentlich bei den norddeutschen Stämmen blühte. Auf einer Insel der Nordsee, inmitten eines dunklen Haines soll sie da ihre Kultstätte gehabt haben. Dort stand ihr heiliger Wagen: von Kühen gezogen, wurde er im Frühjahr mit ihrem Bilde in feierlicher Prozession umhergeführt und dann in dem See inmitten des Haines gereinigt. Die dabei dienenden Sklaven wurden getötet.

Um diese vornehmsten Gottheiten ließ die Phantasie der Germanen dann als Verkörperungen der freundlichen und feindlichen Kräfte, die sie in der Natur walten sahen, noch eine Fülle von niederen mythologischen Gebilden spielen, Zwerge und Kobolde, bald die heimtückischen Peiniger, bald die verschmitzten Helfer der bedrängten Menschen, daneben häufig Hüter verborgener Schätze und Meister feiner Erzarbeit, und dann die Riesen, welche, einst Gebieter der Erde, aus ihrer Herrschaft verdrängt sind und nun in leidenschaftlichem Haß einen wüsten Kampf gegen Götter und Menschen führen.

So wenig diese Götterfiguren die Verwandtschaft mit denen verkennen lassen, welche bei den übrigen Indogermanen aus dem gemeinsamen Boden des alten arischen religiösen Denkens erwachsen sind, so unterscheiden sie sich doch von ihnen in charakteristischer Weise durch eine gewisse Unfertigkeit, eine flüssige Beweglichkeit der Formen, denen dann auch eine große Abwandelungsfähigkeit der in ihnen zum Ausdruck kommenden Vorstellungen entspricht. Daher hat es die germanische Mythologie auch nicht zur Ausbildung eines einheitlich geordneten Göttersystems gebracht und sind die religiösen Vorstellungen niemals bei allen Stämmen dieselben gewesen. Vielmehr tritt gerade auch auf diesem Gebiet die so tief im germanischen Wesen wurzelnde Neigung zur Individualisierung recht deutlich zu Tage, indem der gemeinsame indogermanische Erbbesitz von den einzelnen Stämmen je nach ihrer Eigenart besonders gestaltet und verschieden ausgeführt wurde, so daß schließlich auch kleinere Bezirke, ja einzelne Ortschaften aus den Göttern und Heroen der Stämme, die in ihrer Einwohnerschaft vertreten waren, sich ihren eigenen, besonderen Kreis von Göttern bildeten. Daher verehrte bei den Germanen eben jeder Stamm seine besondere Gruppe von Gottheiten, daneben aber auch solche, die ihm eigentlich fremd, aber den Nachbarstämmen eigen waren, mit denen er viel verkehrte oder sich vermischt hatte. Das erklärte die auf diesem Gebiete erkennbaren Wandlungen. Einzelne, ursprünglich nur bei gewissen Stämmen heimische Gottheiten hatten schließlich bei allen oder wenigstens bei vielen ihren Kultus, andere gingen der ihnen einst erwiesenen allgemeinen Verehrung im Laufe der Zeit verlustig, wie das namentlich Ziu geschehen ist, der Wodan an seine Stelle treten lassen mußte.

Was die Formen angeht, in denen diese verschiedenen Götter verehrt wurden, so entsprach es ihrem Wesen als Personifikationen von Naturkräften, daß die Germanen sie nicht in dem geschlossenen Raum eines Tempels anbeteten, sondern inmitten der Natur selbst aufsuchten, in der ihr Walten und Wirken ihnen eindrucksmächtig entgegentrat. In dem geheimnisvollen Dunkel stiller Haine, die sich in scheinbar unergründlichen Seen spiegelten, an dem Ursprung Leben spendend aus der Tiefe hervorsprudelnder und murmelnd weiter eilender Quellen und auf den ragenden Höhen weithin herrschender, freien Um- und Ausblick gewährender Berge nahten sie sich ihren Gottheiten. Auch einzelne Bäume waren in diesem Sinne Gegenstand des Kultus, und gewisse Arten galten als bestimmten Gottheiten geheiligt, wie z. B. Eiche und Eberesche dem Donar, Esche und Hasel dem Wodan und so mehr. Doch kommen auch Tempel als Heiligtümer vor, späterhin namentlich bei den Franken, Alemannen, Bayern, Sachsen, Friesen und anderen mehr. Selbst die ursprünglich unbekannten Götterbilder sind nachmals in Aufnahme gekommen. Der Kultus selbst bestand im wesentlichen in Opfern, durch die der Götter Schutz und Gnade erbeten oder Ungnade und Zorn abgewandt werden sollten. Dargebracht wurden dabei je nachdem Tiere oder Früchte. Von ersteren verbrannte man jedoch nur die inneren Teile, das übrige verspeisten die Opfernden. Daß aber auch Menschenopfer vorkamen, ist durch zahlreiche Beispiele erwiesen. Mit Entsetzen hatten die Römer gesehen, wie die siegreichen Cimbern die Kriegsgefangenen ihren weisen Frauen überantworteten, die sie bekränzt zum Tode führten, ihnen mit einem raschen Schnitt die Kehle durchschnitten und das strömende Blut in ehernen Kesseln auffingen, um daraus die Zukunft zu deuten. Und Ähnliches geschah nach der Varusschlacht und anderwärts. Auch durch Verbrennung wurden gefangene Feinde den Göttern geopfert, ja, es kam vor, daß ein besiegtes Volk überhaupt den Göttern geweiht und dann in seiner Gesamtheit dem Untergange überliefert wurde. Diese barbarischen Menschenopfer, denen aber wohl immer nur Kriegsgefangene und Sklaven verfielen, scheinen jedoch lange üblich gewesen zu sein, wurden aber immer nur im Namen des Staates, des ganzen Volkes dargebracht, hatten also wohl nicht nur einen besonders feierlichen Charakter, sondern geradezu eine politische oder nationale Bedeutung. Ihre Leitung war demgemäß wie die aller im Namen der Gesamtheit dargebrachten Opfer Sache des Königs oder der Fürsten, während sonst jeder freie Mann in seiner Eigenschaft als Familienhaupt an der Spitze und im Namen der Seinen den Göttern zu nahen und zu opfern befugt war. Denn einen besonderen Priesterstand hat es bei den Germanen nicht gegeben, und wenn sich späterhin gewisse Ansätze zu einem solchen finden, so hat er doch politisch und social niemals einen solchen Einfluß besessen, wie er den Priestern der Celten und namentlich der Gallier, den Druiden, zugestanden zu haben scheint. Für eine solche Kaste war in der auf der Gleichberechtigung aller Vollfreien beruhenden, durchaus demokratischen Gesellschafts- und Staatsordnung der Germanen überhaupt kein Platz, wie es auch im Wesen dieser germanischen Naturreligion lag, daß sie selbst da, wo sie gewissermaßen als Staatsreligion auftrat, doch jeder Unduldsamkeit entbehrte und niemanden zum Anschluß zu zwingen unternahm.

Wie alle Zeit auf dieser Kulturstufe, so wird auch bei den Germanen des Tacitus die Dichtung eng mit der Religion verbunden gewesen sein. Tacitus spricht bereits von Liedern, in denen Armins und anderer Helden Gedächtnis gefeiert wurde. Die religiöse Poesie aber war ohne Zweifel noch viel älter, dabei freilich, wie es scheint, gebunden durch Rücksichten, die in ihrem Stoffe sowohl wie in ihrem nächsten Zweck begründet lagen und die auch ihre einfach-feierliche ceremoniöse Form bedingten. Erhalten ist uns von dem, was da etwa geschaffen wurde, natürlich nichts, und nur aus einzelnen Denkmälern weit jüngeren Ursprungs können wir einige allgemeine Merkmale für die älteste deutsche Poesie und ihre sprachliche Fassung erschließen. Was die Phantasie der Germanen am meisten beschäftigte und welche Vorstellungen für sie die anziehendsten waren, wird zum Teil noch aus den Namen erkennbar, die bei ihnen besonders im Schwange waren und für uns doch immer die ältesten Denkmäler ihrer Sprache bleiben. Schon daß die zusammengesetzten Namen der Zahl nach gegen die einfachen überwiegen, läßt erkennen, daß da eigentlich dauernd eine gewisse poetisch-schöpferische Kraft thätig war. Und von diesen zusammengesetzten Namen bezieht sich bei weitaus der Mehrheit der eine, für den Namen eigentlich charakteristische Teil auf den Krieg und im Kriege wertvolle Eigenschaften. Andere erhalten ihre Bedeutung durch den Hinweis auf die zwischen Menschen und Göttern obwaltenden Beziehungen oder sind zusammengesetzt mit den Namen einzelnen Göttern geweihter Tiere. Eine dritte Gruppe legt Zeugnis davon ab, wie hoch der Germane gewisse geistige oder sittliche Eigenschaften schätzte. Jedenfalls spricht aus allen diesen Kombinationen ein sinniges und gemütvolles Wesen, das auch den einzelnen Menschen zu dem Allgemeinen, dem vornehmsten Inhalt des Volkslebens und den ehrfurchtsvoll geahnten geistigen und sittlichen Mächten in Beziehung zu setzen und dadurch über die Beschränktheit seines Daseins zu erheben weiß.

Von einer schriftlichen Festhaltung des poetisch Geformten wird damals im allgemeinen natürlich noch nicht die Rede sein. Die ehemals herrschende Ansicht, bereits in uralten Zeiten habe es bei den Germanen eine geheimnisvolle Schrift heiligen Ursprunges und sakraler Bedeutung, die Runen, gegeben, ist durch die neuere Forschung als unhaltbar erwiesen worden. Vielmehr ist die Runenschrift späteren Ursprungs und geht auf das lateinische Alphabet zurück, kann also erst längere Zeit nach der genaueren Bekanntschaft der Germanen mit den Römern entstanden sein. Ob aber die Runen in Holz oder Metall — von ersterem diente dazu namentlich das der Buche, daher die Bezeichnung Buchstaben — geschnitzt oder geritzt wurden, so modelte man die dem römischen Alphabet entlehnten Vorbilder so um, daß man ihre gerundeten und volleren Formen durch die leichter herstellbaren geraden und eckigen ersetzte. So entstand, zuerst vermutlich bei einem der am Meer seßhaften östlichen Stämme eine Schrift, die im ganzen über vierundzwanzig Zeichen verfügte, die ursprünglich von rechts nach links, bald aber auch in der umgekehrten Folge aneinander gereiht wurden. Jedoch scheint sie im eigentlichen Germanien niemals allgemein und überhaupt nur vorübergehend im Gebrauch gewesen zu sein, da man sich dort infolge des wachsenden römischen Einflusses zeitig der bequemeren lateinischen Schriftzeichen bediente. Die nordischen Germanen dagegen haben die Runenschrift lange beibehalten und auch zu Inschriften in Stein verwendet, jedoch von den ursprünglichen vierundzwanzig Zeichen nur achtzehn gebraucht. Vielleicht gerade infolge ihrer geringen räumlichen und zeitlichen Verbreitung sind die Runen, obgleich nicht urgermanisch, doch bei den Germanen allezeit mit einem gewissen Nimbus ehrwürdigen Alters und geheimnisvoller Weisheit

	Runen				Italisch
	Namen	altnord.	angelsächs.	älteste	römisch
f	fê	ᚠ ᚠ	ᚠ	ᚠ	F
u	ûr	ᚢ	ᚢ ᚣ	ᚢ	V
th	thorn, thurs	ᚦ	ᚦ	ᚦ	D
a (o)	ans (ôs, äsc)	ᚨ ᚬ	ᚨ	ᚨ	A
r	reidh	ᚱ R	R	ᚱ R	R
k	kaun	ᚴ ᚴ	ᚳ ᚳ	ᚲ C	C
h	hagal	ᚼ ᚺ	ᚺ ᚻ ᚼ	ᚺ ᚺ	H
n	naudh	ᚾ ᚿ ᚾ	ᚾ ᚾ	ᚾ ᚾ	N
i	îs	ᛁ	ᛁ	ᛁ	I
(â)	jêr (âr)	ᛅ ᛆ ᛅ	ᛄ ᛄ	ᛃ	X
s	sôl	ᛋ ⊥	ᛋ	ᛋ ᛋ	S
t, d	týr	ᛏ ᛐ	ᛏ	ᛏ	T
b, p	biörk	ᛒ B	ᛒ B	ᛒ	B
l	lögr	ᛚ	ᛚ	ᛚ	L
m	madhr	ᛘ Φ ᛘ	ᛗ	ᛗ ᛉ	M M
y-r	ŷr	ᛦ ᛧ			
d		ᛑ			
g		ᚵ			
p		ᛔ			
e		ᛂ ᛂ Φ			
ae, oe		ᛅ ᚯ			
y		ᚢ			

Runen-Alphabete. Nach Inschriften.

umgeben geblieben, in welchem ein gutes Stück altgermanischen Glaubens und darin wurzelnden Brauchs bis in das karolingische Zeitalter fortgelebt hat. Sie waren nämlich nicht bloß Buchstabenzeichen, die nach Art jeder anderen Buchstabenschrift verwendet wurden, sondern sie waren zugleich eine Bilderschrift, welche unmittelbar bestimmte Gegenstände oder diesen zukommende Eigenschaften bezeichnete, und entsprechend der ursprünglichen Bedeutung des Wortes Runen, der zunächst Zauber, Geheimnis heißt, ist, wie es scheint, gerade diese Seite ihres Doppelwesens besonders lange festgehalten worden, vermutlich unter dem Einfluß sich an sie knüpfender uralter religiöser Vorstellungen und frommer Bräuche. Denn sicher handelt es sich um solche, wenn Tacitus berichtet, es sei bei den Germanen, die auf Vorzeichen und Lose überhaupt sehr viel gäben, eine sehr einfache Art des Losens üblich. Sie schnitten den Zweig eines fruchttragenden Baumes in Stückchen, deren jedes mit einem Zeichen geritzt wurde, und warfen sie auf gut Glück auf ein weißes Gewand. Dann nahm, handelte es sich um ein von Staats wegen einzuholendes Orakel, der Priester, sonst der Familienvater nach Anrufung der Götter, den Blick zum Himmel gerichtet, wie es der Zufall fügte, drei dieser Stäbchen auf und deutete aus den darauf befindlichen Zeichen die Zukunft. Ganz so hat man es später mit den Runenstäbchen gehalten. Aus ihnen fügte der Kundige einen Spruch zusammen, in dem die Runenstäbe zugleich die Versstäbe wurden, denen die anderen betonten Worte oder Stäbe durch den Gleichklang des Anfangslautes, die Allitteration, verbunden waren. Hier wurzelt die älteste und lange festgehaltene Form der germanischen Poesie, welche zugleich tief innerlich mit dem Grundwesen der germanischen Sprache zusammenhängt. Ihre Neigung und Fähigkeit zu kurzgedrungenem und feierlich getragenem Gedankenausdruck, ihr Gefallen an lautlich und inhaltlich gleichsam wuchtig einherschreitendem Vortrag und die Vorliebe für die kurze formelhafte Fassung eines reichen Inhalts: alle diese Eigenschaften ihrer Sprache, die mit hervorstechenden Eigentümlichkeiten ihres Fühlens und Denkens zusammenhängen, brachten die Germanen in dieser originellen Art gebundener Rede am wirksamsten zum Ausdruck. Sie bedienten sich derselben daher auch außerhalb der eigentlichen Poesie, namentlich, wo es sich darum handelte, beherzigenswerte Wahrheiten in eine Form zu fassen, die sich dem Gedächtnis leicht und sicher einprägte, um ihnen damit die gewünschte Wirkung im Leben zu sichern. Daher wurden nicht bloß Zaubersprüche und Segenswünsche, sondern auch Eidesformeln und Rechtssätze so eingekleidet. Sie erwuchsen zu einem lebendigen Schatz volkstümlicher Lebensweisheit, die vermöge ihrer kurzen und bündigen Form auch dem gemeinen Manne alle Zeit gegenwärtig sein konnte, und von dem daher ein nicht unbedeutender Rest sich bis auf die Gegenwart erhalten hat. Allerdings entbehrte diese Form poetischen Ausdrucks der Beweglichkeit und Abwandelungsfähigkeit: sie hatte etwas feierlich Konventionelles und monoton Formelhaftes und ließ dem Dichter nicht die Freiheit, deren er bedarf, wenn er mit seinem Stoff ungehindert schalten und das, was seine Phantasie erfüllt oder sein Herz bewegt, in lebendiger Unmittelbarkeit vortragen soll. Denn das war kaum möglich in einer Form, deren kunstreiche Gebundenheit darin bestand, daß die Stammsilben der in der Hebung stehenden, d. h. stark betonten Worte alle mit dem gleichen Anlaut begannen, wobei freilich alle Vokale als gleichwertig galten und die Zahl der in der Senkung stehenden, d. h. schwach betonten Silben gleichgültig war, so daß den Gesetzen dieser einfachen Verskunst schon Genüge geleistet war, wenn in den zwei Halbzeilen, die den Langvers ausmachen, je zwei Hebungen gleich anlauteten. Da der Ton so immer auf die Worte und Silben fiel, die auch für den Gedanken besonders in Betracht kamen, so wurde damit ja auch dieser eindrücklich zur Geltung gebracht und nahm, wie der feierlich gemessene, aber einigermaßen monotone Klang in das Ohr des Hörers fiel, auch dessen Sinn um so sicherer gefangen. Dafür schließt diese Form einen mannigfachen Wechsel des Ausdrucks, die Anbringung kleiner Nuancen, ein Spielen mit Worten und Bildern naturgemäß ziemlich aus und kommt unvermeidlich zu einer gewissen Formelhaftigkeit des Ausdrucks. Die häufige Wiederkehr derselben Wendungen gab dem Vortrag etwas feierlich Eintöniges, das an den sakralen Ursprung der Liedstäbe erinnerte. Daran wurde auch nichts geändert durch die früh aufkommende Verbindung mehrerer Verszeilen

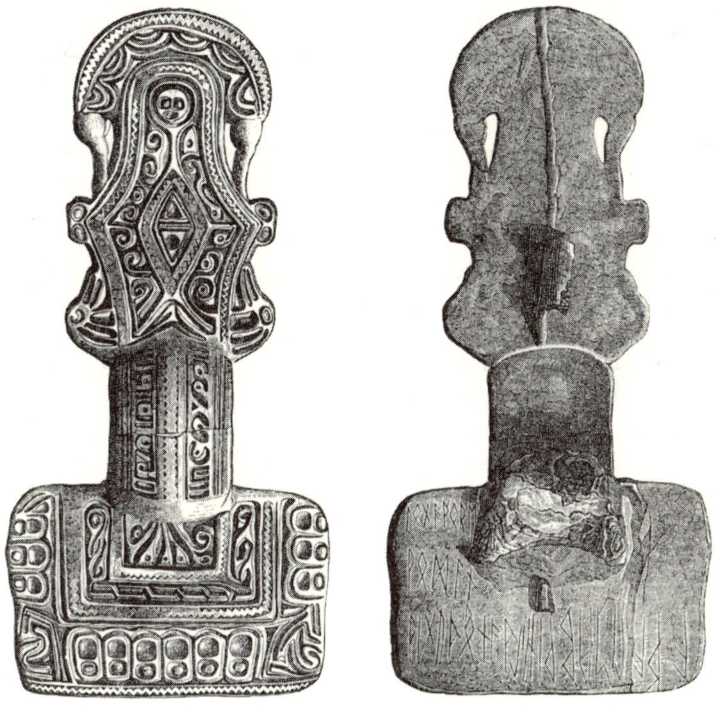

Spangenförmige Gewandnadel (Vorder- und Rückseite). Silber; $^2/_3$ der natürl. Größe.

Dieses Schmuckstück ist, den mit einem niellierten Zickzack verzierten Streifen ausgenommen, vergoldet. Auf der Rückseite befinden sich an dem breiten viereckigen Teile noch die verrosteten Überreste des eisernen Drahtgewindes, durch welches die Nadel, von der das Gewand gehalten wurde, ihre Federkraft erhielt. Der hohle Bügel der Spange nahm die Gewandfalte auf und der vorstehende gekrümmte Haken hielt die Nadelspitze fest. Die Nadel wurde, wie aus der Stellung der auf der Rückseite eingeritzten Runenzeichen hervorgeht, mit dem breiten Teile nach unten getragen. Gefunden in dem großen Gräberfelde von Nordendorf bei Augsburg. — Die Deutung der beiden ersten Zeilen der Runenschrift ist nach F. Dietrich: **lônâ thiorê** (statt **diorê**) **Vôdan vinuth lônâth**, d. h. mit teuerem Lohne lohnt Wodan Freundschaft. Nachschrift: **athal** oder **abal Leubvinis**, d. h. Besitz? oder etwa Arbeit des Leubvini. Doch ist diese Deutung sehr zweifelhaft.

Augsburg, Sammlung des histor. Vereins für Schwaben und Neuburg.

zu in sich geschlossenen Strophen. Deren gab es aus vier Langzeilen bestehende und andere, in denen einer Langzeile ein Halbvers folgte. Erhalten ist uns von den Schöpfungen dieser altgermanischen Poesie nichts, zumal sie nach Einführung des Christentums als eine Gefahr für dieses verfolgt und ausgerottet wurden. Einige Zauberformeln, Heilsprüche und anderes ist alles, was auf uns gekommen ist.

Nimmt man all das zusammen, was wir von dem allgemeinen geistigen Zustande der Germanen in der Taciteischen Zeit teils wissen, teils mit einiger Wahrscheinlichkeit erschließen können, so gewinnen wir das Bild eines Volkes, das mit natürlichen und ererbten Gaben gut ausgestattet war, aber doch erst im Beginne einer höher aufsteigenden Entwickelung stand und an sich für den Fortgang derselben eigentlich noch keine Bürgschaft gab. Man thut gut, sich dasselbe nicht allzu günstig auszumalen. So unrichtig es ist, sich die Germanen damals als Barbaren vorzustellen, die erst durch die Berührung mit der römischen Kultur äußerlich und innerlich ein reicheres Leben zu entfalten anfangen sollten, so wenig darf all das Höhere, das sie in der Folge erreichten und leisteten, mehr als bloß dem Keime, dem Ansatz, der Anlage nach als bei ihnen vorhanden vorausgesetzt werden. Trotz der hohen geistigen und sittlichen Veranlagung, die allen Germanen eigen war, hatten damals doch erst vereinzelte Stämme, welche durch besondere Umstände vor den übrigen in ihrer Entwickelung begünstigt worden waren, die Schranken bereits völlig überwunden, die allein schon die dürftige Natur ihres unwirtbaren Landes ihnen für eine reichere Gestaltung des Lebens setzte. Ihre Gaben zu entfalten, raschere Fortschritte zu machen und eine höhere Kultur zu entwickeln, bedurften sie einerseits des Eintritts in Gebiete, wo Klima und Bodenbeschaffenheit günstigere Lebensbedingungen gewährten, und andererseits des allmählichen Wandels in der Beschaffenheit des eigenen Landes durch Erschließung desselben für Luft und Licht, Austrocknung der Sümpfe und fortschreitende Urbarmachung. Bis dahin mußte das Leben der Germanen notgedrungen einfach und schlicht bleiben und konnte sich nicht über eine gewisse naturwüchsige Derbheit erheben, die wohl dem nächsten Bedürfnis Rechnung trug, aber des darüber hinausgehenden Schmucks und der verschönenden Anmut für gewöhnlich doch noch entbehrte.

Höhlen- und Pfahlbautenbewohner waren die Germanen des Tacitus freilich nicht mehr. Aber noch kannten sie auch keine steinernen Häuser. Ihre Wohnungen waren vielmehr einfache Blockhäuser aus unbehauenen Stämmen zusammengefügt, die wie Pfähle nebeneinander senkrecht in die Erde gerammt waren. Sie enthielten meist wohl nur einen Raum und entbehrten der Schornsteine. Öffnungen in der Wand ließen nur dürftiges Tageslicht ein und dienten zum Abzug des Rauches. Daneben befanden sich höhlenartig in die Erde hineingearbeitete Räume. Durch Erdschichten und Dung geschützt, dienten sie als Vorratskammern und Zufluchtsorte bei hereinbrechender ungewöhnlicher Kälte. Natürlich hatten solche Wohnungen nur ein Erdgeschoß. Doch finden sich auf den Denkmälern der römischen Kaiserzeit auch germanische Hütten dargestellt, die, in ihrer kreisrunden und oben gewölbten Form an Bienenkörbe erinnernd, einfach aus Stroh und Schilf hergerichtet waren. Viel später noch lebten, wie wir hören, die Westgoten, obgleich längst seßhaft geworden, unter Zelten, während die Ostgoten, so wie Jahrhunderte früher die Cimbern ihre Blockhäuser auseinander zu nehmen verstanden und die Teile mit auf die Wanderung nahmen, um sie in der neuen Heimat wieder zusammenzufügen. Von städtischem Leben findet sich in dieser Zeit bei den Germanen noch keine Spur: es widerstritt der Neigung des frei in der Natur zu leben gewohnten Volkes, und erst spät hat es, dem Zwange der Verhältnisse nachgebend, sich dazu bequemt. Demgemäß bestanden auch die Dörfer nicht aus geschlossenen Häusergruppen, sondern aus benachbarten Gehöften, da jedes Haus zunächst von Hofraum und Garten umgeben war. Von einem dauernden Schutz

Zerstörung eines vor den Feinden verlassenen germanischen Dorfes.
Die Behausungen der Germanen sind als runde aus Stroh oder Schilf gebaute Hütten, ohne Fenster und mit nur engen Thüren dargestellt.
Relief an der Siegessäule des Kaisers Marc Aurel in Rom.

solcher Niederlassungen gegen feindliche Angriffe ist nicht die Rede. Nur ganz vereinzelt hören wir von burgartig hergerichteten und mit Verteidigungswerken versehenen Wohnsitzen einzelner mächtiger Fürsten. In einem solchen war z. B.

der Römerfreund Segestes durch Armin hart belagert, als Germanikus ihn entsetzte (S. 65) und mit den Seinen in römischem Gebiet in Sicherheit brachte.

Auch in anderen charakteristischen Dingen des äußeren Lebens fehlte es an einem gleichmäßigen, allgemein germanischen Brauch, schon weil darauf neben der Verschiedenheit der von den einzelnen Stämmen erreichten Kulturstufe und der sie mitbedingenden natürlichen Beschaffenheit ihres Gebietes auch die verschiedene wirtschaftliche Lage ihrer einzelnen Glieder, Reichtum und Armut, von bestimmendem Einfluß war. Wenn z. B. die Heruler noch im sechsten Jahrhundert nur mit einem Lendenschurz gegürtet in den Kampf zogen, so werden wir uns auch von der Kleidung der Taciteischen Germanen im allgemeinen keine allzu hohe Vorstellung machen dürfen. Das schließt aber natürlich nicht aus, daß auch damals bereits

Eine germanische Befestigung, verteidigt gegen einen römischen Angriff.

Mit über den Köpfen zusammengehaltenen Schilden (testudo) rücken die Römer an. Durch darauf geschleuderte Felsblöcke und Speere suchen die Germanen das Schutzdach zu durchbrechen. Fackeln werden von den Römern gegen die aus Weidengeflecht hergestellte Brustwehr des germanischen Walles geworfen. Der Wall selbst ist, wie das Relief deutlich erkennen läßt, aus Balken oder Stämmen, die mit Ruten untereinander verbunden sind, gebaut. Relief an der Siegessäule des Kaisers Marc Aurel in Rom.

von einzelnen Reichen und Vornehmen in Gewandung, Schmuck und Hausgerät eine gewisse Pracht entfaltet wurde, wie das einzelne Fundstücke erkennen lassen. Im allgemeinen aber gingen die Germanen des Tacitus noch nackt, abgesehen von einem kurzen Mantel aus Fellen, grobem Zeug oder gar aus Bast. Vollständige Gewandung, bestehend aus Hosen — dem in den Augen der Römer für die Barbaren überhaupt charakteristischen Kleidungsstück —, Jacke oder Unterkleid und Mantel, werden selbst in späteren Zeiten nur die Wohlhabenderen getragen haben. Die ursprüngliche Einfachheit offenbart sich auch in der Tracht der Frauen. Sie bestand aus einem langen, hemdenartigen Gewand und einem Mantel, für den erst späterhin kostbare Stoffe in Aufnahme kamen. Denn in allen diesen Dingen sind erst seit der häufigeren Berührung mit den romanisierten Galliern größere Ansprüche herrschend geworden. Dagegen war die Füße durch Schuhe zu bedecken schon früh üblich. Eigenartig war deren Herrichtung aus einem einzigen

Stück Leder oder auch ungegerbten Fells, das am Hacken und über dem Fuß von einem durch Löcher laufenden Riemen zusammengehalten wurde. Den Kopf trugen die Germanen ursprünglich unbedeckt. Später kam für Leute höheren Standes der Hut auf, während der gemeine Mann sich gegen die Glut der südlichen Sonne wohl durch aus Stroh geflochtene Hüte schützte. Lang herabwallendes Haar war in alter Zeit das Abzeichen des Vollfreien; später trug man es wohl etwas gekürzt. Bei den Franken war das Haar unbeschnitten zu tragen das Vorrecht der Glieder des Königshauses. Doch scheinen auch in diesem Punkt einzelne Stämme ihren besonderen Brauch gehabt zu haben. Ähnlich verhielt es sich mit dem Barte. Während man diesen später zu scheren pflegte, finden wir auf den alten Denkmälern die Germanen immer mit dem Vollbart dargestellt.

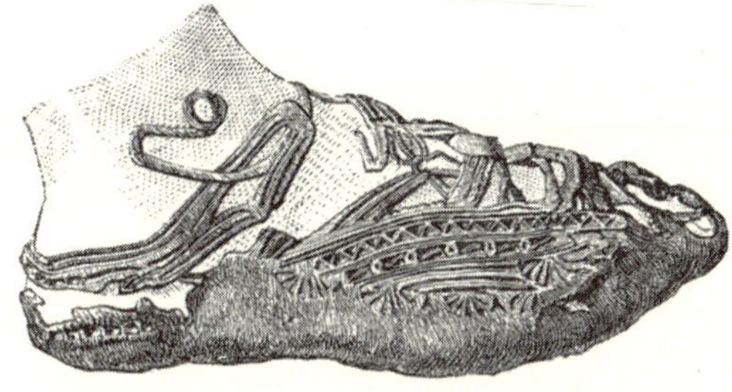

Reichverzierter Schuh aus einem Stück Leder.

$22^1/_2$ Centimeter lang; an einer Leiche im Moore bei Friedeburg in Ostfriesland gefunden. (Nach Lindenschmit.)

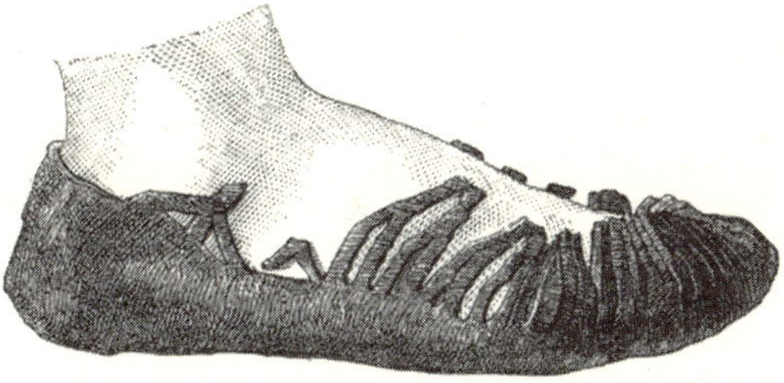

Schuh aus einem Stück Leder.

24 Centimeter lang; im Moor bei Uetersen in Holstein gefunden. (Nach Lindenschmit.)

Wichtiger und charakteristischer als die Kleidung war die Bewaffnung der Germanen. Machten doch Jagd und Krieg eigentlich allein den Lebensinhalt für den Mann aus. Auf der Jagd wußte der Germane Pfeil und Bogen mit Meisterschaft zu handhaben. Im Krieg dagegen bediente er sich ihrer nicht, da diese Waffen dem Ungestüm nicht entsprachen, mit dem er möglichst schnell unmittelbar an den Feind kommen und sich Brust an Brust mit ihm messen wollte. Die Hauptwaffe war daher die kurze, mit schmaler Spitze versehene Lanze oder framea (S. 70, 110), die je nach den Umständen sowohl zum Stoß wie zum Wurf dienen konnte. Doch kamen auch mächtige langschaftige Lanzen vor, aber ebenfalls nur mit kurzer Spitze. Die Lanzenspitzen waren damals noch vielfach aus Stein, obgleich die Germanen das Eisen bereits zur Zeit ihres ersten Zusammenstoßes mit den Römern gekannt hatten und dasselbe jetzt bei ihnen erst recht verbreitet war. Natürlich aber blieben, namentlich bei den minder vermögenden Leuten die alten, einfachen und daher billigen Geräte und Waffen aus Stein, Holz und Horn neben den vollkommeneren neuen, aber auch teureren aus Eisen im Gebrauch. Zu Tacitus' Zeiten scheint dieses übrigens noch nicht so allgemein verbreitet gewesen zu sein wie später. Auch auf diesem Gebiet wird eine in ungleichmäßigem Fluß befindliche Entwickelung erkennbar. Daher werden neben der Lanze auch noch andere Waffen älteren Ursprungs gebraucht worden sein. Dahin wird wohl namentlich die Keule zu rechnen sein. Zu solchen richtete man knorrige Äste zähen Holzes her, indem man sie im Feuer härtete und mit Nägeln beschlug. Noch die Goten bedienten sich ihrer sowohl zu niederschmetterndem Schlag wie zu weithinsausendem Wurfe. Daneben kommt auch, ebenfalls in so zweifacher Weise gebraucht, die Streitaxt vor, die, in älterer Zeit aus Stein, später meist aus Bronze gefertigt, allen germanischen Stämmen bekannt gewesen zu sein scheint, während die ehemals übliche Herrichtung einer hammer- oder meißelartigen Waffe durch Befestigung steinerner oder bronzener Keile an langen hölzernen Schäften allmählich abgekommen zu sein scheint. Dagegen war das Schwert, späterhin die bevorzugte germanische Waffe, in der von Tacitus geschilderten Zeit noch wenig üblich und kam erst allmählich allgemein in Aufnahme. Das lassen die überraschend hohen Sätze erkennen, auf die sein Wert noch in den Volksrechten geschätzt ist, von denen z. B. das der Ripuarier einen Schild mit Lanze gleich zwei Kühen, ein Schwert mit Scheide dagegen gleich deren sieben ansetzt. Immerhin darf auch das Schwert als altgermanische Waffe bezeichnet werden, mag es zunächst auch nur bei einzelnen Stämmen in Gebrauch gewesen sein, namentlich denen, die in den Niederlanden an der Nordsee wohnten. Bei den Sachsen war das kurze, messerartige Schwert (Sahs) Nationalwaffe. Ihr Namen wird damit in Verbindung zu bringen sein. In älterer Zeit aus Stein, doch schon mit zwei oft ausgezahnten Schneiden versehen, wurde es später natürlich aus Bronze und dann aus Eisen hergestellt, je nach dem Brauche der einzelnen Stämme verschieden gestaltet. Doch findet sich frühzeitig auch schon das lange Schwert, wie z. B. die Cimbern solche führten. Bei den Cheruskern werden sie die althergebrachte Waffe gewesen sein, wenn anders die Ableitung ihres Namens von der dafür üblichen Bezeichnung heru richtig ist. Während bei den norddeutschen Stämmen auch ein matara genanntes Kurzschwert vorkommt, das sowohl zum Hieb und Stich als zum

Germanische Schleuderer.
Sie stürmen aus einem, durch die Darstellung eines Baumes angedeuteten, Walde hervor.
Relief an der Siegessäule des Kaisers Marc Aurel in Rom.

Wurf gebraucht wurde, ist zur Zeit der großen Kämpfe mit den Römern das Langschwert allgemein üblich und mit der fortschreitenden Ausbildung der kriegerischen Technik schließlich die eigentlich nationalgermanische Waffe geworden, wie das in der älteren Zeit der Speer gewesen war. Daher waren denn auch Speer und Schild die Sinnbilder voller Manneswürde und voller Manneskraft, und als Wahrzeichen der vollen Freiheit ist der Speer nachmals das der Herrschaft geworden, selbst der königlichen, während das Schwert die Verwandten von der männlichen Seite bezeichnete und bei der Eidesleistung von dem Schwörenden berührt wurde. Beide spielten daher im Rechtsleben eine hervorragende Rolle und kamen in der Rechtsterminologie und -symbolik vielfach vor.

Germanischer Krieger.

Er kämpft für die Römer gegen die Daken, ist mit Keule, Schwert und Schild bewaffnet; sein Oberkörper bis zum Gürtel ist nackt, nur eine Hose und ein um die Hüften geknüpfter Mantel bekleiden ihn.

Relief an der Ehrensäule des Kaisers Trajan in Rom.

Entsprechend ihrer Eigenart in der Kriegführung haben die Germanen den Schutzwaffen zur Deckung des eigenen Leibes keine Sorgfalt gewidmet. Ihre Kraft, in alten Zeiten ihre Unwiderstehlichkeit beruhte in der Wucht des todesmutigen Angriffs. Die Defensive war, wie auch der Verlauf ihrer Kämpfe mit den Römern immer von neuem zeigte, ihre schwache Seite, und erst allmählich haben sie sich darin größere Gewandtheit angeeignet. So hatte der germanische Krieger zur Deckung des eigenen fast nackten Körpers nur seinen Schild, entweder einen kleinen runden oder länglich runden oder einen fast die ganze Figur deckenden langen viereckigen. Erstere waren meist aus Lindenholz verfertigt, letztere aus einem mit Flechtwerk oder Holzlagen bedeckten hölzernen Rahmen, beide oft mit Tierfellen überzogen. Durch bestimmte Haltung der Schilde in den einzelnen Gliedern der dichtgedrängten Aufstellung fügte man sie in gewissen Fällen zu mauerartigen Wänden oder dachähnlichen Wölbungen zusammen. Auch der Gebrauch jener beiden Schildarten scheint nach Stämmen verschieden gewesen zu sein, wie denn auch die Zusammengehörigkeit der Krieger nach Stämmen durch die gleiche Farbe der Schilde kenntlich gemacht wurde. Der Schild war das Sinnbild des männlichen Widerstandes, der Kraft, der Behauptung der Waffenehre auch im unglücklichen Kampf. Ihn durfte auch der Besiegte nicht lassen, wenn er nicht die Schmach der Feigheit auf sich laden und in den Augen seiner Genossen ehrlos werden wollte. Der Gefallene wurde auf seinem Schild vom Schlachtfeld getragen. Schild und Mann waren so sehr eins, daß man die Stärke eines Heeres auch noch später nicht nach Männern, sondern nach Schilden angab. Von anderen Schutzwaffen, Helmen oder gar panzerartigen Deckungen des einen oder des anderen Körperteils findet sich in älterer Zeit keine Spur. Denn wenn gelegentlich ein

Krieger sich den Kopf eines wilden Tieres, eines Bären, Wolfs oder dergleichen über den Kopf stülpte, so sollte das nur seine Erscheinung für die Feinde schreckhafter machen und den Eindruck des plötzlichen Ansturms auf sie steigern, wie die Germanen einen furchtbaren, durch Mark und Bein gehenden Schlachtruf ertönen ließen, indem sie die erhobenen Schilde vor den Mund hielten, um das ausgestoßene laute Geschrei zu verstärken und wilder und gewaltiger klingen zu machen.

Alle diese militärischen Einrichtungen und Bräuche kennzeichnen ein nationales Heerwesen, dessen Stärke ausschließlich in dem Fußvolk beruhte, das in dichtgedrängter, keilartig zugespitzter, durch die Wucht der nachfolgenden Massen zur Unwiderstehlichkeit verstärkter Ordnung anzugreifen, in den Feind einzubrechen und dann in wütendem Kampfe Mann gegen Mann die Entscheidung zu suchen gewohnt war, von eigentlich taktischen Bewegungen aber und ihrem berechneten Ineinandergreifen noch keine Ahnung hatte, bei dem daher Sieg und Niederlage wesentlich von der Kraft und Tapferkeit des einzelnen Mannes abhingen. Doch haben eben diese Eigenschaften es möglich gemacht, daß die Germanen in verhältnismäßig kurzer Zeit auch ausgezeichnete Kämpfer zu Pferde wurden, obgleich von ihren Stämmen, wie es scheint, kein einziger von Haus aus eigentlich ein Reitervolk gewesen ist. In älterer Zeit finden wir bei ihren Heeren nur selten und immer nur kleine Reitergeschwader, deren Pferde zwar unscheinbar, aber ausdauernd gewesen sein sollen. Als Meister aber in allen körperlichen Künsten waren die Germanen auch ausgezeichnete Reiter und wußten, selbst ohne Sattel, die feurigsten Rosse zu bändigen. Kamen sie nun in Länder, die ihnen mehr und bessere Pferde darboten, und lernten sie die dem Reiter unentbehrlichen besseren Angriffs- und Schutzwaffen kennen und gebrauchen, so wurden sie bald Meister im Reitergefecht. Schon Cäsar hat diese Anlage auszubilden und für sich nutzbar zu machen gewußt, und in der Folge haben germanische Reitergeschwader in den Heeren der römischen Kaiser eine bedeutende Rolle gespielt, ja mehr als einmal die Entscheidung herbeigeführt. Einzelne Stämme aber, die im Verlauf ihrer Wanderungen auf längere Zeit in pferdereichen Steppen- und Weideländern heimisch wurden, sind geradezu zu Reitervölkern geworden, wie z. B. die Goten und die Vandalen seit ihrer Niederlassung an Don und Dniester. Vielleicht ist dieser Wandel im einzelnen noch begünstigt worden durch die den Germanen eigene Empfänglichkeit für persönliche Auszeichnung, auch schon äußere, jene naive Eitelkeit, die gerade reichbegabten, aber einer gewissen Naturwüchsigkeit noch nicht Herr gewordenen Völkern anhaftet und, wenn sie von anderen planmäßig benutzt wird, wohl auch einmal verderblich werden kann. In viel höherem Maße als der Mann, der mit Speer und Schwert und Schild im Gedränge des keilförmig vorbrechenden Fußvolks focht, brachte derjenige seine Kraft, Gewandtheit und Geistesgegenwart zur Geltung, der in das wilde Gewoge des Reitergefechtes geworfen wurde. Auch die bessere, zuweilen kostbare Bewaffnung spielte dabei eine Rolle. Hier lag die schwache Seite, von der die Römer manchen germanischen Jüngling auch fürstlicher Abkunft zu fassen, der Sache seines Volks zu entfremden und sich dienstbar zu machen gewußt haben.

Aber auch diese Männer haben ihre geschichtliche Bedeutung und ihr geschichtliches Verdienst. Wird man doch in manchem Falle gerade sie als die — oft unbewußten Vermittler zwischen römischer und germanischer Kultur bezeichnen dürfen, welche ihr noch halb im Naturzustand befindliches Volk aus diesem vollends zu lösen begannen und zu einer neuen, höheren Kulturstufe aufzusteigen befähigten. Das aber war für die Zukunft des Germanentums doch das Wichtigste und eigentlich Entscheidende. Diese hing durchaus davon ab, wie dasselbe sich unter der Einwirkung des überlegenen Römertums und der in Gallien entstandenen römisch-gallischen Mischkultur weiter entwickeln würde, ob es seine Eigenart und damit seine jugendfrische Kraft zu behaupten vermögen oder ob es assimiliert und damit das Schicksal der Gallier zu teilen genötigt werden würde.

Eine solche Assimilierung ist nicht erfolgt. Auch gewinnt man aus den Berichten und Urteilen der römischen Autoren über die Kultur und Kulturfähigkeit der Germanen den Eindruck, als ob man dort an die Möglichkeit einer solchen zu glauben frühzeitig aufgehört habe. Man war, so scheint es, bald zu der Einsicht gekommen, daß man es mit einem ganz anders gearteten Volkstum zu thun hatte, das in ganz bestimmten natürlichen Bedingungen wurzelte und daher nicht wesentlich umgestaltet werden konnte. Den lähmend schreckhaften Eindruck, den sie einst bei dem Zusammentreffen mit den Cimbern von dem germanischen Wesen empfangen, hatten die Römer bei näherer Bekanntschaft freilich überwunden. Unheimlich genug aber sind ihnen die Germanen auch später noch erschienen und immer als absonderlich und fremdartig mit einer gewissen verwunderten Scheu angesehen worden. Dadurch ist selbst das Bild einigermaßen beeinflußt worden, das sich die besten Kenner dieser Dinge von Sitte und Leben der Germanen machen. Selbst bei Tacitus fehlt dieser Zug nicht. In ihm vornehmlich dürfte der Anlaß dafür zu suchen sein, daß man seinem Werke über Ursprung, Wohnsitze und Bräuche der Germanen lange Zeit eine gewisse moralisierende Tendenz untergelegt hat, als ob es weniger aus Interesse an der Sache selbst geschrieben wäre, als um in der unverdorbenen Frische und Rauheit und der naiven Kraft und Tüchtigkeit der Germanen dem sinkenden Römertum ein Spiegelbild vorzuhalten, das es seine Gebrechen erkennen lehren und zur Besserung anregen sollte. Dazu aber bedurfte es gar nicht einer besonderen Gegenüberstellung und einer gewissermaßen künstlichen Beleuchtung durch ein absichtliches Betonen von Nebendingen auf der einen und berechnetes Zurücksetzen von wesentlichen Momenten auf der anderen Seite. Denn dem Römertum des ausgehenden ersten Jahrhunderts n. Chr. gegenüber konnte die germanische Kultur auch in der schlichtesten rein sachlichen Schilderung auf den unbefangenen Leser gar keinen anderen Eindruck machen.

Freilich mochte das Leben des germanischen Mannes auch dem nicht verweichlichten Römer arm, leer und zuweilen fast roh erscheinen. Das lange Schlafen, begreiflich bei den langen Winternächten in dem vielfach noch dicht mit Wald bedeckten Lande, der Mangel an einer geordneten, die Tagesstunden ausfüllenden Thätigkeit, die damit zusammenhängende Unpünktlichkeit, die sogar den Beginn der Volksversammlungen oft unliebsam verzögerte, die ebenda entspringende Neigung, den Freuden des Mahls und mehr noch und oft im Übermaß denen des Bechers zu huldigen, und die Fähigkeit, ganze lange Tage in stumpfer Unthätigkeit auf der Bärenhaut am flackernden Herdfeuer zu verdämmern: alles das waren Züge, die den römischen Beobachter befremdeten, aber doch nicht irre werden ließen an dem

Die germanische Leibwache Trajans. Rel

Siegessäule des Kaisers Trajan in Rom.

Kern unverwüstlicher Kraft und Tüchtigkeit, den diese Schale barg. Er offenbarte sich ihm vor allem in dem ausgesprochen kriegerischen Zuge, der das ganze germanische Leben beherrschte und Führung der Waffen, sei es zur Übung auf der Jagd, sei es in dem blutigen Ernst des Volkskrieges oder, wenn es den nicht gab, in auswärts gesuchten, Glück und Beute verheißenden Abenteuern, als die einzige Beschäftigung erscheinen ließ, die der Würde des Mannes recht angemessen war. Und schien nicht auch die Grundlage des Rechts in Waffen und Krieg zu beruhen, wenn es dem Geschlechte des Erschlagenen freistand, statt die gesetzlich vorgeschriebene Sühne anzunehmen, vielmehr den Thäter und seine Sippe mit einer

Germanische Frauen, von den Römern in Gefangenschaft geführt.
Relief an der Siegessäule des Kaisers Marc Aurel in Rom.

Art von Privatkrieg zu überziehen und auf dem Wege der Blutrache eine Vergeltung zu üben, welche dann wiederum das gleiche Verfahren von der anderen Seite und damit eine nicht abreißende Reihe von blutigen Fehden in Aussicht stellte?

Doch standen diesen wenig einnehmenden Zügen andere gegenüber, die gerade dem Römer jener Zeit imponieren konnten, da sie einen reichen Kern von seltener sittlicher Tüchtigkeit und einen auf das Ideale gerichteten Sinn erkennen ließen. Im wirtschaftlichen Leben stand die Frau niedrig. Lag ihr für gewöhnlich die Arbeit in Haus und auf dem Felde ob, so hatte die Frau des minderbegüterten Freien, der nicht über Sklaven und Hörige verfügte, wenn der Mann der Jagd oder dem Krieg oder der Fehde nachging, notgedrungen daheim die Axt oder den

Pflug zu führen. Dem entsprach es, wenn gemäß einer uralten indogermanischen Anschauung die Ehe auch bei den Germanen zunächst noch als ein Kauf der Frau durch den Mann betrachtet wurde. Sie beruhte auf der Verlobung, d. h. einem ohne jede fremde, sei es priesterliche, sei es staatliche Mitwirkung, einfach durch die Erklärung des Einverständnisses seitens der Beteiligten geschlossenen Vertrag, nach dem der Vater seine Tochter um einen bestimmten Preis, der je nachdem in Rossen, Kühen u. a. m. ausgedrückt wurde, dem Bräutigam überließ. Sie ging damit aus seiner Gewalt in die des Mannes über, der mit seiner Familie nun ihr gegenüber in die Rechte und Pflichten eintrat, die bisher dem Vater zugestanden hatten. Die Höhe des Preises, der zu zahlen war, hing natürlich ab von dem Stande des Mädchens. Aber trotz der dienenden Stellung, welche die Frau bei den Germanen ursprünglich einnahm, ist bei ihnen die Monogamie von alters her herrschend gewesen, mögen auch Fürsten und Vornehme gelegentlich Nebenfrauen gehabt und die mit ihnen gezeugten Kinder mit den vollbürtigen in ihrem Hause aufgezogen haben. Bürgerlich vollberechtigt waren dieselben darum doch nicht. Schon dadurch erhielt die Ehe als vornehmste Grundlage der bürgerlichen und staatlichen Ordnung eine erhöhte Bedeutung, die auch darin ihren Ausdruck fand, daß geschlechtliche Verirrungen an Mann und Weib gleich hart gestraft wurden. Gerade die Reinheit der germanischen Sitte auf diesem Gebiet wird von den Römern nachdrücklich betont und nicht bloß als ein moralischer Vorzug gerühmt, sondern auch angesehen als eine der Quellen für das Wachstum der Bevölkerung und die Kraft und Tüchtigkeit der jüngeren Generationen. Denn reicher Kindersegen erblühte aus den germanischen Ehen. Aber die Frauen waren doch noch mehr als Haushälterinnen und Mütter. Sie waren des Mannes Gefährtinnen auch in der Entscheidung der Schlacht. Schrecklicher noch als die fast nackt heranstürmenden Krieger der Cimbern waren den Römern die Weiber erschienen, die hinter dem Heere auf der Wagenburg sitzend die Kämpfenden durch lauten Zuruf ermutigten und anspornten, trösteten und schalten, die Verwundeten verbanden und die Toten beklagten, den Sieg der Feinde aber nicht überlebten, sondern mit ihren Kindern freiwillig in den Tod gingen, um nicht die Opfer für die Lust zuchtloser römischer Soldaten zu werden. So wird es begreiflich, daß die Germanen mit einer den Römern befremdlichen Verehrung zu ihren Frauen aufblickten und in ihnen

Germanische Frauen
auf einem von Rindern gezogenen Wagen.
Relief an der Siegessäule des Kaisers Marc Aurel in Rom.

wohl gar eine ahnungsvolle Offenbarung der Gottheit sahen, ja unter Umständen einzelnen weisen Frauen Einfluß auf die öffentlichen Angelegenheiten einräumten.

Im allgemeinen freilich wird sich das Leben der einander folgenden germanischen Geschlechter in dem beschränkten Kreislauf der immer erneuten Wiederholung der einander folgenden gleichen Ereignisse abgespielt haben. Namentlich seit die Römerkriege, welche das gesamte germanische Volkstum tief erregt und gleichsam aufgewühlt hatten, fürs erste ihr Ende erreicht hatten, wird das Dasein der meisten Völker zunächst einer Art von Stillleben geglichen haben, das ohne jähe Wechselfälle und leidenschaftliche Erschütterungen einherging. Aber es war reich an Ertrag für die Entwickelung alles Zuständlichen und erlangte dadurch grundlegende Bedeutung für die Zukunft der Germanen, nicht minder aber für die weitere Gestaltung der Welt, auf welche diese Völker nach Ablauf ihrer Lehr-

Grabhügel mit zwei Leichenkammern bei Oberfarrenstädt; aus Sandsteinplatten.
Die größere Kammer 1,84 Meter lang, 92 Centimeter breit, 71 Centimeter hoch.

jahre mit dem Beginn einer neuen langen Reihe von Wanderjahren in entscheidender Weise einwirken sollten.

Dürftig ist unsere Kenntnis von dem, was in dieser Zeit eines in der Hauptsache ungestörten Friedens mit Rom die Geschichte der germanischen Völker eigentlich ausgemacht hat. Wir wissen auch nicht, auf welche Weise und unter welchen Umständen die Verhältnisse und Formationen eigentlich geworden sind, die wir nachher als neuentstanden thatsächlich gegeben finden. In der Hauptsache ist es eben ein vornehmlich kulturgeschichtlicher Prozeß, der sich in diesen hundert Jahren für die Germanen abgespielt hat. Nur dürftige Überreste bezeugen einzelne Momente daraus. Die übrigen müssen wir aus dem, was uns später fertig entgegentritt, zu erschließen versuchen. Denn die Gräber, welche dieser Zeit entstammen, reichen zur Rekonstruktion einer geschichtlichen Überlieferung nicht aus. Auch sie lassen deutlich eine Übergangszeit erkennen. Nebeneinander finden wir verschiedenartige Bräuche, die freilich zumeist schon älteren Ursprungs sein mögen. Denn auch auf diesem Gebiete, das mit den religiösen Vorstellungen der einzelnen Stämme so nahe zusammenhing, hat offenbar niemals eine, allgemein germanische Sitte geherrscht. Vielmehr hat auch da die Verschiedenartigkeit des Brauchs bei den einzelnen Stämmen sich um so ungehinderter entfaltet, als darauf die besonderen lokalen Verhältnisse der einzelnen Landschaften Einfluß übten. Hier wurden die Toten verbrannt, dort zur Erde bestattet. In dem einen Fall wurde über der die Asche enthaltenden Urne, im anderen über dem Leichnam ein Hügel gewölbt, bald kreisrund, bald länglich, bald niedrig, bald zu beträchtlicher Höhe aufgeschüttet. Diese Gräber sind für uns von großer Wichtigkeit geworden, weil sie eine Menge von Überresten altgermanischen Gerätes aller Art auf uns gebracht haben. Denn nicht genug, daß man die Leichen in ihre Kleidung gehüllt beerdigte, zuweilen in einem sargartigen Behälter beschlossen: man gab ihnen auch — da das Leben im Jenseits als dem irdischen ganz entsprechend gedacht wurde — Waffen, Kostbarkeiten, Hausgerät und anderes mehr mit, namentlich solche Stücke, die dem Verstorbenen besonders lieb gewesen waren und die er drüben schmerzlich vermissen zu müssen schien, eine Vorstellung, die es auch bewirkte, daß man dem Krieger sein Roß im Tode zugesellt, ja gelegentlich seine Gattin oder seine treuesten Diener in das Jenseits folgen ließ.

Hünenbette im Amte Fallingbostel (Lüneburg).

Flächeninhalt $11\frac{1}{2}$ Quadratmeter. Deckelplatte aus einem Granitblock $4\frac{1}{2}$ Meter lang; $4\frac{1}{4}$ Meter breit, 28 bis 56 Centimeter dick; Gewicht etwa 18350 Kilogramm.

Grabhügel mit Spuren von Leichenbrand.

Grabhügel mit Urnen im Inneren.

Viertes Kapitel.

Friedliche Beziehungen zwischen Römern und Germanen und die Einwirkung der römischen Kultur auf die Germanen.

Etwa 69 bis 169 n. Chr.

Dem Erlöschen des in der Hauptsache ergebnislosen batavischen Aufstandes (S. 79) folgte ein Jahrhundert nur wenig gestörter Waffenruhe zwischen Römern und Germanen. Den Gedanken an eine Eroberung des eigentlichen Germanien hatten erstere aufgegeben. Bei letzteren erlahmte die Bewegung, die sie westwärts gedrängt hatte, und zwar augenscheinlich nicht bloß, weil die Römer durch Errichtung eines großartigen Sperrsystems die zunächst bedrohten Gebiete gegen ihren Andrang schützten. In den Augen der neuigkeitslustigen hauptstädtischen Bevölkerung freilich galt die Bekämpfung der nordischen Barbaren noch so sehr als Modesache, daß Domitian, zumal der wachsende Kriegsruhm, den Agricola durch die Eroberung Britanniens erwarb, ihn mit neidischem Mißtrauen erfüllte, es für nötig hielt, sich die trügerischen Lorbeeren und der Menge das Schauspiel eines Triumphes zu erlügen. Aber der friedebrecherische Einfall, den er Ende 83 oder Anfang 84 n. Chr. in das Land der Chatten unternahm, verlief so kläglich, daß er germanische Sklaven aufkaufen ließ, um sie nachher als angebliche Kriegsgefangene im Triumph aufführen zu können. Aber selbst eine solche Bloßstellung des römischen Kriegsruhms heilte die Germanen nicht von der Bewunderung des glänzenden römischen Wesens, die bei vielen von ihnen Mode geworden war. Von ihm angelockt, erschien der Semnonenkönig Masuus mit Ganna, einer jener weisen Frauen oder Prophetinnen, die den Römern immer einen so tiefen Eindruck machten (S. 77), in der Hauptstadt und wurde von Domitian, der für allen fremdländischen Aberglauben und geheimnisvollen Brauch nur allzu empfänglich war, mit ausgesuchten Ehren aufgenommen. Und wenn in der Folge die Lage dort am Rhein zu Gunsten der Römer gebessert wurde, so war das eben nicht des Kaisers Verdienst. Nachdem er den Aufstand des Lucius Antonius Saturninus (Ende 88) mit den treuen niederrheinischen Legionen besiegt hatte, drang L. Appius Norbanus

Münze von Kaiser Domitian.

Umschrift: GERMANIA CAPTA. Im Felde die besiegte Germania; darunter S(enatus) C(onsultum) = Beschluß des römischen Senats. Kupfer. Originalgröße. Berlin, Königl. Münzkabinett.

gemeinsam mit Ulpius Trajanus in das Land der Chatten ein. Das Gebiet der Mattiaker wurde besetzt und damals vermutlich auch der Anfang mit der Anlage einer Grenzbefestigung am Taunus gemacht. Es hing damit zusammen, daß Ober- und Niedergermanien, die bisher zu dem belgischen Gallien gehört hatten, jetzt erst als eigentliche Provinzen organisiert wurden.

Wohl aber machte sich um eben jene Zeit an einer anderen Stelle der römischen Grenze ein stärkerer Andrang der Germanen zuerst bemerkbar. Von ihren westlichen Nachbarn, den Markomannen und Quaden, bedrängt, hatten die Lugier und Jazygen (Sarmaten) von Domitian vergeblich Hilfe erbeten. So machten sie schließlich mit den bisherigen Feinden gemeinsame Sache gegen Rom. Damit wurde statt der Rheingrenze die Donaulinie bedroht, und zwar um so ernster, als den Römern dort in dem mächtigen Dakerreich des Königs Decebalus ohnehin ein neuer gefährlicher Feind erstanden war, von dem Domitian, da er ihn zu bewältigen nicht die Kraft hatte, um Geld Frieden erkaufte. Aber auch der Zug, den er 89 gegen die Markomannen unternahm, endete mit seinem ruhmlosen Rückzug, und die Verhältnisse besserten sich erst, als es Trajan gelang, den Decebalus zu besiegen. Dacien wurde römische Provinz und als solche ein wirksames Bollwerk zur Abwehr des Andranges der südlichen Germanen an der unteren und mittleren Donau. So wurde deren Bewegung auch dort noch einmal auf fast anderthalb Jahrhunderte zum Stillstand gebracht. Indem er dann auch in dem rechtsrheinischen Lande die von Domitian begonnene Schließung der Grenze im großen Stile durchführte, hat Trajan den Zustand geschaffen, der im wesentlichen bis zum Beginn der ersten Vorläufer der sogenannten Völkerwanderung erhalten geblieben ist. Derselbe wurde die Grundlage für den friedlichen Verkehr, der während der nächsten Menschenalter zwischen Römern und Germanen obwaltete und für die letzteren eine Kulturentwickelung zur Folge hatte, die, unmerklich vollzogen, sie doch erst zu der weltgeschichtlichen Rolle befähigte, die sie nachmals zu spielen berufen werden sollten.

Daken mit ihrem Feldzeichen.

Auch die barbarischen Feldzeichen der Germanen sind in der Art des hier abgebildeten Nationalzeichens der Daken, der Schlange, zu denken. Relief an der Siegessäule des Kaisers Trajan in Rom.

In dreifacher Weise und dementsprechend auch auf drei Schauplätzen hat sich dieser kulturgeschichtliche Prozeß vollzogen. Im Westen des späteren Deutschland gründete er sich auf die besonderen Verhältnisse und Einrichtungen der sogenannten germanischen Provinzen der Römer, die in ursprünglich gallischem Lande entstanden, von romanisierten Galliern und teils gallisierten, teils romanisierten Bruchstücken germanischer Stämme bevölkert waren, während für den Süden die längs der Donau gelegenen Gebiete von Rätien, Vindelicien und Noricum, die ebenfalls ursprünglich nicht germanisch bevölkert, aber auch romanisiert waren, die gleiche Bedeutung erlangten. Diese fünf Provinzen bildeten, das eigentliche Germanien von Westen und von Süden her umfassend, gewissermaßen die langgestreckte feste Basis für die römisch-germanischen Kulturbeziehungen. Das Gebiet aber, wo sich der Austausch vornehmlich und besonders gründlich vollzog, waren die in das eigentliche Germanien hinein vorgeschobenen, stark befestigten Grenzdistrikte, die ungefähr das Dreieck zwischen dem mittleren Rhein und der mittleren Donau einnahmen. Die aus römischen und germanischen Elementen gemischte Kolonialbevölkerung, die im Laufe der Zeit in ihm erwuchs, wurde naturgemäß die Vermittlerin, welche die Bekanntschaft mit den Ergebnissen der römischen Kultur, zunächst der äußeren, auf den nun immer regelmäßiger begangenen Wegen bis tief hinein in die Wälder des Nordens und Ostens verbreitete. Und auf denselben Wegen strömten unter ihrem Einfluß immer zahlreicher Germanen gen Westen und Süden, um in den verschiedensten Stellungen, in denen die Mannigfaltigkeit des verfeinerten römischen Lebens ihnen Gelegenheit bot, ihre Kräfte und ihre Talente gewinnbringend zu verwerten, ihr Glück zu suchen und oft auch wirklich in überraschend reichem Maße zu machen. Aus unzähligen unsichtbaren Fäden geschlungen verband infolgedessen ein weitgespanntes Netz die Lebensinteressen zahlloser germanischer Familien, die tief im Inneren ihres Landes nach althergebrachter Weise fortlebten, ja allmählich die ganzer Stämme mit den wechselnden Verhältnissen in dem weltbeherrschenden Kaiserreich und seiner prunkvollen Hauptstadt, deren Glanz und Genüsse infolgedessen auch für die noch daheim Gebliebenen an Anziehungskraft gewannen. So wurden diese Germanen im Römerreich für die Fortentwickelung der römisch-germanischen Kulturbeziehungen von ganz besonderer Wichtigkeit, und das in um so höherem Maße, als sie auch auf das römische Wesen, das sie aufnahmen und sich assimilierten, einen gewissermaßen auflösenden und zersetzenden Einfluß ausübten, der seine Kraft vollends untergrub und der drohenden Katastrophe unmerklich entgegenführte.

Was die Römer als ihre zweigeteilte Provinz Germanien bezeichneten, hatte auf diesen Namen strenggenommen kein Anrecht. Denn abgesehen von den rechts vom Rhein und links von der Donau in dem großen Grenzwall beschlossenen Gebieten handelte es sich dabei durchweg um Land, das niemals zu Germanien gerechnet war, wie denn auch seine Bevölkerung nicht aus Germanen bestand, sondern aus stark romanisierten Galliern mit einzelnen germanischen Sprengstücken dazwischen. Durch das längs der Mosel keilartig zwischen sie eingeschobene Gebiet der Trevirer gerade da, wo sie — in der Gegend des heutigen Andernach — einander berührten, links vom Rhein auf einen schmalen Streifen beschränkt, erstreckten sich die beiden germanischen Provinzen der Römer den ganzen Rheinlauf entlang vom Bodensee bis zur Nordsee, indem sie westwärts tief in altgallisches, nachmals französisches Land eingriffen. Das erste oder obere Germanien

(Germania prima oder superior) umfaßte das Land vom Jura längs der Vogesen nordwärts bis hinaus über die Mündungen von Nahe und Mosel. Es war reich an Städten, die zum Teil celtischen Ursprungs, zum Teil aus römischen Kastellen erwachsen waren. Erstere überwogen im Süden, letztere im Norden. Dort lag zwischen Aar und Limmat Vindonissa, das Hauptquartier einer der vier obergermanischen Legionen — jede der beiden Provinzen war dauernd in dieser Stärke besetzt, d. h. mit vierzig- bis fünfzigtausend Mann, zu denen noch ebensoviel Hilfsvölker kamen: es ist heute das Dorf Windisch in der Nähe der Habsburg. Gleich dort zeigen Reste eines Aquädukts und eines Amphitheaters, wie mit der römischen Besatzung zugleich all das in dem Lande heimisch wurde, was nach römischen Begriffen zu einem eines Römers würdigen städtischen Leben gehörte. Von dort führte eine Heerstraße einerseits hinüber nach Rätien und dem wichtigen Bregenz am Bodensee, andererseits westwärts nach Augusta Rauracorum, das, ungefähr an der Nordbiegung des Rheins gelegen, später zerstört, wenigstens dem Namen nach noch in Augst bei Basel fortlebt. Nordwärts folgte das heutige Breisach, ein auf dem Mons Brisiacus, einem isolierten, steil über der Rheinebene aufsteigenden Basaltfelsen, errichtetes Kastell, dann an einem besonders wichtigen Straßenkreuzungspunkt Argentoratum, Straßburg, westlich davon, an der über die Vogesen nach dem belgischen Gallien führenden Straße Tabernae, Zabern, und nördlich in der Ebene Brumagus, Brumat. Am Rhein selbst folgten Noviomagus, Speier, und Borbetomagus, Worms, weiterhin, der Mündung des Mains gegenüber, der Hauptort der Provinz und Sitz des Trägers der höchsten Civil- und Militärgewalt, des Legaten, Moguntiacum, Mainz, nebst Castra Vetera der wichtigste Punkt und die festeste Stütze der römischen Herrschaft am ganzen Rheinlauf. Dort hatte Drusus im Jahre 13 v. Chr. mit der besonders bewährten und deshalb von ihm besonders ausgezeichneten vierzehnten Legion (Gemina Martis) ein älteres römisches Kastell, Castrum Moguntiacum, zu einem Hauptwaffenplatze ausgebaut. Um den Römern die Möglichkeit zu sichern, jeden Augenblick über den Fluß zu gehen und in das rechtsrheinische Land einzufallen, errichtete er gegenüber als Brückenkopf das Castellum Drusi, heute Kastell. Frühzeitig ist unter dem Schutz dieser besonders festen Position, die dann durch Domitian und namentlich durch Trajan und Hadrian der Mittelpunkt eines die ganze Gegend umfassenden Systems von Befestigungen wurde, eine Stadt erwachsen, die dank der unvergleichlichen Gunst ihrer Lage schnell zu hoher Blüte gedieh, Mainz, von dessen Bedeutung für den römisch-germanischen Verkehr die reiche Fülle der dort gefundenen Denkmäler beider Kulturen noch heute beredt Zeugnis ablegt. In den Stürmen der Völkerwanderung mehrfach zerstört, ist sie immer von neuem aus den Trümmern erstanden. Noch zu Anfang des siebenten Jahrhunderts hat der Frankenkönig Dagobert sie neu aufgeführt und zugleich von den Höhen, auf die sie ursprünglich beschränkt gewesen war, bis an den Rhein hinab erweitert. In dem nördlichen Teil Obergermaniens, da, wo es auf der einen Seite an Untergermanien, auf der anderen an das belgische Gallien grenzte, gleich jenseits des Rheins aber sich mit dem eigentlichen, freien Germanien berührte, in einer militär- und kulturgeographisch gleich wichtigen Lage, folgten rheinabwärts Bingium, Bingen, wo eine ebenfalls von Drusus gebaute Brücke über die Nahe etwas oberhalb ihrer Mündung die

Verbindung nordwärts sicherte, dann das in römischer Zeit unbedeutende Confluentes, Koblenz, am Zusammenflusse von Mosel und Rhein, und endlich hart an der Grenze gegen Untergermanien Antumnacum, Andernach.

Für das zweite oder untere Germanien (Germania secunda oder inferior) hatte die in dem oberen Mainz zukommende Bedeutung eines Hauptwaffenplatzes Castra Vetera, in der Gegend des heutigen Xanten, ebenfalls eine Schöpfung des Drusus. Neben ihm war die alte Ara Ubiorum, Colonia Agrippinensis, Köln, von seiner militärischen Wichtigkeit abgesehen, als größte, volk- und verkehrsreiche Stadt frühzeitig zum wirtschaftlichen Mittelpunkt des römischen Germanien überhaupt emporgestiegen. Beide waren zugleich wichtige Knotenpunkte in dem großen Straßennetz, das den römischen Legionen die schnelle Bewegung nach Mainz, Straßburg und Vindonissa sicherte, andererseits die Verbindung nach Gallien mit Paris und Lyon und weiterhin mit Italien und dem Reichscentrum herstellte. Dem Castellum Drusi bei Mainz entsprach Köln gegenüber Divitio, Deutz. Oberhalb Kölns war von alters her Bonn als Überfahrtsort und Handelsplatz der Ubier wichtig. Auch Drusus' Rheinübergang verlegt man dorthin und bringt die Errichtung eines Kastells durch ihn damit in Verbindung; später war es Standquartier einer Legion. Zwischen Köln und Castra Vetera lag Novesium, Neuß. In der Gegend von Castra Vetera sucht man eine Colonia Trajana, die man wohl mit ersterem hat identifizieren wollen. Eine Verdrehung ihres Namens hat dann die das ganze Mittelalter hindurch festgehaltene verkehrte Vorstellung von dem Dasein einer Stadt Troja in jener Gegend veranlaßt und weiterhin die breit ausgemalte Fabel von der Herkunft der Franken von den Trojanern. In dem Gebiete der Rheinmündungen lagen Noviomagus, Nimwegen, und Ultrajectum, Utrecht.

Was von Germanen in diesen Grenzprovinzen seßhaft geworden, war schnell entnationalisiert worden. Die Zuzügler aber, die in der langen Friedenszeit von jenseits des Rheins herüberkamen, sei es als Söldner in den Legionen Dienst zu nehmen, sei es in den verschiedensten bürgerlichen Erwerbszweigen ein Unterkommen zu suchen, hatten ihre altgermanische Art natürlich erst recht nicht festzuhalten vermocht. Aber sie alle sind doch nicht eigentlich romanisiert worden, sondern wurden vielmehr für jene gallisch-römische Mischkultur gewonnen, welche, nicht frei von einem gewissen internationalen Anstrich, aber doppelt anziehend durch das lebhafte, leichtlebige Wesen ihrer Träger und den ihr eigenen Glanz, damals in dem benachbarten Gallien zur reichsten Entfaltung gekommen war. Sie hat eigentlich den Unter- und Hintergrund abgegeben für die eigenartige Kulturentwickelung, die sich in den beiden Germanien vollzog. Ihr Mittelpunkt war das stattliche, stolze und glänzende Trier (Augusta Trevirorum), bis auf den heutigen Tag die an römischen Altertümern reichste Stadt Deutschlands, die uns mit den Resten ihrer gewaltigen Befestigungen, von deren Größe und Stärke trotz der entstellenden mittelalterlichen Ein- und Anbauten noch gegenwärtig der festgefügte Riesenbau der Porta Nigra Zeugnis ablegt, der kolossalste Bau römischen Ursprungs in Deutschland, mit der mächtigen Moselbrücke, den noch in ihren Trümmern imposanten Palästen, Thermen, Amphitheatern und der unerschöpflichen Fülle der das Detail des täglichen häuslichen Lebens veranschaulichenden Kleinkunst das Bild einer blühenden römischen Provinzialstadt mit der für die Grenzlande charakteristischen Mischung der verschiedenen Kulturelemente in packender Unmittelbarkeit vor Augen stellt.

Was Mainz, Köln und Trier als Brennpunkte für die Entwickelung der germanischen Provinzen und ihre Beziehungen zu dem eigentlichen Germanien waren, das wurde für die germanischen Landschaften jenseits der Donau namentlich Augsburg. Das ehemals von dem celtischen Stamme der Vindelicier beherrschte Land von dem Nordabhange der Alpen bis zur Donau und ostwärts bis zum Inn (Önus) war gleichzeitig mit dem ihm südlich benachbarten Rätien, dessen Bevölkerung ursprünglich tuscisch-ranisch war und nur einzelne celtische Niederlassungen

Die Römerschanze am Gleisenthal bei Deisenhofen in Bayern.

Ansicht von der Nordostseite. Gesamtfläche etwa 17851 Quadratmeter. Höchster Punkt etwa $26^2/_3$ Meter über der Thalsohle. Ganze Länge der Doppelschanze etwa 176 Meter; Breite an der schmaleren Seite etwa $81^2/_3$ Meter, an der breiteren etwa 126 Meter. (Nach einer Zeichnung im Privatbesitze in München.)

aufgenommen hatte, von Drusus und Tiberius durch eine Reihe vielgefeierter Feldzüge zur Provinz gemacht worden, vielleicht bereits in der Absicht, auf der so gewonnenen Basis den Germanen auch von Süden her entgegenzutreten und Italien im Norden durch ein ähnliches Bollwerk gegen sie zu decken, wie es Cäsar im Nordwesten durch die Eroberung Galliens geschaffen hatte. Auch Vindelicien war infolgedessen, freilich nicht so schnell und nicht so gründlich, romanisiert worden. Denn auch hier wurden die zur Sicherung des neuerworbenen Landes angelegten Straßen, die es durchkreuzten und mit Italien, dem oberen Germanien und Gallien verbanden, ebensoviel Wege zur Einführung der römischen Kultur und die vielfach zu Städten erwachsenden Standlager der römischen Legionen ebensoviel Centren zur allmählichen Ausbreitung derselben. Dort bezeichneten Brigantium am Ostende des Bodensees (Bregenz) und Veldidena im Innthale

Der Römerbau der Porta ni

; von der Stadt aus gesehen.

(Wilten bei Innsbruck) den Austritt der wichtigsten Alpenstraßen aus dem Gebirge. Sie vereinigten sich in Augusta Vindelicorum (Augsburg), gegen dessen rasch wachsende Bedeutung die übrigen Städte der Provinz, Cambodunum (Kempten), Castra Batava (Passau) und Castra Regina (Regensburg) nicht aufzukommen vermochten. Augsburg wurde dank seiner bevorzugten Lage bald der Hauptstapelort

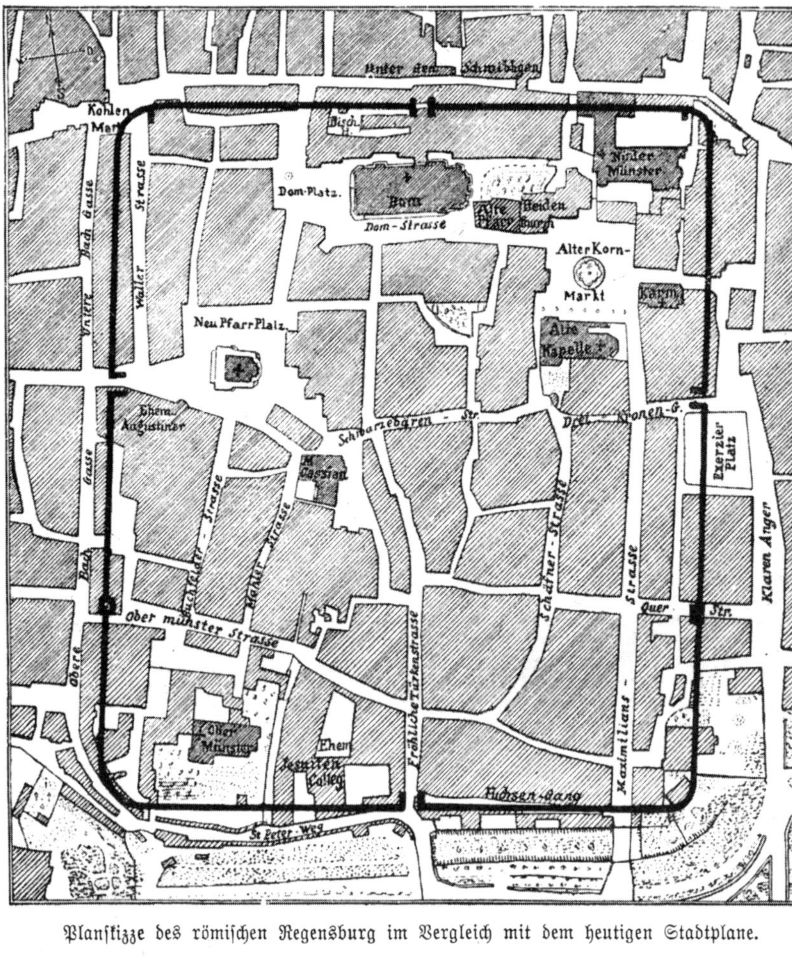

Planskizze des römischen Regensburg im Vergleich mit dem heutigen Stadtplane.

für den Handel zwischen Nord und Süd so gut wie zwischen Ost und West. Schon Tacitus preist es als die blühendste Kolonie der Provinz Rätien. Daß damit nicht zu viel gesagt ist, beweist auch hier die Masse der römischen Reste, die sich in Stadt und Umgegend erhalten haben trotz des verheerenden Sturmes, mit dem die Völkerwanderung gerade dieses Gebiet nachmals so furchtbar getroffen hat. Nächst ihm war der bedeutendste Ort Castra Regina, Regensburg, militärisch und wirtschaftlich schon durch seine Lage unmittelbar an der von dem Lauf der Donau gebildeten Grenze ausgezeichnet und demgemäß ursprünglich ein zu steter Abwehr bereites Standlager. Die Grundformen eines solchen, welche die Römer mit unverbrüchlicher Regelmäßigkeit festhielten, sind noch heutigen Tages in der Gestaltung der daraus erwachsenen inneren Stadt Regensburg deutlich erkennbar.

Hört man nun aber, daß zu Augsburg von allen germanischen Stämmen allein die den Römern befreundeten und deshalb besonders begünstigten Hermunduren frei ein- und ausgehen durften, der Verkehr für alle übrigen aber dort wie anderwärts unter besondere Beschränkungen gestellt war, die von dem steten Miß-

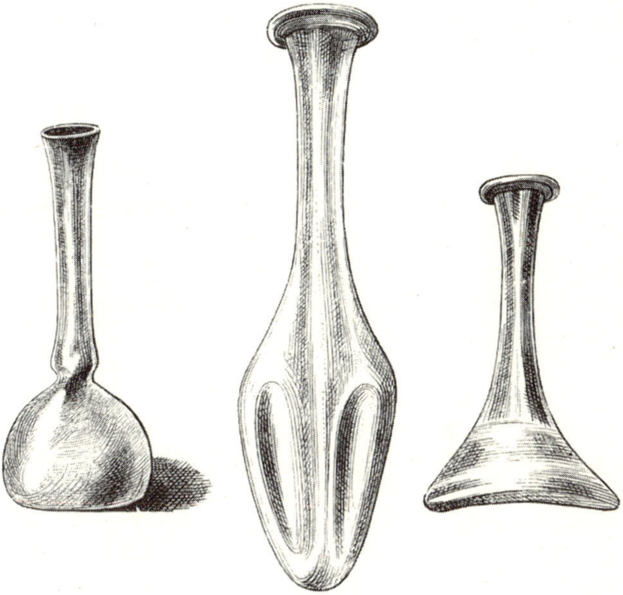

Römische Glasflaschen; $^1/_2$ der natürl. Größe. Zu Regensburg gefunden.
Regensburg, Sammlung des historischen Vereins für die Oberpfalz.

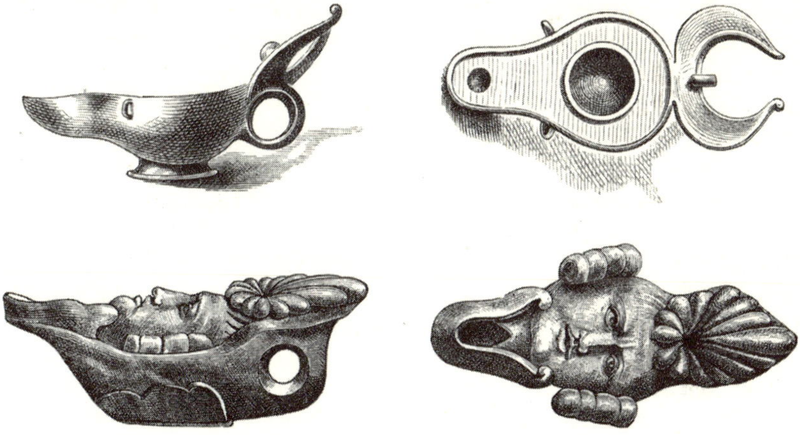

Römische Lampen, obere und Seitenansicht. Bronze. $^1/_2$ der natürl. Größe. Zu Regensburg gefunden.
Regensburg, Sammlung des historischen Vereins für die Oberpfalz.

trauen der Römer und der romanisierten Provinzialen gegen die als unzuverlässig verrufenen Barbaren Zeugnis gaben, so wird man dem in den Grenzprovinzen selbst sich abspielenden Verkehr zwischen beiden Völkern keinen allzu großen Einfluß auf die fortschreitende Bekanntschaft der Germanen mit der römischen Kultur zuschreiben wollen. Dazu bedurfte es einer größeren Intensität und ungezwungeneren Leichtigkeit der Berührung und namentlich auch eines bereitwilligeren Eingehens der Römer auf die germanische Art, als dort möglich war, wo der barbarische Einwanderer sich notgedrungen der Sitte des herrschenden Volkes anpassen mußte, von der anderen Seite aber das Gleiche nicht zu erwarten hatte. Eben das aber war nun in hervorragendem Maße der Fall in dem stark befestigten Außenwerk, das den römischen Provinzen Germanien jenseits des Rheins und Vindelicien jenseits der Donau vorgelagert war, zwischen dem Rhein und der oberen Donau und dem beide miteinander verbindenden großen Grenzwall, dem Limes. In diesem Grenzgebiet hat der Verkehr zwischen Römern und Germanen sich Menschenalter hindurch in einer Regelmäßigkeit und Innigkeit vollzogen, welche die nach wie vor wirksamen und zeitweise sogar wieder verstärkten politischen und nationalen Gegensätze nicht wesentlich beeinträchtigten. Dadurch entstand in diesem Grenz- und Übergangsgebiete eine Römern und Germanen gleich vertraute Mischbevölkerung, welche, von beiden Seiten empfangend und nach beiden Seiten hin gebend, den Germanen bis tief in das Innere ihres Landes die dauernde Einwirkung des römischen Wesens, den Römern aber ein ununterbrochenes Zuströmen germanischer Elemente vermittelte. Gerade in diesem merkwürdigen Grenzgebiete hat sich für die Germanen die Entwickelung vollendet, die sie als leitende Macht in die Geschichte einzutreten befähigte.

Während man ehemals vielfach der Meinung begegnete, die langgestreckte Befestigungslinie, welche Obergermanien und Rätien deckend von Rheinbrohl im Nordwesten bis etwas oberhalb von Kelheim an der Donau das sogenannte Zehntland gegen das eigentliche Germanien abgrenzte, habe eine ausschließlich militärische Bedeutung gehabt und müsse als eine einzige große, jeder Zeit sturmfreie Festung angesehen werden, hat die erschöpfend gründliche Untersuchung, die eine von dem Deutschen Reich bestellte Kommission auf Grund planmäßiger Ausgrabung und Aufnahme aller noch irgend auffindbaren Reste und Spuren davon und unter Heranziehung alles irgend dienlichen gelehrten Apparates während der letzten Jahre über ihre Entstehung, Einrichtung und Bestimmung angestellt hat, zunächst als sicher die Unhaltbarkeit dieser auch schon früher angezweifelten Auffassung ergeben. Sie zu widerlegen, hätte eigentlich allerdings schon genügt, wenn man jene Anlage, die, von den Römern als Limes bezeichnet, nachmals wenig zutreffend als Pfahlgraben benannt worden ist, trotz ihrer gewaltigen Ausdehnung doch nicht als für sich allein bestehend aufgefaßt hätte, sondern nur als Bestandteil eines riesengroßen Ganzen, aus dessen in der Natur und in den Verhältnissen begründeter Bestimmung sich auch der Zweck einfach genug hätte ableiten lassen, der durch sie erreicht werden sollte und allein erreicht werden konnte. Zunächst nämlich ist der obergermanisch-rätische Limes doch nur eine — wenn auch besonders wichtige und deshalb besonders sorgsam angelegte und erhaltene — Strecke des Reichslimes, d. h. die Grenze, welche, ungefähr von der Mündung des Rheins bis zu der der Donau gehend, das römische Reich in Europa von dem nördlichen Teile des Kontinents schied. Diese Grenze wird in dem weitaus größten Teile ihrer mächtigen Erstreckung von dem Laufe des Rheins und der Donau gebildet, von ersterem ungefähr von dem Ocean aufwärts bis etwa zur Lahnmündung, von letzterem vom Schwarzen Meer bis oberhalb Regensburg. Nur das mittlere Stück von einem Flusse zum anderen mußte die natürliche „nasse" Grenze durch eine von Menschenhand markierte ersetzt werden. Diese ist der Limes im engeren Sinn, die von Rhein zu Donau streichende Grenze gegen das eigentliche Germanien. Auf sie entfallen von dem Reichslimes allein etwa siebzig Meilen, d. i. fünfhundertundzweiundvierzig Kilometer. Eine Linie von solcher Ausdehnung behufs nachhaltiger Verteidigung besetzen zu wollen ist ein Ding der Unmöglichkeit und kann von einem militärisch so geschulten Volke, wie die Römer waren, niemals beabsichtigt worden sein. Das erhellt aus dem, was dem Limes im engeren Sinn, d. h. der obergermanisch-rätischen Grenzlinie, mit anderen Teilen der eigentlichen Reichsgrenze gemeinsam war.

Im allgemeinen ist nämlich die politische Grenze des römischen Reiches überall da, wo sie nicht durch einen Fluß oder das Meer, also von der Natur selbst markiert war, durch einen Graben äußerlich sichtbar bezeichnet gewesen, wie solcher, gleichsam das Sinnbild des Flusses, diesem Zweck ja zu allen Zeiten und bei den meisten Völkern gedient und selbst im römischen Afrika entsprechende Verwendung gefunden hat. Und um etwas anderes dürfte es sich auch bei dem obergermanisch-rätischen Limes zunächst nicht gehandelt, der Namen vielmehr eben auch nur diese Grabengrenze bezeichnet haben. Doch haben die besonderen Verhältnisse, die gerade bei dieser Grenze obwalteten, eine besondere Entwickelung zur Folge gehabt. Daß dabei aber jemals die Absicht mitgewirkt haben könnte, die längs der Reichsgrenze entstandenen Werke als eine gewaltige Festung alle Zeit gleichmäßig besetzt zu halten, wird nicht nur durch die Größe derselben, sondern ebenso sehr auch durch die Beschaffenheit der Anlage ausgeschlossen. Denn danach kann es sich hier unmöglich um eine Linie handeln, in der im Fall eines ernsten Angriffs von außen her entscheidender Widerstand geleistet werden sollte. Vielmehr haben wir es wie überall bei ähnlichen Anlagen in dem ungeheuren Zug der römischen Reichsgrenze auch bei dem obergermanisch-rätischen Limes nur mit einer Grenzsperre zu thun, bei der schon nach ihrer Tracierung an eigentlich kriegerische Zwecke, seien es offensive, seien es defensive, überhaupt nicht gedacht worden sein kann. Denn so sehr ihr Kriegswesen zu der Zeit, aus der die späteren Teile dieser Werke stammen, schon verfallen gewesen sein mag: so tief waren die Römer doch auch damals noch nicht gesunken, daß sie nach Art der Chinesen ihre Grenzen mit einer Festungsmauer umspannen zu können gemeint hätten, um den Angriff der Barbaren dahinter abzuwarten. Bildeten doch die die Sperre besetzt haltenden Truppen einen Kordon von so außerordentlicher Ausdehnung, daß sie wohl den Grenzverkehr überwachen und im Notfalle auch räuberische Streifzüge abwehren, aber niemals zu einer ernsten kriegerischen Aktion sofort bereit sein konnten. Schon diese Erwägungen führen zu dem Schluß, daß auch der obergermanisch-rätische Limes mit der sich daran knüpfenden eigenartigen Organisation eine Einrichtung war nicht für den Krieg, sondern für den Frieden, namentlich bestimmt, kriegerischen Konflikten vorzubeugen. Er diente politischen und Verwaltungszwecken, indem er das dem römischen Reiche einverleibte germanische Grenzland gegen eine Störung seiner sofort in Angriff genommenen Romanisierung schützte.

Das beweist die Beschaffenheit der Sperre selbst, deren Anlage militärischen Gesichtspunkten nicht selten Hohn spricht. An zahlreichen Stellen würde sie dem Feinde, den sie angeblich abzuwehren bestimmt war, wie geflissentlich empfindliche Blößen dargeboten haben. Sie beherrschende oder Einsicht in sie gewährende Höhen sind nicht mit hineingezogen, sie ist an Abhängen entlang geführt, von denen aus sie selbst durchaus beherrscht wurde u. a. m., Fehler, deren ein römischer Ingenieuroffizier, so wenig wie ein moderner, sich schuldig gemacht haben würde, hätte es sich um eine Anlage gehandelt, in der einer feindlichen Invasion die Spitze geboten werden sollte. Auch sind die ihr eingefügten Kastelle nicht selten an Punkten angelegt, wo sie ihre Bestimmung als Grenzfestungen gar nicht erfüllen konnten. Anderwärts würden sich ihre Besatzungen in der Abwehr eines feindlichen Angriffs durch davor oder daneben aufgeführte Bauwerke arg behindert gesehen haben. Militärisch kann der Limes demnach nichts anderes gewesen sein als eine Beobachtungslinie, von der aus nach vorwärts — ins Ausland — ein reger Nachrichtendienst unterhalten wurde, während sie in sich und nach rückwärts durch ein wohlorganisiertes Signalsystem verbunden war. Die Kastelle, die sich in gewissen Zwischenräumen erheben, waren eigentlich nur befestigte Kasernen zur Unterbringung der zum Grenzdienst bestimmten Truppen. Ebendeshalb wird bei der Wahl des Orts für ihre Anlage das taktische Interesse erst in zweiter Linie gestanden haben. Sie wurden zwar aufgeführt an oder nahe bei einer ins Ausland führenden Römerstraße oder einem vom Ausland in die Reichsgrenze führenden Naturweg, in einem Gebirgssattel, einem Thaleinschnitt, allgemein an solchen Punkten oder Linien, die einer schärferen Beobachtung bedurften. Den Ausschlag aber im einzelnen Falle gab die Rücksicht auf die Bequemlichkeit und Gesundheit der Lage, die gegen Wind und Wetter Schutz gewährte und möglichst sonnig war, auf das Vorhandensein guten Trinkwassers u. a. m. Das läßt sich gleichmäßig bei allen römischen Grenzlinien beobachten, am augenfälligsten aber wird es gerade bei der obergermanisch-rätischen, und zwar nicht etwa bloß, weil diese am besten erhalten oder am genauesten untersucht ist, sondern weil nirgends sonst die Bedingungen für die volle Wirksamkeit dieser eigenartigen Organisation in dem Maße vorhanden waren, wie an der römisch-germanischen Grenze und dieselbe daher auch nirgends so vollkommen hat zur Entwickelung kommen können. Diente nämlich

Römische Truppen beim Bau eines Kastells.
Relief an der Siegessäule des Kaisers Marc Aurel in Rom.

die ganze Anlage nicht militärischen, sondern politischen und Verwaltungszwecken, insofern sie die Kultivierung und Romanisierung der einbezogenen Landschaften sichern und beschleunigen sollte, so waren die wichtigsten Voraussetzungen für die Erreichung dieses Zwecks zunächst die scharfe und unzweideutige Bezeichnung der Reichsgrenze, dann die polizeiliche Absperrung des Gebiets gegen unruhige Nachbarn — für welche je nach den in den einzelnen Teilen des Grenzlandes herrschenden verschiedenen Sicherheitsverhältnissen räumlich und zeitlich sehr verschiedene Grade möglich und geboten waren —, weiter der Schutz der in dem Grenzlande entstandenen bürgerlichen Niederlassungen gegen etwaige räuberische Einfälle und schließlich Maßregeln, um inneren Unruhen vorzubeugen und den Zollschutz zu handhaben.

Bedeutete Limes im ursprünglichen und engsten Sinne die meist durch ein Gräbchen bezeichnete Reichsgrenze, so wurde damit im weiteren der Streifen Landes bezeichnet, der, ihr zunächst benachbart, an ihr entlang ging und in wechselnder Breite zugleich eine die Grenze entlang führende Straße darstellte. Auch unter dem obergermanisch-rätischen Limes hat man daher den ganzen Grenzstreifen zu begreifen, der sich von Rheinbrohl im Nordwesten bis Kelheim im Südosten hinzog. Entsprechend ihrer Entstehung zu verschiedenen Zeiten und der Verschiedenheit der bei ihrer Anlage zunächst verfolgten besonderen Zwecke, waren seine einzelnen Teile verschieden gestaltet und ausgestattet. In ihnen allen aber findet sich als zum Wesen des Limes gehörig neben der Bezeichnung der politischen Grenze des Reichs ein dieselbe entlang laufender Grenzweg, eine in verschiedener Weise hergerichtete Grenzsperre mit Durchlässen für den Verkehr mit dem barbarischen Nachbarlande und die zur Bewachung der Grenze nötigen militärischen Anlagen. So fielen Reichsgrenze und Limes thatsächlich nicht zusammen: gewöhnlich scheint jene etwas vor der letzteren markierenden Walllinie gelegen zu haben, so daß Limes genau genommen eben der Streifen längs der Grenze zwischen der wirklichen Grenzlinie und dem die Grenzsperre bildenden Wall gewesen sein wird.

Der Anfang zu der nachmals zum Limes ausgewachsenen Grenzsperre geht auf Drusus und Tiberius zurück, mögen die von diesen herrührenden Anlagen auch eine ganz andere Bestimmung und deshalb auch ein ganz anderes Aussehen als diejenigen gehabt haben, denen sie später als Teile eingefügt wurden. Es handelt sich um die Befestigungen zwischen Main und Donau, in dem rechtsrheinischen Gebiet, wo die Römer zuerst festen Fuß faßten. Die Fronten der dort später im Zuge des Limes liegenden Kastelle sind in der Main-Neckar-Linie gegen Westen, in der Main-Donau-Linie gegen Osten gekehrt, d. h. die Kastelle gehörten zusammen und waren zum Schutz des zwischen ihnen liegenden etwa drei Meilen breiten Landstrichs angelegt, und zwar augenscheinlich um vermöge einer zwischen ihnen hingehenden Militärstraße das römische Hauptlager zu Augsburg mit dem zu Mainz, Rätien mit Obergermanien zu verbinden. Damit zusammen hing die Aufführung einer Schanzenreihe in dem rechtsrheinischen Lande, deren südliches Ende man bei Kemel im Nassauischen vermutet. Die Anlage eines festen Grenzschutzes in der Neckarlinie dagegen ist erst durch Vespasian begonnen. Entscheidend wurde die Erweiterung der Anlage durch Domitian nach seinem Chattenfeldzuge. Er warf gegen diese unbequemen Nachbarn eine Grenzwehr auf, die sich vierundzwanzig Meilen lang durch die Wetterau bis zum Odenwald erstreckte. Vielleicht hing damit auch die Gründung von Arae Flaviae (Rottweil) zusammen, das zum Mittelpunkt des neuerworbenen Gebiets bestimmt gewesen zu sein scheint. Aber bei alledem hat es sich doch augenscheinlich nur um die Befestigung einzelner Punkte und die Deckung einzelner Grenzstücke, nicht um die Herstellung einer einheitlichen Grenzwehr gehandelt. Diese ist erst im zweiten Jahrhundert n. Chr. namentlich durch Trajan und Hadrian in Angriff genommen worden, ja, soweit es sich um die Herstellung von Kastellen im Zuge derselben handelt, erst im dritten Jahrhundert.

Bildnis
Kaiser Trajans auf einer Münze.
Umschrift: IMP(eratori) CAES(ari) NERVAE TRAIANO AVG(usto) GER(manico) DAC(ico) P(ontifici) M(aximo) TR(ibunicia) P(otestate) CO(n) S(uli) P(atri) P(atriae). Auf der Rückseite steht der Schluß: OPTIMO PRINCIPI S. P. Q. R. (Senatus Populusque Romanus.) Kupfer. Originalgröße. Berlin, Königl. Münzkabinett.

Gleich im Beginn seiner Regierung, noch bevor er von der ihm in seiner Abwesenheit zugefallenen Kaiserkrone Besitz nahm, hat sich Trajan die Befestigung der genau bezeichneten Grenze gegen Germanien durch die weitere Einbeziehung unsicheren Vorlandes angelegen sein lassen. Dabei ging er auf ein einheitliches System aus, das in der künstlichen Ergänzung der durch Rhein und Donau gegebenen natürlichen Begrenzung beruhte. Während er auf der einen Seite, gewissermaßen auf dem äußersten linken Flügel der römischen Gesamtstellung gegen Germanien, das wichtige Castra Vetera in etwas veränderter Lage als Colonia Trajana (S. 124) wiedererstehen ließ, schuf er auf dem äußersten rechten Flügel der Rheinlinie in Aquae Aureliae (Baden-Baden), dessen heilkräftige Quellen von Germanen und Römern vielfach benutzt wurden, einen neuen festen Punkt, im Centrum aber erweiterte er das celtische Lupodunum zu der wichtigen Civitas Ulpiana (Ladenburg am Neckar, zwischen Heidelberg und Mannheim). Dann hat Hadrian, wie er überhaupt, auf Eroberung verzichtend, nur die Erhaltung des gegenwärtigen Besitzstandes erstrebte, die Schließung auch der germanischen Grenze weitergeführt, indem er nördlich von der Donau eine ähnliche Sperre errichtete, die im rheinischen Gebiete aber, wie es scheint, so erweiterte, daß sie auch die Wetterau mitumfaßte. Später sind dann die rheinische und die Donaugrenzwehr vollendet und miteinander verbunden und dadurch das ganze Dreieck germanischen Landes zwischen Rhein und Donau als Vorland der Provinzen Rätien und Obergermanien konstituiert worden. Baden und Württemberg traten damit unter die unmittelbare Einwirkung der römischen Kultur, von der daher in beiden Gebieten noch eine reiche Fülle von Denkmälern erhalten ist.

Münze
von Kaiser Hadrian.
Umschrift: GERMANIA. Im Felde die Germania mit Schild und Speer. Silber. Originalgröße. Berlin, Königl. Münzkabinett.

Eine so allmähliche Entstehung zusammen mit der Verschiedenheit der Gesichtspunkte, die bei der Aufführung der einzelnen Teile zunächst maßgebend waren, und mit der Verschiedenheit der Terrainverhältnisse erklärt die Verschiedenheit in der Ausführung, die nicht bloß zwischen dem obergermanischen und dem rätischen Limes, sondern auch innerhalb eines jeden von ihnen zwischen einzelnen Teilen obwaltete.

Gemeinsam ist dem obergermanischen und dem rätischen Grenzwall natürlich der Anschluß an die eigentliche politische Grenze des Reiches. Diese wurde hier wie überall mit Hilfe der bei den Römern von alters her hochentwickelten Feldmeßkunst auf das genaueste festgelegt. Dazu fixierte man zunächst ihre Hauptrichtung durch Visieren von einer Höhe zur anderen oder von einem auffallenden Baum zum anderen. Dann wurden die Teilstrecken, indem man sie wiederum abschnittweise durch Steine, aufgeworfene Hügel oder Bäume markierte, einzeln genau nachgemessen und unter sorgsamer Anpassung an das wechselnde Terrain die Grenze festgelegt. Dabei stellte man die eigentliche Grenzlinie dar durch einen schmalen, bis zu etwa einem Meter tiefen Graben. Er ist auch bei dem Limes noch vielfach aufgefunden und zwar außerhalb der Befestigungslinie und vor dem diese entlang laufenden größeren Graben, d. h. also außerhalb der eigentlichen Grenzwehr. Er enthielt die zu späterem sicheren Erweis des Grenzzuges nötigen Grenzmarken. Auf seiner Sohle nämlich fand man in einer Reihe von Fällen in bestimmten Abständen senkrecht gestellte Grenzsteine mit eigenartigen Marken und diese Marksteine dann wiederum verbunden durch eine Reihe von liegenden Steinen, sogenannten Läufern (cursores), ein Beweis dafür, daß die Grenze dort genau nach den Vorschriften der Agrimensoren im Einverständnis mit der germanischen Bevölkerung abgesteckt und festgelegt, Wall und Graben aber erst später hergestellt worden sind. In anderen Fällen, vielleicht namentlich dann, wenn man durch Ziehung der Grenze ohne Zustimmung der Germanen von einem Stück Land Besitz nahm, wurde der künftige Erweis des damit erworbenen römischen Rechts in anderer eigentümlicher Weise sicher gestellt, indem man auf der Sohle des Grenzgräbchens Steine, Scherben, Kohle u. a. m. niederlegte, und zwar an Orten, wo einmal ein Zweifel über den Zug der Grenze entstehen konnte, Steine, die in der betreffenden Gegend nicht vorkamen, oder Scherben, deren römischer Ursprung augenfällig war. Seit man diesen eigentümlichen Brauch des „Aussteinens“ der eigentlichen Reichsgrenze entdeckt hat, ist es möglich geworden, den Zug des Limes als Grenzsperre auch da zu rekonstruieren, wo seine sonst vielfach vorhandenen Spuren im Laufe der Jahrhunderte verwischt sind und auch die Merkmale im Stich lassen, die sonst von seinem einstigen Vorhandensein Zeugnis ablegen.

Unter diesen hat man namentlich den Ortsnamen Bedeutung beigemessen, nicht bloß denen von Dörfern und Flecken, sondern auch Gau- und Flurnamen, indem man annahm, es seien, entsprechend der später von den Anwohnern des einstigen Limes dessen Resten beigelegten Bezeichnungen als Pfahlgraben, alle diejenigen Örtlichkeiten mit demselben in Verbindung zu bringen, in denen „Pfahl“ als Bestandteil vorkommt, wie z. B. Pfahlheim, Pfahlbronn u. a. m. Diese Annahme beruht aber, wie neuerdings mit Recht geltend gemacht worden ist, auf einer unrichtigen Vorstellung von der Bedeutung des Grabens und des Pfahlwerks in gewissen Teilen der Grenzwehr. Denn zunächst haben beide insofern nichts miteinander zu thun, als zwar in einiger Entfernung vor der Grenzwehr ein Graben ausgehoben war; an ihm aber fand sich nichts von Pfählen: vielmehr war hier und da, aber keineswegs überall, der weiterhin die Grenzwehr bildende Erdwall an seinem äußeren Fuße durch eingerammte Pfähle gegen plötzliches Ersteigen geschützt. Das fiel schon da fort, wo die Grenzwehr nicht aus einem Erdwall, sondern aus einer steinernen Mauer bestand. Jedenfalls hat der Pfahl mit dem Limes als solchem nicht in dem Maße zu thun und ist nicht in dem Grade charakteristisch dafür, daß überall da, wo „Pfahl“ als Bestandteil eines Ortsnamens vorkommt, auf die Nachbarschaft des ehemaligen Pfahlgrabens geschlossen werden dürfte. Außerdem kommen mit Pfahl gebildete Benennungen auch von Straßen, Wällen, ja natürlichen Bodenerhebungen vor, wo jede Beziehung zu dem Limes und seiner Verpfählung ausgeschlossen ist. Man hat dieses „Pfahl“ daher anders zu erklären versucht. An seine Herkunft von vallum kann dabei füglich nicht gedacht werden, schon im Hinblick auf die nicht bloß tautologische, sondern sachlich unmögliche Bildung Pfahlmauer. So hat man, nicht ohne Glück, die hierher gehörigen Namen mythologisch zu erklären versucht. Unter dem Eindruck teils seiner Größe, teils seiner Dauerhaftigkeit, teils der Unerklärbarkeit seines Ursprunges und seiner Bestimmung hat das Volk den Limes, wo es auf Reste von ihm stieß, mit mythischen Namen belegt — z. B. Teufelsmauer, Schweinegraben, Saugraben, Saustraße. Ähnlich könnte es sich mit Pfahlgraben verhalten, wobei dann allerdings weniger an den Gott Phal zu denken sein dürfte, als an eine altdeutsche, auch im Altnordischen und Angelsächsischen vorkommende Wurzel fal, „schrecken“, womit das mittelhochdeutsche valant, valantine, Teufel, Teufelin, zusammenhängt, ein Vorgang, der sein Seitenstück finden würde in anderweitig vorkommenden verwandten Benennungen für irgendwie auffallende Örtlichkeiten, wie Teufels-, Riesen-, Hexengraben u. a. m. Nach dieser Analogie würden dann übrigens wohl auch Namen wie: Drusushügel, Drususloch (womit ein aus der Römerzeit herrührendes Wasserreservoir zu Mainz bezeichnet wird) weniger mit dem römischen Feldherrn als vielmehr mit drus, Teufel, in Verbindung zu bringen sein.

Deutlich scheiden sich der Gliederung und Richtung nach in dem Gesamtzuge des Limes drei Abschnitte: zunächst nämlich der rätische Limes im Norden der Donau, der sich annähernd dem Nordabhang der rauhen Alb anschmiegend einen leicht geschwungenen nach Süden geöffneten Bogen bildet und von Kelheim bis Lorch reichte, dann der Neckarlimes, der ziemlich genau von Süden nach Norden gerichtet, bei Lorch beginnend, sich bis zu dem Punkte erstreckte, wo der untere Mainlauf, ein nach Norden geöffnetes Viereck bildend, sich nordwärts wendet. Bis gegen Hanau hin bildet dann der Fluß selbst die nasse Grenze. Darauf folgt der Taunuslimes, der erst einen weit nach Norden ausspringenden Bogen bildete und dann südwestlich, westlich und nordwestlich etwa bis zur Mündung der Lahn geführt war. Die Verschiedenheit aber, welche man früher rücksichtlich der Anlage und technischen Ausführung zwischen dem obergermanischen und dem rätischen Limes statuieren zu müssen meinte, hat sich gegenüber der neuesten Durchforschung aller Limesreste nicht aufrecht erhalten lassen oder ist doch als nicht in dem angenommenen Grade, sondern nur teilweise vorhanden erwiesen.

Der rätische Limes begann oberhalb von Regensburg und der Mündung der Altmühl in die Donau zwischen Kelheim und Hienheim, überschritt ersteren Fluß zunächst bei Kipfenberg und dann nochmals in seinem Oberlauf bei Gunzenhausen und ging dann westlich und südwestlich über Pfahlheim nach Pfahlbronn, wo er in einem rechten Winkel mit dem obergermanischen Limes zusammenstieß. Ein südlicher Ausläufer nach Lorch und dem Hohenstaufen scheint von nur lokaler Bedeutung gewesen zu sein. Vermutlich sollte er den Eingang zum Remsthal sperren, welches als die natürliche Straße von der Donau zum Neckar germanischen Streifscharen leicht eine Umgehung der Grenzsperre ermöglicht hätte. In ihrem

Gez. von H. Lullies. *Historischer Verlag Baumgärtel in Berlin.*

Der westliche Teil des rätischen und der südliche Teil des Neckar-Limes.

Hauptteil bestand diese rätische Grenzwehr aus einer Mauer, die in einer Breite von zwölf Fuß und bis zu fünf Fuß hoch wie ein Damm die Gegend durchlief. So erklärt es sich auch, wie das Volk, ohne Ahnung von ihrer einstigen Bestimmung, in ihren so ganz unvermittelt aus der Ebene aufragenden Resten ein Werk des Bösen sah und sie als Teufelsmauer bezeichnete. Den Römern aber diente diese zugleich gewissermaßen als Wallgang, auf dem die mit der Grenzhut betrauten Truppen auf ihren Patrouillengängen sich sicher und schnell bewegen und im

Notfall auch größere Abteilungen einen bedrohten Punkt von verschiedenen Seiten her in kurzer Zeit erreichen konnten. Auch die Flußläufe bildeten da kein Hindernis. Denn sie wurden, wie der Befund bei der Gelsmühle in dem fruchtbaren Wiesenthal des Sulzachflüßchens lehrt, mit einem im Zuge des Limes liegenden, von Eichenpfählen getragenen Steg überbrückt. Um dem Wasser widerstehen zu können, ist der Limes selbst in der Nähe des Flusses aus gewaltigen Steinblöcken zusammengefügt, zwischen denen auf eine Strecke hin auf beiden Ufern Durchlässe hergestellt sind, um auch das mit Überschwemmungen steigende Wasser unschädlich ablaufen zu lassen.

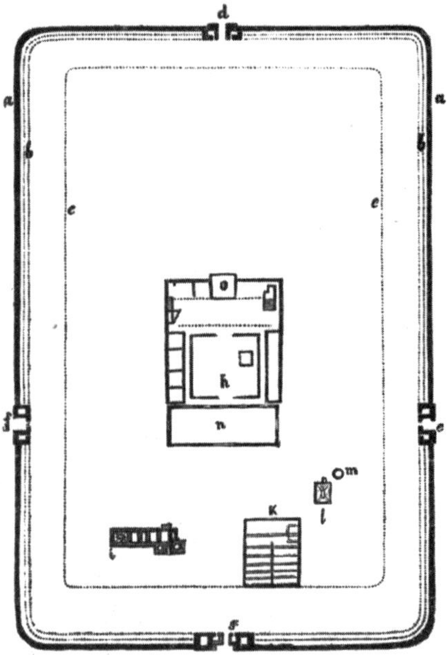

Grundriß des Römerkastells „Saalburg" am Taunus, bei Homburg v. d. H.

a Äußere Umfassungsmauer, auf der Längsseite etwa 390 Schritt, auf der Schmalseite etwa 200 Schritt lang. b Wallgang, zur Aufnahme der Verteidiger. c Breiter Weg für größere Truppenteile: **Via angularis.** d **Porta praetoria**; das Hauptthor, bei dem das Zelt des Feldherrn stand. e **Porta principalis dextra** (Eingang an der rechten Seite). f **Porta principalis sinistra** (Eingang an der linken Seite). g **Porta decumana**: das Hauptthor, bei dem die zehnten (daher „decumana") Kohorten der Legionen lagen. h Wohnung des obersten Befehlshabers: Praetorium. i k Baulichkeiten zweifelhafter Bestimmung. l Kleines Heiligtum. m Brunnen. n Umschlossener Raum mit einer Thür an jeder seiner drei Außenseiten. o Quadratischer Turm an Stelle eines Thores.

An diesen rätischen Limes schloß sich bei Pfahlbronn der Neckarlimes. Neunzig Kilometer lang gerade gegen Norden gehend, durchschnitt er erst den nördlichen Teil des heutigen Württemberg und erreichte von Murrhardt über Öhringen Jagsthausen, wo er in das heutige Badische überging. Ohne Rücksicht auf die Schwierigkeiten des Terrains über Berg und Thal geführt, ging er über Osterburken und Walldürn weiter und stieß in der Nähe von Miltenberg an die südliche Seite des Mainvierecks. Auf dieses Stück hat man vorzugsweise die Benennung Pfahlgraben angewandt. Denn hier erscheint der Limes zumeist — aber nicht durchweg — als ein breiter Erdwall, an dessen äußerer, dem Feinde zugekehrter Seite das Ersteigen hindernde Pfähle eingerammt waren. Die Krone dieses Walles, der von verschiedener Breite war und sich nach oben stark verjüngte, diente wie die Mauer des rätischen Limes zugleich auch dem Verkehr der Besatzungstruppen, denen er zudem bei seiner Höhe einen freien Ausblick in das vorliegende Gebiet eröffnete. In einiger Entfernung davon zog sich auf der äußeren Seite ein Graben hin, der breit und tief und nach unten stark verjüngt war. Streckenweise aber war auch in diesem Teil des Limes die Grenzsperre als Mauer aufgeführt. Dahin ist es freilich nicht zu rechnen, wenn man bei Osterburken eine Mauer gefunden hat, die sich hinter dem Erdwall mit vorliegendem Graben eine größere Strecke hinzieht. Vielmehr dürfte es sich da wohl um eine durch besondere militärische Rücksichten gebotene Doppellinie handeln, oder die Mauer und Wall gehören verschiedenen Zeiten an.

Am mannigfaltigsten war in seinen einzelnen Teilen der eigentliche rheinische Limes, das nördlichste Stück der ganzen Anlage gestaltet, das infolge des von ihm durchmessenen schwierigen Terrains sehr wechselnde Richtungen verfolgte. Während von Miltenberg bis Hanau der Lauf des Main die nasse Grenze bildete, begann der Limes noch etwas oberhalb des letzteren mit einem umfänglichen und stark befestigten Kastell, dem heutigen Großkrotzenburg, da, wo der zuletzt nordwärts fließende Main sich gegen Westen wendet, ging über die Kinzig, Nidder, Wetter und Nidda nordwärts bis in die Gegend südlich von Gießen und erreichte dann, südwestlich weiter streichend, über Butzbach den Nordabhang des Taunus. Während im allgemeinen die den Rückhalt der Grenzwehr bildenden festen Lager und Kastelle immer in einiger Entfernung von ihr, weiter in das römische Gebiet hinein, also südlich von dem Donau- und westlich von dem Neckarlimes lagen, befand sich hier eine der gewaltigsten Anlagen der Art unmittelbar an und eigentlich in dem Zuge des Limes selbst, die Saalburg bei Homburg v. d. H. In ihrer ersten Anlage vielleicht noch auf Drusus zurückgehend, sperrte sie eine tiefe Senkung im Taunus und wird zugleich als vorgeschobene Bastion gegen die Chatten gedient haben. Daher scheint sie auch der Gegenstand wechselvoller Kämpfe gewesen zu sein. Ihre Fundamente

Die Reste der „Porta praetoria“ von dem Römerkastell „Saalburg“ am Taunus, bei Homburg v. d. H.

Die Reste der „Porta decumana“ von dem Römerkastell „Saalburg“ am Taunus, bei Homburg v. d. H.

aber haben der Zerstörung und den Stürmen der Zeit widerstanden. Im Grundriß erhalten, gewähren sie uns noch heute eine klare Anschauung von der Einrichtung eines solchen römischen Standlagers, die einer gewissen Großartigkeit, Behaglichkeit und Eleganz nicht entbehrte, und mit Hilfe der massenhaft dort gefundenen Geräte aller Art vermögen wir dieses uns auch mit den bunten Einzelheiten des sich darin abspielenden Lebens zu erfüllen. Von der Saalburg ging die Grenzwehr in weitem Bogen über den Feldberg, so daß die Heilquellen der Aquae Mattiacae, d. i. Wiesbaden, mit darin beschlossen waren. Durch besondere Werke gedeckt, setzte sie dann bei Ems über die Lahn und zog sich gegen Nordwesten, bis sie am Rhein zwischen Rheinbrohl und Hönningen, gegenüber dem Eingang zum Thal des Laacher Sees, oberhalb Linz ihr Ende erreichte. Denn eine Reihe ähnlicher Befestigungen, die sich noch weiter den Fluß abwärts zogen, gehörten nach Anlage und Ausführung damit nicht zusammen.

Im übrigen ist hier im Anschluß an die ausgesteinte politische Grenze dieselbe Technik der Grenzsperre angewandt wie längs der Neckarlinie. Wenn Germanen im römischen Gebiet Beute oder Abenteuer suchen wollten, so mußten sie zunächst den hier besonders tiefen und breiten Graben überschreiten, die am Fuß des Walles eingerammten Pfähle durchbrechen oder übersteigen und dann den bis zu sechzehn Fuß hohen Wall erklimmen, zu dessen Verteidigung auch in die Ferne wirkende Waffen, wie Schleudern und Wurfmaschinen bereit gehalten sein werden. An besonders gefährdeten Stellen machten die Römer die unbemerkte Annäherung der unruhigen Nachbarn durch Wüstlegen des Vorlandes vollends unmöglich. Übrigens hatte der Limes auch im Taunusgebiet auf längere Strecken die Gestalt eines Steindammes. Offenbar hing das von der Bodenbeschaffenheit ab, der entsprechend in seinem Zuge, den man sich früher fälschlich als bloß aus einem Erdwall mit Graben bestehend gedacht hat, zwei Konstruktionen wechselten, einmal Wall und Graben und dann Mauer ohne Graben, aber mit einem etwa fünfundeinhalb Meter davor liegenden Gräbchen. In allen Teilen des Limes aber, dem rätischen so gut wie dem obergermanischen, zog sich hinter der Grenzwehr, sei es Wall, sei es Mauer, dreißig bis vierzig Meter davon entfernt ein Weg hin, der zwischen den Kastellen und Wachttürmen die Verbindung sicherte und den Grenztruppen im Notfall schnelle Konzentration ermöglichen sollte. Diese Kastelle, die nur ausnahmsweise im Zuge der Grenzwehr selbst, meist in einiger Entfernung davon errichtet waren, waren nur ausnahmsweise eigentliche Festungen (wie die Saalburg, Großkrotzenburg), gewöhnlich nur befestigte Kasernen. Unmittelbar an der Walllinie fanden sich Wachttürme oder Wachthäuser, in der Weise gleichmäßig auf die Strecke verteilt, daß ihre Besatzungen jeden Augenblick durch Signale und Alarmzeichen miteinander in Verbindung treten konnten. So war durch das Zusammenwirken der in den einzelnen Abschnitten liegenden Besatzungstruppen allerdings eine dauernde Beaufsichtigung des Grenzzuges gegeben, und es konnte, sobald irgendwo beunruhigende Anzeichen bemerkt wurden, rechtzeitig für die Abwehr eines etwa versuchten Handstreichs gesorgt werden. Wohl mag einmal ein paar verschlagenen Germanen ein Viehdiebstahl oder dergleichen gelungen oder ein einzelner Abenteurer glücklich durch die römische Postenlinie gekommen sein: von einer ernsteren Bedrohung der römischen Militärgrenze durch größere Germanenscharen hören wir bis in die zweite Hälfte des zweiten Jahrhunderts nichts. Nicht durch eigentlich kriegerisches Gegenwirken, sondern einfach durch Verhinderung des abenteuernden Schweifens, zu dem die Germanen ihre Volksnatur so gut wie die Unfertigkeit ihrer politischen, gesellschaftlichen und wirtschaftlichen Zustände verleitete, haben die Römer ihre wanderlustigen Nachbarn je länger je mehr zur Seßhaftigkeit genötigt. Diese aber bewirkte bei den Germanen allmählich tiefgreifende Wandlungen. Solange sie noch nicht ganz fest am Boden hafteten, war die vornehmste Grundlage ihres Wohlstandes die Viehzucht gewesen: an ihre Stelle trat nun allmählich der Ackerbau. Das aber hatte wieder gesellschaftliche und weiterhin dann politische Wandlungen zur Folge, durch welche die Germanen sich mehr und mehr aus dem halben Naturzustande lösten, in dem sie zu des Tacitus Zeiten gelebt hatten.

Dazu aber hat wesentlich der Umstand beigetragen, daß der Limes, der zunächst eigentlich eine Grenzsperre war, doch zugleich auch die beiden durch ihn getrennten Nationen verband und die Berührung und Vermischung ihrer Kulturen beförderte und regelte. Die Grenzwehr war nicht auch eine Völkerscheide. Wie sie Flüsse und Wasserläufe einließ, zugleich aber bändigte und unschädlich machte, so wurden auch die jenseits sitzenden oder wandernden Germanen an bestimmten Stellen zu friedlichem Verkehr zugelassen und durften unter Beobachtung gewisser Vorsichtsmaßregeln Handel und Tausch treibend ein- und ausgehen. Ja, in der Festlegung und Ordnung dieses Verkehrs wird man, wenn auch nicht von Anfang an die eigentliche Bestimmung des Limes, so doch weiterhin seine augenfälligste und folgewichtigste Wirkung sehen dürfen. Für das innerhalb desselben gelegene Land trifft die ihm gewöhnlich beigelegte Benennung der agri decumates, des Zehntlandes, genau genommen nur für die erste Zeit der Besiedelung zu. Dasselbe büßte den anfänglichen Charakter eines den Kolonisten gegen Zahlung eines Zehnten geliehenen, d. h. zur Benutzung überlassenen Landes bald ein und wurde echtes Eigentum der darauf seßhaft gewordenen Römer. Vielmehr war es sehr bald zu einem den Provinzen Rätien und Obergermanien zugerechneten Vorlande geworden, das man nach seiner anfänglichen Organisation und dadurch bedingten Entwickelung vielleicht nicht unzutreffend mit den Militärgrenzen anderer Staaten in späteren Zeiten in Vergleich stellen könnte. Denn wie dort, so haben auch hier die in einem permanenten Lagerleben wurzelnden militärischen Einrichtungen durch ihr jahrelanges Verbleiben an demselben Orte sich unvermerkt zu bürgerlichen Einrichtungen ausgewachsen. Freilich war das gerade bei der Eigenart des römischen Soldatentums der Kaiserzeit noch in weit höherem Maße der Fall als anderwärts. Denn die römischen Standlager zogen einen ungeheuren Troß von ständigen bürgerlichen Begleitern hinter sich her und wurden, auch ohne daß die Absicht dazu bewußt vorgewaltet hätte, allein schon durch die Wucht der Verhältnisse in dem ihrem Schutz befohlenen Grenzlande zugleich Centren der Romanisierung, die in demselben Maße in immer weiterem Kreise um sich griff, als sie lange an einem und demselben Ort verblieben. Fast regelmäßig erwuchs dem eigentlichen Lager benachbart eine bürgerliche Lagerstadt, wo die um des Erwerbes willen dem Heere folgenden Leute, wie Marketender, Handwerker und Händler aller Art sich niederließen, aber auch die Häuser für die Soldatenfrauen und -kinder standen und dann auch die des Dienstes entlassenen Veteranen sich in der Nachbarschaft ihrer ehemaligen Kameraden ansiedelten. Alle diese Leute lebten in eigentlich germanischem Lande, doch ganz nach römischer Art. Denn der römische Soldat war anspruchsvoll. Er wollte auch in der Fremde des Komforts, den er daheim gewohnt war, auf die Dauer nicht entbehren. Daher nahmen die Standlager zum Teil ganz städtische Formen an. Es fehlte ihnen nicht an Wasserleitungen, Bädern, Tempeln, Theatern u. s. w. Damit aber vermehrte sich auch die Möglichkeit des Erwerbes für alle diejenigen, die dem Heere nachgingen, um mit und von den Soldaten zu leben. Auch von den benachbarten Galliern ließ sich mancher

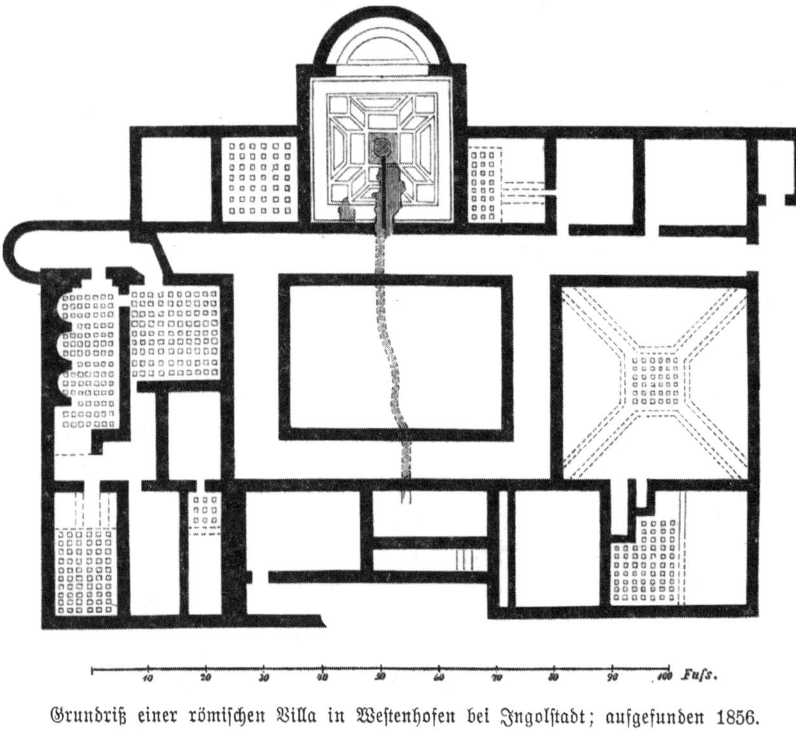

Grundriß einer römischen Villa in Westenhofen bei Ingolstadt; aufgefunden 1856.

dort nieder, angelockt durch die in und bei der Lagerstadt so bequem zugänglichen Genüsse der römischen Kultur. Doch strömten wie immer in Kolonialländern auch bedenkliche Elemente zu, denen es weniger um ehrliche Arbeit als leichten Erwerb zu thun war, und gerade aus Gallien scheint Zuzug dieser Art reichlicher gekommen zu sein. Aber auch an Zuzug von tüchtigen römischen Elementen hat es nicht gefehlt, die, arbeitsfähig und arbeitslustig, in den germanischen Grenzlanden eine neue Heimat suchten, wo einfachere und gesundere Verhältnisse ihnen das daheim längst unmöglich gewordene bäuerliche Leben ermöglichten. Ihren Spuren ist man an verschiedenen Punkten des Limesgebiets begegnet, in den Resten von römischen Bauwerken, wie sie namentlich im badischen Odenwald und im Neckarlimes mehrfach gefunden worden sind (z. B. beim Stockbronner Hof, bei

Tiefenbach, Neckarzimmern), die nach der einfachen Anlage und dem geringen Umfang weder Großgrundbesitzern gehört haben, noch Sommervillen vornehmer Römer gewesen sein können, sondern Höfe von Kleinbauern, die mit wenigen Knechten das Feld bestellten und daher mit bescheidenen Wohn- und Ökonomiegebäuden auskamen, vielleicht auch Veteranen eines benachbarten Kastells, die nach langjähriger Dienstzeit hier ein kleines Landgut erhalten hatten mit der Verpflichtung, einen Teil des Ertrages an das Kastell abzuliefern und in Kriegszeiten mit ihren Knechten wieder zu den Waffen zu greifen. So erhielt das Zehntland eine buntgemischte, bewegliche und strebsame Kolonialbevölkerung mit den Mängeln, aber

Reste römischer Gebäude im Walde bei Kulbing, etwa vier Kilometer von Laufen in Oberbayern. Länge des ganzen Baues etwa 7½ Meter, Breite etwa 4 Meter.

auch den Vorzügen einer solchen, und die ihm zugehörigen Teile Badens, Württembergs und Bayerns erblühten in ähnlicher Weise wie früher nach der römischen Eroberung die Schweiz und Gallien. Noch heute begegnet man dort auf Schritt und Tritt den Überresten der damals eingebürgerten römischen Kultur, durch die das Land dicht mit Städten, Weilern, Dörfern und Villen besetzt war. Die Gegend gewann ein ganz anderes Aussehen, wurde lichter und luftiger, wohnlicher und fruchtbarer. Die Wälder wurden ausgerodet, die Flüsse reguliert, die Moose trocken gelegt. Ein weitausgreifendes und vielverzweigtes Straßennetz durchschnitt das Land in verschiedenen Richtungen und diente bald nicht mehr allein militärischen Interessen, die bei seiner Anlage natürlich zunächst maßgebend gewesen waren. Seine Knotenpunkte erwuchsen zu Verkehrs- und Handelscentren und sind späterhin zum Teil wichtige Städte geworden. Bergwerke und Steinbrüche wurden

Mosaikfußboden aus dem Atrium der Römervilla in Westenhofen. München, bayerisches Nationalmuseum.

(Zu gunsten größerer und deutlicherer Darstellung ist nur die eine Hälfte abgebildet, die andere, in welcher die Zeichnung zwischen dem Mittelpunkt und der Grundlinie des Halbrundes sich nur wiederholt — überdies ist ein ansehnlicher Teil dieser Partie auch zerstört — weggelassen worden.) Flächeninhalt 833 Quadratfuß. Die Mosaiksteinchen sind naturfarbig und mit der Säge geschnitten bis auf eine Art roter, die gebrannt zu sein scheint. Alle Steinchen haben Würfelform von $^1/_2$ bis $^1/_{12}$ Zoll im Quadrat; sie sind in weißem Kitt auf roten Beton eingesetzt, unter dem sich eine Schicht gelblichen Mörtels als Unterlage befand.

Römischer Altar mit Darstellung eines Opfers; gefunden 1507 (?) zu Eining a. d. Donau (in Bayern). München, Königl. Antiquarium.

Inschrift: (Dominis nostris M. Aurelio Antonino et P. Septimio Getae Augustis et Juliae) AVG(ustae) MATRI AVG(ustorum) E(t) KAST(rorum) (Iovi Optimo maximo) ET IVN(oni) RE(ginae) ET MINER(vae) SAC(rum) GEN(i)O COH(ortis) III BRIT(annorum) ARAM T(itus) FL(avius) FELIX PRAEF(ectus) EX VOTO POSVIT L(ibens) M(erito). DEDICAVIT KAL(endis) DEC(embribus) GENTIANO ET BASSO CO(n)S(ulibus). Der Altar wurde am 1. Dezember des Jahres 211 errichtet: auf der einen Seite ist eine Frauengestalt mit Füllhorn und Ruder (Fortuna), auf der anderen ein Mann mit einem Füllhorn, der an einem brennenden Altar opfert (genius), dargestellt.

angelegt und gewinnbringend betrieben. Selbst in kleinen Orten erhoben sich stattliche Tempel. Auch die Germanen gewöhnten sich an das Bedürfnis des Badens. Wirtshäuser und Fabriken entstanden, aber auch Theater und Schulen. Und mit der äußeren römischen Kultur hielt dann schließlich auch die innere, geistige ihren Einzug in das germanische Grenzland. Den Marketendern und Händlern folgten die Schreiber und Gelehrten. Die römische Bildung fing an ihren Sitz in Germanien zu nehmen. Hat es dennoch Städte im Sinn des römischen Rechts nur wenige gegeben (als solche sind in dem heutigen Württemberg allein Civitas Sumlocenna, Sülchen bei Rottenburg, und Civitas Alisinensis, Benfeld im Süden von Heilbronn, und in Baden Civitas Aquensis, Baden-Baden nachweisbar), so berechtigen doch die in jener Gegend vorhandenen Reste aus der Zeit der Römerherrschaft zu der Annahme, daß damals auch viel kleinere Orte als die genannten (z. B. Vicus Aurelii, Öhringen) in der äußeren Ausstattung und der Lebensführung der Einwohner hinter den kleinen und ländlichen Städten Italiens selbst nicht wesentlich zurückgestanden haben werden.

Genius mit Füllhorn und Opferschale.

Bronze. 18 Centimeter hoch. Gefunden in Kösching in Bayern. München, Königl. Antiquarium.

An diesem folgenreichen kulturgeschichtlichen Prozeß, der sich in dem Zehntlande vollzog, hatten nun auch die dort sitzenden und die ihm benachbarten Germanen ihren reichgemessenen Anteil, zunächst und am meisten natürlich die in der römischen Militärorganisation mit einbegriffenen. Denn das germanische Element im römischen Heere wuchs dauernd. Die den Legionen beigegebenen Hilfstruppen bestanden fast ausschließlich aus Germanen. Auch lebten von den Soldaten viele in der Ehe mit germanischen Weibern. So führten unzählige Wege und Verbindungen der verschiedensten Art von den

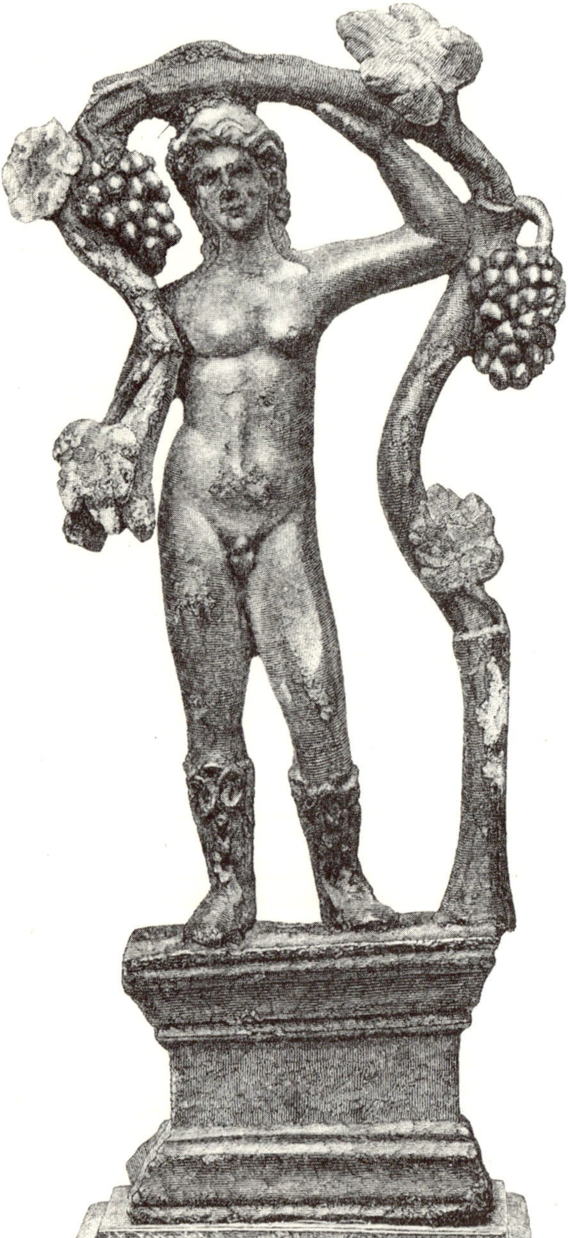

Bacchusfigur; Bronze.
19 Centimeter hoch. Gefunden bei Obelfing in Oberbayern.
München, Königl. Antiquarium.

römischen Standlagern hinüber in das Innere Germaniens. Die alten Gegensätze wurden abgeschwächt, die Mischung römischen und germanischen Wesens machte immer weitere Fortschritte. Denn was die im römischen Heere dienenden oder sonst in und bei den Lagerstädten heimisch gewordenen Germanen dort Neues kennen lernten, steigerte ihre und weiterhin auch ihrer Verwandten und Landsleute Geschmack und Empfänglichkeit für die römische Kultur und bahnte auch weit in das Innere Germaniens, hinein einen allmählichen Wandel des alten naturwüchsigen Brauches an. Die Germanen lernten neue Kulturpflanzen kennen, deren Anbau von Gallien her allmählich ostwärts vorrückte, und fingen an, neue Getreide-, Obst- und Blumenarten zu ziehen. So wurde damals die Kultur der Rebe im Rheinthal heimisch. Ebenso fanden die Produkte gallischer und römischer Gewerbthätigkeit und Kunstfertigkeit vom Limeslande aus Verbreitung bis weit nach Germanien hinein. Gerätschaften, Schmuckgegenstände, Waffen römischen Ursprungs wurden importiert und von der noch unentwickelten heimischen Industrie zum Teil als Muster benutzt unter Anpassung an den besonderen germanischen Brauch oder Geschmack, dem übrigens auch schon

Erläuterungsblatt zu dem

Faksimile eines Teiles, obere Partie des dritten Abschnittes, der antiken Straßenkarte (Tabula Peutingeriana).

(Anschluß der beiden Streifen bei *a*.)

Die Peutingersche Tafel, jetzt in der Kaiserl. Bibliothek in Wien, benannt nach dem bekannten Ratsherrn von Augsburg, Konrad Peutinger, an welchen sie durch den Entdecker Konrad Celtes, der sie 1507 in Worms fand, gelangte, ist eine im Jahre 1265 von einem Mönch in Colmar gemalte Kopie des alten, ca. 280 n. Chr. gefertigten Originals einer Landkarte. Dieselbe, auf zwölf breite Pergamentstreifen (mit späteren Zusätzen) gezeichnet, sollte wohl zunächst als Reisekarte dienen. Sie umfaßt den ganzen **orbis terrarum**, d. h. die ganze Erde, soweit sie damals den Römern bekannt geworden: nur im Westen fehlt ein Strich Landes, da der erste Streifen verloren gegangen ist. Sie ist von Norden nach Süden sehr stark zusammengedrückt, sie stellt also die Länder in dieser Richtung sehr schmal, verkürzt, dar, während sie sich von Osten nach Westen unverhältnismäßig weit auseinander zieht, so daß das Verhältnis der Breite zur Höhe $21^1/_4$ zu 1 beträgt. Die auf- und absteigenden Hakenlinien (vergl. auf dem Facsimile z. B. bei **Vindonissa**) sollen nicht etwa die Terrainschwierigkeiten bezeichnen, sondern dienen nur dazu, um für das Eintragen der Stationennamen Raum zu gewinnen und für die Straßenlinien die zur Erreichung eines bestimmten Endpunktes erforderliche Richtung herauszubekommen. — Die Zahlen geben die Entfernungen an, teils in römischen Meilen d. h. **milia passuum** (10 = 2 geogr. Meilen), teils in gallischen **Leuyae** (10 = 3 geogr. Meilen).

Der abgebildete Abschnitt stellt einen Teil von Südwestdeutschland, der Schweiz und Oberitalien dar. Oben links **Silva Marciana**, der Schwarzwald; unter diesem, das schraffierte ovale Becken, der Bodensee; rechts davon, im Bogen nach oben, die Donau in ihrem Laufe bis Passau; darunter die Alpen.

Straßen:

1) **Vindonissa** (Windisch bei Brugg) über Rottweil (**Arae Flaviae**) und Rottenburg (**Sumalocena**) nach Regensburg (**Reginum**) und **Castellum Boiodurum** (Inn-Stadt bei Passau — bei *b* im zweiten Streifen).
   Diese Straße lief bis **Abusina** („**Arusena**“ tab.) Eining nördlich der Donau, nicht südlich, wie die Karte angiebt.
2) **Vindonissa** — **Arbor felix** (Arbon) — **Brigantium** (Bregenz) — **Augusta Vindelicum** (Augsburg) — **Cambodunum** (Kempten) — **I(u)vavum** (Salzburg).
   a) **I(u)vavum** (Salzburg) — **Tarnanto** (Neumarkt) — **Tergolape** bei Lambach (u. s. w. über **Ovilava** [Wels] nach **Lentia** [Linz]).
   b) **I(u)vavum** (Salzburg) — **Cucullae** (Kuchel), von da über die Alpen nach **Virunum** bei Klagenfurt.
3) **Augusta Vindelicum** (Augsburg) — **Abudiacum** („**Auodiaco**“) Epfach — **Parthanum** („**Tarteno**“) Partenkirchen — **Veldidena** („**Vetonina**“) Wilten bei Innsbruck — **Matreium** (Matrei) — **Tridentum** (Trient) — **Verona**.
4) **Arbor felix** (Arbon) — **Curia** (Chur) — Comersee (ohne Namen).
5) **Brigantium** (Bregenz) — **Curia**, wahrscheinlich über den Septimer — **Clavenna** (Chiavenna) — **Comum** (Como) — **Bergomum** (Bergamo) — **Brixia** (Brescia) — **Verona** u. s. w. über **Vicentia** nach **Opitergium** (Oderzo).

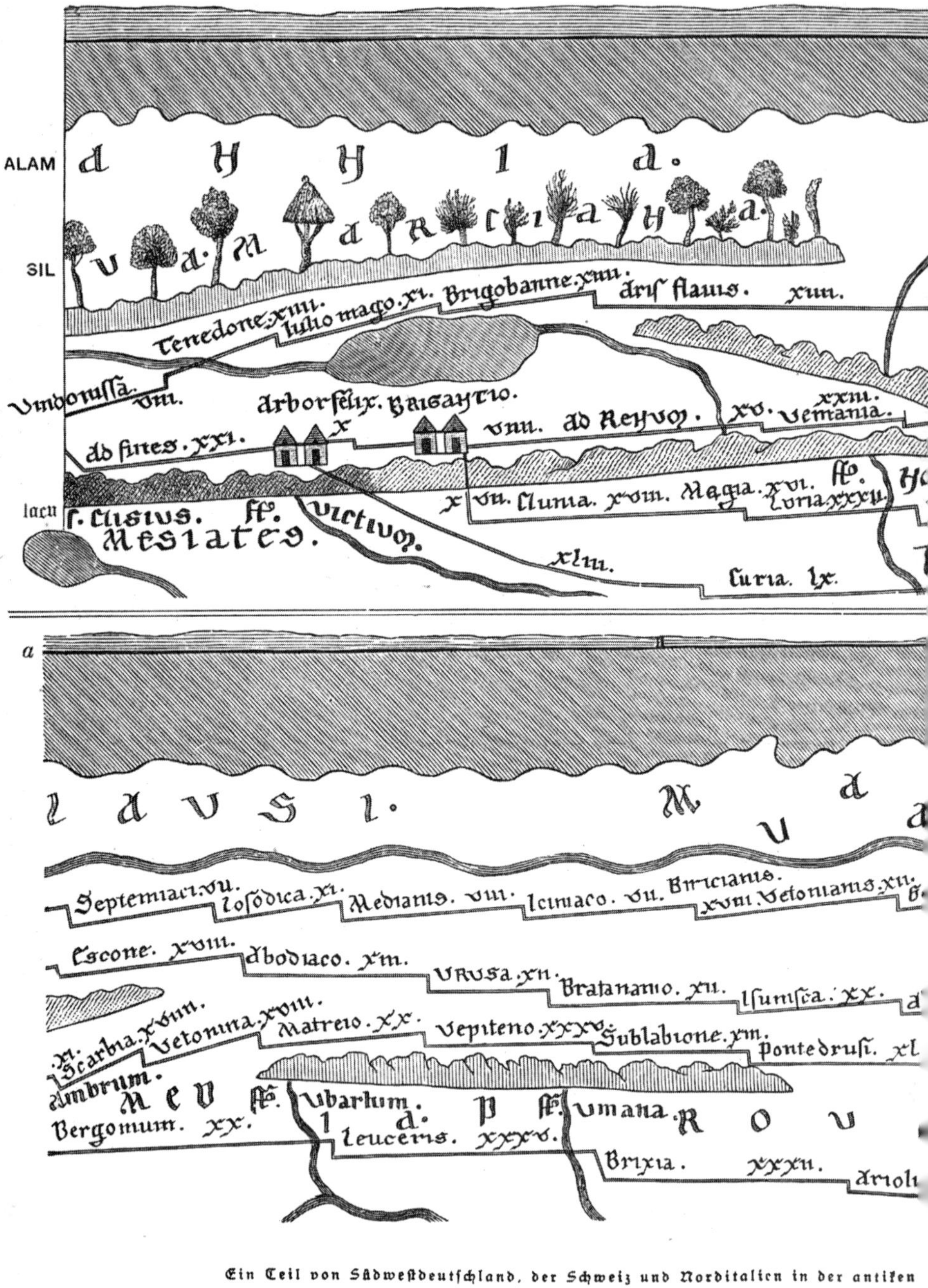

Ein Teil von Südwestdeutschland, der Schweiz und Norditalien in der antiken

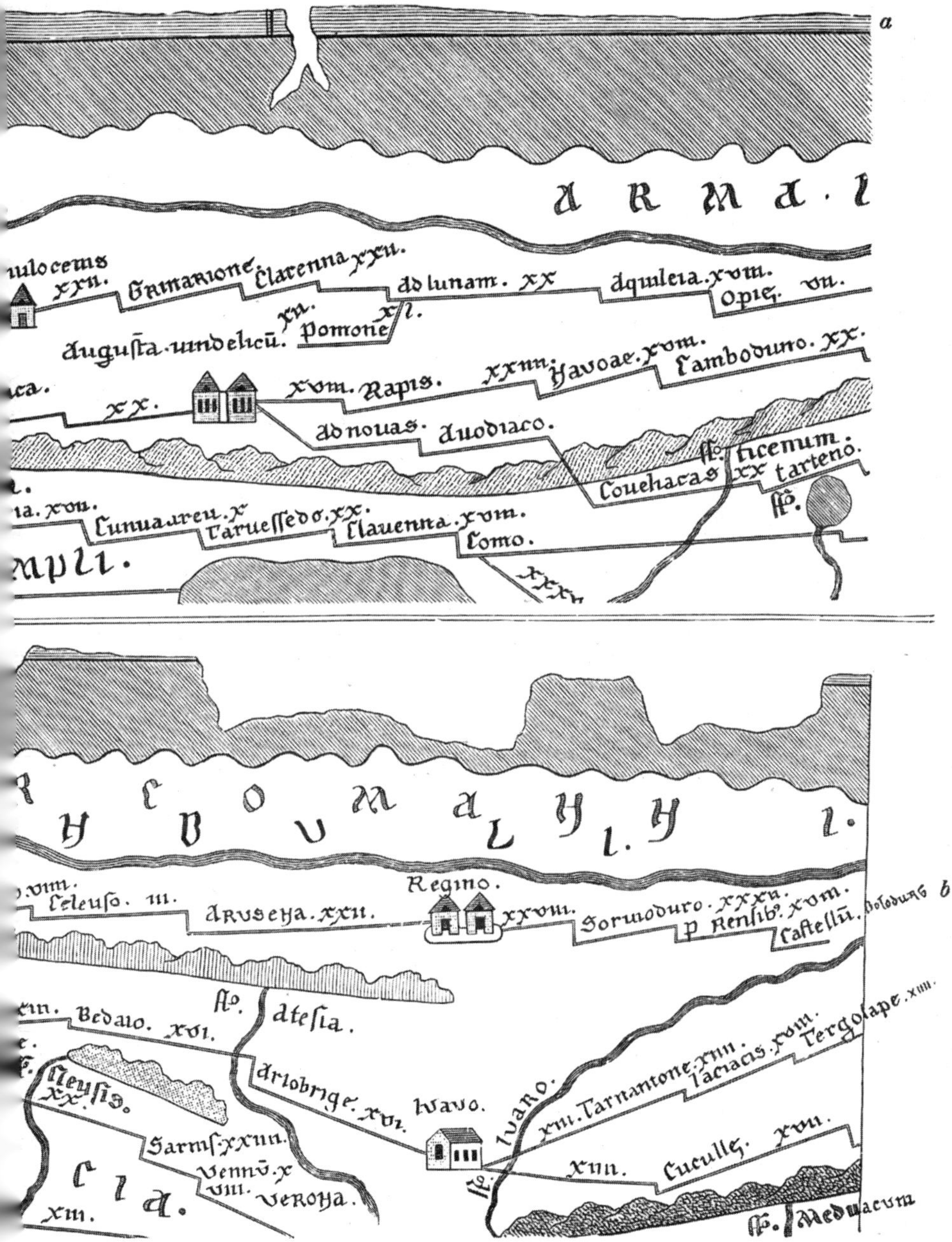

te: Tabula Peutingeriana. Wien, Kaiserl. Bibliothek. (Anschluß der beiden Streifen bei *a*.)

manche römische Fabrikanten, wie das ja auch heute noch geschieht, in der Ausstattung der von ihnen geführten Artikel Rechnung getragen haben werden.

Aber auch das persönliche Moment spielte jetzt eine größere Rolle. Zahlreicher als früher kamen Römer nach Germanien und drangen gelegentlich tief in das Innere vor, zunächst natürlich Kaufleute. Im Anschluß an das Netz der römischen Militärstraßen in den Germanien benachbarten Provinzen, dessen Knotenpunkte Köln, Mainz, Straßburg, Vindonissa, Augsburg und Regensburg zugleich Stapelorte für den Handel nach Germanien geworden waren, wurde allmählich auch das Innere Germaniens von einem Netze vielbegangener Wege durchschnitten, auf denen die römischen Händler hin und her gingen, um die in Rom begehrten Naturprodukte des Landes aufzukaufen und die Germanen mit den ihnen allmählich zum Bedürfnis gewordenen Artikeln römischen Ursprungs zu versehen. Denn nicht bloß die germanischen Pferde und Rinder waren in Italien und den römischen Provinzen beliebt und begehrt. Die wilden Tiere der germanischen Wälder lieferten kostbares Pelzwerk, und die feinen weichen Daunen der Gänse, die in Herden auf den Wiesen und Brachfeldern Germaniens gingen, wurden von den verweichlichten Römern mit Vorliebe zu kostbaren Kissen und schwellenden Pfühlen für ihre üppigen Lager benutzt. Auch Rohprodukte verschiedener Art bezog man von dort her, um sie daheim zu verarbeiten, wie namentlich Felle und Wollen, doch auch Wollenstoffe. Selbst die römischen Feinschmecker wußten gewisse Naturprodukte Germaniens zu schätzen. Nicht bloß rheinische Spargeln und Fische aus den Flüssen und Bächen Germaniens sah man auf den Tafeln den Vornehmen: besonderen Rufs erfreuten sich auch das geräucherte Fleisch der germanischen Rinder und der würzige Honig der germanischen Bienen. Die germanischen Rettiche waren ihrer Größe wegen berühmt. Bei den römischen Damen aber war es eine Zeit lang

Römische Schale mit Relief: Pyrrhos nach der Eroberung von Troja.

Silber. Höhe 6½ Centimeter, Durchmesser oben 12 Centimeter. Gefunden bei Eichstädt oder Ingolstadt. München, Königl. Antiquarium.

Mode, das eigene Haar mit einer künstlichen Frisur zu bedecken, und mit Vorliebe wurde diese aus dem vielbewunderten goldroten Haar germanischer Weiber angefertigt.

Nicht so frei und ungehindert wie die Römer im germanischen Lande verkehrten, durften die außerhalb des Limes sitzenden freien Germanen in dem römischen Grenzdistrikt ein- und ausgehen. Auch in der längeren Zeit ungestörten Friedens hat das Mißtrauen der Römer gegen diese Nachbarn niemals ganz geruht, und sie haben dieselben immer unter strenger Aufsicht gehalten. Nur gewisse Plätze an der sonst streng gesperrt gehaltenen Grenze waren ihnen für Handel und Verkehr zugänglich, und zwar auch diese nur zu bestimmten Zeiten und unter allerlei beschränkenden Vorsichtsmaßregeln. Die Durchlässe der Grenzsperre, die ihnen überhaupt geöffnet wurden, durften die Germanen nur bei Tage und nur ohne Waffen passieren und wurden dabei von einem römischen Soldaten begleitet. Es durfte daher allerdings als ein Beweis besonderer Gunst und ungewöhnlichen Vertrauens gelten, daß die Hermunduren bei ihrem Verkehr in Augsburg von solchen Hinderungen frei blieben und nach Belieben kommen und gehen durften. Daß derartige Beschränkungen sonst aufrecht erhalten wurden, wird wohl aus altüblichen militärischen Rücksichten, die sozusagen in der Technik des Grenzwachdienstes begründet waren, zu erklären sein. Denn abgesehen davon, daß sie weder darauf berechnet noch dazu geeignet war, das allmähliche Eindringen immer neuer kleinerer Germanengruppen zu hindern und die fortschreitende Durchsetzung zunächst der Bevölkerung des Grenzlandes mit diesem Elemente abzuwenden, steht sie in einem befremdlichen Widerspruch mit der Sorglosigkeit, in der die Römer denselben Germanen sich im Herzen des Reichs einzunisten erlaubten.

Merkur. Bronze.
$14^1/_2$ Centimeter hoch. Gefunden in der Nähe des Heselberges.
München, Königl. Antiquarium.

Schon sehr früh hatten Germanen in großen Massen als Kriegsgefangene und als Sklaven in das römische Gebiet Aufnahme gefunden. Denn das in den ersten Germanenkämpfen übliche Blutvergießen waren die Römer selbst müde geworden und zogen es vor, sich eines so kostbaren Menschenmaterials, das sich zudem als so vielfach nützlich verwendbar erwies, zu friedlichem Gebrauch zu versichern. Die neuen Germanenkriege, die dann gegen Ende des zweiten Jahrhunderts die Friedensära ablösten, haben dann einen gewaltigeren, unaufhaltsam wachsenden Nachschub veranlaßt, so daß schließlich die Rede gehen konnte, die römischen Provinzen seien voll von germanischen Sklaven und Ackerbauern, und es gebe keine Gegend, die nicht triumphierend einen Goten in der Knechtschaft gesehen hätte. Aber es gab auch kaum einen niederen Berufszweig, in dem man nicht germanische Sklaven als besonders anstellig und brauchbar verwendet gefunden hätte, zumal wo es sich um körperliche Kraft und Ausdauer oder gar um verwegenen Mut als unerläßliche Voraussetzungen handelte. Bekanntlich haben sich auch in der römischen Kaiserzeit wie schon früher namentlich die Gladiatoren aus den waffenfrohen Germanen rekrutiert.

Denn selbst deren Los, so menschenunwürdig es dem modernen Denken erscheint, mochte dem Germanen noch reizvoll und begehrenswert vorkommen, wenn er es mit dem von vielen Tausenden seiner Volksgenossen verglich, die zunächst in den Grenzprovinzen, dann aber immer weiter in das Innere des Reichs hinein als Kolonen angesiedelt waren. Als zinspflichtige Ackerbauer entweder vom Staat auf den großen kaiserlichen Domänen oder von Privaten auf ihren Gütern zur Feldarbeit und Viehwirtschaft verwendet, führten diese unter stetem Druck ein elendes Leben. Der verarmende Staat suchte ihnen an Geld, Naturalien und Menschenkräften möglichst viel abzupressen, und die Grundherren wälzten, was sie selbst dem Staate leisten sollten, unbarmherzig auf sie ab. Weder hier noch da zur Abwehr fähig, erlagen sie fast der Last der ihnen aufgebürdeten Abgaben, Steuern, Lieferungen, Einquartierungen und Aushebungen. Denn auch wenn es das Heer zu ergänzen galt, griff man mit Vorliebe auf diese besonders kräftigen und waffentüchtigen Elemente der Bevölkerung zurück. So wurde das Erbpachtsverhältnis, in dem die Kolonen für die von ihnen bewirtschafteten kleinen Bauerngüter zu stehen pflegten, schließlich zu einer Abhängigkeit, die der Sklaverei zum Verwechseln ähnlich sah. Das enthielt aber schließlich überall da eine Gefahr für das Reich, wo, wie es vielfach geschah, diese germanischen Kolonen nicht vereinzelt inmitten der großen Masse der Provinzialen anderen Stammes saßen, sondern in größeren Gruppen national geschlossen dicht bei einander wohnten oder geradezu eigene kolonieartige Niederlassungen unter römischen Aufsehern bildeten.

Günstiger als die Kolonen waren die Gentilen gestellt, germanische Söldner von untergeordnetem Wert, denn sie brauchten nicht von dem Ertrage des ihnen zur Bebauung angewiesenen Landes zu leben, sondern erhielten Sold und Naturallieferungen. Ihre Zahl wuchs in der Folge in demselben Maß, als der Zuzug kriegsdienstlustiger Germanen während der nächsten Menschenalter zunahm, und schließlich waren sie in zahlreichen Abteilungen über das ganze Reich verstreut in Quartiere gelegt. Auch das ganz ähnliche Verhältnis der Läten kam damals mehr in Aufnahme, indem germanische Einwanderer meist in geschlossenen Verbänden gegen die Verpflichtung zum Kriegsdienst auf Staatsland angesiedelt wurden. Sie bildeten besondere Heeresabteilungen, standen unter ihren eigenen Befehlshabern und lebten nach ihrem heimatlichen Recht. Allein an der gallisch-germanischen Grenze gab es zwölf solche lätische Militärkolonien. Eine Fortbildung oder Wiederholung dieses Verhältnisses in vergrößertem Maßstabe war es, wenn späterhin, als die Unruhe unter den Germanen wieder wuchs, ganze Völkerschaften auf römisches Gebiet übertraten und unter römischer Hoheit angesiedelt wurden, zum Kriegsdienst verpflichtet, aber unter ihren eigenen Führern und nach ihrem eigenen Rechte lebend, ähnlich wie früher schon die Ubier, die Sugambern und dann namentlich die Bataver es gethan hatten. Meistens freilich haben diese Stämme ihre nationale Eigenart schnell eingebüßt. Besser haben diese vermöge ihrer größeren Zahl und ihrer größeren Widerstandskraft erst diejenigen gewahrt, die späterhin in dieses Verhältnis eintraten.

In ihrer ganzen Bedeutung aber sollten die Fortschritte, welche die Kultur der Germanen in den hundert Jahren friedlicher Nachbarschaft mit Rom infolge zunehmender Seßhaftigkeit und mannigfaltigerer wirtschaftlicher Entwickelung gemacht hatte, zu Tage treten, als, zum Teil wenigstens gerade durch sie und die ihnen entsprungenen inneren Wandelungen herbeigeführt, eine neue Ära des Vorwärtsdrängens für sie begann und Bewegungen veranlaßte, die von den Römern mit höchster Kraftanstrengung zwar noch einmal aufgehalten, aber nicht mehr zum Stillstand gebracht werden konnten. Diese leitet unmittelbar zu der sogenannten Völkerwanderung hinüber, infolge deren die Führung in der Geschichte des Abendlandes von den Römern auf die Germanen überging.

Zweites Buch.

Die Völkerwanderung

und die

Auflösung des weströmischen Reiches.

Erstes Kapitel.

Der Ansturm der Markomannen, Alemannen, Franken und Goten gegen die römischen Grenzprovinzen und die fortschreitende Germanisierung des römischen Heeres und Reiches.

In dem Jahrhundert im wesentlichen ungestörten Friedens, das dem Verzicht Roms auf weitere Eroberungen in dem rechtsrheinischen Lande gefolgt war, hatten sich bei Römern sowohl wie bei Germanen Wandelungen teils vollzogen, teils angebahnt, die ihr Verhältnis zu einander für die Folgezeit von Grund aus ändern mußten. Weniger äußere Umstände als eine gewisse innere Notwendigkeit drängte hinfort auf eine Erneuerung des so lange ruhenden Kampfes hin und machte die Wiederkehr einer ähnlich langdauernden, versöhnend und ausgleichend wirkenden Waffenruhe unmöglich.

Im römischen Reiche schritt der Prozeß der Zersetzung immer rascher fort. Aus den verschiedensten Nationalitäten gemischt, entbehrte das Volk, welches jetzt den großen römischen Namen trug, in sich all der Voraussetzungen, die es in Zeiten hereinbrechender Bedrängnis hätten mit dem Bewußtsein der unverlierbaren Einheit erfüllen und dadurch ermutigen und befähigen können, alles an die Behauptung seines nationalen Daseins zu setzen. Der ausgesprochen kosmopolitische Zug, der bereits durch das Römertum des zweiten Jahrhunderts unserer Zeitrechnung ging, ließ bei ihm weder die geistige noch die sittliche Widerstandskraft aufkommen, deren es bedurft hätte, um dem An- und Eindringen der Germanen erfolgreich zu widerstehen. Vielmehr lebten seine Träger des verhängnisvollen Glaubens, es werde, wie im Laufe der Jahrhunderte so viele, auch noch das germanische Volkstum in sich aufnehmen, sich assimilieren und damit für seine eigene Entwickelung nicht bloß unschädlich, sondern nutzbar machen können. Dazu aber reichte die Kraft des Römertums nicht mehr aus, physisch so wenig wie moralisch oder geistig. Die militärischen Tugenden und der scharf ausgeprägte politische Sinn, denen sie ehemals entsprungen, waren längst erloschen, und selbst in Zeiten höchster Bedrängnis fehlte es jetzt an den starken nationalen Impulsen, ohne die es unmöglich blieb, sie in weiteren Kreisen von neuem zu erwecken. Andererseits

Römischer Lorbeerkranz.

Bronze. 8 Centimeter im Durchmesser. In einem Grabe bei Lichtenberg am Lech um 1597 gefunden. Ehemals in der Sammlung des Herzogs Maximilian I. von Bayern.

war der germanische Andrang so massenhaft und so unausgesetzt, daß für die kraftvollen Barbaren, die durch ihn in das römische Reich und die Sphäre der vollen Wirkung der römischen Kultur geführt wurden, die Gefahr der Entnationalisierung, der sie früher ziemlich schnell erlegen waren, gemindert und die Bewahrung ihrer germanischen Eigenart wesentlich erleichtert wurde.

Auch waren die Anlässe, die in der zweiten Hälfte des zweiten Jahrhunderts die neue und nicht mehr zum Stillstand gebrachte Bewegung der Germanen gegen die römischen Grenzprovinzen in Fluß brachten, offenbar andere als die, welche die früheren Angriffe hervorgerufen hatten. Nicht mehr die Abenteuerlust einzelner Häuptlinge, die mit ihren Gefolgsgenossen in der Fremde Beute und Kriegsruhm suchten, hat den neuen Aufbruch der Germanen herbeigeführt, der, immer weitere Kreise ergreifend und immer größere Kräfte entfesselnd, sich allmählich zu einer allgemeinen germanischen Völkerwanderung auswuchs und die ethnographischen und politischen Verhältnisse Europas von Grund aus wandelte: wie einst bei der Wanderung der Cimbern sind es ganze Völkerschaften oder doch zu selbständigem Staatsleben befähigte mächtige Bruchstücke von solchen, die nun mit Weibern, Kindern und Greisen, mit ihren Knechten und Herden und ihrer beweglichen Habe sich auf den Weg machen, um neue Wohnsitze zu suchen. Denn wenn man jenes Germanien, aus dem die Cimbern südwärts zogen, sich füglich nicht als ein so dichtbevölkertes Land denken kann, daß die Schwierigkeit des Unterhalts seine Bewohner zur Auswanderung hätte nötigen sollen, diese vielmehr auf eine besondere Heimsuchung durch plötzlich hereinbrechende Naturereignisse zurückzuführen sein wird, so waren die Verhältnisse in dieser Hinsicht inzwischen allerdings wesentlich andere geworden. Die erfolgreiche Defensive der Römer und die strenge Sperre der Grenze durch den Limes hatten die Germanen vollends seßhaft zu werden gezwungen. Aus Viehzüchtern waren sie notgedrungen Ackerbauer geworden. Mit diesem Übergang aber ist, wie die Erfahrung lehrt, regelmäßig ein plötzliches und rasches Anwachsen der Volkszahl verbunden. Ein solches aber kann bei der ungenügenden Entwickelung des landwirtschaftlichen Betriebes, welcher dem Boden nur geringen Ertrag abzugewinnen vermag und daher großer Flächen bedarf, selbst in einem nicht übervölkerten oder sogar dünnbevölkerten Lande Schwierigkeiten für die Ernährung der Einwohnerschaft erzeugen. So ist es damals den Germanen gegangen. Ihre rasche Vermehrung ließ in dem Lande, von dem obenein nur ein geringer Teil für den Ackerbau nutzbar gemacht werden konnte, da weite Strecken noch von Wald und Sumpf bedeckt waren, bald Mangel entstehen. Dadurch wurde der Überschuß der Bevölkerung in die Notwendigkeit versetzt, jenseits der Grenze neues Land zum Anbau der unentbehrlichen Feldfrüchte zu suchen. Denn andere Umstände machten dieses Mißverhältnis vollends unerträglich. Die westlichen Germanen fühlten sich immer mehr gedrückt und gedrängt durch ihre östlichen Stammgenossen, die ihrerseits den weiter von Osten her anrückenden Slawen auszuweichen suchten. Namentlich die Wanderung, die in den östlichen Grenzmarken des von den Germanen inne gehabten Gebietes der mächtige Stamm der Goten mit etlichen zu ihm haltenden Völkern bereits in jener Zeit begann, dürfte dadurch veranlaßt worden sein und konnte mit ihren Wirkungen auch auf das Innere und den Westen Germaniens nicht ohne Einfluß geblieben sein. Da-

Erläuterungsblatt zu der Tafel:

Ziergerät aus der Völkerwanderungs-Periode.

1. Spangenförmige Gewandnadel aus Silber; etwa 3/5 der natürlichen Größe. Vollständig vergoldet mit Ausnahme der schmalen in Zickzack verzierten Bänder und der am unteren Teile des Bügels an den beiden Rändern der Platte auslaufenden Tierköpfe. Gefunden in den Gräbern von Nordendorf. München, Königl. Antiquarium. (Nach Lindenschmit.)
2. Silberne Gewandnadel aus den Gräbern bei Dürkheim, Rheinpfalz. (Ebd.)
3. Gewandnadel aus Erz; in einem Steinplatten-Grabe in der Rehbacher Steige bei Nierstein gefunden. Mainz, Museum. (Ebd.)
4. Silberne Gewandnadel; die inneren reich verzierten Felder vergoldet. Die Bänder am Rande, in der Mitte des Bügels und an dem Tierkopfe von Silber mit niellierter Zickzackverzierung. Bügel und Augen des Kopfes waren mit Granaten besetzt. Gefunden in den Gräbern von Nordendorf. Augsburg, Maximiliansmuseum. (Ebd.)
5. Schnalle aus versilbertem Erz. Aus den fränkischen Gräbern der Umgegend von Lyon. (Ebd.)
6. Gürtelschnalle aus versilbertem Erz; halbe Originalgröße. Die vertiefte Mittelfläche ist mit rotem Glase besetzt. Auf den Ornamenten des erstere umgebenden Rahmens sind Spuren ehemaliger Vergoldung sichtlich, ebenso auf dem Schnallendorn. Der Knopf und die zwei Vogelköpfe, in welchen sich die Platte nach unten fortsetzt, haben Einlagen von rotem Glas. Das auf der Mittelfläche der Platte aufliegende Ende des Schnallendorns stellt ebenfalls einen Vogelkopf dar, dessen Augen aus blauen Glasperlen gebildet sind. Dieses merkwürdige Zierstück soll aus Italien stammen und wäre dann als ein Überrest gotischer oder langobardischer Zeit zu betrachten. Karlsruhe, Großherzogl. Museum.
7. Gürtelschnalle von Eisen; halbe Originalgröße. Mit Silber ausgelegt; nur das breite Schild der Schnallenzunge zeigt Reste von Bronzeeinlagen. Die runden Befestigungsknöpfe sind von Erz. In den fränkischen Gräbern von Worms gefunden. Mainz, Museum.
8. Reichverzierte Riemenzunge, Erz; aus den Grabhügeln von Wiesenthal (Baden). 14/17 der natürlichen Größe. Karlsruhe, Museum.
9. Mit Tierfiguren verzierte Schnalle von Erz. Aus den burgundischen Gräbern bei Echadans im Waadt. (Nach Lindenschmit.)
10. Schnalle von Erz; verziert mit Tierköpfen und Bandgeflecht. Aus den alamannischen Gräbern bei Neftenbach, Kanton Zürich. Zürich, Museum. (Ebd.)
11. Gürtelbeschläg aus Eisen; in der Mitte verschlungene drachenähnliche Tiergestalten, deren innere Körperlinien, die äußeren Fußkrallen und die kreisförmigen Augen von Messingeinlage, alle übrigen Verzierungen von Silbereinlage gebildet sind. Aus fränkischen Gräbern bei Trier. Trier, Museum. (Ebd.)
12. Rundes Beschläg von Eisen; mit Einlagen aus Messing und Silber. In Bayern gefunden. München, Nationalmuseum. (Ebd.)
13. Riemenbeschlag aus vergoldetem Erz; 3/4 der natürl. Größe. Aus den Gräbern bei Heidesheim. Mainz, Museum.
14. Erzener Endbeschlag eines Gürtelriemens; halbe Originalgröße. Gefunden in einem der fränkischen Gräber zwischen Kostheim und Castel. Mainz, Museum.
15. Zierplatte; halbe Originalgröße. Gefunden in den Gräbern von Nordendorf. München, Kgl. Antiquarium.
16. Zierplatte aus versilbertem Erz; fast halbe Originalgröße. Gefunden in den Gräbern bei Nierstein. Mainz, Museum.
17. Zierscheibe aus Erz; halbe Originalgröße. Die Scheibe nebst dem sie umgebenden Ring hängt in einem Blechstreifen aus Erz, der sie früher vermutlich an den Gürtelriemen oder die Tasche befestigte. In der Scheibe selbst ist die Darstellung einer beide Arme auf die Schenkel stützenden menschlichen Gestalt versucht. Gefunden in den Reihengräbern bei Krailsheim in Franken. Privatbesitz.
18. Goldplatte; 3/4 der natürl. Größe. Dieses Zierstück ist mit Filigran und Silberstiftchen besetzt; die viereckigen Felder sind mit rotem Glase belegt. In den Gräbern am Lupfen bei Oberflacht gefunden. Stuttgart, Ver. Sammlung.
19. Gewandnadel aus Silber; 2/3 der natürl. Größe. Der um den Knopf laufende Kranz enthält zwölf rote und in gleichmäßiger Unterbrechung der letzteren vier grüne Glaseinlagen. Die von dem Kranze ausgehenden acht Strahlen sind mit roten Glasstücken belegt und mit grünen die zwischen ihnen liegenden viereckigen Felder. Von den vier runden Feldern ist, wie aus der Abbildung ersichtlich, nur in zweien die Glasfüllung noch vorhanden: sie ist in dem oberen Feld rot und in dem unteren blau. Die Silberscheibe, welche die abgebildete Oberfläche der Fibula bildet, ist durch Bronzenägel mit silbernen Köpfen auf eine Bronzeplatte befestigt, an der die Heftnadel angebracht ist. Zwischen beiden Platten liegt ein dünnes, der Rosettenform des Schmuckstückes angepaßtes Goldblech. Gefunden in den Gräbern von Odratzheim bei Straßburg. Straßburg, Sammlung des Vereins für die Erhaltung der historischen Denkmale.
20. Hängeverzierung aus Gold; Originalgröße. In der Mitte das Bild eines phantastischen Tieres. In den offenen Räumen zwischen seinen Füßen und dem Rücken verschlungene Filigranfäden. Die neun runden, jetzt leeren Fassungen waren früher mit farbigem Glas oder Edelsteinen besetzt. Gefunden bei Wiesbaden. Wiesbaden, Museum.
21. Gürtelgehänge von Bronze. München.
22. Vollständiges Gürtelgehänge; 7/25 der Originalgröße. Die erzenen Stangenglieder der Kettchen werden durch würfelförmige, mit konzentrischen Kreisen verzierte Knöpfchen aus Erz, an welchen nach oben und unten hin kleine Eisenringe befestigt sind, verbunden. Die Kettchen selbst sind von verschiedener, immer zunehmender Länge. Das mittlere teilt sich bei einem größeren Erzringe in zwei Teile, an deren einem, gleichwie bei allen übrigen, römische Münzen, an dem anderen aber außerdem noch eine, auf beiden Seiten verzierte flache Scheibe aus der Krone eines Hirschgeweihes angehängt war. Die Münzen sind größtenteils sehr vom Roste zerstört, allein immerhin noch als solche der Kaiser Constantinus **M.** zu erkennen, einmal mit dem bekannten Revers: **Soli invicto comiti**, **Constans**, **Valens** und **Magnentius**, auf dem Revers: **Gloria Romanorum**. Gefunden in den Gräbern von Oberolm.
23. Gürtelgehänge von Bronze.
24. Ohrring von Erz mit eingehängter Berlocke aus Weißmetall; Originalgröße. Aus den Gräbern von Großwinternheim. Mainz, Museum.
25. Fingerring aus Gold; Seitenansicht in natürl. Größe. In der Mitte des Schildes befindet sich ein barbarisches Brustbild und Drachenornamente in den vier äußeren Feldern. Dieselben sind mit dunkelblauem Email ausgelegt. Gefunden in Mainz. Privatbesitz.
26. Eiserne Trense aus einem fränkischen Grabe bei Heidesheim unweit Mainz; **29 cm** lang.
27. Haarnadel aus Erz, merovingische Zeit; 2/3 der natürl. Größe. Aus den alamannischen Gräbern in Sigmaringen.
28. Vorderseite eines beinernen Kammes; 7/9 der natürl. Größe. Aus den Gräbern bei Nordendorf. München, Königl. Antiquarium.

Ziergerät aus de

derungs-Periode.

neben aber hörten natürlich auch jetzt die Anlässe nicht auf mitzuwirken, denen die früheren germanischen Bewegungen gegen die römische Grenze entsprungen waren. Wanderlust, Abenteuersinn und Beutegier einzelner Häuptlinge und ihrer des unthätigen Lebens in der enger werdenden Heimat überdrüssigen Genossen, Streitigkeiten innerhalb einzelner Stämme oder Kriege zwischen verschiedenen Stämmen und andere mehr zufällige Momente haben der Bewegung noch Vorschub geleistet. Aus dem verschiedenen Maße, in dem im einzelnen Fall dieses oder jenes Moment stärker und bestimmter als die anderen einwirkte, werden auch die Verschiedenheiten zu erklären sein, die bei aller Gleichartigkeit des Verlaufs im allgemeinen doch zwischen den einzelnen Wanderungen zu Tage treten, mag es auch zu weit gegangen sein, wenn man nach der Art und dem Verlauf ihrer Wanderung Ost- und Westgermanen scharf voneinander hat scheiden wollen. Allerdings hat es sich bei den westlichen Germanen, die bereits zu voller Seßhaftigkeit gediehen waren und ihre wirtschaftliche Existenz auf den Ackerbau gegründet hatten, wenigstens zu Beginn der Bewegung mehr um ein allmähliches Vorwärtsschieben gehandelt, zu dem der wachsende Druck von rückwärts nötigte, als um eine unmittelbare und völlige Lösung von den bisher inne gehabten Sitzen. Diese wurden nicht gleich verlassen, sondern durch allmähliche Ausdehnung nach Westen erweitert, um erst später durch den Verzicht auf den von nachrückenden Stämmen bedrohten östlichen Teil gemindert zu werden. Diese Völkerschaften, denen namentlich die Alemannen, Franken und Burgunder zuzuzählen sind, befanden sich also längere Zeit in einer Art von Zwischenstadium zwischen Seßhaftigkeit und Wanderung, nur daß sie von jener wiederum zu dieser übergingen. Die Goten dagegen und die ihnen folgenden Stämme erscheinen noch als wirklich wandernde Völker, die mit dem Schwert in der Hand neues Land gewinnen und auch, wenn sie darin seßhaft geworden, die Organisation als wanderndes Volksheer beibehalten und nach längerer Zeit von neuem aufbrechend die Lebensweise eines solchen wieder aufnehmen. Sie befanden sich also im Übergange von dem Nomadentum zu seßhaftem Leben mit Viehzucht und zunächst wohl recht bescheidenen Anfängen des Ackerbaues. Ohne in allen Fällen und bis in alle Einzelheiten durchgeführt werden zu können, erklärt diese Verschiedenheit auch einigermaßen die Ungleichheit des Schicksals, das den an diesen Wanderungen beteiligten Völkern beschieden war. Wenn demnach die Germanen von den benachbarten Römern auch jetzt für gewöhnlich zunächst nichts weiter verlangen als Land, in dem sie ihren Unterhalt gewinnen können, so erklärt oder, wenn man will, entschuldigt das auch das Verhalten der Römer und macht es begreiflich, daß diese glauben konnten, durch endliche Gewährung der erbetenen neuen Sitze die unbequemen Fremdlinge, die abzuwehren sie wiederholt vergeblich versucht hatten, nicht bloß beschwichtigen, sondern auch unschädlich machen zu können.

Daß diese Berechnung aber nicht zutraf, wird namentlich von einer folgenreichen Änderung herzuleiten sein, die sich in der Zeit der Waffenruhe mit den Römern bei den Germanen zu vollziehen angefangen hatte, um, wie es scheint, durch den Wiederbeginn der Feindseligkeiten zu rascherem Abschluß gefördert zu werden. Die große Menge kleinerer Völkerschaften nämlich, deren Neben-, Durch- und Gegeneinander für die Gestaltung der germanischen Verhältnisse ehemals so charakteristisch gewesen war, hatten angefangen zu größeren Stammverbänden zusammenzuwachsen, freilich ohne daß wir zu erkennen vermöchten, welche Umstände eigentlich diese Entwickelung zuerst veranlaßt haben. Ohne mannigfache Kämpfe aber und tiefere Erschütterungen kann das kaum geschehen sein. Die nächsten Anlässe dazu dürften in den inneren Verhältnissen der Völkerschaften gelegen haben, die durch die Gemeinschaft von Sprache, Sitte und Recht näher verbunden, politisch aber bisher gesondert waren. Der Einfluß der zur Einigung drängenden Momente wird dann gesteigert worden sein durch die Gestaltung auch der auswärtigen Beziehungen, namentlich seit mit dem Beginn des dritten Jahrhunderts die neue Ära großer Römerkriege, die sich mehr und mehr zu einer planmäßigen, weitausgreifenden Offensive entwickelten, die Nützlichkeit und damit die Notwendigkeit einer umfassenden militärischen Einigung erwiesen hatte. Daher möchte man annehmen, daß es sich bei diesen Neubildungen zunächst um Verbände gehandelt habe, die zu einem bestimmten, gemeinsam verfolgten Zweck und deshalb zunächst auch nur auf Zeit geschlossen, dann aber, als sie sich bewährt hatten oder weil die sie veranlassenden Verhältnisse fortdauerten, beibehalten und so schließlich zu einer dauernden Institution erhoben wurden. Manche von ihnen mögen gleich von Anfang an dadurch noch besondere Festigkeit erhalten haben, daß sie an ältere Verbände der Art anknüpften, wie namentlich die gemeinsame Verehrung eines altberühmten Heiligtums schon früher ganze Gruppen von Stämmen fester geeinigt hatte. Wenn aber neben den umfassenden Stammnamen, die für diese neuen Verbände aufkamen, auch die älteren Benennungen für die einzelnen, nun darin beschlossenen Völkerschaften noch längere Zeit in Gebrauch blieben, so wird man daraus doch nicht schließen dürfen, daß es sich bei den ersteren bloß um Kollektivnamen handelte, nicht aber um eine wirkliche feste Einigung, mögen auch die denselben angehörigen Teilvölkerschaften, wie das z. B. bei den Franken noch für das fünfte Jahrhundert nachweisbar ist, in ihren besonderen Angelegenheiten ihre Selbständigkeit gewahrt und durch die Beibehaltung des alten Stammkönigtums zum Ausdruck gebracht haben. Es handelte sich zunächst um lockere föderative Einigungen, um primitive Staatenbünde, aus denen erst im Laufe der weiteren Entwickelung fester gefügte Stammesstaaten erwuchsen oder erwachsen konnten. Denn nicht überall sind die vorhandenen Anfänge bis zu diesem Abschluß weitergebildet worden. Auch haben die neuen Stämme sich mit den älteren Völkerschaften, die in sie aufgegangen waren, augenscheinlich nicht in der Weise gedeckt, daß sie sich einfach als die Summierung derselben dargestellt hätten und demnach die Grenzen ihres Gebietes mit den sämtliche Einzelgebiete umschließenden zusammengefallen wären. Vielmehr haben sich beide gelegentlich geschnitten, und von mancher Völkerschaft ist ein Teil zu diesem, der andere zu dem benachbarten Stamm gefügt worden. Jedenfalls hatte diese Änderung eine wesentliche Vereinfachung der geographischen Teilung Germaniens zur Folge.

Neben den älteren Markomannen treten so namentlich drei neue Stämme hervor, Alemannen, Sachsen und Franken. Schon in dem Namen der ersten will man ja nach der ihm gegebenen Deutung einen Hinweis auf ihre Entstehung finden, die zugleich für die neuen Stammesverbände als typisch gelten könnte. Denn die einen verstehen ihn als „Alle Männer, Gesamtmänner“ in dem Sinn einer Vereinigung aller waffenfähigen Leute ohne Rücksicht auf ihre Zugehörigkeit zu einer der bisher gesonderten Völkerschaften. Die anderen — um von weiteren unzulässigen Erklärungen abzusehen — bringen ihn mit Alah in Verbindung und legen ihn aus als „Männer des Heiligtums", d. i. als Kollektivbenennung aller derjenigen Völkerschaften, die gemeinsam das im Gebiet der Semnonen gelegene berühmte Heiligtum des Ziu (S. 100) verehrten. Thatsächlich waren die Semnonen — einst einer der bedeutendsten Stämme der weitverzweigten Sueben — der Kern des neugebildeten Stammes der Alemannen. Derselbe würde danach ursprünglich eine Art von Amphiktyonie gewesen sein, welcher außer den Semnonen, die sich von ihren früheren Sitzen an der mittleren Elbe nach Südwesten ausgebreitet hatten, die früher selbständigen Usipier und Tencterer, Tubanten und Vangionen, Triboker und Nemeter angehörten. Damit sind auch die Gegenden bezeichnet, in denen durch die dauernde Berührung und beginnende Vermischung der genannten Völkerschaften der Stamm seinen Ursprung nahm und über die er sich weiterhin vornehmlich ausbreitete. Vom oberen Main aus sind die Alemannen südwärts vorgedrungen, haben den sie eine Zeit lang aufhaltenden Limes durchbrochen und sind schließlich zu Herren der schönen Lande zwischen Mittel- und Oberrhein und Donau geworden, an deren einem Teil ihr Name denn auch das ganze Mittelalter hindurch haften geblieben ist.

Anders verhielt es sich offenbar mit der Entstehung des Stammes der Sachsen. Der Name ist wohl zurückzuführen auf die für die Sachsen charakteristische nationale Waffe, das kurze, messerartige Schwert (Sahs, S. 113) und wird den kleinen Völkerschaften im Norden von Elbe und Trave, die zuerst allein so hießen, wohl von den Nachbarn beigelegt worden sein. Späterhin sind mit diesen Chauken, Cherusker und Angrivarier verschmolzen, so daß die Sachsen das ganze nordwestliche Deutschland einnahmen, von der Ems und Lippe im Westen bis zur Elbe, Saale und Unstrut im Osten, während sie sich nordwärts bis an das Gestade der Nordsee und bis nach Schleswig-Holstein hinein ausbreiteten. Die dort sitzenden Völkerschaften sächsischen Stammes waren daher mit dem Meere vertraut und machten sich früh als Seeräuber gefürchtet.

Eine dritte Bildung ähnlicher Art sind die Franken, die am Niederrhein entstanden und Bestandteile früher dort seßhafter Völker wie der Sugambern u. a. m. in sich aufnahmen. Der Name ist wohl als „freie Männer" zu deuten und gemeint im Gegensatz zu den Völkerschaften teils germanischen Ursprungs, teils germanisch-gallischer Mischung, die einst ebendort gesessen hatten, aber mehr oder minder abhängig von Rom gewesen waren.

Die Goten endlich, welche damals noch außerhalb der geschichtlich heller erleuchteten Sphäre im östlichen Europa wanderten und kämpften, erscheinen ebenfalls als ein Konglomerat verschiedener Völkerschaften, die sich um den eigentlichen Gotenstamm im engeren Sinn des Worts gesammelt und dabei neben germanischen auch fremdartige Bestandteile an sich gezogen hatten. Doch sind diese durch das starke Übergewicht des in der Mitte stehenden Hauptstammes von Anfang zu einem verhältnismäßig höheren Grad von Geschlossenheit gekommen und konnten daher frühzeitig den Versuch machen, einen weitumfassenden Stammesstaat zu bilden, mit dem sie sogar über die Grenze des eigenen Volkstums hinausgriffen. Es scheint,

Erläuterungsblatt zu der Tafel:

Waffen aus der Völkerwanderungs-Periode.

1. Scramasax. München.
2. Messer mit Horngriff. München.
3. Scramasax. München.
4. Scramasaxartiges Messer. München.
5. Messer. München.
6. Speereisen; 1 Meter lang. Aus den Gräbern bei Selzen.
7. Speereisen; 38 1/2 cm lang. Aus den Gräbern bei Oestrich im Rheingau.
8. Speereisen; 52 1/2 cm lang. Aus den Gräbern bei Darmstadt.
9. Lanzenspitze mit Schaftteil. München.
10. Lanzenspitze. München.
11. Framea. München.
12. Spatha; Knopf (12 **a**) und Bügel (12 **b**) von Erz. Stuttgart, Museum. (Nach Lindenschmit, Handbuch.)
13. Spatha; Knopf, Griff und Bügel aus Bein. Regensburg, Museum. (Ebd.)
14. 15. Scramasax, Vorder- und Rückseite. Die Klinge ist mit einem Streifen eingravierter, aber durch den Rost zerstörter Ornamente verziert; von der Scheide ist das Beschläg, aus drei gerippten Bronzeblechstreifen von gleicher Länge bestehend, erhalten. In einem Totenbaum der Gräber bei Oberflacht gefunden. Stuttgart, Museum. (Nach Lindenschmit, Altertümer.)
16. Scramasax aus den Gräbern von Oberolm. Mainz, Museum. (Ebd.)
17. Scheide eines Scramasax; von Holz, mit Leder bezogen, das Ortband ist von einem Streifen Erzblech und mit vier starken Erznägeln befestigt. In den Gräbern von Sprendlingen gefunden. (Ebd.)
18. Der zu vorstehender Scheide gehörige Scramasax. (Ebd.)
19. Franciska. München.
20. Franciska. München.
21. Streitaxt. München.
22. Schildbuckel. München.
23. Schildbuckel aus den Gräbern bei Sendling (bei München). Mainz, Museum. (Nach Lindenschmit.)
24. Schildbuckel aus den Gräbern bei Flomborn, Rheinhessen. Mainz, Museum. (Ebd.)
25. Schildbuckel aus den Gräbern bei Bierstadt (bei Wiesbaden). Wiesbaden, Museum. (Ebd.)
26. Schildbuckel aus den fränkischen Gräbern bei Heidesheim; mit Rand 21 **cm** Durchmesser. (Ebd.)
27. Schildbuckel aus der Umgegend von Mainz. (Ebd.)
28. Schildbuckel mit Gespänge, aus den Gräbern bei Darmstadt; zeigt deutliche Spuren einer Holzfütterung der Eisenbeschläge. Mainz, Museum.
29. Innenseite eines Schildbuckels aus den fränkischen Gräbern bei Darmstadt; 18 **cm** Durchmesser.
30. Schildgespänge. München.

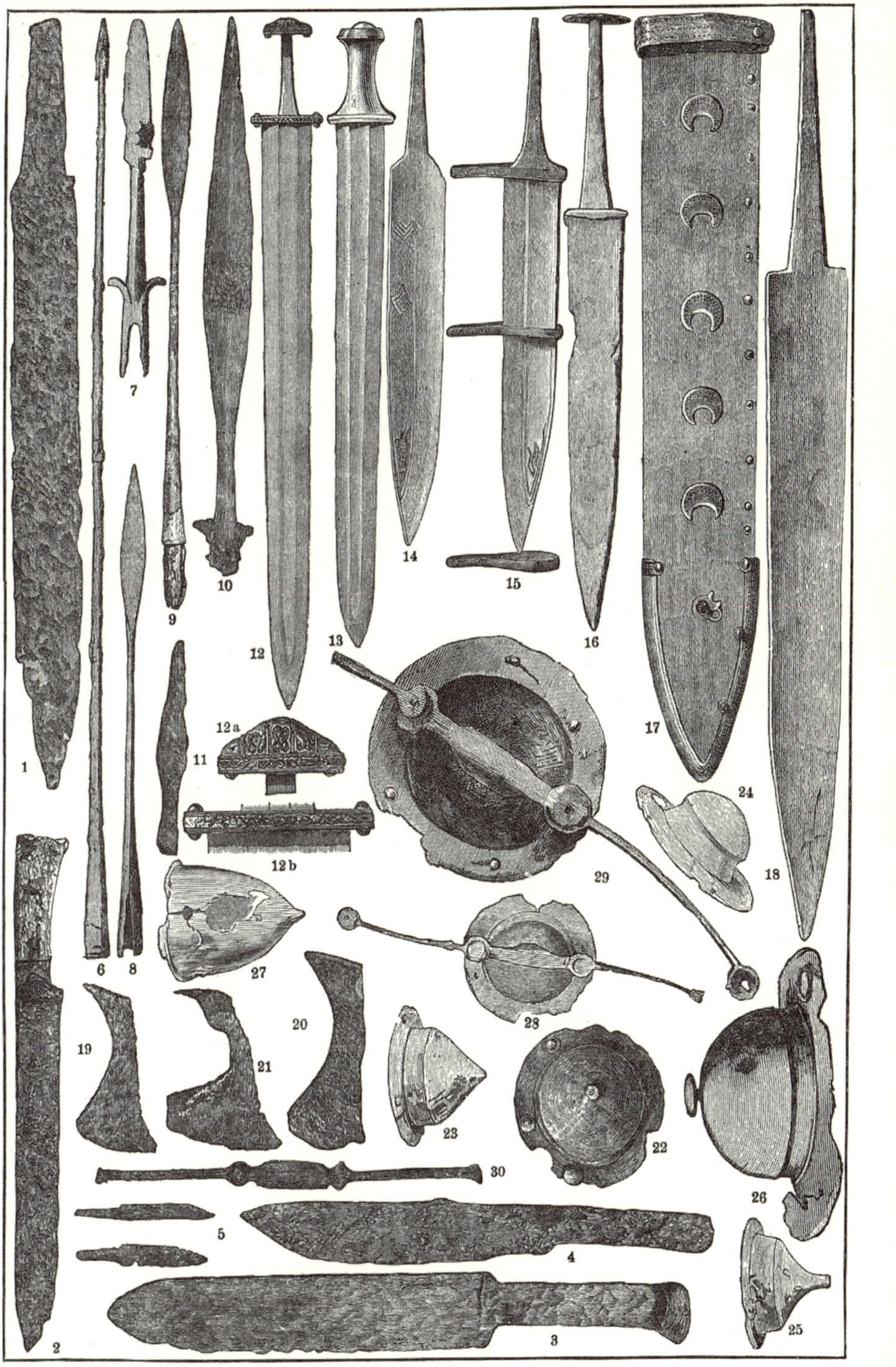

Waffen aus der Völkerwanderungs-Periode.

als ob die militärische Organisation, die sie als ein in erobernder Wanderung begriffenes Volk zu erhalten genötigt waren, durch strafferes Zusammenhalten der anderwärts nur lockerer verbundenen Teile ihre Kraft gesteigert hätte, was denn auch zu der frühzeitigen Ausbildung eines starken nationalen Königtums geführt hatte. So könnten gerade sie durch ihre Bewegung von der Ostsee nach Süden auf das östliche Germanien den auf die Dauer unerträglichen Druck ausgeübt haben, der immer weiter nach Westen wirkend dort die ersten neuen germanischen Bewegungen erzeugte, die gegen die römische Grenze anbrandeten und die Einleitung zu der sogenannten Völkerwanderung bildeten.

Als Träger derselben erscheinen zunächst die Markomannen. In den Zeiten Marbods und Armins Nebenbuhler der Cherusker, waren sie auch jetzt noch der leitende Stamm in einem Verband von germanischen und nichtgermanischen Völkerschaften, deren verhältnismäßig lockere Vereinigung vielleicht eins der Stadien darstellt, durch welche auch die Alemannen, Franken und Sachsen hindurchgegangen sind, ehe sie ein Menschenalter später als neue, große Gebiete umfassende Stämme auftreten. Schon 165 suchten sie auf dem rechten Donauufer Wohnsitze zu gewinnen, doch, wie es scheint, auf dem Wege friedlichen Werbens bei den Römern. Vielleicht schoben sie den geplanten Angriff auch nur auf, weil sie die Grenze stärker besetzt fanden, als sie erwartet hatten. Denn sie wußten die Kräfte des Kaiserreichs durch den Partherkrieg im fernen Osten beschäftigt, und es wird ihnen nicht entgangen sein, daß die bisher in den Provinzen südlich von der Donau stehenden Legionen zum Teil nach jenem Kriegsschauplatz abberufen waren. Um so umfassender und planvoller gestalteten sie ihr Vorhaben, indem sie die verwandten und benachbarten Stämme durch Gesandte zum Anschluß einluden. Nicht bloß die Quaden, auch Jazygen, Bastarner und Sarmaten folgten ihrem Rufe. Selbst einzelne gotische Haufen sollen bereits herangekommen und mit ihnen gegen die Römer gezogen sein. In Rom atmete man nach glücklicher Beendigung des Partherkrieges eben erleichtert auf. Heimkehrend aber brachte des triumphierenden Marc Aurel Heer aus dem Osten die Schrecken der Pest mit nach Italien. Da brachen die Markomannen, ein Jahr etwa nach ihrem ersten Erscheinen an der Grenze (166—167 n. Chr.), mit ihren Verbündeten in ungewohnter Stärke verwüstend über die Grenzprovinzen herein, raubten das flache Land grauenvoll aus und führten viele Tausende von Gefangenen mit sich fort. Wohl prallte ihr Angriff an den Mauern der wenigen festen Städte erfolglos ab, denen ihre naturwüchsige Kriegskunst noch nicht beizukommen vermochte. Aber einem römischen Heere brachten sie im Murthale eine vernichtende Niederlage bei, überstiegen die Alpen und streiften bald bis Aquileja. Italien und Rom erlebten von neuem den cimbrischen Schrecken. Dennoch gelang es den verzweifelten Anstrengungen Marc Aurels, obgleich er bei seinem zum Mitkaiser angenommenen jüngeren Adoptivbruder und Schwiegersohn Lucius Verus

Bildnis des Kaisers Lucius Verus auf einer Münze.
Umschrift: L(ucius) AVREL(ius) VERVS AVG(ustus) ARMENIACVS.
Kupfer. Originalgröße.
Berlin, Königl. Münzkabinett.

nur ungenügende Unterstützung fand, sie aufzuhalten und über die Alpen zurückzunötigen, so daß die Donauprovinzen noch einmal gerettet waren. Als der Kaiser dann aber 169 n. Chr., beträchtlich verstärkt, zum Angriff übergehen wollte, brach in seinem Heere die Pest von neuem aus und vereitelte nicht bloß die Unternehmung, sondern bewirkte auch die Auflösung der versammelten Streitkräfte. Ehe diese ersetzt waren, ging Pannonien wieder an die Markomannen

Sarmatische Panzerreiter.

Gruppe in den Reliefs an der Siegessäule des Kaisers Trajan in Rom. Die Sarmaten sind als Bundesgenossen der Daken dargestellt. Die Reiter, Mann und Roß gepanzert, befinden sich in wilder Flucht vor der nachsetzenden römischen Kavallerie. Bereits ist einer gefallen, ein anderer gleitet todwund vom Pferde. Ein dritter wendet sich, im Fliehen nach rückwärts einen Pfeil auf die Verfolger abschießend.

verloren. Erst 170 n. Chr. konnte Marc Aurel den Kampf wieder aufnehmen. Aber der Erfolg des nun folgenden sechsjährigen Ringens (170—176 n. Chr.) war doch nur ein halber, obgleich der Kaiser sich ganz diesem Kriege widmete und dauernd in den Donauprovinzen, zumeist in Carnuntum, dem heutigen Petronell, aufhielt, einem der festen Standlager an der Donau, die, in gewissen Entfernungen mit dem Limes ähnlichen Sperrwerken versehen, bis Belgrad hin die Reichsgrenze bildeten. Endlich 174 n. Chr. konnte er die Donau überschreiten, um die Germanen im eigenen Lande durch sein Erscheinen zu schrecken. Nun machten erst die Quaden, dann die Markomannen Frieden. Im wesentlichen wurde das Klientelverhältnis hergestellt. Zur Sicherung der römischen Grenze aber mußten die Markomannen, denen auch die Rückgabe der nach vielen Tausenden zählenden weggeschleppten Provinzialen, der Gefangenen und der Überläufer auferlegt wurde, einen Landstrich im Norden der Donau abtreten, der in der üblichen Art durch Schanzen und Kastelle als Grenzsperre befestigt wurde. Die in der Gegend verbleibenden germanischen Ansiedler und Nachbarn waren deren Befehlshabern untergeordnet.

Diese Einrichtung erwies sich jedoch als unhaltbar. Daher entbrannte bald ein neuer Krieg, der Marc Aurel 178 n. Chr. nochmals an die Donau rief. Aber noch vor erfolgter Entscheidung starb er im März 180 n. Chr. Mit gutem Grunde war er als Retter Italiens und Besieger Germaniens gefeiert. Denn inmitten

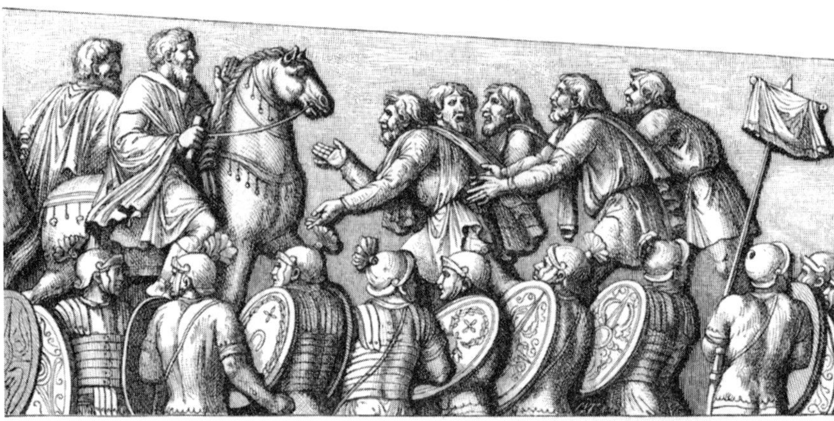

Die Markomannen vor ihrem Besieger um Frieden bittend.
Relief an der Siegessäule des Kaisers Marc Aurel in Rom.

einer furchtbaren inneren Krisis, zu der die Pest und eine unerhörte finanzielle Bedrängnis zusammenwirkten, hat er einen Krieg, den die römischen Geschichtsschreiber als den gefährlichsten bezeichnen, den Rom seit dem Hannibalischen zu führen gehabt hatte, und zu dessen Beginn er eigentlich ohne Heer den andrängenden Feinden gegenüber stand, glücklich beendet und die so gut wie verlorene Grenze an der mittleren Donau nicht nur behauptet, sondern auch in etwas erweitert und neu befestigt. Es war wohlverdient, wenn entweder aus Anlaß seines Triumphes (176 n. Chr.) oder nach seinem Tode beschlossen wurde, das Andenken an ihn und seine Waffenthaten durch ein ungewöhnlich großartiges Denkmal, ähnlich dem einst dem Trajan bewilligten, auf die Nachwelt zu bringen, durch die 193 n. Chr. vollendete Säule auf der heutigen Piazza Colonna in Rom, deren Höhe einst des Kaisers und seiner Gemahlin Faustina vergoldete Erzstatuen schmückten, während die sich wie ein Riesenband um den Schaft ziehenden Reliefs eine reiche Fülle von äußerst bewegten Darstellungen aus den Kämpfen mit den Markomannen darbieten.

Sein Sohn und Nachfolger Commodus eilte, dem Kriege durch weitere Nachgiebigkeit ein Ende zu machen, indem er die Befestigungen in dem Grenzgebiet aufgab, auch den freien Zutritt zu den römischen Handelsplätzen gestattete. Außerdem aber wurde die Bitte der Germanen um Land auch insoweit erfüllt, als eine große Menge von ihnen innerhalb des römischen Gebietes selbst Grund und Boden angewiesen erhielt. Obgleich sie dafür die bei ihren Einfällen mit fortgeschleppten Gefangenen — ihre Zahl wird auf fast zweihunderttausend angegeben — in die Heimat entließen und sich zur Stellung von Truppen verpflichteten durften die Markomannen und ihre Verbündeten mit dem Ausgange dieses langjährigen Krieges wohl zufrieden sein. Der Vorteil war durchaus auf ihrer Seite. Denn die Römer gaben ihre doch schließlich mehr theoretisch als thatsächlich gewahrte Grenze den bisher sorgsam draußen gehaltenen Barbaren nicht bloß zu künftigem erfolgreichen Angriff, sondern auch gleich jetzt zu bequemer Überschreitung frei. Gerade dadurch erlangte der Markomannenkrieg epochemachende Bedeutung, zumal die jahrelange Verwüstung, die er mit sich gebracht, die Grenzprovinzen entvölkert hatte, so daß die Einwanderung und Ansiedelung germanischer Kolonen und Gentilen zur Wiederbesetzung der leer gewordenen Stellen sehr genehm war. Ja, nach dem raschen Hinschwinden mehrerer Heere, die Pest und Krieg aufgerieben hatten, erschien es geradezu als eine außerordentlich glückliche Fügung, daß die waffenfrohen Germanen sich in Scharen herbeidrängten, um auch da die Lücken zu füllen, für die Ersatz zu schaffen Römer und Provinzialen nicht mehr im stande waren. Die Germanisierung des römischen Heeres, die im kleinen Maßstab längst im Gange war, nahm hinfort einen Fortgang im großen Stil. Als Folge davon aber ergab sich des weiteren die Abschwächung des Gegensatzes zwischen Römern und Germanen. Durch die gemeinsame Ehre des Waffendienstes für den Kaiser einander verbunden und gleichgestellt, fühlten sich Römer und Germanen nur noch als Soldaten, als Stützen des Thrones gegen auswärtige und innere Feinde und traten in schroffem Korpsgeist allen denen entgegen, welche dieses Vorzugs entbehrten oder ihnen die Vorrechte und Freiheiten streitig machten, die sie darauf hin beanspruchen zu können glaubten. Rom war auf dem Wege zur Militärherrschaft im eigentlichen Sinn des Wortes: an ihrer förmlichen Konstituierung, die sich vollzog, als von den Provinzialarmeen Septimius Severus 193 n. Chr. gegen die Prätorianer auf den Thron erhoben wurde, haben die Germanen hervorragenden Anteil gehabt.

Münze von
Kaiser Marcus Aurelius.

Ein Haufe germanischer Waffen, die aber damals den römischen schon gleich sind. Im Abschnitt: DE GERMANIS.
Kupfer. Originalgröße.
Berlin, Königl. Münzkabinett.

Münze von
Kaiser Commodus.

Umschrift: TR(ibunicia) P(otestate) II CO(n)S(ul) P(ater) P(atriae). Im Felde ein Tropaeum mit zwei Gefangenen am Fuße; daneben S(enatus) C(onsultum) = Beschluß des römischen Senats. Im Abschnitt: DE GERM(anis).
Kupfer. Originalgröße.
Berlin, Königl. Münzkabinett.

Dieselben Erscheinungen, die für den Markomannenkrieg charakteristisch gewesen waren, wiederholten sich in vergrößertem Maßstabe in dem langjährigen Ringen

Überschreitung der Donau: Relief an

Der Imperator ist im Begriff die Donau zu überschreiten; die Schiffbrücke ist geschlag
einem Dreifuß dem Jupiter und Mars einen Stier und einen Widder, welche der Op
Relief nur weggelassen. — Die zweite Partie dieser Darstellung zeigt den Imperator b
vorgestreckter Rechten, wohl aber vergeblich,

ule des Kaisers Marc Aurel in Rom.

Kriegern bereits betreten. Am Ufer, dem Flusse zugewendet, opfert Marc Aurel auf seine Diener herbeiführen. Vielleicht ist das Opfer ein suovetaurilio und der Eber im lichen Gebiet. Er empfängt in seinem Lager Gesandte der Gegner, deren Anführer mit ngen von dem Imperator zu fordern scheint.

der Römer mit den Alemannen. Auch die Ergebnisse waren für beide Teile im wesentlichen dieselben, nur daß sie ebenfalls in viel gewaltigeren Dimensionen zu Tage traten und demgemäß auch die fernere Entwickelung der römischen sowohl wie der germanischen Verhältnisse entscheidender bestimmten, dort den Prozeß der Auflösung, hier den der Neubildung beschleunigten. Aus ihren alten Sitzen an der mittleren Elbe waren die Semnonen, der Hauptstamm der Sueben, deren gemeinsames Heiligtum in ihrem Gebiete lag (S. 100), unter dem Druck, den von Osten her die Bewegungen der Goten und der Slawen auf sie ausübten, in die Landschaften am oberen Main gewandert und hatten die bisher dort gebietenden Hermunduren niedergerungen. Durch den Anschluß fremder Völkerschaften erwuchsen sie allmählich zu dem Stamme der Alemannen, einem lockergefügten Staatenbunde von etwa zwanzig Gauen, von denen jeder in seiner bisherigen Verfassung fortlebte, in seinen besonderen Streitigkeiten mit anderen auf eigene Hand über Krieg und Frieden entschied und nur bei Fragen, welche die Gesamtheit angingen, an die Entscheidung der Bundesversammlung gebunden war, die aus den Königen und Gaufürsten als Vertretern ihrer Völkerschaften gebildet wurde. Die Einheit war also selbst in betreff der auswärtigen Politik und der militärischen Dinge zunächst eine dürftige. Auch fehlt es demgemäß nicht an Beispielen, daß einzelne Gebiete des alemannischen Völkerbundes selbst in diesen Dingen ihren eigenen Weg gingen, namentlich in Bezug auf das Verhältnis zu Rom. Zu diesem traten die Alemannen seit 213 n. Chr. in dauernde Beziehung. Vermutlich von germanischen Verbündeten Roms, welche durch die Einwanderer bedrängt waren, zu Hilfe gerufen, zog damals Caracalla gegen sie ins Feld, griff aber, wohl weil er unerwartet kräftigen Widerstand fand, zu dem bequemeren Mittel, ihnen um Geld eine Scheinunterwerfung abzukaufen, die den von ihm ergänzten und verstärkten Limes als Grenze des Reiches sicherte. Doch hinderte ihn das nicht, einen Teil des alemannischen Heerbannes, der ihn auf dem Zuge längs des Limes begleitete, überfallen und zusammenhauen zu lassen, weil die übermütigen jungen Krieger sich in lauten Spottreden über die Eitelkeit lustig machten, mit der er sich darin gefiel, die großen Helden der Vorzeit zu kopieren und sich darauf hin theatralisch mit unverdienten Ehrenerweisungen begrüßen zu lassen. Doch hinderte das nicht, daß Caracalla der ihm eigenen Vorliebe für alles Germanische auch fernerhin und in steigendem Maße nachgab. Er bethätigte sie nicht bloß, indem er gelegentlich selbst in prunkvoll zurechtgemachter germanischer Tracht einherging, sondern durch die absichtliche Annahme germanischer Einrichtungen und ihre Einführung in das römische Heerwesen. So hat die längst in Gang gekommene Germanisierung desselben durch ihn einen bedeutenden Fortschritt gemacht. Insbesondere erfuhr die kaiserliche Leibwache eine Umgestaltung nach dem Vorbild des germanischen Gefolgschaftswesens. Denn an dieses unmittelbar knüpfen die Protectores an, die aus germanischen Gefolgsleuten hervorgingen. Es waren alte

Münze mit dem Bildnis von Kaiser Caracalla.
Umschrift: M(arcus) AVREL(ius) ANTONINVS PIVS AVG(ustus) BRIT(annicus).
Kupfer. Originalgröße.
Berlin, Königl. Münzkabinett.

Soldaten, die sich zum Ritterrang aufgedient hatten. Sie nahmen eine bevorzugte Stellung ein, insofern sie keine Offiziere, sondern nur den Kaiser selbst zum Vorgesetzten hatten, bei dem sie als protectores lateris divini stets weilten. Sie dienten immer zu Pferde. Doch war die Stellung keine lebenslängliche. Natürlich wurde das Gefühl ihrer Unentbehrlichkeit für das Reich bei den Germanen dadurch in gefahrdrohender Weise gesteigert.

Auch währte der von Caracalla erkaufte Friede nicht lange, zumal der Ausbruch des Krieges gegen das neupersische Reich die Kräfte Roms bald wieder im fernen Osten beschäftigte und eine Entblößung der Grenze an Rhein und Donau nötig machte. Die Legionen aber, die dauernd in jenem Gebiete standen, hatten an Kriegstüchtigkeit beträchtlich verloren, seit die Soldaten dadurch, daß sie zugleich ackerbautreibende Militärkolonisten geworden waren, sich ihrem eigentlichen Beruf mehr und mehr entwöhnt hatten. Waren sie infolgedessen doch sogar in der Art an die Scholle gebunden, daß sie sich außerhalb des ihnen vertragsmäßig angewiesenen Gebietes überhaupt nicht verwenden zu lassen brauchten. So drangen, während der 222 n. Chr. zum Kaiser erhobene Severus Alexander im Osten focht, die Alemannen von neuem über den Limes und hausten furchtbar in dem dahinter gelegenen Grenzgebiet. Wenn sie die Gunst der Lage entschlossen ausnutzten — was zum Glück für die Römer freilich nicht germanische Art war — so schien ihnen so wenig wie früher den Markomannen ein rascher Vorstoß über die Alpen bis nach Italien selbst verwehrt werden zu können. Dringende Hilferufe gingen daher an den fernen Kaiser: 234 n. Chr. erschien er am Rhein, auch mit orientalischen Hilfstruppen, durch deren fremdartige Erscheinung und Kampfweise er den Germanen zu imponieren dachte. Doch richteten sie ebenfalls nichts aus. Genossen die Alemannen doch mit Recht des Rufs besonderer Tapferkeit und wurden namentlich ihrer Reiterei wegen

Bogenschützen von den orientalischen Hilfsvölkern der Römer.
Gruppe in den Reliefs an der Siegessäule des Kaisers Trajan in Rom.

gefürchtet. Auch diesmal mußte der Friede ihnen schließlich um Geld abgekauft werden. Das beschleunigte wohl den Ausbruch der im Heere herrschenden Unzufriedenheit zu offener Meuterei. Inmitten der Vorbereitungen zum Aufbruch nach dem inzwischen wieder schwer bedrohten Osten, wohin er nun auch die germanischen Legionen führen wollte, wurde Severus von den zuchtlosen Truppen im Lager bei Mainz erschlagen, und ein Mann barbarischer Abkunft, ein ehemaliger thracischer Hirt, Maximinus, ein tapferer Soldat und beliebter und bewährter Offizier, mit dem kaiserlichen Purpur geschmückt. Ein echter Soldatenkaiser, dachte er das Heer durch Erneuerung des alten Kriegsruhms an sich zu fesseln. Er überschritt den Rhein und brach verwüstend in das Land der Alemannen. Ohne feste Plätze zur Abwehr eines solchen Angriffs und auch ohne Zufluchtsorte, wo sie sich mit den Ihren und ihrer beweglichen Habe hätten bergen können, entwichen diese wie in den Zeiten der ersten römischen Eroberungsversuche in das durch Wälder und Sümpfe unzugängliche Innere und nahmen nur an besonders günstigen Stellen den Kampf an, in dem Maximinus selbst es allen an waghalsiger Tapferkeit zuvorthat.

Münze mit dem Bildnis von Kaiser Severus Alexander.

Umschrift: IMP(erator) SEV(erus) ALEXANDER AVG(ustus). Kupfer. Originalgröße. Berlin, Königl. Münzkabinett.

Seit des Germanikus' letztem Zug war kein römisches Heer so tief in Germanien eingedrungen. Leider aber haben wir von der Richtung und daher auch von dem äußersten Punkte, bis zu dem Maximin vom Rhein aus gelangte, keine Kenntnis. Doch scheint der Erfolg ein großer, die Bestürzung der einer solchen römischen Offensive längst entwöhnten Germanen gewaltig und daher auch die Aussicht nicht gering gewesen zu sein, durch energische Ausnutzung der so geschaffenen Lage noch viel mehr zu erreichen. Dafür spricht namentlich des Maximinus' Absicht, im nächsten Jahre (237 n. Chr.) von der Donau aus, an die er zurückgekehrt war, um den Winter in Sirmium zuzubringen, quer durch das innere Germanien bis zum Gestade des Oceans zu ziehen. Aber es war dem Barbaren auf dem Throne der Imperatoren doch nicht vergönnt, als Erbe des Drusus und des Germanikus zu vollenden, was jene unausgeführt hatten lassen müssen. Die Erhebung eines Gegenkaisers durch den Senat stürzte das Reich in neue innere Kämpfe, die Maximin nach Italien riefen. So bekamen die eben hartbedrängten Germanen wieder Luft, und die scheinbar sichergestellte Rheingrenze war bald wieder bedroht. Aber auch diesmal war das nicht der einzige Gewinn, den die Germanen von der erneuten Zerrüttung des Reiches machten. Mit dem Ausbruch des neuen Thronstreites wurden sie für beide Parteien wertvolle Bundesgenossen. Maximin, der ihre ungestüme Tapferkeit längst schätzen gelernt und daher namentlich ihre Reiterei zu den gewagtesten Unternehmungen gebraucht

Münze von Kaiser Maximinus.

Umschrift: VICTORIA GERMANICA. Im Abschnitt: S(enatus) C(onsultum) = Beschluß des römischen Senats. Kupfer. Originalgröße. Berlin, Königl. Münzkabinett.

Grabstein eines römischen Reiters von der Ala der Noriker.

163 Centimeter hoch, 87 Centimeter breit. Kalkstein. Mainz, Museum. (Nach Lindenschmit.)

hatte, zog aus den Reihen der bisherigen Gegner bedeutende Kontingente an sich, und auch der Gegenkaiser Maximus Pupienus verstärkte sein Heer durch Werbungen unter ihnen. So geschah ein Schritt weiter zur Germanisierung des römischen Heeres.

Als nun gar der Tod des tüchtigen Maximin, der bei Aquileja von den rebellischen Truppen ermordet wurde, die Verwirrung des Reiches steigerte und die eben noch so hart bedrängten Alemannen schnell größere Erfolge erlangten, da ermutigte das auch andere germanische Stämme zum Sturmlauf gegen die römischen Grenzen. Als nördliche Nachbarn der Alemannen regten sich am Mittel- und Niederrhein die Franken, ein ähnlicher Völkerbund, in dem sich Chamaven, Sugambern, Ampsivarier und Brukterer mit zahlreichen kleineren Völkerschaften zusammengefunden hatten. Ihr Name wird zuerst 240 genannt, wo ein Schwarm, der über den Rhein gegangen war und das Land mit wilder Plünderung heimgesucht hatte, bei Mainz aufgehalten und zusammengehauen wurde. Doch fand derselbe zunächst noch keine weitere Nachfolge. Um so gefährlicher gestalteten sich die Dinge für die Römer an der Donau. An ihrem Unterlauf erschienen um jene Zeit auf ihrem langsamen Zuge von dem fernen Norden her die Goten, doppelt gefährlich durch die Zusammenfassung unter dem starken Königtum des mächtigen Ostrogota, dem auch die schwächeren Stämme der Taifalen, Asdinger, Karpen und Peuciner Heeresfolge leisteten. Von dem Statthalter Macedoniens, Lucius Priscus, der wie so viele Feldherren die Hand nach der Kaiserkrone ausstreckte, zu Hilfe gerufen, hatten sie zuerst 238 die Donau überschritten, waren aber durch den von der afrikanischen Armee erhobenen Gordian III. zur Umkehr genötigt worden. Dann aber hatte dieser gegen die Neuperser eilen müssen, und nach seinem Tode lähmte die permanente Meuterei der verwilderten Legionen die Thatkraft erst des aus arabischem Blut stammenden Kaisers Philippus und dann die seines schließlich glücklichen Gegner Decius. Obgleich ersterer in mehreren Feldzügen in den Thälern des Sereth und Pruth (245—247) gegen die den Goten verbündeten Karpen gefochten hatte, erschien doch eben in den Tagen, da er in Rom das tausendjährige Bestehen des Reiches pomphaft feierte, König Ostrogota mit einem gewaltigen Heere abermals im Süden der Donau, verheerte Mösien und konnte zur Schonung des hart belagerten Marcianopolis nur durch Geld bewogen werden. Erst des Philippus Erscheinen und ein Angriff, mit dem die in dem siebenbürgischen Berglande sitzenden Gepiden ihm in den Rücken fielen, nötigte ihn zur Rückkehr über die Donau, die er nicht lange überlebte. Aber sein Nachfolger Kniwa führte die kriegerische Politik weiter, welcher die zunehmende Zerrüttung des von Thronstreitigkeiten und Bürgerkriegen zerrissenen Reiches große Erfolge verhieß. Während er durch ein Heer die Landschaften im Süden der Donau verwüsten ließ, brach ein anderes nach Übersteigung des Balkan in Thracien ein, besiegte 250 den Kaiser Decius, der, von seinen Truppen zur Annahme des Purpurs genötigt, Philippus im Herbst 249 überwunden, aber die inneren Schwierigkeiten durch die Verfolgung des Christentums gesteigert hatte, und richtete in dem eroberten Philippopel ein furchtbares Blutbad an, um dann auch Macedonien heimzusuchen. Dennoch gelang es dem unermüdlich thätigen Decius mit Aufbietung der letzten Kräfte, die Goten aufzuhalten und nach der unteren Donau zurückzudrängen, an der er ihnen den Rückzug zu verlegen dachte. Aber in der Schlacht bei Abrittum in der Dobrudscha fand er im November 251 seinen Tod, und sein Nachfolger Gallus, der bisherige Legat von Mösien, sah nun keinen anderen Ausweg als einen eiligen Friedensschluß, der den Goten nicht nur das eroberte Land im Norden der Donau ließ, sondern auch die erneute Zahlung von Jahrgeldern zusicherte. Aber selbst um diesen Preis erkaufte das friedensbedürftige Reich, dessen Bevölkerung seit Jahren von der Pest decimiert wurde, keine dauernde Ruhe, vielmehr blieben die Goteneinfälle eine regelmäßig wiederkehrende Heimsuchung, und als endlich 253 der Statthalter von Pannonien, Ämilianus, zu der von den Römern sonst geübten Kriegführung zurückkehrte, welche die beste Verteidigung im Angriff gesehen hatte, indem er über die Donau setzte und die Goten im eigenen Lande heimsuchte, da wurde der gewonnene Erfolg schnell wieder wett gemacht durch den neuen Thronstreit, zu dem sein Heer durch Übertragung des Purpurs an ihn das Zeichen gab. Denn während er nun nach Italien zog und dort ebenso wie sein Gegner Gallus schließlich durch die Soldaten ermordet wurde, der wider sie erhobene Statthalter von Rätien und Noricum, Valerianus, aber sich in mühsamem Bürgerkrieg Anerkennung erkämpfen mußte, hatten die Germanen freie Hand, und längs der ganzen Nordgrenze des Reichs stürmten sie raubend und verwüstend an. Die von ihnen heimgesuchten Grenzlande verfielen trostloser Verödung und Verarmung. Die Bedrängnis stieg noch, als Valerian, durch einen neuen Perserkrieg nach dem Osten gerufen, die Kämpfe im Westen seinem Sohn und Mitregenten Gallienus überlassen mußte. Ohne Erfolg den Feinden gegenüber, entfremdete sich dieser obenein durch Mißtrauen und Eifersucht die tüchtigsten Feldherren und erbitterte die Legionen so, daß sie endlich ebenfalls meuterten und ihren Führer Postumus mit dem Purpur schmückten. So blieb Dacien in der Gewalt der Goten, die, bis an die Gestade des Pontus vorgedrungen, sich zu Herren der reichen Taurischen Halbinsel gemacht hatten und dort nun mit echt germanischer Bildsamkeit in erstaunlich kurzer Zeit auch zu Seefahrern entwickelten. Bald waren ihre Flotten der Schrecken der Küstenstädte Kleinasiens. Nach dem Modell der Fahrzeuge, die sie den griechischen Städten am Bosporus abnötigten, bauten sie Schiffe, wagten sich aber auch in flachen Korsarenkähnen auf das Meer hinaus, deren Seitenwände aus Weidengeflecht bestanden und nur notdürftig mit Erdharz gedichtet waren. So haben sie Trapezunt und Pityus erstürmt und Städte wie Chalcedon, Nicäa und Nicomedien geplündert. Ja, schließlich erschienen sie mit einer tausend Segel starken Flotte vor

Münze von Gallienus.

Im Felde eine Victoria, die über die Weltkugel schreitet, unter ihr zwei Gefangene. Umschrift: **VICT(oria) GERMANICA.** Silber. Originalgröße. Berlin, Königl. Münzkabinett.

Münze von Kaiser Postumus.

Auf der Vorderseite das Bildnis des Kaisers. Der Helm ist mit einer Victoria im Zweigespann und mit einem Widderkopf verziert. Umschrift der Rückseite: **VIC(toria) GERM(anica), P(ontifex) M(aximus) TR(ibunicia) P(otestate) V. CO(n)S(ul) III. P(ater) P(atriae).** Im Jahre 262 n. Chr. in Köln geprägt. Gold. Originalgröße. Berlin, Königl. Münzkabinett.

Ephesus und bereiteten ihm das gleiche Schicksal. Selbst das Binnenland war vor ihnen nicht sicher, seit sie bei Heraklea gelandet waren und von dort aus Bithynien, Phrygien und Kappadocien raubend durchzogen hatten.

Und nicht minder trostlos sah es in dem westlichen Teile des Reiches aus. Die Teilung seiner ohnehin schon erschöpften Kräfte durch den gleichzeitigen Kampf gegen Goten und Perser benutzten auch die Franken, um in Gemeinschaft mit den Alemannen und Teilen anderer Stämme über den Rhein zu setzen und Gallien auszuplündern. Einzelne Scharen drangen sogar noch weiter südwärts vor, überstiegen die Pyrenäen und raubten in Spanien, wo namentlich das reiche Tarragona furchtbar von ihnen heimgesucht wurde. Ja, bis hinüber auf die afrikanische Küste dehnten sie ihre Recognoscierungen bereits aus.

Schon damals konnte das Ende des Römerreichs unabwendbar und ganz nahe erscheinen. Ohne Rücksicht auf das Ganze dachte man in den einzelnen Provinzen nur an die eigene Rettung und fügte sich daher willig den Gegenkaisern, welche die verschiedenen Legionen erhoben. Aber wie selten erkaufte man um diesen Preis eine kurze Zeit der Erholung! Nur in Gallien waltete der tüchtige Postumus mehrere Jahre und fand auch in Britannien und Spanien Anerkennung, nachdem er den germanischen Einfällen ein Ende gemacht, längs des Rheines Befestigungen angelegt und sich mit den Franken dahin verständigt hatte, daß er sein Heer namentlich aus ihnen rekrutierte. Damals spielte auch Köln gewissermaßen die Rolle einer Reichshauptstadt. Als aber auch Postumus endlich durch seine Truppen getötet war, erneuten seine germanischen Verbündeten die Feindseligkeiten sofort (267) und suchten auch Gallien wieder mit ihren Raubfahrten heim.

Besonders schwer aber hatten in dieser Zeit Italien und der Osten zu leiden. Von dem rechten Rheinufer, das ihnen schon nicht mehr streitig gemacht werden konnte und daher nun zur Operationsbasis für ihre weiteren Unternehmungen diente, brachen die Alemannen über die Alpen in Italien ein. Rom selbst schien kaum vor ihnen gerettet werden zu können. Denn schon sengten und brannten ihre Vortruppen im Süden des Po. Da gelang es Gallienus, ihrem Hauptheer bei Mailand eine Niederlage beizubringen, welche das Äußerste abwandte (260). Aber nur für den Augenblick war damit geholfen, und nichts sicherte das Centrum des Reiches vor dem Schicksal, dem von den Provinzen eine nach der anderen verfiel. Alemannische Raubfahrten nach Italien waren bald etwas regelmäßig Wiederkehrendes, mit dem man rechnete wie in Griechenland und Kleinasien mit den Einfällen der Goten, nur daß diese auch durch das Meer nicht mehr aufzuhalten waren. Mit den Herulern zusammen überrumpelten sie 266 beinahe das reiche Byzanz, landeten bei Kyzikos, verheerten Lemnos und plünderten Griechenland. In Illyrien trafen sie dann mit einem anderen Gotenheere zusammen, das von der Donau her auf dem Landwege dorthin gekommen war. Da endlich gebot ein römischer Sieg ihnen Halt. Und inzwischen war Kaiser Valerian 260 in persische Gefangenschaft gefallen. Schon der Verwaltung allein des Westens nicht gewachsen, erwies sich Gallienus der nun auf seine Schultern gelegten Rettung des ganzen Reichs nicht gewachsen, zumal er in seinem Mißtrauen gegen jeden Tüchtigen und Talentvollen gerade die brauchbarsten Gehilfen zurückstieß und ausschloß. So erschienen seine litterarischen und künstlerischen Neigungen erst recht als nicht zeitgemäß und unkriegerisch und entfremdeten ihm die Truppen vollends. Ein Heer nach dem anderen sagte ihm den Gehorsam auf und proklamierte seinen Führer als Gegenkaiser. Fast jede Provinz schien auf dem Wege, ein eigenes Reich zu bilden, und nur im Osten wurde die Reichseinheit dank der Tüchtigkeit weniger Männer noch einigermaßen gewahrt. Und doch schien des Kaisers Persönlichkeit schuld an dem wachsenden Unheil und der immer furchtbarer anbrandenden Barbarenflut nur nach seiner Ersetzung durch einen kraftvollen Soldaten Halt geboten werden zu können. So wurde Gallienus während des Kampfes gegen einen in Italien aufgestellten Gegenkaiser im Frühjahr 268 vor Mailand auf Beschluß der tüchtigen Führer des Heeres getötet und der Befehlshaber der illyrischen Legionen, der Dardaner Claudius, zum Kaiser erhoben.

Nicht ohne Grund ist dieser nachmals durch den Ehrenbeinamen des Gotenbesiegers (Goticus) ausgezeichnet worden, obgleich auch er die furchtbaren Feinde nur für einige Zeit aufgehalten, nicht unschädlich gemacht hat. An die Wiedergewinnung der rechtsrheinischen Lande dachte schon niemand mehr. Sie fielen eben damals endgültig in die Hände der Alemannen. Die römischen Ansiedelungen waren oder wurden geräumt, was natürlich nicht ausschloß, daß noch einzelne Römer um des Erwerbes willen im Lande blieben. Aber es findet sich dort keine römische Inschrift mehr, die nach 268 entstanden wäre. Denn was an Kräften irgend verfügbar war, galt es den Goten entgegen zu werfen, die angesichts der Zerfahrenheit des von rechtlosen Usurpatoren umstrittenen Reiches die Zeit für gekommen zu halten schienen, durch einen letzten gewaltigen Ansturm endlich das Ziel zu erreichen und sich der so oft ausgeraubten, aber noch immer verlockend reichen Provinzen im Süden der Donau und des Balkan zu dauerndem Besitz zu bemächtigen. Zur See und zu Lande waren sie in nie gesehenen Massen im Anzuge, noch ehe der neue Imperator sich in Italien selbst recht befestigt hatte. Ihre Flotte fuhr die Küste Thraciens entlang, an Byzanz vorbei in den Archipel, belagerte Thessalonichi und Kassandria und ging ostwärts, um Rhodos, Cypern und Kreta heimzusuchen. Doch scheint es sich bei diesem Unternehmen zur See nur um eine Demonstration gehandelt zu haben, bestimmt, die Römer über das Ziel des Hauptangriffs zu täuschen und so zu unkluger Teilung ihrer Kräfte zu verleiten. Denn inzwischen wälzte sich eine förmliche Völkerwanderung — angeblich dreihunderttausend Krieger mit Weibern und Kindern, mit Knechten und fahrender Habe, die sie in riesigem Troß mit sich führten — über Macedonien und Obermösien her. Selbst Italien zitterte. „Rette uns! Befreie uns!“ hatte der Senat dem eben mit dem Purpur geschmückten Claudius zugerufen. Bei Naissus im Thal der Morawa, dem heutigen Nisch in Serbien, stieß dieser auf die Goten, denen auch jetzt wieder andere Völkerschaften und Teile von solchen, wie die Heruler, folgten, während ihnen von dem belagerten Thessalonichi her ein Teil der Flottenmannschaften zu Hilfe eilte. Drei Tage lang wurde gekämpft: nach anfänglichem Schwanken blieb der Sieg den Römern. Und Claudius ver-

Münze von Kaiser Claudius Goticus.

Umschrift: VICTORIA GOTHIC(a). Im Felde ein Tropaeum. Kupfer. Originalgröße. Berlin, Königl. Münzkabinett.

stand es, ihn auszunutzen. Unbarmherzig wurde das fliehende Volk zusammengehauen, eine Masse Gefangener eingebracht und das von den Barbaren bisher zusammengeraubte Gut als kostbare Beute weggeführt. Hunger und Seuchen thaten ein übriges, um die Goten fürs erste kampfunfähig zu machen. Aber auch Claudius erlag der herrschenden Krankheit, ohne über die Zukunft seines Reiches beruhigt sein zu können. Wohl hatte er nach dem Siege stolz verkündet, er habe dreihundertundzwanzigtausend Goten und zweitausend Schiffe vernichtet, die Flüsse und Küsten seien bedeckt mit Schilden, Schwertern und Speeren, auf den Feldern sehe man den Boden nicht vor Leichen, kein Weg sei ohne Tote und die ungeheure Wagenburg stehe verödet. Es widersprach dem doch aber, daß nicht bloß etliche Abteilungen der geschlagenen Feinde glücklich entkommen waren, sondern ein Haufe noch in Thracien plündernd umherzog und gar Nikopolis bedrohte.

Zum Glück aber für das Reich fand Claudius einen würdigen Nachfolger in dem vom Heere zum Kaiser erhobenen Aurelian, der auch an dem Gotenkrieg bereits mit Auszeichnung teilgenommen hatte, indem er die Feinde vom Asowschen Meer her durch einen Angriff vom Rücken her zu fassen versucht hatte, — einem Mann von außerordentlicher kriegerischer Begabung, stolzem und dabei doch pflichttreuem Herrschersinn und einem Glauben an den Beruf Roms, wie er längst zu einer Seltenheit geworden war. Nachdem er zunächst Pannonien gesichert hatte, eilte er zur Rettung Italiens, gegen das die Alemannen mit anderen Stämmen von neuem im Anmarsch waren. Auf die Kunde von seiner Annäherung kehrten zwar die tapferen Juthungen um, wurden jedoch eingeholt und empfindlich gezüchtigt. Als nun aber auch die Vandalen in Pannonien einfielen, verständigte sich Aurelian friedlich mit ihnen und erlaubte ihnen die Rückkehr in die unlängst verlassenen Sitze. Ähnlich endete dann der Kampf mit den Vandalen, die dem Kaiser zwölfhundert Reiter stellten. Inzwischen aber schien Italien seinem Verhängnis verfallen. Von der oberen Donau her wälzten sich Alemannen und Markomannen durch Rätien und über die Alpen nach der Poebene (271), indem sie ihren Weg durch entsetzliche Verwüstungen bezeichneten. Und als Aurelian bei Piacenza ihnen gegenüber lagerte, wurde er überfallen und erlitt schwere Verluste. Nun wurde Oberitalien der Schauplatz grauenvoller Raubthaten. In Rom selbst war man eines Angriffs gewärtig; doch gelang es Aurelian, die Germanen aufzuhalten und zum Abzug zu nötigen. Wie wenig jedoch selbst dieser tüchtige Soldat, der auch eine verzweifelte Sache nicht leicht verloren gab, an die Möglichkeit einer dauernden Sicherung Italiens glaubte, beweist zur Genüge die Thatsache, daß er Rom durch eine neue gewaltige Mauer gegen ähnliche Gefahren zu decken eilte. Auf dem Wege nach dem Osten zur Niederwerfung des palmyrenischen Reiches machte er in Illyrien und Thracien schweifende gotische Scharen unschädlich und suchte für die Zeit seiner Abwesenheit das Reich gegen diese unruhigen Nachbarn durch einen Streifzug über die Donau zu sichern. Heimgekehrt, nötigte er dann die Germanen längs des Rheins zum Frieden. Auch diesen Siegen galt der glänzende Triumph, den er dann 274 in Rom feierte. Sein Wagen wurde dabei von vier Hirschen gezogen, die einem Gotenkönig gehört hatten. Blondlockige Germanen und gotische Weiber schritten vor dem Zuge einher, der eigentlich als eine Verherrlichung der endlichen Wiederherstellung der Reichseinheit gelten konnte.

Noch einmal focht Aurelian dann in Vindelicien gegen eingefallene Germanen und gewann sogar einen Teil des Zehntlandes zurück. Auf dem Wege nach dem Osten aber wurde auch seinem Heldenleben durch Meuchelmord ein vorzeitiges Ziel gesetzt.

Doch blieb seine staunenswert rastlose und erfolgreiche Thätigkeit nicht ganz ohne nachhaltige Wirkung. Indem er die Einheit und das Ansehen des Reichs herstellte, den Rhein als Grenze behauptete und die Donau als solche wiedergewann, ermöglichte er seinen nächsten tüchtigen Nachfolgern sogar neue Eroberungen und die weitere Abwehr des germanischen Andranges. Denn daß Dacien aufgegeben war und nicht mehr verteidigt zu werden brauchte, konnte als eine strategische Stärkung der Römer gelten. Freilich brachen auf die Kunde von Aurelians Tod die rheinischen Germanen alsbald wieder verwüstend in Gallien ein, während der neue Kaiser Tacitus in Kleinasien dem Raubtreiben bis dorthin versprengter germanischer Scharen ein Ende machte. Aber in dessen Nachfolger Probus, der sich schon in diesen letzten Kriegen vielfach bewährt hatte, lebte etwas von der unbeugsamen Energie und der militärischen Rastlosigkeit Aurelians. Überraschend erschien er in Gallien, woselbst etliche Städte in die Hände der Germanen gefallen waren, und säuberte es von den Fremdlingen. Dann ging er zum Angriff auf sie über. Es gelang ihm 276 bis 277, einen Teil des Zehntlandes wiederzugewinnen. Die dort seßhaft gewordenen Alemannen freilich mußte er darin belassen, jedoch als römische Unterthanen und, wie es scheint, in Gruppen verteilt, wodurch sie minder gefährlich erschienen und besser vor einem Rückfall in die alte unstete Wanderlust bewahrt wurden. Zwischen ihnen wurden auch die Soldaten der verstärkten Grenzwehr mit Ackerlosen ausgestattet. Nur zwischen Neckar, Schwäbischer Alb und Limes saßen die Alemannen auch ferner in geschlossenen Massen. Aber auch die jenseits des Limes wohnenden Alemannen knüpfte Probus wieder fester an Rom, indem er mit etlichen ihrer Teilkönige Verträge schloß, nach denen sie sechzehntausend Mann für sein Heer stellten. Auch diese ließ er nicht in

Antike Marmorbüste des Kaisers Probus.
Neapel, Nationalmuseum.

geschlossenen Abteilungen bei einander, sondern suchte sie durch Vermischung mit anderen unschädlich zu machen. Auf das wirksamste beförderte dies die Germanisierung des römischen Heeres. Man scheint diese Maßregel mit dem eigentümlichen System in Verbindung bringen zu müssen, durch das Probus, an die Schöpfungen seiner tüchtigsten Vorgänger anknüpfend, aber doch anders als diese, die Grenzen des Reichs zu sichern strebte. Seine Absicht ging nämlich vermutlich dahin, zwischen das eigentliche Reich und die gärenden Germanenmassen ein defensives Zwischenglied zu schieben, teils durch Aufnahme von Germanen in die Grenzlande, teils durch Bündnisse mit den nächstbenachbarten Stämmen, die ein Interesse daran haben konnten, dieses Vorland gegen fernere Einfälle ihrer eroberungslustigen Volksgenossen zu schützen, im Notfall aber zur Abwehr von solchen besonders geeignet waren und außerdem ein unerschöpfliches Menschenmaterial zur Ergänzung des römischen Heeres darboten. Wie am Neckarlimes Alemannen hat er dazu an der unteren Donau Goten und Bastarnen angesiedelt und Franken nach Britannien geführt, um dort das römische Gebiet gegen die Gälen zu schützen. Wenn Probus aber wirklich, wie es heißt, gemeint haben sollte, auf diese Weise würde der Staat bald überhaupt der Notwendigkeit überhoben sein, Truppen zu halten, so befand er sich in einem verhängnisvollen Irrtum. Die Verfolgung dieses Weges mußte binnen etlicher Menschenalter zur völligen Entwaffnung der unkriegerischen Römer führen und die Herrschaft in die Hände ihrer germanischen Söldner legen. Wie wenig zuverlässig diese blieben, hat Probus selbst zur Genüge erfahren gehabt. Namentlich die Goten verfielen immer von neuem ihren alten räuberischen Neigungen. Auch mit den Burgundern, die hinter den Alemannen herrückend, den römischen Grenzen nahe kamen, und den Vandalen, die aus dem siebenbürgischen Berglande aufgebrochen waren, hatte er zu kämpfen. Gegen die verwegene Abenteuerlust einzelner germanischer Haufen aber war nach Lage der Dinge eine planmäßig vorbereitete und allezeit schlagfertige Abwehr eigentlich überhaupt nicht möglich. Gelang es doch einer Schar von Franken, die mit den Legionen bis an die Gestade des Pontus gekommen waren und sich dort gewaltsam der nötigen Schiffe bemächtigt hatten, zur See in ihre niederrheinische Heimat zurückzukehren, indem sie das Mittelmeer durchfuhren, die Meerenge von Gibraltar passierten und dann ihren Kurs nordwärts durch den Ocean in die Nordsee nahmen, natürlich nicht ohne unterwegs mehrfach zu landen und die Küsten und Hafenorte mit Gewalt und Plünderung heimzusuchen.

Immerhin hat Probus viel geleistet, und wenn seines Biographen Wort, er habe allen Teilen des Weltreichs Ruhe gebracht, auch nicht wörtlich zutrifft: den Germanen war doch nach hundert Jahren zum erstenmale wieder eine kraft- und planvolle Abwehr entgegengesetzt worden, und die teils hergestellten, teils erweiterten, teils neugeschaffenen Grenzwehren boten die Möglichkeit, ihren Ansturm auch ferner zurückzuschlagen, vorausgesetzt, daß die militärische Zucht erhalten wurde, deren geschickter Wiederherstellung Probus seine Erfolge zu danken hatte. Es war daher mehr als ein persönliches Verhängnis, daß er schließlich (Oktober 282) unter den Streichen seiner meuternden Waffengenossen enden mußte, welche die übermäßigen Ansprüche, die er bei der Aufführung von Grenzwerken bei Sirmium an sie stellte, aufs äußerste erbittert hatten.

Neue Thronstreitigkeiten und der Wiederausbruch der Perserkriege ließen die von Probus gegen die Germanen gewonnenen Erfolge schnell wieder verloren gehen. In der Landschaft zwischen dem Limes und dem Oberrhein richteten sich die Alemannen nun vollends häuslich ein. Für sie kam damals der bezeichnende Namen Alemannia oder Barbaria auf. Als Nachbarn der Alemannen saßen östlich vom Limes die Burgunder, die von den Ostgoten aus ihren alten Wohnsitzen im Nordosten aufgescheucht worden waren. Weiter nördlich am Rhein und Main befanden sich die Franken in der gleichen Bewegung westwärts. Wie im Südosten die Goten versuchten sie ihr Glück auch zur See. Auch die Sachsen beunruhigten bereits die römischen Küsten mit ihren schnellen Schiffen.

In namenloser Bedrängnis und Zerrüttung befand sich das Reich, als nach jahrelangem wüsten Thronstreit endlich Diokletian als Alleinherrscher an seine Spitze trat. Durch den unmenschlichen Druck ihrer geldgierigen Grundherren zum Äußersten getrieben, hatten die celtischen Bauern und Kolonen Galliens zu den Waffen gegriffen und machten das Land, das schon so oft von germanischen Einfällen heimgesucht war, zum Schauplatz des greuelvollen Bagaudenaufstandes, der in burgundischen und alemannischen Haufen willkommene Helfer fand. Erst dem von Diokletian zum Reichsgehilfen angenommenen Maximian gelang es, dort die Ordnung herzustellen, indem er die Bagauden beschwichtigte, die Burgunder zum Abzug nötigte und die ebenfalls hereingebrochenen Heruler züchtigte. Dann mußte er sich eiligst den Franken entgegenwerfen, die 287 bis Trier streiften. Die gegen sie gewonnenen Vorteile auszunutzen, setzte Maximian sogar wieder einmal über den Rhein, während Diokletian die Alemannen aus Rätien verdrängte.

Münze von Kaiser Diokletian.

Umschrift: VICTORIAE SARMATICAE. Im Felde ein Kastell. Im Abschnitt: S(acra) M(oneta) N(icomedica). Γ, ist das Zeichen der Münzstätte tertia officina; sacra bedeutet kaiserlich. Silber. Originalgröße. Berlin, Königl. Münzkabinett.

Diese überraschende Offensive bewirkte nochmals einen Stillstand in der Bewegung der Germanen, zumal unter ihnen Zwistigkeiten ausgebrochen waren, die zu größeren Kriegen geführt zu haben scheinen. Von solchen hören wir zwischen den mit den Taifalen verbündeten Westgoten und den Vandalen und zwischen Alemannen und Burgundern, die der Limes voneinander schied. Um so ärger hatten inzwischen die Küstenlandschaften zu leiden, im Osten durch die gotischen, im Westen durch die sächsischen Raubfahrten, die sich schon bis zur Bretagne erstreckten, und als Maximian mit ihrer Bekämpfung den Menapier Karausius beauftragte, benutzte dieser die Gelegenheit, um sich mit Hilfe der ihm untergebenen Flotte in Britannien zum Kaiser ausrufen zu lassen. Selbst die Küsten des Festlandes gehorchten ihm zeitweise, und seine Geschwader schwärmten südwärts bis Spanien. Mit ihm verbanden sich, so scheint es, die Franken. Damals nahmen sie das Land an den Rheinmündungen ein, wo nun ihre Vermischung mit den dort sitzenden romanisierten Belgern ihren Anfang nahm. Zu Beginn des vierten Jahrhunderts waren sie bereits in weiterer Ausbreitung gegen Südwesten begriffen. Auch die Alemannen erschienen schon vielfach auf dem linken Rheinufer. Hinter beiden her aber waren die Sachsen in langsamem Vorrücken nach Westen begriffen.

Nach der Teilung der Reichsverwaltung, welche Diokletian vorgenommen hatte, lag die Verteidigung des schwer bedrohten römischen Besitzes vorzugsweise in den Händen des Cäsar Constantius Chlorus. Größere Erfolge aber waren diesem nicht beschieden, und wenn er einen Teil der an den Rheinmündungen heimisch gewordenen Franken in das nördliche Gallien verpflanzte, so bahnte er damit dem Verderben, das es abzuwehren galt, doch eigentlich noch den Weg, indem er die teilweise Germanisierung Galliens einleitete. Bald wurde dieses auch noch durch einen Angriff der Alemannen gefährdet. Ihnen warf sich Constantius entgegen.

Römisches Medaillon; Blei. 1862 im Bett der Saône gefunden. Originalgröße. (Nach Fröhner.)

Die Darstellung, **SAECVLI FELICITAS** überschrieben, teilt sich in zwei übereinander gestellte Streifen und scheint sich auf den Feldzug Maximians vom Jahre 287 zu beziehen. Im oberen die beiden Kaiser mit Lorbeerkranz und Nimbus, in der Purpurtoga, jeder eine Rolle in der Hand haltend, auf Sesseln (**sella curulis**) sitzend. Nach der Porträtähnlichkeit scheint der erste (von links) Diokletian zu sein; hinter ihm zwei Leibwächter mit Lanze und Schild. Maximian wendet sich gegen eine Menge Männer, Frauen und Kinder, die seinen Schutz anrufen; seine Wachen haben einige Mühe, dieses andringende Volk abzuhalten. Der Kaiser streckt den rechten Arm aus, als Zeichen der Gnade. Die Klagenden sind wohl römische Kolonisten, deren Frieden ein Einfall der Barbaren gestört hat.

Der untere Streifen stellt die durch Inschriften bezeichneten Festungen Mainz, **MOGONTIACVM**, und Castel, **CASTEL**(lum), dar, verbunden durch eine Brücke. Des Raumes wegen konnte der Künstler nur zwei Vollbogen derselben darstellen. Doch hat er die Größe des Stromes, **FL**(umen) **RENVS**, angedeutet, indem er seinen Lauf um die Festung Mainz herum führte. Beide Eingänge zur Brücke werden durch Türme verteidigt.

Von Castel her schreitet der Kaiser Maximian über die Brücke nach Mainz zurück. Zwei geflügelte Genien begleiten ihn, deren einer die Siegeskrone auf das Haupt des Kaisers drückt, während der andere einen Palmenzweig trägt und ein Kind an der Hand führt, wohl den erkämpften Frieden darstellend, mit Bezug auf diejenigen, welche von den Barbaren in Sklaverei geschleppt waren und die der Kaiser wieder befreit hatte.

Bei Langres focht er erst unglücklich, dann aber siegreich. Die unter furchtbaren Verlusten eilig Weichenden schlug er ein zweites mal bei Vindonissa. Dann ging er über den Rhein und drang bis zum oberen Donaulauf bei Günzburg vor. Auch den Seeräuberstaat des Karausius in Britannien machte er 306 endlich unschädlich. Aber die von den Germanen occupierten Gebiete endgültig zurückzugewinnen und namentlich im Zehntland wieder festen Fuß zu fassen, gelang ihm nicht, oder es kann, was er dort erreichte, nicht weit über die praktisch wertlose Anerkennung der römischen Oberhoheit hinausgereicht haben. Diese ist schnell wieder in Vergessenheit geraten.

Überhaupt ist es bei der Dürftigkeit der auf uns gekommenen abgerissenen Nachrichten unmöglich, in dem wirren Durch- und Nacheinander der römisch-germanischen Grenzkämpfe des ausgehenden dritten Jahrhunderts eine bestimmte, durch einen inneren Zusammenhang gegebene Ordnung zu erkennen. Nur einzelne Momente daraus treten bestimmter hervor, zumal die Kämpfe, zu denen des Diokletian Abdankung und die von ihm eingeführte eigentümliche Successionsordnung den Anlaß gaben. Sie machten auch der zielbewußten Politik, die römischerseits zuletzt verfolgt war, bald ein Ende. Aber auch der zum Hersteller und Organisator des Reichs berufene Konstantin hat sich das Anrecht auf die von ihm gewonnene Stellung zumeist im Kampf gegen die Germanen erworben. Schon dadurch, daß er als Cäsar des Westens in Gallien weilte und Trier zur Hauptstadt erhob, brachte er neues Leben in den Krieg gegen die alten Feinde, denen er zudem eine bisher unerhörte unbarmherzige Rücksichtslosigkeit bewies. Die beiden Könige eines schweifenden Frankenhaufens, die in seine Gewalt gefallen waren, Askarich und Gaiso, fanden zu Trier im Cirkus durch wilde Tiere ein gräßliches Ende, und das gleiche Schicksal bereitete er in kalter Grausamkeit den Franken und Alemannen, die er als Gefangene von einem Zuge heimführte, den er auf die Kunde von einem drohenden Einfall überraschend in das rechtsrheinische Land unternahm. Das verfehlte seines Eindrucks auf die Barbaren nicht, die seit Menschenaltern gewohnt waren, von Rom umworben und mit Gold und Land für ihre Dienste belohnt zu werden. Aber Konstantin genügte es, Schrecken verbreitet zu haben. So gewaltige Heeresmassen er am Rhein aufhäufte und so große Sorgfalt er auf Erhaltung und Stärkung der Grenzsperre verwandte, neue Eroberungen lagen ihm fern, und selbst das Zehntland ließ er den Alemannen. Er kannte die Schwächen des Reiches zu gut, als daß er sich auf Unternehmungen eingelassen hätte, denen nach Lage der Dinge ein durchschlagender Erfolg nicht beschieden sein konnte. So begnügte er sich mit der Verstärkung der Besatzung am Rhein durch zuverlässige, d. h. doch wohl von Germanen möglichst freie Legionen und mit der Befestigung etlicher strategisch wichtiger Punkte. Auch eine stattliche Flotte befuhr den Strom, über den bei Köln eine steinerne Brücke gebaut wurde, weniger zur Erleichterung des Verkehrs mit den Barbaren, als um diese dadurch in Respekt zu erhalten, daß sie die Römer in der Lage wußten, jeden Augenblick drüben zu erscheinen. Das gleiche System wurde an der Donau durchgeführt. So erstand an der Grenze gegen Germanien eine lebendige Schutzwehr stets schlagfertiger Legionen, die alle Zeit ungeschwächt zu erhalten, Konstantin für die äußere Sicherheit und die innere Ruhe des Reichs als so unerläßlich ansah, daß er selbst zum Kampf gegen Maxentius nur den vierten Teil seines Heeres mit sich nahm, die Hauptmasse aber am Rhein zurückließ. Die linksrheinischen Landschaften erfreuten sich einer lange nicht gekannten Sicherheit und Ruhe und erholten sich

Elfenbeinplatte eines Konsular-Diptychons.

Unter dem Bildnis des im festlichen Ornat thronenden Konsuls eine Arena mit Tierkämpfen und Gladiatoren, ringsum hinter der Brüstung die Zuschauer. In der Überschrift die Titel des Konsuls: EXC(omes) SAC(ri) · STAB(uli) · ET · M(agister) · M(ilitum) · P(er) · OR(ientem) · EXC(onsul) · C(onsul) · OR(dinarius).

Italienische Elfenbeinskulptur aus dem 5. oder 6. Jahrhundert.
Paris, Museum Cluny.

auch wirtschaftlich von den schweren Heimsuchungen der letzten Jahrzehnte. Noch aber konnten die bürgerlicher Beschäftigung ungewohnten Germanen die Waffen, in deren Führung sie nun einmal den vornehmsten Beruf des Mannes sahen, nicht ganz ruhen lassen. Doch wurden ihre Friedensstörungen meist schnell gezüchtigt und blieben ohne weitere Folgen. Selbst der Thronstreit, der das Reich mehrere Jahre zerriß, hatte nach dieser Seite keine üblen Folgen, obgleich die Franken, damals, wie es scheint, an der Spitze eines größeren Völkerbundes, 313 den Rhein überschritten. Aber überraschend schnell war Konstantin zur Stelle, ließ ihnen durch die Flotte den Rückweg über den Fluß sperren und hieb sie zusammen, erschien auch noch strafend auf dem anderen Ufer. Abermals genoß die Bevölkerung des prächtigen Trier das aufregende Schauspiel, eine Menge von gefangenen Franken im Cirkus zerrissen zu sehen — ein Schicksal, dem sich viele ihrer Leidensgefährten durch Selbstmord entzogen. Dennoch mußte 320 Konstantins Sohn neue Raubscharen durch einen beschwerlichen Winterfeldzug abwehren und auch die Alemannen bekämpfen. Aber so hoch schätzte man in der Erinnerung an die Schrecknisse, welche die

Römisches Denkmal zu Ehren der Kaiser Maximinus, Konstantinus und Licinius.

Ansichten der vorderen und der beiden Seitenflächen. Gefunden, 1848, bei Erweiterung der Pfarrkirche in Prutting und in derselben jetzt eingemauert. Höhe etwa $1^5/_6$ Meter. Inschrift: VICTORIAE AVGVSTAE (sac)RVM PRO SALVTEM (dominorum) NN(nostrorum) MAXIMINI ET (con)STANTINI ET LICINI (sem)PER AVG(u-

Germanen wiederholt in jene Grenzlande gebracht hatten, diese Erfolge, daß Konstantin den Beinamen der Frankenbesieger (Francicus) erhielt und zum Gedächtnis daran besondere fränkische Festspiele eingeführt wurden.

Ähnlich gestalteten sich die Dinge an der unteren Donau. Dort wurden 319 bis 321 die Sarmaten und Goten in Pannonien und Mösien zurückgeschlagen. Wohl zur Strafe für ihren Friedensbruch behielt Konstantin den Goten die üblichen Jahrgelder und Naturallieferungen ein. Nun griffen sie erst recht zu den Waffen. Denn es ist bezeichnend für ihre wirtschaftliche Lage und läßt auf den niedrigen Stand des Ackerbaues bei ihnen schließen, daß die Sperrung der Getreidezufuhr von dem rechten Donauufer her bei ihnen sofort Mangel erzeugte und innere und äußere Schwierigkeiten zur Folge hatte. Doch richteten sie gegen Konstantins festgeschlossenes Verteidigungssystem jetzt so wenig wie später etwas aus. Dennoch mußte einige Jahre danach des Kaisers gleichnamiger Sohn wieder in ihr Land ziehen und soll dort hunderttausend Menschen haben töten lassen. Denn es blieb Konstantins Princip, die unzuverlässigen Barbaren durch blutigen Schrecken einzuschüchtern. Der Erfolg erwies seine Richtigkeit. Aber von nationalem Haß zwischen Römern und Germanen, wie er in den Zeiten Armins entbrannt war, findet sich damals keine Spur. Vielmehr handelte es sich in allen diesen Kämpfen um den Gegensatz zwischen Römern und Barbaren, Kultur und Unkultur, geharnischtem Frieden und zuchtlos räuberischem Wandertreiben. Diesem mußte, um das Reich endlich zu sichern, im Notfall durch die blutige Ausrottung aller Widerstrebenden ein Ende gemacht werden. Denjenigen Germanen, die sich dem römischen Friedensgebot fügten, winkten dafür alle möglichen Vorteile, nicht bloß materielle, sondern auch solche, für die ihr Ehrgeiz und ihre Eitelkeit empfänglich waren. Auch jetzt zogen es Tausende und Abertausende von ihnen vor, sich der erneuten Macht Roms zu fügen und im Dienst derselben ihr Glück zu machen, als das Opfer so unbarmherziger Züchtigung zu werden. Scharenweise nahmen sie römische Dienste. Denn gegen die eigenen Landsleute zu fechten, machte dem Germanen keine Skrupeln. Er war lieber Verfolger als Verfolgter, Rächer des kaiserlichen Friedensgebots, als daß er für die Verletzung desselben schwer büßte.

Münze von Kaiser Konstantin d. Gr.

Im Felde die trauernde gefangene ALEMANNIA. Umschrift: GAVDIVM ROMANORVM. Gold. Originalgröße. Berlin, Königl. Münzkabinett.

Wie aber das alles Konstantins persönliches Werk war, in dem sich der weitblickende Organisator mit dem unbarmherzigen Krieger, der gewandte Diplomat mit dem rücksichtslos durchgreifenden Despoten verband, so hätte es auch nur dann in dauernder Wirksamkeit erhalten werden können, wenn eine ähnlich hart geartete Persönlichkeit an der Spitze des Reichs geblieben wäre, mit der Fähigkeit, die neugeschaffene Administration, die auf der Vereinigung von militärischer Sub-

storum) AVR(elius) SENECIO (vir perfectissimus) DVX TEMPLVM NVMINI (ei)VS EX VOTO A NOVO FIERI IVSSIT PER INSTANTIAM VAL(erii) SAMBARRAE P(rae)P(ositi) EQ(uitibus) DALM(atis) AQVESIANIS COMIT(atensibus) L(aetus) L(ibens) M(erito) OB VICTORIA FACTA V K(alendas) IVLIAS ANDRONICO ET PROBO CO(n)S(ulibus). Auf dem Denkmal ist der 27. Juni 310 genannt; errichtet ist dasselbe aber erst nach dem im Jahre 311 erfolgten Tode des Galerius, sonst müßte auch dieser hier genannt sein. (Abhandlg. der kgl. bayer. Akad. d. W. V.)

Römer im Kampfe mit Germanen: Relie

Eine Schlacht, deren Ausgang bereits entschieden ist. Im Vordergrunde kämpfen noch einzelne Germanen, darunter
treiben die Herden hinweg und führen Männer und Frauen in Gefangenschaft.

gesſäule des Kaiſers Marc Aurel in Rom.

t dem Scramaſachs bewaffneter, gegen die Römer. Dieſe dringen von allen Seiten ein, ſtecken die Hütten in Brand,
ellten beiden Frauen iſt eine durch einen kronenartigen Kopfſchmuck ausgezeichnet.

ordination mit starkem bureaukratischen Schematismus beruhte, ausschließlich ihrem in unumschränkter Machtfülle gebietenden Willen dienstbar zu erhalten. Es war das Verhängnis des Reichs, daß Konstantin diese vielleicht bedeutendste Seite seines Wesens auf seine Nachkommen und Nachfolger nicht vererben konnte. Deren rasche Entartung wurde dem Reich zum Verderben und öffnete den Germanen die eben geschlossene Grenze von neuem. Damit aber fiel für diese auch die Notwendigkeit fort, in den zuletzt eingenommenen Gebieten sitzen zu bleiben, ihre Zukunft endgültig an die in Bebauung genommene Scholle zu knüpfen und damit den letzten entscheidenden Schritt zu voller Seßhaftigkeit zu thun. Gleich der Bruderkrieg, in den der mit Italien und Illyrikum ausgestattete zweite Sohn Konstantins, Konstans, den als Kaiser dem Westen vorgesetzten Erstgeborenen Konstantin II. entthronte und tötete, veranlaßte einen neuen Vorstoß der Franken und wahrscheinlich auch der Alemannen. Doch behauptete der Kaiser die Rheingrenze.

Münze von Konstans, Sohn Konstantins des Großen.

Im Felde der Kaiser, in der Hand die kaiserliche Hauptfahne des Heeres, das Labarum, mit dem Monogramm Christi. Umschrift: **TRIVMFATOR GENTIVN BARBARARVM.** Im Abschnitt SIS, der Prägort Siscia, Essek, in Pannonien. Silber. Originalgröße. Berlin, Königl. Münzkabinett.

Einige Jahre später aber brach das Verhängnis um so furchtbarer herein, als nach Konstans' Ermordung sein Feldherr Magnentius, eines gefangenen Germanen Sohn, sich des kaiserlichen Purpurs bemächtigte. In diesem machte das Germanentum bereits den Versuch, entsprechend der Bedeutung, die es als der militärische Träger des Reichs gewonnen hatte, auch die Rechte und Ehren der Herrschaft in demselben an sich zu bringen. Auf die Kunde von seiner Erhebung strömten dem Magnentius nicht bloß die germanischen Truppen, sondern auch germanische Ansiedler und Einwanderer in Masse zu, um an dem Glück ihres Landsmannes ihren Anteil zu gewinnen. Es schien, als ob der Entscheidungskampf zwischen Römern und Germanen um die leitende Stellung im Reich unmittelbar bevorstände, als Konstantius II., des großen Konstantin letzter Sohn, zur Verteidigung seines Kronrechts aus dem Osten herbeieilte. Bei Mursa an der Drau kam es Ende September 351 zu einer furchtbaren Schlacht zwischen dem gallisch-germanischen Heere des Magnentius und den durch parthische Eisenreiter verstärkten Scharen des Konstantius. Aber noch erwies sich die altrömische Kriegskunst der wilden Tapferkeit der blindlings anstürmenden Germanen überlegen. Noch war für diese die Zeit der Herrschaft nicht gekommen. Auch zwei weitere Schlachten entschieden gegen sie. Als sich Magnentius in sein Schwert stürzte, liefen die um ihn versammelten Massen führerlos auseinander und trugen Raub und Brand in die von ihnen durchstreiften Lande.

Aber auch die Germanen außerhalb der römischen Machtsphäre waren in diesen Thronstreit gezogen worden. In verhängnisvoller Verblendung hatte Konstantius die Franken und Alemannen zu Bundesgenossen geworben, damit sie über den Rhein setzten und den Usurpator des Westens in Rücken und Flanke faßten. Ein Bruder des Magnentius wurde von dem Alemannenkönig Chnodomar besiegt, der das Land dann weithin verwüstete und schließlich einen Teil davon für sich behalten und mit seinen Leuten besetzen wollte. So mußte Konstantius sich gegen die bisherigen Verbündeten wenden. Im Jahre 354 erschien er am Rhein: drüben erwarteten ihn die Alemannen kampfbereit. Sein Versuch, den Fluß zu überschreiten, mißlang. Er zog daher vor zu unterhandeln und durch Erneuerung der Verträge das alte friedliche Verhältnis herzustellen.

Damit aber war doch nur für einen Teil der römischen Grenze und auch da nur vorübergehend Ruhe gewonnen. Schon die nächste Zukunft sollte lehren, welch Unheil Konstantius durch die Herbeirufung der Franken und Alemannen auf das Reich herabbeschworen hatte. Die eine Lücke, die er thörichterweise in des Vaters wohldurchdachtes Grenzschutzsystem gebrochen hatte, stellte bald dessen ganzen Bestand in Frage. Denn nun kannten die Barbaren, die Konstantin durch blutigen Schrecken niedergehalten hatte, die schwache Stelle des Reichs, das zudem seiner unlängst noch so festgefügten Einheit verlustig gegangen war und damit gewissermaßen des Nimbus, der es bisher in jener Augen umgeben hatte. Das Zusammentreffen dieser Umstände wurde für die gesamte germanische Grenznachbarschaft das Signal zur Wiederaufnahme ihrer Angriffsbewegung. Eine neue Ära römisch-germanischer Kämpfe begann damit. Durch die Größe der in Aktion tretenden Massen, die steigende Erbitterung beider Teile und die Fülle der eingesetzten geistigen und sittlichen Kräfte übertrifft sie alle früheren an Bedeutung und Interesse und läßt unter einem genialen Kaiser das sinkende Römertum im Glorienschein einer letzten Heldenzeit erglänzen.

Trotz des mit Konstantius gemachten Friedens streiften Teile des Alemannenstammes auch während der nächsten Jahre in den römischen Grenzlanden. Am Niederrhein erneuten die Franken die Feindseligkeiten und bemächtigten sich vollends des ehemaligen batavischen Landes, nachdem dessen Statthalter Silvanus, selbst von Abstammung ein Franke, bei dem Kaiser verdächtigt und, durch die ihm bereiteten Nachstellungen zum Aufruhr gedrängt, in der üblichen Weise aus dem Wege geräumt worden war, und drangen in Gallien bis zur Seine und Marne vor. Aber es handelte sich nicht mehr um einen der üblichen Raubzüge, sondern um eine dauernde Besitznahme. Denn hinter der vorausschwärmenden Linie der plündernden Haufen rückte als eigentlich ausschlaggebende Kernkraft die Masse der germanischen Bauern auf das linke Rheinufer hinüber und verband sich mit den von früher her dort heimischen Stammgenossen, die sich trotz ihrer teilweisen Romanisierung freudig als Germanen bekannten und ebenfalls gegen die Römer erhoben. Vor dieser Bewegung brach die von Konstantin errichtete Grenzwehr jählings zusammen. Nach tapferer Gegenwehr fiel das feste Köln in die Hände der fränkischen Eroberer (355). Ohne einen eigentlich unglücklichen Kampf ging, wie durch ein Elementarereignis, was Drusus und seine Nachfolger einst auf dem linken Rheinufer gewonnen hatten, für die römische Herrschaft verloren, und was Cäsar durch Eroberung Galliens für alle Zeit zu hindern gedacht hatte, war nun doch geschehen, Gallien zu einem Teil verloren, zum anderen schwer bedroht. Schon bestellten, wie ein zeitgenössischer römischer Schriftsteller berichtet, das bisher römische Land die Germanen als das eigene und bedienten sich dabei der als Sklaven weggeführten Römer. Die römischen Kastelle und Städte waren gebrochen oder sahen sich inmitten des von den Barbaren occupierten Landes gleichsam dauernd belagert und für die Beschaffung von Lebensmitteln auf den nächsten Umkreis beschränkt. Als unabwendbar erwartete man die rasche weitere Ausbreitung der Eroberer. Weit über ihre augenblickliche Machtsphäre hinaus reichte der Schrecken ihres Namens, und hundertundachtzig römische Meilen westlich und südlich vom Rhein wagte man nicht mehr das Vieh auf die Weide zu treiben, aus Furcht, es von germanischen Streifscharen plötzlich weggeführt zu sehen.

In dieser äußersten Bedrängnis geschah es, daß Konstantius seinen Neffen Julian als Cäsar nach Gallien schickte, um es vor der drohenden Überflutung durch die Germanen zu retten. Allein mit seinem Bruder Gallus dem Blutbade entgangen, durch das Konstantins Söhne sich ihrer Vettern als gefährlicher Nebenbuhler entledigt hatten, war Julian durch der Oheime finsteres Mißtrauen dem Staatsdienste ängstlich fern gehalten, durch die aufgezwungene mönchische Erziehung aber ein unversöhnlicher Feind des Christentums geworden. Als begeisterter Anhänger des antiken Heidentums hielt er sich für berufen, dieses innerlich zu verjüngen und damit zur Wiedergewinnung der Weltherrschaft zu befähigen — ein genialer, von dem edelsten Streben erfüllter Jüngling, zudem der geborene Feldherr und der geborene Herrscher. An den Namen des „abtrünnigen Julian“ knüpfen sich die letzten militärischen Großthaten der römischen Heere, die er noch einmal zu der alten Tüchtigkeit zu begeistern wußte, trotz des Widerstrebens, auf das er bei manchem seiner Offiziere stieß, und der Intrigen, mit denen der Hof, durch seine Erfolge beunruhigt, sein Handeln zu lähmen suchte, während das aufatmende Volk in ihm jubelnd den Mann begrüßte, dessen die harte Zeit bedurfte.

Münze mit dem Bildnis des Julianus.

Umschrift: D(ominus) N(oster) FL(avius) CL(audius) IVLIANVS P(ius) F(elix) AVG(ustus). Kupfer. Originalgröße. Berlin, Königl. Münzkabinett.

Glücklich durchbrach Julian die germanischen Haufen, die ihm den Weg nach Reims verlegen sollten, und vereinigte sich dort mit den hartbedrängten Resten des römischen Heeres. Sofort ging er dann zum Angriff über, nahm 356 Köln wieder und säuberte das linke Rheinufer von den Franken. Doch nur für den Augenblick war damit Luft gemacht. So kritisch blieb die Lage, daß im Winter eine germanische Abteilung tief nach Gallien vordringen und Julian in seinem Quartier zu Sens einschließen und längere Zeit hart bedrängen konnte. Auch der nächste Feldzug (357), der die oberen Landschaften links vom Rhein den Alemannen entreißen sollte, nahm einen höchst bedenklichen Anfang. Der beabsichtigte Doppelangriff von Reims und von Augst her mißlang, weil ein Teil der in Obergermanien als Läten angesiedelten Barbaren sich für die Alemannen erhob, des Julian Unterfeldherrn Barbatio umging und im Rücken des römischen Heeres sich plötzlich auf das reiche Lyon warf, wo ungeheure Beute zu hoffen war. Doch hielt sich die Stadt, bis der Cäsar selbst zu ihrer Rettung herbeieilte. Dagegen konnte Julian es nicht hindern, daß Barbatio, unbelehrt durch die eben gemachte üble Erfahrung, von den Alemannen in seinem Lager überfallen und zu eiliger Flucht genötigt wurde. So galt es, erst im Lande selbst sich eine feste Stellung zu schaffen, um einerseits Gallien gegen Handstreiche zu sichern, wie sie den

Feinden eben gelungen waren, andererseits eine bessere Operationsbasis für den Entscheidungskampf mit den Alemannen zu gewinnen. Das erreichte Julian durch schleunige Herstellung der Schanzen auf den Vogesen, namentlich durch starke Befestigung des wichtigen Zabern. Dadurch wurde zugleich den Germanen ein Teil des unlängst occupierten reichen Landes wieder genommen. Den Ertrag des dort alsbald in Angriff genommenen Ackerbaus mußten sie zum Unterhalt der verhaßten Römer verwenden sehen. Es scheint nun aber, als ob uns unbekannt bleibende Vorgänge im Inneren Germaniens und deren Einwirkung auf die rechtsrheinischen Lande die Behauptung dieser neuen Erwerbung für die Alemannen zu einer Lebensfrage gemacht haben. Vielleicht mußten sie fürchten, nach dem Rückzug über den Rhein in den verlassenen Sitzen erst recht in üble Lage zu geraten, sei es aus Mangel an Ackerland zum Unterhalt ihres mächtig angewachsenen Stammes, sei es unter dem verstärkten Andrang der nachrückenden Germanen, zunächst also der bereits am Limes stehenden Burgunder. Denn da allgemeine nationale sowie große politische Gesichtspunkte den Leitern der germanischen Völkerbewegung damals, soweit wir nachzukommen vermögen, noch ganz fremd waren, läßt sich die einigermaßen ungewöhnliche Handlungsweise der Alemannen kaum auf andere Art erklären. Auch glaubten sie einen Entscheidungskampf jetzt wohl um so mehr wagen zu dürfen, als nach des Barbatio Flucht Julian kaum mehr als dreizehntausend Mann bei sich hatte, denen sie nahezu das Dreifache gegenüber stellen konnten. Denn etwa fünfunddreißigtausend Mann waren es, die sieben alemannische Stammkönige zusammengebracht hatten. Den Oberbefehl führte der als Krieger gefeierte Chnodomar (S. 176), das Urbild eines altgermanischen Helden, von unbändigem Wagemut, getragen von dem stolzen Bewußtsein, die Römer mehr als einmal zu Paaren getrieben zu haben und daher von herausfordernder Siegeszuversicht erfüllt.

Durch Gesandte verlangten die Alemannen von Julian die Herausgabe des linksrheinischen Landes, das sie nicht bloß erobert, sondern auch bereits durch Bestellung in friedlichen Besitz genommen hatten. Das stellte Julian vor eine schwere Entscheidung. Die feindliche Übermacht war erdrückend, sein Heer durch die Mißerfolge Barbatios eingeschüchtert und ohne Vertrauen in die eigene Kraft. Im Fall eines ungünstigen Ausganges stand das Schlimmste zu fürchten, ganz abgesehen von dem Verhängnis, das seine zahlreichen Neider und Feinde am Kaiserhofe ihm selbst dann zu bereiten sicher sein konnten. Es entsprach der Denkweise Julians, daß er einen ruhmvollen Untergang einem kampflosen Abzug vorzog. In voller Erkenntnis des ungeheuren Wagnisses beschloß er daher den Kampf aufzunehmen. Wie kritisch die Lage war, durfte er seine eigenen Leute nicht wissen lassen: die Einsicht darin hätte sie leicht vollends entmutigt. Auch fühlte er sich stark genug, ganz allein die Verantwortung für einen Schritt auf sich zu nehmen, von dessen Ausgang das Schicksal des Abendlandes abhängen konnte. So behielt er denn die alemannischen Gesandten in seiner Gewalt und marschierte, im Rücken durch die neuen Befestigungen auf den Vogesen gedeckt, vorsichtig dem Feinde entgegen. Nicht fern von Straßburg erwartete ihn dieser. Dort entbrannte eine der furchtbarsten Schlachten des sinkenden Altertums. In ihren Schwankungen und ihrem schließlichen Ausgang offenbarte sich in ungewöhnlicher Klarheit die Eigenart sowohl der römischen wie der germanischen Kriegführung und Kampfweise, während die furchtbare Erbitterung, mit der gefochten wurde, erkennen läßt, wie das Verhältnis der um die Entscheidung ringenden Völker doch ein wesentlich anderes geworden war als früher. Es ist, als ob ihnen die Erkenntnis aufgegangen, wie für sie nebeneinander auf die Dauer doch kein Platz in der Welt sei, sondern die Zukunft des einen allein durch den Untergang des anderen gesichert werden könne.

Im rötlichen Glanz der Morgensonne rückte das römische Heer unter dem Klange der Tuben gemessenen Schrittes und unter sorgsamster Beobachtung aller irgend gebotenen Vorsichtsmaßregeln in die von Julian gewählte Stellung ein. In der Mitte stand das Fußvolk, die Flügel bildete die Reiterei; die schweren Panzerreiter in geschlossener Masse standen auf dem rechten. Die Germanen dagegen, die des Sieges so sicher waren, daß sie der furchtbaren Gefahr gar nicht achteten, die ihnen im Falle einer Niederlage der breit in ihrem Rücken fließende Rheinstrom bereiten mußte, hatten sich nicht in einer einfachen geraden Schlachtlinie geordnet, sondern in eine Anzahl einzelner keilförmiger Treffen aufgelöst. Das gab ihnen eine größere Freiheit der Bewegung und die Möglichkeit, ihren altüblichen Angriff in dichtgedrängtem lanzenstarrenden Keil, der seines Eindrucks auf die Legionen noch immer nicht verfehlte, gleichzeitig an verschiedenen Stellen auszuführen, das in der Minderzahl befindliche römische Heer auch in den Flanken zu fassen und zu umgehen. Auf ihrem rechten Flügel befehligte der jugendliche Alemannenkönig Serapio. Eine Neuerung war es, daß er Fußvolk in Gräben gegen den römischen Angriff Deckung nehmen ließ. Augenscheinlich wollte man sich hier auf die Defensive beschränken: die Entscheidung sollte durch einen Vorstoß auf dem linken Flügel gesucht werden. Dort übernahm daher der kriegskundige Chnodomar selbst die Leitung, mit seiner Hünengestalt weithin kenntlich durch den reichen königlichen Haarschmuck und seine glänzende Rüstung, in der Faust einen gewaltigen Speer schwingend. Auch die gesamte germanische Reiterei war dort vereinigt, in üblicher Weise mit Fußkämpfern untermischt. Julian durchschaute die Absicht der Feinde. Sie zu durchkreuzen, richtete er seinen ersten Angriff auf ihren rechten Flügel. Unter dem Schmettern der Posaunen stürmten die Legionen gegen Serapios Grabenlinien. Aber sie zu durchbrechen wollte bei dem erbitterten Widerstand der Alemannen nicht gelingen. Das Gefecht kam zum Stehen. Und schon das konnte unter den obwaltenden Verhältnissen für die Römer verhängnisvoll werden. Denn bei ihrer Minderzahl durften sie nur von einem schnellen, die feindliche Übermacht gleichsam betäubenden Vorwärts den Sieg erhoffen. Alsbald war daher Julian selbst mit zweihundert Reitern zur Stelle und zog Verstärkungen heran. Die Alemannen wurden endlich aus den Gräben

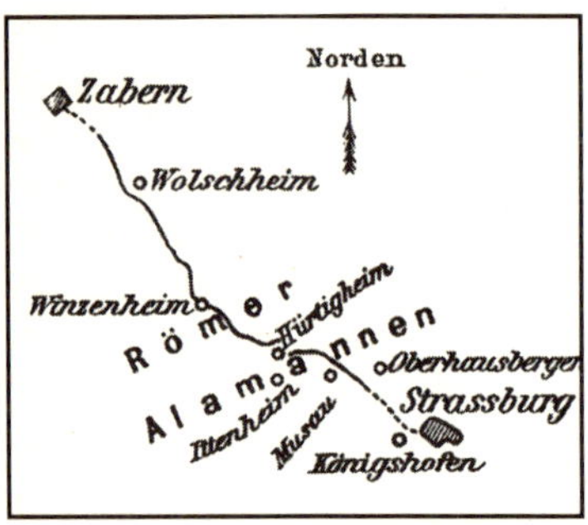

Planskizze zur Schlacht bei Straßburg im Jahre 357.

verdrängt. Inzwischen aber nahm der Kampf auf dem rechten Flügel für die Römer eine ungünstige Wendung. Der Angriff der Panzerreiter, die in dichtgeschlossenen Reihen gegen Chnodomars Stellung herandonnerten, war abgeschlagen. In wirrem Durcheinander gingen sie zurück. Aber wiederum sah man da die an langer Stange flatternde Purpurfahne wehen, die windgeschwollen wie der Balg eines leibhaftigen Drachens (S. 121) aussah, Julians Feldzeichen, das seinen Standort dem Heere immer weithin kenntlich machte. Mit Hilfe der rasch eingreifenden Legionen gelang es ihm, die weichenden Reiter zum Stehen zu bringen und die erschütterte Schlachtordnung herzustellen. Es war die höchste Zeit. Denn schon gingen die siegesgewissen Alemannen auf der ganzen Linie zum Angriff über. Noch niemals hatten Römer und Germanen so furchtbar miteinander gerungen wie jetzt in der Rheinebene bei Straßburg. Ein wirres Schlachtgewühl wogte hin und her, prasselnd schlugen die Geschosse ein, der Donner der Kriegshörner mischte sich mit dem Jauchzen der Sieger und dem Todesschrei der Sterbenden. Keiner wankte und wich: Fuß bei Fuß, Schild bei Schild, Brust an Brust rangen römische und germanische Krieger. Allmählich aber drohten die Römer doch der Übermacht der Germanen zu erliegen, die trotz ungeheurer Verluste immer neue Massen ins Gefecht führen konnten. Schon schien die festgefügte römische Schildmauer den wuchtigen Hieben der germanischen Schwerter nachzugeben, als die herbei eilenden batavischen Kohorten das Gefecht wiederum herstellten. Auch die Alemannen setzten nun ihre letzte Kraft ein. Auserwählte Krieger ihres waffenberühmten Adels, an der Spitze die Könige, eilten, durch das Beispiel persönlichen Heldentums die große Masse mit sich fortzureißen und den schwankenden Sieg endlich an ihre Fahnen zu fesseln. War doch schon im Beginn der Schlacht, bei dem ersten römischen Angriff, der Ruf vernommen, auch die dem Königsgeschlecht angehörigen Führer sollten absitzen und wie die Gemeinfreien in Reihe und Glied kämpfend die allgemeine Gefahr unterschiedlos teilen. Als der erste hatte Chnodomar das gethan. Aus den edelsten des ganzen Stammes gebildet, warf sich jetzt eine keilförmig geordnete Sturmkolonne auf die Römer, durchbrach ihre Linie und drang bis in das Centrum vor. Dort erst, bei dem Prätorium, gebot ihnen die Legion der Primarier durch todesmutigen Widerstand Halt. In wildem Durcheinander rang im Handgemenge Mann gegen Mann, und da bewährte sich, wie bisher immer in diesem Fall, die überlegene Ausbildung des einzelnen römischen Soldaten in der Führung der Waffen, während die Germanen in blindem Übereifer sich Blößen gaben und bei dem Mangel an ordentlichen Schutzwaffen von den für sie unverwundbaren Schwergepanzerten niedergestochen wurden. Regelmäßig aber wurde der leer gewordene Platz alsbald von einem noch wütender anstürmenden Krieger eingenommen, der dann freilich bald genug das Schicksal seines Vorgängers teilte. So türmte sich bald ein förmlicher Leichenwall um das siegreich behauptete Prätorium auf. Allmählich erlahmte der Kampfesmut der Germanen. Die Wucht des Angriffs ließ nach, der Nachschub wurde schwächer und zögernder. Da sah Julian den Moment gekommen, um zur Offensive überzugehen. Alsbald schwankten die Reihen der Alemannen, dann lösten sie sich auf. Wie es so oft geschehen war: von den eben noch blindlings dem sicheren Tod Entgegenstürmenden dachte jeder nur noch darauf, in eiliger Flucht sich selbst zu retten.

In wüstem Durcheinander stürzte alles dem Rhein zu, um ihn durchschwimmend sich vor den nachsetzenden Römern zu bergen. Diese hatten nun leichte Arbeit. Zu Tausenden hieben sie die Fliehenden nieder und richteten unter den im Flusse sich Drängenden mit ihren Geschossen ein furchtbares Blutbad an. Ungezählte fanden so in wirrem Knäuel im Wasser ein ruhmloses Ende. Eine Masse Gefangener fiel in die Hände der Sieger, unter ihnen König Chnodomar: er hatte sich mit einigen Gefolgsgenossen durchgeschlagen, wurde aber erkannt und festgenommen. Ein gebrochener Mann, bleich vor Furcht, schritt der erst so Übermütige nun in Ketten einher, um, ein lebendiges Denkmal von Julians Triumph, sein Leben in Rom auf dem Mons Cälius als Staatsgefangener unrühmlich zu beschließen.

Seit Menschengedenken war ein solcher Sieg von Römern über Germanen nicht erfochten worden, und wohl konnte die Straßburger Alemannenschlacht den staunenden Zeitgenossen, die solcher Erfolge längst entwöhnt waren, wie ein Völkerkampf erscheinen, bestimmt, einen Grenz- und Markstein in der Entwickelung des Verhältnisses zwischen Römern und Germanen zu bezeichnen. Roms Glücksstern schien neu aufzuleuchten, der der Germanen schnell zu verblassen. Daß dem aber doch nicht so war, sollte zuerst zu seiner schmerzlichen Enttäuschung dem ruhmreichen Feldherrn klar werden. Den Sieg auszunutzen, eilte Julian rheinabwärts nach Mainz und ging auf der dortigen Brücke auf das rechte Ufer hinüber. Dessen hatten die Alemannen sich augenscheinlich nicht versehen: ihre Gesandten erbaten Frieden und Bündnis. Als sie sich dann aber überzeugten, daß Julian nur mit geringer Macht im Lande stand und auch nennenswerte Verstärkungen nicht zu erwarten hatte, entschieden sie sich alsbald für Fortsetzung des Krieges. Bald standen sie mit einem schnell zusammengebrachten Heer kampfbereit im Felde. Das Wagnis aber zu wiederholen, das bei Straßburg geglückt war, trug Julian doch mit gutem Grunde Bedenken. Er verzichtete auf eine Schlacht, ließ aber einen Teil seines Heeres über den Main gehen und sengend und brennend das alemannische Gebiet südwärts durchstreifen — das ehemalige Zehntland, wo die Soldaten nicht ohne Verwunderung Denkmälern der einst dort blühenden römischen Kultur begegneten. Die Alemannen eilten Haus und Hof zu schützen: so löste sich ihr Heer bald wieder auf. Bei weiterem Vordringen aber stießen die Römer auf größere Schwierigkeiten. Das waldbedeckte Land ermöglichte den Feinden die Führung des unbequemen und aufreibenden kleinen Krieges. Verhaue sperrten den Weg. Dazu kam übles Wetter. Julian eilte, mit Ehren aus dieser peinlichen Lage zu kommen. Nachdem er ein einst von Trajan gebautes Kastell hergestellt und mit einer Besatzung belegt hatte, bewilligte er den von den Fürsten der Gegend erbetenen Frieden um so mehr, als inzwischen fränkische Streifscharen über den Niederrhein gegangen waren und sich in ein paar Schanzen an der Maas festgesetzt hatten, aus denen er sie erst nach längerer Einschließung durch Hunger verdrängte.

Doch dachte Julian, was dieses Jahr nicht gelungen war, im nächsten (358 n. Chr.) durch eine Reihe von raschen Schlägen nachzuholen. Den salischen Franken, die im Osten der Schelde seßhaft geworden waren, erlaubte er auf ihre Bitten, dort zu bleiben. Auch bei den Chamaven begnügte er sich mit einer leichten

Züchtigung und ließ sie in ihren linksrheinischen Sitzen, legte aber Besatzungen in die dortigen Kastelle. Denn er wollte das Mündungsland von Rhein, Maas und Schelde an der Nordseeküste für den geplanten großen Angriff auf die Alemannen zur Operationsbasis machen, um die Verpflegung seines Heeres, das infolge der Verwüstung des germanischen Landes auf die umständliche und unsichere Zufuhr aus Gallien angewiesen war, aus den Kornschätzen Britanniens zu beschaffen, die zur See leicht herbeigeführt werden konnten. Wirklich lag in den Mündungsarmen des Rheins bald eine Hunderte von Schiffen zählende Flotte, deren reiche Ladung den Unterhalt der Legionen sicherte. Nun überschritt Julian weiter stromaufwärts auf einer Schiffbrücke den Rhein. Ein so unerwartetes Erscheinen machte Eindruck: ein Gau nach dem anderen unterwarf sich, stellte Geiseln und gab die noch in seiner Gewalt befindlichen römischen Gefangenen frei. In gleicher Weise wurde 359 und 360 gekämpft. Das nördliche Alemannien beugte sich der schweren Hand des römischen Feldherrn, der gleichzeitig Straßen und Kastelle herstellen und namentlich die zerstörten Rheinstädte wieder aufbauen ließ. Dabei mußten die Alemannen selbst mit Hand anlegen und den von ihnen angerichteten Schaden wieder gut machen helfen. Als Julian dann aber, einen Hauptschlag auszuführen, bei Mainz den Strom nochmals überschreiten und das rechtsrheinische Alemannien bewältigen wollte, wurde er durch den drüben stehenden Heerbann der Germanen daran gehindert und fand bei dessen Wachsamkeit längere Zeit auch keine Gelegenheit sein Vorhaben weiter stromaufwärts auszuführen. Endlich aber gelang es ihm, durch List den Gegnern wenigstens eine empfindliche Schlappe beizubringen. Indem er die Wachtfeuer seines Lagers brennen ließ, kam er ungehindert über den Fluß und überfiel die Könige und Fürsten der Alemannen, als sie im Morgengrauen von fröhlichem Gelage heimkehren wollten. Nur ein Teil von ihnen rettete sich unter dem Schutze der Dunkelheit durch die Flucht, und das Heer zog nun eilends davon. Nun konnte Julian auch die übrigen Legionen herüberkommen lassen. Aber obgleich weitere Gaue sich beugten und Julian das ehemalige Zehntland bis zum Bodensee ungehindert durchzog, konnte doch von einer Herstellung der römischen Herrschaft in demselben und von einer Unterwerfung der Alemannen füglich nicht die Rede sein. Nur eine Befriedung der zuletzt Rom feindlichen Stämme erfolgte, indem Rechte und Pflichten beider Teile festgesetzt wurden. Während die Germanen sich aller Feindseligkeiten zu enthalten, für die Legionen junge Mannschaften zu stellen und den Angriffen ihrer weiter östlich wohnenden Stammesgenossen auf das Reich entgegenzutreten versprachen, sicherte ihnen Rom jährliche Geschenke zu, d. h. Jahrgelder, wie sie schon früher dort und sonst vielfach vorgekommen waren, und verpflichtete sich, ohne ihre Zustimmung keine neuen Befestigungen in ihrem Gebiete anzulegen.

Immerhin war damit in jenen Gegenden, die eben noch so hart geschädigt und so schwer gefährdet gewesen waren, ein wohlthätiger Zustand der Ruhe und Sicherheit hergestellt, der sich freilich nur erhalten ließ, wenn die von Julian den Germanen gegenüber verfolgte Politik, die rechtzeitiges kriegerisches Einschreiten mit friedlichem Verhandeln geschickt kombinierte, noch jahrelang weitergeführt wurde. Dazu bedurfte es namentlich der Ausfüllung der Lücke, die in dem hergestellten Grenzsperrsystem auch jetzt noch an dem besonders gefährdeten Mittelrhein zwischen

Bingen und Bonn offen geblieben war. Julian überschritt dort noch einmal den Rhein und nötigte die chattuarischen Franken zu dem Versprechen friedlicher Haltung. Die rasche Beweglichkeit des Siegers von Straßburg, der, immer gleich wachsam und schlagfertig, bald hier, bald dort erschien und jeden Aufstands- oder Einfallversuch im Keime erstickte, that ein übriges, um die sonst so unbeständigen Germanen zur Erfüllung der geschlossenen Verträge zu vermögen. Schließlich aber waren es auch diesmal die Verhältnisse im römischen Reiche selbst, welche die Erfolge jener ruhmreichen Jahre in kurzer Zeit wiederum vernichteten. Kaiser Konstantius meinte, die bewährten Legionen Julians im Osten nötig zu haben. In Wahrheit bestimmte ihn dabei die wachsende Sorge vor dem Kriegsruhm Julians, durch den er völlig verdunkelt zu werden fürchtete. So kam es denn schließlich zum Bruch zwischen beiden. Infolgedessen von dem Oheim schwer bedroht, mußte Julian, wollte er nicht ohne Kampf untergehen, den ihm von seinen Truppen gebotenen Purpur annehmen. Und da nun reizte Konstantius die südlichen Gaue der Alemannen zu neuem Aufstand und leistete ihnen von Bregenz aus durch Getreidelieferung Vorschub. So mußte Julian, statt gegen Konstantius zu ziehen, sich erst dorthin wenden, wollte er nicht die Erfolge der letzten Feldzüge preisgeben. Aber wiederum verdankte er der Schnelligkeit, mit der er über die ihn fern wähnenden Feinde hereinbrach, einen leichten Sieg. Dann eilte er nach dem Osten, wo er nach dem inzwischen erfolgten Tode des Konstantius allgemein als Augustus anerkannt wurde.

Auf den Schauplatz seiner Großthaten, in das gallisch-germanische Grenzland, ist Julian nicht mehr zurückgekehrt. Aber in seinem Geiste, wenn auch nicht mit seiner Genialität, versuchte sein zweiter Nachfolger auf dem Kaiserthron, der bisherige Gardeoberst Valentinian I., ein pannonischer Provinziale, den an Rhein und Donau neu andrängenden Gefahren zu begegnen. Denn der schmachvolle Friede mit den Persern, den nach Julians Tod der unfähige Jovinus geschlossen hatte, ließ auch die Alemannen erkennen, daß wieder eine günstigere Zeit angebrochen sei. Um so weniger waren sie gesonnen, die willkürliche Kürzung der ihnen vertragsmäßig zugesicherten jährlichen Geschenke sich gefallen zu lassen. Schon 366 und dann wieder 367 n. Chr. erschienen sie verwüstend im Felde, schlugen die mit den batavischen und fränkischen Kohorten ihnen entgegengeworfenen Grenztruppen und drangen in drei Haufen tief nach Gallien ein. Bald stand der eine bei Chalons an der Marne: einen ganzen Wintertag hindurch wurde dort ohne Entscheidung gekämpft. Doch zogen die Germanen während der Nacht ab. Die dauernde Unsicherheit der Grenze aber bewies der Überfall, mit dem 368 ein Alemannenhäuptling während eines von den Christen begangenen Festes Mainz heimsuchte und zahlreiche Gefangene und reiche Beute fortführen konnte. Gemeinsam mit seinem Sohn Gratian ging Valentinian deshalb 369 an der Spitze eines stattlichen Heeres über den Rhein, drang — vermutlich südöstlich gegen die Donauquellen hin — in das alemannische Gebiet ein und schlug die seiner auf unzugänglicher Bergeshöhe wartenden Feinde, ohne jedoch den Sieg weiter auszunutzen. Im allgemeinen hielt auch er an der Defensive fest, und nur an einzelnen Stellen griff er zur Stärkung der linksrheinischen Befestigungslinie mit der Errichtung vorgeschobener Kastelle auch auf wichtige Punkte des rechten Ufers hinüber. Das hielt die Alemannen in Atem und führte zu einem dauernden, im einzelnen wechselvollen kleinen Krieg. Dagegen mißlang der Versuch des Kaisers, die den Alemannen östlich benachbarten Burgunder zur Unterstützung seines Angriffes auf die unruhigen Nachbarn zu gewinnen, wenn er überhaupt ernstlich gemeint und nicht bloß darauf

Reliefs am Sarkophage des römischen Reitereigenerals Jovinus; in Reims.

berechnet war, zum Vorteil Roms zwischen den germanischen Völkern Feindschaft zu stiften. So dauerte der kleine Krieg mit den Alemannen fort, wechselnd mit Sieg und Niederlage und auch mannigfach beeinflußt durch Fehden unter den Germanen selbst. Immerhin wurde die Rheingrenze im wesentlichen behauptet, wenn auch das linke Ufer in ziemlicher Breite von germanischen Ansiedlern besetzt blieb.

Ähnlich entwickelten sich die Dinge an der Donau, wo die Grenze der Obhut von Valentinians Mitkaiser Valens befohlen war. Die Unterstützung, welche die Goten dem Aufstandsversuche des Procop, eines Nachkommen Konstantins, gewährten, veranlaßte 367 n. Chr. einen Zug Valens' über die Donau. Da die Goten dem Kampf auswichen, wurde er 368 und dann 369 n. Chr. wiederholt. Da führte ein Sieg der Römer zur Erneuerung der früheren Verträge. Denn die Goten konnten die üblichen Jahrgelder so wenig wie die römischen Getreidelieferungen entbehren. Bald traten an der mittleren Donau Verwickelungen ein, die auch auf die römisch-gotischen Beziehungen störend einwirkten. Gegen die Aufführung neuer Befestigungen in ihrem Gebiete erhoben die Quaden laute Beschwerde. Als dann ihr König Gabinius, der selbst darüber zu verhandeln im römischen Gebiet erschien, dort meuchlings getötet wurde, griffen sie voll Erbitterung zu den Waffen. Im Bunde mit den benachbarten Sarmaten setzten sie 374 n. Chr. über die Donau, verwüsteten Pannonien und hätten sich beinahe des wichtigen Sirmium bemächtigt. Einigen schnell zusammengerafften Legionen gelang es nur mit Mühe, sie aufzuhalten und zurückzudrängen. Auf die Kunde davon eilte Valentinian, der eben auf einem Streifzuge gegen die Alemannen begriffen war, mit deren König Makrian Frieden zu machen, vermutlich auf Grund der Herstellung des ehemals bestandenen Verhältnisses, wonach die Alemannen halb Schutzbefohlene, halb Verbündete Roms waren, indem sie gegen bestimmte Geld- und Naturallieferungen nicht bloß die Stellung von Mannschaften für die Legionen und im Notfall von Hilfstruppen übernahmen, sondern sich auch verpflichteten, die weiter von Osten her andrängenden germanischen Scharen abzuwehren. Dann eilte Valentinian nach dem festen Carnuntum, setzte auf einer Schiffbrücke über die Donau und drang verwüstend in das Land der Quaden ein. Ohne auf ihr Heer gestoßen zu sein, hatte er im Beginn der rauhen Jahreszeit bereits den Rückzug angetreten, als bei Bregetio, in der Gegend von Komorn, Gesandte der Quaden mit Friedensanträgen vor ihm erschienen. Während der Verhandlungen aber machte ein Schlagfluß dem Leben des Kaisers jählings ein Ende (November 375).

Kein geringes Verdienst hatte sich Valentinian um das römische Reich erworben. Daß dem erneuten Andrang der Germanen vorläufig Halt geboten und der Rhein sowohl wie die Donau zunächst als Grenze behauptet war, dankte man seiner zugleich energischen und besonnenen Haltung und der geschickten Kombination von Offensive und Defensive, die er den unruhigen Nachbarn gegenüber durchgeführt hatte. Ob er aber im stande gewesen sein würde, den neuen gewaltigen Einbruch abzuwehren oder in friedliche Bahnen zu lenken, der sich eben um die Zeit seines frühen Todes weiter donauabwärts vorbereitete und zur Überflutung auch der bisher noch verschont gebliebenen Provinzen durch die Germanen führen sollte, — wer vermöchte das zu sagen? Huldigte doch auch er einer hinterlistigen Staatskunst, welche den Gegner, den man in offenem, ehrlichem Kampf zu überwinden unfähig war, durch schnöden Verrat zu vernichten wußte. Und eben diese war es, die dort mit den beliebten Mitteln des Vertragsbruchs und des Meuchelmordes über das Reich ein Verhängnis herabbeschwor, das von den Gegnern selbst ursprünglich gar nicht gewollt war.

Zwei Jahrhunderte etwa waren vergangen, seit der Friedenszustand sein Ende erreicht hatte, der dem Verzicht der Römer auf die Eroberung Germaniens und die

Aus den Reliefs an der Ehrensäule des Kaisers Trajanus in Rom:
Römischer Befestigungsbau in den Grenzlanden. Der Imperator mit seinem Stabe. Ein Gefangener.

Gefährdung Galliens durch den Bataveraufstand (S. 77) gefolgt war. Aber die Wechselbeziehungen zwischen den beiden Kulturen hatten angedauert und diesseits sowohl wie jenseits des Rheins tiefgehende Wandelungen hervorgebracht. Namentlich seit dem Beginn des dritten Jahrhunderts war der Einfluß des Germanentums auf das Römertum, dem Caracalla geflissentlich Vorschub (S. 160) geleistet und ganz bestimmte, allezeit benutzbare Kanäle eröffnet hatte, zu einem Umfang und einer Stärke gediehen, die schließlich zur Germanisierung wenigstens eines Teiles des römischen Reiches führen mußten. Während der fortdauernde Übertritt germanischer Einwanderer in die römischen Grenzprovinzen diese immer mehr mit einer germanischen ländlichen Bevölkerung erfüllte und die unausgesetzte Vermehrung der germanischen Bestandteile im römischen Heere dieses vollends der Entnationalisierung entgegenführte, hatte das germanische Element auch in allen anderen Zweigen des gesellschaftlichen und des wirtschaftlichen Lebens eine so mächtige, ja vielfach bereits eine so herrschende Stellung gewonnen, daß es auch bei einem friedlichen Fortgang der Entwickelung auf das fernere Schicksal des römischen Reiches entscheidenden Einfluß üben mußte.

So haben gegen Ende des vierten Jahrhunderts die Germanen im römischen Reich sicher bereits nach Millionen gezählt. Doch verschwanden sie unter der Masse der Römer und der romanisierten Provinzialen, da sie ihre ursprünglichen Namen nur selten beibehielten, sondern meist mit römischen vertauschten. Am stärksten waren sie natürlich auch damals noch in den Grenzprovinzen vertreten, besonders denjenigen, die infolge der Kriege entvölkert und von den Kaisern planmäßig durch germanische Massenansiedelung wieder besetzt worden waren. Das aber war nicht bloß in den linksrheinischen Gebieten auf weite Strecken der Fall: Probus hatte Gepiden, Ostgoten und Vandalen in das Reich gezogen, Konstantin vor den Goten weichende Vandalen in dem verödeten Pannonien und in Mösien bei Nikopolis christliche Goten angesiedelt. Auch im Herzen des Reichs fehlten solche germanische Kolonien nicht. Waren doch in der Poebene besiegte Alemannen heimisch gemacht. Der überwiegenden Mehrzahl nach lebten diese germanischen Kolonisten als Ackerbauer, je nachdem als Läten, als Kolonen, als Gentilen u. s. w. Mögen auch die ersten Ansiedler der Art inmitten der fremden Umgebung schnell entnationalisiert sein und nach einigen Generationen höchstens noch in der äußeren Erscheinung ihre Herkunft haben erkennen lassen: je häufiger und je massenhafter solche Einwanderungen und Ansiedelungen erfolgten, um so widerstandsfähiger erwiesen sie sich, um so leichter und reiner bewahrten sie ihre germanische Art, um so mehr fühlten sie sich demgemäß als etwas Besonderes, und um so entschiedener setzten sie dann auch ihr besonderes Interesse, das je länger je mehr mit dem Interesse ihrer immer wieder gegen das römische Reich sturmlaufenden Stammesgenossen draußen zusammenfiel, dem allgemeinen Interesse des römischen Staats und der römischen Bevölkerung entgegen.

Am weitesten aber gedieh doch die Germanisierung des Heeres. Thatsächlich befand sich infolgedessen die Waffe, vermöge deren im entscheidenden Augenblick das Germanentum allein noch abgewehrt werden konnte, so gut wie ganz in germanischen Händen. Denn auch in den neuen Verhältnissen, in die sie verpflanzt waren, hatten die Germanen ihre alten kriegerischen Neigungen bewahrt. Auch von denen, die als Ackerbauer in römischem Gebiete lebten, werden daher die jüngeren Söhne ihr Glück als Soldaten gesucht haben. Dazu kamen dann die Tausende, die aus dem eigentlichen Germanien herbeiströmten, sei es einzeln auf eigene Hand, sei es infolge von Verträgen mit den Römern, die ihre Stämme zur Stellung von Soldaten verpflichteten. Längst bestand die Leibwache der Kaiser fast ganz aus Germanen. Durch die illyrischen Kaiser waren dann auch die Legionen vielfach durch solche ergänzt worden. Namentlich in der westlichen Reichshälfte bestanden sie bald zu einem großen Teil gerade aus Franken und Alemannen, und schließlich enthielten die vierundvierzig Kohorten der Auxilia, einer Art von Garde, nur noch Germanen. Der gleiche Prozeß vollzog sich in dem Offizierkorps, namentlich seit Konstantin durch seine Reorganisation den Bestand an Mannschaft beträchtlich vermehrt und dadurch auch den Bedarf an Offizieren entsprechend gesteigert, zugleich aber die bürgerliche Laufbahn streng von der militärischen geschieden hatte. Erstere wurde hinfort namentlich von der städtischen Aristokratie, d. h. den Römern aufgesucht. Der letzteren wandten sich um so massenhafter die Germanen zu. Fränkische und alemannische Könige rechneten es sich zur Ehre, höhere Befehlshaberstellen im römischen Heere zu bekleiden, und gelegentlich brachten es schon damals einzelne germanische Glücksritter zu den höchsten militärischen Ehren und von da aus dann auch zu bedeutendem politischen Einfluß. Dazu kam dann, daß infolge der häufigen Thronkämpfe und Bürgerkriege die Imperatoren aus begründetem Mißtrauen gegen die von Parteiungen zerspaltenen unzuverlässigen Römer in der Treue der an ihre Person gefesselten Germanen den sichersten Rückhalt suchten und dieselben demonstrativ als die sichersten Stützen des Thrones demselben zunächst stellten. Auch von den großen Hofämtern kamen daher viele in die Hände von Germanen, so namentlich unter Konstantius und Julian. Damit aber wurde die Kluft vollends ausgefüllt, welche die Germanen bisher noch von den Römern getrennt hatte. Wohl oder übel mußten die Römer die früher mit Geringschätzung angesehenen Barbaren, die sie sich zur eigenen Entlastung höchstens als Soldaten hatten gefallen lassen, schließlich als vollwertig und ihnen ebenbürtig anerkennen. Wer neben dem Throne stand und auf die wichtigsten Staatsangelegenheiten Einfluß übte, durfte auch in jedes römische Haus aufgenommen zu werden verlangen und ergänzte durch den Glanz seiner aus eigener Kraft gewonnenen Stellung vollauf, was ihm durch die Niedrigkeit seiner Geburt in den Augen der römischen Aristokratie etwa abging. Ehen zwischen germanischen Emporkömmlingen und Damen der vornehmsten römischen Familien wurden immer häufiger. Überall sahen sich die Römer durch die fremden Eindringlinge überflügelt und benachteiligt, und bereits zur Zeit Julians klagt Ammianus Marcellinus, ein tapferer Soldat von altrömischem Stolz und ein ausgezeichneter Schriftsteller, man thue so, als ob das Reich überhaupt nur noch auf den Schultern der Germanen beruhe. Natürlich drangen die Fremdlinge auch in die verschiedenen bürgerlichen Berufs- und Erwerbsarten ein und werden auch unter der christlichen Geistlichkeit, die allmählich größeren Einfluß gewann, bald nicht unvertreten gewesen sein.

Diesem folgenschweren Prozeß einer großen inneren Wandlung entsprachen auch gewisse augenfälligere äußere Vorgänge. Die Römer ahmten germanische

Trachten und Bräuche nach. Genau so wie die fortschreitende Germanisierung des Heeres zu einer Änderung in der Bewaffnung der Legionen geführt hatte, indem das germanische Langschwert und die Bedeckung der Helme mit Tierfellen angenommen war, trugen die römischen Stutzer hinfort lange Bärte und mit nordischem Pelzbesatz versehene Gewänder, während die Damen sich blonde Perücken aufsetzten. Trotz alledem aber sind die Römer ein gewisses unheimliches Gefühl dem Germanen gegenüber doch niemals losgeworden. Sie brauchten ihn als unentbehrlich, erkannten ihn in vielen Stücken als überlegen an, sie hatten ihn gefürchtet, oft gehaßt: daß sie sich jemals mit ihm in einer gewissen Gemeinschaft gefühlt hätten, sich bewußt gewesen wären, die größten Interessen mit ihm zu teilen, daß also wenigstens der Anfang zu einer Verschmelzung der beiden Elemente zu einer organischen Einheit gemacht worden wäre — dafür findet sich nirgends ein sicherer Anhalt. Äußerlich oft stark romanisiert, bleiben die Germanen innerlich doch allezeit ihrer angestammten Art getreu und daher Fremdlinge im römischen Reich, und die Römer, so sehr sie sich gewöhnt hatten, einen guten Teil der Lasten, die für die Erhaltung ihres Staates getragen werden mußten, auf die starken Schultern der dienstfrohen Barbaren abzuwälzen, haben in denselben doch immer nur ein notwendiges Übel gesehen, das man duldete, weil man es eben nicht loswerden konnte. Es fehlte ihnen die sittliche Kraft, deren es bedurft hätte, um sich dieses fremde Volkstum mehr als bloß äußerlich zu assimilieren.

Wenn aber die im römischen Reich heimisch gewordenen Germanen trotz der Empfänglichkeit, die ihnen wie den meisten jugendlichen Völkern für die Fülle des Neuen, das ihnen die überreife römische Kultur darbot, eigen war, im wesentlichen der angestammten Art treu blieben, so war das doch nur zum Teil die Folge davon, daß sie vielfach in größeren, national geschlossenen Verbänden bei einander saßen und, obgleich in der Fremde, doch wie einstmals daheim lebten. Wesentlich wird dazu vielmehr auch der lebhafte Verkehr beigetragen haben, in dem sie mit der Heimat blieben. Ununterbrochen werden von dorther immer neue Vertreter des echten, noch von keinem fremden Einfluß berührten Germanentums ihnen nach- und zugeströmt sein. In deren Walddörfern aber lebte die große Masse noch ziemlich so wie in der von Tacitus geschilderten Zeit. Daran änderte auch nichts die Bekanntschaft mit einer oder der anderen von den Errungenschaften der verfeinerten römischen Lebensart, die gelegentlich bis in jene entlegenen Gegenden vordrangen. Mag dann auch dieser oder jener Stamm unter dem Einfluß besonderer Verhältnisse diese und jene Untugend angenommen und dadurch einen gewissen üblen Ruf erworben haben, — den Goten sollte Treulosigkeit, den Alemannen Trunksucht, den Franken Verstellung, den Sachsen Grausamkeit besonders eigen sein — so bewahrten sie doch auch sehr wesentliche von den guten Eigenschaften, die ihnen einst nachgerühmt waren. Unter diesen war besonders wertvoll für die Zukunft ihres gesamten Volkstums die Reinheit des geschlechtlichen Lebens und damit die Fruchtbarkeit der Ehen. Im Gegensatz gerade zu der unaufhaltsamen Verkümmerung, der das römische Volk auf diesem Gebiete seit Menschenaltern verfallen war, lag schon hierin eine hohe Verheißung für die Zukunft der Germanen.

Aber es hat doch nicht ganz an Gebieten gefehlt, wo das germanische Element der unausgesetzten Einwirkung des ihm an Mitteln der Kultur überlegenen römischen allmählich erlegen ist. Das war namentlich in dem Zehntland der Fall. Dort ist infolge der Vermischung zwischen Siegern und Besiegten der einst vorherrschende germanische Typus schließlich durch den römischen erdrückt worden. Während die Alemannen blond waren, sind die jener Mischung entstammenden Bewohner des heutigen Württemberg und Baden, wie sorgsame statistische Erhebungen ergeben haben, durchweg dunkel und nur in der ersten Jugend kommt auch dort noch das alte alemannische Blond gelegentlich zum Durchbruch. Aber auch in der Art des Lebens, dem Bauen, Wohnen u. s. w. hatten die dort gebliebenen Germanen viel Römisches angenommen, und das wirkte nach, auch als die römische Herrschaft zu Fall gekommen und das Land frei und alemannisch geworden war. Ähnlich geschah es in den niederrheinischen Gebieten den Franken und an der unteren Donau den Goten. Hat sich doch selbst jenseits derselben in Dacien die dort einst importierte römische Kultur in dem Maße behauptet, daß auch die Sprache Roms von den späteren Einwohnern beibehalten worden ist.

So wechselvoll die Kämpfe der Kaiser des dritten und vierten Jahrhunderts an Rhein und Donau verlaufen waren, beide Flußgrenzen waren schließlich doch behauptet worden. Dem entspricht es, daß trotz der lebhaften Bewegung einzelner Stämme und ihres immer erneuten Sturmlaufs gegen die römischen Grenzen in dieser Zeit bei den Germanen im ganzen doch größere Ruhe einkehrte und der Prozeß des Seßhaftwerdens größere Fortschritte machte und mit den Bedingungen für das Leben auch dessen Formen weiter umgestaltete. Denn der Stillstand, den der Ausbreitung der Germanen erst Marc Aurel, dann Probus und zuletzt Konstantin und seine Nachfolger geboten hatten, wirkte naturgemäß allmählich immer weiter nach Osten und nötigte die von dort andrängenden Stämme, dem Beispiel der westlichen zu folgen und feste Wohnsitze zu nehmen. Das aber hatte eine wichtige Entwickelung des Grundbesitzes zur Folge, die mit der Festlegung des bisher transportabelen Hauses ihren Anfang nahm.

Eine Münze des Kaisers Trajanus mit dem Flußgott Danuvius (Donau).

Umschrift: CO(n)SV(l) P(ater) P(atriae) S(enatus) P(opulus) Q(ve) R(omanus) OPTIMO PRINCI(pi). Im Abschnitt: DANVVIVS.

Silber. Originalgröße. Berlin, Königl. Münzkabinett.

Am frühesten und vollständigsten vollzog sich dieser Wandel in dem der römischen Grenze nächstbenachbarten Gebiet, später und weniger vollständig weiter nach dem Inneren zu. In den weiten Ebenen des Ostens dauerte das halbnomadische Wanderleben noch fort. Auch jetzt also war der Grad der Seßhaftigkeit bei den verschiedenen Stämmen ein verschiedener, wie andererseits die Natur und Ertragsfähigkeit der einzelnen Landschaften verschiedene Arten der Verwertung des Grund und Bodens erforderte.

Im allgemeinen bebaute der Germane das Feld auch jetzt noch nicht, um Vorräte anzusammeln oder mit dem Überschuß Handel zu treiben. Der Ackerbau war eine ihm durch die Verhältnisse aufgenötigte Thätigkeit, nicht eine solche, die um ihrer selbst willen betrieben wurde oder der ein besonderes Ansehen beigewohnt hätte. Darum hat auch jetzt noch der freie Mann sich wenig oder gar nicht damit befaßt, sondern überließ sie wie zu Tacitus' Zeiten den Frauen und den Sklaven. Man baute nur, was man zum Leben brauchte. Mit der raschen Zunahme der Bevölkerung aber wurde ein intensiverer Betrieb des Ackerbaus nötig. Wo er nicht möglich war, da strebte man nach Gewinnung neuen Landes, um durch die Bearbeitung einer entsprechend größeren oder ergiebigeren Fläche den Unterhalt für die sich vermehrenden Einwohner zu beschaffen. Daraus vornehmlich entsprang die eigentümliche Bewegung der westlichen Germanen, die sich, ohne eigentlich zu wandern, immer weiter westwärts vorschoben und dadurch für die rechtsrheinischen Landschaften schließlich eine vollkommene Änderung der Besitz- und Bevölkerungsverhältnisse bewirkten.

Auch die Grundlagen und Bedingungen für die Benutzung der anbaufähigen Flächen wurden infolgedessen andere. Auch da erhoben sich die Germanen über die naturwüchsige Einfachheit, in der sie bisher befangen gewesen waren. Beobachtungen, die sich ihnen ungesucht aufdrängten, führten sie zu der Dreifelderwirtschaft. Die gesamte, zu einem Dorf gehörige Feldflur wurde in drei Teile zerlegt, von deren jedem jedes Familienhaupt seinen entsprechenden Anteil, seine Hufe, erhielt. Jeder Teil wurde abwechselnd mit Sommer- und Winterkorn besät und dann ein Jahr brach liegen gelassen. Auch von dem zu dem Dorfe gehörigen Wald- und Wiesenland, das seiner Natur nach nur gemeinsam benutzt werden konnte, bekam jeder Dorfgenosse seinen Anteil. Der einzelne konnte demnach seine Hufe nicht nach Belieben verwerten, vielmehr hatte er sich dabei nach den Beschlüssen der Dorfgemeinde zu richten, war also in seinem Eigentumsrecht beschränkt. Bei einzeln liegenden Gehöften, deren jedes gleich von den zugehörigen Feldern umgeben war und mit den benachbarten nur in der lockeren Verbindung der Markgenossenschaft stand, fiel diese Beschränkung natürlich fort.

Auch auf diesem Gebiete aber herrschte natürlich nicht volle Gleichmäßigkeit. Die einzelnen Stämme haben sich auch hierin verschieden entwickelt. Die einen trieben früher und mehr Ackerbau und auf andere Weise als die anderen. Die Goten z. B. scheinen ihr wirtschaftliches Dasein im wesentlichen auf den Ackerbau gegründet zu haben schon zu der Zeit, wo sie ihre Wohnsitze noch regelmäßig, wenn auch in größeren Zwischenräumen wechselten. Durchweg aber war derselbe damals noch von untergeordneter Bedeutung im Vergleich mit Viehzucht, Jagd und Waldwirtschaft. Man baute Gerste und Hafer, Spelz und Roggen, dann Weizen, Erbsen, Rüben, Bohnen und Linsen. In den milden Landschaften des Westens und Südens war durch die Römer der Weinstock eingebürgert. Daß die Viehzucht sich namentlich auf das Rindvieh erstreckte, lehren die riesigen Lieferungen an solchem, die den Germanen von den Römern als Strafe aufgelegt zu werden pflegten. Doch spielte auch die Schafzucht eine bedeutende Rolle, und die Eicheln der dichten Wälder dienten ungeheuren Herden von Schweinen zur Mast. Auch fehlte es an Ziegen so wenig wie an den verschiedenen Sorten von Hausgeflügel. Bedeutend war in manchen Gegenden die Pferdezucht, wie ja einzelne Stämme als Reiter berühmt waren und die römische Reiterei vielfach mit Pferden aus Germanien versehen wurde. Sehr groß aber war damals wie noch jahrhundertelang für die Volksernährung die Bedeutung der Jagd. War doch noch weitaus der größte Teil des Landes von Wald und Heide, Sumpf und Moor

Erläuterung zu der Tafel:

Waffen, Gerät und Schmuck der römisch-germanischen Periode.

1. Schwert aus dem Moorfund von Vimose; Eisen, zweischneidig, 92½ Centim. lang. Kopenhagen, altnordisches Museum. (Undset, Das erste Auftreten des Eisens in Nord-Europa.)
2. Römerschwert (**gladius**); von Eisen, 85½ Centim. lang. Im Rheine bei Bonn gefunden. An der Angel des Griffes ist der Stempel des Waffenschmiedes zu lesen: **SABINI**. Klinge ist zweischneidig und läuft in eine vierkantig verstärkte Spitze aus. Die verhältnismäßig übergroße Länge des Griffes erklärt sich durch die ungewöhnlich starken Knöpfe und Bügel aus Holz oder Horn, welche an diesen Schwertern gebräuchlich waren. Bonn, Privatbesitz. (Lindenschmit.)
3. Schwert aus dem Moorfund von Vimose; Eisen, einschneidig; 52 Centim. lang. Kopenhagen, altnordisches Museum. Undset.
4. Schwert aus dem Moorfund von Vimose; Eisen, 57 Centim. lang. Odense, Museum. (Undset.)

   (Nr. 1, 3 und 4 die hervorragendsten der in der ältesten Eisenzeit des Nordens auftretenden Schwert-Typen.
5. Klinge eines Dolches von Stahl, mit Resten des eisernen Scheidebeschläges; 31 Centim. lang. Die Klinge ist nach der Mitte zu ausgeschweift und hat eine feine Rippe vom Heft bis zur Spitze. Die Scheide war von Holz, mit Leder überzogen; in der Mitte und am Mundstück laufen Eisenbänder um sie herum, an denen die vier Ringe für das Wehrgehänge befestigt sind; beide Bänder sind durch schmale Eisenstreifen an der Schneide und am Rücken miteinander verbunden. Bei Speyer gefunden. Speyer, Museum der Rheinpfalz. (Lindenschmit, Altertümer unserer heidnischen Vorzeit.)
6. Spitze eines römischen Wurfspeeres. Eisen, 12½ Centim. lang, vierkantig. Am Rhein gefunden. Mainz, Museum. (Lindenschmit.)
7. Lanzenspitze aus Eisen, aus der römischen Niederlassung in Laiz bei Sigmaringen; 16 Centim. lang. Sigmaringen, fürstl. Museum. (Lindenschmit.)
8. Kurze Speerspitze aus einem Gräberfunde im südlichen Norwegen; Eisen, 12 Centim. lang. (Undset.)
9. Krumm-Messer aus einem Gräberfelde bei Persanzig; Eisen, ⅓ der natürlichen Größe. Berlin, königliches Museum. (Undset.)
10. Krumm-Messer aus einem Gräberfunde im südlichen Norwegen; Eisen; etwas mehr als ¼ der natürlichen Größe. (Undset.)
11. Pincette von Eisen; gefunden in Schlesien. Breslau, Museum. (Undset.)
12. 13. Schlüssel von Eisen; gefunden in Schlesien. Breslau, Museum. (Undset.)
14. Konischer Schildbuckel aus einem Gräberfunde im südlichen Norwegen; Eisen, 10 Centim. hoch. (Undset.)
15. Schwarze Urne mit Mäander-Ornament; mit gebrannten Knochen, gefunden in einem Urnenhügel bei Schkopau, Provinz Sachsen. (Undset.)
16. Thongefäß, 31½ Centim. hoch; mit gewölbter Profilierung und verstärktem Rande. Das Gefäß ist auf der Drehscheibe ausgeführt und fein bemalt; der Grund weiß, die Verzierungen ockergelb und rot. Bei Alzey gefunden. Mainz, Museum. (Lindenschmit.)
17. Urne; mit verbrannten Gebeinen und zwei bandförmigen römischen Fibeln gefunden bei Milow, Kreis West-Priegnitz. Berlin, Märkisches Museum. (Undset.)
18. Thongefäß, 21½ Centim. hoch, auf der Drehscheibe ausgeführt und bemalt. Die würfelförmigen Verzierungen sind scharf und tief eingedrückt. Im Gräberfelde von Mölsheim gefunden. Mainz, Museum. (Lindenschmit.)
19. Urne; mit verbrannten Gebeinen gefunden im Urnenfriedhof von Darzau; schwarz mit Mäander-Ornamenten. Hannover, Museum. (Undset.)
20. Erzene Zierplatte mit farbigem Schmelzwerk in Form von Bogen, Sternen, Rosetten und Bandstreifen. Mit dem Hängezierat 18½ Centim. lang. Vermutlich zu einem Pferdeschmuck gehörig, da mit anderen Bestandteilen von Pferdegeschirr und Wagenfragmenten zusammen gefunden bei Geinsheim in der bayr. Rheinpfalz. Speyer, Museum. (Lindenschmit.)
21. Vorderplatte einer bronzenen Fibula, in Schmelzwerk mit einem Epheublatt verziert: die innere Fläche desselben ist orangefarbig, das umgebende Feld blaugrün. In der Saalburg bei Homburg gefunden. 3 Centim. Durchmesser. Homburg, Saalburg-Museum. (Lindenschmit.)
22. Gewandnadel (Fibula) aus Erz; die Vorderseite des Bügels ist schmal und mit querlaufenden Strichen verziert; an den Seitenflächen ist der Bügel breiter; die Nadel bewegt sich in einem Scharnier; ca. 12 Centim. lang. In der Umgegend von Mainz gefunden. Mainz, Museum. (Lindenschmit.)
23. Fibula aus dem Urnenfriedhof von Darzau. Hannover, Museum. (Undset.)
24. Bronzene Fibula aus den Brandgruben von Oliva. (Undset.)
25. Fibula aus Erz mit vielkantigen Knöpfen; die Nadelhafte und der gerippte flache Bügel sind von gleicher Breite, von dem um den Querstab gerollten Gewinde läuft der Nadeldorn aus. 10 Centim. lang. In Ulm gefunden. (Lindenschmit.)
26. 27. Die Platten zweier Gewandnadeln von Erz mit buntem Schmelzwerk in abwechselnden Feldern verziert. 3½ Centim. im Durchmesser. In den römischen Gräbern bei Regensburg gefunden. Regensburg, Samml. des histor. Vereins. (Lindenschmit.)
28. Erzene Zierplatte ornamentiert mit einem Linienwerk von Ranken und Epheublättern. Die Zwischenräume waren mit Schmelz ausgefüllt, dessen Reste rote und tiefblaue Farbe zeigen. 10 Centim. lang, 97 Gramm schwer. In Italien gefunden. Karlsruhe, Museum. (Lindenschmit.)
29. Hängeverzierung aus Erz mit niellierten Ornamenten von Ranken und Blättern. Henkel abgebrochen. Gefunden in Mainz. 4 Centim. breit. Mainz, Museum. (Lindenschmit.)
30. Silbernes Armband aus dem Fund von Wotenitz. Schwerin, Museum. (Undset.)
31. Silberner Armring, wahrscheinlich aus einem Frauengrabe; gefunden in einer Urne bei Kickelhof unweit Elbing. Elbing, Museum. (Undset.)
32. 33. Schöpfkelle aus Bronze im Jahre 1863 bei Gelegenheit der Neufassung der Mineralquellen von Pyrmont aufgefunden. An der Außenseite mit Ranken und Blättern reich ornamentiert, ebenso die unter Nr. 33 besonders abgebildete Oberfläche des Handgriffes. Durchmesser 12 Centim. (Lindenschmit.)
34. Bronzene Zierplatte, spezielle Bestimmung zweifelhaft; mit Inkrustationen von goldfarbigem Erz, Silber und Kupfer. 5½ Centim. breit, 236 Gramm schwer. Fundort nicht bekannt, vielleicht aus Italien? Bonn, Privatbesitz. (Lindenschmit.)
35. Bronzene Fibula aus den Brandgruben von Oliva. (Undset.)

Waffen, Gerät und Schmu

ſch-germaniſchen Periode.

bedeckt, die Wild aller Art in Überfülle lieferten, zumal nächst dem Kriege die Jagd allein als die des Mannes recht würdige Beschäftigung galt.

Überhaupt lebte der Germane noch durchaus in und mit der Natur. Sich in die Mauern der Städte gegen sie abzusperren und einzuschließen, widerstrebte noch immer seinem ganzen Wesen. Die Städte oder stadtähnlichen Ansiedelungen, die sie mit dem den Römern abgenommenen Gebiet überkommen hatten, ließen sie nicht selten sorglos verfallen. Im übrigen freilich hatte die zunehmende Seßhaftigkeit in der Art des Bauens und Wohnens natürlich allerlei Wandelungen zur Folge, die dann wieder auf die gesamte Lebensführung einwirkten. Auf diesem Gebiet heben sich die Eigentümlichkeiten einzelner Stämme besonders scharf voneinander ab. Bei allen tritt an die Stelle des ehemals üblichen transportabelen Hauses, wie es bereits die Cimbern auf ihrem Zuge nach dem Süden mit sich führten, das fest in die nun dauernd behauptete Scholle eingefügte. Dessen Gestaltung und Anlage freilich war bei den einzelnen Stämmen verschieden. Denn sie richteten sich dabei nach den klimatischen und anderen Verhältnissen, welche für die Art des Wohnens und Wirtschaftens maßgebend waren. Das Haus des Franken unterschied sich scharf von dem des Sachsen, des Friesen, des Dänen, des Nordgermanen. Jeder Bauart haften Eigentümlichkeiten an, die in den betreffenden Gegenden zum Teil bis auf unsere Tage in Geltung geblieben oder wenigstens in einzelnen Zügen noch erkennbar sind.

Stärker aber als in diesen Dingen hat sich der Einfluß, den die römische Kultur während der letzten zwei Jahrhunderte vor der Völkerwanderung auf die Germanen ausübte, in gewissen mehr äußerlichen, daher leichter beweglichen und veränderlichen Formen und Geräten bethätigt. Doch handelt es sich dabei nicht um häufigere und genauere Nachahmungen des römischen Vorbildes und die Annahme von Formen, welche die römische Technik entwickelt hatte. Vielmehr bewegte sich die Industrie, an römischen Mustern geschult und durch römische Meister vervollkommnet, selbständiger und suchte dem erwachten Geschmack des Germanen durch Herstellung der ihm besonders zusagenden Formen gerecht zu werden. Von da aber war es nur noch ein kleiner Schritt bis zur Entwickelung der Industrie mit nationalgermanischer Stilart. Daß sich auch die Anfänge einer solchen damals bereits finden, ist der beste Beweis dafür, wie sehr das nationale Leben der Germanen sich gesteigert hatte, seit ihre übermäßig zersplitterten Stämme in eine Anzahl größerer Verbände zusammengelegt waren. Für die Kenntnis dieser Dinge sind namentlich die zahlreichen Gräberfunde von Wichtigkeit geworden. Mit den einer früheren Zeit angehörigen verglichen, bezeugen sie, welche tiefgehende Wandelungen das ganze germanische Leben inzwischen erfahren hat. Am augenfälligsten wird das bei den Waffen. Noch erscheint die lange Lanze als die verbreitetste, eigentlich nationale Waffe. Dagegen sind die Schwerter unter römischem Einfluß umgestaltet. Am häufigsten kommt das Kurzschwert vor. Es hat eine gerade, einschneidige Klinge mit einer Spitze in der Mitte und muß bei seiner Schwere eine zu Hieb, Stich und Wurf gleich furchtbare Waffe gewesen sein. Das Langschwert dagegen ist zweischneidig und meist mit einer Parierstange versehen. Mancher Krieger führte wohl beide nebeneinander. Von Schutzwaffen kommt der Helm immer noch selten vor. Allgemein üblich dagegen war ein Schild, in der

Mitte mit einem die Hand aufzunehmen bestimmten Eisenbuckel, meist rund, aus Holz und mit Leder oder Fellen überzogen. Auch die Ornamente sind gegen früher andere geworden, wie die zahlreich gefundenen Fibeln zeigen. Sie sind

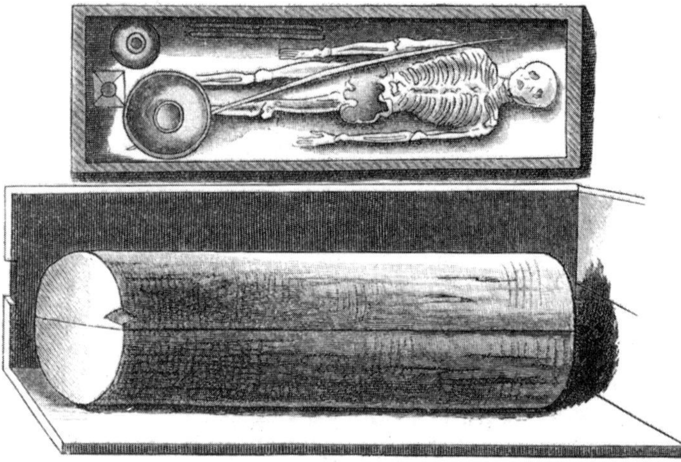

1

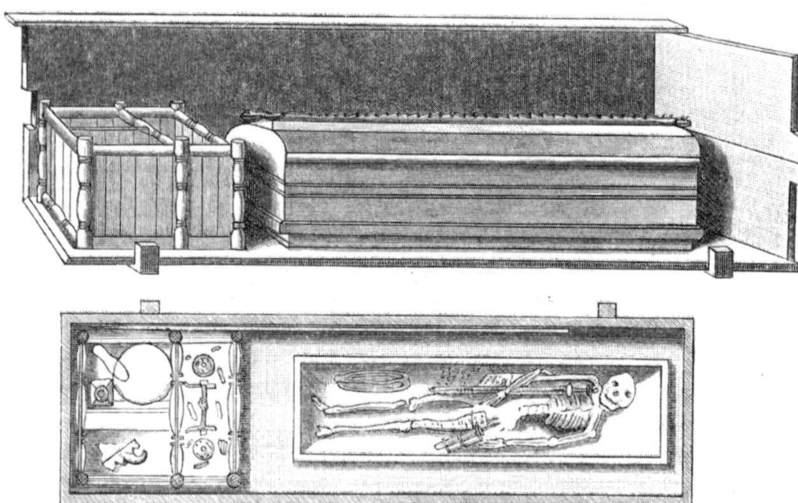

2

Aus den Gräbern bei Oberflacht in Württemberg.

1. Einfacher Totenbaum; Ansicht in geschlossenem Zustande, darüber die innere Ansicht. 2. Sarg in einer Umwandung von dicken Eichenbohlen, am Fußende zwei besondere Abteilungen mit Beigaben.
(Jahreshefte des württembergischen Altertums-Vereins.)

jetzt breit und platt oder rund, mit einem phantastischen Bandgeflecht, mit Tierköpfen oder dergleichen verziert, der oft in Silber- und Goldtauschierung hergestellt ist. Solche findet sich auch angewandt bei Eisenbeschlägen der Riemen und zeigt vielfach ein Sonnenrad von Bandgeflecht umgeben.

Auch in der Anlage und Ausstattung der Grabstätten offenbart sich der Wandel, der in diesen zwei Jahrhunderten eingetreten ist. Die Verbrennung der Leichen ist nicht mehr allgemein üblich. Sie werden in reihenweise geordnete

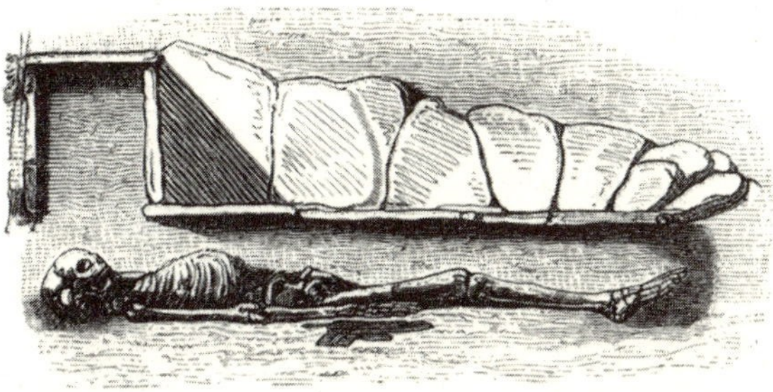

1

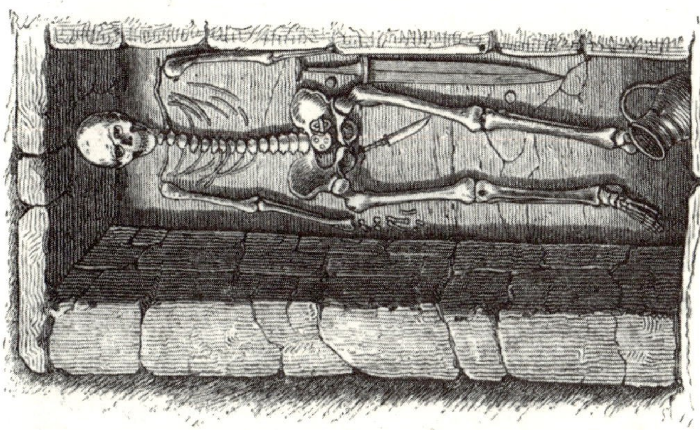

2

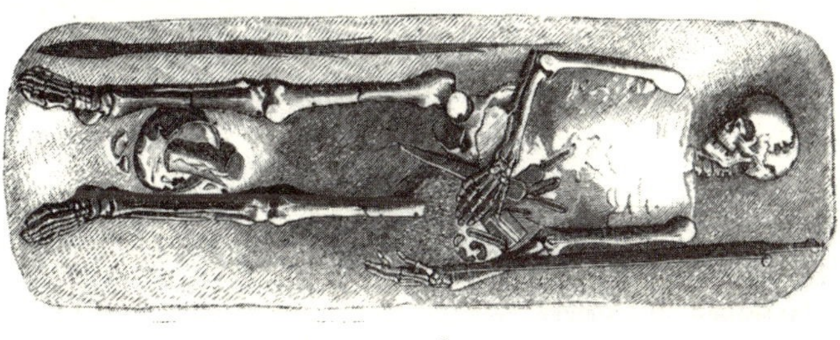

3

1. Plattenkammer aus den Reihengräbern auf dem Heuerfelde in Rheinhessen. 2. Steinkammer aus dem Friedhofe von Bel=Air in der Schweiz. 3. Beisetzung in freiem Boden; vom Friedhofe in Selzen in Rheinhessen. (Nach Lindenschmit.)

Gräber gebettet, deren sich zuweilen so viel beisammen finden, daß man auf Gräberfelder von drei= bis viertausend Ruhestätten schließen kann. Aber noch wurden dem freien Mann seine Waffen mitgegeben. Doch ist auch auf diesem Gebiete eine zeitlich und räumlich allmählich fortschreitende Entwickelung erkennbar. Denn in Sachsen war noch die Leichenverbrennung und die Bestattung der Asche in Urnen üblich, als die Alemannen längst die Reihengräber anwandten.

Den Zeitgenossen werden die Wandelungen, welche die germanische Kultur damals durchgemacht, am augenfälligsten in der wechselnden Tracht entgegengetreten sein. Die Stämme, die mit den Römern in lebhaftem Verkehr standen, haben auch frühzeitig von diesen manches entlehnt, während die im Inneren lebenden an dem alten Brauch festhielten. Doch wahrte jeder Stamm wie in der Bewaffnung so auch hierin seine Eigentümlichkeiten. Zudem machte sich der Unterschied zwischen arm und reich gerade auf diesem Gebiet natürlich besonders geltend. Auch in den westlichen Gebieten kleideten sich die minder Bemittelten noch in der

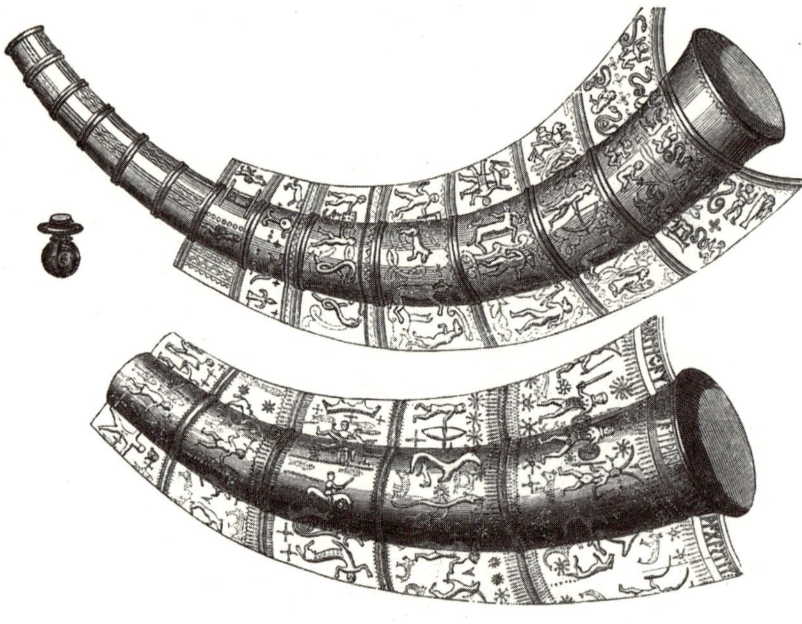

Goldene Trinkhörner.

Um die Mündung des unteren eine Runen-Inschrift. In Schleswig gefunden.

einfachen germanischen Art, als die Wohlhabenderen längst gewöhnt waren, den Römern nachzuahmen oder die nationale Tracht dadurch zu heben, daß sie sie aus besonders kostbaren Stoffen herstellten und mit allerlei wertvollem Zierat versahen. Schon zu Caracallas Zeit liebten reiche Alemannen, mit Silber durchwirkte Mäntel zu tragen, während die Armen sich mit einfachen bunten Wollenmänteln begnügten. Noch war das lang herabwallende Haar das Abzeichen des freien Mannes: sein Fehlen bezeichnete den Verlust der Freiheit oder der Ehre.

Schwieriger ist es natürlich, von den geistigen Wandelungen ein Bild zu gewinnen, welche die Germanen in dieser vorbereitenden Periode durchmachten. Es fehlen dafür sichere Anhaltspunkte. Denn auch von der Sprache dieser Zeit ist, wenn wir von den Namen absehen, zu wenig auf uns gekommen, um einen sicheren Schluß auf den geistigen Prozeß zu gestatten, der in ihrer Weiterbildung zum Ausdruck kam. Die vornehmste Änderung aber dürfte wohl darin bestanden haben, daß die Verschiedenheit der neuentstandenen Stämme, welche aus der Vereinigung nächstverwandter oder nächstbenachbarter kleinerer Gruppen erwuchsen, auch in dem in ihrem Gebiete gesprochenen Dialekte zum Ausdruck kam. Durch die ihnen gemeinsamen sprachlichen Eigentümlichkeiten, in denen ihnen selbst ihre Verschiedenheit von den benachbarten Stämmen ohrenfällig entgegentrat, wurden sie sich im Gegensatz zu diesen ihrer engeren Zusammengehörigkeit lebhafter bewußt und lernten infolgedessen vollends sich als miteinander näher verbunden, von jenen aber gesondert fühlen. Aber nur das schließliche Ergebnis dieses Prozesses liegt uns vor; von seinem Verlauf haben wir kein Bild. Auch eine zeitliche Festlegung ist nicht möglich. Doch weist die Inschrift eines bei Tondern in Schleswig gefundenen goldenen Trinkhornes, das dem vierten oder fünften Jahrhundert anzugehören scheint, auf die nordische Sprachgruppe hin und ist altertümlicher als das Gotische. Es scheint also damals bereits die Dialektsonderung im Gange gewesen zu sein. Von höchster Wichtigkeit war es dabei, daß um jene Zeit auch eine eigene Schrift aufkam, oder wenn nicht erst aufkam, doch allgemeine Verbreitung fand und dadurch ein Moment für die weitere geistige Entwickelung wurde. Sie stammt jedoch nicht, wie früher angenommen, von der fabelhaften, altgermanischen Runenschrift sakralen Charakters (S. 104), sondern ist ausgegangen von den den Römern geläufigen Schriftzeichen. Man ergänzte diese durch einige neue für gewisse im Lateinischen fehlende Laute und modelte die Gestalt der einzelnen, wie es das Material, Holzstäbe, erforderte. Doch blieben Kenntnis und Gebrauch dieser Schrift, die sich erst allmählich von dem lateinischen Vorbild immer weiter entfernte, zunächst der Besitz eines eng begrenzten Kreises, wurden dafür aber ohne Rücksicht auf die Sonderung der Stämme Gemeingut aller Germanen. Ein Gebrauch dieser Schrift bei anderen als besonders feierlichen Gelegenheiten, wie bei Abfassung von Inschriften, Weihesprüchen, Zauberformeln u. a. m. kommt für diese Zeit natürlich nicht in Frage. Zur Schriftsprache war mit Ausnahme des Gotischen das Germanische noch nirgends aufgestiegen. Das Gotische aber nimmt unter dem Zusammenwirken besonderer Umstände eine ganz singulare Stellung ein, wie denn auch die gotische Schrift nicht von der lateinischen herkommt und nichts mit den daraus entstandenen Runen zu thun hat, sondern an das griechische Alphabet anknüpft.

Der bereits von Tacitus bezeugten Neigung der Germanen, die Helden der Vorzeit sowohl wie die tapferen Krieger der Gegenwart in Liedern zu feiern, boten die Kämpfe der letzten zwei Jahrhunderte reichen Stoff, mochten sie auch nicht mit den Römern allein, sondern vielfach gegen Germanen ausgefochten sein. In manchem Zuge der späteren Heldendichtung möchte man dunkle Nachklänge aus ihnen vermuten. Auch in betreff ihrer religiösen Vorstellungen waren die Germanen der alten Art treu geblieben, mochte in den Grenzlanden an Rhein und Donau auch hier und da das Christentum bereits Anhänger unter ihnen gewonnen haben. Der überwältigenden Mehrheit offenbarten sich ihre Götter nach wie vor in der Natur, in Bäumen, Quellen, Hügeln und Bergschluchten, die sie als ihnen geweiht verehrten, wie ein neu bekehrter Grieche besonders von den Alemannen bezeugt. Gewisse Änderungen aber hatten doch auch auf diesem Gebiete statt-

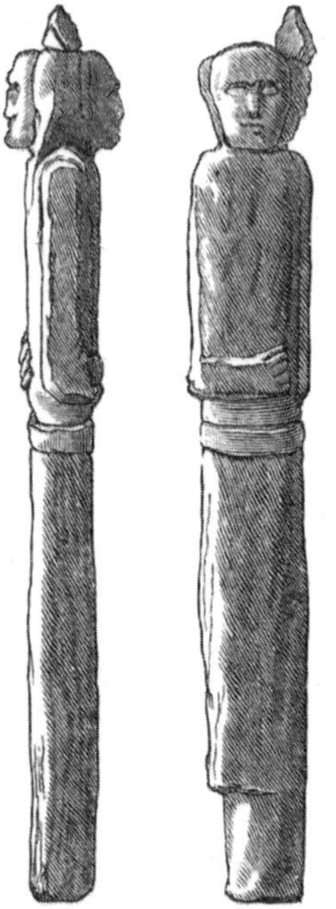

Altgermanische Statue.
Vorder- und Seitenansicht.
(Schriften des württemberg. Altertumsvereins.)

gefunden, und vielleicht war bei manchen davon ebenfalls römischer Einfluß im Spiele. Insbesondere kam neben dem alten weihe- und poesievollen Naturdienst die Vorstellung auch von persönlichen Gottheiten auf. Man fing an, von solchen Bildnisse anzufertigen und diese zu verehren. Wenigstens fanden die irischen Missionare des fünften und sechsten Jahrhunderts hier und da solche im Gebrauch. Auch haben sich einige Bildwerke erhalten, denen kaum eine andere Deutung wird gegeben werden können. Bei Stuttgart z. B. wurde ein überlebensgroßes männliches Steinbild mit janusartigem Doppelkopf gefunden. Vielleicht haben die Germanen damals auch gelernt ihre Götter, wie sie es die Römer thun sahen, in tempelartige Gebäude einzuschließen. Nun konnten sie bei der Auswanderung aus den bisherigen Sitzen ihre Götterbilder auch mit sich führen, wie es uns z. B. von den Goten bezeugt wird, die sie mit den zu ihrem Dienste befohlenen Priestern und Priesterinnen auf Wagen mit sich in die Fremde nahmen. Eine bevorzugte und besonders einflußreiche Stellung aber scheinen die Priester der Germanen auch jetzt nicht genossen zu haben oder doch nur in einzelnen Fällen, wie z. B. bei den Burgundern das Amt eines Oberpriesters lebenslänglich war, während der König entsprechend einer allgemein germanischen Anschauung abgesetzt werden konnte. Als Bild eines alemannischen Priesters hat man, freilich nicht mit völliger Sicherheit, ein auf uns gekommenes Steinbild gedeutet, einen Mann darstellend mit großem Bart und lang herabhängendem, in zwei nach unten gleichsam gerollte Zöpfe geteiltem Haupthaar, dessen kuttenartiges Gewand um die Hüften ein mit Zieraten versehener Gürtel zusammenhält.

Steinbild eines heidnischen Priesters.
(Nach Sattler.)

Jedenfalls waren die Germanen zu Ende des dritten und zu Anfang des vierten Jahrhunderts, so sehr sie im ganzen noch die alte Sitte und Art festhielten und so wenig namentlich die Grundlagen ihrer staatlichen und gesellschaftlichen Ordnung geändert waren, doch bereits in ein Stadium tiefer greifender Wandelungen eingetreten. Dasselbe ließ noch größere Umgestaltungen erwarten und konnte ein ganz neues Zeitalter heraufführen, wenn zu der allmählich erstarkten Einwirkung des Römertums nun auch noch die vollständige Lösung von den bisherigen Wohnsitzen kam. Diese nun erfolgte mit dem neuen, durch einen gewaltigen Stoß von außen veranlaßten Aufbruch der Goten, der ein neues, volle zwei Jahrhunderte dauerndes Zeitalter der Wanderung der bisher jenseits des Rheins und der Donau sitzenden Germanen zur Folge hatte. Ihre Anfänge lehren zudem, daß die Germanen namentlich an ihrer altherkömmlichen Kriegs- und Kampfart getreulich festgehalten hatten, nur daß sie sie durch Annahme dieses und jenes römischen Brauchs vervollkommnet hatten. Das aber war eine kostbare Mitgift für die stürmische Zeit der Eroberung, der sie jetzt entgegengingen.

Noch waren ihre Heere in der alten Art nach Hundertschaften gegliedert, die sich um ein weithin sichtbar aufragendes Banner scharten. Auch erfolgte der Angriff noch zunächst in Keilform, wobei bald nur ein Keil, bald — wie in der Alemannenschlacht bei Straßburg (S. 181) — eine Mehrzahl von solchen gebildet wurde, in der Flanke von der Reiterei gedeckt. Mit der Spitze nach vorn drang die den Keil bildende Mannschaft dicht geschlossen auf den Feind ein, ringsum durch die Rand an Rand liegenden Schilde wie durch eine wandelnde Mauer gedeckt, in den ersten Gliedern die mit langen Lanzen Gerüsteten, weiter zurück die Bogenschützen, Wurfspieß- und Steinschleuderer. Furchtbar und oft unwiderstehlich im ersten Anprall auf die langgestreckte römische Stellung, wurde die Keilordnung doch für die Germanen selbst gefährlich, wenn sie jene nicht sofort durchbrach. Denn in dem dann folgenden Handgemenge löste sie sich notgedrungen auf und geriet dabei unvermeidlich in Verwirrung. Im Einzelkampf aber war der Germane infolge seiner Bewaffnung und der durch diese bedingten Fechtweise auch jetzt dem römischen Soldaten nicht gewachsen, mochte er ihm selbst an körperlicher Kraft und Gewandtheit überlegen sein. Daher vermied er, wenn es die Defensive galt, den Kampf im freien Felde und suchte Deckung hinter Verhauen, Schanzen und Gräben. Auch bei der germanischen Reiterei lag die Stärke in der Wucht des plötzlich hereinbrechenden Angriffs. Mißlang er, so ging sie schnell zurück, um einen neuen Anlauf zu nehmen. Von einer eigentlichen Kriegskunst also ist bei den Germanen auch in dieser Zeit noch nicht die Rede. Nach Art der Naturvölker setzten sie im Anfang ihre ganze Kraft ein: mit ihr hauszuhalten, den Gegner planmäßig zu ermüden und sich für einen dann zu unternehmenden entscheidenden Stoß die Kraft zu sparen lag nicht in ihrer Art. Überhaupt kann von einer Leitung der Schlacht durch ihre Führer kaum gesprochen werden. Diese fochten selbst im Handgemenge und wollten an verwegener Tapferkeit es allen zuvorthun. Daher hat das Mißlingen ihres ersten Angriffs auf die Römer so oft unmittelbar die Niederlage der Germanen zur Folge gehabt. Zuweilen barg die Weichenden dann die hinter der Schlachtordnung aufgefahrene Wagenburg. Sie war meist in der Art angelegt, daß die viereckigen Karren Rad an Rad zusammengestellt in mehrere konzentrische Kreise geordnet waren, deren jeder seinen besonderen Zugang hatte.

Zweites Kapitel.

Die ersten germanischen Eroberungen und Staatengründungen im römischen Reich durch Westgoten, Burgunder, Vandalen und Angelsachsen.

Etwa 370—449.

Seit nahezu zweihundert Jahren hatten Alemannen und Franken, Markomannen und Goten in Gemeinschaft mit den ihnen folgenden kleineren Völkerschaften zum Teil auch nicht germanischen Stammes die Nordgrenze des römischen Reiches immer von neuem bestürmt, ohne sie dauernd durchbrechen und mehr als das Zehntland und Dacien gewinnen zu können. Erst dem Zusammenwirken verschiedener ungewöhnlicher Umstände und in Verbindung damit der unverbesserlichen Verblendung der Römer selbst war es vorbehalten, den Barbaren den Einbruch in das Innere des Reiches zu ermöglichen und die Errichtung germanischer Reiche aus und auf den Trümmern des zusammenbrechenden römischen einzuleiten. Die Träger dieser Bewegung waren die Goten.

Auch die Anfänge dieses reichbegabten und zu so großen Dingen berufenen Volkes liegen für uns in nebelhaftem Dunkel. Wohl hat ein Sohn desselben, Jordanes, um die Mitte des sechsten Jahrhunderts seine Geschichte zu schreiben unternommen; leider aber hat er sich nicht darauf beschränkt, die alte Stammsage getreulich wiederzugeben, sondern den Ruhm seines Heldenvolkes nach dem Vorgange des von ihm benutzten Cassiodorius Senator dadurch zu mehren gedacht, daß er es für eins ausgab mit den Geten und Skythen — eine Kombination, die in der Auffassung dieser Dinge mancherlei Verwirrung angerichtet hat, dermalen aber endgültig in ihrer Unhaltbarkeit erwiesen sein dürfte. Auch eine andere Angabe des Jordanes ist zum mindesten ernstlich bestritten, nämlich daß das Gesamtvolk der Goten ursprünglich zu beiden Seiten der Ostsee gesessen, d. h. die skandinavische Halbinsel sowohl wie auf dem Festlande etwa Posen und Preußen inne gehabt habe und in beiden Gebieten von alters her in Ost- und Westgoten geteilt gewesen sei. Denn wenn zwischen den später auf dem Festlande zu so hoher Bedeutung aufgestiegenen Goten und den Skandinaviern überhaupt ein Zusammenhang der Art anzunehmen ist, so fehlt es nicht an Anzeichen dafür, daß vielmehr eine Wanderung der Festlandsgoten nach Skandinavien hinüber stattgefunden habe. Umgekehrt läßt die von Jordanes überlieferte Wandersage gotische Scharen unter König Berich aus Skandinavien auf das südliche Ufer der Ostsee übersetzen, dort die Rugier verjagen und dann südwärts in das Binnenland vordringend in dem heutigen Schlesien die Vandalen schlagen. Allerdings haben die letzteren das Schicksal der Goten längere Zeit geteilt und erscheinen meist als ihnen zugehörig. Jedenfalls bezeugt, wenn wir von der kontroversen Angabe des Pytheas von Marseille (S. 29) absehen, der Geograph Ptolemäus für die zweite Hälfte des zweiten Jahrhunderts n. Chr. das Vorhandensein der Goten in dem großen osteuropäischen Tiefland auf dem rechten Ufer der Weichsel.

Ob dieselben damals bereits als ein seßhaftes Volk bezeichnet werden können, ist zweifelhaft. Denn auch in der Folge noch tragen sie in ihrer ganzen Erscheinung unverkennbar die charakteristischen Kennzeichen eines halbnomadischen Volks, dessen Kultur, wenn ihm auch der Ackerbau nicht ganz fremd ist, doch eigentlich auf Viehzucht und Weidewirtschaft beruhte. Auch wies sie ja die Natur des Steppenlandes auf eine derartige Lebensweise hin. Ob nun Übervölkerung, welche doch bei den hier in Betracht kommenden räumlichen Verhältnissen noch weniger wahrscheinlich als anderwärts und zu anderen Zeiten, oder der Andrang eines anderen, weiter von Osten her kommenden Volkes, etwa der Slawen, die Goten weiterzuziehen und dem Lauf der Weichsel folgend gen Südosten zu wandern veranlaßt hat, muß wiederum dahingestellt bleiben. Art und Richtung ihrer Bewegung zu erklären, würde im Hinblick auf die natürliche Eigenart des osteuropäischen Steppenlandes schon das halbnomadische Leben vollkommen ausreichen, zu dem sie der Umstand nötigte, daß ihre Reichtümer ausschließlich in gewaltigen Herden bestanden. Doch kann es daneben immerhin geschehen sein, daß sie sich durch das Anrücken in ähnlichen Verhältnissen lebender Völker von Osten her, wobei dann allerdings zunächst an die Slawen zu denken sein würde, in ihren bisherigen Weidedistrikten beengt und auf kleinere Räume beschränkt sahen. Ein weiteres Ausweichen zum Aufsuchen neuen Weidelandes machte ihnen der gewaltige Donaustrom unmöglich. So kann denn allerdings schließlich ein Notstand eingetreten sein, der sie zwang, bei den Römern um Aufnahme und Landanweisung zu bitten.

Mit diesem Ansuchen erschienen die Goten zuerst 170 an der Donau. Da ihnen aber der Weg südwärts gesperrt blieb, wandten sie sich, durch den Zuzug immer neuer Scharen vermehrt, den Fluß abwärts nach dem Schwarzen Meere und dann in das fruchtbare Weideland an dessen nördlichem Ufer. Dort zuerst stießen sie mit den Römern zusammen. Caracalla hatte 214 gegen sie zu kämpfen. Wiederholt durch längere Friedenszeiten unterbrochen, hat der damit eröffnete Gotenkrieg im ganzen nahezu zwei Menschenalter gedauert. Mehrfach trugen die Goten, denen die Zerrüttung des römischen Reiches durch Thronstreit und Bürgerkrieg wirksam zu Hilfe kam, die Schrecknisse ärgster Verwüstung bis tief nach Thracien und Macedonien hinein, kaum daß die festen Städte die Bevölkerung des flachen Landes, die mit ihrer beweglichen Habe in sie zusammenströmte, vor dem Äußersten schützten. Aber auch Seefahrer waren die Goten inzwischen geworden und suchten mit ihren leichtbeweglichen Schiffen die Küstenstädte Thraciens, Kleinasiens und Griechenlands heim, durch die Plötzlichkeit ihres Hereinbrechens und die barbarische Wildheit ihres Hausens den so Heimgesuchten schrecklicher noch als ihren Leidensgefährten auf dem Festlande. Zusammenwirkend bedrohte ihre Land- und Seemacht schließlich Italien selbst. Des Kaisers Claudius Sieg (S. 167) rettete es zwar, aber immer von neuem stürmten die Barbaren, die über ein unerschöpfliches Menschenmaterial zu verfügen schienen, mit ihren Heeren heran, so daß selbst ein Krieger wie Aurelian an der Behauptung Daciens verzweifelte, dieses wichtige Vorland preisgab und auch dort die Grenze an die natürlichen Schutz gewährende und leichter zu verteidigende Donau zurücknahm. Die Goten wurden damit Herren Rumäniens, Siebenbürgens und des Landes zwischen Theiß und Donau.

Damit trat dort im Osten des Reiches ein ähnlicher Zustand ein, wie er etwa hundert Jahre früher an dem rätisch-obergermanischen Limes geherrscht hatte, bis ihm der mit den Gotenangriff gleichzeitig erfolgte Ansturm der Alemannen und Franken ein Ende bereitete. Blieb nämlich der Friede auch an der unteren Donau nicht völlig ungestört, sondern wurde außer durch die üblichen Grenzfehden und Raubzüge auch durch ernstere Zusammenstöße unterbrochen, so herrschte doch in der Hauptsache zwischen Römern und Goten ein freundnachbarlicher Verkehr. Er vermittelte diesen die nähere Bekanntschaft mit der überlegenen römischen Kultur und bewirkte für sie einen bedeutenden Fortschritt. Trotz der Erbitterung, die auch hier die letzten gewaltigen Kämpfe erzeugt hatten, wurde der Gegensatz zwischen dem Barbarentum und dem Römertum allmählich gemildert. Vor allem entwickelten sich die Goten zu noch größerer Seßhaftigkeit. Das wandelte nicht bloß ihre Lebensweise, sondern hatte eine wichtige Fortbildung ihrer wirtschaftlichen, gesellschaftlichen und staatlichen Verhältnisse zur Folge.

Dazu trugen auch die mannigfachen Kämpfe bei, die zwischen den Goten und den ihnen bisher verbündeten und benachbarten Völkern stattfanden. Nach der Räumung des linken Donauufers durch Aurelian hatten die eindringenden Germanen das Land so unter sich verteilt, daß in den Bergen Siebenbürgens die Vandalen, nördlich davon in den Karpaten die Gepiden und östlich am Pruth, Bug und Dniester die Westgoten oder Therwinger angesiedelt wurden, die weiten Ebenen östlich davon aber den Ostgoten oder Greutungen verblieben. Zwischen und neben diesen sich schärfer sondernden Hauptvölkern hatten die kleineren Völkerschaften, die mit ihnen auf die Wanderung gegangen oder ihnen unterwegs zugefallen waren, Taifalen, Jazygen, Heruler, Bastarner u. a. m. Land erhalten. Bei den vielfachen Streitigkeiten, die unter ihnen herrschten, und dem hier wie überall allmählich gesteigerten Druck der nachrückenden Massen auf die der Grenze zunächst sitzenden Stämme, infolgedessen deren Gebiet allmählich zusammenschwand, entstand bald hier, bald da Übervölkerung und Mangel und veranlaßte den Übertritt einzelner Haufen in das römische Gebiet, wo die einen Aufnahme erbaten und erhielten, die anderen zu erzwingen suchten. So fand auch längs der Grenze eine dauernde Bewegung statt und infolge derselben ein dauerndes Einströmen der Goten in die benachbarten römischen Provinzen. Das wiederholte besorgliche Anschwellen dieser Bewegung veranlaßte einzelne römische Kaiser, größere Massen von Goten friedlich in ihr Gebiet übertreten zu lassen und dort anzusiedeln. Das aber hatte hier schließlich eine ähnliche Gefährdung der Grenzlandschaften zur Folge, wie sie sich aus dem gleichen Verfahren für die linksrheinischen Lande ergeben hatte. Wenn Probus hunderttausend Barbaren, sicher zumeist Goten und mit ihnen zusammengehörige Germanen, in Thracien angesiedelt, Diokletian in mühsamem Kampf die südwärts streifenden Vandalen, Ostgoten und Gepiden aufgehalten hatte, so werden eben die besorglichen Übelstände, die sich aus einer solchen Anhäufung von Germanen im Süden der Donau ergaben, Konstantin bestimmt haben, die barbarischen Zuzügler von dort zu entfernen und zu neuer Ansiedelung über alle Provinzen des Reiches zu verteilen. Gegen Ende seiner Regierung (337) wurden dann die Vandalen von den Goten aus Siebenbürgen verjagt. Sie wandten sich nach der mittleren Donau. Ein Teil wurde niedergemacht, ein anderer erhielt in Pannonien Sitze angewiesen. Aber auch freundliche Beziehungen haben die Römer mit den unruhigen Nachbarn an der Donau gepflegt. Schon Diokletian hatte den Goten Jahresgeschenke gewährt, wofür sie ihm Hilfstruppen stellten. Solche hatten an seinem vielgepriesenen Sieg über die Perser hervorragenden Anteil. Auch Konstantin hat sich ihrer so bedient, indem er sie freilich gleichzeitig durch verdoppelt wachsame Beschützung der Grenze und strenge Züchtigung für jede Verletzung derselben in Respekt zu halten wußte. Sein System, das gewinnende Milde mit unbarmherziger Härte vereinte, hat sich auch ihnen gegenüber im ganzen bewährt. Je schwerer er sie traf — wie z. B. 332, wo er die mit ihnen kämpfenden Sarmaten unterstützte — um so bereitwilliger waren nachher die gotischen Fürsten und Edlen, ihn durch eifrigen Dienst zu versöhnen und sich durch Ehren und Geschenke gewinnen zu lassen.

Wenn trotzdem die Einwirkung der römischen Kultur auf die Goten, soweit sich das bei der Dürftigkeit des uns vorliegenden Materials erkennen läßt, weniger intensiv gewesen zu sein scheint als auf die rechtsrheinischen Germanen, so erklärt sich das wohl einfach genug einmal daraus, daß die Goten, über gewaltige Räume verteilt, noch nicht zu dem gleichen Grade von Seßhaftigkeit gediehen waren, und dann weiter aus den größeren Hindernissen, die ein Strom von der Größe und Mächtigkeit der unteren Donau einem regelmäßigen und lebhaften Verkehr zwischen den Anwohnern seiner Ufer entgegenstellte. Auch waren die Goten so wenig wie ein anderer von den neuentstandenen Stämmen damals schon wirklich geeint, vielmehr läßt sich mit Sicherheit annehmen, daß zwischen den unter diesem Gesamtnamen begriffenen Völkerschaften, entsprechend ihrer größeren Zahl und dem größeren Umfang des von ihnen eingenommenen Gebiets, auch noch mannigfaltigere und stärkere Unterschiede stattfanden als etwa zwischen den ehemals selbständigen Völkerschaften, die nun in den Stämmen der Alemannen, Sachsen u. s. w. verbunden waren. Dem widerspricht es nicht, wenn Jordanes die Goten als ein in einem festgefügten Staatsverband lebendes Volk darstellt. Denn in der ihm eigentümlichen Art überträgt er auch hier die Zustände seiner Zeit, d. h. des sechsten Jahrhunderts, auf die früheren Perioden. Vielmehr fehlt auch den Goten nicht der für alle Germanen charakteristische Zug einer an Zersplitterung grenzenden Vielteilung. Thatsächlich war bei den Römern Goten nur eine Kollektivbenennung für eine ganze Anzahl germanischer und nichtgermanischer Völker, die sich um die eigentlichen Goten als das Hauptvolk gruppierten und zur Zeit von dessen höchster Macht in einem Unterthänigkeitsverhältnis zu ihm standen. Sind doch auch in den sogenannten Gotenkriegen des dritten Jahrhunderts die Goten wohl die Hauptmacht und im Besitz der Führung gewesen: neben und mit ihnen aber haben nicht bloß die Carpen, Gepiden, Vandalen und Bastarnen, sondern auch die Burgunder und beträchtliche Bruchteile sarmatischer Völkerschaften gegen die Römer im Felde gestanden. Auch mußte ein Volk, das wie die Goten Menschenalter in dauernder Bewegung war, nicht in schnell vorwärtsstürmenden Kriegszügen, sondern in langsamer, durch längere Seßhaftigkeit unterbrochener Wanderung, auf der es auch seine Weidewirtschaft fortsetzte, wenn ihm auch der Ackerbau nicht fremd blieb, von den Gestaden der Ostsee bis zu dem Nordufer des Schwarzen Meeres zog, unterwegs Bestandteile fremder Völker in Menge in sich aufnehmen.

Von einer nationalen Einheit waren die Goten trotz der römischen Vorstellung von einer solchen und trotz der abweichenden Schilderung des Jordanes damals noch weit entfernt. Ja, nicht einmal bei den Hauptzweigen war von einer solchen die Rede. Vielmehr zerfielen sowohl die Ost- wie die Westgoten in eine Mehrheit von Völkerschaften, deren jede in ihren Angelegenheiten ihren eigenen Weg ging und, wie das auch bei den anderen Stämmen oder Völkerbündnissen der Fall war, nur in der auswärtigen Politik an die Gesamtheit gebunden war. Auch der gefeierte Ermanarich, an dessen Namen die Tradition die erste Großmachtstellung der Goten anknüpft, war nur König der Ostgoten und zwar vermutlich nur eines Teils derselben. Die Goten der taurischen Halbinsel, der Krim, scheinen ihm gegenüber ihre Unabhängigkeit behauptet zu haben. Sie haben sich daher auch späterhin der Wanderung nach dem Westen nicht angeschlossen, sondern sind in ihren Sitzen geblieben. Reste von ihnen sind noch Jahrhunderte nachweisbar, und ihre letzten Nachkommen haben sich erst 1778 der Tyrannei der Tataren durch die Auswanderung nach Rußland entzogen: Katharina II. wies ihnen Wohnsitze am Asowschen Meere an. Nur insofern hat Ermanarich eine hervorragende Stellung eingenommen, als er nicht bloß die benachbarten Völker germanischen Stammes, sondern auch die slawischen und finnischen sich unterwarf und dadurch auch bei diesen Völkern eine leitende, aber nicht eine gebietende Stellung gewann. Als der mächtigste von den Fürsten, die in dem ungeheuren Raum zwischen dem Weißen Meer und der Ostsee im Norden und dem Schwarzen und Asowschen Meere im Süden nebeneinander geboten, vertrat er, wo es sich um die Vertretung ihrer gemeinsamen Interessen handelte, sie alle. Seine Autorität war eine moralische, nicht eine politische. Daher hatte auch sein Tod unmittelbar den Zerfall des angeblich von ihm zusammengebrachten Reiches zur Folge. Danach haben die Ostgoten reichlich ein Menschenalter überhaupt keine Könige gehabt, und später finden wir wieder jedes von ihren Teilvölkern unter seinem eigenen König — ein Zustand der Zersplitterung, der kaum möglich gewesen wäre, wenn das Volk vorher überhaupt schon jene ihm von Jordanes angedichtete Einheit erreicht gehabt hätte. Die Entwickelung einer solchen hat erst mit Theodorich begonnen, ist freilich durch ihn auch gleich vollendet worden.

Ganz entsprechende Verhältnisse bestanden bei den Westgoten. Auch sie zerfielen in mehrere kleine Staaten, von denen die einen unter Königen standen, die anderen von gewählten Fürsten geleitet wurden, deren vornehmste Thätigkeit in der Handhabung des Rechts bestand. Auch wurde bei ihnen die bereits vorhandene Spaltung durch die notgedrungene lange Wanderung gesteigert, namentlich seit sie vor dem Ansturm der Hunnen schnell über die Donau entweichen und im römischen Gebiet Aufnahme suchen mußten. Damals zuerst kamen sie in engere und dauernde

Berührung mit dem Römertum. Dort aber hatte nach langen leidenschaftlichen und wechselvollen Kämpfen erst unlängst das orthodoxe Christentum, wie es zu Nicäa konstituiert war, wenigstens äußerlich den Sieg davongetragen, sah ihn sich aber von der anderen Seite noch mit wachsender Erbitterung bestritten. Der Eintritt in diese Atmosphäre leidenschaftlichsten konfessionellen Kampfes, in dem Millionen sich um die streitige Deutung von Buchstaben zu wüstem Fanatismus erhitzten, wurde für die ferneren Schicksale der reichbegabten Westgoten entscheidend.

Niemals sonst ist ein Volk so ganz in dogmatische Streitigkeiten aufgegangen wie damals die Bewohner des hellenistisch kultivierten Teils des römischen Reiches. Ihr nationales Leben wurzelte in dem Ringen zwischen der Athanasianischen Orthodoxie und dem als ketzerisch verschrieenen Arianismus. Je mehr der geniale Julian durch die Verkündigung des großen Princips der Glaubensfreiheit, die er freilich durch tendenziöse Ausbeutung gleich wieder entwertete, dem Heidentum neue Lebenskraft einzuflößen und dem Christentum durch den Ausschluß seiner Bekenner von den Rhetorenschulen die zur Bekämpfung derselben unentbehrlichen Waffen zu entwinden gesucht hatte, um so leidenschaftlicher war der Kampf zwischen ihnen entbrannt, und die wechselnde Parteinahme der Kaiser, in deren Reihe Orthodoxe und Arianer einander in rascher Folge ablösten, hatte den schon so tief erschütterten Staatsorganismus den zerstörenden Wirkungen dieses konfessionellen Kampfes vollends preisgegeben. Dazu kam steigende wirtschaftliche Not. Unter den Schlägen immer wiederkehrender Barbareneinfälle und den Wechselfällen des erneuten Perserkrieges versiegten die für unerschöpflich gehaltenen Hilfsquellen des Landes, und ein unbarmherzig gesteigerter Steuerdruck führte die verzweifelnden Unterthanen vollends dem Ruin entgegen. Aber auch noch in diesem Zustande weit vorgeschrittener Zersetzung enthielt das Römertum eine Fülle entwickelungsfähiger Keime, die, in den unverdorbenen, nährkräftigen Boden des jugendfrischen germanischen Barbarentums eingesenkt, aufgehen und allmählich reiche Frucht tragen sollten. Insbesondere hat von dieser Seite her das Christentum bei den Germanen seinen Einzug gehalten und zunächst bei den Westgoten einen epochemachenden geistigen Fortschritt herbeigeführt. Mit seiner Annahme erst sprengten diese die Fesseln des Halbbarbarentums und eröffneten der Gesamtheit ihrer Stammesgenossen den Weg zu einer höheren Entwickelung. Die Einführung des Christentums, die sich an den Namen des westgotischen Bischofs Ulfilas knüpft, ergab nicht bloß für das gesamte geistige, sondern auch für das sittliche Leben der Germanen ganz neue Grundlagen, von denen aus die Formen ihres gesellschaftlichen und ihres staatlichen Lebens allmählich umgestaltet werden mußten.

Längst hatte das Christentum auch bei den Goten einzelne Anhänger gewonnen, die sich hier und da zu kleinen Gemeinden gesammelt hatten. Das wird in den Ländern nördlich der Donau gerade so wie in denen rechts vom Rhein nicht durch eine planmäßige Missionsthätigkeit bewirkt, sondern das ungesucht eingetretene Ergebnis der Mitteilungen gewesen sein, welche kriegsgefangene Römer den Goten, in deren Mitte sie nun lebten, über die letzte Quelle ihrer freudigen Ergebung in ihr Schicksal zu machen wußten. Mit dem Christentum zugleich aber kam auch der es zerreißende Zwiespalt zu den Westgoten und drohte, nicht nur den Frieden der jungen Gemeinde, sondern auch die bürgerliche Eintracht des

Volkes zu stören. Bald stritten auch dort Orthodoxe und Arianer, wie schon auf dem nicänischen Konzil ein gotischer Bischof Theophilus anwesend war.

In diesem Boden wurzelt auch des eigentlichen Gotenapostels Ulfilas Wirksamkeit. Sie richtig zu beurteilen, thut man freilich gut, die erst später zur Geltung gekommenen Momente beiseite zu lassen und nur die engen und beschränkten Verhältnisse in Rechnung zu ziehen, die zur Zeit seines Auftretens gegeben waren. Denn man würde den historischen Standpunkt völlig verrücken, wollte man annehmen, Ulfilas habe bei seiner Thätigkeit die großartigen kulturgeschichtlichen Ergebnisse als Ziel im Auge gehabt, welche ihr schließlich thatsächlich entsprungen sind, und absichtlich und planmäßig durch Schaffung einer Schriftsprache seinem Volk ein höheres geistiges Leben erschließen wollen. Vielmehr war auch Ulfilas doch nur ein Kind seiner Zeit, nicht ein nationaler Kulturapostel, sondern ein eifernder arianischer Theologe, dessen litterarische Arbeiten zunächst darauf ausgingen, seine Volksgenossen zum Verständnis der dogmatischen Kontroversen zu befähigen und mit dem zur Ausfechtung des Glaubensstreites nötigen Eifer zu erfüllen. Es war doch nicht eigentlich sein Verdienst, wenn die Mittel, durch die er dieses in der Richtung der Zeit liegende, aber doch nicht allzu hoch gesteckte Ziel zu erreichen suchte, im Fortgang der Entwickelung wesentlich anders geartete und segensreichere Wirkungen hervorbrachten.

Zum Vermittler zwischen Goten und Römern war Ulfilas schon seiner Herkunft nach besonders geeignet. Er gehörte beiden Völkern an. Denn er stammte von einer römischen oder doch römisch gebildeten Familie ab, die 276 von gotischen Raubscharen aus ihrer kappadocischen Heimat weggeführt und mit ihren Schicksalsgenossen in dem gotischen Lande zwischen Sereth und Pruth angesiedelt worden war. Dort war er 311 geboren. Wie er inmitten des halbnomadischen Lebens, das die Westgoten damals führten, zu der gelehrten Bildung gekommen, in deren Besitz wir ihn finden, ist nicht nachweisbar. Bei der westgotischen Geistlichkeit wird sie sicherlich nichts Gewöhnliches gewesen sein. Sowohl der lateinischen wie der griechischen Sprache war Ulfilas mächtig. Auch die politischen Wirren, die das römische Reich erfüllten, haben ihn und seine Gemeinde berührt. Als Föderaten ergriffen die Goten in dem Thronstreit zwischen Licinius und Konstantin für ersteren die Waffen. Seine Niederlage ließ sie des Siegers strenge Vergeltung fürchten. Daher eilten sie mit Konstantin Frieden zu machen, indem sie sich ihm als Föderaten verpflichteten. Dennoch gerieten sie als eifrige Arianer durch die Beschlüsse des nicänischen Konzils bald hart ins Gedränge. In diesen politischen und kirchlichen Wirren lag wohl der Anlaß zu der Reise, die Ulfilas als Dolmetscher einer westgotischen Gesandtschaft 331 nach Konstantinopel führte. Dort mag der strebsame und reichbegabte Jüngling die Aufmerksamkeit der leitenden Persönlichkeiten der arianischen Kreise erregt haben. Indem diese ihn zum Eintritt in den Dienst der Kirche bestimmten, gewannen sie dem Arianismus einen eifrigen und geschickten Vorkämpfer. Vermutlich als Lektor einer der arianischen Gemeinden seiner Heimat beginnend, wird Ulfilas in den folgenden Jahren durch die verschiedenen Stufen der kirchlichen Ämterfolge aufgestiegen sein. Im Jahr 341, also genau mit Erreichung des kanonischen Alters, wurde er auf dem arianischen Konzil zu Antiochien durch Eusebius von Nicomedien zum Bischof geweiht.

Doch wurde ihm gewiß nicht ein bereits konstituierter bischöflicher Sprengel zugewiesen, sondern er erhielt zunächst nur Vollmacht, die Gemeinde für einen solchen unter seinen Volksgenossen zu sammeln. Er wurde also gewissermaßen als arianischer Missionar für die Westgoten bestellt. Seine Wirksamkeit als solcher war ebenso eifrig wie erfolgreich. Die Macht einer bedeutenden Persönlichkeit, sittlicher Ernst und heilige Begeisterung sprachen aus seiner Predigt. Andächtig lauschten ihr die Goten und fielen in wachsender Zahl der von ihm verkündeten Lehre zu. Aber auch die Gegner wurden auf ihn aufmerksam. Man begreift es, daß die noch zum größten Teil im Heidentum verharrenden Westgoten die schlaffe Verweichlichung ihrer römischen Gegner angesichts der dogmatischen Kämpfe, die dort alle Interessen absorbierten, dem Christentum als solchem schuldgaben und daher besorgten, seine weitere Ausbreitung unter ihrem Volke könne dessen kriegerische Kraft und Tüchtigkeit beeinträchtigen. So sah sich Ulfilas mit seiner Gemeinde bald allerlei Verfolgungen ausgesetzt, namentlich durch den eifrig heidnischen Fürsten Athanarich, der vielleicht seine ehrgeizigen Pläne durch diese Entwickelung bedroht sah. Daher beschloß Ulfilas endlich das Land mit den Seinen zu verlassen und bat Kaiser Konstantius um Aufnahme in das römische Reich. Sie wurde gewährt: 348 überschritten die arianischen Westgoten des Ulfilas die Donau und siedelten sich auf den ihnen angewiesenen Ländereien bei Nicopolis in Mösien an.

Sie kamen dadurch in eine eigentümliche Stellung. Unterthanen des römischen Kaisers, regierten sie sich doch in ihren eigenen Angelegenheiten selbst nach altem Herkommen; aber ihr Fürst war zugleich ihr Bischof. Auch haben die Römer das Völkchen, das friedlich seiner Viehzucht lebte, zu schätzen gewußt und in seinem Glauben selbst zu den Zeiten nicht beunruhigt, wo das wachsende Ungestüm der siegreichen Orthodoxen die Arianer in allen anderen Teilen des Reichs unbarmherzig verfolgte. Ein volles Menschenalter hat Ulfilas so des Hirtenamts bei seinem Volke gewaltet. Denn selbst den Sturm, der mit dem Übertritt neuer westgotischer Scharen und deren Erhebung gegen die verräterischen Römer über jene Landschaften hereinbrach, hat die Ansiedelung bei Nicopolis glücklich überdauert. Hinterher aber wird durch die Stärkung, die das westgotische Element mit der Festsetzung der neuen Einwanderer durch Theodosius in dem Lande zwischen Donau und Balkan erfuhr, diese ältere Gotenkolonie als berufene Vermittlerin zwischen Römern und Goten vielleicht noch höhere Bedeutung gewonnen haben. Dafür spricht auch die Thatsache, daß Ulfilas zu Ende des Jahres 380 von Kaiser Theodosius nach Konstantinopel berufen wurde, um Streitigkeiten beilegen zu helfen, die unter den Arianern der Hauptstadt ausgebrochen waren. Dort soll er nach der gewöhnlichen Angabe erkrankt und im Januar 381 gestorben sein, während neuere Forschungen seinen Tod erst in das Jahr 383 ansetzen.

Hatte sich des Ulfilas bischöfliches Wirken auf einen kleinen, in die Fremde verschlagenen Teil der Westgoten beschränkt: durch seine litterarische Thätigkeit, vor allem durch seine Übersetzung der Bibel, ist er der Schöpfer eines höheren geistigen Lebens für die Gesamtheit derselben, ja für die Germanen überhaupt geworden. Indem er zuerst seine Muttersprache zur Schriftsprache erhob, wuchs er weit hinaus über die Bedeutung eines eifrigen arianischen Missionars. Er hat die Germanen überhaupt zu höherem geistigen Leben, zur Bethätigung und damit zum Bewußtsein der bisher in ihnen schlummernden Fülle von Fähigkeiten erweckt. Seiner Thätigkeit auf diesem Gebiete war ein gewisser nationalschöpferischer Zug eigen. Während die Germanen sonst, soweit sie sich der Schrift bedienten, zur Bezeichnung der Laute einfach das römische Alphabet angenommen hatten (S. 197), schuf er sich in einem eigenen Alphabet erst das Organ, um die volltönenden Laute seiner klangreichen Sprache für das Auge sichtbar festzuhalten. Er ging dabei aus von der griechischen Schrift, benutzte aber auch lateinische Buchstaben und einige Runenzeichen und stellte so sechsundzwanzig Schriftzeichen zusammen, mit denen er auch die dem Lateinischen und Griechischen fehlenden gotischen Laute bezeichnen konnte. Und mit diesem neugeschaffenen Organ unternahm er es, seinem Volke das Buch der Bücher zugänglich zu machen, um ihm eine sichere Grundlage für sein junges Christentum zu geben. Mit Ausschluß der Bücher der Könige, die er wegen ihres packenden kriegerischen Inhalts für gefährlich hielt, weil sie in seinen leichtentzündlichen Goten die alte waffenfrohe Kampfslust wieder entflammen könnten, hat er das Alte Testament nach der Septuaginta in das Gotische übersetzt — ein Meister in der Handhabung der noch nie zu schriftlichem Ausdruck gebrauchten gotischen Sprache, deren altertümlichen, feierlichen, etwas schwerfälligen Ernst er der Tiefe und Hoheit des vorzutragenden Gedankens wunderbar anzupassen verstand. Als eine besonders glückliche Fügung dürfen wir es preisen, daß von diesem gewaltigen Werke, das wie kein anderes in unserer gesamten Litteratur durchweg auf einem Akt genialer Sprachschöpfung beruht, wenigstens umfängliche Fragmente auf uns gekommen sind, genügend, um von dem Wesen der darin zum erstenmale in zusammenhängender Rede vernehmbaren Sprache und dem Geist seines Autors uns einen lebendigen Begriff zu geben. Wie hoch auch die folgenden Generationen es noch zu schätzen wußten, lehrt schon die unvergleichliche Kostbarkeit der Handschrift, durch die es uns übermittelt ist. Es ist das der silberne Codex (Codex argenteus), so genannt wegen des kostbaren silbernen Einbandes, auf dessen ursprünglich dreihundertunddreißig Blättern von purpurgefärbtem Pergament die Schrift kunstreich mit Gold und Silber aufgetragen ist. Hundertsiebenundsiebzig davon bilden den kostbaren Besitz der Universitätsbibliothek zu Upsala. Kleinere Stücke davon haben sich in Wolfenbüttel, Mailand und Turin gefunden. Außerdem hat Ulfilas eine beträchtliche Anzahl theologischer Abhandlungen verfaßt. Allgemein lehrhaften Charakters werden diese kaum gewesen sein, vielmehr möchte man vermuten, daß sie sich mit den dogmatischen Kontroversen beschäftigten, in deren immer erneuter Erörterung nicht bloß das theologische, sondern auch das kirchliche Leben jener Zeit sich erschöpfte. Vielleicht waren sie bestimmt, dem geistlichen Nachwuchs gotischen Stammes die feste Grundlage für sein arianisches Bekenntnis zu geben und so die Erhaltung des rechten Glaubens zu sichern. Jedenfalls aber war es für die Westgoten ein großes Glück, daß sie die neue Religion nicht durch das Medium einer fremden Sprache kennen lernten, sondern die dem germanischen Denken in vielen Stücken so fremde Heilslehre in einer Gestalt übermittelt erhielten, in der sie, des störenden fremden Gewandes entkleidet, durch die Wucht ihres Inhalts auf Herz und Geist der Neubekehrten wirken und sich ihres Fühlens und Denkens voll bemächtigen konnte: dadurch wurde die Entwickelung der Westgoten und der ihr Schicksal teilenden

Völker vor den Gefahren bewahrt, die anderen Germanen aus diesem Übergang erwachsen und nicht selten verhängnisvoll geworden sind.

Zunächst freilich steigerte die Annahme des Christentums die innerhalb der vielgeteilten Nation vorhandenen Gegensätze, wurde dadurch aber zugleich das eigentlich entscheidende Moment für die fernere Gestaltung der westgotischen Geschichte. Die Kämpfe, die unter den Westgoten entbrannten, führten immer größere Massen von ihnen über die Donau in das römische Gebiet. Dort wurden sie von stammverwandten Geistlichen, Schülern des Ulfilas, mit Hilfe von dessen Schriften bekehrt. Das Christentum nahm infolgedessen bei ihnen von Anfang an einen nationalen Zug an, zumal es sie als Arianer in einen Gegensatz zu den orthodoxen Römern stellte und dadurch vor der Gefahr der Entnationalisierung bewahrte, welche die starke Einwirkung der römischen Kultur so leicht zur Folge haben konnte. In gleicher Weise wurde für die ihnen verbundenen Völker, nicht bloß die stammverwandten Ostgoten, sondern auch die Vandalen, Burgunder und Langobarden die konfessionelle Verfeindung mit den Römern ein Rückhalt mehr für die Bewahrung ihrer nationalen Eigenart, welche die notwendige Voraussetzung war für die Gründung eigener Reiche. Wären sie schon damals der Orthodoxie des Athanasianismus zugeführt worden, würden sie vermutlich in das sie umgebende Römertum aufgegangen und kaum zu einer selbständigen politischen Rolle emporgewachsen sein. Denn die Bedeutung ihrer unfertigen und kaum recht existenzberechtigten Staaten beruhte nachmals wesentlich in diesem religiösen Moment, das die Germanen unbewußt auch zu Vorkämpfern der geistigen Freiheit werden ließ.

Im übrigen bieten die Beziehungen zwischen Westgoten und Römern dieselben Erscheinungen, wie sie das Verhältnis der letzteren zu den ihnen benachbarten Germanen auch sonst gewöhnlich kennzeichneten. Die wirksamste Grenzverteidigung bestand für die Römer immer in der Nährung der inneren Zwietracht, in der jene ihre beste Kraft zu vergeuden pflegten. Hier erhielt diese durch den verschärften Gegensatz zwischen Christen und Heiden neue Nahrung und verbitterte dadurch vollends die bereits vorhandenen persönlichen und politischen Feindschaften. Jener Westgotenfürst Athanarich (S. 207), vor dem einst Ulfilas mit seiner Gemeinde über die Donau entwichen war, blieb auch ferner ein eifriger Vorkämpfer des Heidentums. Die ehrgeizigen Pläne, mit denen er sich getragen zu haben scheint, fanden namentlich in Fritigern einen Widersacher. Als dieser schließlich ebenfalls entweichen mußte, ging er über die Donau, gewann durch Übertritt zum Christentum die Hilfe des arianerfreundlichen Kaisers Valens und kehrte, von den Römern unterstützt, in das Gotenland zurück.

So trieben die Westgoten eben einem Bürger- und Religionskrieg entgegen, als sie sich plötzlich durch einen überlegenen Feind von Osten her angegriffen und mit Unterjochung oder Vernichtung bedroht sahen. Aus den Steppen Asiens hervorbrechend, hatte das mongolische Reitervolk der Hunnen erst die am Abhang des Kaukasus sitzenden Alanen überrannt, das schon in den Fugen wankende Ostgotenreich des Ermanarich vollends zersprengt und einen Teil des Volks seinem Zuge gegen Westen zu folgen genötigt und flutete nun gegen die Ebene von Dniestr bis Donau und Theiß heran, über deren weite Räume die Westgoten als Hirtenvolk zerstreut saßen. Da vergaßen diese notgedrungen den inneren Hader und schlossen sich zu gemeinsamer Abwehr des furchtbaren Feindes fester als je bisher zusammen. Die Führung scheint in Athanarichs Hand gelegen zu haben. Aber sein Versuch, ihnen den Weg zu verlegen, vereitelten die auf ihren Rossen flüchtig einherjagenden Hunnen, indem sie ihn umgingen. Da warf sich Athanarich mit den Seinen in die Karpaten, wo er in einem starkbefestigten Lager des Angriffs der Feinde harrte. Diese aber wandten sich südwärts gegen die Donau. Von den dort sitzenden Westgoten unterwarfen sich die einen, die anderen brachen mit ihrer Habe auf, um sich durch die Flucht über die Donau dem drohenden Verhängnis zu entziehen. Den Kern der letzteren scheinen die christlichen Westgoten unter Fritigern gebildet zu haben. Immer neue Scharen von Flüchtigen folgten ihnen, und schließlich lagerte dichtgedrängt ein ganzes Volk mit zweihunderttausend streitbaren Männern an den Ufern des Stromes. Aber den Übergang und den Eintritt in das römische Reich zu erzwingen dachten dieselben bezeichnenderweise auch jetzt nicht. Vielmehr baten sie durch Gesandte Valens um die Erlaubnis zum Übertritt und die Anweisung von Land.

Noch niemals hatte eine so ungeheure Masse Einlaß heischend an der Grenze gestanden. Nach Stämmen und Geschlechtern geordnet, waren die Fliehenden mit ihren Priestern und Heiligtümern gekommen. Auf kleinen zweirädrigen Karren oder auf größeren vierrädrigen Wagen führten sie ihre Vorräte und ihre bewegliche Habe mit. Nachts wurden die Gefährte zu einer Wagenburg zusammengestellt. Den Bittenden ohne weiteres Aufnahme zu gewähren enthielt für die Römer unter allen Umständen eine ungeheure Gefahr. Dennoch beschloß Valens es zu thun, ging dazu aber ein förmliches Bündnis mit den Westgoten ein. Gegen Einräumung von Wohnsitzen und Gewährung von Unterhalt — denn es galt doch ihre wirtschaftliche Existenz in dem angewiesenen Lande erst allmählich von neuem zu begründen — verpflichteten sich dieselben zu der herkömmlichen Leistung des Kriegsdienstes und stellten eine Anzahl von Jünglingen edler Abkunft als Geiseln. Dann erfolgte, eilig und ungeordnet — denn vor den nachdrängenden Feinden strömten immer neue Scharen von Flüchtigen an der Donau zusammen: auch die Ostgoten waren bereits zum Teil im Anzuge begriffen — auf Flößen und Kähnen, der Übergang des wandernden Volks, das unter seinen Führern Fritigern und Alavius langsam nach Marcianopolis zog, um dort die Weisungen der Befehlshaber Lupicinus und Maximus abzuwarten, die von dem fernen Kaiser mit der Ausführung des Vertrages beauftragt waren.

Doch gestaltete sich die Situation bald für beide Teile bedenklich. Den Römern gelang es nicht völlig, den übrigen Germanen, die hinter den zugelassenen Westgoten her drängten, den Übergang in ihr Gebiet zu wehren. Namentlich ostgotische Haufen brachen gewaltsam ein und schlossen sich den Stammverwandten unter Fritigern an. Diese ihrerseits litten bald Mangel und klagten über vertragswidriges Ausbleiben der verheißenen Lebensmittel. Darüber gerieten sie mit den Bürgern und der Besatzung von Marcianopolis in Händel. Während einer solchen Rauferei nun waren die Führer der Westgoten als Gäste an der Tafel Lupicinus' versammelt. Auf die Kunde von dem Tumult ließ der Römer, halbberauscht, ihr draußenstehendes Gefolge zusammenhauen. Sofort erhoben die Goten den Kriegsruf und schickten sich an die Stadt zu bestürmen, um ihre Führer zu befreien. Angeblich um sie zu beschwichtigen, von Lupicinus entlassen, eilte Fritigern zu ihnen hinaus. Bald stand er, jubelnd begrüßt, an der Spitze seines Volks, das den schmählichen Vertragsbruch zu rächen, sich mit Raub und Brand über die Gegend ergoß und die überraschten römischen Bauern zusammenhieb. Schnell raffte Lupicinus seine Mannschaften zusammen und eilte ihnen nach, fand sie aber auf die Kunde von seiner Annäherung wieder vereinigt und bereits kampfbereit und wurde von ihnen so völlig geschlagen, daß er nach Verlust fast seines ganzen Heeres als Flüchtling nach der Stadt zurückkehrte.

Alsbald wuchs die germanische Erhebung zu furchtbarer Größe. Selbst Gotengemeinden, die seit längerer Zeit friedlich bei Adrianopel unter römischer Herrschaft lebten, griffen zu den Waffen und machten mit ihren erbitterten Volksgenossen gemeinsame Sache. Dorthin zog deshalb Fritigern. Aber zu dem gefürchteten Angriff auf Adrianopel kam es noch nicht. Die Goten schwärmten in zahlreichen Haufen verstreut weithin über das ganze Land. Bald war Thracien in ihrer Gewalt. Angelockt durch die Kunde von solchen Erfolgen und die Aussicht auf mühelose Gewinnung reicher Beute, strömten ihnen von der Donau her immer neue Scharen zu. Im Lande selbst aber erhoben sich für sie all die germanischen und überhaupt barbarischen Elemente, mit denen gerade diese Gegenden seit Menschenaltern so stark durchsetzt waren. Ja, der allgemeine Zusammenbruch, der unmittelbar bevorzustehen schien, führte ihnen sogar aus den Reihen der wirtschaftlich ruinierten Römer, die nichts mehr zu verlieren hatten, sondern in diesem Chaos höchstens gewinnen konnten, manchen verzweifelten Abenteurer als willkommenen Bundesgenossen zu. Dennoch wußte Fritigern, der thatsächlich zum Leiter all dieser Massen aufgestiegen war, dieselben so lange zusammenzuhalten, daß er sie im entscheidenden Augenblick den zur Abwehr rüstenden römischen Heeren als eine einheitliche und schlagfertige Streitmacht entgegenwerfen konnte. Das war eine neue Erscheinung bei den Germanen und wurde entscheidend für das Schicksal dieses Aufstandes. Doch muß dahingestellt bleiben, ob der Fortschritt, der sich darin offenbarte, auf die Persönlichkeit des Führers, seine Autorität und militärische Begabung zurückzuführen ist oder auf die Schule, welche viele Tausende von Goten im Dienst der Römer durchgemacht hatten.

Inzwischen rüstete Valens zu einem entscheidenden Schlag. Da er selbst noch durch den Perserkrieg im Osten festgehalten wurde, sandte er wenigstens die kampfgeübten armenischen Legionen über den Bosporus. Von seinem Mitkaiser Gratian geschickt, erschienen pannonische und rheinische Truppen. Bei ihrem Anmarsch gingen die Goten, indem sie Thracien verwüstet hinter sich ließen, über den Balkan zurück und hielten sich wachsam und kampfbereit in ihren kreisrunden Wagenburgen, während einzelne Abteilungen zur Verproviantierung die benachbarten Landschaften durchstreiften. Erst wenn diese keinen Unterhalt mehr gewährten, brachen sie ihr Lager ab, um es in einer anderen, noch nicht ausgeraubten Gegend wieder aufzuschlagen und dort das Treiben zu erneuern. Als nun aber die Legionen des Valens sich mit denen des Gratian an einem „bei den Weiden“ (ad salices) genannten Ort in der Dobrudscha vereinigt hatten, zog Fritigern die zerstreuten Scharen an sich, nahm den in der Ebene geordneten Römern gegenüber auf einer Hügelkette Stellung und stieg von da zum Angriff hinab. Aber obgleich seine

Hauptstücke des Goldfundes v[...]

Nach galvanoplastischen Nachbildu[...]

ſogen. Schatz des Athanarich.

. Kunstgewerbemuseum in Berlin.

Goten, wie im Bewußtsein der schicksalsschweren Entscheidung, die es galt, todesmutig anstürmten, gelang es ihnen doch nicht die festgefügten Reihen der Römer zu durchbrechen. So furchtbar sie ihre gewaltigen Wurfkeulen niedersausen ließen, das festgefügte Dach, zu dem die Legionen die Schilde über ihren Köpfen zusammengeschlossen hatten, hielt dennoch stand. Wohl schwankte der linke römische Flügel einen Augenblick. Durch die rechtzeitig herbeieilende Reserve wurde das Gefecht wiederhergestellt. Mit wilder Leidenschaft, Mann gegen Mann, rang man ohne Entscheidung. Erst der sinkende Tag und die Erschöpfung aller geboten endlich Halt. Beide Teile hatten so furchtbar gelitten, daß keiner die Erneuerung des Kampfes wagte. Während die Goten sieben Tage lang in ihrer Wagenburg blieben und dann die alten Raubfahrten aufnahmen, zogen die Römer nach Marcianopolis und begnügten sich damit, durch Sperrung der Balkanpässe den Goten den Weg nach Süden zu verlegen. Im übrigen rechneten sie auf die Bundesgenossenschaft des nahenden Winters, der den Goten im nördlichen Thracien leicht verderblich werden konnte. Doch traf diese Erwartung nicht zu. Durch Haufen von Alanen und Hunnen weiter verstärkt, machten die Goten das ganze Land zum Schauplatz einer greulichen Verwüstung. Im Osten zitterte Konstantinopel vor ihnen. Im Westen wurde ein Teil von Gratians Heer nach Illyrien zurückgescheucht. Die Balkanhalbinsel lag offen vor den barbarischen Raubscharen. Und nun setzten auf die Kunde von diesen Vorgängen die Alemannen über den Rhein, brachen in den Elsaß ein und bedrohten Gallien, so daß Gratian, statt gegen die Goten zu eilen, sich gegen sie wenden mußte. Doch hielt er sie mit Hilfe der Franken durch eine siegreiche Schlacht glücklich auf und zwang sie durch einen Streifzug in ihr Gebiet zu einem vorteilhaften Frieden. Nur wurde dieser Erfolg mehr als aufgewogen durch das Unheil, das die Verzögerung seiner Ankunft im Osten veranlaßte.

Auch in der furchtbaren Krisis, der das Reich damals entgegeneilte, spielten die leidigen konfessionellen Streitigkeiten eine verhängnisvolle Rolle. Als Freund der Arianer war Valens der von orthodoxem Eifer entflammten Menge längst verdächtig. Lief doch gar die thörichte Fabel um, er habe 375 den Westgoten den Donauübergang nur unter der Bedingung erlaubt, daß sie zum arianischen Christentum überträten. Es spiegelt sich darin wohl nur die Thatsache wieder, daß zum Kummer der Orthodoxen von den neu ins Land gekommenen Barbaren in der nächsten Zeit mehr dem Glauben zufielen, zu dem seit des Ulfilas Zeiten so viele ihrer Volksgenossen sich bekannten. Nun wurde nach seinem Alemannensiege Gratian im Gegensatz zu seinem Mitkaiser förmlich als Vorkämpfer des rechten Glaubens gefeiert. Im Hinblick auf die ungeheure Macht, die solche Vorstellungen über das ganz in dogmatische Zwistigkeiten verlorene Volk zu gewinnen drohten, mag Valens gefürchtet haben, wenn nun auch noch an der Bewältigung der Goten dem Gratian ein hervorragender Anteil beschieden wäre, vollends in den Schatten gestellt und vielleicht gar im Besitz der Herrschaft gefährdet zu werden. Deshalb machte er eilig Frieden mit den Persern und kehrte über den Bosporus zurück, um die Goten unschädlich zu machen, ehe Gratian herankommen konnte. Ein teilweiser Erfolg, den sein Heer über die herumschweifenden Barbaren gewann, bestärkte ihn gegen einsichtigen Rat in diesem Entschluß. Bald stand er Fritigern vier Meilen von Adrianopel bei Nika gegenüber. Die von ihm gewählte treffliche Stellung war gegen einen gotischen Angriff völlig gesichert. Je länger er in ihr blieb und die Entscheidung hinausschob, um so sicherer mußte diese schließlich zu seinen Gunsten ausfallen, denn um so übler wurde die Lage der Goten. Ihn deshalb von dort wegzulocken, trat Fritigern scheinbar den Rückzug an, als ob er nordwärts nach dem Schipkapasse gehen und über den Balkan entweichen wollte. Valens folgte ihm und gab ihm so unklugerweise Gelegenheit, den Lauf der Tundscha entlang in die Ebene von Jamboli zu ziehen und sich dort so zu stellen, daß er die Verbindung des kaiserlichen Heeres mit der Hauptstadt bedrohte. Diese zu sichern, blieb Valens, der ohnehin die Sache vor Gratians Ankunft beendet zu sehen wünschte, kein anderer Ausweg als die Schlacht. Aber als er nun von den Höhen herabstieg und sich dem gotischen Heere näherte, ließ Fritigern um Frieden bitten: gegen Anweisung von Land in Thracien wollte er sich mit seinem Volke ruhig halten. Das Erbieten wurde abgewiesen. Denn Valens sah darin — wohl nicht mit Unrecht — eine Kriegslist des schlauen Fritigern, der augenblicklich nur einen Teil seines Volkes — nach Angaben der römischen Kundschafter zehntausend Mann — bei einander hatte und daher Zeit gewinnen wollte, um namentlich die auf Plünderung ausgezogene Reiterei herankommen zu lassen. So wurde der Marsch gegen die gotische Stellung fortgesetzt. In der Mittagshitze des 9. August 378 bekam man die runde Wagenburg der Feinde zu Gesicht. Die Reiterei im ersten, das Fußvolk im zweiten Treffen, ordneten die Römer sich zur Schlacht. Aber so wild das Kriegsgeschrei der Goten herübertönte, auch jetzt noch dachte ihr Führer darauf, wie er den Entscheidungskampf, der, wenn er jetzt geliefert wurde, gegen ihn auszufallen drohte, hinauszögern könnte. Nochmals verlangte er zu unterhandeln, und Valens ging auch darauf ein, obgleich die Goten das trockene Gras und Buschwerk, das die Gegend bedeckte, angezündet hatten, so daß die Römer, die hungrig und durstig in der Gluthitze gewaffnet stehen mußten, durch die ihnen zuziehenden Wolken erstickenden Qualms unerträglich belästigt wurden. Als dann endlich Valens den Führer seiner Legionen, Richomer, dem Namen nach offenbar einen Barbaren, vermutlich einen Germanen, zu den Goten hinüberschickte, um während der Verhandlungen als Geisel zu dienen, da stürmten, vielleicht aus Mißverständnis, vielleicht ungeduldig und um ihrer unerträglichen Lage ein Ende zu machen, auch einige römische Abteilungen auf die Goten ein, wurden aber von diesen blutig abgewiesen. Erwünschteres hätte dem Fritigern nicht geschehen können. Der Bruch des Stillstandes fiel den Römern zur Last, und der von ihm unfraglich vorbereitete hinterlistige Streich erschien als eine berechtigte That der Notwehr. Denn was er durch sein Zögern erstrebt hatte, war inzwischen erreicht: seine erst noch abwesende Reiterei, Ostgoten und Alanen, war herangekommen, brach plötzlich aus den die Ebene umgebenden Bergen hervor und fiel über die bereits ermatteten und entmutigten Römer her. Zuerst wichen diese, wurden dann aber wieder zum Stehen gebracht. Ja, der linke Flügel ihrer Reiterei war bald im Vorteil und drang bis an die feindliche Wagenburg vor, mußte dann aber, ohne Unterstützung gelassen, wieder zurück. Und nun brach das gotische Fußvolk in dichten Massen über die Legionen herein. Bald sahen sich diese von der ungeheuren Menge so dicht umflutet, daß sie sich kaum rühren, ja nicht einmal ihre Waffen recht gebrauchen konnten. Dennoch leisteten sie heldenmütig Widerstand. Berge von Leichen türmten sich allmählich unter den Hieben der germanischen Keulen, Lanzen und Schwerter. In einem grauenvollen Blutbad schien das römische Heer trotz verzweifelter Tapferkeit bis auf den letzten Mann elend zu Grunde gehen zu sollen. Da wandten sich — die Sonne begann eben zu sinken — die Überlebenden endlich zur Flucht. Und nun war kein Halten mehr. In wirrem Durcheinander suchte jeder sich zu retten, kaum daß ein paar geschlossen gebliebene Kohorten das Nachdrängen der siegreichen Goten einigermaßen aufhielten.

Zu einer Katastrophe, die den Zusammenbruch des Reiches unmittelbar herbeizuführen drohte, hatte die Schlacht bei Adrianopel geführt, die Valens erst aus anderen als eigentlich militärischen Gründen übereilt gesucht und dann doch nicht rechtzeitig begonnen hatte. Und dabei war es nicht allein die furchtbare Niederlage, die das geängstigte Volk mit Zittern und Zagen erfüllte: auch in seinem kirchlichen Denken wurde es geängstigt durch die Kunde von dem Siege der arianischen Goten. Mit erneuter Heftigkeit prallten die konfessionellen Gegensätze in dieser Zeit der höchsten Bedrängnis aufeinander. Die Heiden sahen in dem Siege der Barbaren die Strafe, mit der ihre noch immer mächtigen Götter den Abfall zum Christengott rächten. Die Christen verkündeten ihn als die gerechte Strafe Gottes für das Beharren so vieler im Götzendienst. Vor allem aber wurden die Orthodoxen nicht müde, das Geschehene als Folge davon darzustellen, daß Valens die verhaßten Arianer begünstigt hatte. Ihn persönlich machten sie für das Unheil verantwortlich. Selbst die geschichtliche Überlieferung ist in diesem Sinne von ihnen beeinflußt und entstellt worden, wenn erzählt wurde, der Kaiser sei vom Schlachtfeld geflohen und unterwegs in einer Hütte verbrannt. Vielmehr hat er fechtend den Tod gefunden: seine Leiche aber ist spurlos verkommen.

Bedenklicher dagegen erscheint die Rolle, die der sonst so tüchtig bewährte Gratian damals spielte. Mit seinem Heere, dessen Ankunft nicht abgewartet zu haben der schwerste Vorwurf ist, der Valens trifft, war er bereits bis über den Schipkapaß herangekommen. Auf die Nachricht von dem bei Adrianopel Geschehenen kehrte er nach Sirmium zurück und erließ von dort aus — in einem solchen Moment ein höchst charakteristischer Akt! — ein Edikt, das die von Valens verbannten orthodoxen Priester in ihre Ämter zurückrief. Er ergriff damit eigentlich offen Partei gegen seinen arianerfreundlichen Mitkaiser und bestätigte seinerseits gewissermaßen die Anklagen, die der orthodoxe Eifer gegen diesen erhoben hatte. Scheint nicht auch ihm der Triumph des rechten Glaubens mehr am Herzen gelegen zu haben als das entsetzliche Elend, das die siegreichen Gotenscharen über das Reich brachten? Und wenn schließlich die Katastrophe nicht eintrat, die man im ersten Schrecken für unvermeidlich gehalten hatte, so war das nicht Gratians Verdienst, mag seine Unthätigkeit auch zum Teil veranlaßt sein durch das starre Entsetzen, mit dem der Ausgang seines Mitherrschers bei Adrianopel sein Heer gleichsam lähmte. Entscheidend wurde vielmehr, daß die Germanen in ihren alten Fehler zurückverfielen, wohl zu siegen verstanden, aber noch immer nicht gelernt hatten, den Sieg auszunutzen. An den festen Städten prallte ihre ungestüme Tapferkeit nach wie vor wirkungslos ab. Die Berennung Adrianopels, das sonst in ihre Hand gefallen wäre, gaben sie, durch ein losbrechendes Gewitter erschreckt, plötzlich auf, und als sie vor der Hauptstadt selbst erschienen, verzichteten sie auf den Angriff, der bei der ratlosen Entmutigung der zitternden Einwohner fast sicheren Erfolg verhieß, als sie die riesigen Befestigungen sahen, die zu bewältigen sie sich nicht getrauten. Um so furchtbarer trafen sie das offene Land, das westwärts bis gegen die Grenze Italiens hin und südwärts bis tief nach Hellas hinein ihnen schutzlos preisgegeben war, während die Kunde von dem Siege der gotischen Waffen und der reichen Beute, die dort zu holen war, immer neue Scharen zum Übergang über die Donau veranlaßte.

Auch lag in dieser ziel- und planlosen Art der gotischen Kriegführung die einzige Möglichkeit, die Völkerflut doch noch einmal zum Stehen zu bringen und das ihren Wogen erliegende Reich dem Untergange zu entreißen. Gratian hat darum insofern ein Verdienst, als er, persönliche Antipathien überwindend, den Mann zu finden wußte und neben sich stellte, der den andringenden Schwierigkeiten gewachsen war. Zu Anfang des Jahres 379 nahm er in Sirmium den in der Blüte der Jahre stehenden Theodosius zum Mitkaiser an, den Sohn jenes glänzend bewährten Spaniers Flavius Theodosius, der zur Zeit Valentinians die römische Herrschaft in Britannien und Afrika gerettet hatte, von ihm selbst aber im Beginn seiner Regierung aus Furcht vor seinem überlegenen Talent infolge höfischer Intrigen einem unverdienten Tode überantwortet worden war. Nach des Vaters Tod nach Spanien verbannt, dann aber zurückgerufen, hatte Theodosius eben an der Donau glücklich gegen die Sarmaten gefochten. Jetzt erhielt er als Kaiser des Ostens mit den Provinzen Macedonien und Griechenland die schwerste Aufgabe. Er hat sie glänzend gelöst — wie, ist im einzelnen nicht völlig ersichtlich. Doch scheint er das zuletzt von Konstantin und früher von Aurelian, Valentinian und Probus angewandte System befolgt zu haben, indem er die militärische Überlegenheit der Römer, die unter normalen Verhältnissen noch immer unbestritten war, mit ebenso viel Vorsicht wie unbarmherziger Konsequenz zur Geltung brachte. Er ließ den Barbaren nicht Ruhe noch Rast, bis er sie in einer langen Reihe von blutigen Einzelkämpfen niedergerungen und so ihre Kraft schließlich gebrochen hatte. Aber auch die bewährten Künste der römischen Diplomatie ließ er spielen, indem er diejenigen von den Germanen, die, des endlosen Krieges müde, Ruhe ersehnten oder geschwächt sich zum Gehorsam erboten oder den Lockungen der ihrer im Dienste Roms wartenden Vorteile und Genüsse erlagen, in alter Weise als Föderaten in Dienst nahm und in Thracien ansiedelte, während andere weiter westlich zogen und durch Gratian in Thessalien und Epirus Aufnahme fanden, die Ostgoten aber, die sich der Wanderung des Bruderstammes angeschlossen hatten, schließlich in Pannonien seßhaft wurden. Einzelne Teile des Gotenvolks wurden auch nach Kleinasien hinüber verschlagen.

Bildnis von Kaiser Theodosius d. Gr. auf einer seiner Münzen.

Umschrift: D(ominus) N(oster) THEODOSIVS P(ius) F(elix) AVG(ustus).
Gold. Originalgröße. Berlin, Königl. Münzkabinett.

Volle drei Jahre hat Theodosius gebraucht, um in das Chaos, das er vorgefunden, einigermaßen Ordnung zu bringen. Im Oktober 382 konnte er mit freudigem Stolze bekannt geben, das gesamte Volk der Goten habe Frieden und

Bündnis mit Rom geschlossen. Überblickt man aber die weitere Entwickelung der von ihm geschaffenen Ordnung, so wird man zugeben müssen, daß dieselbe von Anfang an recht bedenkliche Seiten aufwies. Seit Menschenaltern war in den Grenzprovinzen eine fortschreitende Germanisierung der Bevölkerung im Gange, die an der eben hereingebrochenen Heimsuchung zweifellos einen wesentlichen Anteil hatte. Jetzt erfolgte mit einem Schlage die Gotisierung der wichtigsten Provinzen

Relief am Postament des von Kaiser Theodosius I. in Konstantinopel aufgestellten Obelisken.

Der Obelisk, ein Granit-Monolith von etwa dreißig Meter Höhe und zwei Meter Breite an der Basis, ist aus Heliopolis in Ägypten, daselbst laut seiner Hieroglypheninschrift von Pharao Thutmes III. (1599—1560 v. Chr.) errichtet. Er wurde im Jahre 390 n. Chr. durch Proklos, den Präfekten des Orients, in der Spina des Hippodroms in Konstantinopel aufgestellt auf einem Postament von Marmor, an dem Reliefskulpturen in der bereits sehr tief gesunkenen Kunstweise der Zeit die Aufrichtung des Obelisken, Cirkusspiele und Scenen aus dem Hofleben mit dem Kaiser und seiner Familie darstellen.

im Süden der Donau, indem der Kaiser auf Kosten und zum Nachteil der planmäßig zurückgesetzten Römer den Westgoten eine bevorzugte, ja fast eine herrschende Stellung einräumte. Gegen die Verpflichtung zur Stellung von Truppen lebten sie in den neuen Wohnsitzen unter ihren eigenen Fürsten nach gotischem Rechte, durchbrachen also mit ihren Gemeinden vollkommen den Organismus der ordentlichen Reichsverwaltung. Sie blieben von Abgaben frei und wurden aus den Staatsmagazinen verpflegt. Es ist demnach eine übel angebrachte, schönrednerisch übertreibende Phrase, wenn ein zeitgenössischer Redner den Goten nachrühmt, sie hätten ihre Schwerter in Pflugscharen verwandelt. Wäre das wirklich der Fall gewesen, so hätten jene Lande der Balkanhalbinsel wirtschaftlich doch in einem anderen Zustande sein müssen als demjenigen, in dem sie uns in der Folge noch nach gelegentlichen Notizen geschildert werden. Die außerordentlichen Zugeständnisse,

Relief am Postament des von Kaiser Theodosius I. in Konstantinopel aufgestellten Obelisken.

die Theodosius diesen Barbaren machte, entsprangen aus der ihn durchdringenden Überzeugung, daß das Reich überhaupt nur mit ihrer Hilfe erhalten werden könne. Daher that er auch fernerhin alles, um sie bei guter Laune zu erhalten, vermied alles, was sie übel vermerken konnten, und wo es trotzdem einmal zum Konflikt kam, ergriff er in demonstrativer Weise ihre Partei und entschied zu ihren Gunsten. Dabei aber handelte es sich keineswegs etwa nur um ihre militärische Unentbehrlichkeit. Nachdem diese einmal anerkannt war, wurden diese Barbaren, wie das unter den obwaltenden Verhältnissen gar nicht anders sein konnte, bald überhaupt die Herren des Reiches. Auch am Hofe und in der Verwaltung bemächtigten sie sich der wichtigsten und einträglichsten Ämter, und das fand weiterhin sein Gegenstück darin, daß auch in vornehmen römischen Familien die Träger des Haushalts Goten waren. Es hätte fast scheinen können, als ob der gesamte Staat und die römische Gesellschaft mit allem, was sie hatte und konnte, nur noch dazu da wäre, diese Urheber einer durch Jahre fortgesetzten greulichen Verwüstung auf Kosten der Gesamtheit zu unterhalten und ihre Häuptlinge glänzend zu versorgen. Vollends entwürdigend aber mußte dieser Zustand den Römern erscheinen, weil die große Masse der Goten Arianer waren, sie, die Orthodoxen, also sich der Ausbeutung durch die Ketzer preisgegeben sahen.

War es da zu verwundern, daß in den zurückgesetzten und mißhandelten Römern allmählich ein unversöhnlicher Haß gegen die ketzerischen Barbaren sich einnistete, unter dessen unausgesetzter stachelnder Einwirkung selbst dieses entnervte Volkstum sich gleichsam wiederfand und noch einmal zu nationalem Bewußtsein und damit zu nationaler Einheit erhob? Zu allen Zeiten ist die Fremdherrschaft das Läuterungsfeuer gewesen, durch das ersterbende Nationen wiedergeboren wurden. Auch an den Bewohnern der westlichen Provinzen des oströmischen Reiches hat sich das damals bewährt. Unter dem erbitternden Druck der ihnen von Theodosius auferlegten Gotenherrschaft ist das Oströmer- oder Byzantinertum zuerst entstanden und zu einem lebensfähigen Element in der nationalstaatlichen Entwickelung der Zukunft geworden. Daher hat dieser östliche Teil des Reiches die Schrecken der Völkerwanderung überdauert und auch fernerhin die Kraft besessen, sich der Feinde, die von allen Seiten auf ihn eindrangen, noch länger als ein Jahrtausend zu erwehren. Dazu hat sich das Römertum des Westens nicht fähig erwiesen: allein in Italien selbst hat es — reichlich zwei Jahrhunderte später — in dem Verzweiflungskampf gegen die drohende Herrschaft der ketzerischen Langobarden einen ähnlichen Prozeß der inneren Verjüngung und damit der äußeren Neukonstituierung durchgemacht. Von diesem Standpunkte aus erhält auch die Teilung des Reiches, wie Theodosius sie am Ausgange seiner Regierung anordnete, noch eine andere und tiefere Bedeutung als die einer Maßregel, die bloß auf Erleichterung der Verwaltung und Sicherung gegen auswärtige Feinde berechnet gewesen wäre. Vielmehr scheint sie aus dem — vielleicht sozusagen nur instinktiven — Gefühl entsprungen zu sein, daß unter den Stürmen der letzten Jahrzehnte die Gemeinschaft zwischen Ost und West noch mehr gelockert und daß infolgedessen beider Reichshälften Rettung erschwert und ihr künftiges Gedeihen gehindert sein würde, wenn sie trotzdem auch fernerhin aneinander gekettet blieben. Hing doch die Zukunft des Reiches wesentlich davon ab, welcher von beiden Hälften es gelingen würde, sich des anstürmenden Germanentums dauernd zu entledigen, indem sie die Wogen desselben teils durch Waffengewalt, teils durch diplomatische Künste von ihren Grenzen ablenkte und mit ganzer Wucht auf die andere fluten ließ, und ob infolgedessen von den beiden Richtungen, die in dieser Völkerbewegung bisher miteinander stritten, die gegen Südwesten oder die gegen Südosten schließlich obsiegen, ob in Italien oder in Griechenland die letzte Entscheidung zwischen Römern und Germanen fallen würde.

Eine ähnliche Stellung wie im Osten die Goten, hatten im Westen schon früher die Alemannen und neuerdings namentlich die Franken gewonnen. Diesen entstammte Merobaudes, der am Hofe und im Heere Gratians gebot. Als das Römertum sich endlich aufraffte und der Übermacht und dem Übermut der Barbaren, die es notgedrungen so lange getragen hatte, entgegenzutreten versuchte, kam es auch dort zu einem ernsten Konflikt. Das geschah, als die Legionen Britanniens den Magnus Maximus als Kaiser aufstellten. In ihm versuchte das Römertum sich der leitenden Stellung wieder zu bemächtigen. Gallien und die germanischen Provinzen fielen ihm zu, und nach des Gratian Ermordung (August 383) und des Merobaudes Selbstmord gebot Maximus von Trier aus über Gallien, Spanien und Britannien und wurde selbst von Theodosius anerkannt. Freilich verdankte auch er diese Stellung den von ihm gewonnenen germanischen Föderaten. Als er dann aber 387 Gratians jüngeren Bruder Valentinian II., der zum Kaiser Italiens und Afrikas gemacht war, bedrohte und zur Flucht nach dem Osten nötigte, wurde er 388 bewältigt. Das aber war ein neuer Sieg des Germanentums, eine neue, für den Westen die endgültige Niederlage des noch einmal aufgestandenen Römertums. Denn wie es sich in diesem Kriege nicht um die persönliche oder politische Gegnerschaft der beiden Imperatoren handelte, sondern vielmehr der nationale Gegensatz in ihren Heeren zum Ausdruck kam, das beweist auch die charakteristische Thatsache, daß die Franken, seit Menschenaltern bewährte Bundesgenossen des Westreiches, gerade in dieser Krisis in die alte Feindschaft zurückfielen. In drei Heerhaufen brachen sie damals in Gallien ein. Während der eine am Kohlenwald aufgehalten und geschlagen wurde, hausten die beiden anderen längere Zeit übel in Gallien und konnten erst nach des Maximus Niederlage unschädlich gemacht werden. Als ein Sieg des Germanentums wird des Maximus schließlicher Ausgang auch dadurch gekennzeichnet, daß im Westen die Zügel der Reichsregierung nun ganz offen in die Hände eines seiner rücksichtslosesten Vertreter gelegt wurden, des Franken Arbogast. Im Namen des wiederhergestellten Valentinian II. führte dieser die gesamte Regierung und brachte dabei natürlich ebenfalls geflissentlich seine Stammgenossen in die wichtigsten Heer- und Staatsämter. Obenein scheint er nicht einmal Christ gewesen zu sein: denn am eifrigsten hingen ihm, so wird berichtet, die Heiden an. So wurden auch hier die vorhandenen politischen und nationalen Gegensätze durch die hinzukommenden religiösen verschärft. Als daher Valentinian II. endlich den Versuch machte, sich der unwürdigen Knechtschaft zu entziehen, und den Allgewaltigen entlassen wollte, um die Reichsregierung wieder in römische Hände zu legen, da weigerte ihm Arbogast in herausforderndem Trotz den Gehorsam: nicht lange danach war der junge Kaiser getötet — angeblich als Selbstmörder endend.

Wo der Thäter zu suchen, war nicht zweifelhaft. Nur wagte niemand ihn offen zu bezeichnen oder gar Hand an ihn zu legen. Dennoch hielt Arbogast es für geboten, wenigstens den Schein der Römerherrschaft zu wahren: er ließ den Rhetor Eugenius auf den Thron setzen, von dem Selbständigkeitsgelüste, wie sie Valentinian II. angewandelt hatten, nicht zu befürchten waren. Aber Theodosius versagte seine Zustimmung. So traten Ost und West gegeneinander in Waffen. Beider Kraft aber beruhte vorzugsweise auf den germanischen Föderaten. Denn im Winter 392—393 hatten Eugenius und Arbogast durch einen Zug über den Rhein Franken und Alemannen zu verstärkter Truppenstellung gezwungen, während

Theodosius neben dem gotischen Kern seines Heeres namentlich Alanen, dann aber auch Hunnen heranführte. Die Goten befehligte der Balte Alarich. Seit seiner Erhebung an die Spitze der Westgoten hatten diese endlich die so lange vermißte Einheit gewonnen. Ein Teil von ihnen nämlich, unter dem Heiden Fravita, der einer Römerin vermählt war, hielt es mit den Orthodoxen und wollte das durch Theodosius geschaffene Verhältnis zwischen Römern und Goten aufrecht erhalten sehen. Ein anderer, unter Eriulf, meinte mit Hilfe der gärenden Unzufriedenheit der römischen Arianer die Gewalt im Reiche vielleicht vollends an sich bringen zu können. Da waren die beiden Gegner an des Kaisers Tafel aneinander geraten, hatten draußen zu den Waffen gegriffen, und Eriulf war von Fravita getötet worden. Aber nicht dieser, sondern Alarich war zum Führer des Volkes erhoben worden, das, angesichts der kritischen Lage, in welche die beginnende Reaktion des Römertums es zu bringen drohte, die Notwendigkeit der Herstellung der allzu lange gestörten Einigkeit erkannte.

In der Nähe von Aquileja, am Frigidus, stießen die Heere zusammen. Eine furchtbare Schlacht entbrannte dort am 5. September 394. Das Ungestüm der von Arbogast geführten fränkischen Scharen fesselte den Sieg an des Eugenius Fahnen. Auf des Theodosius Seite soll von den Goten die Hälfte auf dem Platze geblieben sein. So schien der nächste Tag des Theodosius Niederlage vollenden zu müssen. Aber der Verrat einer Föderatenabteilung und die Behinderung seines Heeres durch den ihm entgegenwehenden Wind entschieden gegen Eugenius. Gefangen, endete er unter dem Beile des Henkers. Arbogast entkam zunächst: nach zwei Tagen ziellosen Umherirrens umstellt, gab er sich selbst den Tod. Natürlich sahen die Orthodoxen in diesem Ausgang des Kampfes wiederum ein Gottesgericht zu gunsten des Verteidigers des rechten Glaubens und meinten, ihn einem unmittelbaren göttlichen Eingreifen zuschreiben zu müssen.

So war wenigstens äußerlich die Einheit des Reiches wiederhergestellt. Innerlich aber hatte eine solche zu existieren längst aufgehört. Nur notdürftig ließ sie sich ersetzen, wenn es gelang, die vorhandenen nationalen, politischen und religiösen Gegensätze wenigstens so weit zu versöhnen, daß ihre Vertreter, unbeirrt durch ihre Sonderinteressen, ihre Kräfte gemeinsam in den Dienst des hart bedrängten Ganzen stellten. Nur die konsequente Weiterbildung des internationalen und interkonfessionellen Charakters, der dem Reiche nach dem Gange seiner Entwickelung nun einmal eigen war, konnte demselben längeren Bestand verheißen. Von einem solchen Gedanken möchte man Theodosius erfüllt glauben, wenn man den Kreis der Männer betrachtet, die ihm gegen Ende seiner Regierung vornehmlich als Gehilfen und Berater zur Seite standen. Römer und Barbaren, Orthodoxe und Arianer, Germanen und Gallier finden wir um ihn vereinigt, als ob er planmäßig darauf ausgegangen wäre, die von ihnen vertretenen verschiedenen Kulturen und Richtungen miteinander zu versöhnen und durch ihre Verschmelzung dem wankenden Reiche Halt zu geben, dessen religiöse Einheit er als unversöhnlicher Gegner der Arianer dabei fest im Auge behielt. Doch ist bezeichnenderweise eine entscheidende Einwirkung auf die ferneren Schicksale des Reiches in diesem Kreise nicht von den Römern ausgegangen, sondern von den Barbaren, dem Gallier Rufinus, dem Franken Richomer und dem Vandalen Stilicho.

Nur wenige Monate hat Theodosius den Sieg bei Aquileja überlebt. An der Wassersucht erkrankt, ging er in Mailand schnell seinem Ende entgegen, sorgsam sein Haus bestellend und gewissenhaft bemüht, mit dessen Gedeihen auch des Reiches Wohlfahrt für die Zukunft zu sichern. Es war nichts Neues, sondern nur ein Zurückgreifen auf eine wiederholt getroffene und bewährte Einrichtung, wenn er die beiden auseinander strebenden Reichshälften durch eine Teilung, die jeder von ihnen die zur Wahrung ihrer besonderen Interessen nötige Freiheit der Bewegung gewährte, noch mehr voneinander löste, gleichzeitig aber auf dem Gebiete,

Schild des Theodosius.

Kaiser Theodosius inmitten seiner Söhne Honorius und Arkadius thronend; darunter die ruhende Gestalt der Abundantia. Flachrelief. Durchmesser 76 Centimeter. Silber. Madrid.

wo ihre Interessen dieselben waren und voraussichtlich noch lange dieselben bleiben mußten, ihre Einheit erneute und festigte. In dieser Absicht bestimmte er auf seinem letzten Krankenlager, daß von seinen beiden Söhnen der ältere, Arkadius, im Osten, der jüngere, Honorius, im Westen folgen sollte. Bei ihrer Jugend waren beide zunächst selbst zu regieren noch nicht fähig: deshalb befahl er sie der väterlichen Obhut des bewährtesten Mannes seiner Umgebung, des alle Zeit als selbstlos und treu bewährten Stilicho. Aber noch in anderer Weise wurde dieser der Träger der Reichseinheit, die der Idee nach aufrecht erhalten bleiben sollte: ihm übertrug Theodosius den Oberbefehl über das Reichsheer, das beiden Reichshälften gemeinsam verblieb. Die Maßregel war groß gedacht und trug den verwickelten Verhältnissen nach allen Seiten hin geschickt Rechnung. Aber zu ihrer Durchführung hätten lauter Männer von der edlen Art des Stilicho gehört. Daran fehlte es jedoch jenem Geschlecht nur allzusehr, und so ist die Erbfolgeordnung des Theodosius statt eine Quelle des Segens für das Reich und das Kaisertum vielmehr für beide eine solche namenlosen Unheils geworden und hat mittelbar den letzten Anstoß gegeben zum Zusammenbruch des Westreiches. Denn die Gegensätze, die er zu versöhnen oder wenigstens zu beschwichtigen gestrebt hatte, kamen nun erst recht zur Geltung und wirkten um so zerstörender, als sie in den Dienst kleiner persönlicher Leidenschaften gestellt wurden. Es lag doch ein eigenes Verhängnis darin, daß Römer und romanisierte Barbaren alsbald wetteifernd auf den Sturz des Mannes hinarbeiteten, der, obgleich ein Barbar, doch nach Gesinnung und Befähigung allein berufen erschien das Reich zu retten.

Nachdem Theodosius am 17. Januar 395 zu Mailand gestorben war, hat das unter zwei unmündige Imperatoren verteilte Reich für länger als ein Jahrzehnt in dem Befehlshaber des eigentlich beiden Hälften gemeinsamen Heeres seinen Mittelpunkt gehabt. Als Sohn eines Vandalen, der unter Valens eine Reiterabteilung befehligte, etwa 365 geboren, war Stilicho damals gerade in der Vollkraft des männlichen Alters. Aber nur der Abkunft nach war er Germane, und seine Gegner thaten ihm Unrecht, wenn sie ihn als Halbbarbaren (semibarbarus) verhöhnten. Denn nicht bloß äußerlich, in Sprache, Sitte und Lebensweise, sondern seinem gesamten Denken und Fühlen nach war er Römer, und auch die Politik, die er unter sich immer höher türmenden Schwierigkeiten zum Heil des Reiches glücklich durchführte, um, mit unerhörtem Undank gelohnt, schließlich doch mit ihr zu scheitern und für sie zu Grunde zu gehen, war nach Motiven und Zielen durch und durch römisch. Das erklärt wohl auch des Theodosius Vorliebe für den Mann, dessen ungewöhnliche Begabung er schon früh erkannt zu haben scheint, den er auch weiterhin als Militär und Diplomaten gleich bewährt gefunden, deshalb eng an sich gezogen, seiner Adoptivtochter Serena vermählt und schon 392 als Magister militum, als Oberstkommandierenden der Reichsarmee, unmittelbar neben sich gestellt hatte. Stilicho verkörperte gleichsam das römisch gewordene Germanentum und gab ein ideales Vorbild dessen, was der Kaiser als Vermittler zwischen Römern und Germanen für das Reich im ganzen erstrebte. Andererseits aber lag in der Stellung, die Stilicho den beiden unmündigen Kaisern gegenüber eingeräumt war, doch schon insofern eine große Gefahr, als sie den Neid und das Gegenstreben aller derjenigen hohen Beamten und Militärs herausforderte, welche, ohne die Tugenden, die Talente und die Verdienste Stilichos, sich doch für berufen hielten, es ebensoweit zu bringen und ihm sein Glück nicht gönnten. Zudem barg sie die Keime ernster Verwickelungen für die Zukunft. Solange sie selbst zu regieren durch ihre Jugend behindert wurden, ließen auch Arkadius und Honorius sich einen so übermächtigen Berater wohl gefallen. Aber mit jedem Jahre vorwärts mußten sie in ihm immer mehr einen lästigen Vormund sehen und sich durch ihn um so mehr in den Schatten gestellt und in ihren Herrscherrechten beeinträchtigt fühlen, je unleugbarer sein Verdienst um das Reich war und je mehr sie angesichts der drohenden Lage ihn eigentlich als unentbehrlich und unersetzlich erkannten. Und wie leicht haben sich alle Zeit persönliche Feindschaften der Art hinter angeblichen Interessen des Reiches und des Herrscherhauses verborgen!

Aber noch andere als bloß persönliche Feindschaften hatte Stilicho von Anfang an gegen sich, nicht zuletzt religiöse. War es doch durchaus nicht im Sinn der unduldsamen Orthodoxen, daß er zwar an dem Christentum athanasianischen Bekenntnisses als der Staatsreligion festhielt, aber es im übrigen jedem überließ, wie er darüber denken und es in seinem Hause damit halten wollte, und deshalb mit dem System strenger Aufsicht und harter Verfolgung brach, an dem Theodosius — immer mit Ausschluß der mit einem besonderen Maße gemessenen Goten — bis zuletzt unbarmherzig festgehalten hatte. Dem barbarischen — und ketzerischen — Element aber, das in dem Reiche so unheimliche Macht gewonnen hatte, war er viel zu sehr Römer, als daß es ihn seinerseits nicht erst recht mit dem äußersten Mißtrauen betrachtet hätte. Man verdachte ihm von dieser Seite seine Vorliebe für die ewige Stadt, die ihn begeistert als ihren Wohlthäter feierte, namentlich seit er sie wiederholt vor den drohenden Schrecknissen der Barbareninvasion gerettet hatte. Um so mehr sahen von den Römern des östlichen Reichsteiles viele in ihm immer nur den Barbaren, den Vertreter der Macht, der lange Jahre schutzlos preisgegeben gewesen und nun untergeordnet zu sein sie nicht verwinden konnten. Einen zuverlässigen Rückhalt hatte Stilicho daher von Anfang an eigentlich nur in dem Heere, das an ihm hing und durch die mühseligen, aber erfolgreichen Kämpfe der nächsten Jahre vollends in dankbarer Verehrung an ihn gefesselt wurde. Aber auch in seinen Reihen begann bald ein Zersetzungsprozeß, veranlaßt durch eine eigenartige Weiterentwickelung des auch bei ihm eingebürgerten germanischen Gefolgschaftswesens. Es wurde nämlich Mode, daß fast jeder höhere Offizier sich mit einer Privatleibwache umgab: ihre Glieder hießen entweder bucellarii (ein Spitzname, von bucella, eigentlich Bissen, dann feines Weizenbrot, im Gegensatz zu dem den anderen Soldaten allein gereichten Kommißbrot) oder treffender comites, die Gefolgsleute. Damit begann gewissermaßen eine Auflösung des Heeres in lauter Cliquen. Dadurch wurde dasselbe in einzelnen seiner Teile dem Einfluß Stilichos um so mehr entzogen, als dieser selbst in seiner makellosen Ehrlichkeit Bedenken getragen zu haben scheint, seine eigene Stellung mit ähnlichen illegalen Mitteln zu befestigen und im Notfall gewaltsam zu verteidigen.

Unter diesen Umständen war die neue Ordnung, welche die Reichsteilung des Theodosius ins Leben rief, gleich im Moment ihrer Begründung ernstlich gefährdet. Die Sorge für das Ostreich hatte Theodosius, als er zur Bekämpfung des Eugenius aufbrach (S. 220), dem Gallier Rufinus befohlen, einem stattlichen und schönen, aber auch ehrgeizigen und verschlagenen Mann, den sein Vertrauen zu den höchsten Ehren erhoben hatte. Jetzt suchte derselbe die Stellung neben und über Arkadius zu behaupten, und Stilicho, der in selbstloser Ehrlichkeit auch den Schein des Unrechts zu meiden bemüht war, bot selbst die Hand dazu, indem er Heer und Schatz unter die beiden Reiche teilte und sich damit freiwillig der einheitlichen Gewalt entäußerte, die Theodosius sterbend ihm überantwortet hatte. Damit räumte er im Osten vor dem mißtrauischen Arkadius und seinem intriganten Berater thatsächlich das Feld und ließ allen ihm feindlichen Mächten ungehindert Spielraum. Das war ein verhängnisvoller Fehler und steigerte alsbald die Schwierigkeiten, welche sich der weiteren Entwickelung des von Theodosius so eigenartig geordneten Verhältnisses zu den Germanen entgegenstellten. Denn während Stilicho diese auf dem bisher verfolgten Weg weiterführen wollte und dafür schon durch seine Herkunft und Stellung den zu so bedenklicher Macht emporgestiegenen Fremdlingen persönlich eine Bürgschaft bot, die ihr Vertrauen erhalten und das friedliche Einvernehmen mit den Römern sichern konnte, scheinen Rufinus und Arkadius vielmehr von dem römischen Haß gegen die Eindringlinge erfüllt gewesen zu sein und von Anfang an getrachtet zu haben, die denselben gewährten lästigen Zugeständnisse wieder rückgängig zu machen. Bald lagen sie mit den Westgoten in offenem Streit. Deren Haupt, der Balte Alarich, der sich in dem Kampfe gegen Eugenius (S. 220) ausgezeichnet hatte, blieb ohne die erwartete und geforderte Belohnung durch Übertragung eines höheren Kommandos. Die ihnen vertragsmäßig zustehenden Jahrgelder wurden den Goten nicht gezahlt. Die Folge war alsbald eine neue Erhebung, die in Alarich einen Führer erhielt, wie Germanen ihn noch nicht unter sich hatten erstehen sehen.

Denn Alarich war nicht bloß ein tapferer Soldat und umsichtiger Feldherr, sondern ein Staatsmann von weitumfassendem Blick, kühn in seinen Entwürfen und besonnen und maßvoll in der Ausführung, je nach den Erfordernissen der Lage energisch beharrend oder diplomatisch schmiegsam. Vor allem aber war er getragen von einem gewissen idealen Schwung, der dem begeisterten Glauben an den Beruf seines Volkes zu einer großen Zukunft entsprang. Er hielt, so scheint es, seine Goten bei der Fülle ihrer Talente und Kräfte für zu gut, um im Dienste der ihnen doch unversöhnlich verfeindeten Römer als Föderaten verbraucht und dann bei der ersten Gelegenheit mit Undank gelohnt und beiseite geschoben zu werden. Indem er das Verhältnis, in dem nach dem Vorbild so vieler Germanen sein Volk bisher gestanden hatte, als unwürdig und unhaltbar verwarf, erneute er die alte Forderung nach Überlassung eines eigenen Landes und war entschlossen, diese als die unerläßliche Bedingung für die Schaffung einer dauernden Ordnung unter allen Umständen und mit allen Mitteln durchzusetzen.

Siegelring König Alarichs.

Von den Vorgängen im einzelnen haben wir nur ungenaue Kenntnis. Wir wissen nicht, ob Alarich, als er mit den von Stilicho dem Ostreich zugeteilten Truppen nach Konstantinopel kam und den geforderten höheren Rang sich verweigert sah, der Führer nur der im Krieg gegen Eugenius verwandten westgotischen Föderaten oder bereits das anerkannte Haupt seines Volkes, dessen König, gewesen ist. Jedenfalls wurde er dann gleich mit dem Beginn der durch ihn veranlaßten Empörung zu dieser Würde erhoben. Denn sofort schlossen sich alle die weithin zerstreuten Stammesgenossen seinem Heere an, und nicht bloß die Nachkommen der längst im Süden der Donau angesiedelten Westgoten, sondern auch die dort sitzenden oder schweifenden Bruchstücke anderer germanischer Stämme folgten ihrem Beispiel. Das aber war gleichbedeutend mit der Auflösung des oströmischen Heeres. Denn in jenen Provinzen beruhte dieses fast ausschließlich auf den Föderaten. So lag die Balkanhalbinsel wiederum offen vor den Germanen. Ungehindert zogen sie auf Konstantinopel. Doch kam es nicht zum Angriff. Rufinus, der seine Macht bereits bedroht sah, scheint der Hauptstadt Schonung erkauft zu haben. So wandten sich die Goten, ihren Weg durch Raub und Verwüstung bezeichnend, nach Thracien und Macedonien und von dort weiter nach Thessalien. Dann zogen sie weiter südwärts. Schwer traf Griechenland mit den Resten seiner herrlichen Kultur die Hand der zerstörungslustigen Barbaren. Theben zu bewältigen gelang ihnen nicht. Athen wandte durch Kapitulation Schlimmeres ab.

Die Meldung von diesen Vorgängen traf Stilicho am Rhein, wo er einem neuen Angriff der Germanen zu begegnen und namentlich die Franken zur Ruhe zu nötigen gehabt hatte. In voller Erkenntnis der im Osten drohenden Gefahr eilte er heim und erschien noch im Frühjahr 395 mit dem Hauptheere in Griechenland. Er drängte Alarich nach Thessalien zurück und rüstete bereits zur Entscheidungsschlacht. Da erreichte ihn in Thessalonichi auf Antrieb des Rufinus, der des jungen Kaisers Eifersucht auf seine Selbständigkeit zu erregen gewußt hatte, des Arkadius Befehl zu sofortigem Abzug. Nur die dem Ostreich gehörigen Truppen sollten nach der Hauptstadt kommen. Stilicho gehorchte. In wie weit nun aber das, was demnächst überraschenderweise folgte, auf ihn als Urheber zurückzuführen oder ohne Zuthun von seiner Seite geschehen ist, bleibt wiederum unklar. Die nach Konstantinopel ziehende Heeresabteilung bestand aus gotischen Föderaten unter Gainas. Als sie sich der Hauptstadt näherten, kamen Arkadius und Rufinus ihr entgegen, um eine Heerschau über sie zu halten. Dabei umstellten die Goten beide mit ihrem Gefolge unvermerkt und hieben dann Rufinus plötzlich an der Seite des entsetzten Kaisers nieder (27. November 395): er sollte sich des Verrates schuldig gemacht haben. Einen solchen könnten die Goten dann nur in der thatsächlich erfolgten Änderung der Stellung gefunden haben, welche die mit Theodosius geschlossenen Verträge ihnen eingeräumt hatten. Für Stilicho aber wurde durch die Blutthat jedenfalls insofern nichts gebessert, als des Rufinus Nachfolger, ein Römer Eutropius, ihm in gleicher Feindschaft gegenüber stand und den Goten ebensowenig Einhalt zu thun vermochte. Ungehindert zog Alarich wieder südwärts und suchte Griechenland zum zweitenmal furchtbar heim. Schließlich lagerte er mit seinem Volksheer im Herzen des Peloponnes, in dem arkadischen Berglande an der Quelle des Alpheios.

Inzwischen hatten sich nun aber auch die in Kleinasien angesiedelten Goten empört. Dorthin hatte Arkadius den Gainas geschickt, der in rücksichtslosem Emporstreben die einst von Rufinus eingenommene Stellung zu gewinnen trachtete. Arkadius hatte also kein Heer, das Alarich hätte in Schach halten können, und so blieb ihm schließlich die Demütigung nicht erspart, die erst abgewiesene Hilfe Stilichos nun seinerseits erbitten zu müssen. Eine glänzendere Genugthuung hätte diesem nicht gewährt, schlagender die Richtigkeit seiner politischen Haltung und seiner militärischen Maßnahmen nicht erwiesen werden können: schnell durch Schaden klug geworden, kehrte das Ostreich freiwillig in die Stellung zurück, die ihm Theodosius angewiesen hatte. Sofort eilte Stilicho nun nach Griechenland hinüber, landete in Elis und hatte die Goten bald so völlig umstellt, daß ein Entkommen unmöglich war und sie nur noch die Wahl zu haben schienen, in einem aussichtslosen Verzweiflungskampf unterzugehen oder sich kriegsgefangen zu geben. Da trat eine überraschende Wendung ein, deren Anlässe für uns leider wieder völlig im Dunkel liegen. Die undurchbrechbare Stellung, mit der Stilicho die Goten eisern umschlossen hielt, löste sich, und Alarich zog ungehindert ab. Hatte sich der Reichsfeldherr im geheimen mit ihm verständigt? Hatte er durch irgend eine Unachtsamkeit seinerseits und deren schnelle Benutzung durch Alarich sich den sicheren Sieg wieder entschlüpfen lassen? Dachte er sich der Westgoten zu bedienen, um das Ostreich durch Gewährenlassen seiner gefahrlichsten Feinde in eine solche Bedrängnis zu bringen, daß es sich bedingungslos in seine Arme werfen und die von Theodosius gewollte Ordnung herstellen und erhalten mußte? Auf alle diese Fragen bleiben wir ohne Antwort, wie bereits die Zeitgenossen sehen mußten, daß diese rätselhaften Vorgänge von den feindlichen Staatsmännern und ihrem Anhange zu den ärgsten gegenseitigen Verdächtigungen benutzt wurden.

Klar und konsequent dagegen bleibt des Alarich Politik. Auf das geschickteste weiß er die Rivalität der beiden Reiche und ihrer Regenten auszunutzen, um, wechselweise das eine gegen das andere ausspielend, zwischen ihnen emporzukommen und sich mit ihrer Hilfe und zugleich doch auf ihre Kosten dem von ihm fest im Auge gehaltenen Ziele zu nähern, der Gewinnung eines Landes, um darin eine von Rom so gut wie von Konstantinopel thatsächlich unabhängige Stellung einzunehmen. Und Arkadius kam ihm in seiner Verblendung dabei auf halbem Wege entgegen. Entweder um der ihm durch die Verhältnisse wieder aufgezwungenen Hilfe Stilichos, den er nun erst recht haßte und beargwöhnte, dauernd entraten zu können oder vielleicht auch um die Anträge zu überbieten, welche dieser den Goten gemacht haben konnte, bewilligte er ihm einen Vertrag, durch den er ihm Epirus und einen Teil Illyriens, des Grenzlandes zwischen den beiden Reichshälften, mit Dyrrhachium als Haupthafen überließ, zum Zweck der Niederlassung nicht bloß, sondern als ein unter seiner Hoheit selbständig zu beherrschendes Gebiet. Denn darauf lief das Verhältnis thatsächlich hinaus, in das der Westgotenkönig durch die Ernennung zum dux per Illyricum zu ihm gebracht wurde, insofern er als Träger eines der großen militärischen Reichsämter freie Verfügung über jene Lande erhielt, die sich wie ein Keil zwischen die beiden Reiche hineinschoben, ihm also je nach Bedarf die Bedrohung des einen so gut wie des anderen ermöglichten. Ihre militärischen Mittel, Festungen, Arsenale und Schiffswerften, sowie ihre sämtlichen Hilfsquellen waren in seine Hand gegeben, so daß er sie nicht bloß im Reichsdienst, sondern auch zu eigenem Vorteil verwenden konnte. Ja, sogar die bürgerliche Verwaltung scheint im wesentlichen von ihm abgehangen zu haben. Von einer Reichsgründung freilich blieb das immer noch weit entfernt. Aber Alarich hatte doch eine Position gewonnen, von der aus er weiter kommen und die Römer unter seinen Willen zwingen konnte. Denn sie lief hinaus auf eine militärisch-politische Okkupation in der Art etwa, wie ein siegreiches Heer noch nach geschlossenem Frieden eine Provinz des besiegten Gegners als Unterpfand besetzt hält und mit ihren Hilfsmitteln wie eigenes Land benutzt. Alarichs Goten bebauten weder den Acker, noch trieben sie irgend welche Erwerbsthätigkeit, sondern wurden teils aus Magazinen unterhalten, teils den Römern ins Quartier gelegt.

Es kann sich demnach für Alarich nur um ein Provisorium gehandelt haben. Wohin er, wenn der Moment zu weiterem Handeln kam, sich wenden würde, hing von den Umständen ab und wo diese ihm den leichteren und sichereren Erfolg verheißen würden. Zunächst schien das im Osten geschehen zu sollen. Dort veranlaßte Gainas, der sich dem Aufstand der kleinasiatischen Goten (S. 225) gegenüber zweideutig benommen hatte, durch sein gewaltthätiges Machtstreben eine Empörung der Einwohner, dem Tausende von Goten zum Opfer fielen. Aber mit Fravita, einst dem Gegner des Eriulf (S. 220), nahmen seine eigenen Volksgenossen zum Teil gegen ihn Partei. So wurde Gainas genötigt, über die Donau zu entweichen: dort ist er im Kampf gegen die Hunnen gefallen. Vielleicht war es eben diese Spaltung der Goten selbst, was Alarich bestimmte, diese Wirren nicht zu benutzen.

Zudem erschlossen sich im Westen noch lockendere Aussichten. Dort schienen Länder zu gewinnen, die noch nicht so ausgesogen waren, wie die seit Jahren immer von neuem verheerten Provinzen im Süden der Donau. Auch war das Westreich, ohnehin durch den griechischen Feldzug finanziell erschöpft und seines Heeres ebenfalls nicht völlig sicher, bereits im Norden schwer gefährdet durch den Einbruch neuer germanischer Haufen, Ostgoten, Vandalen, Alanen u. a. m., die unter dem Ostgoten Radagais über die Donau gekommen waren und Rätien überflutet hatten, und längs des Rheines warteten die Germanen nur auf die bevorstehende Entfernung eines Teiles der dort die Grenze hütenden Legionen, um ebenfalls einen neuen Angriff zu machen. Endlich durfte Alarich bei der tiefen Verstimmung, die zwischen den beiden Kaiserhöfen herrschte, wohl darauf rechnen, daß Arkadius ihn gern auf Kosten des Westreiches aufsteigen sehen und deshalb anders, als einst Stilicho gehandelt hatte, wenigstens ungehindert gewähren, vielleicht gar fördern würde. Freilich hatte der edle Vandale inzwischen rastlos an der Reorganisation des tieferschütterten Reiches gearbeitet; aber der Erfolg war unvollständig und ungleichmäßig, und wenn auch der Staatshaushalt gebessert, die Verwaltung neu geordnet, die Rechtspflege erneut und namentlich die Hauptstadt durch mancherlei Vergünstigungen wieder gehoben war: — das Reich leistungs- und lebensfähig zu machen bedurfte es noch längerer und angestrengterer Arbeit, wie sie nur im Frieden möglich war. Diesen ihm nicht zu gönnen und dadurch seine weitere Erstarkung zu hindern war für Alarich geboten im Interesse der eigenen Entwürfe, denen nach den bisher gemachten Erfahrungen in Stilicho der gefährlichste Gegner zu erstehen drohte.

So brach Alarich gegen Ende des Jahres 401 aus Illyrien auf. Zwischen Aquileja und Triest, am Timavus, versuchte ein römisches Heer vergeblich ihn aufzuhalten. Nun schlossen die Westgoten Aquileja ein. Aber auch jetzt waren sie feste Städte zu bezwingen noch nicht fähig. Sie hoben die Belagerung auf und zogen verwüstend westwärts. Infolge ungewöhnlicher Trockenheit hinderten auch die Flüsse seinen Marsch nicht, dem sie nach Stilichos Erwartung hätten Schwierigkeiten bereiten sollen. Von Schrecken gelähmt öffneten die meisten Städte die Thore. Bald stand Alarich vor Mailand, hinter dessen festen Mauern Honorius Zuflucht gesucht hatte, in banger Sorge des Stilicho harrend, der mit einem Heere bereits zum Entsatz unterwegs war. Auf dem zum Römer gewordenen Vandalen allein beruhte in diesem kritischen Augenblick das Heil des Reiches. Auch haben sich seine seltenen Eigenschaften, die Sicherheit in der Erfassung auch der verwickeltsten Lage, die Fähigkeit seine Entschlüsse ihr in größter Schnelligkeit anzupassen und die schlagfertige Energie in ihrer Ausführung, kaum jemals so glänzend bewährt, wie gerade in jenen entscheidungsschweren Tagen. Ein Heer zur Rettung Italiens war nicht zur Stelle. So rief Stilicho eilends die Legionen herbei, die am Rhein die Grenze hüteten und im fernen Britannien gegen die Pikten und Skoten fochten. Die Stelle der ersteren nahmen die verbündeten Franken ein. Die in Rätien und Noricum aufgestandenen Germanen beschwichtigte Stilicho durch Verhandlungen, sodaß er nicht nur die dort stehenden Legionen ebenfalls frei machte, sondern auch noch germanischen Zuzug erhielt. Dann eilte er südwärts, unbeirrt durch die Mühseligkeiten und Gefahren des winterlichen Marsches über die Alpen, und ehe Alarich sich dessen versah, stand er mit beträchtlicher Truppenmacht in Oberitalien. Mit einer auserwählten Mannschaft stürmte er dieser voraus, erzwang durch überraschenden Angriff den Übergang über die von den Goten besetzte Addabrücke, bahnte sich mit dem Schwert in der Hand den Weg durch die feindliche Stellung und kam so glücklich nach Mailand hinein. Alsbald hob Alarich die nun vollends aussichtslose Belagerung auf, um weiter westwärts zu ziehen. Stilicho folgte ihm, sobald sein Heer vollends herangekommen war. Am Tanaro bei Pollentia kam es zur Schlacht — es war am 29. März 403, dem Ostersonntag — die das Schicksal Italiens entscheiden zu müssen schien. Der unerwartete Angriff der alanischen Reiterei, die den Römern zugezogen war, brachte die Goten, die für den hohen Festtag auf Ruhe gerechnet hatten, anfangs in Verwirrung. Doch stellte Alarichs Eingreifen die Ordnung wieder her. Dann brachte der Tod ihres Führers die Alanen vollends in Verwirrung. Bald waren die Römer im Weichen. Alsbald eilte Stilicho mit den Legionen herbei und gab dem Kampf eine neue Wendung. Die Goten verloren ihr Lager und mit ihm nicht bloß Weiber und Kinder, sondern auch die ganze reiche Beute, die sie bisher gemacht und dort aufgehäuft hatten. Auch fielen Tausende von Gefangenen in die Hände der Römer.

Um so mehr überrascht die Wendung, die dann eintrat. Entweder war der römische Sieg minder vollständig, als die Überlieferung ihn erscheinen läßt, oder Stilicho meinte den Germanen gegenüber auch jetzt noch an des Konstantin und Theodosius Politik festhalten zu müssen, um das wankende Reich vor ihnen zu retten. Doch liegt auch Grund zu der Vermutung vor, daß der beschränkte Glaubenseifer der Römer Stilicho gehindert habe, die bisher gewonnenen Vorteile weiter zu verfolgen. Denn dieser nahm schweren Anstoß daran, daß der Reichsfeldherr die Rücksicht auf die Heiligkeit des Osterfestes der militärischen Notwendigkeit untergeordnet und an einem kirchlich so hochgeweihten Tage eine Schlacht geliefert hatte. Haben doch die kirchlichen Zeloten diesen Frevel nachher für all das Unheil verantwortlich gemacht, das in den folgenden Jahren trotz Stilichos Ringen dagegen über das Reich hereinbrach, und darin eine gottloserweise herausgeforderte Strafe des Himmels sehen wollen. Auch der ingrimmige Haß der Orthodoxen gegen die weitherzige Duldsamkeit, die der Reichsverweser den Andersgläubigen gegenüber walten ließ, könnte dabei mitgewirkt haben. Jedenfalls kam es zu Unterhandlungen und einem Stillstand, für den hinterher natürlich wiederum Stilicho verantwortlich gemacht sein wird. Absichtlich, so ließ man durchblicken, habe er den so gut wie sicheren Sieg fahren lassen, um die Barbaren zu retten. Welcher Art aber immer der Inhalt des nach der Schlacht zwischen Stilicho und Alarich getroffenen Abkommens gewesen sein mag: bereits im Sommer 403 standen Goten und Römer einander von neuem gegenüber. Bei Verona kam es zu einem heftigen Kampf. Aber diesmal erfocht Stilicho, dank seinem überlegenen Feldherrntalent und der bewährten Kriegstüchtigkeit der Legionen, einen vollgemessenen Sieg. Alarich selbst entging mit genauer Not der Gefangenschaft und entwich nordwärts in das Gebirge, um nach Rätien oder nach Gallien zu gehen. Doch fand er die Pässe dorthin von dem vorsorglichen Gegner besetzt und sah sich bald so hart eingeschlossen, daß er nicht vor- und nicht rückwärts konnte. Und da wiederholte sich der erstaunliche Vorgang, der einst unter ähnlichen Umständen im Alpheiosthal gespielt hatte: Stilicho gewährte den Goten einen Vertrag, der ihnen den Weg zu freiem Abzug nach Illyrien öffnete.

In betreff der Motive, die ihn dazu bestimmten, sind wir wiederum ausschließlich auf Vermutungen angewiesen. Entbehrlich waren die Germanen für das römische Reich überhaupt nicht mehr. Vor allem militärisch wäre es ohne sie rettungslos zusammengebrochen. Konnte Stilicho da wagen, den Kern des Stammes in einem neuen Verzweiflungskampf vernichten zu wollen, der fester als irgend ein anderer dem entnationalisierten Heerwesen des Reiches eingefügt war? Auch scheint sein Entschluß wesentlich durch die Rücksicht auf das oströmische Reich bestimmt worden zu sein. Wie wenig diesem zu trauen war, wußte er. Ist es doch nicht ausgeschlossen, daß der byzantinische Hof auch bei dieser Invasion Alarichs die Hand im Spiel gehabt hatte. Denn als dux per Illyricum (S. 226) gehörte Alarich zu den militärischen Großwürdenträgern des Ostreiches und kann den Zug nach Italien kaum unternommen haben ohne Mitwissen des Arkadius oder der sonst in Konstantinopel Ausschlag gebenden Persönlichkeiten. Endlich enthielten doch die inneren Zustände des westlichen Reiches selbst die dringende Mahnung, einen ehrenvollen Frieden der Fortsetzung eines Krieges vorzuziehen, dessen schließlicher Ausgang nach wie vor im höchsten Grade zweifelhaft blieb. Daß er aber auch damit doch nur eine Frist gewann, wird Stilicho selbst am besten gewußt haben. Und gerade deshalb mußte er wünschen, einige Jahre Ruhe zu haben, um die begonnene Reorganisation des Reiches vollends durchzuführen. Auch hat sich seine Thätigkeit während der fünf Jahre, die nun folgten, fast ausschließlich eben in dieser Richtung bewegt. Ohne den Frieden mit den Goten wäre ihm die Abwehr der barbarischen Völkerflut unmöglich geblieben, die, seit Jahren drohend und nur mit genauer Not noch vorläufig aufgehalten, bald danach über Italien hereinbrach. Dazu galt es, das verwilderte Heer neu zu disciplinieren, dem wüsten Raubtreiben Einhalt zu thun, mit dem die Horden entlassener oder entlaufener Soldaten das Land heimsuchten — hier und da gelang ihm das nur, indem er Bürgern und Bauern sich zu bewaffnen und das Recht der Notwehr zu üben erlaubte — und weiter der Rechtsunsicherheit ein Ende zu machen, die selbst in Bezug auf die einfachsten Verhältnisse von Mein und Dein dadurch eingerissen war, daß vor dem Barbareneinfall Tausende von Haus und Hof geflohen und ihre scheinbar herrenlosen Güter von dem ersten besten abenteuernden Zuzügler okkupiert worden waren. Endlich galt es für die Verpflegung und Unterbringung der zahlreichen Flüchtlinge zu sorgen, die aus den Nachbarprovinzen nach Italien zusammengeströmt waren.

Vielleicht ist diese reorganisatorische Thätigkeit die größte Seite in Stilichos Wirken. Nirgends tritt so wie da zu Tage, wie sehr der Vandale Römer geworden war und von den sonst längst entschwundenen Zügen römischen Wesens die besten in sich entwickelt hatte. Sein ganz persönliches Verdienst war es, wenn der morsche Bau des Westreiches trotz der furchtbaren Schläge, die ihn trafen, doch noch nicht in Trümmer sank, sondern noch einmal gestützt und sogar fester gefügt wurde. Und das leistete er unter fortwährender Anfeindung persönlicher, politischer und kirchlicher Widersacher. Noch aber hielt Honorius selbst an ihm fest. Allerdings hatte der Reichsverweser sich seiner zu versichern gewußt, indem er den vierzehnjährigen seiner noch unreifen Tochter Maria vermählte, nach deren frühzeitigem Tod ihm ihre jüngere Schwester als Gattin beigegeben wurde. Natürlich wurden solche Maßregeln, so sehr die politische Notlage und die Persönlichkeit des Honorius sie rechtfertigten, auf unlautere Motive zurückgeführt und gaben seinen zahlreichen Gegnern nur neue Waffen wider ihn in die Hände. Dazu kamen dann neue religiöse Streitigkeiten, die ebenfalls gegen Stilicho ausgebeutet wurden, um so mehr, als sie gerade in der so auffallend begünstigten Hauptstadt eine besonders gefährliche Wendung nahmen. Drohte dort doch geradezu eine Erhebung der unterdrückten kirchlichen Parteien, welche die Bedrängnis des Staates zu benutzen dachten, um die ihnen vorenthaltenen Zugeständnisse endlich gewaltsam in vollem Umfange zu erzwingen. Dazu aber glaubten sie um so mehr ein Recht zu haben, als bei ihnen so gut wie damals bei allen kirchlichen Parteien die Vorstellung herrschte, die über Land und Volk hereingebrochenen Heimsuchungen seien die wohlverdiente Strafe des Himmels für die Mißachtung der gerade von ihnen vertretenen, von den anderen verblendeterweise mißachteten Lehre.

Nun waren damals gerade drei Jahre seit Alarichs Einbruch in Italien verflossen, und schon drohte eine Heimsuchung gleicher Art die Früchte von Stilichos unermüdlicher Thätigkeit wiederum zu vernichten. Aus Teilen verschiedener germanischer Völker gemischt und durch Zuzug auch hunnischer Abteilungen verstärkt, erschienen gegen Ende des Jahres 404 von Norden her die durch mehrjähriges Wandern und Rauben vollends verwilderten Scharen, die unter des Ostgoten Radagais Führung seit Jahren Rätien und seine Nachbargebiete verwüstend heimgesucht hatten (S. 227) und zur Zeit des drohenden Westgotenkrieges von Stilicho notdürftig beschwichtigt, ja zum Teil sogar zur Hilfeleistung gewonnen worden waren. Über die Ostalpen her fluteten sie durch Oberitalien, das von neuem wehrlos barbarischer Plünderung preisgegeben war und in starrem Entsetzen selbst viele von den festen Städten genommen sah, die den Germanen sonst unbezwingbar gewesen waren. Im Frühjahr 405 lagen sie bereits vor Florenz, das kaum noch gerettet werden zu können schien. Denn notgedrungen nahm Stilicho auch diesmal zunächst wieder eine zuwartende Haltung an. Ein vorzeitig, mit unzureichenden Kräften geführter und deshalb erfolgloser Schlag konnte das Unheil nur verschlimmern, und er war nicht stark genug, um es mit diesen wandernden Massen in offener Feldschlacht aufzunehmen. Auch kannte er die Art dieser Barbaren nachgerade hinreichend und sah seine darauf gegründete Berechnung schließlich auch zutreffen. Nach einiger Zeit nämlich teilte sich das Barbarenheer. Der eine Haufe, welcher, der mühsamen Belagerung überdrüssig, lieber wieder heeren und plündern wollte, zog ab, wurde aber eingeholt und vernichtet. Dann gelang es Stilicho auch die vor Florenz verbliebenen Massen zur Aufhebung der Einschließung zu nötigen, durch geschickte Manöver in die benachbarten Berge zu drängen und dort bei Fiesole so einzuschließen, daß sie nur durch einen verzweifelten Durchbruchsversuch zu entkommen hoffen durften. Bei diesem fand der größte Teil durch die Schwerter der Römer den Untergang. Tausende wurden zu Gefangenen gemacht. Radagais fiel; der Rest flüchtete nordwärts. Ein Teil scheint nach Gallien gegangen und dort mit den Vandalen vereinigt zu sein.

Dieser neue glänzende Erfolg Stilichos hätte — so scheint es — seine Gegner vollends entwaffnen und seine Neider zum Schweigen bringen müssen. Je größer das Entsetzen und je trostloser die Verzweiflung gewesen waren, womit Italien dem von des Radagais Horden drohenden Schicksal entgegengesehen hatte, mit um so lauterem Jubel pries man nun den Helden, der auch diesmal das Verhängnis beschworen und das für unmöglich Gehaltene geleistet hatte. Stilicho stand auf der Höhe des Ansehens und der Macht. Aber gerade nach einem so glänzenden Siege, der die Überlegenheit der römischen Waffen von neuem erwiesen hatte, mußte es einigermaßen Befremden erregen, daß er auch jetzt, wo man die Macht der Barbaren vollends zertrümmert zu sehen erwartete, vielmehr an des Theodosius System festhielt und die Germanen zu versöhnen und dem Reiche auf die Dauer zu friedlichem Dienste zu gewinnen bestrebt war. Während die große Masse der bei Fiesole gefangenen Barbaren auf dem Sklavenmarkt zu Spottpreisen verschleudert wurde, nahm er davon zwölftausend Goten in Dienst. Ein solches Verfahren hat wohl selbst manchen von seinen dankbaren Verehrern an Stilicho zweifeln lassen, zumal bald genug Ereignisse eintraten, welche eine endgültige Versöhnung mit diesen Feinden als ausgeschlossen und einen ununterbrochenen Vernichtungskampf gegen sie als unerläßlich für die Zukunft des Reichs zu erweisen schienen.

Angereizt vielleicht durch die auch zu ihnen gelangte Kunde von der reichen Beute, die erst Alarich und dann Radagais in Italien gemacht hatte, begannen nun bereits weiter nordwärts sitzende Germanen ebenfalls dem lockenden Lande jenseits der Alpen zuzustreben. Nicht um Ackerland zu suchen, sondern um Beute zu machen, brachen zu Beginn des Jahres 406 Teile des Stammes der Vandalen aus den pannonischen Sitzen auf, die sie seit sechzig Jahren inne hatten. Ihnen folgten die Alanen, die eine Zeit lang Wandergenossen der Hunnen gewesen und dann an Donau und Dniestr heimisch geworden waren. Ohne engere Verbindung miteinander, jeder unter seinen eigenen Führern und nur wie zufällig desselben Weges ziehend, setzten beide Haufen zu Beginn des Jahres 407 über den Rhein, wo sich ihnen, ähnlich locker gefügt, suebische Scharen anschlossen. Da Stilicho zur Abwehr der Westgoten alle Legionen nach Italien gezogen hatte, fanden sie von solchen keinen Widerstand. Nur die Franken, die ihr Bündnis mit Rom zur Deckung der Grenze verpflichtete, warfen sich ihnen entgegen, erlagen aber der Wucht ihres Anpralls. Verheerend ergoß sich nun der Strom beutegieriger Barbaren über das benachbarte Gallien und machte es für die nächsten drei Jahre zum Schauplatz der gräßlichsten Verwüstung. Erst als es dort nichts mehr zu rauben gab, wandten sich die Vandalen, Alanen und Sueben 409 endlich südwärts, um über die Pyrenäen nach Spanien zu ziehen und dort in gleicher Weise zu hausen. Gallien aber blieb für Westrom so gut wie verloren, da ein Gegenkaiser Konstantius, den die Legionen Britanniens aufgestellt hatten, dort vielfach anerkannt wurde. Namentlich die Franken ergriffen seine Partei, und ein Heer, das Stilicho gegen ihn geschickt, wurde geschlagen. Selbst dorthin zu eilen und dem Abfall Halt zu gebieten war für Stilicho unmöglich. Denn die Krisis, in der das Reich schon seit Jahren rang, trat in ein neues, besonders akutes Stadium, da der Bruch mit Byzanz, den er längst befürchtet hatte, inzwischen wirklich erfolgt war und die beiden Reichshälften im Begriff standen sich in offenem Kampf gegeneinander zu wenden.

Um der Wohlfahrt des Gesamtreiches willen, das der sterbende Theodosius seiner Obhut empfohlen hatte, mochte Stilicho die ehrliche Selbstlosigkeit längst bereut haben, mit der er gleich anfangs die gebietende militärische Stellung, die ihm auch im Osten zugedacht gewesen war, gutmütig preisgegeben hatte. Denn wenn er das in der Hoffnung gethan hatte, das ihm in Konstantinopel begegnende Übelwollen zu entwaffnen und auch Arkadius und seine Berater zu ehrlicher und selbstloser Mitarbeit an der Beschwörung der Barbarengefahr zu gewinnen, so hatte er eine arge Enttäuschung erfahren. Im Gegenteil, je glänzender er sich im Westen bewährte, je höher dort sein Ansehen stieg und je einmütiger anerkannt wurde, daß man ihm allein die Abwendung des Verhängnisses verdankte, das im Inneren und von außen über des Theodosius Erbe hereinbrach, in um so erbitterterem Mißtrauen hatte man sich ihm in Konstantinopel entgegengestellt, um so geflissentlicher ihn zu hindern, um so heimtückischer ihm immer neue Feinde zu erwecken gesucht. War man dort wirklich verblendet genug um zu glauben, man werde auf diese Weise den Westen, der sich unter Stilicho immer mehr zu einem völlig selbständigen Reiche entwickelte, wieder unter seine Herrschaft zurückführen können? Wenn auch nicht bestimmt erwiesen, so ist doch schon für Alarichs ersten Einbruch in Italien die Urheberschaft des oströmischen Hofes wenigstens nicht unwahrscheinlich. Jedenfalls würde dieselbe mit der Politik trefflich im Einklang stehen, die man dort hartnäckig verfolgte. Auch jetzt ließ man das so arg bedrängte Westreich nicht nur ohne Hilfe, sondern leistete obenein den gallischen und britannischen Rebellen offenen Vorschub. Klarer denn je wurde es, daß Westrom sich von dieser Seite alle Zeit des Ärgsten zu versehen hatte. Da aber konnte sich auch Stilicho der Überzeugung nicht länger verschließen, daß all sein Bemühen um Rettung des Reiches vergeblich bleiben müsse, solange er nicht Ostrom unschädlich gemacht und mit seiner Politik die von ihm vorgezeichneten Bahnen zu gehen genötigt hätte. Man mußte am Bosporus endlich begreifen lernen, daß der Osten ohne das Westreich nicht bestehen könne, daß es mit demselben sich verständigen und ehrlich zusammengehen müsse, wollte es anders nicht selbst in sein sicheres Verderben rennen.

Im Jahr 407 verhängte Stilicho eine allgemeine Verkehrssperre gegen das Ostreich. Kein Warentransport, kein Reisender durfte die Grenze dorthin passieren. Zugleich ging er mit dem Westgotenkönig, der seit seiner Rückkehr aus Italien mit seinem kriegerischen Volk wieder als dux in Illyrien saß, einen Vertrag ein, durch den dieser das benachbarte oströmische Epirus anzugreifen versprach. Kaum aber waren die Westgoten dorthin im Marsch, als Honorius ihnen Halt gebot: er untersagte die Unternehmung überhaupt. Die Gründe, welche dies plötzliche und ungewöhnliche Einschreiten des jungen Kaisers veranlaßten, sind nicht schwer zu erkennen. Wie hätte man an einem Hof, wie dieser war, einen Gedanken zu fassen vermocht, bei dessen auf den ersten Blick verwegener Kühnheit Leuten vom Schlage des Honorius und seiner Schmeichler schwindeln mußte, vollends wenn sie die Wogen der Barbarenflut immer von neuem anbranden sahen? Daß man diese, zu ihrer Abwehr dermalen unfähig, zunächst abzulenken versuchen mußte, daß ihre Ablenkung gegen das Ostreich bei dessen feindlicher Haltung nach dem Recht der Notwehr zulässig war: — solche Erwägungen konnte ein Stilicho anstellen: seine Gegner, in nationalen, politischen und kirchlichen Vorurteilen befangen, blieben ihnen unzugänglich. Sie sahen in des Reichsverwesers Bündnis mit dem arianischen Westgotenkönig nur einen Verrat zugleich an dem römischen Reich und an dem rechten Glauben und witterten dahinter um so mehr hochverräterische Entwürfe, als sie mit heißer sittlicher Entrüstung gegen den drohenden Bruderkrieg zu eifern berechtigt schienen. Auch hier fehlt jeder Anhalt, der dem Stilicho andere Motive als die verzweifelte Sorge für die Rettung des Reiches zuzuschreiben erlaubte. Aber der Kühnheit des Vorhabens entsprachen die damit verbundenen Gefahren, namentlich die, welche den inneren Verhältnissen und besonders denen am Hofe entsprangen. Längst empfand der junge Kaiser lästig des gefeierten Reichsregenten Übergewicht und wünschte ihn bei erster Gelegenheit loszuwerden. Und das war der Punkt, in dem Stilicho sich verrechnete und an dem er, mit schnödem Undank gelohnt, elend zu Grunde gehen sollte. Er unterschätzte, so scheint es, angesichts der ihm bisher beschiedenen Erfolge und im Bewußtsein der ihm dafür zujauchzenden Volksgunst die Kraft des Neides und der Mißgunst, die in des unzufriedenen Kaisers Umgebung unausgesetzt heimlich gegen ihn arbeiteten und nur auf den Augenblick warteten, wo sie die Hebel zu seinem Sturz mit Erfolg würden einsetzen können.

Dieser Augenblick war nun endlich gekommen. Angesichts der Machtverhältnisse, wie sie ein Jahrzehnt im Reiche bestanden hatten, war es ein unerhörter Vorgang, daß des bisher allgebietenden Reichsfeldherrn Befehl durch kaiserliche Einsprache aufgehoben wurde. Man fragt sich da unwillkürlich, was wohl geworden wäre, wenn Alarich dennoch in seinem Vorhaben verharrt hätte. Wäre Stilichos Sturz beschleunigt oder wäre der Kaiser sich zu fügen, seinen Widerspruch fallen zu lassen genötigt worden? Alarich aber fügte sich. Konnte ihm doch nichts erwünschter kommen als der Zwiespalt, der sich mit dieser unerwarteten Wendung in dem Herzen des Westreiches aufthat, das er bisher so unvermutet widerstandsfähig gefunden hatte. Erlangte er damit doch bequemste Freiheit des Handelns und konnte die so vorteilhaft veränderte Lage nun ohne Rücksicht auf die ihn bisher bindenden Verpflichtungen zu seines Volkes Vorteil ausnutzen. Zu Anfang des Jahres 408 zog er nordwärts und ergriff von Pannonien und Noricum Besitz. Man möchte vermuten, dieser Bewegung habe zugleich die Absicht zu Grunde gelegen, mit den germanischen Scharen Fühlung zu gewinnen, die seit Jahren von der Donau her im Vordringen gegen Italien begriffen waren, um auch deren Kräfte an sich zu ziehen und sich dienstbar zu machen. Jedenfalls gewann er damit militärisch sowohl wie politisch eine vortreffliche Operationsbasis. Dann erschienen Gesandte von ihm in Rom. Als Entschädigung für das, was ihm und seinem Volksheer durch den befohlenen Verzicht auf den Zug gegen das Ostreich entgangen war, verlangte er viertausend Pfund Gold. Die Forderung war ebenso außerordentlich wie die Summe. Was aber sollte werden, wenn man die Zahlung verweigerte und es auf Zwangsmaßregeln von seiten Alarichs ankommen ließ? Hier lag zweifellos eine ungeheure Gefahr. Deshalb eilte Stilicho selbst von Ravenna nach Rom und setzte seine ganze Autorität für die Bewilligung ein. Zum erstenmal aber drang er mit seinem Rate nicht durch. Honorius sowohl wie der Senat, den Stilicho zu neuem Ansehen erhoben hatte, wollten nichts von einem Abkommen hören, das kein Vertrag mehr sei, sondern auf die Knechtschaft des Reiches unter den Barbaren hinauslaufe, gegen die seit des Radagais Einfall der Haß zu neuer Wut entfacht war.

Mitten in diese Spannung fiel die Meldung vom Tode des Arkadius, der am 1. Mai 408 gestorben war mit Hinterlassung eines unmündigen Sohnes, Theodosius' II. Wenn jemals, so war jetzt der Augenblick gekommen, um den leidigen Gegensatz zwischen den beiden Reichshälften, der durch die Abhängigkeit des Arkadius von höfischen Intrigen aller Art entstanden war, auszugleichen und jene Gemeinschaft der auswärtigen Politik zu begründen, zu der Theodosius durch die Stilicho angewiesene außerordentliche Stellung beide hatte verbinden wollen. In diesem Sinn wollte denn auch Stilicho die Gunst der Umstände ausnutzen und so den Fehler gutmachen, den er 395 begangen hatte, indem er seine Stellung im Osten freiwillig preisgab. Dann gelang es ihm vielleicht auch, die gefährliche Differenz wiederum zu begleichen, in die man mit den unentbehrlichen Westgoten geraten war. Während Alarich mit seinem Volksheer nach Gallien gegen den Usurpator Konstantius geschickt werden sollte, wollte er selbst nach Konstantinopel eilen, um dort die Verhältnisse zu ordnen. Der Plan war so einfach, in der Lage so wohl begründet und entsprach so vollständig den unheilvollerweise aufgegebenen Intentionen des großen Theodosius, daß auch Honorius, mit dem Stilicho in Bologna verhandelte, ihn guthieß und die nötigen Befehle zu seiner Ausführung ergehen ließ. Wurden diese vollstreckt, so war Stilicho, dessen Einfluß eben gebrochen zu sein schien, mehr denn je Herr der Situation, und seine römischen Widersacher, die ihren Triumph schon ganz nahe geglaubt hatten, sahen die Aussicht auf seine Beseitigung vollends entschwinden. So nahmen sie zu einer plumpen Intrige ihre Zuflucht. Im Lager der kaiserlichen Armee zu Pavia, wohin Honorius sich von Bologna aus begeben hatte, reizten sie die Söldner zur Meuterei gegen ihre treu zu Stilicho stehenden Offiziere. Etliche von diesen wurden vor den Füßen des zitternden Kaisers, unter dessen Schutz sie sich geflüchtet hatten, von den sie verfolgenden Aufrührern zusammengehauen. Nun sei, hieß es, denn doch wohl klar, worauf der Vandale hinaus wolle: die Reise nach dem Osten, wo Ordnung zu stiften allein Honorius selbst berufen sei, solle ihm den Weg zu der geplanten Usurpation bahnen, für die er sich bereits der Beihilfe der Offiziere versichert habe, während die kaisertreuen Truppen sich dagegen erhoben hätten; in Konstantinopel habe man das längst durchschaut gehabt und sei nur deshalb, unbeirrt durch des Honorius Verblendung, dem Stilicho alle Zeit feindlich entgegengetreten. Natürlich verfehlten solche Argumente nicht ihren Eindruck auf den schwachen Honorius. So wenig er der Last der Reichsregierung gewachsen war, so unbequem empfand er seine thatsächliche Ohnmacht, die fast wie eine Abdankung zu gunsten des Reichsfeldherrn erscheinen konnte. Die Höflinge hatten damit gewonnenes Spiel. Die Rücknahme der bereits ergangenen Befehle und damit der Sturz Stilichos war beschlossene Sache.

Aber war man am Hofe zu Pavia des Erfolges gewiß, wenn Stilicho sich nicht fügte? Die Mittel zur Verteidigung seiner Stellung standen diesem ohne Zweifel reichlich zur Verfügung. Gebrauch aber ließ sich von ihnen doch nur machen um den Preis neuen furchtbaren Unheils für das Reich, das beinahe gegen seinen eigenen Willen zu retten Stilicho seit seines kaiserlichen Freundes Tod alle Kräfte eingesetzt hatte. Ein Bürgerkrieg war dann unvermeidlich. Und wenn er glücklich ausging, wenn Stilicho über seine römischen Gegner siegte: was sollte dann werden? Welche Ordnung ließ sich denken, die nicht alsbald den Keim zu neuen Kämpfen in sich getragen hätte? Durfte er, der Barbar, erwarten von seiten der Römer anerkannt, in der erzwungenen Stellung belassen zu werden? Vielmehr wartete seiner auch im Falle eines Sieges über die irregeleiteten Rebellen ein sicherer Sturz. Darin lag das Tragische seiner Stellung. Für Männer, wie er einer war, gab es in diesem Reiche und in dieser Kultur keinen Platz mehr. So ließ er den Gedanken an Widerstand, den er anfangs erwogen zu haben scheint, schnell wieder fallen. Honorius und sein Reich wollten nicht gerettet sein, jedenfalls nicht auf dem von ihm allein für gangbar gehaltenen Wege. So ließ Stilicho sie gewähren und war bereit, den ihm von Theodosius angewiesenen Platz gutwillig zu verlassen. Kaum aber wurde das ruchbar, so eilten natürlich alle diejenigen, die ihr Glück ihm verdankten oder durch ihn ihr Glück zu machen gedacht hatten, sich von ihm loszusagen, allen voran der Gote Sarus, den er 407 zur Bekämpfung des Konstantius nach Gallien geschickt hatte. Sich den Dank der Höflinge zu erwerben wollte er Stilicho töten. Doch entwich dieser rechtzeitig, und nur seine treue hunnische Leibwache (bucellarii) fiel dem Sarus und seinen Häschern zum Opfer.

Bildnis des Kaisers Honorius auf einer Münze. Gold. Originalgröße.

Stilicho wandte sich nach dem festen Ravenna. Mit starken Werken versehen und inmitten unwegsamen Sumpflandes gelegen, aber durch einen Kanal mit dem Meere verbunden, galt dieses für uneinnehmbar. Deshalb zur Zeit der Barbareneinfälle von dem zitternden Hof als Zufluchtsort aufgesucht, war es eigentlich zur Hauptstadt des Reiches geworden. Aber an Widerstand hat Stilicho bei der Wahl dieses Ortes sicher nicht gedacht. Bald wurde auch dort der von Honorius wider ihn erlassene Haftbefehl bekannt. Was seiner wartete, wenn er vollstreckt wurde, wußte Stilicho nur zu gut. So barg er sich in einer Kirche, deren Asylrecht der orthodoxe Eifer seiner Feinde vielleicht respektierte. Bald war sie umstellt und jedes Entkommen unmöglich. Aber man legte sich doch aufs Unterhandeln. In Gegenwart des Bischofs erhielt Stilicho Sicherheit von Leib und Leben zugeschworen. Aber als er hinaustrat, wies man ein gegen ihn ergangenes kaiserliches Todesurteil vor. Da brausten die anwesenden Germanen leidenschaftlich auf und wollten die wortbrüchigen Schergen zusammenhauen. Stilicho jedoch wehrte ihnen und bot freiwillig dem tödlichen Streich den Nacken. Mit ihm ging der Mann zu Grunde, der allein im stande gewesen wäre das Reich zu retten. Rom wollte nicht gerettet werden.

Und furchtbar sollte sich diese That heillosester Verblendung rächen. Ein förmliches Chaos brach über das Reich herein. Fast wider eigenes Erwarten siegreich, meinten die Verschwörer sich im Besitz der Gewalt behaupten zu können nur, wenn alle, die dem Reichsverweser verbunden gewesen, mit in sein Verhängnis gestürzt wurden. Seine Familie, seine Freunde, seine Anhänger waren vogelfrei. In Strömen floß das Blut. Die Besitzungen aller durch ihn angestellten Beamten wurden konfisciert. Alle Ordnung war gelöst, jeder Leidenschaft ein bequemer Vorwand zu schrankenloser Bethätigung gegeben. Das Ganze hätte wie eine verzweifelte Erhebung des vor Angst und Haß vergehenden Römertums gegen die Barbaren erscheinen können, wenn nicht auch eine Menge Römer als Anhänger Stilichos hingemordet worden wären. Im Heere aber standen Römer und Germanen einander zum Entscheidungskampf gegenüber. Die regulären römischen Truppen fielen über die in Oberitalien angesiedelten Föderaten her, plünderten ihre Dörfer und hieben zusammen, wessen sie habhaft wurden. Das war das Ergebnis des von Stilicho so lange glücklich hintangehaltenen Bruches mit der Theodosianischen Politik, die in der Versöhnung zwischen Römern und Germanen und der Vereinigung beider zur gemeinsamen Abwehr der von Norden andrängenden Völkerflut die einzige Gewähr für die Zukunft des Reiches gefunden hatte. Der letzte Halt des westlichen Reiches kam damit zu Fall. Denn nun erhoben sich die Föderaten, kehrten dem undankbaren Rom den Rücken und zogen nordwärts über die Alpen, um sich in Noricum Alarich und seinen Westgoten anzuschließen. Es waren dreißigtausend Mann — die Hälfte der zur Zeit in Italien überhaupt vorhandenen Streitkräfte.

Wohl mag die Urheber dieser Wendung Entsetzen ergriffen haben über das Unheil, das sie angerichtet hatten: es war zu spät. Der Zertrümmerung der römischen Wehrkraft, die sie verschuldet hatten, sollte die des römischen Staates auf dem Fuße folgen. Denn als Rächer für Stilicho und das mißhandelte Germanentum stand Alarich bereits an der Pforte Italiens, über alles Erwarten furchtbare Vergeltung zu üben. Von Stilicho, der wohl wußte, daß er Italien gegen diesen Feind nicht schützen konnte, gegen das Ostreich zu ziehen bestimmt, dann durch den übel beratenen Honorius plötzlich aufgehalten, aber nicht gebührend entschädigt, sah Alarich sich mit seinen wiederholten Forderungen abgewiesen. So mußte er endlich an das Schwert appellieren. Doch scheint es, als ob er auch jetzt nur widerstrebend dem Zwange der durch die Verblendung des Hofes heillos verwirrten Verhältnisse nachgegeben habe und bedauerte, daß der Weg zu friedlicher Verständigung, den er mit Stilicho gefunden zu haben glaubte, ihm nun endgültig verlegt war.

Niemand wehrte ihm den Eintritt nach Italien, als er, vorbei an dem früher vergeblich belagerten Aquileja (S. 227), westwärts zog, um bei Cremona über den Po zu gehen. Ungehindert verfolgte er von dort die große Straße über Parma und Modena und erreichte bei Rimini das Adriatische Meer. An seinem Ufer zog er südwärts, ohne sich um das uneinnehmbare Ravenna weiter zu kümmern, hinter dessen Mauern Honorius mit seinen Höflingen Zuflucht gesucht hatte. Rom selbst galt diesmal der Angriff. Den Apennin übersteigend fand er den Weg dorthin frei. Auch von der Stadt selbst war Widerstand nicht zu erwarten. In fieberhafter Erregung sah die hauptstädtische Menge dem endlichen wirklichen Hereinbrechen der Katastrophe entgegen, die so oft gedroht hatte, aber immer noch glücklich abgewandt worden war. Natürlich suchte sie, wie das zu allen Zeiten in solcher Lage üblich ist, vor allem einen Schuldigen, den sie dafür verantwortlich machen konnte, und alsbald hieß es, des Stilicho Witwe Serena, des Kaisers Adoptivschwester, sei mit den Barbaren im geheimen Einverständnis und habe sie herbeigerufen, um ihren Gatten zu rächen. In Gemeinschaft mit Placidia, des Honorius leiblicher Schwester, verfügte der Senat daraufhin kurzweg den Tod der edlen Frau. Aber Alarich griff nicht gleich an: ein einfacheres, aber wirksameres Mittel sollte die volkreiche Stadt mühelos in seine Gewalt bringen: er sperrte ihr die Zufuhr. Als der Hunger drohte, erschien eine Gesandtschaft im Lager der Westgoten. Aber noch führte sie eine hochfahrende Sprache und meinte durch die Drohung mit verzweifeltem Widerstand Eindruck zu machen. Alarich jedoch verlangte kurzweg die Auslieferung alles Goldes und Silbers, sowie Freilassung aller Sklaven barbarischer Abkunft, und auf ihre entsetzte Frage, was er ihnen denn eigentlich zu lassen gedenke, erhielten die Gesandten die kurze Antwort: das Leben! So einigte man sich nicht. Aber schon nach wenig Tagen erschien eine neue Abordnung des Senates vor Alarich. Auch ließ dieser einiges von dem anfänglich Geforderten nach. Immerhin mußten ihm außer den fünftausend Pfund Gold, die er als Entschädigung für den ihm versagten Zug gegen Ostrom gefordert hatte, und die, an den Vermögensverhältnissen reicher römischer Familien gemessen, kaum als eine unerhörte Leistung bezeichnet werden können, dreißigtausend Pfund Silber, viertausend seidene Gewänder, dreitausend purpurgefärbte Pelze und dreitausend Pfund Pfeffer geliefert werden. Dafür wollte er aber nur einen Waffenstillstand zugestehen, während dessen unter Mitwirkung des Senates bei Honorius ein neuer Versuch zu friedlicher Verständigung gemacht werden sollte.

Als dann das Geforderte geliefert war — in kurzer Zeit solche Massen Edelmetalls zusammenzubringen hatte man die goldenen und silbernen Götterbilder zum Teil einschmelzen müssen, die seit dem Verbot des heidnischen Kultus durch Gratian und Theodosius aus den Tempeln entfernt und in staatlichen Gewahrsam genommen worden waren —, zog er sich etwas von der Stadt zurück und gab drei Tage zu ihrer Verproviantierung aus der Umgegend frei. Inzwischen war sein Heer um vierzigtausend Mann gewachsen, lauter entlaufene Sklaven. Hart genug war auch, was er in Ravenna als Grundlage für den Frieden vorschlug. Wenn ihm Dalmatien, Venetien und Noricum überlassen, die höchste militärische Würde im Reich als magister militum erteilt und jährlich eine bestimmte Geldsumme und monatliche Getreidelieferungen für sein Volk bewilligt würden, wollte er mit diesem und allen ihm zuströmenden Scharen Föderat des Westreichs werden und dessen Kriege führen. Damit hätte er freilich eine ganz andere Stellung eingenommen, als bisher für die Germanen üblich gewesen war. Denn er wäre zu dem Kaiser des Westens in ein persönliches Verhältnis getreten, wie es kleinere Germanenfürsten mit ihren Leuten oft genug eingegangen waren. Der Vorschlag lief hinaus auf Schaffung eines germanischen Reichsheeres, das, außerhalb der Reichsorganisation gestellt, nur durch seinen Führer dem Kaiser untergeordnet gewesen wäre, so daß die einzige Bürgschaft für seine Treue in der Person seines Führers gelegen hätte. Es war eine ähnliche Ordnung, wie Stilicho sie notgedrungen erstrebt hatte, und um derentwillen er gestürzt worden war. Alarich mutete demnach dem Honorius und seinen Beratern zu, alles das selbst zu verdammen, wodurch sie den Staat eben gerettet zu haben wähnten. In ihrem verblendeten Römerstolz aber und ihrem entfesselten Barbarenhaß wollten diese Leute die Lage natürlich auch jetzt nicht in ihrer ganzen Trostlosigkeit erkennen. Inmitten seiner Höflinge verbrachte der junge Kaiser die Zeit an üppiger Tafel und mit nichtigen Spielereien, warb vergeblich in Konstantinopel um Hilfe und unterhandelte gar mit dem gallischen Usurpator Konstantius, als ob er so die Westgoten loswerden könnte, während doch die Provinzen, die Alarich forderte, thatsächlich bereits in seiner Hand waren und derselbe zudem durch die bevorstehende Ankunft seines Schwagers Athaulf beträchtlich verstärkt werden mußte. So lehnte der Hof zu Ravenna die Friedensanträge ab, ja, nicht genug damit: durch feierlichen Eidschwur verpflichtete er sich, mit den verhaßten Westgoten überhaupt keinen Frieden zu schließen. Dabei blieb er auch, als Alarich, da er den Frieden wollte, weil er ihn brauchte, auf die Ernennung zum magister militum zu verzichten bereit war.

Zum zweitenmal zog Alarich nun gegen Rom. Von Widerstand war nun vollends nicht die Rede. Auf des Westgoten Befehl kündigte die Stadt dem Honorius den Gehorsam auf, und in der Person des Stadtpräfekten Attalus gab der Barbar ihr einen neuen Kaiser. Es ist doch bemerkenswert, daß Alarich offenbar keinen Augenblick daran gedacht hat, in irgend einer Form selbst die Herrschaft in die Hand zu nehmen. Und nicht minder bezeichnend ist es, daß Attalus in echtem Römerstolz mit Geringschätzung auf den Schöpfer seines Glückes herabblickte und gleich die erste Gelegenheit zu benutzen eilte, um sich von ihm unabhängig zu machen — natürlich ohne Erfolg. Erst recht ließ Alarich ihn nun fühlen, daß er bloß ein Werkzeug in seiner Hand war. Das Verhältnis war von vornherein unhaltbar. Attalus mit sich führend, erschien Alarich vor Ravenna. Natürlich weigerte sich Honorius der ihm zugemuteten Abdankung: er wollte sich allerhöchstens Attalus als Mitregenten gefallen lassen. So einigte man sich wiederum nicht, zumal die bevorstehende Ankunft oströmischer Hilfstruppen den Honorius, der bereits an die Flucht nach Konstantinopel gedacht hatte, mit neuer Zuversicht erfüllte. Attalus leistete also nicht, was durch ihn erreicht werden sollte: Alarich ließ ihn daher fallen. Auch sein zweites Erscheinen vor Ravenna bewirkte dort keine Sinnesänderung. Inzwischen aber erzeugte die Unregelmäßigkeit der Zufuhr, der abzuhelfen Attalus vergeblich versucht hatte sich des reichen Afrika zu bemächtigen, in Rom Mangel und wachsende Erregung des notleidenden Volkes. Zum drittenmal wandte sich Alarich dorthin.

Was er, wie es scheint, der Stadt gern erspart hätte, machte der verblendete Eigensinn des Kaisers schließlich unvermeidlich. Auch werden die Goten es nachgerade müde gewesen sein, zwischen Rom und dem unangreifbaren Ravenna nutzlos hin und her zu ziehen und nichts von den Schätzen zu bekommen, die dort aufgehäuft sein sollten. Mitte August 410 standen sie vor der Stadt. Sie setzte sich wirklich zur Wehr, doch nur für drei Tage reichten ihre Kräfte aus. Dann zogen die Goten als Eroberer ein. Wohl hätte Alarich die Stadt auch jetzt gern geschont: aber nach allem, was voraufgegangen, war das seinem Volke gegenüber unmöglich. Er mußte sie diesem zur Plünderung überlassen. Doch ist er dabei offenbar bemüht gewesen, die Schrecken derselben nach Möglichkeit zu mildern. Die verdiente Beute zwar enthielt er seinen Goten nicht vor, Mißhandlung der Einwohner aber und zwecklose Zerstörung ließ er nicht zu. Diesem menschlichen Befehl im Notfall Gehorsam zu erzwingen, stand er selbst mit einer auserwählten zuverlässigen Mannschaft bereit zum Dreinschlagen gegen die Übertreter. In der Nacht des 24. August begann die Plünderung und währte drei Tage. Wohl sind dabei auch Römer getötet und zu Sklaven gemacht worden: von einem allgemeinen Blutbad aber, einem planmäßigen Morden kann nicht gesprochen werden. Und schon das ist kein geringes Verdienst und ein glänzender Beweis für die edle Menschlichkeit Alarichs, namentlich wenn man damit vergleicht, zu welch unbarmherziger Verfolgung alles Germanischen der Sturz Stilichos den Anlaß gegeben und wie man damals den Haß der Römer gegen die Barbaren geflissentlich auf das äußerste gesteigert hatte. Auch daß die Goten Christen waren, kam dabei in Betracht. Denn trotz ihres eifrigen Arianertums hatten sie Ehrfurcht vor den geweihten Stätten auch der Katholiken: die Kirchen und ihre Schätze sind daher im allgemeinen nicht angetastet worden.

Am 28. August 410 brach Alarich von Rom auf. Seine Stellung war um nichts gebessert. Denn politisch so wenig wie militärisch hatte der Fall Roms eine Entscheidung herbeigeführt. Aber der moralische Eindruck war ein ungeheurer. Als etwas Unfaßbares erschien es Hieronymus in Bethlehem, daß die Stadt, die den Erdkreis bezwungen, ihren Meister gefunden hatte, und Augustin deutete das als ein warnendes Strafgericht Gottes zur Erweckung und Besserung der sündigen Menschheit. Was man für unmöglich gehalten hatte, war wirklich eingetreten, die ewige Stadt doch endlich von dem Schicksal ereilt worden, das sie bereits mehr als einmal bedroht, bisher aber immer verschont hatte. Mußte nun nicht auch das Reich demselben verfallen? Alarich aber hielt auch jetzt noch an dem Wunsche nach Frieden und dem Glauben an seine Möglichkeit fest. Das läßt sich doch nur daraus erklären, daß dieser merkwürdige Mann eine klare Einsicht besaß in den Wert der römischen Kultur und ihre Unentbehrlichkeit für sein Volk, sollte dieses überhaupt eine größere und glänzendere Zukunft gewinnen. Bescheiden ordnete er seiner Goten ungeschulte Jugendkraft der Lenkung durch den reifen Geist des gealterten Römertums unter und war weit entfernt von der ehrgeizigen Absicht, das römische Reich unmittelbar durch ein Gotenreich zu ersetzen. Vielmehr kam er von dem Standpunkt des Germanen aus zu demselben Programm, für das Stilicho eingetreten und gefallen war und das auf Erhaltung und Ausbau der durch Theodosius geschaffenen Ordnung hinauslief. Diese war durch eine blutige Reaktion des Römertums zerstört worden: ihre Erneuerung war undenkbar, ohne daß den Germanen sichere Bürgschaften gegen die Wiederkehr einer solchen gegeben wurde — Bürgschaften, die nicht abhängig waren von den unberechenbaren

Schwankungen des durch Intrigen zerrissenen Hofes und den Launen der dort einander rasch ablösenden leitenden Männer. Deshalb war ihm auch nicht mit dem Lande an der Donau gedient, wo er früher gesessen hatte und das auch jetzt zu haben gewesen wäre, schon deshalb nicht, weil er mit seinen Goten dort in dem Gedränge zwischen den Römern und den südwärts strebenden nördlichen Völkern geblieben wäre. Innerhalb des Reiches selbst wollte er angesiedelt werden unter Verhältnissen, die ihm im Notfall auch einen Druck auf die widerstrebende Reichsregierung auszuüben erlaubten. Nun war Attalus' Stellung namentlich dadurch unhaltbar geworden, daß er Afrikas, der Kornkammer Roms und Italiens, nicht hatte Herr werden können. Dadurch scheint Alarichs Denken die entscheidende Richtung gegeben worden zu sein. Langsam durchzog er das herrliche Campanien, dessen noch unberührte Reichtümer seine Goten in vollen Zügen schwelgend genossen, um nach Sicilien überzusetzen und dann weiter nach Afrika zu gehen: von dort aus meinte er, Honorius Gesetze vorschreiben zu können.

Diesen Plan auszuführen ist ihm nicht gegönnt gewesen. Wie nachmals so vielen Tausenden von Germanen wurde ihm die wonnige Luft des Südens verderblich. Er starb nach kurzer Krankheit, tiefbetrauert von seinen Goten, die er vor der Gefahr der Zersplitterung bewahrt und wiederum zu einem Volke gemacht und denen er — was mehr war — mit vollem Bewußtsein und überlegter Planmäßigkeit den Weg zu einer höheren Kultur eröffnet hatte. Klagend bestatteten sie den Helden bei Cosenza, in dem Bette des abgeleiteten Busento, dessen in die alte Bahn zurückgeleiteten Wogen sein Grab gegen unheilige Störung sicherten.

Der afrikanische Plan blieb nun unausgeführt. Aber die zuletzt verfolgte Richtung westgotischer Politik wurde doch im wesentlichen beibehalten, da man dem Alarich den Gatten seiner Schwester, Athaulf, zum Nachfolger gab. Das rettete die Einheit der Westgoten, die der Tod ihres Schöpfers leicht hätte in Frage stellen können, und sicherte zunächst die Fortdauer der versöhnlichen Haltung, die Alarich den Römern gegenüber beobachtet hatte. Freilich kam man damit auch jetzt keinen Schritt vorwärts, und die Lage blieb nicht bloß unklar und widerspruchsvoll, sondern auch gefahrdrohend wie bisher. Mit den Römern lebte man nicht eigentlich im Kriege, aber ebensowenig auch in Frieden, in einem Zustande peinvoller Unentschiedenheit, der auf die Dauer für beide Teile unerträglich werden mußte und das Land wirtschaftlich immer tiefer herunterbrachte. Zwei Jahre vergingen so. Da endlich verließ Athaulf Italien und zog nach Gallien, wo das jetzt möglich zu werden schien, was in Italien nicht hatte gelingen wollen. Gegen Konstantius, den Honorius noch immer nicht hatte zu Falle bringen können, war ein zweiter Prätendent aufgestanden und suchte sich im Süden zu behaupten. Dazu hatte er sich mit den Vandalen, Alanen und Sueben verbunden, die 409 über die Pyrenäen nach Spanien gezogen waren. Dort war es ihnen beschieden, zuerst das Ziel zu erreichen, auf das im Laufe der Zeit das Streben aller dieser wandernden Germanenvölker je länger, je bestimmter sich gerichtet hatte, die Gewinnung eines zu eigenem Recht zu beherrschenden Landes. Sie teilten die Pyrenäenhalbinsel in der Weise, daß die Alanen Lusitanien, die Sueben und die asdingischen Vandalen Galicien und die silingischen Vandalen Bätica und Andalusien erhielten. Von einer Herrschaft des römischen Kaisers ist dort hinfort nicht mehr die Rede gewesen. Mögen auch diese Germanen zunächst wie üblich als Föderaten angesehen worden sein: thatsächlich waren sie bald die von Rom unabhängigen Herren des Landes, wußten sich mit den romanisierten Provinzialen zu friedlichem Zusammenleben einzurichten und entwöhnten sich allmählich des unsteten Wesens kriegerischer Wandervölker.

Inzwischen war es Konstantius, dem Feldherrn des Honorius, gelungen, die beiden in Gallien streitenden Gegenkaiser zu bewältigen. Aber schon war im östlichen Teil desselben ein neuer aufgestanden, Jovinus, der sich ebenfalls vorzugsweise auf Germanen stützte. Denn seit der notgedrungenen Freigebung der Rheingrenze durch Stilicho (S. 228) fluteten diese ungehindert herein, nächst den Alemannen namentlich die Burgunder, die, zu einem Teile wenigstens, von ihren Sitzen am Main erst mit den Sueben und Vandalen gegen Süden gezogen und dann auf dem linken Rheinufer in der Gegend von Worms sitzen geblieben waren. Da man sie nicht verdrängen konnte, wurde ihre Occupation schließlich anerkannt und legalisiert: im Jahre 413 bewilligte Honorius ihnen einen Vertrag, der sie in dem Besitz jenes mittelrheinischen Landes bestätigte. Mag es sich dabei zunächst auch um ein Föderatenverhältnis gehandelt haben: thatsächlich ist dieses bald vergessen und das neue Burgunderreich völlig unabhängig gewesen. Wichtig für seine Zukunft war die damals erfolgte allmähliche Bekehrung des Volkes zum Christentum, und zwar anfangs dem katholischen, durch dessen Vermittelung auch der Einfluß der römischen Kultur bedeutend gesteigert und der Prozeß der Entnationalisierung der Burgunder beschleunigt wurde. Späterhin aber siegte auch hier durch den Einfluß der benachbarten Westgoten der Arianismus.

So war auch Gallien bereits auf dem Wege für Westrom verloren zu gehen. Denn während Jovinus sich in Trier als Kaiser gerierte, schweiften ringsum raubend und mordend die Bagauden, die bäuerlichen Bewohner des flachen Landes, welche, durch die Barbareneinfälle und die fiskalischen Erpressungen zu Grunde gerichtet, sich endlich verzweifelnd erhoben und in den noch überall streifenden versprengten Germanenhaufen willkommene Verbündete fanden. In dieser Notlage blieb Honorius schließlich nichts übrig als Athaulf, der anfangs Jovinus' Partei ergriffen hatte, durch weitere Zugeständnisse und die Aussicht auf endliche Erfüllung seines Verlangens nach Land auf seine Seite herüberzuziehen und zum Vorkämpfer gegen Jovinus zu werben, ihm also eine ganz ähnliche Stellung einzuräumen, wie Stilicho sie in richtiger Erkenntnis der Lage dem Alarich zugedacht hatte. Nun besiegte der Westgote den Gegenkaiser und lieferte ihn als Gefangenen nach Ravenna. Dann aber wiederholte sich das alte Spiel. Honorius und der Gotenkönig zerfielen — daß ersterer den Anlaß dazu gab, kann nach Lage der Dinge kaum zweifelhaft sein — und dieser suchte sich noch einmal des einstigen Stadtpräfekten Attalus zu bedienen, der, um der Rache des ravennatischen Hofes zu entgehen, auch nach seiner Absetzung dem Lager der Goten gefolgt war. Doch blieb sein Ehrgeiz wiederum unbefriedigt, und auch Athaulf gewann durch ihn nichts, da in dem Illyrier Konstantius dem Honorius endlich wieder ein tüchtiger Vorkämpfer erstanden war.

In ganz eigentümlichen Formen, geradezu als ein persönliches Ringen zwischen dem Westgotenkönig und dem Reichsfeldherrn, erneute sich nun der Kampf zwischen

Germanen und Römern um die Zukunft. Denn auf gleiche Weise suchten beide Männer, zwischen denen Honorius, sich selbst zu helfen nach wie vor unfähig, zu wählen hatte, mit der Stellung zunächst dem Thron die Leitung des Reiches an sich zu bringen. Beide warben, so heißt es, um die Hand der kaiserlichen Schwester Placidia, die, in Rom in gotische Gefangenschaft gefallen, aber ehrenvoll gehalten, in Athaulfs Lager weilte. Jeder von ihnen dachte vermöge dieser halb erzwungenen Verschwägerung sich Honorius als Mitregenten aufzudrängen. In das Hin und Her der darüber geführten Verhandlungen und das vielfach verschlungene Intrigenspiel, das sich daraus entwickelte, haben wir keine Einsicht. Zu einer Verständigung Athaulfs mit dem Hofe von Ravenna kam es jedenfalls nicht. Wohl aber gelang es dem stattlichen und schönen Westgotenkönig, der sein Volk für die römische Kultur zu gewinnen als seine vornehmste Aufgabe ansah und dessen edle Ritterlichkeit auch auf eine vornehme Römerin Eindruck zu machen geeignet war, Placidia, um deren Freilassung ihr kaiserlicher Bruder vergebens geworben hatte, Neigung einzuflößen. Sie willigte ein seine Gattin zu werden. Wohl mag dabei weiblicher Ehrgeiz in etwas mitgewirkt haben. Es war doch ein Gedanke, würdig des großen Vaters, von dessen Art und Geist in Placidia mehr gelebt zu haben scheint als in dem schwächlichen Bruder, auf diese Weise das rettende Werk der endlichen Versöhnung und Verschmelzung von Römern und Goten wirksam zu fördern. In diesem Sinne, als ein vielverheißendes Friedens- und Versöhnungsfest zwischen den beiden Völkern wurde die Hochzeit im Januar 414 zu Narbonne gefeiert, dessen Athaulf sich unlängst bemächtigt hatte. Auch in den pomphaften Äußerlichkeiten wurde diese Bedeutung stark betont. Im römischen Gewande thronte der Westgote neben der kaiserlichen Braut. An der Spitze des Chores, der die huldigenden Hymenäen sang, schritt Attalus einher, der einst von Alarichs Gnaden den Purpur getragen hatte. Aber den Honorius nun etwa zu verdrängen und durch mehr oder minder offene Usurpation sich der Reichsregierung zu bemächtigen hat auch jetzt außerhalb der Pläne des maßvollen Athaulf gelegen. Sein Ehrgeiz war auf ein anderes Ziel gerichtet. Indem er den Römern unzweideutig bewies, daß er der Ihre sein wollte und seine Goten ihresgleichen

Kaiser Honorius.

Elfenbeinrelief auf einem vom Konsul Ancius Probus geschenkten Diptychon. 29,8 Centimeter hoch und jede Tafel $13\frac{1}{2}$ Centimeter breit. Aosta, Kathedrale.

werden sollten, hoffte er die Kluft endlich zu überbrücken, die sich seit des Stilicho blutigem Ende zwischen den beiden Völkern aufgethan hatte. Als Bruder seiner Gattin, so hoffte er wohl, werde Honorius sich endlich fügen, auf der von ihm gebotenen Grundlage sich mit ihm versöhnen und zu ehrlichem Zusammenwirken verbinden. Und billig genug waren seine Vorschläge auch jetzt noch: nur der militärische Leiter des Reiches wollte er sein; das Kaisertum sollte ungekürzt dem Honorius verbleiben. Es ist im wesentlichen also derselbe Gedanke, den Alarich zu verwirklichen getrachtet hatte. Anfangs freilich hatte Athaulf höher hinaus gewollt. Freimütig hat er eben in jenen Narbonner Festtagen einem vornehmen Römer gegenüber eingestanden, er habe sich einst mit dem Plane zur Errichtung eines neuen, das römische zu ersetzen bestimmten Weltreiches getragen, sei aber allmählich zu der Einsicht gekommen, daß seine Goten mit ihrer Unfügsamkeit gegen Gesetz und Ordnung — einem echt germanischen Erbfehler — dazu doch nicht geeignet seien, und seitdem habe er sich die Aufgabe gestellt, mit der Kraft seiner Goten das römische Reich zu schützen und zu schirmen.

An des Honorius Eigensinn jedoch prallten alle solche Erklärungen und Erbietungen eindruckslos ab. Statt dauernden Friedens gab es daher neuen Krieg zwischen Römern und Goten, und dank der Tüchtigkeit des Konstantius nahm er für die letzteren bald eine ungünstige Wendung. Athaulf wurde wieder südwärts gedrängt und mußte schließlich über die Pyrenäen nach Spanien weichen. Vielleicht gelang es ihm von dem eroberten Barcelona aus dort ein Reich zu gründen. Da erweckte ihm Konstantius in den Vandalen, Alanen und Sueben neue Feinde, die ihm in den Rücken fielen und die Goten durch Absperrung des Verkehres mit Gallien bald in die größte Not brachten. Dafür machte die erregte Menge des Athaulf römerfreundliche Politik verantwortlich. Aus den Reihen der Nationalpartei, die zum Bruch mit Rom und zur Wiederaufnahme des Krieges drängte, ging Eberulf hervor, unter dessen Mordstahl Athaulf im August 415 zu Barcelona endete.

Eine gefährliche Krisis trat ein. Der Knabe, den Placidia ihrem königlichen Gemahl geboren und der den bedeutungsvollen Namen Theodosius erhalten hatte, war gestorben. Als Sohn Athaulfs und Enkel des Theodosius war er der geborene Herrscher für Goten und Römer gewesen, der Träger der Legitimität, kraft unanfechtbaren Rechtes zum Nachfolger des Vaters auf dem gotischen und des Oheims auf dem römischen Thron berufen, als Bürge einer endgültigen Versöhnung und dauernden Vereinigung der beiden Völker unter e i n e m Herrscher und in e i n e m Reiche. Aber je näher Athaulf damit seinem Ziel gewesen war, um so rücksichtsloser wollten die Gegner die Erreichung desselben nun für alle Zeiten unmöglich machen. Eine nationalgotische Reaktion erhob sich und war im ersten Moment siegreich. Sigerich, einen Bruder des Sarus (S. 235), stellte sie als König an die Spitze. Was von ihm zu erwarten war, zeigte der alsbald ergangene Befehl zur Tötung von Athaulfs Kindern erster Ehe, die wütende Feindschaft gegen alles Römische und die unwürdige Behandlung der Königin-Witwe Placidia, die er als Gefangene vor seinem Wagen einhergehen ließ. Solche Ausschreitungen brachten die Goten zur Besinnung. Nach einer Woche bereits fand Sigerichs Gewaltherrschaft ein blutiges Ende. Wallia, ein kriegerisch bewährter Gotenfürst, wurde auf den Schild erhoben, weil man sich von ihm einer kraftvollen Wiederaufnahme des Kampfes gegen die Römer versah.

Auch hat Wallia (415—419) anfangs dieser Erwartung entsprochen. Aber die Verhältnisse waren und blieben doch mächtiger als er und der Römerhaß der durch Honorius' Zögern und Unzuverlässigkeit erbitterten Goten. Im Gedränge zwischen Konstantius, der bei der energischen Fortführung des Gotenkrieges persönliche Ziele verfolgte — Placidias Befreiung zu erzwingen und durch die Ehe mit ihr sich den Weg zum Thron zu öffnen, war seine Absicht —, und den als Föderaten in Honorius' Dienste getretenen Vandalen, Alanen und Sueben griff Wallia auf des Alarich letzte Entwürfe zurück. Er beschloß Spanien zu verlassen und sich Nordafrikas zu bemächtigen, von wo aus er die Getreidezufuhr nach Italien beherrscht und so dem Reiche Gesetze vorgeschrieben haben würde. Aber ein Sturm zerstreute die zur Überfahrt zusammengebrachten Schiffe. Das Vorhaben mußte aufgegeben werden. So blieb denn auch Wallia schließlich nur der Weg der Verständigung mit Honorius. Gegen Auslieferung der Placidia, die nun dem ehrgeizigen Konstantius die Hand zu reichen gezwungen wurde, erhielten die Goten die ihnen früher verheißenen Getreidelieferungen und übernahmen im Dienst des Kaisers die Weiterführung des Kampfes gegen die germanischen Eroberer Spaniens. So wurde nach mancherlei Wechselfällen schließlich doch das Programm verwirklicht, das Athaulf den Seinen auf dem Sterbebette empfohlen hatte — ein glänzender Beweis für seine Einsicht und zugleich für die Richtigkeit der Politik, die Alarich, Stilicho und Theodosius verfolgt hatten. Die Verhältnisse zwangen auch die widerstrebenden Staatsleiter auf den Weg zurück, den sie unklugerweise verlassen hatten. Nur waren die üblen Folgen, welche diese Abweichung ergeben hatte, nicht mehr rückgängig zu machen. Allerdings kämpfte Wallia mit seinen Goten die Germanen Spaniens nun nieder. Die Alanen und die silingischen Vandalen (S. 232) in den herrlichen Landschaften des Südens zu beiden Seiten des Guadalquivir sind dabei so gut wie aufgerieben worden. Die Sueben und die ihnen verbündeten asdingischen Vandalen entwichen nordwärts in die schwer zugänglichen Berge Galiciens, wohin die Goten ihnen nicht zu folgen vermochten. Spanien war damit zu einem großen Teil der weströmischen Herrschaft noch einmal zurückgewonnen, und dieser Erfolg scheint auch Honorius endlich von dem erbitterten Vorurteil bekehrt zu haben, das ihn gegen die germanischen Helfer erfüllt hatte. Wie er Wallia verheißen hatte, wies er ihm mit seinem Volk nun den südlichen Teil Galliens, Aquitanien, mit der Hauptstadt Toulouse zum Wohnsitz an, so daß sie zwei Dritteile des anbaufähigen Landes erhielten, der Rest der römischen Bevölkerung verblieb, welche durch die Heimsuchungen der letzten Jahrzehnte wohl arg zusammengeschmolzen gewesen sein wird.

Es war freilich nicht ein eigenes Reich, was Wallia damit gewann, denn es stand unter des Kaisers Hoheit, wie vor Jahren ja auch Alarich eine solche auf sich zu nehmen kein Bedenken getragen hatte. Aber schneller, als es damals geschehen sein würde, traten unter den obwaltenden Umständen die Konsequenzen in Wirksamkeit, die sich aus einem derartigen Verhältnis notwendig ergeben mußten. Die kaiserliche Oberherrschaft verflüchtigte sich in kurzer Zeit zu einem wesenlosen Schatten, und schon nach wenigen Jahren waren die Westgoten von Rom völlig unabhängig und kraft eigenen Rechts Herren jenes Landes. Des Alarich Gedanke war damit in anderer Form verwirklicht. Ein Westgotenreich erblühte auf römischem Boden in Frieden und Freundschaft mit Rom, und dadurch berufen, zu eigenem Gewinn wie zum Heil der Germanen überhaupt der Vermittler zu werden zwischen römischer und germanischer Kultur. Aber nur die Anfänge dieser Entwickelung gehören noch in Wallias Zeit. Daß sie weitergeführt wurden und zum Ziele gediehen, ist zunächst das Verdienst der langen und thatenreichen Regierung des Königs Theoderich I. (419—451), der jenem auf dem Throne folgte. Geschickt benutzte er die Wirren, die nach Honorius' Tod im Jahre 423 im römischen Reiche ausbrachen, um die anfängliche Abhängigkeit vollends abzustreifen und sich erobernd auszubreiten. Da nötigte ihn freilich der kraftvolle Widerstand, dem er begegnete, seit Aëtius die Leitung des Westreiches an sich gebracht hatte, und die wachsende Macht der Sueben in dem von den Vandalen verlassenen Spanien zu einer wechselnden Politik, vermöge deren er zwischen den beiden feindlichen Gewalten in die Höhe zu kommen suchte, nicht ohne manche Wechselfälle zwar durch gelegentliches Mißlingen, aber im ganzen doch mit dem Erfolge, daß sein Reich als eine selbständige Macht anerkannt wurde. Erwies es sich doch Rom selbst unentbehrlich, als die hunnische Barbarei verderbendrohend hereinbrach und die Kultur des Abendlandes asiatischer Verwüstung verfallen schien.

Inzwischen ging die Auflösung des Westreiches unaufhaltsam vorwärts, und den Römern selbst stieg allmählich die furchtbare Gewißheit auf, daß das Ende ihrer für unvergänglich gehaltenen Herrlichkeit schnellen Schrittes herannahe. Die verzweifelte Erhebung, zu der sie sich aufgerafft, die aber doch nur die heillosen Wirren heraufbeschworen hatte, die Stilichos jähem Ende gefolgt waren, hatte dem Verfall nicht Einhalt gethan: der Triumph der Barbaren ließ sich nicht abwenden. Mit fatalistischer Resignation fing man daher an, sich dem Willen des Schicksals zu beugen, tröstete sich aber zugleich auch wieder durch die Verkündigung des herrlichen Sieges, den Rom im Gebiet der Kultur über das Barbarentum gewann. Lehrreich spiegelt sich dieser geistige Wandel in einigen litterarischen Erscheinungen der Zeit wieder. Damals schrieb der Spanier Paulus Orosius seine Weltgeschichte (Historia contra paganos), die zeigen sollte, nicht, wie die Heiden behaupteten, das Christentum und der Abfall von den alten Göttern seien an all dem so vielbeklagten Elend schuld; überhaupt sei mit dem Vertrag, durch den Honorius Aquitanien den Westgoten überlassen, vielmehr ein Zeitalter neuen Gedeihens heraufgeführt: seien nicht die Barbarenmassen wie durch ein Wunder vernichtet, ohne daß die Römer sich darum irgendwie anzustrengen gehabt hätten? Weniger schmeichelhaft für die römische Eitelkeit war es, wenn andere bei der Betrachtung der Zeit zu der Erkenntnis kamen, die nicht abreißende Folge von Heimsuchungen, die über das Reich hereingebrochen, sei eine Strafe Gottes für die Entartung des in Sünden versunkenen Volkes. Unbarmherzig riß der Marseiller Presbyter Salvianus in seinem Buche „Von der göttlichen Weltregierung" (de gubernatione Dei) dem verkommenen Römertum die Maske von dem Gesicht, indem er die trostlosen Zustände Galliens wahrheitsgetreu schilderte — die bodenlose Nichtswürdigkeit des pflichtvergessenen und nur auf den eigenen Vorteil bedachten Beamtentums, die unmenschliche Bedrückung und Ausbeutung der unglücklichen Provinzialen zum Besten des räuberischen Staates und die völlige Lösung aller Sitte und Zucht, wie sie in Zeiten einzutreten pflegt, wo alle höheren Interessen erstorben sind und jeder nur darauf bedacht ist, die kurze Spanne Zeit, die ihm bis zu dem nahenden Ende mit Schrecken noch vergönnt ist, in wildem Sinnentaumel nach Möglichkeit zu genießen. Das Römertum war eben nicht bloß militärisch und politisch abgestorben: es fing an sich selbst aufzugeben und ging damit auch moralisch zu Grunde. Tiefer angelegte, ernstere Naturen meinten daher nur in der Weltflucht Rettung finden zu können. In diesem Sinne erhob Augustin in seinem Werke „Vom Gottesstaat“ (de civitate Dei) seine Stimme zu einer gewaltigen Bußpredigt, die das nahe Ende verkündete und nur denen Rettung verhieß, die sich blindlings in den Schoß der Kirche flüchteten. Unbefangene Beobachter dagegen, die sich von der Selbsttäuschung des Orosius ebenso fern hielten wie von dem Pessimismus des Salvianus und dem Bußeifer des Augustin, sahen nicht ohne Befriedigung, wie der Gegensatz zwischen Römern und Germanen sich allmählich milderte, erkannten die hervorragenden guten Eigenschaften, welche die teils gefürchteten, teils gehaßten Barbaren entwickelten, und versagten namentlich den edlen Westgoten nicht das Zeugnis, sie hätten gegen sie — die Besiegten — sich wie Römer benommen.

Galla Placidia
und ihr Sohn Valentinian III.
Elfenbeinrelief auf einem Diptychon.
Monza, Dom.

Am 15. August 423 starb Honorius, nachdem ihm sein kraftvoller Schwager Konstantius, den er wohl oder übel als Augustus hatte neben sich auf den Thron erheben müssen, schon zwei Jahre früher im Tode vorangegangen war. Wie übel das Verhältnis der beiden Kaiser gewesen, hatte die Flucht der Placidia nach Konstantinopel bewiesen, wo sie nach ihres Gatten Tode mit ihren Kindern Honoria und Valentinian vor den Nachstellungen des Bruders und Oheims bei Kaiser Theodosius II., dem Sohne und Nachfolger des Arkadius, Schutz gesucht hatte. Dort weilte sie noch, als Honorius ohne Leibeserben starb. Das ermöglichte einem ehrgeizigen Höfling, dem Primicerius, d. i. Reichskanzler, Johannes, den Versuch sich des weströmischen Thrones zu bemächtigen. Doch half Theodosius' II. Eingreifen dem legitimen Erben zur Herrschaft, Valentinian III., einem sechsjährigen Knaben. Die Regentschaft kam an seine Mutter Placidia. Aber trotz ihrer Anlagen und des an Erfahrungen reichen Lebens, das sie hinter sich hatte, wurde ihr Regiment dem Reiche vollends zum Verhängnis. Denn am wenigsten ein Weib war geeignet, einem so tiefzerrütteten, von Parteiungen zerrissenen und von Intrigen unterwühlten Hof, wie der von Ravenna war, einen festen Halt gewährenden

Mittelpunkt zu geben. Placidia geriet vielmehr in Abhängigkeit bald von dieser, bald von jener Seite. Zunächst mußte sie Theodosius II. für die gewährte Hilfe durch Überlassung von ganz Illyrien belohnen. Bald aber wurde der so zusammengeschmolzene Besitzstand des Reiches noch viel unheilvoller geschädigt.

Von Anfang an traten am Hof Placidias zwei Männer einander als unversöhnliche Rivalen entgegen und rangen um den maßgebenden Einfluß auf die Regentin, Bonifacius, der für die Treue, die er bei des Primicerius Johannes Usurpationsversuch Valentinian III. als seinem legitimen Herrscher bewiesen hatte, durch die Statthalterschaft Afrikas, der reichsten Provinz, belohnt worden war, und Aëtius, der Sohn eines Germanen im römischen Heerdienst und einer Römerin. Ein merkwürdiger Mann, der in seiner Jugend als Geisel erst bei den Westgoten, dann bei den Hunnen geweilt hatte und daher mit Wesen und Verhältnissen der Barbaren aus eigener Anschauung genau vertraut war, stellte der letztere in seiner ganzen Persönlichkeit ein eigentümliches Gemisch dar von barbarischer und römischer Art. Hinterlistig und gewaltthätig, ehrgeizig und herrschsüchtig, war er doch in seinem Denken und Fühlen ein ausgesprochener Römer. Mehr Diplomat als Militär, befähigte ihn doch eben die Vereinigung dieser Eigenschaften in hervorragendem Maße zum Verteidiger des wankenden Römerreiches gegen den erneuten Ansturm der unter sich vielfach streitenden Barbaren, und nicht mit Unrecht hat man ihn wohl als den „letzten Römer" bezeichnet.

Ihm gelang es durch Zwischenträgereien Placidia mit unbegründetem Mißtrauen gegen Bonifacius zu erfüllen, so daß sie ihn von der afrikanischen Statthalterschaft abberief. Wie er den Brauch des Hofes von Ravenna kannte, glaubte Bonifacius bei der Heimkehr wohl noch Schlimmeres für sich fürchten zu müssen. Sich daher gewaltsam in der ihm zu Unrecht entzogenen wichtigen Stellung zu behaupten rief er die Vandalen aus dem nahen Spanien zu Hilfe, indem er ihnen als Lohn den dritten Teil des Landes versprach. Er dachte sie also in einer Form in seinen Dienst zu nehmen, die im römischen Reich seit langer Zeit herkömmlich war. Dieser Antrag kam den Vandalen gerade damals höchst erwünscht. Denn seit sie im Gedränge zwischen Westgoten und Römern im Jahre 419 nach Bätica gewichen waren, hatte sich die alte, durch die Seßhaftigkeit der letzten Zeit einigermaßen gedämpfte Wanderlust und damit die Lust an Krieg und Beute in ihnen von neuem geregt und sie auf die nahe See hinausgetrieben, mit der sie bald so vertraut waren, daß ihre Schiffe das westliche Becken des Mittelmeeres beherrschten. Im Jahre 425 griffen sie bereits die Balearischen Inseln an, zerstörten Carthagena und Sevilla und suchten die Küste Mauretaniens heim. Von rückwärts aber sahen sie sich durch einen Angriff des erstarkenden Suebenreiches gefährdet. In diesem Kampfe war der junge König Guntherich gefallen, und sein unechter Halbbruder Geiserich, der ihm nach dem bei den Vandalen herrschenden eigentümlichen Brauch des Doppelkönigtums als Mitregent zur Seite gestanden, hatte sich der Alleinherrschaft bemächtigt — ein merkwürdiger Mann, der Typus des sein selbst frohen Barbarentums und ein abgesagter Feind alles Römischen, dessen brennender Ehrgeiz von einer nie versagenden Schlauheit und erfindungsreichen Verschlagenheit bedient wurde, dem jedes Mittel recht war, wenn es nur zum Ziele führte, auch in den Augen der Seinen durch seine unzugängliche Verschlossenheit mit dem Nimbus eines besonders imponierenden Geheimnisses umgeben, ein wilder Krieger und dazu ein Meister in der Kunst die Leidenschaften seines naturwüchsigen Volkes der eigenen Macht und Größe dienstbar zu machen. Auch sein Äußeres kam ihm dabei zu Hilfe. Mittelgroß und infolge eines Sturzes mit dem Pferde auf einem Fuß lahm, wurde er mit einer gewissen ängstlichen Scheu betrachtet. Von allen Germanenfürsten der Zeit war er berufen der furchtbarste Feind der Römer zu werden.

Im Mai 429 setzte Geiserich, dem unheilvollen Ruf des irregeleiteten Bonifacius folgend, nach Afrika über. Die Alanen ungerechnet, die sich ihm anschlossen, kann er kaum viel über fünfzigtausend Leute mit sich geführt haben. Denn die Vandalen, von denen ja ohnehin nur ein Teil südwärts gezogen, ein anderer in Noricum zurückgeblieben war, waren durch die wechselvollen Kämpfe in Spanien beträchtlich zusammengeschmolzen, so daß die Zahl der Waffenfähigen, die mit Geiserich zogen, mit zwanzigtausend schon hoch angeschlagen sein dürfte. Immer noch ein stattliches Heer, aber doch nicht eigentlich ein wanderndes Volk, erschienen die Vandalen an der Küste Mauretaniens. Dort aber fanden sie die Lage insofern verändert, als des Aëtius Intrigen inzwischen enthüllt waren, Bonifacius aber die Gunst der Placidia wiedergewonnen hatte und zur Verteidigung der durch seine Schuld so schwer bedrohten Provinz bereit stand. Dennoch beharrte Geiserich in seinem Vorhaben. Es scheint, als ob ihm bei dem raschen Aufsteigen der suebischen Macht der Boden Spaniens ohnehin zu heiß geworden sei, während die Kleinheit seines Heeres zum guten Teil aufgewogen wurde durch die ihm günstigen Verhältnisse Afrikas. Die große Masse der Landbevölkerung nämlich begrüßte ihn mit seinen Vandalen geradezu als Befreier von dem unmenschlichen Druck, unter dem sie bei der hier besonders ausgebildeten Latifundienwirtschaft durch die römischen Großgrundbesitzer gehalten wurde. In Scharen strömten die Kolonen und Bauern ihm zu, so daß sein Heer zu beträchtlicher Stärke anwuchs. Außerdem aber trugen auch hier religiöse Streitigkeiten zum Verderben der Römer bei. Der orthodoxe Eifer hatte über die Arianer sowohl wie über die in Nordafrika zahlreich vorhandenen Donatisten harte Verfolgung gebracht: bei dem Übergange der Herrschaft auf die arianischen Vandalen hatten diese nur zu gewinnen. So hatte es Geiserich von vornherein eigentlich nur mit einem Teil der Bevölkerung der römischen Provinz zu thun. Von einem anderen durfte er Unterstützung, von einem dritten wenigstens wohlwollende Neutralität erwarten. Aber auch hier waren die ihm feindlichen Provinzialen längst entnervt und unkriegerisch. Es könnte daher beinahe überraschen, daß Geiserich nicht schneller zum Ziel kam. Aber Bonifacius war redlich bemüht das durch ihn heraufbeschworene Unheil abzuwehren. Auch wurde er nun sowohl von Ravenna wie von Konstantinopel her unterstützt; selbst gotische Hilfstruppen zogen ihm zu. Aber bei dem Versuch, an der Grenze Mauretaniens den Vandalen den Eintritt nach Numidien zu wehren, erlitt er eine Niederlage und mußte sich in das feste Hippo Regius werfen, den Bischofssitz des heiligen Augustin. Während die Vandalen nun die übrige Provinz mit leichter Mühe in ihre Gewalt brachten, behauptete sich Hippo volle vierzehn Monate gegen ihren Angriff. In dieser Zeit starb dort der heilige Augustin. Inzwischen kamen neue Verstärkungen an und setzten Bonifacius in den Stand zur Offensive überzugehen. Aber wiederum entschied die Schlacht gegen ihn. Am Ende des zweiten Kriegsjahres waren außer Hippo nur noch Cirta und Karthago in den Händen der Römer.

Aber es war doch wohl nicht bloß dieser Umstand und das Schwinden jeder Aussicht auf einen schließlichen glücklichen Ausgang, was Bonifacius zum Verzicht auf eine Fortsetzung des Kampfes bestimmte. Anderwärts schien Größeres auf dem Spiel zu stehen, wenn auch vielleicht zunächst nur für ihn persönlich. Mit dem Rest seines Heeres schiffte er sich ein und segelte heim nach Italien, wo er sich vor Placidia vollends rechtfertigte und zu Gnaden angenommen wurde. Alsbald aber eilte auch Aëtius herbei, der inzwischen in Gallien die weitere Ausbreitung der Westgoten und Franken aufzuhalten versucht hatte. Er führte kampfbereit barbarische Heerhaufen heran, entschlossen, die gebietende Stellung, die er bisher eingenommen hatte, gegen den nun von der Gunst der Regentin geschützten Nebenbuhler gewaltsam zu behaupten. Dieser zog ihm ebenfalls mit Heeresmacht entgegen, siegte auch in dem entbrennenden Kampfe, erlag aber den dabei empfangenen Wunden, während Aëtius, nun fürs erste in Ravenna unmöglich geworden, über die Grenze des Reiches entwich und bei dem Hunnenkönig Rugilas Aufnahme fand.

Des Bonifacius Tod entschied zunächst das Schicksal Afrikas. Denn es blieb nun ohne Hilfe, und der Hof von Ravenna suchte höchstens durch Verträge, die den einen Teil preisgaben, wenigstens den anderen zu retten. Daß er damit wenigstens zeitweilig zum Ziele kam, hatte er allein der mannigfachen Gefährdung zu danken, der Geiserich sich in seiner usurpierten königlichen Stellung ausgesetzt sah. Als unehelich geboren galt er vielen für nicht berechtigt zu der Krone, die eigentlich seinen Neffen gebührte. Sich zu sichern räumte er daher die Prätendenten und ihre vornehmsten Anhänger allmählich aus dem Wege und bewilligte den Römern im Jahre 432 einen Frieden, der ihnen das westliche Numidien und die beiden Mauretanien ließ, ihm selbst aber freie Hand gab der inneren Schwierigkeiten Herr zu werden und die Eroberung der eigentlichen afrikanischen Provinz zu vollenden.

Das geschah unter furchtbarer Mißhandlung der Bevölkerung, die hier mehr, als sonst irgendwo geschehen war, die Germanen als Barbaren kennen und verabscheuen lernte. Massenhaft flüchtete sie in die noch römisch gebliebenen Städte Cirta und Karthago, und als auch für diese die Stunde der Unterwerfung nahte, schiffte sich, wer irgend konnte, ein, um hinüber nach Italien zu entweichen. Zum guten Teil entvölkert fiel das Land in die Gewalt der Eroberer. Den Abschluß bezeichnete die Einnahme von Karthago, das am 19. Oktober 439 seine Thore öffnen mußte. Von diesem Tage an datierten die Vandalen hinfort ihre Zeitrechnung. Karthago aber, das als römische Kolonie neu erblüht war, wurde nun die Hauptstadt eines Seeräuberstaates großen Stiles. Denn zu einem solchen entwickelte sich die Gründung Geiserichs in kurzer Zeit.

Veranlaßt freilich wurde das weder allein durch die Wildheit der kulturfeindlichen Vandalen, die allerdings an dem neuen Wander- und Kriegerleben Gefallen gefunden hatten, noch durch die außerordentliche Gunst der Lage Karthagos und die Beschaffenheit der nordafrikanischen Küste, die ihre Bewohner auf die See hinwies und ihnen für die Entwickelung einer Seemacht alle Bedingungen in seltener Vollständigkeit gewährte. Vielmehr wird man zur Erklärung dieser immerhin ungewöhnlichen Erscheinung wohl noch andere Momente heranziehen müssen. Zunächst standen die Vandalen der Bevölkerung des eroberten Landes als eine kleine Minderheit gegenüber und mußten daher, wollten sie die Unterworfenen in Gehorsam erhalten, ihrer Herrschaft den kriegerischen Charakter belassen, der in den übrigen germanischen Staaten in demselben Maße zu schwinden pflegte, wie Besiegte und Sieger durch die Gemeinschaft der friedlichen Arbeit für ihr wirtschaftliches Gedeihen einander genähert und schließlich verschmolzen wurden. Auch mußte Geiserich bei der bleibenden Unsicherheit seiner Stellung sein Volk, um es dem Einfluß seiner Gegner zu entziehen, durch die Erhaltung gewissermaßen eines permanenten Kriegszustandes dauernd straffer in der Hand zu haben suchen. Endlich traf für die Eroberer Nordafrikas wohl ganz besonders der Satz zu, daß die beste Verteidigung der Angriff sei. Die Wiedergewinnung dieser Provinz, von deren Besitz die Verproviantierung Italiens und namentlich Roms abhing, war für das weströmische Reich geradezu eine Lebensfrage. Es mußte um seiner selbst willen alles daran setzen, sie um jeden Preis zu ermöglichen. Daher waren die Vandalen dort in demselben Maße mehr bedroht, als das Westreich zu Atem kam und Kräfte sammelte oder gar die übrigen Mittelmeerstaaten zu einer gemeinsamen Aktion gegen sie vereinigte. Je weniger er ihm daher Ruhe ließ und je mehr er es durch stete Raubfahrten schwächte, um so weniger brauchte Geiserich seinerseits einen Angriff von dorther zu befürchten.

Die Leitung des westlichen Reiches lag nun wieder ganz in den Händen des Aëtius. Seit Bonifacius' Tod ohne jeden kraftvollen Gehilfen, hatte ihn Placidia als unentbehrlich zurückrufen und trotz seiner schweren Verschuldung an die Spitze der Reichsregierung stellen müssen. Auch rechtfertigte er militärisch sowohl wie politisch das auf ihn gesetzte Vertrauen, und seine rastlose Thätigkeit blieb nicht ohne Erfolg. In Gallien trat er der Ausbreitung der Westgoten entgegen und behauptete auch gegen Theoderichs II. (419—451, S. 245) wiederholte Angriffe Arles und Narbonne, während er Toulouse nicht zurückerobern konnte. Doch nötigten ihn von anderen Seiten andringende größere Gefahren bald diesem Kriege ein Ende zu machen. Der Friede scheint den Westgoten zwar wiederum eine Vergrößerung ihres Gebietes gewährt zu haben, gewann sie dafür aber auch von neuem zu Bundesgenossen gegen die übrigen Germanen, zunächst die Sueben in Spanien.

Durch den Abzug der Vandalen nach Afrika ihrer Hauptgegner entledigt, breiteten sich diese nämlich von den Bergen Galiciens wieder südwärts aus: sie bemächtigten sich der früher von jenen inne gehabten Gebiete von Bätica und Carthagena; im Jahre 446 besiegte ihr König Rekilas den Statthalter Vitus, dem westgotische Hilfsvölker zugezogen waren, und drang dann über den Ebro bis zu den Pyrenäen vor. Nun war auch Spanien für die Römer so gut wie verloren, und seine Wiedereroberung konnte nicht einmal versucht werden, da man die Sueben sowohl wie die Westgoten als Bundesgenossen gegen den vandalischen Seeräuberstaat nicht entbehren konnte.

Eben um jene Zeit büßte das Westreich nun auch seine am weitesten nach Norden vorgeschobene Position ein. Auch Britannien ging allmählich in den Besitz der Germanen über. Seit Menschenaltern waren seine Küsten von den Seeräuberflotten der Sachsen heimgesucht worden, während die romanisierte Bevölkerung sich von Westen durch die Iren und von Norden durch die Pikten und Skoten unausgesetzt angegriffen sah. Namentlich die letzteren waren nicht mehr im Zaum zu halten, seit die Erhebung des Gegenkaisers Konstantinus (S. 232) die demselben zugefallenen britannischen Legionen zum Kampf gegen Stilicho nach Gallien geführt hatte. Auch der Grenzwall, der im nördlichen Teil der Provinz gerade zur Abwehr dieser unruhigen Nachbarn nach der am Rhein und Donau bewährten Art, wenn auch nicht so sorgsam und kunstreich, von Meer zu Meer gezogen war, gewährte nun keinen Schutz mehr. Und da Rom zu helfen nun vollends unvermögend war, blieb die Bevölkerung auf die eigene unzureichende und ungeübte Kraft angewiesen. Parteiungen politischer und kirchlicher Natur lähmten diese vollends. Mangel und Krankheit kamen hinzu. In dieser Not meinten die Provinzialen Britanniens sich jener kriegerischen sächsischen Seefahrer bedienen und ihnen den Kampf gegen Pikten und Skoten übertragen zu können, indem sie ihre unruhige Unternehmungslust dadurch zugleich von dem eigenen Lande ablenkten. Da aber geschah, was unter ähnlichen Verhältnissen früher und später so oft geschehen ist. Die als Söldner in das Land gerufenen kriegerischen Fremden fanden an der ihnen eingeräumten Stellung solchen Gefallen, daß sie immer neue Genossen herbeiriefen und, so zur Übermacht verstärkt, ihre bisherigen Schützlinge allmählich aus Besitz und Rechten verdrängten und schließlich zu Unterthanen machten. Nicht durch einen Akt der Eroberung und nicht durch einen Kampf, der sein Schicksal entschieden hätte, ist Britannien von den Germanen occupiert worden, und Hengist und Horsa, die, mit drei Schiffen herübergekommen, die Gründer des nachmaligen Angelsachsenreiches geworden sein sollen, sind wahrscheinlich sagenhafte Gebilde einer späteren Zeit. Den sächsischen Seeräubern, die um die Mitte des fünften Jahrhunderts zuerst in Kent, an der Südküste, Land erhielten gegen Übernahme der Verpflichtung zum Kampf gegen die nördlichen Barbaren, sind in kleinen, abenteuernden Haufen neue Zuzügler gefolgt. Ihre wachsenden Erfolge lockten immer neue Genossen nach, nicht bloß Sachsen, sondern auch diesen stammverwandte Angeln aus Schleswig und dann Jüten, die von der westlicheren Friesenküste kamen. Ganz allmählich, stück- und strichweise erfolgte die Occupation, bis die Einwanderer eben stark genug waren, um die Briten, die erst ihre Herren gewesen, dann mit ihnen zu teilen genötigt worden waren, als sie die unbequemen Eindringlinge wieder loszuwerden versuchten, unter ihre Herrschaft zu bringen oder zum Abzug zu nötigen. Im Lauf von anderthalb Jahrhunderten erst ist dieser Prozeß zum Abschluß gekommen. Die Einwanderer siedelten sich in der neuen Heimat nach Stämmen geschlossen an, wenn die Sonderung auch nicht überall gleich scharf durchgeführt sein wird. Die Landschaften der Südküste und am Unterlauf der Themse fielen so in die Hände der Sachsen. Im Norden am Hadrianswall und am Humber saßen die Angeln, die mittleren Landschaften, Kent und die Insel Wight nahmen zunächst die Jüten ein.

Von Grund aus gewandelt waren Stellung und Charakter des Westreiches nach diesen Erfolgen der germanischen Waffen. Von seinen westlichen Provinzen waren Afrika, Spanien und Britannien ganz, Gallien zum großen Teil verloren. Vom Rhein und von der Donau her fluteten neue Völkermassen herein. Dort waren Alemannen und Franken in unaufhaltsamer Ausbreitung begriffen. Hier wälzte sich immer näher die furchtbare Völkerwoge, zu der die Hunnen die östlichen Germanen zusammengepreßt hatten, wie es schien, bestimmt zugleich mit der eben erst werdenden neuen germanischen Kultur die alte und überlebte römische in ihre vernichtenden Wirbel zu ziehen und unter den Schlägen zerstörungslustiger Barbaren elend zu zertrümmern.

Drittes Kapitel.

Römer und Germanen im Kampf gegen die mongolische Barbarei der Hunnen.

Etwa 375—450 n. Chr.

Ehemals hat ziemlich allgemein die Meinung geherrscht, es sei die gewöhnlich als Völkerwanderung bezeichnete Bewegung der abendländischen Völker überhaupt erst verursacht und in Gang gebracht worden durch den Ansturm, mit dem die mongolischen Hunnen über das östliche Tiefland hereinbrachen und die dort sitzenden Stämme teils mit sich fortrissen, teils nach Westen und Süden auszuweichen nötigten. Man führte also die lange Reihe folgewichtiger Ereignisse, durch welche die Germanen in den Mittelpunkt der Geschichte Europas gestellt wurden, zurück auf einen eigentlich rein äußerlichen, sozusagen mechanischen Anlaß und leugnete dadurch mittelbar die Mitwirkung geistiger und sittlicher, ja auch nur gesellschaftlicher und wirtschaftlicher Faktoren bei den Germanen. Heute wird von einem Vorgange von weltgeschichtlicher Bedeutung eine solche Auffassung kaum noch ernstlich vertreten werden, seit erkannt worden ist, wie lange vor dem Erscheinen der Hunnen bei den germanischen Völkern eine in ihnen selbst entsprungene Bewegung gleicher Art geherrscht und die Völkerwanderung demnach schon ziemlich zwei Jahrhunderte vor dem Zeitpunkt begonnen hat, auf den man sonst ihren Anfang zu setzen pflegte. Andererseits wird sich doch aber auch nicht in Abrede stellen lassen, daß die seit der Mitte des zweiten Jahrhunderts n. Chr. in Fluß gekommene Bewegung der Germanen gegen die Grenzen des römischen Reiches, die zu den gewaltigen Alemannen- und Markomannenkriegen führte, für einige Zeit wieder in Stillstand geraten oder doch verlangsamt worden war und dann einen neuen Impuls erhielt und zu größerer Intensität gesteigert wurde durch das plötzliche Hereinfluten ungeheurer Scharen von asiatischen Steppenvölkern. Der unwiderstehliche Druck, den diese nach Westen hin ausübten, nötigte die allmählich zur Ruhe gekommenen und seßhaft gewordenen rechtsrheinischen Germanen zu neuen Wanderungen und zur Wiederaufnahme der Eroberungen.

Es ist das erste Mal, daß die mongolische Rasse in die Weltgeschichte eingreift, und zwar thut sie es in denselben Formen und mit demselben Ergebnis wie acht Jahrhunderte später zum zweitenmal, indem sie, einer mit elementarer Gewalt hereinbrechenden Naturkraft vergleichbar, zerstörend einherbraust, den morschen Bau älterer und den unfertigen neuerer Kulturen in Trümmer legt und dann, Verwüstung und Zerstörung hinter sich lassend, gleichsam spurlos wiederum verschwindet. Und doch offenbart sich gerade in diesem scheinbar so unvermittelt erfolgten und dann ohne jedes positive Ergebnis verlaufenden ersten Einfall der Mongolen der innere Zusammenhang zeitlich und räumlich weit auseinander liegender Vorgänge, und wir gewinnen durch ihn einen lehrreichen Einblick in den recht eigentlich weltgeschichtlichen Kausalnexus, der einander scheinbar völlig fremde Ereignisreihen in ursächlicher Verknüpfung enge zusammenhält und nach den in ihnen wirkenden Kräften zu großen historischen Einheiten verbindet. Denn es kann nach den Ergebnissen, welche während der letzten Menschenalter die Forschungen über die Entwickelung des fernen Ostens, den wir bei der Betrachtung des Gesamtganges der Weltgeschichte für diese Periode außer acht zu lassen pflegen, geliefert haben, im wesentlichen als erwiesen gelten, daß der verheerende Einbruch, mit dem die Mongolen gegen Ende des vierten Jahrhunderts Europa heimsuchten, im letzten Grunde dadurch veranlaßt worden ist, daß der Weg nach Osten, den diese Völker bei ihren Raub- und Eroberungszügen bisher zu verfolgen gewohnt waren, ihnen neuerdings durch ein als unüberwindlich erkanntes Hindernis verlegt war, das sie sich westwärts zu wenden nötigte. Die Erbauung der chinesischen großen Mauer und die mit ihr begonnene Konzentration Chinas zur erfolgreichen Abwehr seiner nordwestlichen Nachbarn erhellt hier in ihrer universalhistorischen Bedeutung, und es erschließen sich von da aus lehrreiche Gesichtspunkte für die Erkenntnis der Entwickelung zweier Weltteile.

Nach zwei Richtungen hin haben die Völker der mongolischen Rasse von dem steppenbedeckten Hochland Innerasiens, dessen ungeheure Flächen ihren Herden Nahrung und ihrer unsteten Wanderlust Raum zur Bethätigung boten, im Laufe der Zeit über die Nachbarlande sich ausgebreitet. Entsprechend den schroffen Gegensätzen, welche die Natur ihrer ursprünglichen Heimat aufwies, vereinigten sie in sich ähnlich entgegengesetzte Anlagen. Demgemäß ist auch ihre Entwickelung in der Folgezeit je nach den sie bedingenden Umständen in diametral auseinander gehende Wege gelenkt worden. Nach der einen Seite sind sie durch eine frühzeitig begonnene und mit zäher Ausdauer fortgeführte Arbeit Herren eines der reichsten Länder der Welt und Träger einer außerordentlich mannigfaltig und hoch entwickelten Kultur geworden, die dann aber weiterhin allmählich in Stillstand geraten ist und, Jahrtausende auf demselben Standpunkt beharrend, schließlich das Bild einer in ihrer Art geradezu einzig dastehenden geschichtlichen Stagnation darbietet. Und auf der anderen Seite bleibt dasselbe Volk unverändert in dem durch die Natur seines Landes bedingten Nomadenleben und damit eigentlich überhaupt in einem geschichtslosen Dasein befangen, mit Ausnahme vereinzelter, zeitlich weit auseinander liegender Momente, wo es, wie plötzlich zum Bewußtsein seiner thatenlos schlummernden Kraft gekommen, als verwüstender Eroberer sich über die reiche Beute verheißenden Kulturländer des Westens ergoß. Die Horden Attilas und später Dschingiskhans haben ihren Ausgang von denselben Gebieten genommen, aus denen früher das ostasiatische Kulturvolk der Chinesen in die nachmals von ihm inne gehabten weiten Lande gewandert ist. Westwärts aber haben jene sich nur gewendet, weil der Weg nach Osten, den einzuschlagen die natürlichen Verhältnisse auch sie eigentlich anwiesen und den sie Menschenalter hindurch verfolgt hatten, durch erfolgreiche Abwehr der erstarkenden Chinesen immer mehr erschwert und schließlich auf die Dauer verlegt war. Von hier aus gewinnt die Geschichte der Chinesen, wie sie bis zu dieser ihrer zwar nur mittelbaren, aber doch sehr folgenreichen Einwirkung auf die des Abendlandes verlaufen ist, auch für die letztere ein Interesse, und es wird gerechtfertigt sein, sie sich wenigstens in den wichtigsten Zügen und den entscheidendsten Momenten zu vergegenwärtigen.

Es darf dabei wohl dahingestellt bleiben, wie die allerdings höchst bemerkenswerte Thatsache zu erklären sein wird, daß die Chinesen das astronomisch wichtige System der Mondstationen am Sternenhimmel mit den Indern und Arabern als einen uralten Gemeinbesitz teilen. Dieses System kann nur an einem Ort und nur zu einer bestimmten Zeit entstanden sein. Findet es sich daher gleichmäßig bei drei Nationen, die in geschichtlicher Zeit so weit voneinander saßen, daß sie einen Verkehr, wie ihn ein Austausch auf diesem schwierigen Gebiete voraussetzt, füglich nicht gehabt haben können, so wird sich das allein erklären lassen durch die Annahme einer noch weiter zurückliegenden Gemeinschaft. Es bleibt da nur die Vermutung, daß diese Völker, die trotz ihrer nachmaligen völligen Trennung einen geistigen Besitz gemein haben, der unmöglich mehreremal an verschiedenen Orten erworben sein kann, von einem gemeinschaftlichen Centralsitz aus nach verschiedenen Richtungen hin auseinander gewandert sind. Andererseits hat man aus der geographischen Konfiguration des centralen und des östlichen Asien in Verbindung mit den allgemeinen ethnographischen Verhältnissen der späteren Zeit die wahrscheinliche Vermutung hergeleitet, daß die Völker Asiens sich vermöge einer Bewegung, die von einem Punkte strahlenförmig nach Osten auseinander ging, über den Weltteil verbreitet haben, bis die kulturfähigen Länder des Ostens sämtlich besetzt waren, so daß die später von jenem Centrum aufbrechenden Völker notgedrungen die Richtung nach Westen einschlagen mußten. Darauf gründet sich auch die Annahme, die Ursitze der Chinesen seien in den einst fruchtbaren Oasen am Südrande des Tarymbeckens zu suchen. Dann würde es sich sehr einfach erklären, daß eine ganze Anzahl von primitiven Kulturelementen, unter denen allerdings der Besitz des Mondstationenkreises als das positivste das bemerkenswerteste wäre, den Chinesen mit den Indern und den Völkern des Westens schon zu einer Zeit gemeinsam war, wo ein Verkehr nicht stattgefunden haben kann. Vergeblich hat man diese Thatsache aus der ägyptischen oder indischen Herkunft der Chinesen zu erklären versucht. Eine Hypothese der Art findet in geschichtlichen Vorgängen keine Stütze, während alle jene Analogien sofort verständlich werden, wenn die Chinesen dereinst neben den Ariern und den Skythen gesessen haben sollten. Als Nachbarn zu beiden Seiten des Pamir und des Tarekpasses, durch Handel und Verkehr verbunden und infolge der trennenden Gebirge nicht in der Lage, sich in ihrem Besitz gegenseitig zu bedrohen, konnten die genannten Völker die ersten Keime der Entwickelung auf den Gebieten des geistigen Lebens, des Ackerbaues und der Industrie allerdings miteinander teilen. Demnach möchte man annehmen, daß die Chinesen ehemals in den Oasen der großen Steppenmulde des Schamo gesessen und dort bereits den Ackerbau kennen gelernt, also die Anfänge einer auf ihm beruhenden höheren Kultur bereits bei der Einwanderung in die neue Heimat mitgebracht haben. Denn auch sonst noch weist eine Reihe von Momenten darauf hin, daß die Anfänge der Civilisation in China aus dem Westen stammen. Autochthon ist die Kultur Chinas sicher nicht, mag es auch schon vor der mongolischen Einwanderung angebaut und vielleicht sogar im Besitz der Seidenkultur gewesen sein. Sie ist vielmehr dorthin erst gebracht worden durch ein Volk, das im westlichen Teile des Tarymbeckens, in der Gegend von Khotan, saß und dort die Entwickelung jener Völker teilte, die später am Oberlauf des Jaxartes die Kultur nach Persien, Chaldäa und Europa einerseits und nach Indien andererseits trugen. Von dort nach Osten wandernd hat dieses Volk seine Herrschaft über die wohlbevölkerten Thäler des Wei und des Hwangho, wo bereits ein großes Reich bestand, ausgebreitet und seine Kultur auf dieses übertragen. Danach aber muß ein hermetischer Abschluß der Kultur eingetreten und die weitere Entwickelung des chinesischen Volkes, das aus der Mischung der ursprünglichen Einwohner mit den Einwanderern entstand, ihren eigenen Weg gegangen sein.

Die Chinesen selbst wollen davon freilich nichts wissen. Sie betrachten sich als die Herren der Erde und können es nicht fassen, daß andere Völker etwas erfunden haben sollten, was nicht ursprünglich von ihnen selbst stammte. Sie leugnen jede fremde Anregung und Förderung und halten mit Zähigkeit fest an der unhistorischen Vorstellung von einem absolut autochthonen Ursprung ihrer Kultur. Demgemäß haben sie auch ihre Urgeschichte zurecht gemacht, und diese wird dadurch nicht glaubwürdiger, daß sie mit großer chronologischer Sicherheit auftritt und die Regierungsjahre der ältesten Herrscher in genauer Folge bis in das vierte Jahrtausend v. Chr. aneinander reiht. Thatsächlich sind die darin aufgezählten Herrscher mit der Fülle der ihnen zugeteilten Thaten nur wie Heroen anzusehen, in denen sich die wichtigsten Phasen der äußeren und der inneren Entwickelung des Volkes personifiziert darstellen — einerseits die allmähliche Ausdehnung des zuerst auf das Thal des Weï und Shensi beschränkten Reiches nach Osten hin, am Hwangho hinab, erst bis Honan, dann bis zum Meer und weiterhin vom unteren Hwangho nach Norden und Süden im Bereich der großen Ebene, andererseits der Fortschritt von dem Wohnen in Höhlen bis zum Bau von Tempeln und Palästen und von der Bekleidung mit Häuten und Fellen bis zum Tragen seidener Gewänder mit Rangabzeichen. Dahin gehört ferner der Übergang von der Beschäftigung mit Jagd und Viehzucht zum Ackerbau und endlich von dem frühen Besitz einer Knotenschrift, neben der sich der Mysticismus der als Kwa bezeichneten zu entwickeln begann, bis dahin, wo — zur Zeit Hwang-tis — plötzlich wirkliche Schriftzeichen, die Urbilder der heutigen Schrift, auftauchen.

Bei dem außerordentlichen Alter der Aufzeichnungen, die den chinesischen Geschichtsquellen zu Grunde liegen, wird zwar angenommen werden dürfen, daß die darin als Gründer der chinesischen Kultur gefeierten Männer wenigstens historische Persönlichkeiten sind, von einer Verbindung der einzelnen aber gerade mit den Ereignissen, Thaten und Erfindungen, die ihnen da zugeteilt werden, wird man füglich abzusehen haben und dieselben nur als Repräsentanten der verschiedenen Perioden gelten lassen, welche die älteste Entwickelung Chinas durchlaufen hat. Denn nur ganz allmählich sind die Chinesen des ihnen nachmals unterthänigen ungeheuren Gebietes Herr geworden, und zwar nur zum Teil durch Waffengewalt, in der Hauptsache durch eine Kulturarbeit, die im Laufe von Jahrhunderten geleistet wurde.

Aus dem nordwestlich benachbarten Hochlande herabsteigend, sind sie zuerst im Thal des Weï heimisch geworden, eines Nebenflusses des Hwangho, des „Gelben Stromes“, und haben die dort vorgefundenen kulturlosen Ureinwohner, soweit sie nicht vernichtet oder vertrieben wurden, allmählich zur Annahme ihrer Sprache, Sitte und Lebensweise genötigt. Sieger und Besiegte wurden so schließlich zu einem Volk. Unter dem fördernden Einfluß des von der Natur so reich bedachten Landes, dessen mannigfache Beschaffenheit den wirksamsten Anreiz zu verschiedenartigster Thätigkeit enthielt, entwickelten sie eine beiden gemeinsame Kultur. Die großen klimatischen Verschiedenheiten, welche dieses gewaltige Land von den sich rasch abstufenden Gebirgen des Westens und Nordens bis zu den üppig fruchtbaren Ebenen des Südens darbietet, ermöglichten den gewinnbringenden Anbau einer solchen Fülle von Produkten, daß der Übergang von dem nomadischen Wanderleben der Mongolen zu voller Seßhaftigkeit sich ebenso schnell wie vollständig vollzog. So scheint denn auch die Eroberung des Landes bis zum Stillen Ocean und zum Indischen Meere hin sich weniger als der Kampf fremder Eindringlinge gegen ein widerstrebendes Barbarenvolk vollzogen zu haben, denn als der friedliche Triumphzug einer höheren Kultur, deren reichen Segen die Bevölkerung dankbar begrüßte. Derselbe folgte den von der Natur vorgezeichneten Wegen, indem er von dem zuerst occupierten Shensi im Nordwesten, wiederum in fächerförmiger Ausstrahlung dem Laufe der Flüsse bis an die Küsten folgte und allmählich auch die dazwischen liegenden Gebiete bewältigte. Dabei werden die schwerer zugänglichen gebirgigen Distrikte länger widerstanden haben als die der natürlichen Verteidigungsmittel entbehrenden Ebenen. Auch werden sie noch späterhin zu Zeiten innerer Erschütterung des ungeheure Räume umfassenden Reiches leichter ihren eigenen Weg zu gehen und sich selbst politisch unabhängig zu machen geneigt gewesen sein.

Den Anfang jener Kulturarbeit und ihre ersten, für die Zukunft des Landes grundlegenden Erfolge, gegen welche die politische Entwickelung naturgemäß zunächst zurückblieb, knüpft die Tradition an die Namen der Wahlkönige Fohi, Jao, Schun und Jü, der an das Ende des dreiundzwanzigsten Jahrhunderts v. Chr. gesetzt wird. Sie repräsentieren das Zeitalter, wo die bisher unter besonderen Oberhäuptern vereinzelten Stämme zu einer größeren Einheit zusammentraten, wo der Ackerbau und die für einzelne Teile des Landes wichtig gewordene Zucht der Seidenraupe und die Kultur des Maulbeerbaumes eingeführt wurde, wo die gewaltige Wassermassen meerwärts wälzenden Ströme gebändigt und die sonst von ihnen überfluteten weiten Striche dem Ackerbau gewonnen wurden. Aber auch die Einführung der Ehe und damit die Begründung einer festen gesellschaftlichen Ordnung, die weiterhin staatliche Institutionen zu tragen fähig war, wird auf diese Heroen zurückgeführt, denen man ferner eine sittlich veredelnde Götterverehrung zu verdanken meinte.

Unter ihren Nachfolgern wird auch noch Hwang-ti zu einer Art von Gott in Menschengestalt gemacht, wobei eine Menge erst späterer Zeit angehörige Einrichtungen auf ihn zurückgeführt werden. Dahin gehört die fabelhafte Einteilung des Reiches zum Zweck der Verwaltung in zehn Provinzen, deren jede wieder in zehn Departements zerfiel, deren jedes in zehn Distrikte, jeder zu zehn Städten

Eine Inschrift des Jao.

Im Jahre 2278 v. Chr. aus Anlaß der Ableitung einer Überschwemmung auf dem Berge Chen=schan errichtet. Übersetzung: Der ehrwürdige Kaiser sagte seufzend: Gehilfen und Ratgeber, die ihr in der Verwaltung beistehet! Die großen und kleinen Inseln bis zum Gipfel, der Vögel und des Gewildes Thür und alle Gegenstände sind weit und breit überschwemmt. Ihr ersinnet (Mittel zur) Ableitung und hebet (dadurch die Überschwemmung). Lange hatte ich mein Haus vergessen, (jetzt) ruhe ich auf dem Gipfel des Yo=tu. Durch Wissenschaft und Arbeit bewegte (ich) die Geister. Das Herz war ohne Wunden. Gehend und kommend beruhigte und bestimmte ich. (Die Berge) Chua, Yo, Tai und Chenn waren der Anfang und das Ende (meiner) Unternehmungen. Nach vollendeter Arbeit brachte ich in der Mitte (des Sommers) mit aufrichtigem Gemüte Opfer dar. Die Trübsal ist beendigt und das Mißgeschick hört auf; die Ströme des Südens fließen; Bekleidung ist da und Nahrung wird bereitet; die Welt ist beruhigt und fröhliche Reigen können (nun) immer geführt werden.

geteilt war, und die Einführung des Decimalsystems für Maß und Gewichte. Auch die Anfänge von Kunst und Wissenschaft werden auf ihn zurückgeführt. Er soll den Kalender geordnet haben nach Cyklen von sechzig Jahren, beginnend mit 2637 v. Chr. Durch den Bau von Straßen und Schiffen wurde er zum Förderer von Handel und Verkehr, wie er das Reich auch beträchtlich erweitert haben soll, bis Shachow im Westen, im Osten bis zum Meer, im Norden bis Petschili und im Süden bis zum Fluß Kiang. Sein Ruhm erfüllte demgemäß Asien: von allen Seiten suchten ihn huldigende Gesandtschaften auf, fremde Handwerker und Künstler strömten nach seinem Hofe. Diese Stellung soll denn auch einen entsprechenden Ausdruck gefunden haben, indem dieser Herrscher zuerst den ihn zum Halbgott erhebenden Titel ti, d. i. Kaiser annahm, und sein Name Hwang=ti, d. i. der gelbe Kaiser, wurde infolgedessen der Titel, den immer der erste Kaiser aus einer neuen Dynastie seinem Namen beifügte.

Hwang=ti bezeichnet zugleich den Übergang zur Erbmonarchie. Seines ihm nachfolgenden Sohnes Hia Geschlecht nimmt in den Annalen der Chinesen die

Stelle der ersten Dynastie ein, die bis gegen die Mitte des achtzehnten Jahrhunderts v. Chr. (2205—1767 v. Chr.) geherrscht haben soll. Doch blieben die politische Kultur und die staatliche Organisation Chinas gegen seine wirtschaftliche Entfaltung auch jetzt noch weit zurück. Von einem Einheitsstaat kann für diese Zeit noch nicht die Rede sein. Vielmehr erscheint auch noch die Zeit der zweiten Dynastie Schang (1766—1123 v. Chr.) in der Überlieferung als eine solche der Unordnung und des Zerfalles. Die der Oberhoheit der Kaiser untergeordneten Fürsten der einzelnen Landschaften machten sich infolge zunehmender Mißregierung zum Teil selbständig, so namentlich das Fürstenhaus der Tschou, das am Oberlaufe des Weïflusses herrschte und selbst den Handel der Chinesen mit ihren nordwestlichen Nachbarn erschwerte, indem es von den dorthin bestimmten Waren bei dem Passieren seines Gebietes einen Zoll erhob. Schließlich trieb die grausame Mißregierung des Kaisers Tscho-sin (1134—1123 v. Chr.) etliche Statthalter oder Provinzialfürsten zum Aufstande, dem sich auch Wu-wang, der Sohn des seiner Weisheit und Menschenfreundlichkeit wegen hochgepriesenen Tschoufürsten Wen-wang, anschloß. Ihm boten die übrigen die Herrschaft an. Nach einem in blutiger Feldschlacht gewonnenen Siege bestieg er den Thron, den seine Nachkommen nahezu ein Jahrtausend (1122—256 v. Chr.) inne gehabt haben. Ist die geschichtliche Überlieferung hier auch schon etwas sicherer beglaubigt, so fehlt es ihr doch ebenfalls nicht an einer Menge legendarer Zuthaten, und namentlich Wu-wang selbst ist in ähnlicher Weise wie die großen Herrscher der Sagenzeit persönlich zum Urheber all der Kulturfortschritte gemacht, deren China während der nächsten Generationen seiner Dynastie teilhaftig wurde. Seine Zeit erschien den Nachlebenden in einem um so glänzenderen Lichte, je mehr auch sein Geschlecht später entartete und das Reich von neuem in Verfall und Auflösung stürzte. Insbesondere wird Wu-wang als der eigentliche Staatsordner und Gesetzgeber seines Volkes gefeiert. Auf ihn wird namentlich das eigenartige Feudalsystem zurückgeführt, das nachmals in China herrschte. Aber wenn dasselbe anfangs wohl geeignet war, die durch die letzten Mißregierungen erzeugten Parteiungen und Verfeindungen unter den fürstlichen Geschlechtern und dem Adel zu begleichen, so wurde es später bei fortschreitender Lockerung die Quelle neuer Streitigkeiten und drohte zur Zerschlagung des Reiches in eine Anzahl so gut wie selbständiger Sonderstaaten zu führen. Denn indem er nicht nur die alten fünf Klassen des Adels wiederherstellte, sondern durch Verleihung großer Fürstentümer seine Verwandten an sich zu fesseln und die Nachkommen der früheren Kaiser zu versöhnen suchte, schuf er eine überreiche und übermächtige Aristokratie. Einzelne von diesen Fürstenhäusern ließen schließlich selbst den Schein der Unterordnung unter den Kaiser fallen. Miteinander aber führten sie in wechselnder Parteistellung vielfach Krieg, und nur zeitweise gelang es durch den Zusammentritt von Konföderationen zum Schutz des Landfriedens Ruhe zu schaffen.

Gegen diese Gefahren, mit denen die fortschreitende Zerrüttung des Reiches das nationale Leben bedrohte, erhob sich eine geistige und sittliche Reaktion. Sie führte schließlich zu einer bewußten Erneuerung der in Vergessenheit geratenen oder geflissentlich vernachlässigten alten Sitte und Art, die, für den Augenblick verdienstlich und segensreich, durch die eintretende Überschätzung der dem Alten angeblich inne wohnenden Kräfte schließlich einen Stillstand und dann ein förmliches Erstarren des chinesischen Lebens zur Folge gehabt hat. Dabei durchdrangen sich vollkommen und verwuchsen zu einer unlösbaren Einheit Religion und Staatsleben. Mag die Religion der Chinesen ursprünglich auch eine Vielheit von Göttern gelehrt haben: frühzeitig hat sie sich in der Richtung auf den Monotheismus entwickelt und nur noch ein höchstes Wesen gekannt. Auch war dieses durchaus nicht materialistisch gedacht; vielmehr war den religiösen Vorstellungen der Chinesen überhaupt ein idealsittlicher Zug eigen. Siebenhundert Jahre v. Chr. ist dort bereits der Satz verkündet worden: Gott belohnt das Gute und straft das Böse, aber er straft ohne Haß und ohne Leidenschaft, und so schwer sich jemand vergangen haben mag, wenn er seine Sünden bereut, darf er das Opfer bringen, d. h. wird er Vergebung erhalten. Was das allmähliche Sinken der chinesischen Religion von der lichten Höhe, die sie mit diesen an die christliche Lehre gemahnenden Sätzen erreicht hatte, bewirkt hat, ist nicht erkennbar. Vielleicht haben fremde Einwanderer Elemente hineingebracht, welche die allmähliche Entartung zur Folge hatten.

Der erste Versuch einer Besserung wurde von dem großen Philosophen Lao-tse gemacht. Von seiner Person wissen wir wenig, aber es ist in der Kritik wohl zu weit gegangen, wenn manche gezweifelt haben, ob es einen Menschen und Lehrer dieses Namens überhaupt gegeben habe. Zu Ende des siebenten Jahrhunderts v. Chr. (604 v. Chr.) zu Honan geboren, soll er in der Provinz Show gelebt haben, angeblich als kleiner Beamter in der Archivverwaltung thätig. Hochbetagt, über hundert Jahre alt, starb er, als bereits Konfu-tse seine Wirksamkeit begonnen hatte. Er soll von diesem noch aufgesucht, aber von seiner Person und seinem Treiben wenig erbaut gewesen sein. Völlig legendarisch ist sein Ende: er soll sich zur Pflege Taos, d. i. der Tugend, geheimnisvoll zurückgezogen haben und zwar gen Westen, in der Absicht eine große Reise nach Indien, Kabul und Rom anzutreten; aber niemand habe von seiner Rückkehr oder seinem Verbleib Kunde erhalten. Lao-tse erscheint als Reformator der entarteten nationalen Sitte. Er wollte lehren, wie man zur Tugend und zur Religion gelangen könne, und wollte den Weg (Tao) dazu zeigen. Sein Erfolg scheint aber zunächst nur gering gewesen zu sein und über einen kleinen Kreis hinaus seine Lehre kaum Anhang gefunden zu haben. Erst dreihundert Jahre nach seinem Ende oder spurlosem Verschwinden erlangte sie eine größere Bedeutung. Der Taoismus wurde eine geistige und sittliche Macht, die zur Verjüngung der nationalen Religion, der sie gleichsam aufgepfropft wurde, wesentlich beitragen sollte. Diese aber beruht im wesentlichen auf der Lehre von Lao-tses jüngerem Zeitgenossen Konfu-tse, die freilich auch nicht gleich zur Zeit ihrer Verkündigung, sondern erst lange nach ihres Urhebers Tode zur allgemeinen Herrschaft gelangt ist. Sie war aber dazu von Anfang an besonders berufen gewesen, denn sie hatte der hereingebrochenen Zerrüttung Einhalt zu thun versucht, indem sie die uralten Quellen der volkstümlichen Religion, Sitte und Staatsordnung nachdrücklich in Erinnerung brachte und zu einem System gestaltete, das die Herrschaft, die es nach mancherlei Wechselfällen gewonnen, schließlich bis auf den heutigen Tag behauptet hat.

Die Wirksamkeit des chinesischen Religionsstifters Konfu-tse wurde gleich in ihrem Beginn dadurch begünstigt, daß die Einsicht in die Ursachen der herrschenden

Zerrüttung weiteren Kreisen aufgegangen und der Wunsch nach ihrer Beseitigung allgemein rege geworden war. Eine große Konföderation der Teilfürsten hatte einen lange nicht gekannten Zustand des Friedens heraufgeführt, als Konfucius (Kong-fu-tse) im Jahre 551 v. Chr. in dem Fürstentum Lu geboren wurde. In bescheidenen Verhältnissen und früh vaterlos, vertiefte er sich jung in das Studium der Vorzeit, von der eine umfängliche Litteratur uralter Schriften Kunde gab. Durch die Darstellung der Tugend, die danach einst geherrscht hatte, wollte er seine Zeitgenossen zur Nachahmung derselben erwecken und so dem kranken Staat helfen. Denn in dem Abfall von der alten Sitte sah er die Quelle alles Elends, und da er der Ansicht war, das gute Beispiel genüge, um den Menschen gut zu machen, so meinte er auf diesem einfachen Wege der Regenerator seines Volkes werden zu können. So wirkte er zunächst in seiner Heimat, dem südlich am Meerbusen von Petschili gelegenen Teilreich Lu, dessen Herrscher ihm entscheidenden Einfluß auf die Regierung einräumte, ihn dann aber trotz der guten Wirkungen, die davon zu Tage traten, absetzte und aus dem Lande jagte. Das Gleiche hat er dann noch in anderen Reichen zu erfahren gehabt, bis er schließlich nach Lu zurückkehrte, jedoch nicht in seinem Amte hergestellt, sondern als ein gefeierter Lehrer der Weisheit, der zahlreiche Schüler um sich versammelte. Dort ist er im Jahre 479 v. Chr. gestorben, von der dankbaren Nachwelt als der Erneuerer der alten Volksreligion und damit als der Begründer einer neuen Ära des Gedeihens gefeiert. Allerdings hat auf die spätere endgültige Gestaltung seiner Lehre die des Lao-tse, der auf einem minder äußerlichen Wege zur Tugend zu gelangen gesucht hatte, entscheidend eingewirkt. Auf dieser Verbindung beruht noch gegenwärtig die chinesische Staatsreligion, als deren unmittelbares Ergebnis dann wieder die so eigentümlich stagnierende gesellschaftliche und wirtschaftliche Organisation des Riesenreiches und seiner nach vielen Millionen zählenden Bevölkerung sich darstellt. Die Verbindung von beiden beruht wesentlich auf der von Konfucius mit äußerster Subtilität ausgearbeiteten Sittenlehre. Wie nur bei Einhaltung des rechten Maßes die Naturkräfte für den Menschen heilsam und beglückend wirken, so verlangt Konfucius auch von dem Menschen vor allem Maßhalten und Anpassung an die Verhältnisse, in die er gestellt ist. Aus dieser einfachen Anschauung, die, ohne jede Idealität, eigentlich auf die Verkündigung eines einigermaßen veredelten Nützlichkeitsprincips hinausläuft, leitet Konfucius ein System von Moralgeboten her, das durch die peinlich genaue Beobachtung eines auch das Kleinste und Alltäglichste regelnden Ceremoniells den Menschen zur Einhaltung jenes Maßes, zur Selbstbeherrschung und damit zur Tugend anleiten soll. Es fehlt seiner Moral also eigentlich jede religiöse Begründung, sie entbehrt infolgedessen aber auch der sittlich stärkenden Kraft, die allein den Menschen zur That treiben, begeistern und zur Aufopferung befähigen kann. Das bürgerliche Gesetz und das göttliche Gebot fallen hier thatsächlich zusammen, da jede einzelne Verletzung des einmal feststehenden Herkommens gleich dessen gesamten Bestand und damit den des Staates, der Gesellschaft, ja der ganzen Menschheit überhaupt in Frage zu stellen droht. Um von sich, den Seinen und seinen Mitmenschen Unheil abzuwenden, muß der Mensch also vor allem jederzeit bemüht sein, im Größten wie im Kleinsten sich dem Herkommen gemäß zu halten und jeden Verstoß dagegen zu vermeiden. Die Tugend ist hier also mehr negativ als positiv. Dadurch ist das chinesische Leben eingeschnürt in die Zwangsjacke peinlich abgemessener Ceremonialregeln, deren Verletzung der einzelne nicht bloß um seiner selbst willen, sondern um der Wohlfahrt der Gesamtheit willen ängstlich zu vermeiden hat, ohne daß die strenge äußere Zucht eine entsprechende innere Erziehung und Veredelung des Volkes hervorgebracht hätte. Schon diese Sittenlehre machte eigentlich jeden Fortschritt unmöglich, denn sie ließ jede Neuerung als gemeingefährlich, ja als unsittlich erscheinen und verstrickte die einander folgenden Generationen immer tiefer in den Wahn, Land und Volk könnten nur gedeihen, wenn der von der Vorzeit überkommene Brauch unverändert festgehalten würde. Solange dies geschah, meinte man aber auch allen Pflichten zu genügen, alle Anforderungen zu erfüllen, makellos und vollkommen zu sein und ein Recht auf ungemindertes Glück und sicheres Gedeihen erworben zu haben. Hier entspringt der Eigendünkel, der für den einzelnen Chinesen so gut wie für das gesamte Volk charakteristisch und verhängnisvoll ist und dem die beispiellose Abgeschlossenheit, in der das Land Jahrtausende hindurch verharrte, in immer höherem Maße Vorschub geleistet hat. Von hier aus erklären sich auch die krassen Widersprüche, die nach der Beobachtung der wenigen aus eigener Anschauung mit Land und Leuten vertraut gewordenen Fremden noch heutigen Tages in dem chinesischen Volkscharakter offenbar werden. „Mit Überraschung gewahrt man," so berichtet v. Richthofen, „wie neben einer Verfeinerung im geselligen Ton, die die niederen Schichten in höherem Maße durchdringt, als dies bei den meisten Völkern Europas der Fall ist, und einer hochausgebildeten Sittenlehre, welche in den Formalismus der Lebensregeln aufgenommen ist, die unmenschliche Roheit und barbarische Zerstörungswut der Nomadenvölker sich in ihnen forterhalten hat und sich ebenso durch Mangel an Mitgefühl mit den Leiden derjenigen, welche dem einzelnen nicht durch enge Beziehungen verbunden sind, wie durch das Behagen an der furchtbarsten Grausamkeit gegen den Feind und das Vergnügen an der Vernichtung von Menschenmengen und menschlichen Werken dokumentieren. Strenge Rechtlichkeit und Wahrheitsliebe, wo sie aus dem die Sitte allein regelnden Nützlichkeitsprincip geboten erscheinen, Freude am schamlosesten Betrug und unbändige Lügenlust, wo man sie ungestraft walten lassen kann, außerordentlich scharfe Beobachtungsgabe und völlige Unfähigkeit den ursächlichen Zusammenhang der Dinge zu fassen und eine wissenschaftliche Methode zu entwickeln — das sind die Züge, die den Chinesen heute wie vor Jahrhunderten zu einer immer noch in mancher Hinsicht rätselhaften Erscheinung machen und die Entwickelung der auch in ihm reichlich vorhandenen guten Eigenschaften gehindert haben und noch gegenwärtig hindern. Dazu kommt neben der jede Anregung ausschließenden Absperrung gegen alles Fremde der aller Entwickelung feindliche übertriebene Kultus des Herkommens, in dem ein in sich berechtigtes und löbliches Princip durch Einseitigkeit und Übertreibung um alle ihm an sich inne wohnenden segensreichen Wirkungen gebracht ist. Es ist das die unbedingte Autorität des Vaters und die unbedingte Pflicht des Sohnes zum Gehorsam gegen ihn. Es bildete in seiner durchgreifenden Anwendung auf Familie, Gesellschaft, Gemeinde und Staat den Grundzug der gesamten chinesischen Kultur. Auf ihn haben Konfucius und Lao-tse ihr fein ausgearbeitetes Moralsystem aufgebaut. Auf ihm beruhen die hervorragenden Eigenschaften, welche die chinesische Nation auszeichnen, wie die Achtung vor der vorgesetzten Behörde, die Ehrfurcht vor dem Alter, die strenge Zucht in der Familie und in der Gemeinde, die Beobachtung der Rücksichten gegen andere, die stoische Zufriedenheit mit dem eigenen Los, die Nüchternheit und der ruhige Fleiß, mit der jeder seinem Erwerbe nachgeht. Die weisen Lehren des Altertums bildeten die Richtschnur für das Leben des einzelnen wie der Nation. Auf sie, gleichviel ob sie wirklich das Altertum geleitet hatten oder ob es aus den gleichen Principien abgeleitete Konsequenzen waren, die man dem Altertum unterschob, gründete sich jede Reform. Sie zeichneten der gesamten Entwickelung feste Grenzen vor, welche die Kultur ebenso einengten wie nachmals die große Mauer das Reich nach außen abschloß. Jede principielle Abweichung von ihnen war verpönt; die Freiheit und Vielgestaltigkeit der geistigen Bewegung blieb ausgeschlossen und damit auch die Grundbedingung jedes wahren Fortschrittes. Gleich dem Wunderbau der chinesischen Schrift erstarrte derjenige ihrer Civilisation in einem Formalismus, wie er sich bei keinem anderen Volke ähnlich wiederfindet."

Aber nicht ohne Widerspruch hat diese Lehre, die wie ein Moment der Größe Chinas so auch sein Verhängnis geworden ist, Anerkennung gefunden und schließlich unbedingte Herrschaft gewonnen. Vielmehr hat es nicht an Versuchen gefehlt, die Geltung des Althergebrachten oder für althergebracht Ausgegebenen zurückzudrängen und der freien Initiative schöpferisch veranlagter Persönlichkeiten Raum zur Entfaltung ihrer Kraft zu erzwingen. Erst nach schweren inneren Kämpfen hat die Reaktion gesiegt. Der Ausgang der Tschou-Dynastie, die fast neunhundert Jahre im Besitz des Thrones gewesen war, zeigt das Reich in völliger Auflösung. Die Provinzen, deren Statthalterschaften in gewissen Familien erblich waren, hatten sich zu fast selbständigen Reichen ausgestaltet. In Bündnissen vereinigt geboten ihre Vorsteher, daheim in den Besitz der kaiserlichen Rechte gelangt, dem ohnmächtigen Träger des kaiserlichen Namens. Unter ihnen aber nahmen die Herrscher von Tsin im Nordwesten des Reiches eine bevorzugte Stellung ein, da sie in Gemeinschaft mit denen der benachbarten Gebiete von Tchau und Yen das Reich in wechselvollen Kämpfen gegen die immer stärker andrängenden Einfälle der barbarischen Nachbarn schützten, unter denen seit etwa 300 v. Chr. die Hiung-nu erscheinen, zu deren Abwehr schon damals mit einer teilweisen Sperrung der Grenze durch Mauern der Anfang gemacht wurde. Aus dem Geschlecht der Könige von Tsin ging Tsching-chi hervor, der die übrigen Teilfürsten besiegte, dann den letzten Fürsten der Tschou-Dynastie stürzte und im Jahre 220 v. Chr. als Shi-hwang-ti den kaiserlichen Thron bestieg. Er versuchte das Feudalsystem zu zertrümmern, vermöge dessen sein Haus in die Höhe gekommen war, das aber schließlich zur Auflösung des Reiches zu führen und dabei durch die Berufung auf das unantastbare Herkommen alles Leben erstarren zu machen drohte. Mit rücksichtslosem Despotismus griff er durch. Insbesondere verhing er gegen die Verkündiger der Lehre des Konfucius eine harte Verfolgung und ließ selbst die ihr zu Grunde liegenden Aufzeichnungen der Vorzeit aufspüren und verbrennen. Im Vergleich mit der bisher herrschenden Ordnung war das freilich eine Revolution: aber es wurde doch einigermaßen Licht und Luft geschaffen und die Neuorganisation der von den feudalen Schranken befreiten Verwaltung wirkte segensreich. Auch nach außen bethätigte sich die gesteigerte Kraft des energisch zusammengefaßten Reiches durch große Erfolge. Die Grenzen wurden beträchtlich erweitert: auch Tong-kin umfaßten sie damals. Vor allem aber ließ Shi-hwang-ti, früher gemachte Anfänge im großen Stil weiterführend, die langgestreckte Nordgrenze, die bei der Beschaffenheit des Landes nur unter steter Aufwendung großer Heeresmassen hätte geschützt werden können und daher von den benachbarten Nomadenvölkern immer wieder verwüstend überflutet wurde, durch den Riesenbau der großen Mauer schließen, nachdem er die Feinde durch einen siegreichen Feldzug zurückgescheucht hatte. Drei schon vorhandene Einzelbefestigungen der Art wurden zu einem System verbunden. Diese Absperrung der auswärtigen Feinde war notwendig, um die im Inneren, die an jenen allezeit hilfbereite Verbündete gefunden zu haben scheinen, dauernd niederzuhalten und das Werk der Centralisation zu vollenden. Mittelbar aber wurde Shi-hwang-ti dadurch der Begründer wie der politischen so zugleich auch der nationalen Einheit. Indem er zuerst gewaltige Heeresmassen unter einheitlicher Leitung sammelte, bewältigte er nicht bloß die zahlreichen Stämme, die sich der Tschou-Dynastie gegenüber unabhängig behauptet hatten, sondern bahnte zugleich eine größere Assimilierung derselben an. Einzelne schwer zugängliche Gebirgslandschaften freilich blieben auch jetzt noch unbezwungen: aber jedenfalls gebot Shi-hwang-ti über ein weit größeres Gebiet, als die Tschou-Dynastie selbst zur Zeit ihrer höchsten Macht beherrscht hatte.

Mögen in das Bild dieses Herrschers auch sagenhafte Züge genug Aufnahme gefunden haben: deutlich spiegelt es doch den historischen Grundzug seines Wesens wieder, der ihn als einen genialen Kraftmenschen erscheinen läßt, wie sie nur selten erstehen, ihr Volk mit gewaltiger Hand gleichsam aus dem Schlafe aufrütteln und fast wider seinen Willen ein gutes Stück in der Entwickelung vorwärts reißen. Wenn erzählt wird, er habe mit entblößtem Schwert auf dem Thron zu sitzen gepflegt, so offenbart sich seine Herrschaft auch darin als ein militärisches Schreckensregiment, und es scheint, als ob von den durch ihn bekriegten Landschaften manche mit der Besiegung zugleich entvölkert und danach erst allmählich durch die Einwanderung von Chinesen wieder bevölkert worden seien. Selbst über die natürlichen Grenzen Chinas hinaus hat er als Eroberer gestrebt und damit einen Weg gewiesen, der, von der nächsten Dynastie glücklich weiter verfolgt, sein so lange abgeschlossenes Volk mit den alten Kulturländern am Oxus und Jaxartes in Berührung brachte und dadurch zu einem neuen Fortschritt in der Kultur befähigte.

Obgleich Shi-hwang-tis Sohn als Opfer des Grolls, der gegen des Vaters Gewaltherrschaft im geheimen genährt war, im Jahre 206 durch Mörderhand fiel, blieb doch die von jenem geschaffene Ordnung und befestigte sich mehr und mehr unter der nun auf den Thron erhobenen Dynastie Han. Der mit militärischer Schroffheit regierte Beamtenstaat, der an die Stelle des niedergeworfenen Feudalsystems getreten war, überdauerte seinen Schöpfer und gewann dadurch große Festigkeit, daß er schließlich auch mit der alten heiligen nationalen Tradition versöhnt wurde, die in des Konfucius Lehre eine dem chinesischen Volksgeist entsprechende Fassung erhalten hatte. Die Dynastie Han begünstigte nämlich die bisher verfolgte Lehre und verhalf ihr im Interesse der eigenen Herrschaft zu allgemeiner und dauernder

Anerkennung. Die der Zerstörung überantworteten heiligen Bücher, namentlich die alten Reichsannalen (Schi-king), wurden wieder hergestellt, teils aus glücklich geretteten Bruchstücken, teils nach der Angabe von Leuten, die ihren Wortlaut treu im Gedächtnis bewahrt haben wollten. Dadurch schloß sich die Kluft, welche des großen Shi Herrschaft zwischen der von ihm heraufgeführten neuen Zeit und der Vergangenheit Chinas geöffnet hatte. So nahm China unter der kraftvollen Herrschaft der volksbeliebten Han-Dynastie einen hohen Aufschwung. Die räuberischen Stämme in den westlichen Berglanden wurden unterworfen, und gegen Ende des ersten Jahrhunderts n. Chr. zog Pan-tschao, des Han-Kaisers Ming-ti Feldherr, siegreich bis zum Kaspischen Meere. Das wichtige Ergebnis der Berührung mit dem Westen war weniger die Einführung einer Anzahl China bisher unbekannter Kulturpflanzen, darunter namentlich des Weinstockes und der Walnuß, als die Anknüpfung von Handelsbeziehungen zu der westlichen Kulturwelt, infolge deren dieser zuerst Chinas wichtigstes Produkt, die Seide, bekannt wurde. Eine dauernde Berührung zwischen Orient und Occident jedoch ergab sich daraus nicht. Die kaum eröffnete Verbindung wurde durch die bald danach eintretenden Ereignisse wieder so gut wie abgebrochen. Die unbestimmten Vorstellungen, die man bei so flüchtiger Begegnung voneinander gewonnen hatte, verblaßten schnell, und im Westen nahmen die Erzählungen von dem berühmten seidebringenden Volk bald einen ganz märchenhaften Charakter an.

Die wichtigste Folge von der fortschreitenden Einigung und Kräftigung Chinas unter der Han-Dynastie war demnach darin zu sehen, daß den bisher immer noch erneuten Einfällen der westlichen Steppenvölker endlich Halt geboten wurde, namentlich denen der Hiung-nu, die geradezu als die Erbfeinde der Chinesen gehaßt und gefürchtet wurden. Doch wurde das nur allmählich, im Laufe von Jahrzehnten erreicht, erwuchs aber weiterhin zu dem Momente, vermöge dessen China unmittelbar auf die Welt des Occidents entscheidend eingewirkt hat. Wohl benutzten die Hiung-nu auch jetzt noch jede Schwäche des in der Neugestaltung begriffenen China, jede Beschäftigung seiner Heere durch innere Unruhen zu neuen Einfällen: nur hatten sie es dabei nicht mehr mit vielen kleineren, einander verfeindeten Fürsten zu thun, sondern mit einem Reiche, das, von Jahrzehnt zu Jahrzehnt fester gefügt, ihnen immer kampffähiger entgegentrat und dessen Grenze nicht mehr ungeschützt offen vor ihnen lag, sondern planmäßig befestigt und dauernd bewacht zur Verteidigung bereit war. Seit nämlich Shi-hwang-ti die früher an einzelnen Stellen errichteten Mauern miteinander verbunden hatte, bildete die große Mauer eine ununterbrochene Grenzsperre, die, an einzelnen Stellen in zwei, ja in drei Linien hintereinander aufgeführt, sich in einer Länge von über zweitausendzweihundertundfünfzig Kilometern von der Stadt Sutscheu im Westen bis zu dem Meerbusen von Petschili erstreckte, indem sie, dem wechselnd gestalteten Terrain angepaßt, über Berg und Thal lief und durch Abgründe und über Flüsse setzte: etwa neun Meter hoch, war sie in ihrer ganzen Ausdehnung mit einer etwa anderthalb Meter hohen Brustwehr und Schießscharten und in bestimmten Entfernungen mit Türmen versehen. Den Grenzbefestigungen ähnlich, durch welche die Römer an Rhein und Donau, in Britannien und im Osten dem Andrang unruhiger Nachbarn zu wehren suchten, nur ihr weit überlegen durch die orientalische Kolossalität, gab sie in Verbindung mit der energischen Offensive, welche die Han-Dynastie gegen die jenseits sitzenden Barbaren verfolgte, dem Reiche die gewünschte Sicherheit. Die Angriffe der Hiung-nu hatten immer weniger Erfolg. Schließlich prallten ihre flüchtigen Reiterscharen an der Grenzwehr ohnmächtig ab, und ihre Sturmwellen, die sich erst breit über das nördliche China ergossen, dann nur noch hier und da eine Lücke zum Einbrechen gefunden hatten, wälzten sich nun, jedes Beharrens in seßhaftem Leben unfähig, in rückläufiger Bewegung über die Steppe und stießen dort auf andere Nomadenvölker. Besiegt, werden die einen in Dienstbarkeit gezwungen, während die anderen, ihre Freiheit zu retten, weiter westwärts wandern. So wälzt sich die an der großen Mauer Chinas gebrochene Völkerwelle weiter und schiebt, was ihr an Widerstand begegnet, in immer mehr erstarkendem Druck vor sich her. Durch immer neue Stöße in derselben Richtung vorwärts drängend, gelangte sie durch die Kirgisensteppe und die aralokaspische Niederung in die dsungarische Steppe, die Durchgangsstraße für alle die unzählbaren Scharen, welche das völkergebärende Centralasien hinausgesandt hat, um sie niemals wiederkehren zu sehen. So bietet sich uns dort seit der Mitte des zweiten Jahrhunderts v. Chr. das Schauspiel eines steten Drängens der Steppenvölker gegen Westen. Seine letzte und für das Abendland verhängnisvollste Wirkung war der Einbruch der Hunnen in Europa.

Denn wenn auch die Identifizierung der Hunnen mit den einst China so gefährlichen Hiung-nu trotz des Gleichklanges der beiden Namen nicht unbezweifelt ist, so darf doch jedenfalls das eine als erwiesen gelten, daß auch die Hunnen, deren Einbruch durch das Asien und Europa verbindende Völkerthor um 375 den Anstoß zu der erneuten und verstärkten Bewegung der Germanen gegen Rhein und Donau gegeben hat, eine der Völkerwellen waren, die, seit der Sperrung Chinas an der Verfolgung des bisher eingehaltenen Weges nach Osten gehindert, den Weg nach Westen wählen mußten und von denen immer die spätere, die früher gebrochene überflutend, weiter kam als ihre Vorgängerin.

Während ein Teil jener Nomadenvölker nunmehr in dem fruchtbaren Lande an Oxus und Jaxartes seßhaft wurde und sich allmählich zu höherer Kultur erhob — es sind das die nachmals sogenannten weißen Hunnen, die schließlich der Herrschaft der Türken verfielen — setzten die anderen ihr altübliches Leben als wandernde Hirten in dem grasreichen Weideland an der unteren und mittleren Wolga fort, bis sie entweder durch einen neuen Zustrom aus dem Osten beengt und in ihrem Unterhalt gefährdet oder durch das Hereinbrechen noch in der alten Wildheit befangen gebliebener Stämme zu ihren alten kriegerischen Neigungen erweckt, zu einem neuen Eroberungszuge gegen Westen aufbrachen. Dabei fielen sie zuerst auf das kriegerische Reitervolk der Alanen zwischen Wolga und Don, das, nach tapferem Widerstand überwältigt, teils nach dem Kaukasus, teils an das Gestade der Ostsee entwich, in der Hauptsache aber sich den Hunnen zu fernerer Waffengemeinschaft anschloß. So verstärkt wälzte sich die Völkerwelle an und über den Don in das Gebiet der Ostgoten, welche damals, durch den greisen Ermanarich geeinigt, nicht bloß die Westgoten ihrer Hoheit gebeugt, sondern auch die Vandalen, Heruler, Gepiden und andere Stämme germanischer und skythischer Abkunft sich dienstbar gemacht hatten, so daß sie bis zur Weichsel und

Ostsee geboten. Der Angriff der Hunnen und Alanen scheint für einen Teil der unterworfenen Völker das Zeichen zur Erhebung gegen die Ostgoten gegeben zu haben. Die drohende Niederlage nicht zu erleben, endete Ermanarich freiwillig. Geschlagen, mußten auch die Ostgoten den Hunnen auf ihrem weiteren Zuge folgen. Nur ein Teil rettete sich zu den am Dniestr gelagerten Westgoten, die sich ebenfalls spalteten, indem die heidnische Mehrheit unter Athanarich in die Waldberge Siebenbürgens zog, die Glaubensgenossen des christlichen Fritigern (S. 209) an die Donau gingen und von Valens Aufnahme in das römische Reich erbaten und erhielten, um dort bald in folgenschwere Verwickelungen zu geraten. So lagen die weiten Lande an der unteren und mittleren Donau offen vor den Hunnen, welche den Schrecken ihres Namens nun auf vielfachen Raubzügen weit nach Westen trugen, aber auch in dem neu eingenommenen Gebiet nach alter Weise mit ihren Herden weidend nicht zur Seßhaftigkeit und Entwickelung städtischen Lebens gediehen. Auch von einem Hunnenreiche kann daher für jene Zeit füglich noch nicht gesprochen werden. Denn die Art, wie die Hunnen, selbst in eine Mehrheit von Stämmen geteilt, über die unterworfenen germanischen und anderen Völker herrschten, hat diesen ihre Selbständigkeit offenbar nur so weit verkürzt, daß sie Tributpflicht und Heeresfolge auf sich nahmen. Das gilt namentlich auch von den Ostgoten, welche, in den letzten Kämpfen stark zusammengeschmolzen, unter Ermanarichs Söhnen Hunimund und Thorismund an der Donau vielleicht bis Pannonien hinauf saßen und glücklich gegen ihre germanischen Nachbarn, namentlich die Gepiden kämpften. Welche Umstände ein zeitweiliges Erlöschen des Königtums bei ihnen bewirkten, wissen wir nicht. Erst nach reichlich einem Menschenalter soll mit Thorismunds Neffen Walamir das Amalerhaus die Krone wiedergewonnen haben, unter Anerkennung der hunnischen Hoheit. Neben ihnen nahmen im Hunnenreiche namentlich die Gepiden eine bedeutende Stellung ein. Im übrigen blieb die engere Verbindung mit den höher kultivierten Goten nicht ohne Einfluß auf die Hunnen: ihre Fürsten ehelichten zuweilen gotische Frauen edler Abkunft. In ihren Familien begegnen wir gelegentlich gotischen Namen. Hier und da waren die Hunnen auf dem Wege sich zu gotisieren.

Auch mit den Römern kamen die Hunnen bereits damals in Berührung. Einzelne Haufen von ihnen traten in römische Dienste, und später (424) hat Aëtius, der in jungen Jahren als Geisel bei ihnen geweilt und nachmals von ihm auch politisch ausgenutzte Verbindungen gewonnen hatte, den Gegenkaiser Johannes (S. 246), wie es heißt, durch ein ihm zugeführtes Heer von sechzigtausend Hunnen unterstützt. Aber Römer sowohl wie Germanen sahen diese mongolischen Krieger nur mit Grauen, und dieses scheinen auch die häufigeren Berührungen mit ihnen nicht gemildert zu haben. Auch wird ein größerer Kulturfortschritt bei den Hunnen bis auf Attila nicht erkennbar, und noch später galt von der großen Masse derselben die Schilderung, die bald nach ihrem ersten Auftreten Ammianus Marcellinus, ein aus Antiochien gebürtiger Römer, der unter Julian in Mesopotamien gefochten hatte und sich in seinem Geschichtswerk über die Jahre 358—378 als einen tüchtigen Soldaten und vorurteilslosen Mann bewährt, von ihnen entworfen hatte und das, obgleich da doch wohl nicht mehr so ganz zutreffend, auch noch von späteren Geschichtschreibern mit Vorliebe benutzt worden ist. Über alles Maß

Ein Teil d

en Mauer.

hinaus, so sagt er, geht ihre Wildheit, und entsprechend abschreckend schildert er ihr Äußeres. Auch die Männer sind unmännlich bartlos. Denn gleich nach der Geburt schneiden sie bei den Knaben die Wangen ein, damit die entstehenden Narben den Bartwuchs hindern. Von gedrungenem und festem Gliederbau und plumpem Nacken, erscheinen sie erschrecklich mißgestaltet und erinnern mehr als an Menschen an wilde Tiere auf zwei Beinen oder die rohzugehauenen Pfähle eines Brückengeländers. Völlig unempfindlich brauchen sie kein Feuer zum Kochen der Speisen, sondern essen Wurzeln und halbrohes Fleisch, das sie auf dem Rücken ihrer Pferde notdürftig mürbe geritten. Sie kennen kein Haus: unter dem Dach eines solchen würden sie sich wie im Grab vorkommen. Überhaupt suchen sie nur im äußersten Notfall ein Obdach auf. Nicht einmal Schilfhütten richten sie sich her, sondern leben von frühester Jugend an durch Wald und Berg schweifend, unbekümmert um Kälte, Hunger und Durst. Sie kleiden sich in Linnen oder die zusammengenähten Felle von Waldmäusen. Ein Wechseln des Anzuges kennen sie nicht: erst wenn der alte zerfällt, legen sie einen neuen an. Sie tragen Kappen aus Fell. Ihre haarigen Schenkel sind mit Ziegenfellen bedeckt, und die Füße stecken in so unförmigen Stiefeln, daß sie darin kaum ausschreiten können und daher zum Kampf zu Fuß völlig ungeeignet sind. Mit ihren unscheinbaren, aber ausdauernden Pferden sind sie wie verwachsen; alles und jedes thun sie auf ihnen sitzend: Essen und Trinken, Kauf und Verkauf, alles, ja selbst Schlafen geschieht zu Pferde. Auch zu wichtigen Beratungen steigen sie nicht ab. Sie kennen kein Königtum, sondern führen unter ihren Häuptlingen aus, was ihnen gerade einfällt. Gilt es zu kämpfen, so greifen sie, keilförmig geordnet, unter wildem Geschrei an. Von außerordentlicher Beweglichkeit zerstreuen sie sich plötzlich über weite Räume, kümmern sich aber dabei nicht um irgend welche feindliche Befestigung. Zuerst schleudern sie auf ungeheure Entfernung ihre Wurfspieße, die mit den schärfsten Spitzen aus Knochen versehen sind, dann werfen sie sich rücksichtslos ins Handgemenge, wobei sie dem Gegner, während er die Hiebe zu parieren sucht, plötzlich eine Schlinge überwerfen und ihn so wehrlos machen. Ackerbau ist ihnen völlig unbekannt: ohne feste Wohnsitze, ohne Gottheit und ohne Gesetz, ohne bestimmten Lebensunterhalt, sind sie dauernd auf der Wanderschaft, Weib und Kind im Wagen mit sich führend. Von seiner Herkunft und Familienzugehörigkeit hat keiner eine Ahnung. Bei Verträgen unzuverlässig und treulos, stürzen sie sich bei der geringsten Aussicht auf Erfolg leidenschaftlich in ein Unternehmen. So leben sie wie das liebe Vieh, gewunden und dunkel in ihrer Rede, durch keine Religion, ja selbst durch keinen Aberglauben im Zaum gehalten, von wilder Gier nach Gold erfüllt, launenhaft, bald mit dem Freunde brechend, bald sich ohne Grund mit dem Feinde versöhnend.

Die rohe Kraft eines solchen Naturvolkes bedurfte, sollte sie zu größeren Leistungen befähigt werden und namentlich auch nur die ersten Anfänge einer höheren staatlichen Ordnung zeitigen, der eisernen Hand eines strengen Zuchtmeisters. Es mußten dazu fürs erste seine locker verbundenen Teile fester zusammengefügt und namentlich auch die ihm angeschlossenen germanischen Stämme dem herrschenden Volk straffer untergeordnet werden. Solange das nicht geschah, blieb es höchstens durch seine räuberischen Neigungen den Nachbarn gefährlich, wie im Jahre 425 hunnische Haufen über die Donau gingen, Thrakien heimsuchten und plündernd bis gegen Konstantinopel streiften. Ein Faktor in der abendländischen Politik wurden die Hunnen erst durch König Rugilas oder Ruas und die Verbindung, in welche dieser mit Aëtius trat.

Ähnlich wie es einst Stilicho mit den Westgoten gethan, suchte Aëtius sich der Hunnen zur Niederhaltung Ostroms zu bedienen, und genau wie damals durch Alarich waren infolgedessen auch jetzt bald beide Reiche durch Rugilas bedroht, der je nach der Lage durch ein Bündnis bald mit diesem, bald mit jenem das andere zu schrecken wußte. Auch sonst wiederholte sich das Verhältnis, in dem die Westgoten einst zu Rom und zu Konstantinopel gestanden hatten, und in den Heeren beider Kaiser fingen die hunnischen Hilfsvölker an, eine bedenkliche Rolle zu spielen. Bald mußte Theodosius der Jüngere dem gefährlichen Nachbar den Frieden durch ein Jahrgeld abkaufen. Doch begnügte sich Rugilas mit diesem bequemen Schaukelsystem einer nach zwei Seiten hin drohenden, aber schließlich nach keiner handelnden Politik. Als unter seinen Nachfolgern die Zusammenfassung des unter der Hunnenherrschaft vereinigten Völkerkonglomerats zu einem Reiche weitere Fortschritte machten, da gewannen natürlich auch die Eroberungstendenzen größeren Einfluß. Das offenbarte sich bereits, als Rugilas' Neffen Attila und Bleda, die ihm im Jahre 433 folgten, das Ostreich durch erneute Bedrohung nötigten den jährlichen Tribut zu verdoppeln und jedem Bündnis mit ihren Feinden zu entsagen. Damit wurde die durch die Umstände gebotene Vereinigung der beiden römischen Reiche zu gemeinsamer Abwehr der mongolischen Barbarei zum voraus unmöglich gemacht. Gleichzeitig vollzog sich eine folgenreiche Umgestaltung innerhalb des Hunnenreiches. Teils in offenem Kampf, teils durch Ränke und Meuchelmord wurden die hunnischen Teilfürsten beseitigt. Die größere Einheit des herrschenden Volkes ermöglichte weiter ein strafferes Anziehen der Zügel auch gegenüber den unterworfenen oder abhängigen Germanen. Damit aber war das Doppelkönigtum auf die Dauer unvereinbar: im Jahre 445 ließ Attila seinen Bruder Bleda ermorden, dessen milde Natur den von ihm verfolgten gewaltigen Plänen wohl ein Hindernis zu werden drohte. So wurde die Gesamtheit der zwischen Wolga und Donau sitzenden Völker verschiedenen Stammes in der Hand eines Herrschers geeinigt, der sie zu einem furchtbaren Sturmlaufe gegen das morsche Westreich zu benutzen dachte, um dessen durch ihren Reichtum noch immer lockenden Lande zur Beute seiner barbarischen Horden zu machen.

Attila, der in der deutschen Heldensage als König Etzel einen hervorragenden Platz gefunden hat, gehört zu den merkwürdigsten Erscheinungen jener furchtbaren Übergangszeit mit ihrem raschen Wechsel von Staatengründung und Staatenzerfall. Ein Barbar, aber ein genialer Barbar, ein zerstörender Eroberer, aber doch auch ein staatsordnender Regent, ein furchtbarer Krieger, aber doch auch der Träger einer höheren Kultur für sein Volk, vereinigte er in sich Eigenschaften, die einander sonst auszuschließen pflegen. Jahrelang ist er der Schrecken der Welt, um schließlich zu verschwinden ohne eine bleibende Spur seines welterschütternden Daseins zurückzulassen. Wie nachmals in einem Dschingiskhan verkörpert sich in dem gewaltigen Hunnenkönig die elementare Naturkraft der im Zustande des Nomadentums gebliebenen Steppenvölker, die wie ein verheerender Gewittersturm über die Lande alter Kultur hereinbrechen, sie in Einöden verwandeln und mit Trümmerstätten erfüllen, um ohne jedes eigene schöpferische Vermögen nachher in ihren Steppen wieder zu verschwinden. Das kommt auch in den Schilderungen zum Ausdruck, die uns von seiner äußeren Erscheinung und seinem persönlichen Wesen erhalten sind. Königlichem Geschlecht entsprossen, muß danach Attila, des Mundzuk Sohn, ein echtes Kind des mongolischen Hirtenvolkes gewesen sein, von der für dieses charakteristischen kurzgedrungenen Figur mit breiten Schultern und großem Kopf, von dunkler Gesichtsfarbe, mit flacher Nase, tiefliegenden stechenden Augen, in die niemand ohne Furcht zu blicken vermochte, namentlich wenn er im Zorn aufbrauste und den Gegenstand desselben zu zerschmettern drohte. Doch war Attila auch milderen Regungen zugänglich, herablassend gegen Demütige und gnädig gegen Flehende. Unter dieser halb barbarischen Hülle lebte ein gewaltiger Geist voll kühner Entwürfe und reicher Mittel zu ihrer Ausführung, von politischem Scharfblick und kühner Kombinationsgabe, für die davon Bedrohten doppelt gefährlich durch die seinem Volke eigene hinterhaltige Schlauheit, die sich damit verband. So bietet Attila das vollkommene Bild eines naturwüchsigen Eroberers, der sich dabei aber mit einer gewissen instinktiven Sicherheit auch der Hilfsmittel und Kunstgriffe der überlegenen Kultur seiner schwachen Gegner zu bedienen weiß. Man begreift, daß diese Erscheinung, sich abhebend von dem Hintergrunde grauenvoller Zerstörung, blutiger Völkerkämpfe und tyrannischer Gewaltherrschaft, auf die entsetzten Zeitgenossen einen furchtbaren Eindruck machte und gläubigen Gemütern vorkam wie die Trägerin und Vollstreckerin eines unerhörten Strafgerichts, mit dem der Himmel die sündhafte Menschheit zu züchtigen für nötig fand. Aber zu dem Beinamen „Gottesgeißel", den man dem Hunnenkönig gelegentlich wohl geben hört, hat sich diese Anschauung doch erst, wie es scheint, viel später verdichtet. Jedenfalls begegnen wir ihr erst im achten und neunten Jahrhundert. Denn denjenigen, die ihm nahe kamen, sind im Gegensatz zu dem Schrecken seines Namens an Attila gerade die menschlichen Züge seines Wesens angenehm aufgefallen. Einem Mitgliede einer der verschiedenen byzantinischen Gesandtschaften, welche den Hof Attilas aufgesucht haben, dem Rhetor und Geschichtschreiber Priscus, verdanken wir eine Schilderung der dortigen Einrichtungen und Zustände, die erkennen läßt, daß die hunnische Barbarei doch schon mit zahlreichen Elementen der ost- und weströmischen, namentlich aber der auf beiden beruhenden gotischen Kultur durchsetzt gewesen sein muß, mögen diese auch, wie das zu geschehen pflegt, zunächst meistens in Äußerlichkeiten zu Tage getreten sein.

Im Jahre 448, kurze Zeit also vor dem Aufbruch der Hunnen zu ihrem großen Eroberungszug nach Westen, fand Priscus die pannonische Residenz des Attila in der Gegend etwa der weinberühmten ungarischen Stadt Tokai als einen gewaltigen Komplex von Gebäuden aus Holz und Lehm, der seine Entstehung aus dem Zeltlager eines wandernden Hirtenvolkes noch deutlich erkennen ließ. Doch war von einem römischen Baumeister ein Bad aus Steinen aufgeführt. Aber die barbarische Art der Bewohner offenbarte sich in charakteristischer Weise in dem renommistischen Prunken mit kostbaren Beutestücken, die man von den Raubzügen mit heimgebracht hatte, und mit den Gerätschaften und Schmuckgegenständen, die man von Ost und West erhandelt hatte. Die Häuser der Vornehmen und die

Gemächer der zahlreichen Frauen des Königs wiesen alle Erfindungen griechischen und römischen Luxus auf, schwellende Teppiche und silbernes und goldenes Tisch- und Trinkgerät. Nicht bloß die Waffen, selbst die Geschirre der Pferde waren mit Edelsteinen verziert. Nur der Herrscher selbst war von der verweichlichenden fremden Kultur unberührt geblieben. Wie er in der Tracht und Bewaffnung den Brauch der kriegerischen mongolischen Hirten beibehalten hatte, so lebte er auch nach der alten einfachen Volkssitte und bediente sich z. B. beim Essen und Trinken nur hölzerner Geräte. Diese altväterische Einfachheit machte auf den fremden Besucher sicher um so mehr Eindruck, als der Hunnenkönig es im übrigen wohl verstand die Fülle seiner Macht und den selbstbewußten Stolz seiner Herrschergröße durch fürstlichen Glanz und ein gewisses feierlich gemessenes Ceremoniell würdig zur Anschauung zu bringen und den ungeheuren Abstand scharf zu markieren, der trotz der äußeren Schlichtheit seines Auftretens ihn auch von dem höchstgestellten der prunkvoll einherschreitenden Großen seines Reiches trennte. Kehrte er in seine Residenz zurück, so empfingen ihn die vornehmen Mädchen mit Gesang und schritten gruppenweise, in weiße Schleier gehüllt, vor ihm her. Vor dem Hause eines seiner Großen hielt er dann sein Pferd an und genoß im Sattel einen Schluck Wein und einen Imbiß, welchen die Gattin des Hausherrn, die ihn mit ihren Dienerinnen begrüßte, huldigend darreichte. Sein eigenes Wohnhaus, mit dem die zahlreichen Räume für seine Frauen zusammenhingen, enthielt als Hauptraum eine stattliche Halle, die namentlich zum feierlichen Empfange von Gesandtschaften diente. In der Mitte befand sich ein Divan für den König und dahinter ein Ruhebett, das Schleier und bunte Vorhänge verhüllten. An den beiden Langseiten standen Reihen von Sesseln, von denen die rechts für die ehrenvolleren galten. Den eintretenden Gästen wurde an der Schwelle ein Willkommentrunk geboten. Darauf wurden ihnen, streng dem Range nach, ihre Plätze angewiesen. Rechts und links von Attila selbst saßen seine Söhne und Vertrauten. Dann trat der Mundschenk vor und reichte dem König eine Schale Weins. Dieser trank einem der Anwesenden zu, der sich darauf zu ehrfurchtsvollem Danke erhob. Dann tranken die übrigen Gäste ihrerseits dem König zu. Man brachte Tische herein, für die Gäste mit silbernem und goldenem Tafelgerät, für den König mit schlichtem hölzernen Geschirr. Dieser genoß einfach Fleisch, während jenen eine reiche Auswahl leckerer Gerichte vorgesetzt wurde. Nach jedem Gange wurde dem königlichen Wirt von neuem zugetrunken. Bei Einbruch der Dunkelheit erleuchtete man die Halle mit Fackeln. Sänger erschienen und verherrlichten im Liede Attilas Großthaten. Mit dem zunehmenden Weingenuß wurde man allmählich lauter, und je weiter die Nacht vorrückte, um so lärmender wogte die ausgelassene Lustigkeit der einen mit der trunkseligen Rührung der anderen durcheinander. Da löste den Sänger wohl der skythische Spaßmacher ab oder ein buckliger und krummbeiniger Zwerg, dessen derbe Späße jubelndes Gelächter entfesselten. Aber des Königs sich immer gleichbleibende gemessene Würde wehrte auch hier jeder unziemlichen Ausschreitung.

Auch sonst geht ein ansprechender Zug schlichter, von den Vätern ererbter Sitte durch das häusliche Leben des gewaltigen Eroberers. Seine zahlreichen Frauen lebten untereinander in gutem Einvernehmen und empfingen auch die

Fremden in gesitteter Weise, unbefangen und gefällig. Als erste Gattin Attilas wird Kerke genannt. Gesandte wurden auch bei ihr eingeführt und zu Tisch geladen. Beim Eintreten wurden sie mit einem vollen Becher und Umarmung und Kuß begrüßt. Seine Kinder hatte Attila gern in seiner Nähe: gelegentlich sah man ihn mit dem Jüngsten auf dem Arme zärtlich kosen. Als Herrscher waltete er mit patriarchalischem Absolutismus. Auch Recht sprach er selbst, und die streitenden Parteien beugten sich willig seinem billigen Spruch. Ebenso traf im Verkehr mit fremden Gesandten sein natürlicher Takt ungesucht das Richtige. Vorsichtig und zurückhaltend begegnete er ihnen und suchte ihnen zu imponieren, nicht bloß durch den rechtzeitigen Hinweis auf seine ungeheure Macht, sondern auch durch die scheinbar unergründliche Tiefe seines geheimnisvollen Geistes. Und hart daneben begegnete man dann wieder wilden Ausbrüchen des nur halb bewältigten Barbarentums, in der Grausamkeit der Kriegführung so gut wie in der Unmenschlichkeit der Strafen, unter denen die Kreuzigung die gewöhnliche war. Nur waren die weiteren Kreise seines Volkes von den Einflüssen einer höheren Kultur, denen wir am königlichen Hofe begegnen, noch nicht berührt. Wie tief diese noch in der alten Barbarei steckten, offenbart eine Menge gelegentlich berichteter Züge. Einen Gast zu ehren bot man ihm Lebensmittel an und schöne Frauen zum Beilager. Noch war das Pferd des Mannes kostbarstes Gut. Als Boote brauchte man einfach ausgehöhlte Baumstämme, als Lichter angezündete Rohrstengel. Statt des Weizens pflegte man Hirse zu essen.

Jahrelang war die Macht des Hunnenkönigs drohend ostwärts gerichtet gewesen. In ihren Bergen waren die Armenier, in den Ebenen am Euphrat und Tigris die Perser und in Antiochien die Syrer von seinen plötzlich hereinbrechenden Reitergeschwadern heimgesucht und ausgeraubt worden, als Reklamationen des byzantinischen Hofes über die Plünderung römischer Kaufleute an der Donau Anlaß zu Verhandlungen gaben, während der Vandale Geiserich den Hunnenkönig zu schnellem Losschlagen zu drängen suchte, um die Teilung der Kräfte Ostroms für sich selbst auszunutzen. Als es zum Bruch kam, verhalf die Verräterei unzufriedener Großer den Hunnen zu ungehindertem Eintritt in das Reich, dessen europäischen Teil sie in den Jahren 441 und 442 zum Schauplatz furchtbarer Plünderung machten. Selbst die Hauptstadt war gefährdet, zumal ein Erdbeben einen Teil ihrer Befestigungen zerstörte. Drei seiner Heere sah Theodosius II. geschlagen, eine Masse der Überlebenden zum Kriegsdienst in den Reihen der Sieger gezwungen, Scharen von Gefangenen mit überreicher Beute weggeschleppt werden. Ja, bei der Erneuerung der Feindseligkeiten streiften die Hunnen im Jahre 447 bis zu den Thermopylen. Dazu kam die heillose Zerrüttung des von Intrigen unterwühlten Hofes, wo der Eunuch Chrysaphius keinen tüchtigen Mann aufkommen ließ und obenein durch den Versuch, den Hunnenkönig mit Hilfe des Rugierfürsten Edeko durch Meuchelmord aus dem Wege zu räumen, des Kaisers Regierung heillos bloßstellte, die völlige Erschöpfung der Finanzen und die allgemeine Verarmung der verzweifelnden Bevölkerung. So war man schließlich froh, selbst auf die schwersten Bedingungen hin von dem furchtbaren Feinde, den abzuwehren nicht die geringste Aussicht blieb, endlich den Frieden zu erkaufen.

Damit schienen die Dinge zwischen Römern und Hunnen ganz die Entwickelung nehmen zu sollen, die ein Jahrhundert früher zur Überflutung des römischen Reiches durch die bald als Freunde, bald als Feinde weiter darin einrückenden Germanen geführt hatten. Während Theodosius II. den an Attila zu zahlenden Tribut auf zweitausendundeinhundert Pfund Gold jährlich steigern mußte — eine Summe, deren Aufbringung zu den ärgsten Bedrückungen führte und selbst die vermögenden Klassen in Not und Elend stürzte — erhielten die Hunnen außerdem auf dem rechten Donauufer den ganzen Streifen von Singidunum bis Naissus zum Bewohnen und zum Treiben ihrer Herden eingeräumt. Damit gewannen sie vollends eine Stellung, von der aus sie sich jeden Augenblick zu tödlichem Vorstoß gegen Ostrom erheben konnten. Vielleicht war es die Erkenntnis dieser Gefahr zusammen mit der Scham über einen so unrühmlichen Ausgang, was jetzt eine Art von Reaktion des sich aufraffenden Römertums bewirkte, wie sie einst im Westen dem ähnlichen Abkommen mit Alarich gefolgt war und zu Stilichos Sturz geführt hatte (S. 234). Ihre Trägerin war ähnlich wie dort einst Placidia so auch hier eine edle Frau, Pulcheria, die Schwester Theodosius' II. Nach dessen kinderlosem Tode (456) auf den Thron erhoben, machte diese der Herrschaft des Chrysaphius ein blutiges Ende und berief den in langjährigem Kriegsdienst bewährten Marcian als ihren Gatten zum Mitregenten, der entschlossen und befähigt war, den Mißhandlungen ein Ende zu machen, die sich der übermütige Hunnenkönig bisher gegen das hilflose Reich ungestraft erlaubt hatte. Er verweigerte die Zahlung des fälligen Tributs mit der Erklärung, als Freund sei er bereit Attila zu beschenken, als Feind werde er ihm mit den Waffen zu begegnen wissen. Damit schwand für Attila die Aussicht auf einen ferneren mühelosen Erfolg im Osten, und das zunächst scheint ihn bestimmt zu haben, sich nach einer anderen Seite

Kapitäl der Ehrensäule des Kaisers Marcian in Konstantinopel; weißer Marmor.

zu wenden, wo nunmehr leichterer Gewinn zu hoffen stand: statt das Ostreich vollends zu zertrümmern führte er plötzlich einen vernichtenden Schlag gegen das westliche und die demselben verbundenen germanischen Völker.

Was dabei eigentlich den Ausschlag gegeben, vermögen wir nicht mit Sicherheit zu erkennen. Politische und militärische Momente allein haben es sicher nicht gethan; vielmehr scheinen auch hier wieder persönliche Interessen und ihnen entsprungene Intrigen mitgewirkt zu haben, um dem furchtbaren Feinde des Römer- und des Germanentums den Weg nach den Kulturländern des Westens zu öffnen. Denn bisher hatte Aëtius sich gleichmäßig bemüht, entsprechend seinem auf guter Kenntnis der Verhältnisse beruhenden Urteil über die beiderseitigen Machtmittel, Frieden und Bündnis mit den Hunnen aufrecht zu erhalten und sie militärisch und politisch zum Rückhalt des Reiches zu gewinnen. Auch hatte er damit, vielleicht dank seinen persönlichen Beziehungen, bisher Erfolg gehabt. Attilas Beschäftigung im Osten hatte er benutzt, um die römische Herrschaft in Gallien herzustellen. Dem Raubkrieg der Bagauden war ein Ende gemacht, den Burgundern ein vorteilhafter Friede aufgezwungen, mit den Alemannen Freundschaft geschlossen, ein Teil der vor den Hunnen entwichenen Alanen bei Valence angesiedelt und nach mehrjährigem Kampfe den Westgoten nicht bloß Halt geboten, sondern auch ein freundnachbarliches Verhältnis abgewonnen worden. Im nördlichen Gallien hatte er die Ausbreitung der Franken auch noch über die Somme hinaus gehindert und die Küsten durch Verträge mit den Vandalen leidlich gesichert. Dem Zusammenbruch des Westreiches war so noch einmal Einhalt gethan worden. Der sich verschärfende Widerstreit zwischen Hunnen und Oströmern schien es für die Zukunft vollends zu sichern. Da sollten höfische Händel und Familienhader, wie sie in Ravenna längst herrschend geworden waren, alle diese Erfolge des „letzten Römers" (S. 247) wieder in Frage stellen. Durch das Mißtrauen ihres schwachen Bruders, Valentinian III., von dem ihr, wie sie meinte, gebührenden Anteil an der kaiserlichen Gewalt ausgeschlossen, soll der Placidia Tochter Honoria dem Hunnenkönig ihre Hand haben antragen lassen. Als dieser darauf förmlich um sie anhielt, wurde er von dem Kaiser abgewiesen. Zwischen die beiden Reiche gestellt, von dem Hunnenkönig begehrt, um ihm mit ihrer Hand einen Anteil an der Herrschaft über den Westen zuzubringen und so seinen gewaltigen Entwürfen Vorschub zu leisten, von dem Bruder ebendeswegen versagt und als eine Gefahr für seine eigene Stellung bedroht und verfolgt, schien Honoria zu einer ähnlichen Rolle berufen, wie sie einst ihre Mutter Placidia zwischen Westgoten und Weströmern gespielt hatte. Nur traten an die Stelle des römerfreundlichen, von der römischen Kultur stark beeinflußten und entwickelungsfähigen Germanenvolkes und des maßvollen, ehrlich auf Frieden bedachten Alarich hier ein barbarisches Nomadenvolk und sein von ausschweifendem Machtstreben erfüllter Gewaltherrscher, um dem notdürftig aufgerichteten Westreich ihre erdrückende Bundesgenossenschaft aufzunötigen. Um so eifriger freilich vertrat Attila Honorias Recht auf Mitregierung. Auch stießen hunnische und römische Interessen bereits anderwärts feindlich zusammen. Von zwei Brüdern, die bei den Franken um den Thron stritten, war der eine zu Attila, der andere nach Ravenna geflohen. Jeder hoffte von seinem Beschützer Waffenhilfe zur Durchsetzung seiner Ansprüche. Endlich wirkten auch die Streitigkeiten zwischen Westgoten und Vandalen auf diese Verhältnisse ein. Geiserich hatte des Westgotenkönigs Theoderich Tochter, die seinem Sohne Hunerich vermählt war, weil sie ihn angeblich hatte vergiften wollen, durch Abschneiden der Ohren schmachvoll verstümmelt dem Vater zurückgeschickt. Infolgedessen durch einen Angriff der verbündeten Westgoten und Weströmer bedroht, hetzte und schürte er bei dem Hunnenkönig gegen beide, um durch sein Eingreifen die ihn bedrohenden Gefahren abzuwenden.

Eine unruhige Bewegung muß im Frühjahr 450 die weiten Lande erfüllt haben, denen Attila gebot. Von allen Seiten strömten die ihm unterthänigen, lehnspflichtigen und verbündeten Völker, nach ihrer eigentümlichen Art kriegerisch gerüstet, zu dem Zuge gegen Westen zusammen. Mit den leichtbeweglichen Reitergeschwadern seiner Hunnen, die den Kern des Heeres bildeten, faßte der König die Hilfsvölker der Ostgoten und Gepiden zu einer furchtbaren Streitmacht zusammen, und bei jedem Schritt vorwärts wuchs sie lawinenartig, indem sie die kriegerische Mannschaft des durchzogenen Gebietes zum Anschluß nötigte. Die Sueben, Gepiden, Markomannen, Thüringer, Brukterer, rechtsrheinischen Burgunder und die Franken mußten ihm folgen. Noch niemals war ein solches Heer der römischen Grenze genaht. Auf eine halbe Million waffenfähiger Leute wird man es schätzen dürfen. Ein entsprechend riesenhafter Troß folgte in endlosem Zuge. Schon die Verpflegung dieser Massen verwandelte die durchzogenen Gebiete weithin in eine Einöde. Lebte doch in diesen Mongolen noch die alte, echt barbarische Lust an der Zerstörung um der Zerstörung willen, die Freude an der Vernichtung der Schöpfungen einer ihnen unverständlichen und unnütz erscheinenden Kultur, bei der sie sich der Überlegenheit ihrer rohen Kraft den Besiegten gegenüber recht bewußt wurden und die hilflose Ohnmacht der Schwächeren verhöhnten. Und ebendarin lag die furchtbare Größe dieses historischen Moments. Die asiatische Barbarei wälzte sich wie eine alles überspülende und zertrümmernde Flutwelle heran gegen den morschen, schon vielfach zerspaltenen und zerbröckelnden Bau der abendländischen Kultur. Die Zukunft des Abendlandes stand zur Entscheidung und mit ihr zugleich die der Germanen. Denn auch diesmal fochten Germanen auf beiden Seiten. Siegte Attila, so waren sie mit und neben den Hunnen triumphierende Vorkämpfer der mongolischen Barbarei; als Genossen der siegreichen Römer konnten sie der Segnungen der mit durch sie geretteten Kultur erst voll teilhaftig werden. In zwei feindliche Hälften zerrissen stand das Abendland vor einer folgenschweren Entscheidung. Im Bunde mit dem Räubervolk der Vandalen und gefolgt von dem gesamten rechtsrheinischen Germanentum wollte die hunnische Großmacht die römisch-germanische Kultur niederringen, zu deren Verteidigung mit den Westgoten und Weströmern unter dem einstigen Hunnenfreund und Hunnenschützling Aëtius Burgunder und Franken nebst den Kelten aus der Bretagne und Armorika sich zusammenfanden. Kultur stand gegen Barbarei, Christentum gegen Heidentum.

Und der Schicksalsschwere der Entscheidung, die es galt, entsprachen die großartigen Dimensionen, in denen dieser Völkerkampf sich vollzog. Er bezeichnet den Höhepunkt und zugleich die rettende Krisis in der Völkerwanderung. Nach Art eines Heuschreckenschwarmes die durchzogenen Lande als Einöde hinter sich lassend wälzten sich die Massen des hunnisch-germanischen Heeres durch Noricum, Vindelicien und Alemannien langsam westwärts. Erst im Frühjahr 451 erreichten sie den Rhein und überschritten ihn auf einer Schiffbrücke unfern der Neckarmündung. Ob ihr Kampf mit den linksrheinischen Burgundern, deren König Gundikar zu Worms saß, in diesen Zusammenhang gehört oder, wie manche annehmen, schon anderthalb Jahrzehnte früher (437) stattgefunden und zur Zerstörung des Burgunderreiches geführt hatte, läßt sich nicht mit Sicherheit entscheiden. Aber dem Wesen der Heldensage, in deren Mittelpunkt König Attila und der Wormser Königshof nachmals gestellt sind, würde es wohl entsprechen, wenn dieses Ereignis, geschichtlich einer früheren Zeit angehörig, von ihr doch auch mit demjenigen Momente verknüpft worden wäre, der die Macht des Hunnenkönigs in ihrer furchtbarsten Entfaltung zeigt, und so das Schicksal der Burgunder eindrucksvoll mit der Schicksalskrisis des Abendlandes in unmittelbare Verbindung gebracht wäre. Jenseits des Rheins traten Attilas Scharen ein in das Gebiet der fast ein halbes Jahrtausend alten römisch-gallischen Kultur mit seinen zahlreichen starkbevölkerten und trotz aller Heimsuchung und Ausbeutung noch immer blühenden Städten, welche die Habgier und Zerstörungslust der Steppensöhne unwiderstehlich reizten. Sie alle wurden die Beute derselben, und ihre rauchenden Trümmerhaufen bezeichneten den Weg, den der Feind genommen hatte. Jammervoll war das Schicksal der Einwohnerschaft, welche durch die Masse des hinter den Mauern Schutz suchenden Landvolkes vermehrt worden war. Wie glücklich erschienen die Tausende, die in den elenden Verstecken der Wälder und Höhlen diesem Verhängnis entgangen waren! Den Anwohnern des Meeres und der schiffbaren Flüsse hatten ihre Fahrzeuge eine sichere Zuflucht geboten. Langsam drangen die Hunnen unter Raub und Mord südwestwärts in Gallien vor. Am Vorabend des Osterfestes (21. April 451) wurde Metz niedergebrannt. Während dann einzelne ausschwärmende Streifscharen die Verwüstung in die benachbarten nördlichen Landschaften trugen, überschritt das Hauptheer bei Auxerre die Yonne und zog auf Orléans, dessen Bevölkerung unter Bischof Anianus sich zu verzweifeltem Widerstand aufraffte. Diesen zu brechen mußte Attila Halt machen. Und das wurde entscheidend. Denn so gewannen die verbündeten Römer und Westgoten mit ihren germanischen Hilfsvölkern Zeit heranzukommen und den Hunnen die Entscheidungsschlacht anzubieten, noch ehe sie Gallien vollends überflutet und sich der Zugänge nach Italien bemächtigt hatten.

Schon war die Kraft der Verteidiger Orléans' der erdrückenden Übermacht der Angreifer erlegen und der Anfang gemacht worden mit der Vollstreckung des furchtbaren Spruches, durch den Attila an solchem Trotz ein von der Nachahmung abschreckendes Exempel zu statuieren gedachte: die Bürger sollten als Sklaven unter die Sieger verlost, ihre Habe als Beute weggeführt und die Stadt dem Erdboden gleichgemacht werden — da wurde der Anmarsch des römisch-westgotischen Heeres gemeldet. Attila wurde dadurch, so scheint es, überrascht. Eilig brach er sein Lager ab. Das Strafgericht über Orléans war aufgeschoben. Bereits auf dem eiligen Rückzug nach Norden sahen sich die Hunnen angegriffen und gedrängt. Einzelne ihrer schweifenden Haufen wurden aufgerieben, ehe sie sich mit dem Hauptheer wieder hatten vereinigen können. Damit war der Bann scheuer Furcht vor diesen wilden Feinden gebrochen, der Römer und Germanen befangen gehalten zu haben scheint. Attila, der seine Gegner nicht unterschätzte, ging über die Seine und

Marne zurück. Die weiten Gefilde, die sich nördlich von beiden Flüssen zwischen Chalons und Troyes ausbreiteten, die Katalaunischen Felder, wählte er zum Schauplatz der Entscheidungsschlacht, wohl weil sie ihm die Möglichkeit boten, seine ungeheure Übermacht recht zu entfalten und namentlich seine Reitermassen wirksam zur Geltung zu bringen. Oder rechnete er trotz der zur Schau getragenen Zuversicht in der Stille doch bereits mit der Möglichkeit eines ungünstigen oder doch wenigstens unentschiedenen Ausganges und dachte durch die ausweichende Bewegung nach Norden sich für diesen Fall den Rückzug zu sichern? Glaubte er, der Feind werde ihm nicht zu folgen wagen, weil es im Anmarsch zwei Flüsse zu überschreiten und dann mit diesen im Rücken zu schlagen galt? Hoffte er vielleicht dort unangegriffen eine zuwartende Stellung einnehmen, die Feinde hinhalten und die Entscheidung hinauszögern zu können, bis seine vandalischen Alliierten mit ihrer leichtbeweglichen Flotte an den Küsten Italiens oder Spaniens oder Südgalliens erschienen und das römisch-westgotische Heer zu eiligem Rückzuge nötigten? Jede von diesen Erwägungen erscheint möglich und die darauf gegründete Berechnung berechtigt nach Lage der Dinge. Aber die rasche Entschlossenheit der verbündeten Römer und Germanen, die der kleine Erfolg vor Orléans mit wachsender Zuversicht erfüllt hatte, vereitelte sie alle.

Aëtius.
Elfenbeinrelief auf einem Diptychon.
Monza, Dom.

Niemals haben sich des letzten Römers Aëtius politisches Geschick und militärische Befähigung so glänzend bewährt wie in jenem kritischen Moment, wo das Schicksal des Reiches und mit ihm das des Abendlandes zur Entscheidung stand. Angesichts der ungeheuren Gefahr hatte er die Römer noch einmal aufzurütteln und zu lange nicht gekannter Energie mit sich fortzureißen gewußt. Mit diplomatischem Geschick überwand er des hochfahrenden Westgotenkönigs Theoderich Einwendungen gegen ein Zusammenwirken mit den Römern, wobei derselbe die Selbständigkeit seines Volkes nicht hinreichend gewahrt zu sehen fürchtete. Aëtius trug kein Bedenken, ihm völlig die Stellung eines gleichberechtigten Bundesgenossen einzuräumen, so daß er seine Goten unabhängig neben dem römischen Feldherrn befehligte. Dazu kamen die Burgunder unter König Gunderich, Teile der Franken unter Roms Schützling Meroweus, alemannische Heerhaufen, ja selbst sächsische Scharen und krieggewohnte Kelten der Bretagne und Armorikas. Kampfgerüstet standen sich beide Heere gegenüber, da ungefähr, wo eine späterhin verschwundene Ortschaft Moirey lag. In der Ebene zwischen ihnen erhob sich eine die Gegend einigermaßen beherrschende Höhe, deren Gewinnung eine unangreifbare Stellung und damit die Behauptung des Schlachtfeldes verhieß. Um sie entbrannte der

Kampf daher besonders heftig. Dort mußte die Entscheidung fallen. Auf der einen Seite stand Attila mit seinen Hunnen im Centrum, während den linken Flügel die Ostgoten, den rechten die übrigen Hilfsvölker bildeten. Auf der anderen Seite befehligte Aëtius selbst den linken Flügel; den rechten nahmen die Westgoten unter Theoderich ein. Zwischen beiden war den Alanen unter ihrem König Sangipan ihr Platz angewiesen: sie waren geheimer Verbindung mit dem Feinde verdächtig.

Es war ein heißer Augusttag. Der größte Teil desselben verging, ehe es zum Schlagen kam. Erst am Nachmittage begann die Aktion, indem das römisch-germanische Heer vorrückte und jene zwischen beiden Stellungen liegende Höhe besetzte. Nun ging auch Attila zum Angriff über. Er ließ seine Massen gegen die Alanen anstürmen. Als sie wichen, war das feindliche Centrum durchbrochen. Darauf wandten sich die Hunnen links gegen die Westgoten. Ein furchtbarer Kampf entbrannte. Mit ungeheurer Wucht prallten die Reitergeschwader aufeinander. Dabei wurde der Westgotenkönig Theoderich, als er mit ermutigender Rede die Reihen der Seinen entlang sprengte, von einer feindlichen Lanze zu Fall gebracht und von den Rossen seiner Reiter zertreten. Ihn zu rächen eilte sein Sohn Thorismund herbei. Er brachte das Gefecht zum Stehen und warf sich dann auf die Hunnen, die, in der Meinung des Sieges bereits sicher zu sein, zu weit vorgegangen waren und so ihr Centrum entblößt hatten. Durch den Tod ihres Königs aufs äußerste erbittert, stürmten die Westgoten mit unwiderstehlicher Gewalt auf sie ein und erschütterten ihre Reihen so, daß Attila mit sinkendem Abend den Rückzug antrat, um mit Hilfe der gewaltigen Wagenburg die Verteidigung fortzusetzen. Bald aber sah er sich auch in dieser hart bedrängt: seine Niederlage schien unvermeidlich. Schon ließ er die Sättel der gefallenen Pferde zu einem Haufen zusammentragen, um sie in Brand stecken zu lassen und in ihren Flammen den Tod zu suchen, wenn keine rettende Wendung eintrat. Da führte ein Sturz Thorismunds mit dem Pferde diese herbei. Denn nun brachen die Westgoten den Kampf ab und kehrten in ihr Lager zurück, wo sie den tapferen Königssohn als Nachfolger des Vaters auf den Schild erhoben.

Wohl hatte dieser die Absicht, am nächsten Tage den Sturm auf die hunnische Wagenburg zu erneuern. Doch kam es nicht dazu. Denn einmal ließ Attilas Haltung einen Widerstand erwarten, dessen man nicht Herr zu werden besorgte, und Aëtius fürchtete durch einen vollen Sieg die Macht der Westgoten höher steigen zu sehen, als ihm im Interesse Roms wünschenswert schien. Mit diplomatischer Schlauheit wies er Thorismund daher auf die Gefahren hin, die ihm bei längerer Abwesenheit daheim von seinen Brüdern drohen könnten. Dadurch bestimmte er ihn zum Verzicht auf die Wiederaufnahme des Kampfes und zum Abzug nach Toulouse. Er selbst trat dann ebenfalls den Rückmarsch an. Auch Attila gab sein Unternehmen vorläufig auf.

Der Widerstand, auf den er gestoßen, war stärker und erfolgreicher gewesen, als er irgend erwartet hatte. Ungeheure Opfer hatte der Kampf gekostet. Von den mehr denn hundertundsechzigtausend Leichen, welche die Walstatt bedeckt haben sollen, waren weitaus die meisten hunnische. Das wird die Zuversicht seiner an einen leichten Sieg gewöhnten Scharen erschüttert, ihre Kampflust gemindert haben, und der König mag froh gewesen sein, daß der neue Angriff unterblieb. Für besiegt jedoch erachtete er sich keineswegs. Auch war er thatsächlich nicht besiegt. Wie die meisten Völkerschlachten der Art war auch die bei Chalons unentschieden geblieben, und sobald die Kämpfer sich erholt und neue Kräfte gesammelt hatten, war die Wiederaufnahme und Fortsetzung der Blutarbeit zu erwarten. Das spiegelt auch die im Munde des Volkes umlaufende Sage wieder, es sei dort mit so furchtbar ingrimmiger Erbitterung gerungen worden, daß selbst die Gefallenen sich keine Ruhe gegönnt, sondern als Geister in der Luft schwebend den Kampf fortgesetzt hätten. Römer und Westgoten aber mit ihren Verbündeten konnten sich doch insofern eines Sieges rühmen, als Attilas Angriff aufgehalten war. Doch handelte es sich dabei nur um einen augenblicklichen Erfolg, und bald sollte die eben abgewehrte Gefahr furchtbarer und in größerer Nähe wieder auftauchen.

Denn Attila verzichtete nicht auf seine Entwürfe. Entschlossen, auch Westrom seiner Herrschaft zu beugen, wiederholte er die Werbung um die Hand Honorias. Natürlich wurde er damit jetzt erst recht abgewiesen. So brach er denn bereits im nächsten Jahre (452) mit ungeheuren Heeresmassen wiederum aus seiner Lagerstadt auf, nahm den Weg aber diesmal geradezu südwärts nach Italien. Die Julischen Alpen übersteigend betrat er von Nordosten her die oberitalische Ebene. Aquileja, wo eine starke gotische Besatzung lag, leistete tapferen Widerstand. Es wurde schließlich mit Sturm genommen und einer grauenvollen Plünderung überantwortet. Das gleiche Schicksal traf dann die benachbarten Städte, Concordia, Altinum, Padua u. s. w. Nun ergossen sich die Schrecken hunnischer Verwüstung binnenwärts. Vicenza, Verona, Bergamo wurden ausgeraubt. Mailand und Pavia kauften das gleiche Schicksal nur durch gewaltige Kontributionen ab. Das ganze Land erlebte die Schrecknisse, die ein Jahr zuvor Attilas Marsch vom Rhein nach Orléans gekennzeichnet hatten. Nur war diesmal kein Entsatz, keine rettende Hilfe durch ein herbeieilendes Römerheer zu hoffen. Von seinen bisherigen Verbündeten sowohl wie dem um Hilfe angerufenen Ostrom im Stich gelassen, sah sich Aëtius zu trostloser Unthätigkeit verdammt. Selbst hinter den Mauern Ravennas fühlte sich Valentinian III. nicht sicher. Er eilte nach Rom. Bald rüstete er, des Hereinbrechens des siegreichen Hunnenkönigs gewärtig, zur Flucht aus Italien, das seinem Schicksal überlassen werden sollte. Des Reiches letzte Stunde schien geschlagen zu haben.

Noch einmal aber war demselben unverhoffte und unverdiente Rettung beschieden. Eine Gesandtschaft der Römer unter ihrem Bischof Leo und dem beredten Senator Avienus eilte in das Lager, das Attila am südlichen Ende des Gardasees am Mincio aufgeschlagen hatte. Sie bestimmte den König zur Gewährung eines Friedens und zum Abzug aus Italien. Daß dieser Erfolg nicht dem Eindruck zuzuschreiben war, den die eindringlichen Vorstellungen des würdigen Leo auf Attila machten, ist selbstverständlich, mag auch die kirchliche Legende ihn allein so erklären und durch die Wundererscheinung des heiligen Petrus unterstützt sein lassen, der Attila mit dem Schwerte bedrohend neben Leo getreten sein soll. Auch die kostbaren Gaben, durch die man den gefürchteten Eroberer milde zu stimmen und zur Schonung Italiens und Roms zu gewinnen dachte, werden dessen Entschluß nicht verursacht haben. Dieser wird vielmehr nur aus anderen, wirksameren

Momenten zu erklären sein. Dahin aber gehören vor allem die Schwierigkeiten, mit denen trotz der bisherigen Erfolge Attila den Fortgang seines Zuges durch Italiens Reichtum an festen Städten bedroht sah. Wie wollte er außerdem solche Massen, wie er mit sich führte, in dem verarmten Lande sicher ernähren? Namentlich das Futter für die Massen der Pferde, mit denen sein Reitervolk einherzog, würde sich dort sicherlich nicht haben beschaffen lassen. Zudem war in seinem Heere bereits eine seuchenartige Krankheit ausgebrochen, deren Umsichgreifen Verderben drohte. Endlich wußte Attila sich im Rücken gefährdet durch die Stärkung, welche dem oströmischen Reich die kraftvolle Regierung des kriegstüchtigen Marcian (S. 273) gebracht hatte. Er trat den Rückzug an und wandte sich wiederum nach seiner Lagerstadt in den Weideebenen Pannoniens. Wenn er von dort aus nach Konstantinopel die Forderung gelangen ließ, es solle die Zahlung des früher üblichen Tributs wieder aufgenommen werden, so darf daraus wohl geschlossen werden, daß er sich jetzt auf das Ostreich stürzen wollte, weil er sich dort trotz des Marcian persönlicher Tüchtigkeit größere Erfolge versprach, als ihm im Westen beschieden gewesen waren. Aber noch ehe er den Plan ausführen konnte, ereilte ihn 453 ein jäher Tod. Er überraschte ihn in der Nacht nach der glänzend begangenen Feier seiner Vermählung mit der schönen Burgunderin Ildico. Man fand ihn am anderen Morgen als Leiche, entweder vom Schlage getroffen oder von Ildico als der Rächerin ihres Volkes getötet. Trauernd bereiteten die Hunnen dem gewaltigen Mann, dessen eiserne Hand und kühner Geist sie auf den Weg zur Weltherrschaft gerissen hatte, die letzte Ruhestätte. Drei ineinander gefügte Särge, so heißt es, bargen die Leiche, aus Eisen, Silber und Gold. Eine reiche Fülle von Kostbarkeiten wurde ihm in das Grab mitgegeben. Die Sklaven, die dasselbe hatten bereiten müssen, wurden getötet.

Das lockergefügte Reich, in dem er die weiten Lande von der Wolga bis zum Rhein zusammengefaßt hatte, war Attilas persönliches Werk. Daher gab denn auch sein jäher Tod das Zeichen zu seinem schnellen Zerfall. Unter seinen Söhnen entbrannte Streit um die Herrschaft. Darüber entzogen sich die hunnischen Teilfürsten dem geschwächten Königtum, und die unterthänigen oder tribut- und heerespflichtigen Völker machten sich selbständig. Heftige innere Kämpfe begannen. An der Netad in Pannonien kam es 454 zur entscheidenden Schlacht. Die Niederlage und der Tod Ellaks, des ältesten von den Söhnen Attilas, gab den Germanen und skythischen Völkern, die unter die Herrschaft der mongolischen Barbaren gezwungen worden waren, die Freiheit wieder. Im Lauf der folgenden Jahre mußten die Hunnen, über die Ellaks Bruder Dengisch die Herrschaft gewann, allmählich aus den zuletzt inne gehabten Landschaften an der Donau weichen. Dengisch wurde in einem Kriege gegen Ostrom 466 besiegt und getötet. Entmutigt brachen nun die Reste der Hunnen unter Attilas jüngstem Sohn Irnak auf und wandten sich zurück in die Steppenlande an der Wolga. Dort geht ihre Spur allmählich verloren, und was von dem Volke, das einst die Welt erschüttert hatte, noch übriggeblieben war, hat schließlich seine Sonderexistenz vollends aufgegeben und ist mit den dort nomadisierenden Stämmen der Bulgaren, Avaren und Chazaren verschmolzen. Von den germanischen Völkern aber, die sich bisher dem Zwange der Hunnen gebeugt hatten, saßen hinfort die Gepiden unter König

Ardarich in dem ehemaligen Dacien von den Karpaten bis zum Schwarzen Meere. Ihnen schlossen sich die Donau aufwärts in Pannonien bis gegen Wien hin die Ostgoten an, denen zur Zeit der Erhebung gegen die Hunnen drei königliche Brüder Walamir, Theodemir und Widemir vorstanden. Westwärts folgten dann die kleineren Völkerschaften der Rugier, Heruler, Scyren und Turcilinger, während nordwestlich von den Gepiden im heutigen Mähren und Schlesien die Langobarden saßen.

Als ob aber alle diese Völker durch die gewaltigen Stürme, welche der Mongoleneinbruch über sie gebracht hatte, erschöpft gewesen wären und ruhe- und erholungbedürftig aufgeatmet hätten, trat noch einmal ein Stillstand in ihrer Bewegung ein, der dem weströmischen Reich noch eine kurze Spanne Zeit gewährte, um einen letzten Versuch zur Sammlung seiner erlöschenden Kräfte und zur Neuorganisation des ihm gebliebenen Besitzstandes zu machen. Eigentlich freilich handelte es sich dabei nur noch um Italien und einen Rest gallischen Landes. Die Gebiete an Rhein und Donau, die bisher noch für römischen Besitz, wenn auch sehr unsicheren, gegolten hatten, waren nun verloren gegangen, und die dort sitzenden Germanen suchten, soweit sie einer solchen bedurften, Anlehnung an Byzanz, wie namentlich die Ostgoten und die Gepiden. Dorthin wiesen diese auch wichtige Interessen der Kultur. Denn in der Sintflut mongolischer Barbarei, die sich mit den Reitergeschwadern Attilas über die Grenzprovinzen des römischen Reiches ergossen hatte, wo jene eigentümliche, Römer und Germanen einigende Mischkultur namentlich entwickelt war, hatten deren Pflegstätten und Schöpfungen fast sämtlich ein elendes Ende gefunden. Damit hatten diese Gebiete die wesentlichste von den Voraussetzungen eingebüßt, unter denen der Aufenthalt darin für das weitere Aufsteigen der Germanen zu einer höheren Kultur hätte von Nutzen werden können. Um dazu von neuem dauernder und erfolgreicher in die Schule der Römer genommen zu werden, mußten die Germanen noch tiefer in das römische Gebiet hinein vorrücken und statt in den verwüsteten Rhein- und Donaulanden in Gallien und Italien selbst die Einwirkung der dort noch bestehenden römischen Kultur an sich erfahren.

Kaum zu arg kann man sich den Zustand der Zerstörung und Verwüstung denken, in den Attilas Feldzüge 450—452 die weströmischen Provinzen an der Donau gestürzt hatten. Ein Trümmerfeld sondergleichen lagen sie da, als die Völkerflut wieder abgelaufen war. Dank einer glücklichen Fügung gewinnen wir von den Zuständen, die damals in den Landschaften im Süden der Donau herrschten, eine außerordentlich lebhafte Anschauung durch die Biographie des heiligen Severinus, das Werk seines Schülers und Gehilfen Eugippius. Sie führt uns mitten in das chaotische Wirrsal hinein, das nach Attilas Tod und dem Zerfall seines Reiches hereinbrach.

In Rätien waren Alemannen und Thüringer in siegreicher Ausbreitung gegen Süden und Osten begriffen. In einem aussichtslosen Kampf rang die zusammengeschmolzene römische Bevölkerung Noricums gegen die unausgesetzten Angriffe der germanischen Barbaren. Denn von jenseits der Donau kamen die Rugier herüber. Wiederholten räuberischen Einfällen folgte bald die Ansiedelung des einen und des anderen Haufens. Als Arianer waren sie den orthodoxen Römern vollends verhaßt, und dennoch mußten diese Land und Haus in immer weiterem Umfange mit ihnen teilen. So war es auch den Bewohnern von Commagene gegangen, einer römischen Stadt in der Gegend von Tuln, die bald danach wie so manche andere in den erneuten Völkerstürmen spurlos vom Erdboden verschwunden ist. Wie Gefangene lebten sie in den eigenen Mauern unter dem Druck der übermütigen Fremdlinge. Da erstand ihnen in Severin ein gottgesandter Tröster. Unbekannter Herkunft, aber seiner Sprache nach ein Römer, der jedoch vermutlich eine Zeit lang unter den Einsiedlern des fernen Ägyptens gelebt hatte, ein Mann von äußerster Bedürfnislosigkeit und unempfindlich gegen Hunger und Kälte, erscheint er, ungehindert durch die rugischen Waffen, in der Mitte der Verzagenden und bringt die Botschaft, daß die benachbarte Stadt Astura, wie er vorher verkündet hatte, von den Barbaren wirklich soeben zerstört worden sei, tröstet aber die nun des gleichen Schicksals gewärtigen Römer von Commagene durch die Verheißung, daß sie vor dem drohenden Unheil gerettet werden würden. Und wirklich erzeugt in der nächsten Nacht unter den eben eingedrungenen Barbaren ein Erdbeben so kopfloses Entsetzen, daß sie zur Stadt hinausstürzen und in der Verwirrung draußen sich gegenseitig niederhauen. Doch ist für die befreiten Römer nur wenig gewonnen. Der Druck des wirtschaftlichen Elends und der andauernden Unsicherheit blieb ungemindert. So arg wurde die letztere, daß man sich kaum noch über die schützenden Stadtmauern hinaus wagte und selbst die Felder nur in dem Umkreis bestellt wurden, weiterhin aber aus Angst vor feindlichen Überfällen unbebaut liegen blieben. Trotzdem fielen nicht selten Ernte und Schnitter in die Gewalt streifender Barbaren. Mit ihrem Lebensunterhalt war die Bevölkerung daher ganz auf die Getreidezufuhr angewiesen, die auf dem Inn von Süden herankam. Blieb sie aus, so verfiel das Land, das von der Natur so reich ausgestattet und einst so blühend angebaut gewesen war, rettungslos den Schrecken einer Hungersnot. Was dort noch an römischen Soldaten vorhanden war, blieb ohne Sold, lief auseinander und wurde, statt die Grenze gegen die Barbaren zu schützen, vielmehr selbst eine weitere Geißel des Landes. Nur die batavische Kohorte in dem festen Passau hielt noch zusammen. Aber als sich einige davon aufmachten, um über die Alpen zu ziehen und endlich das Geld zur Zahlung des rückständigen Soldes zu holen, da wurden sie unterwegs erschlagen. Dieser jammervolle Zustand allgemeiner Unsicherheit machte alles Gedeihen unmöglich, und Raubthaten großen Stils ließen den einzelnen wie ganze Stadtgemeinden dauernd für Leben und Eigentum zittern. Erschienen doch vor der Stadt Faviana an der Donau (zwischen Passau und Wien) plötzlich Räuber und führten alles mit sich fort, was sie von Menschen und Vieh außerhalb der Stadtmauern fanden. Die Besatzung aber war so schwach, daß ihr Befehlshaber Mamertinus sich nicht hinausgetraute und nicht einmal den Versuch wagen wollte die Wegelagerer zu verfolgen und ihnen ihre Beute wieder abzujagen. Erst als der heilige Severinus, so erzählt die Legende, ihm Gottes besonderen Beistand verhieß, faßte er Mut und focht dann auch glücklich.

Auch noch in der Umrankung durch die üppig wuchernde legendare Ausschmückung tritt das geschichtliche Bild der schweren Zeit deutlich erkennbar zu Tage und gewährt eine lebhafte Anschauung von dem Zustand der Auflösung, in dem das Westreich sich damals befand und schließlich jene wichtige Landschaft einfach sich selbst überlassen mußte. In anderen aber wird es nicht wesentlich anders gewesen sein, nur daß diese nicht das Glück hatten einen Mann wie den heiligen Severin bei sich erstehen zu sehen, der vermöge der tröstenden und erhebenden Macht des Christentums die Römer zur Selbsthilfe ermutigte und unter seiner Autorität zusammenfaßte, die zwar ausschließlich auf einem sittlichen Grunde beruhte, aber eben darum anerkannt wurde und so schließlich gewissermaßen staatlich und gesellschaftlich organisierend wirkte. Dabei wußte man nicht einmal, von wannen der wunderbare Mann gekommen war. Wohl ließ ihn seine Sprache als Römer erkennen, aber nach gelegentlichen Andeutungen, die er machte, vermutete man, daß seine Heimat im fernen Osten zu suchen sei. Er sollte von vornehmer Abkunft sein, aber der Welt entsagend die Einsiedeleien der thebaischen Wüste aufgesucht haben, bis ihn dann ein göttlicher Ruf nach der Donau trieb, um dort den verzagenden Römern in Noricum als Helfer und Tröster zu erscheinen. Seine Strenge im Fasten und seine Unempfindlichkeit gegen die Unbilden der Witterung erschienen diesen alsbald als ein Beweis seiner Heiligkeit. Aber nicht mit Worten allein suchte er zu helfen: er legte auch thätig Hand an und leitete die sich ihm vertrauensvoll Anschließenden mit praktischem Sinn und Geschick zur Selbsthilfe an. Die Vermögenden schatzte er, um die Mittel zur Unterstützung der Armen und zur Loskaufung der Gefangenen zu beschaffen. Und der Erfolg steigerte den Glauben an die ihm innewohnenden himmlischen Kräfte. Willig beugte man sich ihm, schon aus Furcht vor dem sonst drohenden Zorn Gottes. Selbst den Barbarenfürsten imponierte er, und sie legten Wert darauf mit ihm in gutem Einvernehmen zu stehen. Der Rugierfürst Flaccitheus sollte es Severins Ratschlägen zu danken haben, daß seine Regierung friedlich verlief. Das setzte den Heiligen in den Stand manche Heimsuchung, welche den Römern von dieser Seite her drohte, durch seine Fürbitte oder Mahnung abzuwenden oder Gefangene der Freiheit wiederzugeben. Aber auch die Ausbreitung und Befestigung des Christentums ließ Severin sich angelegen sein. Zahlreiche Klöster verdanken ihm ihre Entstehung, die er nach der im Morgenlande üblichen Art anlegte als Vereinigungen einer größeren Anzahl nachbarlich gesellter Hütten, in denen die Einsiedler frommer Beschaulichkeit lebten. Das bedeutendste lag in der Nähe von Faviana.

Auf die Dauer aber ließ sich der Andrang der Barbaren mit solchen Mitteln doch nicht aufhalten. Eine Stadt nach der anderen fiel in ihre Hände. Auch Faviana und seine Umgebung nahmen die Rugier ein. Damit hatte wenigstens der aufreibende Kriegszustand ein Ende, und die übriggebliebenen Römer fanden in den neuen Herren thatkräftige Beschützer gegen die wilden Feinde, welche alle weiter donauaufwärts gelegenen Städte und Burgen zerstörten. Auch die von dort geflüchteten Römer, die sich in Lorch zusammengedrängt hatten, fanden durch den Rugierkönig Feva in Faviana Aufnahme. Aber immer enger zogen sich die Kreise der siegreichen Germanen um die Reste der römischen Herrschaft zwischen Donau und Alpen. Joviacum zerstörten die Heruler und Tiburnia in Oberkärnthen, dessen Namen in Debern im Lurnfelde fortzuleben scheint, wurde von den Goten durch eine Belagerung hart bedrängt. Nach dem Tode des heiligen Severin, der am 8. Januar 482 erfolgte, wuchs die Gefährdung der Römer schnell. Seine Klosterstiftung bei Faviana wurde durch des Herulerkönigs Feva Bruder Friedrich geplündert. Kriege unter den Rugiern und dann Odoakers Feldzug gegen sie steigerten die Bedrängnis, bis 488 Odoaker, der in Erfüllung einer ihm einst durch Severin gewordenen Weissagung inzwischen das Westreich zerstört hatte und Herr Italiens geworden war, den Entschluß faßte, den unhaltbaren Posten aufzugeben und die Reste der römischen Bevölkerung aus Noricum fortzuführen und in Italien anzusiedeln. Was sich von römischer Kultur über den Hunneneinfall hinaus bisher dort noch erhalten hatte, ging nun rasch vollends der Vernichtung entgegen. Von den bedeutenden Römerstädten, die in jenen Landen einst geblüht hatten, ist schließlich fast jede Spur verschwunden, und nur in den benachbarten Gebirgen blieben schwache Reste einer unterwürfigen romanischen Bevölkerung zurück.

Wesentlich verschieden von dem Bilde, das uns des heiligen Severin Leben, wie es dreißig Jahre nach seinem Tode sein Schüler Eugippius, der Abt des neapolitanischen Klosters, das über der von den auswandernden Mönchen mitgenommenen Leiche des Heiligen errichtet worden war, aufgezeichnet hat, von den Zuständen in den ehemals römischen Ländern im Süden der Donau darbietet, dürfen wir uns auch die Lage der Gebiete nicht denken, die minder unmittelbar von der hunnischen Barbarei heimgesucht worden waren. Nicht leicht zu trostlos wird man sich die Not und die Verkommenheit ausmalen können, die dort herrschten und vollends zu furchtbaren Dimensionen emporwuchsen, seit Regierung und Volk an der Möglichkeit der Besserung verzweifelten und den Kampf gegen das hereinbrechende Verhängnis als aussichtslos in stumpfer Resignation aufgaben. Auf weite Strecken ging das römische Reich der Entvölkerung entgegen. Neben den Kriegsschrecken und der durch sie veranlaßten Flucht der Einwohnerschaft von dem flachen Lande in die schützenden Städte wirkte dazu namentlich das ins Ungemessene steigende fiskalische Erpressungssystem, die Vernachlässigung und der Verfall aller zu wirtschaftlichem Gedeihen nötigen Einrichtungen und Anstalten, die Vereinigung des Grundbesitzes zu ungeheuren Güterkomplexen, die nur noch zu Weideland benutzt wurden, die gewissenlose Abholzung der Wälder, die Versandung der Häfen und die Versumpfung der Flüsse. Illyrien wird kurzweg als verödet bezeichnet, in dem einst so herrlich blühenden Gallien von Einöden gesprochen, wo einst volkreiche, von fröhlich pulsendem Leben erfüllte, glänzende Städte in Waldesnacht versunken und nur noch von wilden Tieren bewohnt gewesen sein sollen. So wird z. B., freilich wohl stark auftragend, von Vienne berichtet, Hirsche und Wölfe seien zu seinen Thoren hereingekommen und neugierig durch die menschenleeren Straßen schweifend gesehen worden. In Griechenland, das Goten und Hunnen wiederholt ausgeraubt hatten, traf der Reisende oft tagelang keinen Menschen. Nordafrika lag zum dritten Teil wüst. In Italien waren weite Strecken nur noch mit wildem Gestrüpp überwuchert und dienten verwilderten Schweineherden zum Aufenthalt. Die Städte lagen auch dort vielfach in Trümmern. Man nimmt an, daß die Bevölkerung des Reiches auf den dritten Teil der zur Zeit der Blüte vorhandenen zurückgegangen war, so jedoch, daß der Ausfall auf dem flachen Lande gelegentlich bis zu vier Fünfteln betragen zu haben scheint. In Italien dürfte die Bevölkerung damals nicht mehr als fünf Millionen stark gewesen sein. Die Galliens, ehemals zwanzig Millionen, betrug ungefähr noch sechs bis acht. Und dabei scheint Gallien auch damals noch die blühendste von allen Provinzen gewesen zu sein. Denn noch wies es eine Reihe reicher Städte auf, obenan Narbonne, den Sitz eines Prokonsuls und als Hafen bedeutender selbst als Marseille, daneben Nimes und Toulouse und das seiner Messen wegen berühmte Arles, wo die Waren Spaniens und Afrikas neben denen des Orients zu Kauf standen, seit Honorius Residenz des Oberstatthalters der westlichen Provinzen und wohl als das kleine Rom gefeiert. Auch Vienne und Lyon gelten noch etwas, obgleich letzteres gegen früher gesunken war und kaum noch zu den großen Städten zählte. Dafür kamen aber unter dem Einfluß der veränderten Verhältnisse auch neue Städte in die Höhe, wie neben Arles namentlich Bordeaux, das seit dem Ende des vierten Jahrhunderts als See- und Handelsstadt wichtig wurde, während Paris damals noch keine Rolle spielte. Im Osten behauptete Trier eine glänzende Stellung. Dennoch war vermöge der ihnen eigenen elastischen Leichtlebigkeit gerade den Bewohnern Galliens die Lust am Dasein noch nicht ganz benommen, zumal ihr Land bei der unvergleichlichen Gunst seiner centralen Lage auch unter den so traurig veränderten Verhältnissen die Bedingungen wirtschaftlichen Gedeihens noch einigermaßen in sich vereinigte. Weniger als anderwärts ließ man sich dort von dem Elend der Zeit anfechten, genoß vielmehr in vollen Zügen, was das Leben an Freuden bot. Auch in der Kunst und Litteratur, die in Gallien ebenfalls länger als anderwärts einen Faktor von einer gewissen allgemeinen Bedeutung ausmachten, kam diese Richtung in charakteristischer Weise zum Ausdruck, wenn auch in beiden die schwülstige Üppigkeit der überladenen Form zu dem geistigen und sittlichen Inhalt in einem argen Mißverhältnis stehen mochte. Denn je glänzender trotz der harten Zeit das Leben in Gallien geblieben war, um so mehr entbehrte es der tieferen sittlichen Grundlagen und jedes edleren, auf Ideales gerichteten Strebens. Gedankenlos stürmte man von Genuß zu Genuß, als ob es gelte, das sich gelegentlich regende Gewissen zu betäuben und sich in bewußtlosem Taumel der Katastrophe entgegentreiben zu lassen, von der die eifernden Geistlichen als einer unvermeidlichen zu sprechen nicht müde wurden. Erschreckend sind, selbst wenn man manches als stark übertrieben abzieht, die Schilderungen, welche von dieser Seite von der Demoralisation entworfen werden, die in diesem blühendsten Lande des römischen Reiches herrschte, und durch einzelne beglaubigte Züge Bestätigung finden. Was Salvian (S. 245) in dieser Hinsicht berichtet, läßt es freilich begreiflich finden, daß in dem üppigen Trier selbst noch bei dem Sturm der fränkischen Sieger auf die Stadt alt und jung sich der zügellosesten Schlemmerei und Ausschweifung ergab und mit wahrer Raserei dem unausweichbaren Untergange trunken und prassend entgegenstürzte.

Zu staatlicher Existenz war das Römertum längst unfähig und unberechtigt. Je früher es den bisher bewahrten leeren Schein einer solchen endlich einbüßte, um so eher war zu hoffen, daß die Fülle alter Kultur, die es noch in sich bewahrte, den an seine Stelle tretenden jugendkräftigen Völkern zum Segen gereichen und ein heilsames Moment auch für ihre staatliche, sittliche und geistige Entwickelung werden würde.

Viertes Kapitel.

Der Untergang des weströmischen Reiches.

452—476 n. Chr.

So trostlos die wirtschaftlichen Verhältnisse des weströmischen Reiches während der letzten zwei Menschenalter sich gestaltet hatten: daß seine Mittel trotzdem doch noch immer nicht ganz erschöpft waren und demgemäß die Abwehr des Barbarenansturmes auch jetzt im Bereich der Möglichkeit lag, hat der weitere Verlauf der Ereignisse gelehrt. Obgleich seiner besten Glieder ganz oder teilweise beraubt, hat der Reichstorso sich noch ein Vierteljahrhundert aufrecht erhalten, während er bereits zur Zeit des Hunneneinfalles in Gallien dem Untergang verfallen schien. Denn nicht das allmähliche Versiegen seiner materiellen Mittel hat sein schließliches Verhängnis herbeigeführt, sondern das Ersterben seiner geistigen und sittlichen Kräfte, das einen völligen Stillstand der Staatsverwaltung, eine todesähnliche Erstarrung der Gesellschaft und eine Verknöcherung der Kirche zur Folge hatte. Das römische Reich des Westens war längst zu einem Schemen geworden und führte unter äußerlicher Wahrung inhaltlos gewordener Formen eine Scheinexistenz, die auf allen ihm Angehörigen mit einer erdrückenden Schwere lastete. Zugleich mit dem Glauben an die Zukunft war den Römern der Wille und die Fähigkeit verloren gegangen, noch weiter mit dem hereinbrechenden Schicksal zu ringen. Von allem, was das Reich einst besessen, so klagte man kleinmütig, sei ihm nur der Name geblieben. Man war eben überzeugt, daß die römische Welt dem Untergange entgegenrollte. Mochte jeder einzelne sehen, wie er sich mit dem Schicksal abfand und von dem, was seinem Dasein noch einen gewissen Wert verlieh, möglichst viel aus dem allgemeinen Zusammenbruch rettete. Längst war diesen Römern bis auf die letzte Spur das stolze Staatsbewußtsein abhanden gekommen, das einst ihre Ahnen erfüllt und groß gemacht hatte. Gemeinsinn und Opferfreudigkeit waren unbekannte Regungen, und der engherzige Egoismus, der hoch und niedrig erfüllte, bethätigte sich in jammerndem Verzagen bei den einen, in gedankenlosem Genußleben bei den anderen. Selbst der Mut zu einem Untergang, wie er Roms Vergangenheit entsprochen hätte, war bei diesem Geschlecht nicht mehr vorhanden. War doch selbst das römische Bürgerrecht, einst der Gegenstand höchsten Stolzes für seinen Träger, zu einem Joch geworden, das als Quelle unseligen Elends beklagt und verwünscht wurde.

Denn längst war die breite demokratische Grundlage verloren gegangen, die Cäsar dereinst der römischen Monarchie gegeben und die trotz früher Entartung eine Zeit lang ihre Größe ausgemacht hatte und für die unter ihr zusammengefaßten Millionen ein Segen geworden war. Auch den militärischen Charakter hatte das römische Imperium längst wiederum verloren, den ihm die Nötigung zur Aufbietung aller Kräfte gegen die Angriffe von Westen und Osten her und zur Niederhaltung der Sondergelüste einzelner Provinzen gegen Ende des zweiten Jahrhunderts aufgedrängt hatte, so sehr er, den gegebenen Verhältnissen entsprechend und die aus ihnen erwachsenen Bedürfnisse befriedigend, damals die Quelle neuen Glückes und neuen Glanzes geworden war. Denn indem er dem römischen Nationalbewußtsein zu imponierendem Ausdruck verhalf, fügte er auch die auseinander bröckelnden Teile des ungeheuren Reiches noch einmal innerlich fester zusammen. Jetzt aber hatte das Kaisertum je länger je mehr eine verhängnisvolle Ähnlichkeit mit den Despotien des Orients angenommen, wo der nominelle Träger der Staatsgewalt in demselben Maße weniger zu bedeuten pflegte, als er sich äußerlich hoch über alle erhob und in höfischer Zurückgezogenheit die Fühlung mit seinen Unterthanen und dem Leben seines Volkes einbüßte. Nicht bloß äußerlich hatte der weströmische Hof zu Rom und Ravenna sich dem verführerischen byzantinischen Vorbild angepaßt: von Höflingen umgeben, die vor seiner mit den ausgesuchtesten Ehren umgebenen Majestät kriechend erstarben, um ihn um so sicherer nach ihrem Willen zu ihrem und ihrer Genossen Vorteil gängeln zu können, lebte der Kaiser in der verweichlichenden Üppigkeit nach Harems Art ängstlich behüteter Paläste, deren sorgloses Genußleben freilich gelegentlich jählings gestört wurde, wenn Meuterei der verhätschelten Garde in wüstem Tosen bis an die Stufen des Thrones brandete oder die plötzlich hereinbrechende Welle eines Barbareneinfalles die ganze morsche Herrlichkeit wegzuspülen drohte. Die Armeen wußten nur zu gut — und immer neue Erfahrungen bestärkten sie in dieser stolzen Überzeugung — daß dieses äußerlich prunkvolle, innerlich so ohnmächtige und sieche Kaisertum ausschließlich auf den Spitzen ihrer Schwerter beruhte. Sie fühlten sich als Herrinnen desselben, und in der Hand ihrer Befehlshaber, glücklicher Emporkömmlinge oft barbarischer Abkunft, hat thatsächlich das Schicksal des Reiches gelegen. Insbesondere während der letzten zwei Jahrzehnte seines ruhmlosen Hinsiechens ist es ausschließlich der Spielball von solchen gewesen.

Und dabei entbehrte diese Armee jeder organischen Verbindung mit dem Staate, den sie schützen sollte. Es fehlte zwischen ihm und ihr jede Gemeinschaft des Lebens, jeder eine solche auch nur ermöglichende Zusammenhang. Durch und durch unmilitärisch war der Staat zu einem mechanisch fungierenden Bureaukratismus erstarrt. So wohldurchdacht und folgerichtig gegliedert sich bei oberflächlicher Betrachtung die Verwaltungsordnung darstellte, welche Diokletian und Konstantin dem Reiche nach schweren inneren Erschütterungen gegeben hatten, um dem wachsenden Bedürfnis nach einer leitenden und vorsorgenden Administration Genüge zu leisten, so wenig hatte sie gerade eine solche schaffen und erhalten können. Sich blähend in dem stolzen Bewußtsein, in ihrer Person einen Teil der kaiserlichen Allmacht darzustellen, despotisch nach unten und servil nach oben, befangen in den als unantastbar geltenden herkömmlichen Formen und Formeln, ohne Verständnis für die unendlich wechselnde Mannigfaltigkeit der vom Leben gestellten Anforderungen, hatte dieses Beamtentum das Staatswesen, das nach seiner Meinung eigentlich seinetwegen und damit es von ihm regiert werde, da war, in kurzer Zeit zu einem Mechanismus erstarren gemacht, der aller lebendigen Kraft und aller geistigen Antriebe entbehrte. Nur die Gewohnheit des herkömmlichen Gehorsams hielt ihn noch zusammen. Aber mit allgemeinem Stillstand war er bedroht, wenn diese einmal an einem entscheidenden Punkte versagte. Die peinliche hierarchische Abstufung der amtlichen Rangklassen, die dadurch veranlaßte Schwerfälligkeit des schleppenden Geschäftsganges, der einen endlosen Instanzenzug zu durchlaufen hatte und schon dadurch jedes schnelle Handeln zur Befriedigung eines plötzlich auftauchenden Bedürfnisses unmöglich machte, und die davon alle Zeit untrennbare Selbstüberschätzung eines sich unentbehrlich wähnenden Heeres von Schreibern: — all das erzeugte in dem sinkenden Römerreich ein Beamtentum, das mit erdrückender Schwere auf dem Staate lastete und ihm Licht und Luft abschnitt. Obenein kostete dieser Apparat ungeheure Summen. Die Unterthanen sahen sich unbarmherziger Ausbeutung preisgegeben, deren Ertrag jedoch allzu oft nur die Taschen der Beamten füllte. Sah doch jeder Beamte sein Amt an als zunächst bestimmt, ihm eine gesicherte Existenz zu gewähren. Alles wurde infolgedessen käuflich, namentlich auch die Rechtspflege, die völlig in Abhängigkeit von der allmächtigen Verwaltung geraten war. Und dabei galt es auch hier bei der unberechenbaren Unsicherheit aller Verhältnisse den Augenblick möglichst auszunutzen, ehe ein Thronwechsel oder der Sturz eines einflußreichen Gönners oder gar des zur Zeit am Hofe allmächtigen Günstlings auch die durch sie emporgekommenen Kreaturen zu Fall brachte, ihres Amtes beraubte und andere zu selbstsüchtiger Ausnutzung desselben bevollmächtigte. Von den ungeheuren Mitteln, die so den Unterthanen abgepreßt wurden und deren Aufbringung allein schon Zeugnis ablegt von dem noch immer vorhandenen erstaunlichen Reichtum, kam der Gesamtheit eigentlich nichts zu gute. Die Domänen verkamen. Die öffentlichen Gebäude sanken in Trümmer. Die Straßen, einst der Stolz Roms, verfielen. Ein beispielloser Ruin der besitzenden Klassen war das Ergebnis dieser gewissenlosen Raubwirtschaft. Wie mancher römische Bürger hat, um die von ihm geforderten Steuern zahlen zu können, den Schmuck seiner Frau und die Einrichtung seines Hauses verschleudern müssen! Wie mancher ist schließlich dem Hunger zum Opfer gefallen oder hat endlich verzweifelnd einem so unerträglichen menschenunwürdigen Dasein durch freiwilligen Tod ein Ende gemacht!

Denn beinahe noch schwerer als auf den Hörigen und Sklaven lastete dieses System auf den Freien. Das Stadtbürgertum war sein vornehmstes Opfer. Noch war dieses der eigentliche Träger des Römertums geblieben, wie das römische Reich alle Zeit ein Stadtstaat gewesen war. Dem Kaisertum hatte das römische Städtewesen seine herrlichste Blüte verdankt, und der altrömische Bürgerstolz, der sich politisch zu bethätigen keine Gelegenheit mehr hatte, lebte wenigstens noch fort in der Sorge für die Hebung und Schmückung der Städte. Wie glänzend die römischen Städte unter diesen Umständen gediehen, davon legen noch heute die zahlreichen Prachtbauten Zeugnis ab, welche damals dem Wetteifer selbstthätiger reicher Bürgerschaften mit der staatlichen Fürsorge entsprangen, Denkmäler ebensosehr des erstaunlichen Reichtums, der in den römischen Städten angehäuft war, wie der außerordentlichen Höhe, welche die Technik erreicht hatte. Auch die geistigen

Interessen wurden nicht vernachlässigt, wie die Pflege der Kunst, die Errichtung von Bibliotheken und dergleichen zur Genüge zeigt. Wohl mag dabei hier und da auch die Eitelkeit mitgewirkt haben: das Gesetz schützte die Inschriften besonders, in denen die Erbauer öffentlicher Anstalten genannt waren, und man liebte es, öffentliche Plätze mit den Statuen der Männer zu schmücken, die sich um die Stadt verdient gemacht hatten. Daher glichen die Städte des römischen Reiches einander in der äußeren Erscheinung, und es kam so in ihnen am meisten eine gewisse Einheit der Kultur zum Ausdruck. Im Mittelpunkt lag regelmäßig der Markt, mit Steinplatten belegt. Die nach den verschiedenen Hauptthoren führenden Straßen gingen von ihm aus. Nur in den großen Städten, wo Grund und Boden teuer und die Bevölkerung zahlreich war, fanden sich mehrstöckige Häuser, ihrer mehrere zwischen den sie umgebenden Nebenstraßen zu gewaltigen Blocks (Inseln) vereinigt. Außer in den Geschäftsgegenden waren die Straßen still und tot, schon weil die Häuser ihnen fensterlose Wände zukehrten, während die Zimmer sich nach den inneren Höfen öffneten. Auf die Beschaffung gesunden Wassers, das oft auf mächtigen, meilenlangen Aquädukten direkt vom Gebirge hergeleitet wurde, und die Anlage stattlicher Bäder war überall besondere Sorgfalt verwendet. Oft fanden die Städte eine sich weithin erstreckende Fortsetzung in die benachbarte Landschaft. Längst hatte ihr Wachstum die mit Türmen und Zinnen versehenen Mauern gesprengt. Diese waren niedergerissen und das so gewonnene Terrain mit neuen Stadtteilen, Villenvierteln, Gärten und Gräberstraßen besetzt worden. Im vierten Jahrhundert jedoch erlangte die Befestigung der Städte auch in Italien wieder große Wichtigkeit. Wer hätte ehemals gedacht, daß selbst dort barbarische Einfälle zu fürchten sein könnten, während man in den Provinzen der schützenden Umwallung niemals ganz hatte entraten können! Anschaulich zeichnet das Bild einer solchen Provinzialstadt etwas später der fränkische Geschichtschreiber Gregor von Tours in seiner Beschreibung von Dijon in Burgund, das von Kaiser Aurelian angelegt sein sollte. Es war von einer etwa fünf Meter breiten Mauer umgeben. Ihr unterer, bis zu sechs Metern aufsteigender Teil bestand aus Quadern, auf denen sich eine Backsteinmauer noch neun Meter erhob. Dreiunddreißig Türme befanden sich im Zuge der Mauer, die geschickt der Bodenbeschaffenheit angepaßt war und so weit bemessen gewesen zu sein scheint, daß auch größere Ackerkomplexe von ihr mitumfaßt wurden. Zur Deckung der Mauer hatte man den die Gegend durchschneidenden Fluß benutzt, der von Norden her durch ein Thor und über eine Brücke hinweg in die Stadt eintrat und sie durch ein anderes Thor wieder verließ, indem er die Befestigungen umschloß, draußen aber Mühlen trieb.

Trotzdem aber tritt der jammervolle Verfall des römischen Reiches nirgends so ergreifend zu Tage wie in der Entwickelung des ehemals reichen und angesehenen Bürgertums, dessen einst vornehmste Klasse schließlich in eine Art von Hörigkeit herabsank. Auf Grund der Städteordnung, die zu Ende der Republik vermutlich Cäsar eingeführt hatte, waren die Städte Italiens und späterhin auch die der Provinzen in den Besitz municipaler Autonomie gelangt, deren Träger ein Senat von Dekurionen und ein vom Volke gewählter Magistrat wurde. Im Fortgange der Entwickelung aber, der durch die Vollendung des kaiserlichen Absolutismus bedingt war, wurde die eigentliche Stadtgemeinde aus dem ihr zustehenden Anteil an der Stadtregierung mehr und mehr verdrängt, und diese und damit das ausschließliche Recht zur Bekleidung der städtischen Ämter kam an die Dekurionen, die sich so allmählich zu einer erblichen Aristokratie abschlossen. Die große Masse der Bürgerschaft sank dadurch schließlich zu einem minder berechtigten Stand herab, und nur noch die großen Grundbesitzer vermochten die Stellung der früheren Vollfreien zu behaupten. Nur wer hundert Hektar Land besaß, wurde dem Stande der Dekurionen zugezählt, der in den Kurien, den Stadtbehörden, die Verwaltung des Gemeinwesens leitete. Die Plätze in diesen waren schließlich nicht selten geradezu käuflich geworden. In dem afrikanischen Cirta z. B. kostete ein solcher zwanzigtausend Sesterzen, die in die Stadtkasse fielen, abgesehen von anderem Aufwand, der den reichen Ehrgeizigen auferlegt wurde. Diese Stadträte wurden alle fünf Jahre erneut. Solange sie im Amt waren, waren sie ganz unabhängig und eigentlich Herren der Stadt, fanden also auch Gelegenheit, sich für die Summen, die sie die Gewinnung ihrer Stellung sich hatten kosten lassen müssen, reichlich Ersatz zu schaffen. Mit dem fortschreitenden Verfall der Städte aber wurde es den Kurien immer schwerer, die Summen aufzutreiben, welche die Regierung zur Deckung der Staatsbedürfnisse ausschrieb. Deshalb bekamen sie Aufsichtsbeamte übergeordnet, die, wenn die Stadt das Verlangte nicht aufbrachte, sich an die Dekurionen hielten und diese nötigten, den Ausfall aus ihren Mitteln zu decken. Unter solchen Umständen hatte das ehemals gesuchte Amt nichts Verlockendes mehr, und je mehr jemand besaß, um so mehr suchte er sich ihm durch alle möglichen Ausflüchte zu entziehen. So blieb es schließlich als eine erbliche Last auf den Familien, die zu ihrem Unglück einmal in seinen Besitz gelangt waren, und das Dekurionat wurde eine Art von erblicher Staatshörigkeit, die man, um die Zahl der Verpflichteten nicht zusammenschwinden zu lassen, selbst auf die natürlichen Söhne ausdehnte, ja sogar auf die natürlichen Töchter, wenn sie einen dekurionatsfähigen Mann heirateten. Um vom Staat jederzeit haftbar gemacht werden zu können, durften die Dekurionen ihre Güter nicht ohne Erlaubnis des Kaisers veräußern. Dafür konnten nichtige äußere Ehren keinen Ersatz gewähren. Die städtischen Kurien waren vielmehr förmliche Strafanstalten, in die eingereiht zu werden schließlich auch wirklich als Strafe auf gewissen Vergehen stand. Ist es da zu verwundern, wenn manche von diesen Unglücklichen endlich verzweifelnd auf und davon gingen oder durch die Ehe mit einer Sklavin ihr zum Fluch gewordenes Vorrecht geflissentlich verwirkten? Welcher Art die Geschäftsführung solcher Stadträte war, braucht kaum weiter ausgemalt zu werden. Für das, was sie vom Staate zu leiden hatten, suchten sie sich durch Knechtung der ihnen unterstellten Bürger zu rächen. Soviel Ratsherren, sagt Salvian (S. 245), so viel Tyrannen. Hier und da kam es infolgedessen zwischen ihnen und den ihnen preisgegebenen Stadtgemeinden zu förmlichem Kriegszustand. Bereits Ende des vierten Jahrhunderts wurde infolgedessen die Anstellung eines besonderen Beamten nötig, der das Volk vor den Dekurionen und diese vor dem Statthalter zu schützen hatte, und in Spanien hat Kaiser Leo schließlich die Dekurionen überhaupt beseitigt und durch die Militärregierung der Grafen ersetzt.

Unter solchen Umständen war auch für die große Masse der städtischen Bevölkerungen jedes Gedeihen ausgeschlossen. Die freie Bewegung des einzelnen hatte völlig aufgehört. Alles erstarrte zu Genossenschaften, die sich zu gemeinsamer Verteidigung ihrer Rechte oder Vorrechte zusammenthaten und mit rastloser Eifersucht jeden Eingriff an seinem Urheber zu rächen eilten. So fielen Handel und Gewerbe unter den Zwang des engherzigsten Zunft- und Innungswesens. Der außerhalb desselben stehende freie Handwerker, der in Rom allezeit gering geachtet gewesen war, konnte nun vollends nicht aufkommen, zumal der Vornehme seinen Bedarf ohnehin durch die Arbeit seiner Sklaven gedeckt sah. Der Handel verfiel. Für das Abendland kam gegen die Masse des Imports die Ausfuhr überhaupt kaum noch in Betracht. Das Kapital lag daher brach und wurde nutzlos angehäuft, da es an Gelegenheit fehlte es gewinnbringend arbeiten zu lassen. So erstaunliche Massen edlen Metalls aufgebracht wurden, wenn es die drohenden Barbaren zu beschwichtigen oder zu einem unsicheren Stillstand zu gewinnen galt oder eine Stadt die angedrohte Zerstörung abkaufen mußte: die Römer des fünften Jahrhunderts waren arm. Oft genug mußte der Staat die ihm gebührenden Steuern statt in dem unverwertbaren Gelde in Korn und Waren annehmen und auch seine Beamten damit entlohnen. In einem absonderlichen Kreislaufe war man so nach tausend Jahren wiederum bei den Wirtschaftsformen des Naturzustandes angelangt, bei Tauschhandel und Naturallieferung.

Von dieser allgemeinen Verarmung des Mittelstandes hob sich doppelt verletzend der Reichtum ab, in deren Besitz ein kleiner Kreis bevorzugter Familien sich durch die Gunst der Umstände zu behaupten wußte, die sogenannten senatorischen, d. h. die dem höheren municipalen und Beamtenadel angehörigen. Sie blieben auch von der Knechtschaft des Dekurionats befreit und übten neben ihrer finanziellen Macht auch noch dadurch Einfluß, daß sich Geringere als Klienten in ihren Schutz begaben. Auch hat es gerade in einer solchen Zeit natürlich nicht an vom Glück getragenen Emporkömmlingen gefehlt, welche durch geschickte Benutzung des allgemeinen Zusammenbruches und unbarmherzige Ausbeutung der Notlage ihrer Mitbürger in kurzer Zeit Schätze zusammenscharrten und durch den herausfordernden Luxus, den sie entfalteten, das Elend der großen Masse förmlich zu höhnen schienen. Freilich schwebten sie dafür ihrerseits auch alle Zeit in Gefahr, das so schnell Gewonnene noch schneller wieder zu verlieren, sei es durch einen Gewaltstreich des Staates, sei es durch die Intrigen eines Mächtigen oder eine Verzweiflungsthat der Besitzlosen.

Das Zusammenwirken dieser Umstände hatte eine furchtbare sociale Krisis im Gefolge. Auf dem flachen Lande machte der Mangel aller Sicherheit für Leben und Eigentum den Ackerbau so gut wie jede Art von Erwerbsthätigkeit unmöglich, die ihren Mann notdürftig hätte nähren können. Es verfiel allmählich der Entvölkerung. Alles strömte hinter die schützenden Mauern der Städte zusammen, namentlich der großen, wo sich noch am ersten Gelegenheit zum Verdienst oder wenigstens zur Abwehr des Hungers erhoffen ließ. So häuften sich dort schließlich Massen an, die zu beschäftigen und zu ernähren gleich schwierig war. Jeder Barbareneinfall steigerte ihre Zahl durch neue Tausende von Flüchtlingen. In welch ungeheurem Maßstabe das geschah, lehrt die Meldung, die einige Jahre nach der Plünderung Roms durch die Westgoten der Stadtpräfekt an den Kaiser gelangen ließ, an einem Tage seien vierzehntausend neue Bürger durch ihn eingetragen, zu deren Ernährung die Vorräte freilich nicht ausreichten. Und dabei hatte schon Valentinian II. im Jahre 382 eine Verordnung erlassen, nach der dem Eindringen arbeitskräftigen, aber faulen Gesindels in die Städte durch verschärfte Kontrolle und Ausweisung Einhalt gethan werden sollte. Doch boten die großen Städte mit ihrem Häusergewirr voll enger und winkeliger Wohnungen der unauffindbaren Schlupfwinkel so viele, daß das Übel weiterwuchs. Was sich aus Verhältnissen der Art in unseren Tagen in den ähnlich übervölkerten Großstädten an Mißständen zu ergeben pflegt, ist damals in denen des römischen Reiches allgemein und wohl in noch höherem Grade herrschend gewesen.

Und doch sah es auf dem flachen Lande fast noch übler aus. Zunächst war dort eine unheilvolle Verschiebung in der Verteilung des Besitzes eingetreten, insofern einer kleinen Anzahl von Großgrundbesitzern eine Masse von Besitzlosen

Wagen mit Viergespann. Relief aus Langres an der Marne.

gegenüber stand. Den ersten Platz unter jenen nahm der Staat selbst ein. Sonst gehörte das Land zumeist Herren, die fern in der Stadt lebten und an dem Grund und Boden draußen kein anderes Interesse hatten als ein finanzielles, indem sie mit möglichst geringem Aufwand eine möglichst hohe Rente aus ihm herauszuschlagen suchten. Mit dieser Art von Großwirtschaftsbetrieb aber hatte der kleine Besitzer längst aufgehört konkurrenzfähig zu sein, da seine Arbeit viel zu teuer war im Vergleich mit der der Sklaven, die der Latifundienbesitzer für sich arbeiten ließ, oder der der Kolonen, an die er seine Güter parzellenweise in Erbpacht zu vergeben pflegte. So ging es unaufhaltsam vorwärts auf der abschüssigen Bahn, in welche die Entwickelung der Agrarverhältnisse im römischen Reiche schon unter der Republik eingelenkt hatte. Allerdings wird der ungesunde Zustand, der dadurch herbeigeführt wurde, in den verschiedenen Provinzen weder der Art noch dem Grade nach ganz gleich gewesen sein. Am ärgsten war es damit in Afrika und Italien selbst, und zwar hatte die Latifundienwirtschaft dort früher die Herrschaft gewonnen als hier. Denn schon zu Neros Zeit befand sich die Hälfte der prokonsularischen Provinz Afrika in den Händen von nur sechs Grundbesitzern, deren jeder demnach über etwa elftausendzweihundertfünfzig Quadratkilometer und in diesem Bezirk bis zu über zwanzigtausend Sklaven gebot — die natürlichen Verbündeten jedes einbrechenden Eroberers. Italien war mit Ausnahme der Lombardei und Campaniens dem gleichen System verfallen. Auch da hatte der Acker- und Gartenbau der Weidewirtschaft weichen müssen. Der kleine Besitzer und der Bauer verschwand schließlich ganz, auf der einen Seite bedrängt durch die erdrückende Konkurrenz des Großgrundbesitzers, auf der anderen ausgesogen durch die staatliche Erpressung, die von dem entwerteten Grund und Boden an Steuern dasselbe verlangte, was er zur Zeit sorgsamsten Anbaues und reichen Ertrages zu leisten vermocht hatte, während die Leute ohne Grundbesitz durch die Kopfsteuer in ähnlicher Weise belastet wurden. Am besten fuhr eigentlich noch immer, wer sich der Freiheit, die unter solchen Umständen ein mehr als zweifelhaftes Gut war, entäußerte und so auch die mit ihr verbundenen erdrückenden Lasten los wurde. Daraus entstanden dann freilich eigentümliche neue Verhältnisse, die den bereits so weit gediehenen socialen und wirtschaftlichen Zersetzungsprozeß noch beschleunigten. Um seines Schutzes teilhaftig zu werden, überließ der Bauer sein Gütchen dem benachbarten Großgrundbesitzer zu eigen, wurde aber von ihm in dem Genuß des Ertrages belassen. Die Fortbildung dieses Verhältnisses führte natürlich dahin, daß die Nachkommen eines solchen Bauern zwar persönlich frei blieben, aber doch an die Scholle gebunden und dem Herrn zinspflichtig wurden. Allerdings trat der Bauer dafür mit seinem Grundstück in den Mitgenuß der Exemtionen ein, die eigentlich nur den Ländereien des dem bevorzugten Stande angehörigen Herrn gebührten. So entzogen sich immer weitere Kreise den Leistungen an den Staat, zu denen sie eigentlich verpflichtet waren, und die Mittel des Staates wurden fortdauernd mehr gekürzt. Zudem veränderte sich auf diese Weise auch unausgesetzt die Zahl derjenigen, die an dem Staate und seinem Wohl und Wehe unmittelbar interessiert waren. Denn als ein solcher kam nur in Betracht, wer den Census zahlte. Übler aber noch als die Klientel, durch die der Schutzbedürftige ohne Minderung seiner persönlichen Freiheit sich einem Mächtigen zur Obhut empfahl, wirkte das Kolonat, weil es schließlich den Kolonen und die Seinen der Unfreiheit überlieferte und ihn schutzlos der Gewalt des Grundherrn überantwortete, so daß er endlich dem Schicksal eines schlechtgehaltenen Sklaven verfiel, der arbeiten mußte wie ein Tier, und wenn er nicht zahlen konnte, jede Art von Mißhandlung über sich ergehen lassen mußte.

So stand eine kleine Minderheit Reicher und Mächtiger, welche die ihnen nach Amt und Rang zustehenden Privilegien nicht bloß politisch, sondern auch wirtschaftlich rücksichtslos ausnutzten, gegenüber Millionen teils Minderberechtigter, teils Rechtloser, teils Armer, teils Besitzloser. Kam diesen ihre Lage einmal klar zum Bewußtsein und gewannen sie Einsicht in das Verhältnis ihrer Kräfte zu denen jener Minderheit, so waren für diese die Tage ihrer Herrlichkeit sicher gezählt. Ein hartes Repressivsystem sollte diesen gefährlichen Augenblick möglichst lange hinausschieben und die Masse in der Abhängigkeit erhalten, in die sie teils durch diese Verhältnisse, teils aber auch durch eigene Schuld geraten war. Doch ist das der im Besitz der Macht befindlichen Minderheit nicht durchweg gelungen.

Seit dem Ende des dritten Jahrhunderts kehren Aufstände der zur Verzweiflung getriebenen ländlichen Bevölkerung immer wieder und werden für manche Provinzen eine geradezu chronische Heimsuchung. Es waren Bauern- und Sklavenkriege, begleitet von allen Schrecken der hereinbrechenden socialen Revolution, welche die davon betroffenen Gebiete vollends ruinierten und zu Schauplätzen der furchtbarsten Greuelthaten machten. Der überraschend lange erhaltene Wohlstand Galliens ist durch diese Bagaudenkriege schließlich ebenfalls zu Grunde gerichtet worden. Ähnliche Vorgänge spielten sich in Spanien und Afrika ab, nur daß in letzterem die Verzweiflung der durch sociales und wirtschaftliches Elend zum Äußersten Getriebenen sich auch noch mit religiösen Leidenschaften verband, indem sich ihnen die um ihres Glaubens willen hartverfolgten Donatisten anschlossen.

Byzantinisch-römische Elfenbeinschnitzerei aus dem fünften bis sechsten Jahrhundert: Vorderseite eines Reliquienkästchens.

Es scheint die feierliche Einbringung eines Reliquienschreins in Konstantinopel dargestellt zu sein. Rechts die Kirche, vor deren Portal eine weibliche Figur mit einem Kreuze im Arme steht, bereit, den nahenden Zug zu empfangen. Den Reliquienschrein halten zwei Geistliche vor sich, die in einem Wagen herankommen: Personen mit Kerzen in den Händen gehen voran. Im Hintergrund ein großes Gebäude; alle Fenster desselben, das Dach und sogar die Dächer der Kirche sind von Zuschauern besetzt. Höhe 13, Breite 26 Centimeter. Trier, Domschatz.

Allerdings fehlte es doch auch nicht ganz an Ausnahmen, und so düster das Bild ist, welches das römische Reich um die Mitte des fünften Jahrhunderts im ganzen darbietet, so ist es doch wenigstens nicht ohne den einen oder den anderen Lichtpunkt. Inselartig hatten einzelne Städte oder Landschaften sich dem allgemeinen Verfall einigermaßen entzogen, namentlich da, wo die Latifundienwirtschaft nicht völlig gesiegt hatte, sondern ein Rest von kleineren Besitzern erhalten geblieben war. Nicht überall lastete daher das gleiche menschenunwürdige Elend auf Sklaven und Kolonen. Namentlich scheint ihre Lage auf den Staatsdomänen erträglicher geblieben zu sein, zumal wo geschlossene Scharen fremder Einwanderer in dies Verhältnis eingetreten waren gegen vertragsmäßige Zusicherung gewisser Rechte, wie es z. B. die in das römische Gebiet aufgenommenen Germanen so oft gethan hatten. Auch haben einzelne Provinzen längere Ruhezeiten genossen, während deren sie sich wirtschaftlich einigermaßen erholen konnten, so daß das Elend für sie nicht ganz so arg wurde wie für die anderen.

Ähnlich widerspruchsvoll und reich an schroffen Gegensätzen ist die geistige und künstlerische Signatur dieser traurigen Zeit. Nur vereinzelt noch griff man auf die Vorbilder der klassischen Periode zurück, ohne sich ihnen gegenüber zu einem anderen Verhältnis als dem sklavischer Nachahmung zu erheben. Wo man schöpferisch zu werden versuchte, verfiel man in geschmacklose Verschnörkelung, wenn nicht gar Roheit. Aller Nachdruck wurde auf die äußeren Mittel gelegt. Die bildende Kunst wollte durch Größe und Material Eindruck machen, die Litteratur durch Schwulst und Künstelei des Ausdrucks. Die Plastik, die noch am meisten in antikem Denken und Fühlen wurzelte, räumte den Platz der Malerei und mehr noch dem Mosaik, der eigentlichen Modekunst jener Zeit, die in dem Dienst der Kirche die Gemüter gefangen nahmen, bald in peinlicher Symbolik erstarrend. Es ist charakteristisch für den Gräberhauch, der damals alles umwehte, daß die Plastik ihre größte und erfolgreichste Thätigkeit in der Ausführung von Sarkophagen entfaltete.

Relief an einem altchristlichen Sarkophag.
Aus Arles, dem alten Arelate, Hauptstadt der Präfektur Gallien, im fünften Jahrhundert Residenz des westgotischen Königs Eurich.

Sessel des Erzbischofs Maximian.

Bedeutendes Werk der byzantinischen Elfenbeinskulptur. Um die Mitte des 6. Jahrhunderts.

Die Mittelfigur stellt Johannes den Täufer dar, zu seinen Seiten die vier Evangelisten. Auch Rücken- und Seitenlehnen sind mit Darstellungen aus der biblischen Geschichte in Elfenbeinschnitzerei belegt.

Ravenna, Dom (Sakristei).

So tief krank war das Westreich, daß ihm selbst die wie durch ein Wunder bewirkte Rettung vor der mongolischen Barbarei Attilas keinen neuen Antrieb zu

Mosaik in der Sophienkirche in Konstantinopel.

Im Bogenfeld über dem aus der Vorhalle (Narthex) in die Kirche führenden Hauptportal. Auf einem prächtigen Throne sitzt Christus, die Rechte segnend erhoben, in der Linken das geöffnete Buch. Zu den Seiten der Thronlehne Maria und der Erzengel Michael in Medaillonbildern. Vor Christus, nach byzantinischem Ceremoniell niedergeworfen, ein Kaiser, vermutlich Justinian in seinem bei der zweiten Einweihung der Kirche vorgerückten Alter; Andere vermuten Heraklius und Basilios I. Des Kaisers Haupt ziert ein Perlendiadem; er trägt eine Tunika mit langen, faltenreichen Ärmeln und eine bis auf die Füße fallende perlengestickte Dalmatika. Der Grund ist golden.

geben und kein frischeres Leben einzuflößen vermochte. Namentlich die Herrschenden selbst waren auch durch dieses ihnen so nahe gekommene Gottesgericht nicht zur Einsicht gebracht, vielmehr wiederholte sich jetzt in überraschender Weise fast Zug für Zug die gleiche Reihe verblendeter Thaten, durch die man sich einige Jahrzehnte früher um die Früchte von Stilichos Erfolgen gebracht hatte. Wie

Die Grabkapelle der Kaiserin Placidia in Ravenna.
Im Jahre 450 gegründet. Kuppelbau; etwa 12½ Meter lang, 10 Meter breit.

der Retter aus der Westgotennot, so wurde auch der aus der Hunnennot mit Undank gelohnt, den er freilich durch frevelhaften Übermut herausgefordert zu haben scheint. Der Tod Placidias, die im November 450, zur Zeit der nahenden Hunnenflut, gestorben war, hatte Aëtius vollends zum Herrn des ratlosen

Der „Gute Hirt". Mosaik aus dem 5. J

Mausoleum der Galla Placidia in Ravenna.

Hofes gemacht. Die Ereignisse der beiden folgenden Jahre befestigten seine Stellung, so daß der schwache Valentinian III. gegen ihn immer weniger aufkommen konnte. Im Gefühl dieser Ohnmacht nährte er gegen den Unentbehrlichen je länger um so leidenschaftlicheren Haß, obgleich derselbe, wie es scheint, durch gewagte diplomatische Künste auch die Gefahren noch glücklich beseitigte, die von dem Westgotenreiche drohten. Das Bündnis mit diesem war nach der Schlacht auf den Katalaunischen Feldern schnell gelockert. Der thatenlustige Thorismund scheint es nicht verwunden zu haben, daß er den Hunnensieg nicht hatte vollenden und bis auf das letzte ausnutzen können. Nach einem glücklichen Krieg gegen die Alanen bedrohte er die Römer im Besitz des ihnen noch verbliebenen wichtigen Arles (S. 250). Für den Augenblick gelang es Aëtius ihn zu beschwichtigen. Ihn dauernd abzulenken nährte er den Streit innerhalb des königlichen Hauses der Balthen. Im Jahre 453 fiel Thorismund einer Verschwörung unter seinen Brüdern Theoderich und Friedrich zum Opfer, und ersterer, ein Römerfreund, bestieg den Thron. Er unterstützte Rom im Kampfe gegen die spanischen Bagauden. Aber Aëtius' Gegner am Hofe waren unermüdlich, und namentlich dem Eunuchen Heraklius gelang es den immer tiefer in thatenlose Üppigkeit versinkenden Kaiser mit wildem Haß gegen den Reichsfeldherrn zu erfüllen. Daß Aëtius, um seine wankende Stellung zu befestigen, die Tochter Valentinians seinem Sohne vermählen wollte, wurde nun vollends als Beweis hochverräterischen Machtstrebens gedeutet und brachte den feigen Haß des Kaisers endlich zum blutigen Ausbruch. Eigenhändig zückte Valentinian im Jahre 454 bei einem Wortwechsel gegen ihn das Schwert und gab damit seinen Höflingen das Signal, über ihn herzufallen und ihn zusammenzuhauen. Und in Aëtius' Katastrophe wurden, ganz wie einst bei Stilichos Sturz geschehen (S. 236), alle hineingerissen, die irgendwie mit ihm in Verbindung gestanden hatten.

Doch schon ein halbes Jahr danach ereilte Valentinian die Vergeltung. Die Schmach, die der gewissenlose Wüstling der schönen Gattin des Senators Petronius Maximus zugefügt hatte, rächte dieser, indem er ihn am 16. März 455 bei einer Heerschau auf dem Marsfelde durch zwei Germanen niederstoßen ließ, die so zugleich ihres Landsmannes Aëtius Tod rächten.

Mit Valentinian erlosch im Westen der Stamm des Theodosius. Der regelmäßige Erbgang hörte auf, und der Thron wurde für den Rest seines Bestehens ein Spielball in den Händen militärischer Emporkömmlinge und der hinter ihnen stehenden barbarischen Soldtruppen. Damit steigerte sich das allgemeine Wirrsal. Der letzte Akt des jammervollen Schauspieles beginnt, welches das römische Reich elend hinsiechend Mit- und Nachwelt in seinem Untergange bieten sollte. Kleine Menschen und kleinliche, niedrige Leidenschaften haben dabei entscheidend eingewirkt. Bis auf die letzte Spur ist das Römertum von den Römern gewichen. In dem Chaos, das nun hereinbricht, hat auch die geordnete geschichtliche Überlieferung keinen Fortgang gefunden, und wir vermögen nicht mehr von dem inneren Zusammenhang der Ereignisse und den sie bestimmenden geistigen und sittlichen Momenten uns ein Bild zu machen.

Schon daß nach des Valentinian Ermordung Senat und Volk den persönlich so nahe beteiligten Petronius Maximus auf den Thron erhoben, bewies die heillose Lage des Reiches. Die blutigen Vorgänge in der Hauptstadt fanden ihr Echo an den Grenzen, wo die Germanen den Augenblick zu neuem Angriff gekommen sahen. Die durch Aëtius beschwichtigten Westgoten rührten sich, die Franken drängten gegen die Somme, die Alemannen suchten sich an der Saône auszubreiten, die Burgunder griffen zu den Waffen und selbst die Sachsen streiften bis nach Gallien. In etlichen Provinzen meuterten die Truppen. Um seine Stellung zu befestigen, so heißt es, freilich ohne sichere Bestätigung und auch ohne daß das Geschehene dadurch völlig erklärt würde, habe Maximus des Valentinian Witwe, die Byzantinerin Eudoxia, zur Ehe zwingen, ihre Tochter aber seinem Sohne vermählen wollen. Zur Abwehr solcher Schmach, wie ihr von dem Mörder des Gatten drohte, soll Eudoxia den Vandalenkönig Geiserich zu Hilfe gerufen haben. Der Vorgang ist an sich wenig wahrscheinlich: er verknüpft offenbar die elenden persönlichen Händel, die den verkommenen Hof zerrütteten, willkürlich mit dem schrecklichsten Ereignis, das die Stürme der Völkerwanderung über die Hauptstadt des Reiches gebracht, und sucht dasselbe tendenziös darzustellen als eine wohlverdiente Vergeltung für den durch blutigen Frevel herbeigeführten Thronwechsel. Auch ohne Eudoxias Ruf wird ein Geiserich die Gunst des Augenblickes nicht unbenutzt gelassen haben. Verhieß ihm derselbe doch das Gelingen eines Schlages, der ihn im Westen von jeder Rücksicht befreite und ihm die Herrschaft über das Mittelmeer verbürgte, vor allem aber den Schrecken seines Namens zu furchtbarer Höhe steigern mußte.

Während Römer und Germanen sich mit äußerster Anstrengung des mit durch ihn veranlaßten Hunnenangriffes erwehrten, hatte Geiserich seine Herrschaft westwärts von Tripolis bis zum Ocean ausgedehnt und Sicilien, Sardinien und die Balearen mit Raubfahrten heimgesucht, Italien aber seine Macht fühlen lassen, indem er es durch Sperrung der Getreidezufuhr mit Hungersnot bedrohte. Und hier lag der Punkt, von dem aus zwischen Römern und Vandalen unversöhnliche Feindschaft herrschen, jeder von beiden Teilen den anderen bei der ersten sich bietenden Gelegenheit zu vernichten suchen mußte, wenn er anders selbst ein gesichertes Dasein erlangen wollte. Die Wiedereroberung seiner Kornkammer Afrika war für Rom eine Lebensfrage. Daher wußte Geiserich den Bestand seines Reiches dauernd gefährdet, solange Rom die Möglichkeit zu einem solchen Versuche blieb. Durch Attila und seine Hunnen hatte er nach dieser Seite hin endgültig Sicherheit zu erlangen gedacht: die Schlacht auf den Katalaunischen Feldern, dann die italienische Seuche (S. 280) und die drohende Haltung des Ostreiches und schließlich des Hunnenkönigs jäher Tod hatten diese schlaue Berechnung durchkreuzt. Daß Ostrom unter dem umsichtigen und tüchtigen Marcian (S. 273) seine Kräfte einigermaßen sammelte und der Zeitpunkt nicht mehr fern schien, wo die beiden Reiche dem Räubervolk, das sie beide gleichmäßig bedrohte, mit vereinten Kräften zum Entscheidungskampf entgegentreten würden, hätte wohl an sich schon hingereicht, um Geiserich zu schneller Benutzung der günstigen Lage zu bestimmen, die nach Valentinians Ermordung durch die Usurpation des Petronius Maximus und die erneuten Angriffe der rheinischen Germanen auf das Westreich ihm ungesucht dargeboten wurde. Durch einen Stoß ins Herz konnte er Rom jetzt tödlich treffen und sein afrikanisches Staatswesen endgültig sicher stellen. Aber fast scheint es, als ob der ebenso verwegene wie verschlagene Vandale, der schon so Großes erreicht hatte, in seiner Vermessenheit das Ziel sich noch höher gesteckt gehabt habe, nämlich darauf ausgegangen sei, für sich die gebietende Stellung zu gewinnen, nach der ein Attila die Hand vergeblich ausgestreckt hatte. Er warb um eine weströmische Prinzessin. Eine solche Ehe hätte seine Eroberung in Afrika legalisiert und ihn als berufenen Beschützer des Westreiches zu dessen Herrn gemacht. Freilich mußte er dann die religiösen Gefühle der Römer schonen. So stellte er die bisherige harte Verfolgung der Katholiken ein. Zum erstenmale wurde im Jahre 454 das Bistum Karthago mit seiner Erlaubnis in der kanonisch vorgeschriebenen Weise besetzt. Was man ihm nicht gutwillig gewährte, wollte er alsbald erzwingen. Und er konnte des Erfolges zum voraus gewiß sein.

Nicht umsonst waren seine Vandalen in kurzer Zeit verwegene Seefahrer geworden. Auf das ihnen so vertraute Element gründete er seinen Plan, bei dem er alle die Wechselfälle vermied, die bei einem Angriff zu Lande Rom rettend zu Hilfe kommen konnten. Die Römer, wie es scheint, völlig überraschend, landete er mit seinen durch den afrikanischen Krieg vollends verwilderten Vandalen in Ostia und zog tiberaufwärts nach der ewigen Stadt. Starres Entsetzen bemächtigte sich der Einwohner. An die Möglichkeit des Widerstandes dachte niemand. Aber in wilder Leidenschaft entlud sich die Wut der verzweifelnden Menge gegen den Imperator Maximus, der durch seine Frevel dieses Unheil heraufbeschworen hatte und in elendem Kleinmut irgend etwas zu seiner Abwehr zu thun unfähig blieb. Als er die Stadt in eiliger Flucht verlassen wollte, wurde er erkannt und von der verfolgenden Menge gesteinigt (12. Juni 455) und sein entstellter Leichnam in die Wellen des Tiber geworfen. Wer irgend konnte, verließ die Stadt und nahm mit sich, was er von seinen Kostbarkeiten in der Eile zusammenzuraffen vermochte. Bei der Annäherung der Vandalen, die niemand zu hindern versuchte, ging ihnen Bischof Leo mit der Geistlichkeit entgegen. Aber die Beredsamkeit, die nach der Legende einen Attila milde zu stimmen vermocht hatte (S. 279), prallte an dem Vandalenkönig wirkungslos ab. Zwar soll Geiserich Schonung der Kirchen, der Wohnhäuser und der sich ruhig verhaltenden Einwohner in Aussicht gestellt haben: nachher ist aber auch davon nicht mehr viel die Rede gewesen. Denn nachdem er am 15. Juni Rom betreten hatte, überließ er es während voller vierzehn Tage der Plünderung durch seine beutegierigen Krieger. Rom war noch immer eine reiche Stadt. Selbst von dem Schlage, mit dem es durch des verblendeten Honorius Verschulden im Jahre 410 die Westgoten Alarichs getroffen, hatte es sich einigermaßen wieder erholt, dank der Ruhe, deren es sich inmitten der Stürme der Völkerwanderung einige Jahrzehnte hatte erfreuen dürfen. In den öffentlichen Gebäuden und im Privatbesitz befanden sich noch immer gewaltige Kostbarkeiten. Jetzt wurde alles ausgekundschaftet und mit fortgeführt unter greulicher Mißhandlung der zitternden und jammernden Bevölkerung. Auch zwecklose Zerstörung dessen, was man nicht mit sich nehmen konnte, wurde schadenfroh geübt. Doch ist es übertrieben, wenn später behauptet wird, auch die herrlichen Bildwerke und Bauten des Altertums seien damals vernichtet worden. Dieser „Vandalismus" trifft vielmehr die Römer selbst, die sich seiner in den endlosen städtischen Kämpfen des Mittelalters schuldig gemacht haben.

Immerhin war es ein furchtbares Schicksal, das die Stadt traf, wohl geeignet auf die gesamte Christenheit den Eindruck eines göttlichen Strafgerichts zu machen. Damals begann jener elende Zustand fortschreitender Verödung, dem wir Rom in den nächsten Jahrhunderten verfallen sehen und der die bisher immer noch glänzende und reiche Stadt je länger je mehr zu einer erschütternden Stadt der Trümmer ehemaliger Herrlichkeit werden ließ, indem er sie zugleich all der Lebensbedingungen beraubte, in denen ihr Dasein viele Jahrhunderte hindurch gewurzelt hatte. Und als die Vandalen nach vierzehn Schreckenstagen beutebeladen abzogen, führten sie, wie einst Alarichs Westgoten Tausende von edlen Gefangenen mit sich, unter ihnen die Kaiserin-Witwe Eudoxia selbst mit ihren beiden Töchtern Eudoxia der jüngeren und Placidia. Ihre Raubgier traf nun auch das reiche Campanien. Neapel, Nola, Capua u. s. w. teilten das Schicksal der Hauptstadt. Dann gingen die wilden Gäste zu Schiff und kehrten in ihre afrikanischen Sitze zurück. Hinter sich ließen sie Verwüstung und Verwirrung.

Das ausgeraubte Rom hörte nun vollends auf Centrum des ersterbenden Reiches zu sein. Diese Katastrophe hatte das letzte Band gesprengt, das es mit den noch übrigen Provinzen zusammengehalten hatte, mochte auch die harte Notwendigkeit die letzten Kräfte zum Verzweiflungskampf gegen die Raubfahrten der Vandalen aufzubieten in dem zerbröckelnden Reiche noch einen kleinen Rest staatlichen Lebens fortglimmen lassen und es sogar zu dem Versuch einer gemeinsamen Aktion mit dem Ostreich antreiben. Aber nicht mehr Rom und nicht mehr die Römer sind die Träger dieser letzten krampfhaften Zuckungen, die schließlich ebenfalls vergeblich enden: die Reste des westlichen Imperiums werden teils den politischen Interessen der Germanen dienstbar gemacht, teils Opfer des ehrgeizigen Machtstrebens einzelner aus diesen emporgekommener Kraftmenschen. Das einst so verachtete Barbarentum herrscht, seine Rechtlosigkeit notdürftig deckend mit den aufgelesenen Fetzen des römischen Kaiserpurpurs.

In den Tagen des Vandalenschreckens zu Rom schien das Westgotenreich berufen an den frei gewordenen Platz zu treten. König Theoderich II. (453—466), dessen glänzende Regierung ihre Begründung durch Brudermord (S. 298) vergessen machte, lenkte damals die Aufmerksamkeit auf den aus dem Stamme der Arverner entsprossenen gallischen Edelmann Flavius Avitus, einen hochgebildeten, fürstlich reichen Mann, dessen Einfluß auch Valentinian III. und Maximus geschätzt hatten. In Arles wurde derselbe zum Kaiser proklamiert. Doch reichte seine Autorität nicht über Gallien hinaus. Wohl aber wurde sie von Theoderich benutzt, um angeblich in seinem Namen und Auftrag das Reich der Sueben in der Pyrenäenhalbinsel zu bekämpfen. Mit diesem war es seit dem Tode des Königs Rekila (448 [S. 250]) bergab gegangen. In einem im Jahre 454 geschlossenen Frieden hatte es Lusitanien und Bätica den Römern zurückgegeben und sich mit Tarraconensis, Asturien und Galicien begnügen müssen. Auch der oströmische Kaiser Marcian, dessen Gemahlin Pulcheria eben um jene Zeit starb, erkannte Avitus an, in der Hoffnung dadurch am ehesten eine Autorität über ihn zu gewinnen, die zu erzwingen ihm die Mittel fehlten. Die Notwendigkeit der gemeinsamen Abwehr gegen die Vandalen wies die beiden Reichshälften gebieterisch auf einmütiges Zusammengehen hin. Denn damals bemächtigte sich

Geiserich der letzten römischen Besitzungen in Afrika, erlitt freilich im Jahre 456 bei dem Angriff auf Sicilien bei Agrigent eine Niederlage. Das war das Verdienst des tapferen Mannes, den Avitus an die Spitze des Reichsheeres gestellt hatte und der nun jahrelang thatsächlich Herr des Reiches blieb, indem er selbst den entwürdigten Purpur verschmähte, jedoch seine Kreaturen damit bekleidete, um sie bei der ersten Regung unfügsamer Selbständigkeit wieder zu beseitigen, der also die Rolle eines Kaisermachers spielte. Das war Ricimer, der Führer der barbarischen Föderaten Westroms, ein Suebe von königlicher Abstammung, durch seine Mutter aber ein Westgote und Enkel Wallias, ein Mann ähnlichen Schlages wie Aëtius, durch den er in die ihm beschiedene große Laufbahn gekommen war, ohne eigentlich staatsmännische Begabung zwar, aber mit jenem instinktiven Verständnis, vermöge dessen die reichbegabten Barbaren sich auch in dieser ihnen eigentlich so fremden Welt zurechtfanden, dazu ein Kraftmensch voll verwegenem Selbstvertrauen und von entsprechend rücksichtsloser Gewaltthätigkeit, im ganzen zum Herrschen geboren und so befähigt den allgemeinen Zusammenbruch durch das Germanentum und zugleich zum Besten desselben noch eine Weile aufzuhalten.

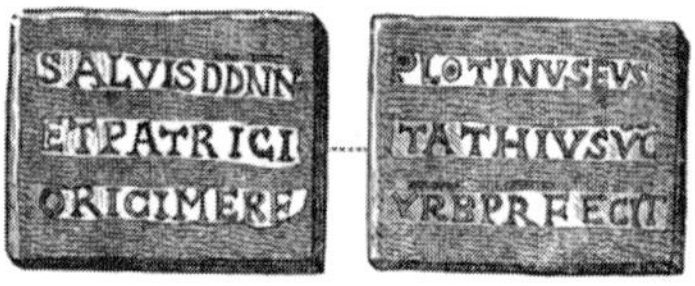

Exagium des Ricimer: Normalgewicht des Solidus, der Goldmünze.

Von Kupfer, mit aufgelöteten dünnen Silberstreifen, in welche die Inschriften eingegraben und dann mit Niello, einer schwarzen Bleimasse, ausgefüllt sind. Während sonst solche Exagien die Namen der Kaiser und auf der Kehrseite den des **Praefectus urbi,** welcher sie auszugeben hatte, enthielten, steht hier auf der Vorderseite **SALVIS DD NN (dominis nostris) ET PATRICIO RICIMERE.** Dieses Fortlassen der Kaisernamen zeigt, wie großen Anteil an den äußerlichen Ehren der Souveränetät Ricimer nahm. Die Kaiser sind Leo I. in Konstantinopel und Libius Severus oder ein anderer der Kaiser in Rom. Auf der Kehrseite **PLOTINVS EVSTATHIVS V**(ir) **C**(larissimus) **VRB**(i) **PR**(aefectus) **FECIT.** Originalgröße.
Berlin, Königl. Münzkabinett.

Seit seinem Vandalensiege bei Agrigent als Befreier Italiens gepriesen, ergriff Ricimer die Partei des römischen Senates, der sich den mit westgotischer Hilfe eingesetzten Gallier Avitus nicht als Kaiser gefallen lassen wollte. Bei dem Versuche, seine Autorität in Italien gewaltsam zur Geltung zu bringen, wurde Avitus von ihm bei Piacenza geschlagen und, des Purpurs beraubt, durch Übertragung eines Bistums versorgt und unschädlich gemacht. Um dieselbe Zeit nun starb im Osten der tüchtige Marcian und erhielt den bisherigen Statthalter von Illyrien Leo zum Nachfolger. Dadurch wurde Ricimer vollends Herr der Situation. Gemeinsam mit dem neuen byzantinischen Herrscher machte er im Westen einen tüchtigen Soldaten, Majorianus, zum Kaiser, einen Römer von vornehmer Abkunft, voll Einsicht und Thatkraft und auch als Administrator und Organisator begabt, dessen vierjährige Regierung (457—461) einen letzten Lichtblick für Rom bezeichnete. Denn während er auf der einen Seite eine umfängliche gesetzgeberische Thätigkeit entfaltete, der Willkür der Beamten Einhalt zu thun, den Steuerdruck zu mindern und den tiefgesunkenen Wohlstand zu heben suchte, wies er einen Angriff der vandalischen Flotte, die das reiche Campanien mit Verwüstung bedrohte, an der Mündung des Garigliano siegreich zurück und hinderte in Gallien die weitere Ausbreitung der Westgoten, indem er ihnen Lyon entriß und sich mit den Burgundern friedlich verständigte, während der Statthalter Ägidius Arles glücklich gegen Theoderich II. verteidigte. Vor allem aber wurde nun endlich mit der Abwehr der Vandalen Ernst gemacht. Gemeinsam rüsteten West- und Ostrom zu einem vernichtenden Schlage gegen Geiserich, der die von Rom gefangen mit fortgeführte jüngere Eudoxia (S. 301) seinem Sohne Hunerich vermählt, augenscheinlich also auf seine ehrgeizigen Pläne zur Gewinnung einer gebietenden Stellung im Westen noch nicht verzichtet hatte. Eine gewaltige Flotte wurde in Carthagena versammelt. Westgoten und Burgunder waren zur Hilfe gewonnen. Vergeblich suchte Geiserich den drohenden Angriff durch trügerische Verhandlungen abzuwenden. Dem feindlichen Heere, falls es wirklich landete, eine nachdrückliche Kriegführung unmöglich zu machen, ließ er Mauretanien in eine Einöde verwandeln. Schließlich aber kam es gar nicht so weit. Vandalischen Aussendlingen gelang es Verräter zu gewinnen, mit deren Hilfe Geiserich bei einem plötzlichen Überfall die Flotte in Brand steckte und zum großen Teil vernichtete. Dieser traurige Ausgang eines so vielverheißenden Unternehmens erschütterte die Stellung Majorians, durch dessen Energie und steigende Erfolge Ricimer sich ohnehin bedroht sah. Auf dem Rückwege nach Gallien fiel der Kaiser (2. August 461) bei Tortosa einer von dem Reichsfeldherrn angestifteten Militärverschwörung zum Opfer.

Hinfort kann von einem weströmischen Reich eigentlich nicht mehr gesprochen werden. Denn von den Schattenkaisern, die einander nun folgten, hat keiner seinen Fuß über die Grenzen Italiens hinaus zu setzen gewagt. Auch Gallien und Spanien überließen sie ihrem Schicksal. Um so weniger kümmerten sich die Statthalter der nominell dem Reiche noch verbliebenen Provinzen um die ohnmächtigen Träger des entwürdigten Purpurs, von denen sie auch in der höchsten Bedrängnis Schutz und Hilfe nicht zu erwarten hatten. Wo sie ihre Stellung überhaupt zu behaupten vermochten, wurden sie vollends unabhängig vom Reichscentrum, bahnten aber infolgedessen, indem sie notgedrungen anderweitig Anlehnung suchten, den Germanen den Weg zu neuen Eroberungen. Vor dem immer massenhafteren Andrang der Angeln und Sachsen (S. 251) aus seinem Lande weichend, erschien der britische Fürst Riothimus mit zwölftausend Mann an der Loire und bat den Statthalter Arvandus um Aufnahme. Die unbequemen Fremdlinge loszuwerden, rief dieser den Westgotenkönig Eurich herbei, der die Briten bei Bourges besiegte. Mit dem Rest der Seinen floh Riothimus zu den Rom befreundeten Burgundern. Arvandus wurde zur Verantwortung nach Rom geladen und zum Tode verurteilt, aber auf Fürbitte des ihm befreundeten angesehenen Stadtpräfekten Apollinaris Sidonius begnadigt. Jedoch war das Unheil, das er angerichtet hatte, nicht mehr gutzumachen. Des entthronten Avitus Sohn Ecdicius, der sich in den Bergen der Auvergne behauptete, wurde von Eurich bewältigt, der nun von den Pyrenäen bis zur Loire und vom Atlantischen Ocean bis zum Rhone gebot. Im Norden breiteten sich am Ober- und Mittelrhein die Alemannen, am Niederrhein die Franken immer weiter aus, und auch in Spanien, wo Eurich mit ostgotischer Hilfe die Sueben vollends in die Berge Galiciens zurückdrängte, gingen die letzten Reste römischer Herrschaft damals verloren. Wie auf einer Insel behauptete sich inmitten des von den Germanen überfluteten Gallien in der Gegend von Soissons der Statthalter Ägidius. Durch einen Sieg bei Orléans gebot er den Westgoten Halt, wurde aber bald danach durch Gift beseitigt. Doch fand er in seinem Sohne Syagrius einen tüchtigen Nachfolger. Von Rom thatsächlich unabhängig, harrte dieser in erfolgreicher Abwehr gegen die Franken aus, die vereinzelt schon bis zur Loire streiften, während von der anderen Seite die Sachsen die Küsten heimsuchten und mit ihren Fahrzeugen die Flüsse aufwärts segelnd gelegentlich bis tief in das Innere vordrangen. Ähnliche Selbständigkeit hatte in Dalmatien der tapfere Marcellinus erlangt, einst ein Waffengenosse des Aëtius, der seine Küsten energisch und erfolgreich gegen die Vandalen schützte.

Im übrigen blieben diese die gefährlichsten Feinde des Reiches, gegen das sie auch West- und Ostgoten in Waffen brachten. Sie geboten im Mittelmeer, wo auch die Inseln Sardinien und Korsika samt den Balearen von ihnen erobert waren. So hatten sie eigentlich das Schicksal Italiens bereits in der Hand. Aber noch immer scheint der ehrgeizige Geiserich auf friedlichem Wege an das Ziel zu kommen gehofft zu haben. Denn im Jahre 462 bewilligte er den Römern einen Frieden, der endlich der älteren Eudoxia und ihrer Tochter Placidia (S. 301) die Freiheit gab, während die jüngere Eudoxia als Gattin Hunerichs zurückblieb. Aber natürlich dauerte der Friede auch dieses Mal nicht lange, teils infolge der unverbesserlichen räuberischen Art der Vandalen, teils weil ihr König immer von neuem Mittel und Wege suchte, um sich in irgend einer Form an die Stelle Ricimers zu setzen. Dieser hatte nach des Majorian Ermordung in der Person des Libius Severus einen neuen Schattenkaiser erhoben, der auch nicht einmal den Versuch machte, irgend welche Autorität zu gewinnen. So völlig war Ricimer Herr des Reiches, daß er nach Severus' Tod (465) es hatte wagen dürfen den Thron überhaupt unbesetzt zu lassen. Jetzt trat Geiserich an ihn mit dem überraschenden Verlangen, den Senator Olybrius zum Kaiser zu machen. Da dieser einst mit Placidia, der Schwester der jüngeren Eudoxia, Hunerichs Gattin, verlobt worden war, wird der Vandalenkönig eine solche Forderung nur gestellt haben um der Folgerungen willen, die er daraus für sich und seinen Sohn Hunerich ziehen zu können hoffte. Die Ablehnung dieser Zumutung wurde der Vorwand zu neuen Feindseligkeiten gegen Italien. Eine Flotte, die Ricimer gebaut hatte, um durch einen Angriff auf Nordafrika Italien Luft zu machen, wurde im Jahre 466 durch widrige Winde in Sicilien festgehalten. Das erschütterte Ricimers Stellung. Da er Italien zu schützen sich unfähig erwies, rief man den Kaiser des Ostens, Leo, um Hilfe an. Sich derselben zu versichern war schließlich selbst Ricimer zu Konzessionen bereit, die seine außerordentliche Machtstellung wesentlich einschränkten. Nach langen Verhandlungen willigte er in die Wiedereinsetzung eines Kaisers für den Westen durch Leo. Im April 467 hielt als solcher ein vornehmer Grieche, Anthemius, der Schwiegersohn des Kaisers Marcian, seinen Einzug in Rom. Aber auch er eilte vor allem sich der Gunst des allmächtigen Reichsfeldherrn zu versichern, indem er ihm seine Tochter zur Gemahlin gab. Nun begannen im Osten und im Westen ungeheure Rüstungen für den Vandalenkrieg. Niemals war Geiserich so schwer bedroht gewesen. Eine Flotte von mehr denn tausend Schiffen, leider unter

Münze des Libius Severus.

Auf der Vorderseite das Bildnis des Libius Severus mit der Umschrift: **D(ominus) N(oster) L(ibius Seve) DNL . . . RVS P(ius) A(ugustus)**. Der Machtstellung des Ricimer entspricht es, daß er auf die Kehrseite dieser kleinsten Kupfermünzen des Libius Severus sein Monogramm setzte: es zeigt deutlich **RICIMER**. Kupfer. Originalgröße. Berlin, Kgl. Münzkabinett.

dem unfähigen Basiliskos, dem Schwager des Kaisers Leo, näherte sich der afrikanischen Küste, während die dalmatinischen Geschwader unter Marcellinus Sardinien eroberten und der ägyptische Statthalter Heraklius durch die Wüste heranzog, um die westlichen Landschaften zu erobern und sich vor Karthago mit der Hauptmacht zu vereinigen. Ungehindert landete diese bei Kap Bona. Dann aber ließ Basiliskos sich von Geiserich durch trügerische Unterhandlungen hinhalten und zur Unthätigkeit bestimmen. Während derselben wurde er von den Vandalen überfallen und der größte Teil seiner Streitmacht vernichtet, ohne irgend etwas geleistet zu haben. Der Rest rettete sich durch schleunige Flucht. Natürlich gingen nun auch die an anderen Punkten gewonnenen Erfolge wiederum verloren. Heraklius mußte die gemachten Eroberungen aufgeben und nach Ägypten entweichen. Sicilien ging nach Marcellinus' Ermordung, die man Ricimer zuschrieb, an die Vandalen verloren, die auch Sardinien zurückgewannen. Mächtiger denn je stand Geiserich nun da.

Das Westreich aber war nach diesem unglücklichen Ausgange des mit Einsetzung der letzten Kräfte unternommenen Krieges thatsächlich auf Italien allein beschränkt. Aber auch dort machte die Auflösung nun vollends reißende Fortschritte. Trotz ihrer Verschwägerung standen Anthemius und Ricimer einander in bitterer Feindschaft gegenüber. Anthemius, der in Rom residierte und in dem Senat und der auf ihr Römertum stolzen hauptstädtischen Bevölkerung seinen besten Rückhalt hatte, blickte mit Verachtung auf den Barbaren herab, der in Mailand Hof hielt. Ricimer bereute es längst, sich mit Ostrom eingelassen zu haben, und sah bei des Anthemius wachsender Selbständigkeit den Augenblick herankommen, wo er selbst zur Ohnmacht verurteilt sein würde oder durch einen rücksichtslosen Gewaltstreich die Herrschaft in seinen Händen befestigen müßte. Vielleicht darf man vermuten, daß auch dabei Geiserich die Hand im Spiele gehabt habe. Denn als Ricimer im Jahre 472 die Zeit zum Handeln gekommen sah und mit einem zumeist aus Germanen bestehenden Heere gegen Rom marschierte, um den aufsätzigen Anthemius zu entthronen, führte er des Vandalen Hunerich Schwager Olybrius, für den einst Geiserich das Diadem gefordert hatte, mit sich als den designierten Nachfolger. Doch fand er unerwartet hartnäckigen Widerstand. In Erinnerung an die große Vergangenheit ihrer Stadt und pochend auf ihr darin wurzelndes Recht auch noch für die elende Gegenwart, waren die Römer nicht geneigt, sich der entwürdigenden Willkür barbarischer Militärherrschaft ohne weiteres zu fügen. Schließlich aber fanden sich auch unter ihnen Verräter, die dem Gewalthaber den Weg in die Stadt öffneten, — vielleicht germanische Söldner, denn auch solche befanden sich unter der Besatzung. Vom Grabmal Hadrians her brachen Ricimers Scharen über den Tiber in die Stadt ein, erstürmten trotz verzweifelter Gegenwehr das Aurelische Thor und ergossen sich plündernd und mordend durch die Straßen. Anthemius versuchte sich auf dem Palatin zu behaupten, wurde aber schließlich von den Seinen verlassen und auf der Flucht erschlagen. Die Kaiserwürde empfing Olybrius aus Ricimers blutbefleckter Hand.

Aber schon vierzehn Tage nach der Einnahme Roms, den 20. August 472, fiel Ricimer der ansteckenden Krankheit zum Opfer, die inmitten der Kriegsgreuel ausgebrochen war. Auf dem Sterbelager ernannte er seinen Neffen, einen burgundischen Fürsten Gundobald, zu seinem Nachfolger im Oberbefehl über das

Heer. Diesen sah er also als einen erblichen Besitz in seiner Familie an, während das Kaisertum zu einer wertlosen, aller Macht entbehrenden Stellung herabgesunken war, über welche der Oberfeldherr nach Gutdünken verfügen konnte. Auch entsprach das vollkommen den thatsächlich gegebenen Verhältnissen. Denn als etwa zwei Monate nach Ricimers Tod (23. Oktober 472) auch Kaiser Olybrius starb, den Ostrom wohl oder übel hatte anerkennen müssen, verlieh Gundobald, den der Verstorbene zum Patricius und damit ersten Beamten des Westreiches gemacht hatte, den Purpur im Jahre 474 dem als Soldaten bewährten, sonst aber nicht näher bekannten Glycerius. Da griff der byzantinische Hof ein, indem er den Statthalter Dalmatiens, den Sohn des einst so tüchtig bewährten (S. 304) Marcellinus, Julius Nepos, der mit einer Nichte der Kaiserin Verina, der Gemahlin des Kaisers Zeno, vermählt war, zum Augustus des Westens erhob. Durch die Entfernung des Gundobald, den seines Vaters Tod in die burgundische Heimat zurückrief, seines vornehmsten Beschützers und Beraters beraubt, zog Glycerius es vor zu unterhandeln, als der Gegenkaiser vor Rom erschien: er dankte ab und wurde als Bischof von Salona unschädlich gemacht.

Es war ein letzter Versuch des Römertums sich der rohen Vergewaltigung durch die barbarischen Truppen zu entziehen, wenn Julius Nepos den Ecdicius, den tapferen, aber schließlich auch unglücklichen Verteidiger der Auvergne gegen die Westgoten (S. 303), zu der militärisch-politischen Würde eines Patricius erhob. Dem aber trat der neue Anführer der germanischen Söldner in offenem Aufruhr entgegen, Orestes, der Sohn des Tatulus, ein pannonischer Romane, der einst in Attilas Diensten gestanden hatte, dann in die Roms getreten und infolge vielfacher soldatischer Bewährung dort rasch emporgestiegen und schließlich zum Patricius ernannt worden war. Die Söldner ergriffen um so lebhafter für ihn Partei, als der Kaiser sie nach Gallien schicken wollte, weniger um sie dort gegen die Ostgoten kämpfen zu lassen, als weil er sie um seiner eigenen Sicherheit willen aus Italien zu entfernen wünschte. Vor dieser Erhebung mußte nun im Sommer 475 Julius Nepos nach Dalmatien entweichen. Dort ist er im Jahre 480 der späten Rache des Glycerius erlegen. Von Byzanz her war ein Eingreifen nicht zu befürchten. Denn durch den raschen Thronwechsel, der nach Leos I. Tod (Januar 474) erst dessen Enkel Leo II. (November 474) und dann seinen Schwiegersohn, den Isaurier Zeno, unter inneren Schwierigkeiten und äußeren Gefahren zur Herrschaft berufen hatte, war das Ostreich mit sich selbst hinreichend beschäftigt. Und so meinte denn der herrschsüchtige und ehrgeizige Orestes endlich den letzten entscheidenden Schritt thun zu können, indem er die thatsächlich bestehende Herrschaft der germanischen Soldtruppen über das Reich auch äußerlich entsprechend zum Ausdruck brachte. Mit seinem Heere, das sich aus den Stämmen der Heruler, Rugier, Sciren, Alanen, Turcilinger u. s. w. zusammensetzte, rückte er in Ravenna ein und bekleidete am 21. Oktober 475 seinen eigenen jugendlichen Sohn Romulus Augustulus mit dem imperatorischen Purpur.

Münze
mit dem Bildnis des
Romulus Augustulus.

Umschrift: D(ominus) N(oster) ROMVLVS AVGVSTVS P(ius) F(elix) AVG(ustus). Gold. Originalgröße.

Mit dem aber, was ihnen Orestes als Lohn für ihre Hilfe zur Gewinnung der Kaiserkrone für sein Haus in der üblichen Weise bewilligte, waren die verwöhnten germanischen Söldner nicht zufrieden. Sie wollten auch für sich selbst einen entsprechend großen Gewinn machen und verlangten, es sollte ihnen der dritte Teil alles Landes in Italien abgetreten werden. Die Verweigerung beantworteten sie mit offener Rebellion. An ihrer Spitze stand dabei der Rugier Odovaker, jenes Edeko Sohn, den einst byzantinische Hinterlist zum Mörder Attilas zu gebrauchen gedacht hatte (S. 272). Ihm hatte der heilige Severin (S. 284) vorhergesagt, daß er noch zu hoher Macht und Ehre aufsteigen würde. In Oberitalien sammelte dieser seine Mannschaften, denen zahlreiche Verstärkungen aus dem Norden zuströmten. Orestes eilte ihnen entgegen, barg sich dann aber vor ihrer Übermacht hinter den Mauern von Pavia. Dieses nahm Odovaker mit Sturm und züchtigte es für seinen Widerstand, indem er es seinen Leuten zur Plünderung preisgab. Orestes selbst, der in seine Gewalt gefallen war, ließ er hinrichten (28. August 476). Als dann auch dessen Bruder Paulus in der Nähe von Ravenna gefallen war, lag die Herrschaft über Italien in der Hand Odovakers. Wenigstens an dem Knaben Romulus Augustulus vergriff sich dieser nicht, sondern verwies den Entthronten auf ein campanisches Landgut und setzte ihm eine Jahresrente von sechstausend Goldstücken aus. Von seinen Waffengenossen aber wurde er als „König der Germanen in Italien" begrüßt. Das Verlangen, dessen Versagung Orestes' Sturz veranlaßt hatte, mußte nun natürlich erfüllt werden. Der dritte Teil des gesamten Grund und Bodens von Italien kam an die germanischen Söldner, mit denen in einzelnen Teilen die Römer schon seit Jahrzehnten ihr Haus nach demselben Verhältnis hatten teilen müssen. So behaglich die nordischen Barbaren sich in dem neuen Wohlstand fühlen mochten: von einer staatlichen Organisation war für sie dabei nicht die Rede. Vielmehr handelte es sich eigentlich nur um eine dauernde Einquartierung im großen Stil. Die römische Verwaltung und das römische Beamtentum bestanden unverändert fort. Odovaker war und blieb Land und Leuten durchaus fremd, und von einem Königtum, das mit Italien in einem territorialen Zusammenhange gestanden hätte, kann bei ihm nicht gesprochen werden. Was er da an Rechten brauchte und übte, ließ er sich von Byzanz her übertragen und leitete seine Autorität her aus der ihm übergeordneten des fernen Augustus im Osten. Diesen Sinn hatte es, wenn er den römischen Senat veranlaßte, an Kaiser Zeno eine Gesandtschaft zu schicken, welche diesem erklärte, das weströmische Reich bedürfe keines eigenen Kaisers mehr und der Titel Augustus möge daher dem am Bosporus gebietenden Herrscher allein vorbehalten bleiben, die Diöcese Italien aber solle unter seiner Oberhoheit dem Patricius Odovaker zur Verwaltung übergeben werden. Eine ausdrückliche Erklärung des Einverständnisses damit ist, soweit wir sehen, von Konstantinopel aus nicht erfolgt: thatsächlich aber ist das Verhältnis so geordnet und so geblieben.

Das weströmische Reich hatte zu bestehen aufgehört.

Drittes Buch.

Die germanischen Mittelmeerstaaten

und

das neue Aufsteigen des byzantinischen Reiches im Zeitalter Justinians.

Erstes Kapitel.

Das Ostgotenreich Theoderichs des Großen.

476—534 n. Chr.

Vermöge einer Militärrevolte, wie das römische Reich, seit es in die Gewalt einer barbarischen Soldateska geraten war, deren schon eine ganze Reihe gesehen hatte, aber ohne ernsten Kampf und erschütternde Krisis, fast wie eine überreife Frucht, die längst darauf wartet, daß sie endlich gepflückt werde, war dem Rugierfürsten Odovaker und seinen Waffengenossen in Italien der Siegespreis zugefallen, nach dem seit Menschenaltern so viele kriegerisch wandernde Germanenhäuptlinge heißes Begehren getragen hatten. Mühelos hatte er dem weströmischen Reiche ein Ende gemacht. Daß er aber einen anderen Staat an dessen Stelle gesetzt hätte, läßt sich nicht behaupten. Denn was in der Herrschaft, die er nun in Italien führte, an wirklich staatlichen Elementen vorhanden war, lief hinaus auf ein Fortleben fest eingewurzelter römischer Einrichtungen. Von einer Einheit war in diesem Soldatenstaat eigentlich doch überhaupt nur insofern die Rede, als Odovaker das anerkannte Oberhaupt war sowohl der siegreichen germanischen Söldner wie der unterworfenen Römer. Aber während er jenen kraft des ihm übertragenen Heerkönigtums gebot, seine Autorität in Friedenszeiten also notwendig in die verhältnismäßig engen Schranken gebannt war, in welche, wenn die Waffen ruhten, germanische Fürsten ihre Rechte nach altem Herkommen eingeschlossen sahen, stand er diesen gegenüber nicht einmal kraft eigenen Rechtes, sondern nur als Vertreter des oströmischen Imperators, von diesem als Statthalter mit der Verwaltung der zu seinem Reiche gehörigen Diöcese Italien beauftragt. Demgemäß wurde denn auch jetzt, wie bisher gewöhnlich in ähnlichen Fällen, der dritte Teil des anbaufähigen Grund und Bodens im Lande seinen Germanen zugewiesen. Vom römischen Standpunkte aus handelte es sich also auch hier eigentlich zunächst nur gewissermaßen um eine dauernde Einquartierung. Aber weil seine Germanen dadurch zugleich die Stütze seiner Herrschaft über die ihnen an Zahl und Bildung weit überlegenen Römer ausmachten, traten sie im Gefühl ihrer Unentbehrlichkeit auch ihm gelegentlich auffässig entgegen, namentlich wenn er ihre Ansprüche herabzusetzen und das verarmte Land vor weiterer Ausbeutung durch sie zu schützen versuchte. Außerdem lag doch in diesem Verhältnis für Odovaker eine gewisse Nötigung, diese Haufen, die so leicht gefährlich werden konnten, möglichst zu beschäftigen, also zeitweise eine kriegerische Politik zu verfolgen. In ihrem Fortgang aber konnte eine solche namentlich sein Verhältnis zu Ostrom ernstlich in Frage stellen. Daraus ergaben sich eigentümliche äußere und innere Schwierigkeiten. Während die Germanen als Föderaten eigentlich außerhalb der staatlichen Ordnung standen, an dem römischen Bürgerrecht keinen Teil hatten und durchaus als Fremde gekennzeichnet wurden, fand die fortdauernde Zugehörigkeit Italiens zu dem Reiche, dessen Centrum nun in Byzanz lag, deutlicher noch als in Odovakers Stellung als Patricius darin ihren Ausdruck, daß seit dem Jahre 480 wieder regelmäßig dem Westen und dem Osten gemeinsame Konsulwahlen vorgenommen und danach die Jahre in üblicher Weise bezeichnet wurden. Dementsprechend war auch die Gesetzgebung, für die ebenfalls nur die Römer in Betracht kamen, Italien mit dem Ostreich gemeinsam. Die Stellung des Senats und die Municipalordnung blieben unverändert. Steuerwesen und Rechtspflege gingen in den bisher verfolgten Geleisen weiter. Das war ein in sich widerspruchsvoller und ungesunder Zustand, der notwendig zu Konflikten führen mußte. Denn wenn Odovaker thatsächlich Herrscherrechte übte und auch seine römischen Unterthanen sich denselben beugten, wenn er Münzen schlagen ließ, Beamte ernannte und über Krieg und Frieden entschied, so konnte darin bei der eigentümlichen Zwitterhaftigkeit seiner Stellung unter Umständen vom römischen Standpunkte aus ein Übergriff gesehen werden, zumal er als Arianer den orthodoxen Römern für einen Ketzer galt, der zu regieren eigentlich unfähig war. Daß er trotzdem auch über die Wahl des römischen Bischofs, welche damals in den Händen von Klerus und Volk der ewigen Stadt lag, die Aufsicht führte, die dem Herkommen nach dem römischen Herrscher zustand, wird von ihnen unter solchen Umständen besonders schmerzlich empfunden sein.

Münze mit dem Bildnis des Odovaker.

Umschrift der Vorderseite: **FL(avius) ODOVAC(ar)**. Das Bildnis zeigt den den Germanen eigenen Schnurrbart. Auf der Kehrseite das Monogramm **ODOVA** in einem Kranze; darunter **RV**: die Prägstätte Ravenna. Solche Prägstätten werden häufig durch die beiden ersten Konsonanten bezeichnet: **MD** Mediolanum, **RM** Roma. Die Germanen hatten eine besondere Vorliebe für das Monogramm: Odovaker, Ricimer, die Ostgotenkönige. Silber. Originalgröße. Berlin, Königl. Münzkabinett.

Das Verhältnis mußte daher unhaltbar werden, sobald Odovakers Macht so tief sank, daß Ostrom ihn ungestraft zu beseitigen hoffen durfte, oder so hoch stieg, daß er sich der von dorther geltend gemachten Oberhoheit vollends entziehen konnte. Dabei aber handelte es sich nun nicht um Italien allein. Denn es lag in der Natur der Verhältnisse und der geographischen Position des einstigen Reichscentrums, daß dessen neuer Herr auch die benachbarten Gebiete, die demselben einst besonders eng verbunden gewesen waren, in die alte Zugehörigkeit zurückzuführen trachten mußte. So kämpfte Odovaker einerseits gegen die Vandalen um Sicilien, das er auch glücklich behauptete und dann durch Zahlung eines Jahrgeldes an Geiserich vollends sicherte, andererseits brachte er Dalmatien in Abhängigkeit, als es im Jahre 480 nach des ehemaligen Kaisers Julius Nepos Ermordung (S. 306) herrenlos wurde. Die größten Schwierigkeiten aber erwuchsen auch ihm im Norden. Indem die Germanen, die im Reiche Attilas beschlossen gewesen waren, dauernd südwärts strebten und die Landschaften zwischen Donau und Alpen vollends zu überfluten drohten, hatte des Odovaker Herrschaft von dorther schließlich ein ähnliches Schicksal zu befürchten, wie er selbst es Westrom bereitet hatte. Dem rechtzeitig vorzubeugen war für ihn natürlich noch weit schwieriger, da seine Herrschaft im Lande und in der Bevölkerung eigentlich überhaupt nicht Wurzel geschlagen hatte, außerdem aber die Verfolgung einer solchen Politik den byzantinischen Hof gewissermaßen herausforderte und leicht veranlassen konnte sich mit den Germanen, die sich entweder in ihrer Freiheit bedroht oder in der gewünschten Ausbreitung behindert sahen, in Verbindung zu setzen und mit ihrer Hilfe den zum Usurpator gewordenen Statthalter zu beseitigen. Zweimal mußte Odovaker so namentlich gegen die Rugier kämpfen, jenen Stamm, von dem Teile dem Föderatenheere angehört hatten, mit dem er Romulus Augustulus entthront hatte und der sich nun unter vielfachen Raubthaten weiter gegen Süden ausbreitend die letzten Reste römischer Kultur in Ufer-Noricum mit dem Untergange bedrohte trotz der Gegenbemühungen des heiligen Severin (S. 282). Der erste Krieg endete mit der Gefangennahme des Rugierkönigs Feva (S. 283) und seiner als Christen- und Römerfeindin verrufenen Gemahlin Gaisa, während ihr Sohn Friedrich aus dem Lande floh. Als dieser dann aber zurückkehrte und von neuem die Waffen erhob, ließ Odovaker Feva hinrichten und sandte seinen Bruder Onulf mit Heeresmacht nach der Donau. Zum zweitenmale verjagt, floh Friedrich zu seinem mächtigen Verwandten, dem Ostgoten Theoderich, der sich durch die Hinrichtung Fevas tödlich beleidigt fühlte und so das Recht der Blutrache erwarb. Die neuen Verwickelungen, die dadurch vorbereitet wurden und das Eintreten der Ostgoten für die Rugier und weiterhin sogar das der Byzantiner erwarten ließen, bestimmten Odovaker, jenen weit vorgeschobenen Posten an der Donau als unhaltbar aufzugeben. Er befahl den noch dort sitzenden Römern das Land zu verlassen und die ihnen im Süden der Alpen angewiesenen Wohnsitze einzunehmen. Damals brachten die Abziehenden auch des heiligen Severinus irdische Reste mit nach Italien und bereiteten ihnen bei Neapel die letzte Ruhestätte (S. 284).

Obgleich dieser letzte Vorstoß Odovakers also erfolglos geblieben war, fühlten sich durch ihn außer den Rugiern selbst doch auch die übrigen germanischen Stämme bedroht, welche, dem Namen nach Unterthanen Ostroms, thatsächlich so gut wie unabhängig in dem Berglande zwischen Alpen und Donau saßen, namentlich die in Pannonien stark vertretenen Ostgoten, von denen außerdem bedeutende Bruchteile in Thracien und Epirus angesiedelt waren, wie sie ihr Wanderleben und die Wechselfälle des römischen Kriegsdienstes nach verschiedenen Gebieten geführt hatten. Sie waren eben im Begriff in dem jungen Amaler Theoderich einen neuen Mittelpunkt zu festerer nationaler Zusammenfassung zu finden. Daß der Rugierkrieg Odovaker mit diesem in feindliche Berührung gebracht und persönlich verfeindet hatte, hat dieser Einigungsbewegung noch Vorschub geleistet.

Nach dem Zerfall von Attilas Reich hatte die Hauptmasse des kriegstüchtigen Volkes sich in mannigfachen Kämpfen mit den übrigen germanischen Völkern herumgeschlagen, mit denen gemeinsam es erst seine Freiheit von den Hunnen erstritten hatte, und war dabei, wie es scheint, mehr und mehr in die Gefahr geraten durch Absplitterung immer neuer Teile selbst allmählich aufgelöst zu werden. Denn auch die in Pannonien sitzende Hauptmasse stand unter einem dreigeteilten Königtum, den dem alten Herrscherhause der Amaler entsprossenen Brüdern Walamir, Theodemir und Widemir.

Als Sohn des zweitgenannten wurde im Jahre 454 Theoderich der Große geboren, der Mann, der berufen war, sein Volk zu einigen, zum Herrn Italiens zu machen und an die Spitze eines gewaltigen Germanenreiches zu stellen, der dann aber trotz aller Herrschergröße und umstrahlt von dem lichten Glanze der Heldensage, doch bereits in der Ahnung einer nahenden Katastrophe gleichsam tragisch untergehen sollte, weil es ihm nicht gelang sein Volk zu rückhaltloser Annahme der Kulturgrundlage zu gewinnen, ohne die eine Behauptung seiner Stellung nicht möglich war, während mit ihr der schließliche Verlust seines Germanentums unabwendbar geworden wäre. In dieser Richtung auf die Ostgoten einzuwirken war Theoderich schon durch die Eindrücke seiner Jugend bestimmt worden. Denn als Geisel für die friedliche Haltung seines Volkes nach Konstantinopel gegeben, hatte der Königssohn ein Jahrzehnt der bildsamsten und empfänglichsten Jugendzeit in der Reichshauptstadt verlebt. Niemals hat er sich dem Banne wieder zu entziehen vermocht, in den ihn damals die überlegene byzantinische Kultur geschlagen hatte. Daß es derselben teilhaftig werde und sich ganz von ihr durchdringen lasse, war die Bedingung, von der er die einstige Größe seines Volkes abhängig wußte. Siebzehnjährig etwa heimgekehrt hat er an den kriegerischen Thaten seiner Stammesgenossen teilgenommen, gewiß mit Auszeichnung: denn mit einundzwanzig Jahren bereits wurde er nach des Vaters Tod als König auf den Schild erhoben.

Die Rolle freilich, die Theoderich während des nächsten Jahrzehntes und bis zum Aufbruch nach Italien gespielt hat, ist keineswegs klar und widerspruchsfrei. Nur das eine scheint gewiß, daß sein und seines Volkes Sinn schon nicht mehr darauf gerichtet war, in den bescheidenen und unsicheren Verhältnissen zu bleiben, in die sie nach der Auflösung des Hunnenreiches durch die halbe Abhängigkeit von Byzanz geraten waren. Die Vorgänge, die sich dabei abspielten, erinnern, im einzelnen nicht völlig sicher erkennbar, einigermaßen an die Wechselfälle, die unter ähnlichen Umständen einst die Beziehungen zwischen Römern und Westgoten oft so jählings abgewandelt hatten. Unklar und verwickelt wurde die Lage im Anfang namentlich dadurch, daß des Walamir Sohn Theoderich und seinen pannonischen Ostgoten ihre in Thracien angesiedelten Stammgenossen unter einem gleichnamigen Führer, dem Sohn des Triarius, der sich ebenfalls als König der Goten bezeichnete, als Nebenbuhler entgegentraten. Nach der Ermordung des mächtigen Aspar, eines Goten von Geburt, schlugen diese sich zu den Gegnern des Kaisers Zeno, der nun seinerseits die pannonischen Goten zu Hilfe rief und als Föderaten in Dienst nahm. Bald aber machten die beiden Gotenfürsten gegen den Kaiser gemeinsame Sache, ohne etwas Entscheidendes auszurichten. Es wird Zeno wohl leicht geworden sein sie durch Nährung des zwischen ihnen herrschenden Mißtrauens an energischem Handeln zu hindern und einen durch den anderen in Schach zu halten. Dadurch kamen namentlich die pannonischen Ostgoten allmählich in eine üble Lage. Das ersehnte Land zu fester Ansiedelung erhielten sie in Macedonien so wenig wie nachher in Epirus, wo sie sich von einem römischen Heer bedrängt und drückendem Mangel preisgegeben sahen und schließlich in einer verzweifelten Lage befanden, ohne sich durch einen Gewaltstreich daraus befreien zu können. Günstigere Aussichten scheinen sich ihnen erst eröffnet zu haben, als der König der thracischen Stammgenossen, der wiederholt brandschatzend bis vor Konstantinopel gezogen war, von einem plötzlichen Tode hinweggerafft wurde. Seine Volkshaufen schlossen sich nun dem Amaler Theoderich an. Da er infolgedessen über eine achtunggebietende Macht verfügte, erlangte dieser auch dem Ostreiche gegenüber alsbald eine bessere Stellung. Fortdauernd von inneren Schwierigkeiten bedrängt, suchte ihn Kaiser Zeno zum Verbündeten zu gewinnen, indem er ihn förmlich mit Gunst und Gnade überhäufte. Sein Volk erhielt Land in Thracien. Gegen ein reichbemessenes Jahrgeld übernahm es dafür die Grenzhut an der unteren Donau. Theoderich selbst wurde zum Patricius erhoben. Er erlangte im Jahre 484 die Ehren des Konsulats, und nachdem er mit einem Teil seines Volkes eine jenseits des Bosporus gegen Zeno ausgebrochene Rebellion, die von Odovaker Unterstützung erbeten haben sollte, niederwerfen geholfen hatte, wurde er nicht bloß durch den Titel eines kaiserlichen Freundes und die Zubilligung des Triumphes belohnt, sondern sogar durch Errichtung eines Reiterstandbildes in der Hauptstadt geehrt. Ganz freiwillig aber und bloß aus Dankbarkeit für die ihm geleisteten Dienste hat Kaiser Zeno dem Barbaren solche Zugeständnisse ganz gewiß nicht gemacht. Es galt vielmehr ihn bei guter Laune und dienstwillig zu erhalten: geschah das nicht, so war er allezeit bereit seinen Forderungen durch Waffengewalt Nachdruck zu geben und Land und Leute seine schwere Hand fühlen zu lassen.

Für beide Teile war das ein unsicheres und unerquickliches Verhältnis. Es beraubte beide der gewünschten freien Bewegung und gewährte ihnen doch nicht die gewünschten Vorteile. Daher griffen denn auch beide zu, sobald sich eine Gelegenheit bot es zu lösen, und zwar in einer Form zu lösen, die ihnen beiden wesentlichen Gewinn und gleichmäßige Befriedigung ihres Machtstrebens verhieß. Daß Odovaker von den asiatischen Rebellen um Hilfe angegangen war, mußte Zeno vor den weiteren Plänen des Statthalters von Italien mit ernster Sorge erfüllen. Der Angriff aber, mit dem derselbe als „König der Germanen in Italien" die Rugier heimsuchte, traf nicht allein auch die dort sitzen gebliebenen Teile des Ostgotenvolkes, sondern beleidigte in seinen Verwandten den Theoderich, der nach germanischer Anschauung die Hinrichtung Fevas (S. 313) und die Verjagung Friedrichs (S. 313) zu rächen verpflichtet war. Veranlaßte er Theoderich diese Pflicht zu erfüllen und gegen Odovaker zu ziehen, so wurde Zeno nicht nur einen lästigen und dauernd beargwöhnten Verbündeten los, sondern durfte hoffen durch dessen Sieg die Herrschaft über Italien in strafferen Formen zurückzugewinnen, als sie dem Heerkönig Odovaker gegenüber hatten zur Anerkennung gebracht werden können. Theoderich aber wurde, wenn er zu einem solchen Unternehmen die Hand bot, mit seinem Volke aus einer Stellung befreit, die auf die Dauer unhaltbar war, und gewann die Aussicht auf endliche reiche Versorgung seiner so lange notleidenden Goten mit fruchtbarem Lande, und zwar in einem Gebiete, wo der von ihm erstrebte Prozeß der Romanisierung derselben durch die Wucht der Verhältnisse ebenso schnell wie gründlich zu vollziehen war. Freilich war die Einigkeit zwischen dem Kaiser und seinem Patricius auch hier mehr eine scheinbare als wirkliche. Nicht von Anfang an handelte es sich um einen Auftrag Zenos an Theoderich: dieser hat den Kaiser vielmehr erst zwingen müssen seinen Plänen zuzustimmen, hinterher aber die Sache so darstellen lassen, als ob sie durchaus einträchtig darin gehandelt hätten. Zeno wollte danach durch die Ostgoten Italien zurückerobern lassen. Theoderich bediente sich des bisher zwischen ihnen bestehenden Verhältnisses, um den Angriff auf Italien zu legalisieren und der Eroberung, namentlich den Römern gegenüber, ihren Stachel zu nehmen. Gewiß lag auch gerade in diesem geflissentlich erweckten Schein die besondere Gefährlichkeit des Unternehmens für Odovaker. Der Ostgote kam als Beauftragter des legitimen Herrschers, um den ungetreuen Statthalter, der die übernommenen Verpflichtungen nicht erfüllt hatte, zu entsetzen und an seine Stelle zu treten, um die theoretisch fortbestehende Zugehörigkeit Italiens zum Ostreich auch thatsächlich wiederum zur Anerkennung zu bringen.

So erfolgte im Jahre 488 der Aufbruch der Ostgoten. Aber nicht das ganze Volk, wie es in Thracien und den Nachbarprovinzen teils in geschlossenen Massen, teils in kleineren Gruppen inmitten der Römer saß, machte sich auf die Wanderschaft, vielmehr zogen, wie es heißt, nur diejenigen mit, welche Theoderich beistimmten. Darin lag ein bedeutsamer Unterschied von früheren Wanderungen dieser Art. Es handelte sich nicht um das Hinausziehen eines großen Volkes zum Suchen nach Land auf gut Glück, sondern um einen Eroberungszug, der von Anfang an als solcher gekennzeichnet und auf ein bestimmtes Ziel gerichtet war. Ob er aber einen großen Erfolg haben würde, ließ sich einigermaßen bezweifeln, wenn man die traurige Verfassung sah, in der sich die Abziehenden befanden. Die Heimatlosigkeit und Unsicherheit ihres Daseins während der letzten Jahre, mannigfache kriegerische Bedrängnisse und Mangel an rechtem Obdach und ordentlicher Verpflegung hatten die Goten herunter gebracht, und dem Odovaker und seinen Waffengenossen, die in Italien ein behäbiges Dasein geführt hatten, mag die Erscheinung der anrückenden Feinde eben nicht besonders imponiert haben. Während der eine noch auf einem geretteten Pferde einherritt, keuchte der andere selbst als Zugtier vor dem Karren, auf dem er Weib und Kind samt seiner dürftigen Habe in die Fremde führte; Stiere schleppten das schwerfällige Ackergerät und die Handmühle. Es war wie ein Rückfall in das längst überwundene Nomadenleben, den sie im Hinblick auf eine ungewisse Zukunft auf sich nahmen. Im ganzen scheinen fast zweihunderttausend Menschen von Epirus aus westwärts gezogen zu sein. Doch waren das sicherlich nicht lauter Goten, vielmehr schlossen sich der Wanderung zahlreiche Fragmente all der verschiedenen Germanenstämme an, die seit der Zerschlagung des Hunnenreiches in dem Lande zwischen Donau und Alpen durcheinander gewürfelt saßen, namentlich, wie es scheint, Gepiden und Rugier. Sie alle aber sind in ihrer Sonderexistenz nicht lange erkennbar geblieben, sondern bald in die Übermasse der Ostgoten aufgegangen. Aus Anlaß, Zweck und Zusammensetzung des Unternehmens erklärt sich auch der Zug einheitlicher militärischer Geschlossenheit, der ihm von Anfang an eigen war und es in seinem Verlauf vor Wechselfällen schützte, wie sie seiner Zeit die stammverwandten Scharen Alarichs getroffen und schließlich um den gehofften Erfolg gebracht hatten. Nicht Landgewinn im allgemeinen, sondern Eroberung Italiens war das Ziel, das unter des Theoderich umsichtiger und thatkräftiger Leitung durch eine planmäßige Kriegführung regelrecht erstrebt und auch glücklich erreicht wurde, obgleich man es mit einem tapferen und kriegserfahrenen Gegner zu thun hatte. Nicht mehr Römer und Germanen, sondern Germanen und Germanen kämpften um den Siegespreis Italien.

Erst im Spätsommer des Jahres 489 kamen die Ostgoten an der Grenze Italiens an. Gleich dort, am Isonzo, nicht fern von Aquileja, trat ihnen Odovaker entgegen. Er wurde geschlagen und warf sich in das feste Verona. Indem er das that, nötigte er den Gegner auf den Marsch nach Süden und auf die Occupation der eigentlichen Halbinsel zunächst zu verzichten und verlegte die Entscheidung in ein Gebiet, wo er einmal den gehofften Zuzug der befreundeten Germanen, namentlich der Heruler und Burgunder, herankommen lassen und dann auf den weiten Ebenen seine Streitkräfte ungehindert entfalten konnte. Auch sonst bot ihm der Norden Italiens mit seiner stark von barbarischen Elementen durchsetzten Bevölkerung namentlich bei längerer Dauer des Kampfes günstigere Aussichten dar als die Mitte, wo mit der ziemlich rein römischen Bevölkerung auch die barbarenfeindliche römische Gesinnung herrschte. Theoderich folgte ihm, und unter den Mauern von Verona kam es am 30. September 489 zu einer blutigen Schlacht. Sie endete mit einer entscheidenden Niederlage Odovakers, dessen Heer teils zusammengehauen wurde, teils auf der Flucht in den Wellen der Etsch ertrank. Als Sieger zog der Ostgote in Mailand ein.

Odovakers Sache schien verloren: Rom erklärte sich für Theoderich, als den Vertreter des legitimen Herrschers. Odovakers Heermeister Tufas fiel zu dem Sieger ab und belagerte seinen bisherigen Herrn in Ravenna. Da trat eine überraschende Wendung ein. Der Burgunderkönig Gundobald, Ricimers Nachfolger (S. 305), eilte mit einem Heere zur Unterstützung Odovakers herbei. Mußte er doch fürchten nach Errichtung eines Ostgotenreiches in Italien zwischen diesem und seinen westgotischen Nachbarn im südlichen Gallien hart ins Gedränge zu geraten. Nun sagte sich auch Tufas wieder von Theoderich los. Odovaker selbst erschien von Ravenna aus von neuem im Felde und eroberte Cremona und Mailand zurück. Bald befanden sich die Ostgoten bei Pavia in arger Bedrängnis. Da wurde auch ihnen Hilfe. Die Einmischung der Burgunder zu Gunsten Odovakers veranlaßte die der Westgoten zu Gunsten Theoderichs. An der Adda kam es zu einer neuen Schlacht, am 11. August 490. Wiederum entschied sie gegen Odovaker. Neuer Abfall war die Folge davon. Die Städte Oberitaliens versagten dem Geschlagenen die Aufnahme. Zum zweitenmal warf sich Odovaker in die sumpfumgürteten Mauern des für uneinnehmbar geltenden Ravenna. Da die Ostgoten keine Flotte hatten und auf byzantinische Hilfe zur See nach Lage der Dinge nicht rechnen konnten, eröffnete dessen Hafen, den ein Kanal mit dem Meere verband, Aussicht auf lange Freihaltung der Zufuhr und damit die Möglichkeit ausdauernden Widerstandes. Auch hat sich Odovaker wirklich noch beinahe drei Jahre gehalten. Selbst nachdem im Januar 492 der Hafen gesperrt und ein verzweifelter Durchbruchsversuch von Theoderich in einer blutigen Schlacht zurückgewiesen war, leistete er noch über ein halbes Jahr heldenmütig Widerstand. Erst als alle Mittel erschöpft waren, kapitulierte er, den 27. Februar 493, wobei ihm Schonung seines Lebens und ungestörter Aufenthalt in Ravenna unter Gewährung königlichen Einkommens zugesagt wurde.

Dies Versprechen nicht gehalten zu haben ist einer von den Flecken, die das sonst so lichte Bild des großen Ostgoten entstellen. Aber weniger daß er den Besiegten dem Tode überlieferte, als die Art, wie er es that, gereicht ihm zum

Vorwurf. Denn eine gewisse politische Notwendigkeit mag die Beseitigung des „Königs der Germanen in Italien" haben als geboten erscheinen lassen, wenn anders Theoderichs neue Stellung nicht dauernd gefährdet bleiben sollte. Solange er lebte, blieb Odovaker ein Werkzeug, dessen Ostrom sich jeden Augenblick mit Aussicht auf Erfolg gegen Theoderich bedienen konnte. Wenn aber dieser seinen Wortbruch wirklich, wie berichtet wird, rechtfertigen wollte, indem er behauptete, durch die ihm obliegende Pflicht der Blutrache gezwungen zu sein für die Hinrichtung des Rugierkönigs an ihrem Urheber Vergeltung zu üben, so hat er doch wohl nur eine politisch notwendige Maßregel durch den Zwang eines altgermanischen Brauches beschönigen wollen. Zeigte er aber nicht, indem er es that, wie tief er selbst noch in der Barbarei befangen war, von der sein Volk zu erlösen er berufen sein wollte? Er ließ Odovaker zu Tisch laden. Als er vertrauensvoll erschien, wurde er von den Dienern überwältigt und festgehalten. Er wußte, was nun geschehen sollte. „Wo ist da Gott?" fragte er entsetzt. Als ob ein Theoderich sich durch das Wort des Bischofs von Ravenna, der sich Odovaker für die Schonung seines Lebens verbürgt hatte, hätte gebunden fühlen können! „Ich thue Dir, wie Du den Meinen gethan!" antwortete der Ostgotenkönig und stieß Odovaker eigenhändig das Schwert in den Leib.

Am wenigsten wird man mit diesem Verlauf der Dinge in Konstantinopel zufrieden gewesen sein. Noch während der Kampf unentschieden schwankte, hatte man dort eine zum mindesten zweideutige Haltung angenommen, die keinen Zweifel darüber ließ, daß man bereits nach den ersten, wohl unerwartet großen Erfolgen der Ostgoten die Zugeständnisse bereute, die man ihrem König in betreff seiner zukünftigen Stellung in Italien gemacht hatte. Nach dem Siege an der Adda hatte Theoderich dann bei Kaiser Zeno vergeblich die Verleihung des königlichen Gewandes beantragt, während Odovaker, mit einem politisch ganz richtigen Schachzug, seinerseits die Abzeichen seiner Würde nach Konstantinopel geschickt hatte. Erneute Mahnungen Theoderichs änderten daran, wie es scheint, nichts. Man möchte annehmen, das sei diesem eigentlich nicht unlieb gewesen. Denn nun konnte er als glücklicher Sieger aus der Hand seines waffenfrohen Volkes die Bestätigung in seinem Königtum empfangen, welches durch die Eroberung Italiens und die Gewinnung des lange ersehnten Landbesitzes für sein notleidendes Volk eine neue und wesentlich festere Grundlage erhielt. Denn seine Stellung bekam damit einen territorialen Charakter. Während Odovaker König der Germanen in Italien gewesen war, nannte sich Theoderich bezeichnenderweise „König der Goten und Fürst von Italien" oder nach Prokop „König der Goten und Italiker". Die Fiktion von der Zugehörigkeit Italiens zum oströmischen Reich war damit doch kaum noch recht vereinbar, oder es wurden die trügerischen Formeln, die sie im Widerspruch mit den Thatsachen aufrecht erhalten sollten, durch die unzweideutige Klarheit dieses Titels sehr deutlich Lügen gestraft. Trotzdem sträubte sich auch Zenos Nachfolger Anastasius die von jenem eingegangenen Verpflichtungen zu erfüllen. Es kam darüber sogar zu kriegerischen Verwickelungen. Schließlich aber blieb dem Kaiser doch nichts übrig als eine Thatsache, die er nicht zu ändern vermochte, dadurch für sein Ansehen minder nachteilig erscheinen zu lassen, daß er sie anerkannte und die dadurch geschaffene Ordnung als von ihm gewollt und eingeführt darstellte: im Jahre 498 übersandte er Theoderich die einst von Odovaker geführten Insignien. Aber so wenig wie das bedeutete es eine Abhängigkeit des Ostgotenkönigs von Ostrom, wenn er die Ernennung der Konsuln für gewöhnlich dem Kaiser überließ und seine Münzen dessen Bildnis zeigten. Denn trotz dieser Formalitäten, die jeder praktischen rechtlichen Konsequenz entbehrten, war Theoderich — und darin stand er wesentlich anders als Odovaker — wirklich der Rechtsnachfolger der Imperatoren des Westens, und zwar nicht bloß insofern er Herr Italiens und seiner Hauptstadt Rom war, sondern auch dadurch, daß er den Nachbarreichen gegenüber eine ähnlich vorherrschende Stellung beanspruchte und zuerkannt erhielt, wie sie jene selbst zu Zeiten des beginnenden Reichsverfalls eingenommen hatten.

Zunächst nämlich bestand rücksichtlich der Unterordnung unter ihn thatsächlich kein Unterschied zwischen seinen gotischen und seinen römischen Unterthanen, wie ein solcher Odovaker verderblich geworden war. Ihnen allen stand er vielmehr gegenüber wie ehemals der Kaiser. Um so bezeichnender war es daher und wird demgemäß auch von den römischen Autoren als auffallend und wie eine Art von Widerspruch hervorgehoben, daß er nicht einmal den Versuch gemacht habe, sich kaiserlicher Abzeichen zu bedienen. Theoderich erscheint darin gewissermaßen wie erhaben über das Germanentum älteren Schlages, weniger befangen in den überkommenen Anschauungen und voll richtigeren Verständnisses für die realen Grundlagen seiner Stellung. Denn gewiß lag ein bedenklicher Widerspruch darin, daß Barbaren im Centrum der römischen Welt eine herrschende Stellung einnehmen sollten, ohne selbst durch die Schule der römischen Kultur gegangen zu sein. Auf die physische Kraft und die nationale militärische Organisation allein ließ sich ein lebensfähiger Staat nicht gründen: beide mußten veredelt, gleichsam durchgeistigt werden, indem sie sich mit der überlegenen Kultur der Besiegten und Beherrschten verbanden und durch diese den Boden gewannen, auf dem ein gemeinsames staatliches Leben überhaupt erst möglich wurde. In der Erkenntnis dieser Wahrheit und der Art, wie sie seine gesamte Politik beherrschte, erinnert der große Ostgote an seinen großen westgotischen Stammverwandten Alarich, der in ganz ähnlicher Weise sein Volk trotz anfänglichen Widerstrebens auf einen ganz neuen Weg gezwungen hatte. Und wenn er den übrigen germanischen Völkern mit dem Anspruch auf eine gewisse Überordnung entgegentritt, vor ihren Königen einen Ehrenvorrang verlangt und von ihnen endlich als Schiedsrichter in ihren Streitigkeiten anerkannt sein will, so wird man das wohl nicht darauf zurückzuführen haben, daß er sich als Herr Italiens auch als Nachfolger der Imperatoren gefühlt und deshalb auch über Italiens Grenzen hinaus die alten imperatorischen Rechte zu üben sich für befugt erachtet hätte, sondern man wird darin nur die natürliche Konsequenz aus

Zwei Münzen von Theoderich I.

Auf der Vorderseite beider Münzen das Bildnis des Kaisers Justinus I. mit der Umschrift: D(ominus) N(oster) IVSTINVS P(ius) F(elix) AVG(ustus). Auf beiden Rückseiten das Monogramm THEODORICVS, auf der unteren Münze in einem Kranze unter einem Kreuze, auf der oberen in der Umschrift: INVICTA ROMA, ein Kreuz über, ein Stern unter dem Monogramm. Silber. Originalgröße. Berlin, Königl. Münzkabinett.

der außerordentlichen Machtstellung zu erblicken haben, in die er als Freund und Verbündeter des oströmischen Reiches und Besieger des Odovaker durch die hohe Bedeutung aufgestiegen war, welche jener Kampf trotz seiner Lokalisierung auf Italien durch die Beteiligung auch anderer germanischer Völker und die durch seinen Ausgang geschaffenen neuen Machtverhältnisse für die ganze germanische Welt erlangt hatte.

Nicht für seine Ostgoten allein, für die Germanen überhaupt, soweit sie bisher in den Machtbezirk oder auch nur in die Einflußsphäre Roms eingetreten waren, schien Theoderich berufen, die nun schon Menschenalter dauernde Ära der Wanderungen und Kriege, der Staatsgründung und Staatszerstörung endlich abzuschließen auf dem breiten und sicheren Grunde einer ehrlichen Versöhnung und fortschreitenden Verschmelzung mit dem Römertum. Daß aber die Zeit dazu doch noch nicht gekommen, das Germanentum zu einer solchen Umwandelung noch nicht reif war, hat der schließliche Ausgang gelehrt, und erst ein Vierteljahrtausend später war Karl dem Großen zu erreichen vergönnt, was Theoderich in weitblickender Ahnung des letzten Ziels und richtiger Erkenntnis des Weges dazu allzu früh versucht hatte. Aber nicht bloß verfrüht war Theoderichs Versuch zur Romanisierung seiner Goten: er war auch verfehlt, insofern er der angestammten Art der Germanen zu wenig Rechnung trug, eigentlich sogar ihre Aufgabe verlangte und sie mit dem Untergange bedrohte. Was er wollte, war nämlich weniger eine Verschmelzung von Römer- und Germanentum als des letzteren Unterwerfung unter ersteres. In höherem Maße als Theoderich selbst sind, so scheint es, seine hohen römischen Beamten Träger dieses Strebens gewesen, dessen Gelingen einen Sieg der Kultur ihres Volkes über dessen Besieger verhieß und die Waffenerfolge der Barbaren allmählich auch um ihre politischen Folgen bringen mußte.

Als Repräsentant dieser Kreise, die bei allen guten Absichten doch das Verhängnis der Goten geworden sind, tritt uns namentlich Cassiodorius Senator entgegen, der Theoderich sowohl wie nachher seiner Tochter und Nachfolgerin und dann deren Sohn als leitender Minister zur Seite gestanden hat. Ihm verdanken wir eins der wichtigsten Denkmäler zur Kenntnis seiner Zeit. Von seiner Geschichte der Ostgoten haben wir leider nur den sehr flüchtigen Auszug, den zu Beginn der zweiten Hälfte des sechsten Jahrhunderts der Gote Jordanes anfertigte, obenein noch eifrigst bemüht den Ruhm seines Volkes zu mehren. Um so unmittelbarer führt uns des Theoderich Regententhätigkeit die hochwichtige Sammlung vor Augen, die Cassiodorius unter dem Titel Variae (d. i. formulae) in zwölf Büchern veranstaltet hat, Briefe, Erlasse, Verfügungen, Instruktionen aller Art, welche künftigen Kanzleibeamten als Vorlage für die Anfertigung von ähnlichen Schriftstücken dienen sollten, aber da sie der Praxis entlehnt, aus Anlaß wirklich gegebener Fälle entstanden sind, einen lehrreichen Einblick gewähren in die Art, wie in dem jungen Ostgotenreich die Staatsgeschäfte betrieben wurden. Dieser Mann legt seinem König einmal die schönen Worte in den Mund: „Anderen Königen überlassen wir es durch Krieg und Schlachten Beute und halbzertrümmerte Städte zu gewinnen: unser Vorsatz ist, mit Gottes Hilfe so zu siegen, daß die Unterthanen beklagen sollen, nicht schon früher unter unsere Herrschaft gekommen zu sein.“ Daß es sich dabei nicht um wohltönende Phrasen handelt, sondern daß darin ein wirkliches, ernst gemeintes und ernst befolgtes Regierungsprogramm zum Ausdruck gelangt, wird durch ein Zeugnis wie das des Byzantiners Prokop von Cäsarea erwiesen. Dieser Mann, ein syrischer Grieche, der auf den Rechtsschulen zu Berytos und Antiochien eine vortreffliche gelehrte Bildung empfangen hatte und Belisar, dem Besieger der Vandalen und Bekämpfer der Ostgoten, als rechtskundiger Rat und Geheimschreiber beigegeben war und nicht die Gewohnheit hatte, die Dinge ins Schöne zu malen, sondern eher dazu neigte hochstehenden Personen etwas anzuhängen und ihre schwachen Seiten hell zu beleuchten, bei dem obenein jedes Vorurteil zu gunsten des Theoderich ausgeschlossen ist, zollt der Regententhätigkeit desselben rückhaltlose, fast bewundernde Anerkennung. „Er sorgte," sagte er einmal, „für die Gerechtigkeitspflege, erhielt die Gesetze in ungemindertem Ansehen und entwickelte das höchste Maß von Einsicht und männlicher Thatkraft. Er selbst beging beinahe keine ungerechte Handlung gegen seine Unterthanen und ließ von keinem anderen eine solche zu, abgesehen davon, daß die Goten diejenigen Landgüter unter sich verteilten, welche Odovaker seinen Anhängern verliehen hatte." Damit hebt Prokop wohl gerade denjenigen Punkt in der neugeschaffenen Staatsordnung hervor, an dem die Römer besonderen Anstoß genommen haben, weil er, ihren Anschauungen widerstreitend, ihnen immer wieder als brutale Bethätigung rohen Eroberungsrechtes erschien.

Auch wird ja nicht in Abrede zu stellen sein, daß gerade diese Einrichtung, so tief sie in dem Wesen germanischer Rechts- und Gesellschaftsordnung begründet lag und so unvermeidlich sie bei der Art sein mochte, wie die in römischem Gebiet gegründeten germanischen Staaten entstanden, doch wesentlich dazu beigetragen hat, bei Römern und romanisierten Provinzialen das erbitternde Gefühl des Beraubt-, des Vergewaltigtseins rege zu erhalten und dadurch ihre Versöhnung mit den neuen Zuständen zu erschweren. Denn gerade von hieraus erschienen ihnen die siegreichen Germanen immer als eine außerhalb der bürgerlichen Ordnung stehende Soldateska, die, ohne eigene Erwerbsthätigkeit und ohne Mitarbeit an dem Gemeinwohl, auf Kosten des Bürgers und Bauern nach Germanenart unthätig dahinleben wollte. Hier mußte denn auch des Theoderich Thätigkeit besonders nachdrücklich einsetzen: es galt einen Zwiespalt zu mildern und auszugleichen, der in der gesamten Art der beiden Völker begründet lag und durch die Verhältnisse befestigt wurde.

Ob der Weg, den Theoderich dazu einschlug, der richtige war, mag man bei unbefangener Prüfung doch bezweifeln. Denn er führte schließlich mit Notwendigkeit zu einem Konflikt zwischen der Grundlage seines Staates, der doch nun einmal im germanischen Kriegs- und Eroberungsrechte beruhte, und den römischen Formen, in welche derselbe im einzelnen gezwängt werden sollte. Das aber konnte nur zu einem verhängnisvollen Untergraben der kaum gelegten Fundamente des jungen Staates führen. Konsequent durchgeführt stellte dieses System an die Goten schließlich doch die Forderung, daß sie ihre Nationalität aufgeben sollten. Das aber wäre gleichbedeutend gewesen mit dem Verzicht auf die unter schweren Kämpfen gewonnene Herrschaft über Italien, zumal die Goten an Zahl ihren römischen Unterthanen ohnehin außerordentlich nachstanden, ja einzelne Teile des Landes von ihnen überhaupt so gut wie unberührt und damit rein römisch ge-

Auf Grund d. Karten v. Spruner u. Menke entw. v. F. Dahn.

HISTORISCHER VE

ARTEL IN BERLIN.

F. A. Brockhaus' Geogr.-artist. Anstalt, Leipzig.

blieben waren. Dichter bei einander saßen die Goten nur in der Lombardei, in der Romagna und dem alten Picenum. Für sie alle war daher Ravenna der natürliche Stützpunkt ihrer Macht. In den übrigen Teilen des Landes waren sie nur vereinzelt vertreten, und abgesehen von den gotischen Besatzungen in Palermo, Syrakus, Cumä und Neapel war der Süden der Halbinsel und Sicilien ganz ohne gotische Ansiedelung. Hierin lag für den Fall eines Konflikts mit Ostrom eine ungeheure Gefahr. Sie wurde nicht beschworen durch eine Verquickung des germanischen Kriegerstaates mit dem verknöcherten bureaukratischen Beamtenstaat, zu dem die römische Verwaltung seit Konstantin je länger je mehr erstarrt war, ganz davon abgesehen, daß sich einer solchen unüberwindliche Hindernisse entgegenstellten, als mächtigstes der unausgleichbare religiöse Gegensatz, der einem rechtgläubigen Römer jede engere Lebensgemeinschaft mit den ketzerischen Goten als eine Gefahr für sein Seelenheil erscheinen lassen konnte.

Münzen von Ravenna aus der ostgotischen Zeit.

Originalgröße.
Berlin, Königl. Münzkabinett.

Was die wirtschaftliche Grundlage angeht, auf der das Dasein der in Italien herrschenden Goten beruhte, so waren dieselben in dieser Hinsicht nach Prokops Angaben einfach an die Stelle der Rugier, Heruler und anderer germanischer Genossen des Odovaker getreten. Ein Drittel alles angebauten Grund und Bodens in Italien hatten sie als Ausstattung erhalten, zugleich mit den Sklaven, dem Viehstand und den Gerätschaften, die zum ferneren Betriebe des Ackerbaues nötig waren. Sie bildeten, echt germanisch, einen nur den Waffen lebenden kriegerischen Adel, mit dessen Würde jede Art von erwerbender Thätigkeit unvereinbar erschien. Doch wird die Aufteilung dieses Landdrittels (tertia oder sors) höchstens da, wo die Goten dichter bei einander saßen, aber keineswegs überall durchgeführt gewesen sein, weil sich aus dem Versuche dazu vielerlei Schwierigkeiten ergeben haben und dadurch auch die Interessen der Goten geschädigt sein würden. Vielmehr wird die Sache wohl vielfach in der Weise geordnet worden sein, daß die im Besitz des Grundstückes bleibenden Römer und Germanen den dritten Teil des Ertrages davon als Erbzins an den Fiskus zahlten, der dafür seinerseits den Unterhalt der gotischen Kriegsmannen übernahm. Dafür spricht namentlich der Umstand, daß die von den Goten in Italien erhobene Grundsteuer von Cassiodorius als tertia, d. i. Drittelabgabe bezeichnet wird. Ohne sich irgendwie erwerbend um ihren Unterhalt kümmern zu müssen, auskömmlich versorgt, bildeten die Goten allein und ausschließlich den Wehrstand und bewahrten als solcher, streng in sich abgeschlossen, auch in der neuen Heimat und deren ebenso verfeinerten wie komplizierteren Verhältnissen unverändert die altgermanische Heeresverfassung, die auch während der Zeit des Wanderns den wichtigsten Halt des Volkes gebildet hatte. Nur in betreff der Ausrüstung hatten sie natürlich in der Schule der Römer bedeutende Fortschritte gemacht, und sowohl zum Angriff wie zur Verteidigung bedienten sie sich besser gearbeiteter und wirksamerer Waffen. Aber die Art, wie sie dieselben führten und wie sie kämpften, war noch die alte, die sich in den ersten großen Kriegen mit germanischen und hunnischen Nachbarn bewährt hatte. Eine unüberbrückbare Kluft trennte diese ostgotische Kriegs- und Lagergemeinde von den Römern und den früheren germanischen Einwanderern, die ihr unterthänig geworden und von der Ehre der Waffen unbedingt ausgeschlossen waren. Das war auf die Dauer ein unnatürlicher Zustand, um so unnatürlicher und unhaltbarer, als dem rein germanischen Kriegsstaat ein beinahe ebenso rein römischer Civilstaat gegenüber stand, das Reich also eigentlich in zwei einander völlig fremde Hälften zerfiel, welche der notwendigsten Voraussetzung zu lebendigem Zusammenarbeiten entbehrten.

Die ganze Verfassung und Verwaltung nämlich, die Rechtspflege — soweit sie sich nicht allein auf die Glieder des ostgotischen Kriegsadels bezog und da natürlich im nationalen gotischen Rechte wurzelte —, und die Steuerverwaltung — alles war und blieb römisch. Ebendeshalb erschien trotz des Wandels, den die Verhältnisse im Vergleich mit Odovakers Zeit erfahren hatten, des Theoderich Reich den Zeitgenossen vielmehr noch wie das jenes als ein Bestandteil des römischen Reiches, dem nur in der Person seines Statthalters eine größere Selbständigkeit eingeräumt war, mehr der Ehre halber als mit sachlichen Konsequenzen. War doch in der gesamten Ämterordnung, auf der die Verwaltung beruhte, kaum eine Änderung vorgegangen. Nach wie vor fungierten der Senat und die städtischen Magistrate, und zwar waren die Beamten fast durchweg Römer, und nur vereinzelt kamen darunter auch Germanen vor. Das konnte ja insofern nicht bloß erträglich, sondern vielleicht gar natürlich erscheinen, als die Verwaltung es ja überhaupt nicht mit den Goten, sondern nur mit den Römern zu thun hatte. Denn erstere kannten als Lagergemeinde nur das Militärgericht. In ihren privaten Angelegenheiten kam für sie höchstens noch das aus einfachen Zuständen erwachsene gotische Gewohnheitsrecht in Frage, welches für die in einer Jahrhunderte alten, überreifen Kultur wurzelnden römischen Verhältnisse mit ihrer unendlich bunten Mannigfaltigkeit nicht paßte, sondern deren Kompliziertheit gegenüber versagt haben würde. Je mehr aber die Goten sich in diese hineinlebten, um so mehr mußte auch für die Ordnung ihrer privaten Beziehungen statt des alten, unentwickelten Volksrechtes das römische Recht maßgebend werden. Um so mehr aber gaben sie damit auch ihre Sonderstellung als bevorrechteter Kriegerstaat im Staate auf. Dennoch hat bereits Theoderich selbst einen ersten Schritt in dieser Richtung gethan. Das von ihm im Jahre 500 erlassene Edictum Theoderici enthielt in seinen vierundvierzig Artikeln, welche schärfere Bestimmungen gaben zum Schutz des Eigentums, zur Sicherung der Sklaven gegen Mißhandlung und der Frauen gegen Kränkung ihrer Ehre u. a. m., zunächst römische Rechtssätze, die hinfort für beide Völker gleichmäßig gelten sollten. Auch wurde die scharfe Trennung beider und ihres Rechtslebens dadurch in etwas aufgehoben, daß den mit der Rechtsprechung über die Römer beauftragten Beamten in den einzelnen Provinzialhauptstädten sogenannte Gotengrafen als Gehilfen und zugleich Aufseher beigeordnet waren. Beides kann füglich nur als Durchgangsstadium gedacht gewesen und die Ausgestaltung dieses Verhältnisses nur in der Richtung gesucht worden sein, daß

Der Palast Theoderichs des Großen in Ravenna. Mosaik in der Kirche San Apollinare nuovo in Ravenna.

der Geltungsbereich des römischen Rechtes allmählich immer weiter auf die Goten ausgedehnt werden sollte.

Ähnlich stand es auf allen anderen Gebieten der Verwaltung. Namentlich beruhte auch das Steuerwesen ganz auf den vorgefundenen römischen Einrichtungen. Doch würde es sich wohl unter dem Zwange der Ansprüche, die der Staat im Falle außerordentlicher, durch besondere Verhältnisse veranlaßter Bedürfnisse durchzusetzen genötigt und fähig gewesen sein würde, ebenfalls so haben weiterbilden lassen, daß es ein Moment der Einigung und der Verschmelzung der beiden zunächst rein äußerlich nebeneinander geordneten Völker geworden wäre. So mußte z. B. die Grundsteuer, auf deren Ertrag die Staatsfinanzen hauptsächlich beruhten, sowohl von den römischen als auch von den gotischen Grundbesitzern entrichtet werden, während die ebenfalls bereits römische Gewerbesteuer thatsächlich nur Römer traf, die ja allein Gewerbe trieben und auf die wohl auch die von Kauf und Verkauf beweglicher und unbeweglicher Güter zu zahlende Accise zumeist gefallen sein wird. Denn gerade auf diesem Gebiet galt Theoderich durchaus als Rechtsnachfolger der Kaiser oder, wollte man an der in Konstantinopel beliebten Fiktion festhalten, als Stellvertreter des römischen Kaisers. Die Krongüter und Domänen gingen in seinen Besitz über. Ihm gebührten die Regalien, d. h. er war rechtmäßiger Herr der Erzgruben und Bergwerke und der gefundenen Güter. Ihm fiel das Vermögen der Staatsverbrecher sowie der Nachlaß der erblos Verstorbenen zu. Im übrigen bestanden die Abgaben und Leistungen des Volkes zumeist in Naturallieferungen zum Unterhalt des königlichen Hofes.

Nach den entsetzlichen Heimsuchungen, die Italien in den letzten zwei Menschenaltern getroffen hatten, mußte der Zustand der Ruhe, Ordnung und Sicherheit, der mit des Theoderich Regierungsantritt Platz griff, an sich schon unendlich wohl-

Reste vom Palast Theoderichs des Großen in Ravenna.

thätig wirken. Es mag wirklich etwas von der Stimmung geherrscht haben, die Theoderich nach seines Kanzlers Cassiodorius Zeugnis durch seine Regierung zu erzeugen wünschte, daß nämlich die Unterthanen bedauerten, erst so spät der Segnungen seiner Herrschaft teilhaftig geworden zu sein (S. 320). Ein Zeitalter wirtschaftlichen Gedeihens war dem erschöpften Lande beschieden. Selbst die ältesten Sünden römischer Mißwirtschaft, so schien es, sollten nun doch noch wieder gutgemacht werden. Der unheilvollen Latifundienwirtschaft wurde durch Aufteilung einer Menge kleiner Landlose entgegengearbeitet, und ein neuer Bauernstand schien allmählich emporwachsen zu können. Denn wenn die in Angriff genommene Austrocknung der pontinischen Sümpfe durchgeführt wurde, ließen sich noch ungeheure Strecken besten Landes zu gleichem Zwecke gewinnen. Vielleicht war Italien dann in nicht zu ferner Zeit wiederum im stande, seinen Bedarf an Getreide überwiegend durch eigene Produktion zu decken. Auch ließ sich Theoderich die Regelung der

Zufuhr angelegen sein. Diesem Zweck diente auch der Bau einer stattlichen Flotte, welche die überseeischen Verbindungen sicherte und den Vandalen Achtung einflößte, so daß sie die Verproviantierung Italiens nicht hinderten. Das einst so trefflich ausgebaute italische Straßennetz, das mit dem fortschreitenden Verfall des römischen Reiches immer kläglicher vernachlässigt war, wurde wieder in stand gesetzt. Der Verkehr zwischen den einzelnen Landesteilen bewegte sich leicht und schnell, und der Reisende erfreute sich einer lange nicht mehr gekannten Sicherheit. Die Flußläufe wurden reguliert, Kanäle angelegt und die Häfen sorgsam in stand gehalten. Auch in der Aufführung von stattlichen öffentlichen Bauten, Wasserleitungen und Bädern zeigte sich der große Ostgote als würdigen Nachfolger der römischen Kaiser. Für

Die Kirche San Apollinare in Classe.

Einziger Überrest der alten Hafenstadt von Ravenna, Classis. Im Jahre 549 nach fünfzehnjähriger Bauzeit geweiht.

die Erhaltung der Prachtbauten der Vorzeit trug er pietätvoll Sorge. Namentlich den beiden Hauptstädten Rom und Ravenna kam diese Thätigkeit zu gute. In Rom ließ er die Stadtmauer und die Aquädukte, sowie den Palast und das Theater des Pompejus restaurieren. In Ravenna, das thatsächlich Residenz war, erbaute er sich einen Palast (S. 324 f.), der vielleicht die berühmte Villa des Diokletian in Salona nachahmte. Ein Teil davon ist als Vorderbau des Klosters San Apollinare erhalten. Auch die Basilika San Vitale (S. 328) und der kleine Rundbau von Santa Maria sind seine Werke — letztere von ihm selbst als sein Grabmal (S. 336) aufgeführt und nachmals auch dazu benutzt, im Laufe der Zeit aber durch An- und Einbauten verunziert und heute außerhalb der Stadt inmitten der sumpfigen, schilfbestandenen Campagna in melancholischer Einsamkeit aufragend. Auch Pavia und Verona erfreuten sich seiner Gunst. Er versah sie mit neuen Stadtmauern und Bädern und erhob sie durch Aufführung von Palästen zu

Residenzen. Im Anschluß an solche Werke begann eine neue Kunstblüte sich zu entfalten, im wesentlichen ganz im Bann des byzantinischen Vorbildes, weder reich an neuen Ideen noch schöpferisch in neuen Formen, aber stolz und prächtig, namentlich charakterisiert durch die prunkende Herrlichkeit riesiger Mosaiken, die ganze Wände und Deckengewölbe bekleiden.

Innere Ansicht des Schiffes von San Apollinare in Classe.

Auch das geistige Leben fing an sich von neuem verheißungsvoll zu regen. Schon daß es das überhaupt that, war etwas Außerordentliches nach der langen geistigen Nacht, die auf Italien gelegen hatte. Freilich darf man an seine Produkte nicht den Maßstab legen, der besseren Zeiten gegenüber berechtigt ist. Denn je weniger man an neuen oder auch nur eigenen Gedanken mitzuteilen oder tiefere und lebhaftere Gefühle kund zu geben hatte, um so mehr suchte man die innere

Abrahams Opfer. Mo

Kirche San Vitale in Ravenna.

Leere durch einen mächtig strömenden Schwall von hochtönenden Worten zu verhüllen. Das üppige Rankenwerk kunstreich zurecht gemachter Phrasen überwucherte zuweilen so vollständig den dürftigen Inhalt, daß es schwer fällt, ihn überhaupt

Innere Ansicht der Kirche San Vitale in Ravenna.

Der Bau wurde im Jahre 526 begonnen, 547 geweiht; regelmäßiges Achteck. Vorbild für den Aachener Münsterbau Karls d. Gr.

herauszuschälen. Mühsam gesammelt lebten nur die Redeblüten der Antike fort und wurden in oft recht mechanischer Mosaikarbeit kunstreich zusammengefügt. Ein fast abschreckendes Beispiel dafür geben die mannigfachen Werke des 521 verstorbenen Bischofs von Pavia, Magnus Felix Ennodius, Gedichte, Briefe und theologische Abhandlungen, darunter auch eine Lobrede auf Theoderich, die er vermutlich in den

Jahren 508—509 zu Ravenna im Namen der römischen Kirche gehalten hat. Doch hat es auch nicht an Versuchen gefehlt, das sinkende Heidentum neu zu beleben. In dieser Richtung war am Hof zu Ravenna namentlich Symmachus thätig, der Sprößling eines vornehmen römischen Hauses, das noch innige Verbindungen unterhielt mit den Schulen der Grammatiker und der Rhetoren und sich verdient machte weniger durch die Auffrischung der Mysterien und der Philosophie als durch die Beschäftigung mit der alten Litteratur, deren Werke es durch sorgfältige Verbesserung der verwahrlosten Handschriften in die auf uns gekommene Gestalt brachte. Des Symmachus Schwiegersohn Boëthius ist als Vertreter der

Christus vor Pilatus; Mosaik in der Basilika San Apollinare nuovo in Ravenna.
Erbaut im Jahre 500 von Theoderich d. Gr. als arianische Kathedrale St. Martinus in Coelo aureo.

Aristotelischen Philosophie und Übersetzer der Hauptwerke seines großen Meisters der auf Jahrhunderte einflußreiche Lehrer des Mittelalters geworden.

Eben diesen Kreisen gehörte auch Magnus Aurelius Cassiodorius Senator an, ebenfalls ein Römer von vornehmer Abkunft, aus Unteritalien gebürtig, nach dem Beispiel seines Vaters, der den siegreichen Goten versöhnlich und dienstwillig entgegengekommen war, als Staatsmann und Gelehrter bemüht um die Begleichung des zwischen beiden Völkern bestehenden Gegensatzes, aber auch nicht frei von den Schwächen, die eine solche Richtung in Zeiten wie jenen mit sich zu bringen pflegt. Sollte er streng denkenden Römern nicht wie ein Verräter an ihres Volkes Vergangenheit erschienen sein, wenn er nicht bloß Theoderich und seinen Schwiegersohn Eutarich fast überschwenglich pries, sondern auch in seiner Geschichte der Goten, die wir leider nur durch des Jordanes dürftigen Auszug kennen (S. 203), zum begeisterten Lobredner der Besieger Italiens wurde? Daß er dabei aus Überzeugung sprach, ist freilich zweifellos. Hat er doch nach Theoderichs Tod für dessen Enkel Athalarich die Waffen getragen. Demselben und seiner Mutter Amalasunta hat er wie früher Theoderich als Minister beigestanden, augenscheinlich von beiden des höchsten Vertrauens gewürdigt und vielfach geehrt und ausgezeichnet. War er doch, wenn nicht der eigentliche Urheber, so doch sicher als Schriftsteller und Staatsmann der bedeutendste Vertreter der Principien, von denen jene bei ihrer Herrschaft geleitet wurden. Auch mit seiner Schriftstellerei hat er unverkennbar praktisch politische Zwecke verfolgt, insofern er die Versöhnung und Verschmelzung zwischen Römern und Goten befürwortete und nach Kräften förderte. Ob die Art, wie er das that, und die Mittel, die er dazu anwandte, besonders geschmackvoll oder auch nur besonders wirksam gewesen, mag freilich bezweifelt werden. Um seinen römischen Volksgenossen ihr Schicksal weniger bedauerlich erscheinen zu lassen, ja sie mit einem gewissen Stolz darauf zu erfüllen, suchte er sie davon zu überzeugen, daß die Goten an Alter ihres Volkes und Ruhm ihrer Großthaten den Römern in nichts nachständen, sondern als ihnen durchaus ebenbürtig gelten müßten. Deshalb sieht er die Goten an als identisch mit den Geten, und da diese so viel mit den Scythen in Verbindung gebracht wurden, setzte er auch deren Großthaten auf Rechnung der Goten. Aber auch in seiner einflußreichen Stellung als erster Civilbeamter des Reiches ist er mit seiner vielgewandten Feder unermüdlich thätig gewesen, um durch blühende Phrasen den thatsächlich bestehenden Gegensatz zwischen Römern und Goten nach Möglichkeit zu verhüllen und zu beschönigen und — vielleicht selbst in dieser Täuschung befangen — an die Versöhnung der beiden Völker und die Einheit des Reiches glauben zu machen. Um das, was in dieser Richtung geleistet oder — so darf man vielleicht auch sagen — vermieden worden ist, hat er sich als Berater Theoderichs, Athalarichs und Amalasuntas große Verdienste erworben. Von dem umfassenden Anteil, den er an der Führung der Staatsgeschäfte hatte, legen die zwölf Bücher Variae Zeugnis ab, eine Sammlung von Vorbildern für Erlasse, Dekrete und Schreiben aller Art, wie er sie in seiner reichen Wirksamkeit zu verfassen oder verfassen zu lassen Gelegenheit gefunden hatte (S. 320). Aber auch hier hat die volltönende Phrase sich dem Ernst der rauhen Wirklichkeit nicht gewachsen gezeigt. Cassiodorius hat schließlich noch den totalen Zusammenbruch des von ihm vertretenen Systems erleben müssen: bei Beginn der griechischen Eroberung zog er sich in die Stille eines bruttischen Klosters zurück, wo er, bis zuletzt in den Wissenschaften Trost suchend, hochbetagt gestorben ist.

Dieser Ausgang des von ihm und Theoderich vertretenen Systems ist aber nicht bloß durch äußere Umstände und den Bruch mit Byzanz veranlaßt, sondern war nur die notwendige Konsequenz aus den inneren Widersprüchen, an denen diese Reichsschöpfung von Anfang an krankte. Vollentwickelt und zu verhängnisvoller Wirksamkeit gesteigert aber wurden diese doch erst durch den Einfluß der sich bedenklich komplizierenden auswärtigen Verhältnisse. Denn gerade auf diesem Gebiet offenbarte sich je länger je deutlicher die Unnatur und damit die Unhaltbarkeit dieses gotischen Königtums in Italien. Wenn Theoderich nach Prokops Ausdruck auch ohne Kaiser zu sein allem als Kaiser vorstand, so war er doch nach der Theorie, die römischerseits festgehalten wurde und der auch er selbst wenigstens nicht direkt widersprochen hat, nur Statthalter von Italien und hat es sich fast peinlich angelegen sein lassen den äußeren Schein davon festzuhalten. Ist doch auch noch späterhin, als Ostrom den Vernichtungskampf begonnen hatte, von seiten der Goten ausdrücklich Wert darauf gelegt worden, daß eine neue Gesetzgebung nicht Platz gegriffen habe, die Rechtskontinuität vielmehr völlig gewahrt worden sei. In seinem Eifer für die Einführung seiner Goten in die römische Kultur hat der König selbst gelegentlich stolz darauf hingewiesen, daß er sein Volk nicht bloß mit den Waffen vertraut erhalten, sondern auch mit Rechtsliebe zu erfüllen gewußt habe: dergleichen sei bei anderen Barbarenvölkern nicht zu finden. Er rühmt sich also dieses mühsam erworbenen Römertums: die germanischen Stammgenossen seines Volkes sind in seinen Augen Barbaren. Und wie stellte er sich zu diesen Barbaren? Er suchte sie um sich als den leitenden Mittelpunkt zu sammeln, über sie in ähnlicher Weise einen Principat zu gewinnen und geltend zu machen, wie er den Kaisern des Westens über die Italien benachbarten Lande zugestanden hatte. Er strebte also gewissermaßen nach einer Union der germanischen Reiche unter ostgotischer Hegemonie, um sie dadurch von Byzanz vollends unabhängig zu machen. Weit genug ist er auf diesem Wege vorgeschritten. Mit den Vandalen erreichte er eine friedliche Verständigung, indem er gegen endgültige Überlassung Sardiniens und Korsikas das schwer heimgesuchte Sicilien für sein Reich gewann. Dadurch wurden die Küsten Italiens gegen fernere Schädigung durch die vandalischen Raubfahrten gesichert. Unter den Herulern, deren König er, wiederum in Nachahmung eines den Germanen fremden, aber im römischen Reich zu hoher Bedeutung gelangten Brauches, als Sohn annahm, ging Theoderich ein enges Bündnis ein. Überall war er bemüht durch Anknüpfung verwandtschaftlicher Verbindungen jener sozusagen pangermanischen Politik einen weiteren Rückhalt zu geben. Die Verschwägerung ihrer Fürstenhäuser sollte das gute Einvernehmen unter den Völkern befestigen helfen. Er selbst führte in zweiter Ehe des Frankenkönigs Chlodwig Tochter Audefreda heim; zwei seiner Töchter vermählte er dem Westgotenkönig Alarich II. und dem Burgunderkönig Sigismund und eine Schwester dem Vandalenkönig Thrasamund, während seine Nichte den Thron des Thüringerkönigs Hermanfrid teilte. Seiner ältesten Tochter Amalasunta, der und deren Geschlecht, da er selbst ohne Sohn war, wiederum abweichend von germanischem Erbrecht und in Anlehnung an römischen Brauch, die Nachfolge auf dem Thron zugedacht war, gewann er einen Gatten in dem aus dem Amalergeschlecht entsprossenen, aber in Spanien aufgewachsenen Eutharich, den er, um seine Stellung für die Zukunft auch nach dieser Seite hin zu sichern, zugleich durch den Kaiser Justinian adoptieren ließ. Bewahrung der durch ihn gewonnenen hegemonischen Stellung an der Spitze der germanischen Reiche, Erhaltung eines friedlichen und freundlichen Einvernehmens mit Byzanz und Versöhnung und Verschmelzung zwischen Goten und Römern sollten auch in Zukunft die Grundlagen seines Staates bleiben.

Der Durchführung dieses Programms stellten sich aber bereits damals Schwierigkeiten entgegen, welche selbst die ungeheure moralische Autorität nicht leicht und nur zum Teil überwand, welche der ruhmgekrönte Ostgotenkönig für sie in die Wagschale legen konnte, und die unüberwindlich zu werden drohten, sobald diese in Wegfall kam. Sie gingen namentlich aus von dem rücksichtslos auftretenden Frankenreiche. Schon nach der Besiegung der Alemannen, als Chlodwig die Fliehenden bis in Theoderichs Gebiet verfolgen ließ, wo sie in Graubünden angesiedelt wurden, drohte es zwischen beiden zum Kriege zu kommen. Doch hielt der Merovinger auf erneute ernste Mahnung noch rechtzeitig ein. Kritischer wurde die Lage, als derselbe seine Waffen eroberungslustig gegen die Westgoten kehrte. Denn einmal zog er da auch die Burgunder mit sich, und dann erhielt der Krieg eine besondere Bedeutung durch den konfessionellen Charakter, der ihm unter eifriger Mitwirkung der orthodoxen fränkischen Geistlichkeit gegeben wurde, um ihn geradezu als einen Gott wohlgefälligen Kampf gegen die Ungläubigen erscheinen zu lassen, gegen die Arianer, zu denen Theoderich selbst mit seinen Goten gehörte. Erst des Ostgotenkönigs gewaffnetes Einschreiten gebot den Franken Halt und rettete den Westgoten wenigstens den südlichen Teil Galliens. Um es für die Zukunft gegen die Nachstellungen der unzuverlässigen Franken zu sichern, hat Theoderich das Westgotenreich hinfort in der Weise seinem Schutz unterstellt, daß es beinahe ein Teil seines Reiches oder wenigstens wie durch eine Art Personalunion damit verbunden schien. Unmittelbar unter seiner Herrschaft hatte der König außer Italien und Sicilien noch die weiten Lande zwischen Alpen und Donau und jenseits des Adriatischen Meeres Dalmatien, dessen Grenze er bis zur Donau vorgeschoben hatte, indem er die bei Sirmium an der unteren Sau sitzenden Gepiden von dort vertreiben ließ.

Das alles waren Unternehmungen und Erfolge, die mit dem Verhältnis angeblicher Unterordnung unter Ostrom unvereinbar waren und den alle Zeit latent obwaltenden Gegensatz immer offener zu Tage treten und sich verschärfen lassen mußten. Höchstens in der Person Theoderichs selbst konnte dieser zeitweise aufgehoben erscheinen. Denn wenn dieser auf der einen Seite Stammfürst der Goten war, welche ohne Anteil an dem römischen Bürgerrecht eigentlich außerhalb des Staates standen, so befand er sich doch auf der anderen Seite im Besitz des dem byzantinischen Kaisergericht entsprechenden Königsgerichtes, konnte demgemäß wie den Germanen, so auch seinen römischen Unterthanen gegenüber jeden Streit selbst entscheiden und jeden seines Schutzes teilhaftig werden lassen. Diese Seite seiner Doppelstellung den Römern gegenüber voll zur Geltung zu bringen und von ihnen vorbehaltlos anerkannt zu sehen, wurde ihm aber dauernd erschwert durch den religiösen Gegensatz, der ihn von jenen trennte. Je mehr während der letzten Menschenalter den Römern der politische Sinn und das staatliche Gefühl abhanden gekommen waren, welche sie ehemals in so hohem Maße ausgezeichnet hatten, um so mehr waren sie der religiösen Leidenschaft verfallen, welche das Verhängnis der Zeit war. So gravitierten sie immer nach Byzanz hin, und jede innere oder äußere Schwierigkeit, die sich gegen Theoderich erhob, wurde unter dem verblendenden Einfluß dieses religiösen Eifers politisch und national gegen die bestehende Ordnung ausgenutzt. Namentlich an der eifrig orthodoxen Geistlichkeit hat Theoderich daher eine unversöhnliche und an Kräften unausgesetzt wachsende Feindin gehabt, obgleich er sie nicht bloß im ungehinderten Besitz ihrer Rechte und Ehren beließ, sondern sogar manche von den Beschwerden abzustellen eilte, zu denen das rücksichtslose Auftreten Odovakers Anlaß gegeben hatte. Daß er sich der jüdischen Gemeinden, die namentlich in Rom, Neapel und Ravenna blühten, gegen die erwachende Unduldsamkeit der Orthodoxen annahm und ihre Glieder als nützliche Unterthanen schätzte, wurde ihm späterhin nicht minder zum Vorwurf gemacht, wie daß er im Gegensatz zu dem Streben des Klerus nach Gewinnung einer völlig eximierten Stellung die Rechtshändel der Geistlichen vor die ordentlichen Gerichtshöfe verwies. Das aber hinderte dieselben Leute doch nicht, sich ihm mit demonstrativer Hingebung anzuschließen, wenn ihre kirchliche Empfindlichkeit einmal von seiten des byzantinischen Hofes verletzt wurde oder sie seine Macht zu gebrauchen wünschten, um sich unbequemer kaiserlicher Ansprüche zu erwehren. Als es z. B. über die Ausführung der Beschlüsse der Synode von Chalcedon zwischen Kaiser Anastasius und dem römischen Bischof Gelasius I. (492—496) zu einem heftigen Konflikte kam, in dem letzterer die uneingeschränkte Befugnis für sich in Anspruch nahm alle Synodalbeschlüsse betreffenden Streitigkeiten innerhalb der gesamten Christenheit als höchste Instanz zur Entscheidung zu bringen, da suchte und fand der römische Klerus gern an dem sonst verketzerten Ostgotenkönig einen festen Rückhalt. Als dann nach Gelasius' Tod eine zwiespältige Wahl erfolgte, trug Theoderich durch seine respektvoll unparteiische Haltung wesentlich dazu bei, die üblen Folgen derselben von der Kirche abzuwenden und die Unabhängigkeit des römischen Bischofs von dem Hofe in Konstantinopel zur Geltung zu bringen. Das hatte dann für einige Zeit sogar eine enge Verbindung Roms, seines Klerus und seines Volkes mit ihm zur Folge. Als der König bald danach (500) die ewige Stadt besuchte, wurde er mit Ehren empfangen, wie man sie sonst nur einem triumphierenden Imperator erwiesen hatte. In festlichem Zuge geleitete man den Arianer an das Grab des Apostelfürsten, wo er seine Andacht verrichtete. An den Senat hielt er in festlicher Sitzung eine Ansprache, in der er verhieß, die früheren Verordnungen der Kaiser gewissenhaft zu beobachten. Jubelnder Beifall antwortete ihm: es wurde beschlossen seine Rede in Erz graben und zum ewigen Gedächtnis aufstellen zu lassen. Glänzende Feste besiegelten den neuen Bund.

Münzen von Rom aus der ostgotischen Zeit.
Originalgröße. Berlin, Königl. Münzkabinett.

Dies Verhältnis dauerte aber gerade so lange wie die Verfeindung zwischen dem römischen Bischof und dem byzantinischen Hofe. Sobald diese versöhnt waren, machten sie auch sofort wieder gemeinsame Sache gegen den Ketzer. Der zuversicht=

liche Aufschwung der gekräftigten orthodoxen Partei bedrohte die Arianer des Ostreiches mit neuer Verfolgung. Nicht bloß um sich seiner gefährdeten Glaubensgenossen anzunehmen, sondern auch um die verhängnisvolle Störung abzuwenden, mit der die entfesselten religiösen Leidenschaften sein Verhältnis zu dem sich wieder aufnehmenden Ostreiche bedrohen konnten, schickte Theoderich 524 eine Gesandtschaft unter dem römischen Bischof Johannes (523—526) nach Konstantinopel. Sie sollte bei Justin I. für seine Glaubensgenossen Fürsprache einlegen und die Einstellung der Verfolgung fordern. Was aus diesem Anlaß dort geschehen ist, liegt nicht ganz klar zu Tage. Doch scheint nicht bloß der überaus ehrenvolle Empfang, den man am Bosporus dem römischen Bischof bereitete, mehr dessen kirchlicher Würde als Haupt der Orthodoxen des Westens gegolten zu haben als seinem mächtigen Auftraggeber, dessen Verlangen unerfüllt blieb, sondern es wird durch die späteren Vorgänge auch die Vermutung nahe gelegt, der oströmische Hof habe die günstige Gelegenheit zu benutzen versucht, um den kirchlichen Eifer der Römer gegen Theoderich selbst anzustacheln, demselben dadurch Verlegenheiten zu bereiten und vielleicht einen ersten Schritt zu seiner Beseitigung zu thun. Dazu soll unter Vermittelung des Bischofs Johannes ein geheimer Briefwechsel zwischen dem Hof und dem römischen Senat angeknüpft sein. War die Absicht der Verschwörer wirklich, wie es heißt, auf die Vertreibung der Arianer gerichtet, so wäre damit allerdings unter der Maske orthodoxen Eifers ein hochverräterisches Komplott zum Sturze des Theoderich angezettelt gewesen. Seine Fäden sollen in den Händen des hochangesehenen Konsulars Albinus und der Senatoren Symmachus und Boëthius (S. 329) zusammengelaufen sein, von Männern also, die bisher des Königs volles Vertrauen besessen hatten, von ihm zu den wichtigen Geschäften gebraucht und mit Ehren und Auszeichnungen aller Art begnadet worden waren. Freilich ist ein Beweis ihrer Schuld offenbar nicht erbracht worden. Das ganze Verfahren, das der König, als er von den Umtrieben Kunde erhielt, eintreten ließ, erinnert bedenklich an die übelberufenen Majestätsprozesse der römischen Kaiserzeit. Weniger weil er von der Schuld der Angeklagten überzeugt war, als weil er, nachdem sein Vertrauen einmal getäuscht worden, von ihnen der That sich versehen zu können meinte, also mehr aus Sorge für die Zukunft und daher in der Absicht alle im geheimen etwa ähnlich Denkenden durch blutigen Schrecken einzuschüchtern, ließ er unbarmherzige Strenge walten. Den Bischof Johannes entrückte der Tod im Gefängnis seinem Zorn. Albinus endete durch Henkershand, und auch den Boëthius verurteilte der eingeschüchterte Senat, um nicht den Verdacht der Mitschuld auf sich zu laden, zum Tode und zur Konfiskation seiner Güter. Während der Haft schrieb Boëthius sein Buch „Von den Tröstungen der Philosophie“ (de philosophiae consolatione), ein Werk, das ohne Originalität und Tiefe der Gedanken, doch einen letzten Nachklang des stoischen Geistes offenbarte und daher gleichsam als das philosophische Vermächtnis des Altertums an das Mittelalter von diesem sehr hochgehalten und fast wie eine das Christentum ergänzende Offenbarung gefeiert worden ist. Theoderich aber hatte mit diesem Prozeß eine abschüssige Bahn betreten, auf der unter den hier gegebenen Umständen ein Einhalten sehr schwer, vielleicht unmöglich war. Die Erbitterung der Römer kannte keine Grenzen. Der geringste Anlaß konnte genügen, um sie in einer That der

Verzweiflung zur Entladung zu bringen. Dem vorzubeugen griff ein unbarmherziges Repressivsystem Platz. Daß Symmachus, des Boëthius Schwiegervater, sich in ungestümen Klagen über dessen blutiges Ende erging, machte ihn in den Augen Theoderichs zum Mitschuldigen des Hingerichteten und erweckte die Besorgnis, bei der Stimmung der römischen Unterthanen werde er Mittel und Wege finden Rache zu nehmen. Auch er wurde deshalb in Ravenna getötet.

Unwillkürlich sucht man bei einem Mann, wie der große Ostgotenkönig war, nach einer psychologischen Erklärung für Verirrungen dieser Art, die mit seinem Wesen, wie es uns bekannt ist, in unausgleichbarem Widerspruch zu stehen scheinen. Sollte sie nicht vielleicht zu finden sein in dem wachsenden Druck der Sorge um die Zukunft seines Reiches? Denn wenn der Grieche Prokop auch von Theoderich rühmt, er sei zwar ein widerrechtlicher Eindringling gewesen, aber doch auch ein wahrer König, der hinter keinem von denen zurückgestanden, die sich auf den Thronen rühmlich auszeichneten, dann aber fortfährt, er habe nicht bloß die Liebe seiner Goten genossen, sondern auch bei den Römern in hohem Ansehen gestanden — ganz gegen die Sitte der Sterblichen, nach der die Herrschenden denjenigen zu gefallen pflegen, denen ihre Handlungen zusagen, denen aber verhaßt zu sein, die ihre Meinungen nicht teilen —: so mag man das in Bezug auf die Person Theoderichs gelten lassen, von seinem Regierungssystem aber haben augenscheinlich weder Römer noch Goten so geurteilt. Kein Zweifel konnte darüber bestehen, daß der König sein Lebenswerk nicht vollendet, das mit demselben erstrebte Ziel nicht erreicht hatte. Die Verschmelzung zwischen Goten und Römern war nicht gefördert, der religiöse Gegensatz zwischen ihnen, der alle sonst vorhandenen Differenzen noch vertiefte und verbitterte, war durch die letzten Ereignisse nur noch gesteigert. Die Römer waren nicht gewonnen, und — was besonders schlimm war — die Goten waren entfremdet, mit Ausnahme höchstens des vermutlich beschränkten Kreises derjenigen, die dem verweichlichenden Einfluß des Römertums bereits erlegen waren, sich in der Verleugnung der altväterischen Art gefielen und die verfeinerte römisch-byzantinische Sitte anzunehmen eilten. Schien ihnen doch die Zukunft zu gehören. Theoderich war ohne Sohn. Dem Thron zunächst stand ein unmündiger Knabe, der zehnjährige Athalarich, der Sohn seiner Tochter Amalasunta aus ihrer Ehe mit dem inzwischen bereits verstorbenen Amaler Eutharich (S. 331). Unter diesen Umständen war es eine neue Konzession an das Römertum, daß Theoderich, abweichend von dem germanischen Rechtsbrauch, der die Obhut über den unmündigen König dem nächsten Schwertmagen zuwies, die Regentschaft für den jugendlichen Thronerben vielmehr nach römischer Sitte der Mutter anvertraute. Es war eine harte Zumutung für den gotischen Waffenadel, daß er sich von einer Frau regieren lassen sollte. Gelehrt erzogen, der griechischen und der lateinischen Sprache mächtig, erschien die Regentin obenein noch als Vertreterin des unterworfenen Römertums. Und eröffnete es den Goten, die durch all das schon verstimmt waren, nicht für die Zukunft ihres Volkstums die beunruhigendsten Aussichten, wenn Theoderich, als er sein Ende nahen fühlte, den um ihn versammelten Großen seines Volkes noch ausdrücklich empfahl, mit dem Senat und dem römischen Volk in Frieden und Freundschaft zu leben und nächst Gott in dem Herrscher des Ostens ihren mächtigsten Beschützer zu ehren? Klang das nicht wie eine Auslieferung der herrschenden Goten an ihre römischen Unterthanen?

Am 30. August 526 starb Theoderich der Große. Nicht unverdient hat ihn die deutsche Heldensage in den Mittelpunkt ihres reichen Dichtungskranzes gestellt. Schon darin spiegelt sich der gewaltige Eindruck wieder, den seine Thaten und sein Walten auf die Zeitgenossen gemacht hatten. Selbstverständlich ist dabei die historisch bedeutendste Seite seines Wesens, sein Versuch zu schöpferischem

Das Grabmal Theoderichs des Großen bei Ravenna.

Ein zehnseitiger Unterbau, im Inneren von griechischer Kreuzanlage mit Tonnengewölbe. Der ebenfalls zehnseitige Oberbau gedeckt durch einen einzigen zu flacher Kuppel ausgearbeiteten Felsblock von fast elf Meter Durchmesser und zwei und einem halben Meter Höhe. Der Sarkophag des Königs stand im oberen Raum. Der Unterbau diente kirchlichen Zwecken. Die Freitreppen aus dem Ende des achtzehnten Jahrhunderts.

Wirken als Staatsgründer und -ordner ganz beiseite gelassen worden und vollends nicht berücksichtigt der vom gotischen Standpunkte aus fast unnationale Zug seines Wesens, das Bemühen um die Gewinnung seiner Goten für die römische Kultur. Nur das in ihm verkörperte urgermanische Reckentum mit seinem finsteren Ernst, aber auch mit seiner Ritterlichkeit, seiner Treue und milden Menschlichkeit, die sich selbst inmitten der furchtbarsten Blutarbeit nicht verleugnen, werden da poetisch verklärt und lassen ihn in der Fülle teils phantasievoll erfundener, teils auf ihn übertragener mythologischer Züge als das Ideal germanischen Heldentums erscheinen. Aus all den großen Kämpfen, die er durchgerungen hat, geht er schließlich als Sieger hervor. Er allein überlebt das Gemetzel, in dem die am Hofe König Etzels vereinigten Helden sich aufreiben, und geht an Ehre und Gewissen unberührt daraus hervor, berufen und berechtigt der Rächer des begangenen furchtbaren Mordfrevels zu werden. Auch historisch waren seine Gegner eigentlich lauter Germanen gewesen, wie er nachher als Vormund und Schiedsrichter in den Mittelpunkt der germanischen Welt seiner Zeit getreten ist. Das ist es, was die Sage festgehalten und ausgemalt hat. Nicht den König und Regenten feiert sie. Denn als solcher war er im Grunde seines Wesens, wenn nicht gerade ungermanisch, doch nicht rein germanisch, sondern stark mit römischen Zügen durchsetzt. Endlich hat auch der schnelle Untergang, der seinem Reiche beschieden war, dazu beigetragen, daß nicht seine Erfolge, sondern seine Kämpfe um dieselben von dem Gedächtnis der Germanen festgehalten wurden. In Erinnerung an seinen ersten gewaltigen Kampf mit Odovaker bei Verona feierten sie ihn als den ihnen allen gemeinsam angehörigen Helden Dietrich von Bern, an dem sie neben der reckenhaften Tapferkeit und Waffenkunde vor allem der erfindungsreiche listige Sinn unwiderstehlich anmutete. Er ist der Held der Schlacht bei Raben, des sagenhaften Abbildes des Kampfes, durch den Odovakers verzweifelter Ansturm zum Durchbruch aus dem eingeschlossenen Ravenna vereitelt wurde (S. 317). Dabei ist es charakteristisch für die Geistesart der Germanen und die ablehnende Haltung, die sie dem Römertum gegenüber noch einnahmen, daß gerade diese Züge und nur diese Züge aus dem historischen Bilde Theoderichs in der Sage festgehalten und verewigt worden sind. Das historisch Große gerade haben sie übersehen oder geflissentlich nicht geachtet. Das liegt eben darin, daß er in ähnlicher Weise wie einst Alarich in einem vielbewegten Leben inmitten eines Altes und Neues gärend mischenden Zeitalters zu der Erkenntnis gekommen war, an sich und aus sich allein habe das Germanentum keine Zukunft, es könne eine solche vielmehr erst gewinnen und sich sichern durch die Annahme dessen, was an dem verfallenen und absterbenden Römertum unvergänglich war. Aber diesen großen kulturhistorischen Prozeß, dessen Notwendigkeit er einsah, an seinem Volke durchzuführen, war ihm nicht beschieden. Doch schon ihn gewollt zu haben sichert ihm als dem Großen die Unsterblichkeit, und was er erstrebt hatte, erschien um so großartiger, als seine Staatsschöpfung gleich nach seinem Tode zusammenzubrechen anfing.

Von Anfang an stand die römisch-byzantinisch gebildete Amalasunta dem gotischen Kriegsadel fremd gegenüber. Sie verfeindete ihn sich vollends, indem sie ihrem Sohn eine Erziehung geben ließ, die ihn zum Römer machen und zur Vollendung des von dem Großvater Begonnenen befähigen sollte. Unwissentlich aber stellte sie damit die Fundamente von Theoderichs Staatsschöpfung in Frage. Je heftiger der Widerstand wurde, auf den sie stieß, um so mehr meinte sie den von ihrem Vater gewiesenen Weg zu Ende eilen zu müssen. So ganz verblendete sie dies Streben, daß sie, um ihm den Erfolg zu sichern, das Reich selbst gefährdete und schließlich, vielleicht nicht mehr unbewußt, den ehrgeizigen Plänen in die Hand arbeitete, mit denen sich am Bosporus Justinian zu tragen begann.

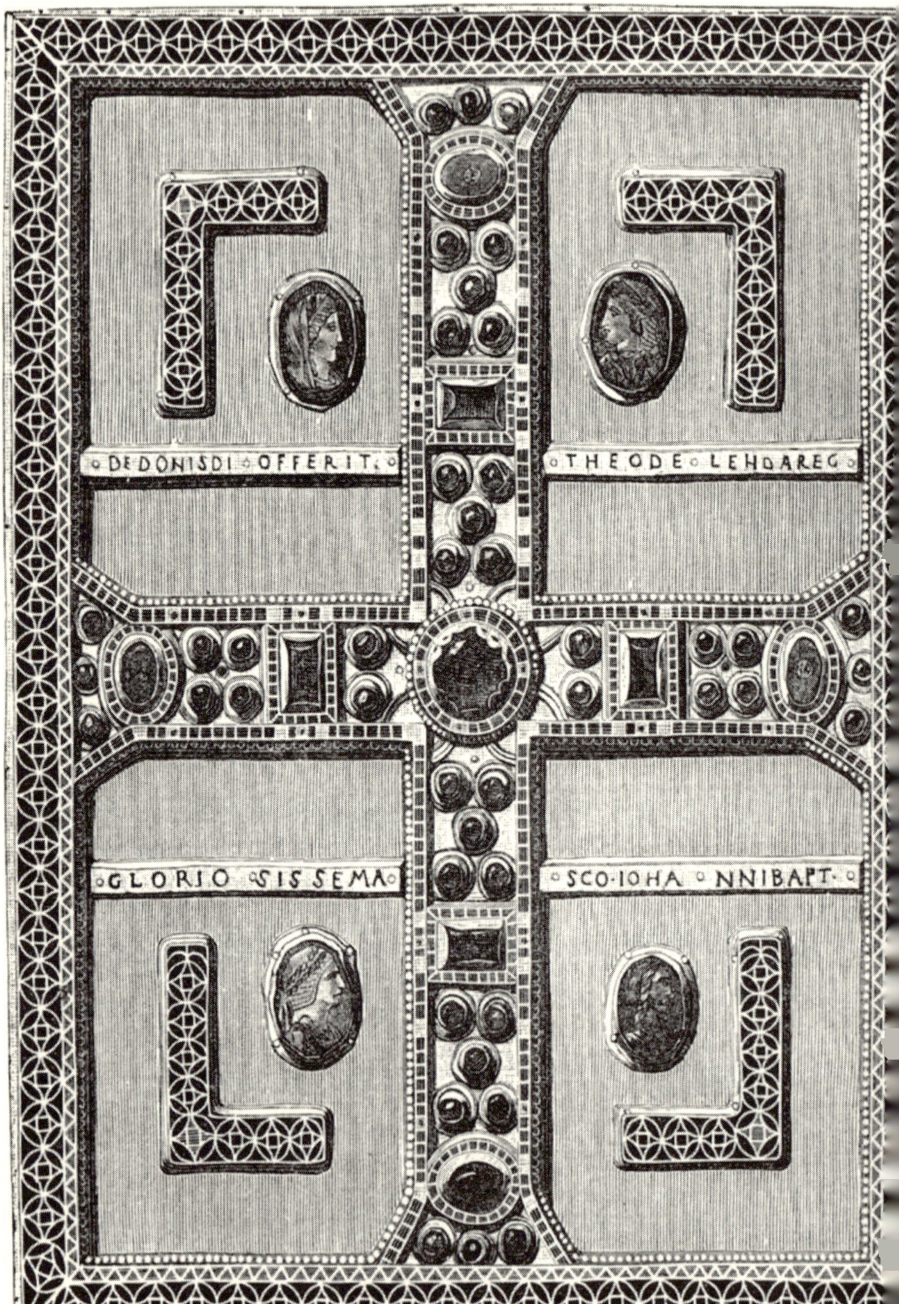

Diptychon der Königin Theod

ca aurea". (Monza, Domschatz.)

Bald lag sie in offenem Hader mit ihrem Volke. Die Gotenfürsten erhoben Einsprache gegen die allem Herkommen widersprechende unnationale Erziehung des jungen Königs und erzwangen den Übergang zu gotischer Art und Sitte. Es scheint fast, als ob die Führer dieser Nationalpartei sich Athalarichs hätten bedienen wollen, um Amalasunta überhaupt aus der Stellung zu verdrängen, die Theoderich ihr im Widerspruch mit dem nationalen Recht eingeräumt hatte. Aber solange der junge König unmündig war, fehlte die rechte Handhabe dazu. So ging man, wie es scheint, planmäßig darauf aus, den Sohn der Mutter zu entfremden. Amalasunta entfernte die Häupter der Opposition vom Hofe. Da sie nun aber erst recht ein energisches Auftreten derselben zu fürchten hatte und sich der Goten überhaupt nicht mehr sicher fühlte, suchte sie sich zum voraus des Schutzes des oströmischen Hofes zu versichern. Rasch führten sie die sich verwickelnden Verhältnisse nun weiter fort auf der damit betretenen abschüssigen Bahn. Die Verbannten, die wohl zum Aufstand rüsteten, ließ sie durch Meuchelmord aus dem Wege räumen. Da starb im Jahre 534 Athalarich, und der Rechtstitel wurde hinfällig, auf dem Amalasuntas Stellung beruhte. Denn das nächste Recht auf den Thron hatte nun ihr Vetter Theodahat, wie sie durch die Vorliebe für römisches Wesen der Art des eigenen Volkes entfremdet und, ebenfalls wie sie, bereits in geheimer Verbindung mit Byzanz, angeblich um mit dessen Hilfe gegen den Willen der Königin-Mutter sich Tusciens zu bemächtigen. Auf Anerkennung seines Thronrechtes aber hatte dieser bei der Stimmung der Goten wohl nicht zu rechnen. Ihn vollends unschädlich zu machen und sich auch fernerhin in der Herrschaft zu behaupten, bot da Amalasunta in schlauer Berechnung dem Theodahat ihre Hand an. Eifrig griff dieser zu. Die Ehe mit des Reichsgründers Tochter sollte ihm den Weg zum Thron bahnen, während diese ihn mit dem königlichen Namen abzufinden und allein zu herrschen dachte. Aber Amalasunta sah sich bald überlistet. Denn kaum war Theodohat ihr als König beigesellt, als er sich mit den Häuptern der Nationalpartei gegen sie verband und deren Forderungen

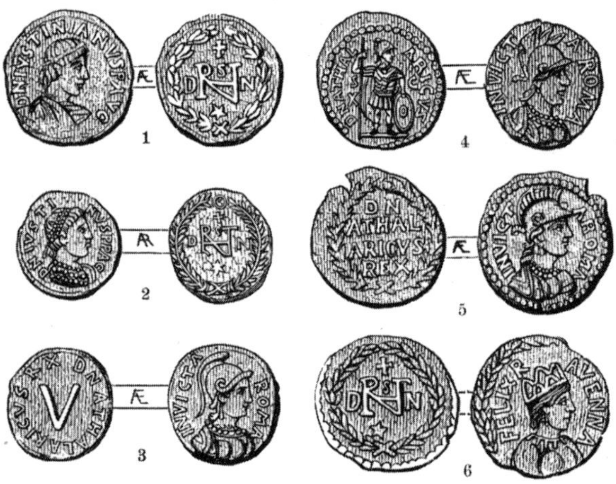

Münzen des Ostgotenkönigs Athalarich.

1 und 2 haben auf der Rückseite das Monogramm des Gotenkönigs, auf der Vorderseite aber das Bild des römischen Kaisers mit der Umschrift: D(ominus) N(oster) IVSTINIANVS P(er)P(etuus) AVG(ustus). 3, 4 und 5 tragen die Aufschrift D(ominus) N(oster) ATHALARICVS REX und auf der Rückseite das Bild der INVICTA ROMA. Die 6. Münze ist für Ravenna geprägt; sie zeigt das Monogramm des Königs auf der Vorderseite, die FELIX RAVENNA mit der Mauerkrone auf dem Haupte auf der Rückseite. Originalgröße. Berlin, Königl. Münzkabinett.

zu den seinen machte: des großen Theoderich Tochter wurde von ihm gefangen genommen und getötet.

Die Folge dieser blutig ausgehenden Intrige war der Ausbruch des Krieges mit dem oströmischen Reiche, der nach zwei Jahrzehnten mit dem Untergange des ostgotischen Reiches und des gotischen Heldenvolkes enden sollte. Denn schon war die Reunionspolitik in vollem Zuge, durch die Justinian, was von dem Westreich noch zu retten war, für die erneute Weltmacht des oströmischen Reiches zu gewinnen trachtete. Der Moment war gekommen, wo es die am Bosporus allezeit festgehaltene Theorie von der Zugehörigkeit Italiens zu dem fortbestehenden Kaisertum zur Anerkennung bringen konnte, eine Theorie, die auch Theoderich niemals ausdrücklich bestritten, der Amalasunta aber durch Anrufung des kaiserlichen Schutzes neue Kraft gegeben hatte. Eben daraus entnahm Justinian jetzt den Rechtstitel als Rächer für die Ermordung seiner Schutzbefohlenen aufzutreten. Während das gotische Königtum durch Annahme der römischen Erbfolge sich seines natürlichen Bodens beraubt hatte, machte er seinerseits gewissermaßen eine Anleihe bei dem

Münzen des Ostgotenkönigs Theodahat.

Auf der Vorderseite der ersten das Brustbild des Königs mit der Umschrift D(ominus) N(oster) THEODAHATVS REX; auf der Rückseite eine Viktoria mit Kranz und Palmenzweig in der Umschrift VICTORIA PRINCIPVM, daneben im Felde wie in römischen Münzen S(enatus) C(onsultum). Die zweite Münze trägt auf der Vorderseite in einem Kranze die Aufschrift D(ominus) N(oster) THEODAHATVS REX, auf der Rückseite das Bild der INVICTA ROMA. Originalgröße. Berlin, Königl. Münzkabinett.

germanischen Recht und benutzte die in diesem wurzelnde Pflicht der Blutrache zur Begründung einer längst geplanten Eroberung. Bald standen seine Truppen in Dalmatien und hatten Salona genommen. Von Afrika her aber ging der Besieger der Vandalen, Belisar, mit einem Teil seines Heeres, siebentausend Mann, nach Sicilien hinüber und brachte die Insel bis auf Palermo mit leichter Mühe in seine Gewalt.

Damit mochte Justinian den Krieg bereits als entschieden ansehen. Denn er erwartete, daß Theodahat, der nur durch seinen Gegensatz zu Amalasunta zu der nationalen Partei hinübergedrängt worden war, sich beeilen würde, um jeden Preis Frieden zu machen. Erklärte dieser sich doch auch wirklich bereit abzudanken, wenn ihm ein königliches Jahreseinkommen gewährt würde. Doch scheint er zum zweitenmale von der nationalen Partei mit fortgerissen worden zu sein. Auf die Meldung von einem Siege der Goten über die in Dalmatien eingefallenen Griechen brach er die Unterhandlungen ab und schickte seinen Schwager Evermar mit Truppen nach dem Süden, um Belisar am Übergang zu hindern. Doch legt der Verlauf die Vermutung nahe, es sei dabei nur auf eine Täuschung der Goten abgesehen gewesen, um durch scheinbare Entschlossenheit zum Widerstande den drohenden Ausbruch des gärenden nationalen Unwillens hintanzuhalten, bis die Byzantiner so weit Herren des Südens geworden waren, daß jede gotische Waffenerhebung aussichtslos war. Denn Evermar eilte Belisar huldigend entgegen und erbat Aufnahme in den kaiserlichen Dienst. Ungehindert landeten die Griechen nun in Reggio und zogen längs der Westküste nordwärts. Da in Unteritalien Goten so gut wie gar nicht angesiedelt waren, fanden sie keinen Widerstand. Erst Neapel gebot ihnen Halt, da die Bürgerschaft, die nicht unter die byzantinische Herrschaft zurückzukehren wünschte, mit der gotischen Besatzung gemeinsam zum Widerstand rüstete. Auch die griechische Flotte erschien nun dort. Schwerlich aber wäre Belisar zum Ziel gekommen, hätte man nicht zufällig eine Wasserleitung entdeckt, die ein heimliches Einschleichen in die Stadt ermöglichte. Auf diesem Wege wurde sie eines Nachts überrumpelt und bewältigt. Von König Theodahat war nichts zu ihrer Rettung gethan. Wohl hatten die Goten nach allem, was geschehen, Grund, ihn des Verrates zu bezichtigen: er verkörperte in sich die letzten Konsequenzen des antinationalen Systems, zu dem Theoderichs

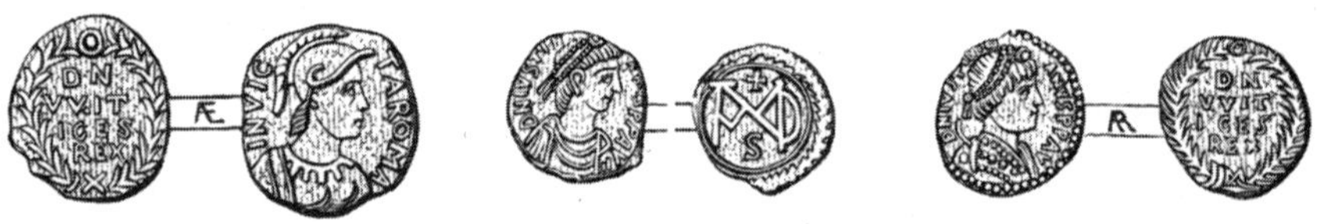

Münzen von Witichis und Matasunta.

Die erste mit der INVICTA ROMA auf der Rückseite und die dritte mit dem Kaiserbildnis in der Umschrift D(ominus) N(oster) IVSTINIANVS P(er)P(etuus) AV(gustus) haben in einem Kranze die Aufschrift D(ominus) N(oster) WITIGES REX. Die mittlere mit dem Bildnis des Justinianus auf der Vorderseite hat das Monogramm der Matasunta auf der Rückseite. Originalgröße. Berlin, Königl. Münzkabinett.

Streben nach Verschmelzung mit den Römern durch seine Übertreibung entartet war. Die Folge war der Eintritt der längst drohenden nationalen Reaktion. Auch hier bleiben uns die Einzelheiten unbekannt. Daß Theodahat entsetzt und auf der Flucht oder in Ravenna getötet wurde, steht fest, ebenso daß Witichis an seine Stelle trat. Zweifelhaft dagegen bleibt, ob dieser von dem Heere, das er in verspätetem Auftrage Theodahats Belisar entgegengeführt hatte, zum König ausgerufen oder in der dem Herkommen entsprechenden rechtmäßigen Weise von der Volks- und Heeresversammlung erhoben wurde. An der Legalität seines Königtums scheint er selbst einigermaßen gezweifelt zu haben. Wenigstens suchte er demselben eine Stütze zu schaffen, indem er nach Verstoßung seiner Gattin Amalasuntas Tochter Matasunta nötigte ihm die Hand zu reichen und sich so dem Amalerhause verband. Auch die Geltung der römischen Staatsformen in der Reichsregierung wurde durch diese nationale Reaktion offenbar gemindert. Die Entscheidung lag hinfort nicht mehr in dem zumeist aus Römern bestehenden Rate, sondern bei der Gesamtheit des freien Gotenvolkes, während den König die angesehensten Männer desselben als engerer Gehilfenkreis umgaben.

Zweites Kapitel.

Das byzantinische Reich im Zeitalter Justinians.

Die Teilung des römischen Reiches durch Theodosius hatte für die beiden Reichshälften eine sehr ungleiche Entwickelung eingeleitet. Das Westreich, von den Wogen der Völkerwanderung überflutet, sah eine Provinz nach der anderen in die Hände der siegreichen Germanen fallen. Ein germanischer Heerkönig stieß seinen letzten Kaiser vom Thron und maß ihm nicht einmal mehr so viel Bedeutung bei, daß er ihn aus dem Wege zu räumen für nötig befunden hätte. Diesem Auflösungsprozeß im Westen steht im Osten gegenüber die unter schweren inneren und äußeren Bedrängnissen vollzogene Neuschöpfung eines Staates von zäher Lebenskraft und die allmähliche Formierung einer Nation, welche nicht nur den Untergang des römischen Volkes um ein volles Jahrtausend überleben, sondern, als sie schließlich politisch doch endlich zu Grunde ging, eine Kulturmacht bleiben sollte, von der räumlich und zeitlich die weitreichendsten Nachwirkungen ausgegangen sind. Das aber ist um so bemerkenswerter, als zu der Zeit, wo die Wege beider Reiche sich trennten, eigentlich alle Vorteile auf der Seite des westlichen waren, das östliche aber als besonderer Staat konstituiert wurde unter Umständen, welche einen schnellen Zerfall in Aussicht zu stellen schienen. Denn in viel höherem Maße als bei ihm fanden sich in dem westlichen Reiche die Voraussetzungen für ein längeres und kräftigeres Bestehen. Dem Osten fehlte vor allem die relative Einheitlichkeit in Kultur und Bildung, in Sitte und Sprache, die den romanisierten Westen doch im wesentlichen als einer Nationalität zugehörig erscheinen ließ, und infolgedessen natürlich auch das feste innere Gefüge, das jenen dem Ansturm der Barbaren so überraschend lange zu widerstehen befähigte. Von seinen Provinzen bewahrten gerade die wichtigsten, wie Syrien und Ägypten, als Ergebnis ihrer eigentümlichen natürlichen Verhältnisse und einer weit zurückgehenden ereignisreichen Geschichte eine scharf ausgeprägte Eigenart, welche der durch die Umstände gebotenen Centralisation widerstrebten und deren Träger, Beamte und Soldaten, als Vertreter einer drohenden Fremdherrschaft erscheinen ließ. Die Erinnerung an die Bedeutung, welche Städte wie Alexandrien und Antiochien dereinst besessen hatten, ließ ihre Unterordnung unter Konstantinopel vollends als ungerechtfertigt erscheinen.

Es ist lange Zeit übersehen worden, welch gewaltiges Stück produktiver historischer Arbeit die Geschichte des oströmischen Reiches darstellt. Welch unverwüstliche Lebenskraft und welch unerschöpfliche Bildungsfähigkeit war notwendig, um aus diesem lockeren Gefüge bloß äußerlich nebeneinander gelagerter Provinzen einen Staat zu entwickeln, der an Straffheit der Centralisation und Strenge der Zusammenfassung aller staatlichen Funktionen in einer Hand lange Zeit von keinem anderen auch nur annähernd erreicht worden ist! Irregeleitet durch spätere üble Erscheinungen und unrichtige Verallgemeinerung der daraus gezogenen Schlüsse, hat man sich gewöhnt mit den Worten byzantinisch und Byzantinismus unter allen Umständen den Begriff der Entartung, der Verkommenheit und der Entsittlichung zu verbinden. Gewiß treten auch diese Eigenschaften an den Byzantinern nachmals in oft erschreckender Weise zu Tage: aber sie haben doch niemals das Wesen ihrer Kultur ausgemacht. Um deren geschichtliche Bedeutung zu würdigen, muß man vielmehr die Schwierigkeiten in Rechnung ziehen, die sich gleich den ersten Anfängen und der weiteren Entwickelung des Byzantinertums entgegenstellten. Diese überhaupt zu ermöglichen, mußte in einem bunten Gemisch verschiedenartigster Völker erst das Gefühl der Zusammengehörigkeit geweckt und das Bewußtsein der gemeinsamen Pflicht groß gezogen werden, mußten ferner die von ihm bewohnten Lande trotz ihrer Mannigfaltigkeit und der ihr entspringenden Verschiedenheit der Bestrebungen und Bedürfnisse politisch, militärisch und kirchlich in einer Weise organisiert werden, die sie den Zwecken des Gesamtstaates in gleicher Unterordnung dienstbar zu machen erlaubte. Nicht bloß für die ferneren Schicksale des oströmischen Reiches, sondern für die Entwickelung des Ostens überhaupt ist es von entscheidender Bedeutung geworden, daß dieser große Verschmelzungsprozeß wirklich durchgeführt wurde und die von Konstantinopel aus beherrschten Römer, Orientalen und Griechen auf der vermittelnden Grundlage des griechischen Wesens zu einem Volke, eben dem byzantinischen, zusammenwuchsen — ein Vorgang, der das Seitenstück und Widerspiel bildet zu dem entsprechenden Prozeß der Mischung und Verschmelzung zwischen Römer- und Germanentum, welche gleichzeitig im Westen ebenfalls die Grundlage für die neue Kultur des nächsten Jahrtausends entstehen ließ.

Verschiedene Momente haben zusammengewirkt, um aus den östlichen Provinzen des zerfallenden Römerreiches einen neuen Staat hervorgehen zu lassen, während die westlichen die Beute der Barbaren wurden und erst danach wenigstens zum Teil durch die Einfügung in jenen wieder in fester geordnete Verhältnisse eintraten. Das wirksamste war zweifellos die harte Notwendigkeit, sich der von allen Seiten andrängenden Feinde notdürftig zu erwehren in einem Verzweiflungskampf, in dem es alle Kräfte wetteifernd einzusetzen galt. Fast ohne Unterbrechung galt es, sich nacheinander und zuweilen auch gleichzeitig im Westen und Norden der Germanen, der Bulgaren, der Avaren und Slawen zu erwehren, während im Osten erst in den Persern und dann in den Arabern neue, furchtbare Feinde erstanden. Im Ringen mit diesen sind die Länder und Völker, die in dem Ostreich beschlossen waren, wider ihren Willen zu einer militärischen und politischen Einheit gleichsam zusammengeschmiedet werden und haben dank derselben trotz harter Bedrängnis und schwerer Verluste den Bestand ihres Staates und ihr junges nationales Dasein vor dem drohenden Untergange gerettet.

Wesentlich gefördert wurde diese Konzentration der Kräfte durch die unvergleichliche centrale Lage Konstantinopels. Denn während im Westen Rom zwar eine unvergeßlich großartige Vergangenheit repräsentierte, aber doch militärisch und politisch Mittelpunkt zu sein längst aufgehört hatte — seine Eroberung durch die

Westgoten so wenig wie nachher seine Heimsuchung durch die Vandalen hatte für das Schicksal des Reiches irgend welche entscheidende. Bedeutung erlangt — und in dieser Hinsicht gegen Ravenna und selbst gegen Mailand und Pavia zurück-

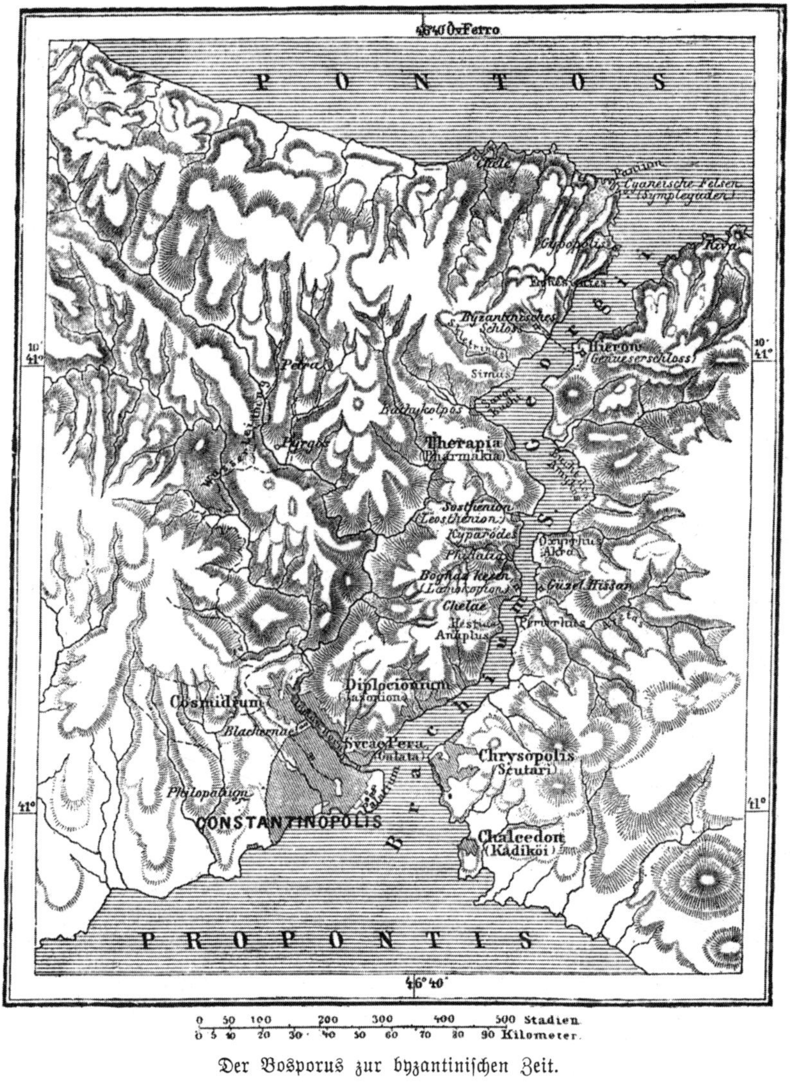

Der Bosporus zur byzantinischen Zeit.

getreten war, wuchs die Kaiserstadt am Bosporus sich mehr und mehr zu dem Brennpunkt aus, in dem nicht bloß die militärischen, politischen und kirchlichen Interessen des so verschiedenartige Elemente in sich einigenden Byzantinertums zusammenflossen, sondern auch die geistigen und wirtschaftlichen ihre Vereinigung und Ausgleichung fanden. Der bedeutendste Stapelplatz und das gewaltigste Waffenlager der Welt, war es durch die Lage an der Grenze zweier Erdteile und die Masse der von ihm nach allen Seiten hin ausstrahlenden Land- und Wasserstraßen in den Stand gesetzt, ununterbrochen und gleichmäßig auf alle Teile des Reiches einzuwirken, aber auch alles irgend Bedeutende, was dort emporkam, an sich zu ziehen, sich dienstbar zu machen, mit dem Stempel seines Geistes zu versehen und dann nach seinem Willen für das Wohl der Gesamtheit zu benutzen. So gewann es eine fast unwiderstehliche Anziehungskraft, und diese wurde noch gesteigert durch den Zauber seiner berauschenden Schönheit, die Pracht seiner Bauten und den Reiz der Einheimischen und Fremden gebotenen üppigen Genüsse. Der Herzschlag, welcher das Leben des byzantinischen Reiches erhielt und regelte, aber auch oft genug bis in die entferntesten Provinzen hinein in fieberhafte Erregung und zuckende Krämpfe stürzte, kam in dem gewaltigen Wogen und Branden der Weltstadt machtvoll zum Ausdruck, welche die Welt des Ostens in sich wiederspiegelte. Das Schicksal des Reiches wiederholte sich in ihr, und mehr als einmal ist sie mit den jähen Umschlägen in der Stimmung und Haltung ihrer unberechenbar beweglichen Bevölkerung ihrerseits das Schicksal des Reiches geworden. Das war eine der üblen, freilich unvermeidlichen Folgen der durch die Verhältnisse gebotenen und geförderten Centralisation. Wie alle Kräfte und Talente in der Hauptstadt zusammenströmten, aller Eigennutz und Ehrgeiz dort am ersten Gelegenheit zu voller Befriedigung zu finden erwarten durfte, so waren auch alle kleinen und niedrigen Leidenschaften gewiß, sich in dem chaotischen Gären des weltstädtischen Lebens zu eigenem Genuß und Vorteil ungestraft bethätigen zu können. So gewann die große Masse des niederen Volkes hier eine verhängnisvolle Bedeutung und wurde frühzeitig zu einer Macht, welche das von halbgottähnlichem Glanze umstrahlte Kaisertum mehr als einmal in der empfindlichsten Weise an die engen Schranken seiner irdischen Bedingtheit erinnert und vor dem Absolutismus des Pöbels erzittern gemacht hat. Der Laune des aller Macht übergeordneten Kaisers setzte sich mit noch rücksichtsloserer Willkür die Laune der zum Bewußtsein ihrer elementaren Kraft erwachten hauptstädtischen Massen entgegen, besonders wenn sie sich auf unverstandene Schlagworte hin über die ihnen eigentlich unfaßbaren schwierigsten Probleme der christlichen Dogmatik zu blinder Wut erhitzten. Das war wohl die unheilvollste Wirkung des theokratischen Charakters, den das byzantinische Kaisertum infolge der Verquickung von Staat und Kirche frühzeitig annahm. Denn es wurde dadurch zu einem Eingreifen in Kämpfe genötigt, welche, dem Staate als solchem ganz fremd, Wechselfälle und Widersprüche zur Folge hatten, die seine Autorität auch in staatlichen Dingen schwer schädigten.

Im wesentlichen beruhte die Verwaltungsorganisation des oströmischen Reiches auf dem von Konstantin dem Großen gelegten Grunde, hatte dessen Einrichtungen aber bis in die letzten Feinheiten vervollkommnet. Der Staat trug ein ausgesprochen bureaukratisches Gepräge. In peinlich erwogener Stufenfolge einander untergeordnet, hatten die verschiedenen amtlichen Instanzen ihren scharf umgrenzten Wirkungskreis und konnten infolgedessen jeden Augenblick durch einen Druck von der obersten Stelle, wo schließlich alle sie verbindenden Fäden zusammenliefen, in eine wohlgeordnete, pünktlich ineinander greifende und sich gegenseitig ergänzende Thätigkeit gesetzt werden. Das aber war wahrlich nichts Geringes in einer so stürmisch bewegten Zeit. Welche Erschütterungen auch immer den Staat treffen mochten: die genau ineinander gepaßten Räder und Rädchen der Regierungsmaschine gingen unverändert weiter. Mochte auch einmal der eine oder andere Teil zeitweise gleichsam ausgeschaltet sein, die übrigen funktionierten fort. Gerade dieser unentwegten Gleichmäßigkeit, die, unabhängig von dem Wechsel der Zeit und des Ortes, stets dieselbe blieb, ist es zuzuschreiben, daß die unter dem Scepter des oströmischen Kaisers vereinigten so außerordentlich verschiedenen Länder zu einer lebendigen staatlichen Einheit verwuchsen und die in ihnen beschlossenen Völker,

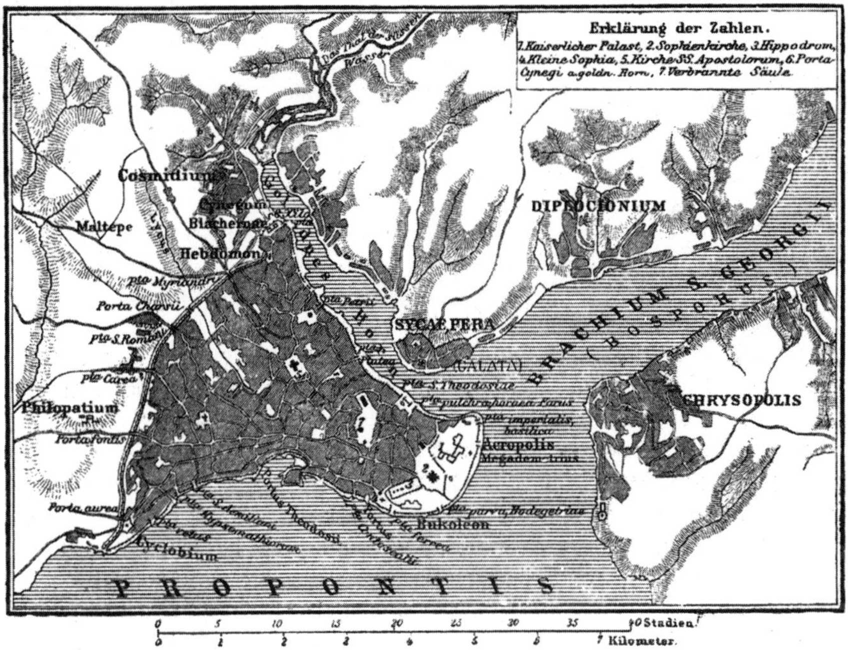

Plan von Konstantinopel zur byzantinischen Zeit.

die einander nach Abstammung und Art so fremd waren, zu einem einheitlichen Volkstum verschmolzen.

Erst auf dem Grunde dieser büreaukratischen Centralisation des ganzen Staates durch einen fein ausgearbeiteten Verwaltungsmechanismus hat auch das Reichsheer recht als ein einigendes und zusammenhaltendes Moment wirken können. In seiner Organisation lebte das römische Kriegswesen fort, innerlich freilich sowohl wie äußerlich in dem Streben nach Anpassung an die vielfach gewandelten Verhältnisse mannigfach umgestaltet und eigenartig weitergebildet. In der regulären Armee, die sich durch Aushebungen aus allen Teilen des Reiches ergänzte, wiederholte sich das demselben eigene bunte Gemisch der Völker und Stämme. Aber gerade unter dem Einfluß der gemeinsamen Schulung, Übung und Disciplin und der einigenden Kraft, die gemeinsam bestandenen Gefahren, gemeinsam gewonnenen Siegen und gemeinsam erworbenem Ruhm allezeit innegewohnt hat, wurde

Unterirdische Ci
Aus der Zeit Justinians I. (vielleicht schon Konstantins d. Gr.). Überwö
Schachte leiten das Tageslicht herab. Lang 60, breit $50\frac{1}{2}$ Meter. Je
Die Säulenschäfte sind dreiteilig aufeinander gesetzt und durch Ringe
Schlamm. Durchmesser des obersten Stückes etwa 50, Hö

ıſtantinopel.
von Marmor in 16 Reihen mit $3^3/_4$ Meter Abſtand; 11 gemauerte
mehr als zur Hälfte der Höhe mit trockenem Schlamm angefüllt.
ꝛen; das unterſte Stück und vom mittleren zwei Drittel ſtecken im
des einfachen Würfelkapitäls etwa 750 Zentimeter.

es frühzeitig eine einheitliche Körperschaft, die durch einen starken Korpsgeist zusammengehalten war. Ebendeshalb blieb es für schwächere und unkriegerische Kaiser ein Gegenstand der Sorge und konnte in der Hand ehrgeiziger Feldherren ein gefährliches Werkzeug werden. Wiederholt hat daher die Entscheidung über die Thronfolge bei ihm gelegen. Auf die Dauer aber hat es gegen das Schwergewicht der scharfgegliederten und festgefügten Civiladministration doch nicht aufkommen können, und das Reich ist dadurch vor den Schrecken einer wirklichen Militärherrschaft bewahrt geblieben. Zudem wurde der gelegentliche Übermut der regulären Truppen durch die Massen der Söldner in Schach gehalten, welche dem Kaiser im Notfall einen festen Rückhalt gewährten. Aus aller Herren Ländern strömten nach Konstantinopel waffenfrohe Abenteurer zusammen, um dem Kaiser zu dienen, angelockt durch den reichen Sold, die prunkvolle Waffnung und das Lustleben der Hauptstadt. Entsprechend stark und stattlich ausgerüstet war die Flotte.

So stand dem ausgeprägt bürgerlichen und bureaukratischen Charakter der eigentlichen Staatsverwaltung ein ungeheurer militärischer Apparat zur Seite. Daß beide im Gleichgewicht zu einander blieben, sich gegenseitig rechtzeitig ergänzend zusammenwirkten und den gemeinsam zu fördernden Staatszwecken selbstlos ihre Kräfte dienstbar machten, war die erste und vornehmste Bedingung für das Gedeihen des Reiches, seine Sicherheit nach außen und seine Ruhe im Inneren. Inwieweit sie erfüllt werden konnte, hing wesentlich ab von der Stellung des jedesmaligen Reichsoberhauptes zu jenen beiden Faktoren. Für diese aber erwuchsen immer neue Schwierigkeiten dadurch, daß der Kaiser nicht bloß das Haupt der Reichsregierung und der Oberstkommandierende des Reichsheeres war, sondern auch an der Spitze der Reichskirche stand, und zwar nicht etwa als eigentlich gebietender Herr, sondern nach der Meinung des Klerus von Amts wegen berufen, der Kirche seinen weltlichen Arm zu leihen und ihren Willen zu vollstrecken, und zwar zuerst und vor allem in Sachen des rechten Glaubens, um die von ihren Synoden getroffenen dogmatischen Entscheidungen den Widerstrebenden aufzuzwingen. Gewiß hat die Kirche auch ihrerseits dazu beigetragen die Reichseinheit zu fördern und zu stärken, aber sie ist zugleich die Urheberin schwerer innerer Uneinigkeit geworden, indem sie der uniformen Verwaltung und dem uniformen Heerwesen Uniformität auch des Glaubens zur Seite stellen und ihr als der Vollendung und der Bürgschaft der Reichseinheit Geltung erzwingen wollte. Die Folge davon war eine oft unheilvolle Verquickung von Politik und Dogmatik: denn für sich selbst und die ihr gehorsamen Unterthanen machte sie die Erfüllung der Pflichten, die ihnen gegen Kaiser und Reich oblagen, nicht selten geradezu davon abhängig, daß jene zuvor das von ihr verkündete Dogma ihrerseits ausdrücklich anerkannten. Das Bekenntnis einer als ketzerisch verworfenen Lehre hob in ihren Augen das Recht der für den Thron Geborenen auf; ein eifriges Eintreten für die Orthodoxie ergänzte und machte gut, was dem Emporkömmling oder dem Usurpator an Rechtmäßigkeit der Herrschaft abging. Bei der ungeheuren Macht aber, welche die Kirche in jener Zeit leidenschaftlicher Glaubensstreitigkeiten über die Gemüter der leicht entzündbaren Menge gewonnen hatte, und bei den Schwierigkeiten, die sie ihm daher auch aus anderen als politischen Gründen bereiten konnte, sah sich eigentlich jeder Kaiser genötigt, sich um Frieden mit ihr zu bemühen und ihre Gunst zu suchen:

er geriet dadurch in eine Abhängigkeit, die mit der Würde des Staates nicht vereinbar war. Denjenigen aber, welche entweder selbst von dem hitzigen dogmatischen Eifer ihrer Zeit ergriffen oder von despotischen Neigungen erfüllt waren, bot sich in der Organisation der orthodoxen Kirche eine gewaltige Waffe zur Begründung einer fast schrankenlosen Herrschaft: die Gefahr eines alle Freiheit vernichtenden Cäsaropapismus ist dem byzantinischen Reiche mehr als einmal ganz nahe gewesen.

Den Höhestand und in gewissem Sinne den Abschluß in dieser Entwickelung des byzantinischen Reiches bezeichnet das Zeitalter Justinians des Großen. In seiner nach innen wie nach außen gleich glänzenden und ruhmreichen Regierung offenbaren sich neben allen bedeutenden und tüchtigen Seiten des byzantinischen Staatswesens und Volkstums doch auch bereits die dunklen Schattenseiten und schweren Mängel, die beiden anhafteten, Despotismus auf der einen und sich selbst entehrende Kriecherei auf der anderen Seite, das Prunken mit hochtönenden Worten und das Spielen mit Idealen gegenüber kaum notdürftig verhüllter Unsittlichkeit und frecher Verlogenheit, zu imponieren gewohnter rücksichtsloser Herrscherdünkel wechselnd mit kleinmütiger, unfürstlicher Verzagtheit, sich selbst betrügende, krankhaft überreizte religiöse Schwärmerei als Bündnerin der wüstesten Leidenschaften eines zuchtlosen Pöbels. Aber mit Unrecht würde man dafür allein oder auch nur vorzugsweise Justinian und die ihm besonders einflußreich zur Seite stehenden Persönlichkeiten verantwortlich machen. So sehr diese als Kinder ihrer Zeit an deren Entartung ihren Anteil hatten, so sehr trifft auch die gesamte Zeit die Mitverantwortung für die Verirrungen, deren sie sich auf dem weithin sichtbaren Standpunkt, auf den sie gestellt waren, in der Erfüllung ihres schweren und an Versuchungen damals besonders reichen Berufes schuldig gemacht haben. Die schroffen Widersprüche, die wir in ihnen vereinigt finden, sind vielmehr das natürliche und bis zu einem gewissen Grade notwendige Ergebnis der Entwickelung, welche, von dem bisher überwiegenden Westreich gelöst, das oströmische Reich während der ersten etwa hundertundvierzig Jahre seines Bestehens durchgemacht hat, und der eigentümlichen Art, in der sich diese in der reichveranlagten Individualität des Kaisers wiederholte und auf die Zeit von sich aus einwirkte.

Noch ein anderer Umstand darf dabei nicht außer acht gelassen werden. Justinian hat nämlich das Schicksal gehabt zum Geschichtschreiber seiner Regierung einen Mann zu erhalten, der an Doppelzüngigkeit kaum seinesgleichen gefunden hat und dadurch der Anlaß geworden ist, daß alles, was an niedriger Verleumdung und hämischer Denunziation im geheimen gegen den gefürchteten Kaiser umlief, nachmals als die eigentliche historische Wahrheit eifrig erfaßt und mit Begierde weitergegeben worden ist. Denn es bleibt doch eine in ihrer Art einzige Thatsache, daß der rechtskundige Geheimschreiber Belisars, Prokop von Cäsarea, den acht Büchern der Geschichte seiner Zeit, in denen er sich zum Herold für Justinians Ruhm gemacht hatte, als neuntes jene berüchtigten Anekdoten oder „Geheime Geschichten“ hinzufügte, worin er alles widerrief, was er dort Lobendes und Verherrlichendes zu berichten gewußt hatte — das schmutzige Pamphlet eines Menschen von unerhörter Doppelzüngigkeit, das, aus persönlicher Leidenschaft entsprungen, schon in seinen maßlosen Übertreibungen den Stempel der Unwahrheit an sich trägt, dennoch aber auf die Gestaltung der Überlieferung einen verhängnisvollen

Einfluß zum Nachteil des verleumdeten Kaisers geübt hat. Die leidige Lust am Skandal, die auch gesunderen Zeiten als denen des Justinian eigen zu sein pflegt, hat dieser Schmähschrift auch bei der Nachwelt noch eine Autorität erwirkt, die ihr niemals hätte zugestanden werden sollen. Weit davon entfernt, ein hoch über seiner Zeit stehender Tugendheld zu sein, ist Justinian doch wahrlich nicht bloß, wie man nach Prokop vielfach gemeint hat, die Verkörperung all der üblen Eigenschaften gewesen, die man seinen Byzantinern nachzusagen pflegt. Behaftet mit den Mängeln seiner Zeit und seines Volkes, war er doch ein Mann von großem historischen Zuge, voll Verständnis für seine Zeit und reich an schöpferischen Ideen, durch die er nicht bloß die Ergebnisse der vorangegangenen Entwickelung sicherte und befestigte, sondern seinem Reiche auch eine neue, große und glänzende Zukunft erschloß. Das aber ist wahrlich kein geringes Verdienst, wenn man sich die schwierige Erbschaft vergegenwärtigt, die er bei seinem Regierungsantritt zu übernehmen hatte.

Palastintrigen und Günstlingswirtschaft mit allen den für Hof und Staat verhängnisvollen Folgen, die sich daraus zu ergeben pflegen, sind von der ersten Stunde an dem östlichen Reiche verderblich geworden. Sie erhielten dort alsbald einen besonders gefährlichen Charakter durch das Zusammenwirken persönlicher Momente mit nationalen und kirchlichen. Unter der schwachen Regierung des jugendlichen Arkadius (395—408), der sich zum Verderben seines Reiches der von dem vorsorglichen Vater bestellten Obhut des Vandalen Stilicho entzog (S. 223), fand der Reichsregent Rufinus so gut wie sein glücklicher Gegner Eutropius schließlich gewaltsam ein blutiges Ende. Mit Hilfe einer Erhebung der Arianer rissen die germanischen Söldner unter dem Goten Gainas die Macht an sich, um bald danach einer Erhebung der Römer und Orthodoxen zu erliegen, denen der heidnische Gote Fravita sein Schwert lieh. In dem unheilvollen Einfluß, den die Kaiserin Eudoxia durch ihre Parteinahme in den bald mit gesteigerter Leidenschaft erneuten dogmatischen Streitigkeiten auf den Gang der Regierung übte, tritt bereits damals ein weiteres von den Momenten hervor, die für die Geschichte von Byzanz in der Folge charakteristisch werden und sie besonders nachteilig beeinflussen sollten. Dennoch brachte die lange Regierung Theodosius' II. (408—450), der an Gaben des Geistes und Charakters seinen Vater Arkadius in nichts überragte, dem Reiche wieder bessere Zeiten, dank der Umsicht und Thatkraft des Präfekten Anthemius und der Abhängigkeit, in der des Kaisers ältere Schwester Pulcheria, eine Frau von weltentsagender Frömmigkeit, aber politischer Einsicht und staatsmännischer Energie im Handeln, ihren Bruder zu halten wußte, der der Leitung bedurfte und sich ihr willig fügte. Während Anthemius das Reich nach außen sicherte, weniger freilich durch große Waffenthaten als durch eine geschickte Benutzung der ohne sein Zuthun eingetretenen günstigeren Verhältnisse, jedoch auch schon eine neue Befestigung der Hauptstadt für nötig hielt, machte Pulcheria, als Augusta eigentlich zur Mitregentin erhoben, durch die Gewissenhaftigkeit, mit der sie sich der Regierungsgeschäfte annahm, die Trägheit des Bruders unschädlich, dessen leeres Dasein zwischen den Freuden der Jagd, geistlosem Schönschreiben und frommen Übungen geteilt war. Doch erstand ihr eine gefährliche Nebenbuhlerin in des athenischen Philosophen Leontius Tochter Athenais, die sie dem

Bruder in seinem zwanzigsten Jahre vermählte. Seit ihrer Taufe Eudokia genannt, stellte diese merkwürdige Frau ihre hohe klassische Bildung in den Dienst ihres neuen Glaubens, indem sie des Heilands Leben in homerischen Versen besang. Von einer Wallfahrt nach Jerusalem reich mit Reliquien beladen heimgekehrt, versuchte sie dann, nach solchen Beweisen ihrer Rechtgläubigkeit gegen jede Verdächtigung wegen ihrer heidnischen Vergangenheit gesichert, an der Seite des Gemahls die bisher von ihrer gestrengen Schwägerin eingenommene Stellung einer Mitregentin zu gewinnen, geriet darüber aber mit Pulcheria sowohl wie mit Theodosius in Streitigkeiten, infolge deren sie den Hof und die Hauptstadt verließ und sich nach Jerusalem in klösterliche Einsamkeit zurückzog. Auch das Glück, dem Reiche den künftigen Kaiser zu geben, war ihr versagt geblieben. Neue Gefahren bedrohten damals bereits das Reich, namentlich durch die Hunnen, welche, früher durch Anthemius zur Räumung Thraciens und zur Rückkehr über die Donau genötigt, sich unter Attila eben zu neuen Eroberungen rüsteten (S. 273), die sich zunächst gegen das östliche Reich zu richten schienen. Auch daß dieser Angriff abgelenkt wurde und mit vernichtender Schwere den Westen traf, war nicht des Theodosius Verdienst, sondern eine Folge der Demütigung, die er auf sich nahm, indem er für den Mordanschlag, mit dem der ihn beratende Eunuch Chrysaphius durch Edeko, des Odovaker Vater, Attilas Leben bedroht hatte (S. 272), durch eine feierliche Gesandtschaft förmlich Abbitte leisten ließ. Selbst an dem Werke, das seinen Namen unmittelbar auf die Nachwelt gebracht hat, wird dem Kaiser, der sein Leben in Nichtigkeiten verzettelte, ein persönlicher Anteil sicherlich nicht gebühren. Es ist das der im Jahre 438 veröffentlichte Codex Theodosianus, eine von acht Rechtsgelehrten bearbeitete Sammlung der seit Konstantin ergangenen kaiserlichen Verordnungen. Indem sie diese nach den Gegenständen, welche sie betrafen, übersichtlich ordnete und zur Erleichterung des Gebrauches in Bücher und Titel gliederte, legte sie nach rückwärts den geschichtlich gewordenen und beiden Reichshälften gemeinsamen Rechtsboden fest und schuf für die Zukunft eine Grundlage, auf der sich die besondere Gesetzgebung des östlichen Reiches weiter aufbauen konnte. Denn ausdrücklich wurde erklärt, daß die fernerhin erlassenen Bestimmungen allein für die unter Theodosius' Scepter vereinigten Lande gültig sein sollten.

Erst mit Theodosius' II. Tod (450) eröffneten sich dem Reiche günstigere Aussichten. Es war eigentlich nur die feierliche Anerkennung eines thatsächlich längst bestehenden Verhältnisses, das bisher nur nicht in allen seinen Konsequenzen hatte entwickelt werden können, wenn nun, da ein Thronerbe nicht vorhanden war, Pulcheria förmlich zur Kaiserin ausgerufen wurde. In richtiger Erkenntnis dessen, was dem Reiche gegenüber den im Westen begonnenen gewaltigen Umwälzungen notthat, brachte sie das ihrem streng kirchlichen Denken sicher nicht leicht fallende Opfer, daß sie, wenn auch nur äußerlich, in den Stand der Ehe trat und sich den militärisch bewährten Senator Marcianus als Mitkaiser beigesellte. Seiner kraft- und würdevollen Haltung und der straffen Kriegsbereitschaft, in die er das Reich alsbald versetzte, war es zu danken, daß die Stürme der nächsten Jahre es nicht unmittelbar trafen. Aber es hing damit doch auch die gefährliche Macht zusammen, welche der Führer der gotischen Söldner, Aspar, in der Folge gewann. Er war es denn auch, welcher, als Marcianus seiner 453 verstorbenen jungfräulichen Gemahlin 457 im Tode folgte, dem aus Illyrien stammenden Feldherrn Leo (457—474) zum Throne verhalf. Zum erstenmal geschah es bei dieser Gelegenheit, daß die Weihe der Kirche ergänzte, was dem neuen Herrscher an Rechtmäßigkeit abging: aus der Hand des Patriarchen Anatolius empfing Leo I. das kaiserliche Diadem. Nicht die wachsende Kraft des Ostreiches, sondern nur die eigene heillose Zerrüttung brachte das Westreich noch einmal in Abhängigkeit von Byzanz, indem es von dorther in Anthemius einen neuen Kaiser empfing (S. 304). Die Folge davon war weiter der gemeinsame Angriffskrieg der beiden Reiche gegen den vandalischen Seeräuberstaat (S. 305). Trotz der ungeheuren Mittel, die mit Aufbietung der letzten Kräfte der erschöpften Unterthanen dazu bereit gestellt waren, mißlang die Unternehmung vollständig, infolge der Unfähigkeit des zu ihrem Leiter bestellten Basiliskus, des Bruders der Kaiserin Verina (468). Nun entzog sich auch das Westreich bald wieder der byzantinischen Vorherrschaft. Dort gebot, auch ohne selbst den Purpur zu tragen, der gewaltige Suebe Ricimer und setzte nach Gutdünken Kaiser ein und ab.

Münze von Kaiser Leo II. und Zeno.

Ein Solidus. Auf der Vorderseite ist Leo allein dargestellt, die Umschrift aber nennt mit ihm auch Zeno: D(ominus N(oster) LEO ET ZENO P(er)P(etuus) AVG(ustus). Auf der Kehrseite thronen sie beide: Leo, der durch seine Mutter Ariadne Nachfolger ihres Vaters Leo I. war, hat die Ehrenstelle zur Rechten seines Vaters Zeno. Umschrift: SALVS REI * PVBLICAE. Im Abschnitt CONOB; es bedeutet die Währung von CON(stantinopel), nach welcher OB (72) Solidi aus dem Pfunde geprägt wurden. Gold. Originalgröße. Berlin, Königl. Münzkabinett.

Dagegen wurde Leo daheim durch des übermütigen Aspar Tod (S. 349) endlich wieder Herr und konnte sterbend (Anfang 474) seinen unmündigen Enkel Leo zum Nachfolger designieren. Als dieser schon nach wenigen Monaten starb, vielleicht eines unnatürlichen Todes (November 474), folgte ihm sein Vater Zeno, der Gemahl Ariadnes, der Tochter Leos I. Seine Regierung (474—491) brachte neue innere Erschütterungen. Eine durch seine Schwiegermutter Verina angestiftete Empörung entthronte Zeno für einige Zeit und setzte den übelberufenen Basiliskus an seine Stelle, und auch als er nach dessen Sturz und Ermordung die Herrschaft zurückgewann, setzte Verina den Kampf gegen ihn von Syrien und Ägypten aus mit leidenschaftlicher Erbitterung fort. Diese Wirren namentlich bestimmten Zeno, dem selbst alle Herrschergaben abgingen, den jungen Ostgotenkönig Theoderich immer enger an sich zu ziehen und ihn und sein kriegerisches Volk zu Verteidigern seines wankenden Thrones zu gewinnen. Die Schwierigkeiten, die sich aus diesem auf die Dauer unhaltbaren Verhältnis ergaben, und die Bedrohung seines Reiches und der seinem Schutz befohlenen Germanen an der Donau durch Odovaker, bestimmten ihn dann schließlich, den Ostgoten die drohend geforderte Erlaubnis zur Eroberung Italiens endlich zu erteilen (S. 315). Aber auch diese Unternehmung hatte einen ganz anderen Ausgang, als der schlaue Rechner erwartet hatte. Und nicht minder unglücklich war Zenos Versuch, den leidenschaftlichen Streit, der infolge der einander widersprechenden Beschlüsse der Synoden von Ephesus (449) und von Chalcedon (451) über die dogmatische Frage nach der Ein- oder Zweiheit der in Christus vorhandenen Naturen entbrannt war, 484 durch eine die Gegensätze verschleiernde unbestimmte Einigungsformel, das Henotikon, zu beschwichtigen. Wie es den Vermittlern in solchen Fällen zu ergehen pflegt, zog er sich dadurch nur heftige Anfeindungen von beiden Parteien zu und trug, statt seine wankende Herrschaft zu befestigen, vielmehr zu ihrer weiteren Untergrabung bei.

Nach seinem Tode lag die Verfügung über das erblose Reich bei seiner Witwe Ariadne, der edlen Tochter des Illyriers Leo. Durch die Heirat mit ihr wurde einer der ersten Würdenträger des Hofes, Anastasius, auf den Thron berufen (491—518). Vergeblich suchte er sich den Verpflichtungen zu entwinden, die Zeno Theodorich gegenüber auf sich genommen hatte (S. 318): was er nicht hindern konnte, mußte er nicht bloß doch geschehen lassen, sondern schließlich sogar ausdrücklich gutheißen und bestätigen und konnte zufrieden sein, dem neuen Ostgotenreich gegenüber in den Augen seiner Unterthanen und der Römer wenigstens den Schein der Oberhoheit einigermaßen zu wahren. Ebensowenig bedeutete es eine Steigerung seiner Macht oder auch nur eine Hebung seines Ansehens, daß der Frankenkönig Chlodwig sich von ihm die Würde eines Konsuls verleihen ließ. Im Osten hatte er einen verlustvollen Krieg mit dem Perserkönig Kabades zu führen, unter dem die Grenzprovinzen schwer litten. Dagegen gelang es ihm in einem mehrjährigen Kampf den stolzen Freiheitssinn der Isaurier zu brechen und durch Verpflanzung der wehrfähigen Männer in andere Provinzen oder Einreihung in das Heer sich für die Zukunft ihres Gehorsams zu versichern. Aber wie wenig auch er dem Rückgang Einhalt zu thun vermochte, der im Vergleich mit den Zeiten Pulcherias und Marcians über das Reich hereingebrochen war, das lehrt die damals bereits eingetretene Notwendigkeit, die Hauptstadt durch eine neue gewaltige Befestigungslinie gegen den plötzlichen Einbruch der feindlichen Nachbarn oder einen verwegenen Handstreich der unzuverlässigen Söldner sicher zu stellen. In der Länge von sechzehn Stunden zog sich die „Steinwehr" in weitem Bogen von der Propontis bis zum Schwarzen Meere. Und doch lagen die größten Gefahren vielmehr innerhalb derselben. Unter Anastasius' Regierung erfolgten die ersten großen blutigen Zusammenstöße der in der Rennbahn miteinander streitenden Parteien der Blauen und Grünen, die unter dem verwildernden Einfluß politischer und religiöser Leidenschaften schließlich das ganze Volk zu zerreißen und das Reich in die Greuel eines dauernden Bürgerkrieges zu stürzen drohten. Dem gegenüber wollte es für die Zukunft wenig bedeuten, daß Anastasius die Verschwendung seiner Vorgänger vermied und einen Schatz ansammelte, so dankbar die Unterthanen sich der dadurch ermöglichten Erleichterung des Steuerdruckes erfreuen mochten.

Münze von Kaiser Anastasius.

Ein Solidus. Auf der Vorderseite das Brustbild des Kaisers mit der Umschrift: D(ominus) N(oster) ANASTASIVS P(er)P(etuus) AVG(ustus). Gold. Originalgröße. Berlin, Königl. Münzkabinett.

Als Anastasius 518 starb, wollte sich sein Neffe Hypatios des Thrones bemächtigen. Aber der Befehlshaber der Garde, Justinus, ein Mann niederer Herkunft und ohne Bildung, aber als Soldat bewährt und als solcher durch eigene Tüchtigkeit in die Höhe gekommen, wußte seine Truppen, die er für jenen gewinnen sollte, dahin zu bestimmen, daß sie vielmehr ihn selbst zum Kaiser aus-

Befestigungswerke an der Südwestecke
Zwischen zwei aus Marmorquadern ohne Mörtel errichteten mächtigen

ntinopel; Ende des 5. Jahrhunderts.
ldene Pforte", Triumphtor der byzantinischen Kaiser (jetzt vermauert).

riefen unter dem Beifall der hauptstädtischen Menge, die seinen orthodoxen Eifer als die beste Empfehlung ansah. Bald waren die Gegner unschädlich gemacht und durch entschiedenes Eintreten für die von Anastasius bekämpften Beschlüsse der chalcedonischen Synode die neue Dynastie befestigt. Denn neben Justin, der, im Feldlager alt geworden, nicht einmal seinen Namen schreiben konnte, aber tüchtige Gehilfen an den rechten Platz zu stellen wußte, stand bald als Mitregent und als künftiger Nachfolger sein Neffe Justinian, ebenfalls der Sprößling einer dardanischen Bauernfamilie, aber von nie versagender Gewandtheit, voll feinen Verständnisses für die Schwächen der Menschen und ein Meister in ihrer geschickten Ausnutzung, namentlich durch ein recht geflissentliches Zurschautragen seines Eifers für den rechten Glauben. An die Spitze des Reichsheeres gestellt, war er doch weniger Soldat als ein Künstler der büreaukratischen Regierung von dem für die Unterthanen unerreichbaren Kabinett aus. Mit richtigem Blick für die Menschen wußte er die Tüchtigsten herauszufinden und auf den rechten Platz zu stellen, ohne sich ihnen ganz zu vertrauen oder gar sie unentbehrlich werden zu lassen. Von erstaunlicher geistiger Beweglichkeit und Vielgeschäftigkeit umspannte er mit weitem Blick die unendliche Vielheit der in seinem Reich konkurrierenden Interessen und wußte sie nicht ohne Geschick und Glück miteinander zu versöhnen und immer neue Kräfte zu ihrer Förderung in Wirksamkeit zu setzen. So ist es ihm gelungen dem Verfall, der über das Reich hereingebrochen war, Einhalt zu thun und ihm durch eine neue Organisation für die Zukunft wieder Halt und innere Festigkeit zu geben. Wenn auch nicht gerade der Schöpfer, der Vollender des Byzantinismus darf Justinian danach genannt werden, wie denn auch das charakteristische Gepräge, das er ihm gegeben hat, dem Reiche bis in seine letzten Tage eigen geblieben ist.

Münze von Kaiser Justinian I.

Auf der Vorderseite das rohe Bildnis des Kaisers zwischen zwei Kreuzen; Umschrift: IVSTINIANVS P(er)P(etuus) AVG(ustus). Auf der Rückseite ein M, welches die Wertzahl 40 darstellt und den Follis bezeichnet; links ANNO, rechts XVIIII, darunter KYZ bedeutet: im neunzehnten Regierungsjahre des Kaisers in Kyzikus geprägt. Kupfer. Originalgröße. Berlin, Königl. Münzkabinett.

In Justinian lebte der Gedanke der römischen Weltherrschaft fort, freilich eigentümlich modifiziert durch ein starkes orientalisches Kolorit, aber doch in einer Größe erfaßt und mit einer Konsequenz vertreten, die Mit- und Nachwelt zu imponieren geeignet war. Die ungeheure Vorstellung, die er von der Hoheit und Macht der in ihm verkörperten Würde hegte, offenbarte sich in der Entfaltung sinnfälliger, betäubender Pracht, die ihn unendlich hoch noch über die an Rang und Ehren sonst Höchststehenden erhob und fast wie eine anbetungswürdige Gottheit erscheinen ließ. Wie einer solchen durfte man sich ihm und seiner Gemahlin nur knieend nahen, und seine Unterschrift wurde geradezu als „göttlich“

bezeichnet. Im Grunde kein großer Geist und jedenfalls kein starker Charakter, fand er in diesem imponierenden Beiwerk für sich selbst eine Stütze, die ihn gewissermaßen über sich selbst erhob und aus der Vorstellung von einer ganz besonderen Art von Herrschaft, zu der er berufen sein wollte, immer neue Kräfte entnehmen ließ. Es hing damit zusammen, daß er sich persönlich in geheimnisvollem Dunkel zu halten liebte: erkannt, bewundert, gefürchtet nach den von ihm ausgehenden Wirkungen, wollte er, wie die Gottheit, nur geahnt, ungesehen verehrt sein, niemals aber durch die Berührung mit den übrigen Erdgeborenen in die Gefahr geraten, selbst in der auch ihm anhaftenden menschlichen Beschränktheit und Hinfälligkeit erkannt zu werden. Hier liegt ein gewisser Widerspruch in seinem Wesen, der in einzelnen kritischen Momenten seiner Geschichte höchst charakteristisch zu Tage trat.

Aber eben da fand Justinian eine merkwürdige, in ihrer Art eigentlich einzige Ergänzung durch die wunderbare Frau, die mit ihm den Thron teilte. Mag auch manches von dem, was der Kaiserin Theodora von der Lügenlust klatschfroher Zeitgenossen nachgesagt wurde, unbegründet sein: was als historisch beglaubigt übrig bleibt, ist noch immer arg genug, läßt aber ihre Persönlichkeit und ihre Gaben und den Einfluß, den sie als des Gatten vertrautester Beirat auf die Reichsregierung übte, in einem um so helleren Lichte erscheinen. Als Tochter eines Cyprioten, der nachmals in der Hauptstadt als Wärter des zu dem Cirkus gehörigen Bärenzwingers lebte, geboren, hatte Theodora, in jungen Jahren gewöhnt ihre Reize als Schauspielerin und Tänzerin den Blicken der Menge bloßzustellen, dieselben bald noch in viel gemeinerer Weise verwertet und als Buhlerin in Alexandrien und anderen Orten einen üblen Ruf gewonnen. In Konstantinopel spielte sich die schöne Sünderin dann auf die geläuterte Tugendheldin hinaus. Nicht ohne eine gewisse äußerliche Bildung, lebhaften Geistes, gewandt in der Rede und von siegesgewisser Koketterie wußte sie des Kaisers Justin Neffen an sich zu ziehen und so völlig zu fesseln, daß er sie trotz heftigen Widerstandes seiner Familie als Gattin heimführte, freilich erst nachdem eine Änderung des geltenden Rechtes die Eingehung einer rechtsgültigen Ehe für eine Frau von solcher Vergangenheit überhaupt ermöglicht hatte. Aber die kirchliche Weihe des Herrscherpaares nach dem Tode Justins deckte vollends jeden Makel zu. Noch niemals hatte eine Kaiserin eine Stellung eingenommen, wie Theodora sie von Justinian eingeräumt erhielt. Als gleichberechtigte Mitregentin teilte sie mit ihm die kaiserliche Vollgewalt und wurde als die ihm von Gott gegebene, allzuverehrende Gemahlin des göttlichen Nimbus teilhaftig, der mit dem kaiserlichen Diadem auf ihn gekommen war. Und da alle Welt wußte, wie ganz Justinian von ihr beherrscht wurde, so wetteiferten weltliche und kirchliche Würdenträger in kriechendem Werben um ihre Gunst und Gnade. Denn mit gutem Grunde fürchtete man von ihrer unbezähmten Leidenschaft einen unheilvollen Einfluß auf den leicht zu bestimmenden Gemahl. Selbst durch eine wunderbare Kette von Umständen aus dem Schmutz auf die Höhe des Thrones erhoben, brannte Theodora nach der Art solcher Emporkömmlinge vor Begierde, die nun unter ihr Stehenden ihre Niedrigkeit recht fühlen zu lassen und sich für die mancherlei Demütigungen zu rächen, die ihr dereinst bereitet worden waren. Argwöhnisch und mißtrauisch war sie in steter Sorge um die Erhaltung all dieser Herrlichkeit und Macht und ließ durch Horcher und Spione Mienen und Worte auskundschaften, bereit jedem Verdacht des Mißwollens durch blutige Verfolgung Ausdruck zu geben. Und es war ihrer Leidenschaft eine Erquickung grausam sein, foltern und quälen zu können, und nicht selten soll sie unweiblich selbst den Blick an den Qualen ihrer Opfer geweidet haben. Aber diesen üblen Eigenschaften standen unschätzbare gute gegenüber. Mit einem sicheren Blick für Menschen und Dinge verband sie in höherem Grade als ihr Gemahl rasche Entschlossenheit und den Mut, einer Gefahr ins Auge zu sehen und die Stirn zu bieten. Auch scheint ihr Wandel ohne Anstoß gewesen zu sein und in nichts der Verleumdung einen Anhalt geboten zu haben, die sicherlich nicht geruht haben würde, wenn sie ihr auch in dieser Hinsicht einen Makel hätte anheften können.

So ist Theodora, untrennbar von Justinian, mit allem verbunden, was er erstrebt und erreicht hat, und in manchem Punkte scheint ihrem Einfluß ein größeres Verdienst zuzukommen als dem Entschluß ihres Gatten. Namentlich in der größten Krisis, welche ihre gemeinsame Regierung durchzumachen hatte, wird man an der rettenden Wendung ihr den entscheidenden Anteil zuerkennen müssen. Das war bei Gelegenheit des furchtbaren Aufstandes, der zu Beginn des Jahres 532 alles, was Justinian in vierzehn arbeitsreichen Jahren zur Befestigung seiner Herrschaft gethan hatte, in wenigen stürmischen Tagen unter Blutvergießen und Brandlegung spurlos hinwegzufegen drohte.

Eine ganze Reihe von verschiedenen und einander sonst fremden Bewegungen trafen dabei zusammen. Mit Schrecken wurde der Kaiser gewahr, auf wie unsicherem Grunde trotz der blendenden Pracht seiner inneren und äußeren Ausstattung der Bau seiner Herrschaft ruhte und wie die gärenden, unberechenbar leicht und stürmisch bewegten Massen der hauptstädtischen Bevölkerung eigentlich eine tägliche und stündliche Gefahr für ihn bedeuteten. Den Ausgangspunkt bildete der demoralisierende Einfluß der Cirkusspiele, der zwischen den einander da bekämpfenden beiden größten Parteien der Rennbahn, den Blauen und den Grünen, einen permanenten Kriegszustand herbeigeführt hatte. Schon wiederholt war die Stadt aus diesem Anlaß zum Schauplatz blutiger Greuel geworden, bei denen nicht selten die niedrigsten persönlichen Leidenschaften unter dem Deckmantel fanatischen Parteieifers Befriedigung suchten und fanden. Und nun war die Erbitterung noch gestiegen, seit Theodora aus Anlaß einer persönlichen Demütigung, die ihr dereinst von ihnen zugefügt worden sein sollte, den Grünen die bisher gewährte Gunst des Hofes entzogen und ihren ganzen gewaltigen Einfluß den Blauen zugewandt hatte, die bisher bedrückt und von den Gegnern ungestraft mißhandelt worden waren. Das hatte einen politischen Umschlag zur Folge. Denn auch in der Leitung des Staates und des Heeres standen die Cirkusparteien einander gegenüber, und ihre Gegensätze verquickten sich mit denen, welche die Kirche infolge der endlosen dogmatischen Streitigkeiten zerrissen. Waren bisher die Grünen in allen Ämtern und Würden bevorzugt worden und hatten, ungehindert von oben, ihre Macht zur rücksichtslosen Verfolgung, Ausraubung, Mißhandlung, ja Tötung der Gegner mißbrauchen dürfen, so wurde das nun plötzlich anders. Aus den über alles Recht und Gesetz erhabenen Verfolgern wurden die

Erläuterungsblatt zu den Tafeln

Kaiser Justinian und Kaiserin Theodora mit ihrem Gefolge.

Mosaiken in der Kirche San Vitale in Ravenna. Bau über der Stelle der Marter des heil. Vitalis; im Jahre 526 durch Erzbischof Ecclesius begonnen, geweiht 547 durch den heil. Maximianus; ursprünglich Hofkirche.

Die beiden bedeutenden Darstellungen sind byzantinische Zeremonienbilder großen Stiles, ein Denkmal der Einweihung der Kirche San Vitale im Jahre 547.

Kaiser Justinian und Kaiserin Theodora, beide mit dem Nimbus um die von Edelsteinen und Perlen strahlenden Kronen ihrer Häupter, sind inmitten ihres Gefolges dargestellt, wie sie, Weihgeschenke darbringend, ihren Einzug in die Kirche halten.

Der Kaiser trägt ein großes, goldenes Becken, die Kaiserin ein kleineres. Neben dem Kaiser schreitet der Erzbischof Maximianus mit einem großen, edelsteingeschmückten Kreuze, dann ein Geistlicher mit dem Evangeliarium und ein dritter mit dem Rauchfaß; hinter dem Kaiser drei Hofbeamte und vier Krieger von seiner Leibwache, auf den Schilden das Zeichen Christi.

Die Kaiserin wird von sieben Hofdamen begleitet. Ihre reiche Gewandung ist von kostbaren, gemusterten Stoffen, ihre Köpfe sind mit Schmuck bedeckt; in die Bordüre des Mantels der Kaiserin ist eine Darstellung der anbetenden Könige aus dem Morgenlande gestickt. Die Kaiserin schreitet auf den Brunnen der Reinigung zu, der vor einem Portal steht, dessen Vorhang ein Hofbeamter vor der Kaiserin aufhebt.

Kaiser J

Mosaik in der Kirche San Vit

Gefolge.

; Mitte des VI. Jahrhunderts.

Kaiserin

Mosaik in der Kirche San Vi

d Gefolge.

; Mitte des VI. Jahrhunderts.

Grünen mit einem Male die gleich unbarmherzig Verfolgten. Natürlich brannten sie vor Begierde die alte Ordnung wieder herzustellen und warteten nur auf eine günstige Gelegenheit, einen gewaltsamen Versuch dazu zu machen. Und sie durften für den Augenblick des Handelns hochgestellter Gönner gewiß sein, die schon durch ihren Namen ihrer Sache mächtig Vorschub zu leisten versprachen. Des Anastasius Neffen, obenan der tüchtige Hypatios, der sich durch des Kaisers wachsendes Mißtrauen auch aus der mit Glück begonnenen kriegerischen Bethätigung wieder verdrängt sah, hatten es nicht verschmerzt, daß ihr Recht auf die Nachfolge durch den schlauen Gewaltstreich der bäuerlichen Emporkömmlinge außer Wirksamkeit gesetzt worden war. Sie waren die geborenen Führer der drohenden Erhebung gegen Justinian, den Erben des Usurpators. Den plötzlichen Ausbruch des längst drohenden Unwetters aber verschuldete dieser, als er den immer stürmischer erneuten Klagen der Grünen endlich nachgab und der wüsten Zuchtlosigkeit der eine Art von Schreckensherrschaft führenden Blauen Einhalt zu thun versuchte. Am 12. Januar 532 wurden etliche der ärgsten Übelthäter hingerichtet. Aber auch einige schwer kompromittierte Grüne traf die verdiente Vergeltung. Das war nicht nach dem Sinn der in blinde Parteiraserei verrannten Hauptstädter. Nur den Gegner sollte die schwere Hand des als Hüter des Rechtes und der Gerechtigkeit angerufenen Kaisers treffen dürfen: der eigenen Partei wünschten sie die alte straflose Willkür zurückgegeben zu sehen. Als der Kaiser die erbetene Gnade verweigerte und entschlossen schien ein Beispiel zu statuieren, sahen sich beide Parteien gleich bedroht, vergaßen alsbald die alte Todfeindschaft und eilten gegen die so unerwartet erneute Staatsautorität in wilder Rebellion gemeinsame Sache zu machen.

Am 13. Januar ergossen sich die leidenschaftlich erregten Massen aus dem Cirkus mit dem Losungsruf „Nika!“ d. i. Sieg! im Sturmlauf über alle Teile der Stadt. Die Wachen wurden zusammengehauen, die Gefängnisse erbrochen, öffentliche Gebäude in Brand gesteckt. Bald stand ein großer Teil der herrlichen Stadt in Flammen, und die entsetzte Bevölkerung eilte, sich nordwärts über den Hafen nach Pera oder auf die gegenüberliegende asiatische Küste zu retten. Auch noch am nächsten Tage tobte wilder Straßenkampf durch die brennende Stadt. Die Aufrührer gewannen Terrain und kamen dem kaiserlichen Palast allmählich näher. Die Entlassung der am meisten verhaßten hohen Beamten, des Gardepräfekten Johannes, des Kanzlers Tribonian und des Stadtpräfekten Eudämon, die Justinian nun bewilligte, machte keinen Eindruck mehr. Sie galt als ein Beweis ratloser Schwäche und ermutigte die Rebellen nur zu kühnerem Vorgehen. Die Entthronung Justinians wurde immer deutlicher als das Ziel erkennbar, auf das die geheimen Leiter und die hochgestellten Begünstiger des Aufruhrs hinauswollten. Namentlich hatten die Vorkämpfer der Monophysiten, die seit der Erhebung Justinians hart verfolgt wurden (S. 351), in diesem Sinn ihre Hand im Spiel. Inzwischen tobte der mörderische Kampf weiter durch die Straßen, während die Flammen, denen niemand Einhalt that, immer mehr um sich griffen und eine Reihe der herrlichsten Bauwerke der Hauptstadt in rauchende Trümmerhaufen verwandelten. Selbst der kaiserliche Palast war schwer bedroht. Da ließ Justinian am 17. Januar noch einen verzweifelten Versuch zur Niederwerfung des Aufstandes machen. Die aus der Umgegend herangezogenen barbarischen Söldner, namentlich Goten und Heruler, denen er sich lieber anvertraute als der ebenfalls von den Parteiungen ergriffenen und daher unzuverlässigen Garde, richteten, unter Belisars Kommando plötzlich vorbrechend, ein furchtbares Blutbad unter dem Volke an und warfen sich in ihrem arianischen Eifer mit Wut selbst auf die Priester, die mit Kruzifixen und Reliquien herbeigeeilt waren, um die Kämpfenden zu trennen und der entsetzlichen Metzelei Einhalt zu thun. Dadurch auf das äußerste gereizt erhob sich die Masse erst recht in leidenschaftlicher Wut. Das religiöse Moment wurde nun vollends stark betont und gab dem Kampfe einen entsprechend furchtbareren Charakter. Von religiösem Fanatismus erfaßt, der sich im Heiligsten bedroht wähnte, nahmen selbst Weiber an dem Straßenkampfe teil, indem sie von Dächern und Fenstern Steine und anderes auf die Truppen herabschleuderten und diese dadurch zu noch wüsteren Repressalien reizten. Und währenddessen fraßen die Flammen gierig weiter und drohten immer neue Straßen und Stadtviertel in Asche zu legen.

Es läßt ihn doch in einem recht kläglichen Lichte erscheinen und offenbart den für ihn charakteristischen Mangel jedes männlich soldatischen Zuges, daß Justinian der Meinung war, dem Verhängnis durch einen elenden Theatercoup Halt gebieten zu können. Das konnte doch nur mit einer neuen, noch tieferen Demütigung des Kaisertums enden. Am 18. Januar, einem Sonntag, erschien er vor dem zusammenberufenen Volk in der Rennbahn, der Wiege all dieses Unheils, und legte reumütig ein offenes Schuldbekenntnis ab: wenn man die Waffen niederlegte, wollte er eine uneingeschränkte Amnestie gewähren, so gelobte er, die Hand zum Schwur auf die Evangelien legend. Betäubend aber schallte ihm von allen Seiten der Ruf entgegen, er schwöre ja doch falsch. Eilig entwich er in den Palast. Unrettbar schien sein Thron zusammenzubrechen. Denn als er nun Hypatios und seinen Bruder Pompejus, die er bisher gewissermaßen als Geiseln bei sich zurückbehalten hatte, entließ, um dem Volke ein Unterpfand seiner Bereitwilligkeit zum Frieden zu geben, da wurden diese von der Menge jubelnd begrüßt und Hypatios zum Kaiser ausgerufen. Nun sah Justinian keinen anderen Ausweg mehr als schleunige Flucht, zu der die nahe dem Palast ankernde Flotte bereits die nötigen Anstalten traf. Selbst Belisar billigte diesen Entschluß: er wußte, daß auf die Truppen kein Verlaß war. Da erhob Theodora Einsprache. Mit beredten Worten wies sie auf die Schmach hin, mit der ein solcher Ausgang seiner Herrschaft Justinian bedecken würde: wer sich im Besitz einer solchen Macht befunden habe, dürfe deren Verlust nicht überleben; sie für ihre Person sei entschlossen auszuharren und im Notfall auf dem Thron zu sterben. Das entschied. Die Flucht wurde aufgegeben, die Fortsetzung des Kampfes beschlossen. Belisar drang mit den barbarischen Truppen von neuem gegen die Rennbahn vor, während gleichzeitig Geldspenden und Versprechungen aller Art in Wirksamkeit gesetzt wurden, um die Blauen zur Lösung ihres Bundes mit den Grünen zu vermögen und wieder auf die Seite des Hofes herüberzuziehen. Das gelang: die Kräfte des Aufstandes wurden geteilt.

Damit begann der letzte, furchtbar blutige Akt. Von Belisar in den Cirkus zusammengedrängt, wurden bei dreißigtausend Menschen niedergehauen, Hypatios und Pompejus gefangen genommen und vor den Kaiser geschleppt. Am 20. Januar endeten sie unter dem Beil des Henkers, nachdem sie vergeblich ihr Leben zu retten versucht hatten durch die Lüge, sie hätten mit den Empörern nur scheinbar gemeinsame Sache gemacht und dieselben geflissentlich in dem Cirkus konzentriert, um dem Kaiser ihre Bewältigung zu erleichtern. Und auch sonst erfolgte ein furchtbares Strafgericht, dem hohe Beamte und vornehme Leute in Masse zum Opfer fielen, während ihr konfisziertes Vermögen die Schatzkammer Justinians füllte. Die Rennbahn blieb jahrelang öde und leer, und länger noch dauerte es, bis die niedergebrannten Stadtteile neu erstanden. Die Beamten, die er einst dem siegreichen Aufstande geopfert hatte, kehrten auf ihre hohen Stellen zurück und trieben im Dienste unbarmherzigster Reaktion die alte Mißwirtschaft nun vollends ungescheut. Mit raffinierter Erfindungsgabe wußte Johannes von Kappadocien immer neue Geldquellen zu erschließen, um den prachtvollen Neubau der durch den Nikaaufstand eingeäscherten Teile der Hauptstadt mit ihren Palästen und Kirchen zu ermöglichen, unbeirrt durch die trostlose Verarmung, in die er die Provinzen stürzen sah, und das Elend, das er über viele Tausende von ruinierten Familien brachte, nebenher schamlos auch auf die eigene Bereicherung bedacht, grausam und gewaltthätig und in seinem Privatleben mit allen Lastern befleckt. Selbst Theodora wagte er, auf die unverlierbare Gunst des Kaisers pochend, übermütig entgegenzutreten, und nur mit Mühe und nicht ohne eigene Gefahr gelang es dieser ihn endlich zu Fall zu bringen: im Jahre 542 wurde er nach Kyzikos verbannt, wo er später — ohne Grund als Mörder des Bischofs der Stadt verdächtigt — auf Theodoras Betreiben hingerichtet wurde.

Ein großer Teil des leidenschaftlichen Hasses, der weite Kreise gegen Justinian und seine Regierung erfüllte, ist durch diesen gewissenlosen Gehilfen verschuldet worden. Aber freilich war es eben sein Finanzsystem mit seinem markaussaugenden Steuerwesen, was dem Kaiser die Entfaltung jenes unvergleichlichen Glanzes ermöglichte, der nicht bloß von den Mitlebenden, sondern noch von den Späteren manchen über den wahren Charakter dieser Herrschaft getäuscht hat. Ungeheure Summen verwandte Justinian auf die Verherrlichung der Hauptstadt durch Prachtbauten aller Art, Kirchen, Paläste, Denkmäler u. s. w. Unter den vierundzwanzig Kirchen, die er dort baute, ist die Christus als der göttlichen Weisheit geweihte Sophienkirche die berühmteste. Die erstaunliche Kühnheit ihres sich himmelwärts wölbenden Kuppelbaues, die gewaltigen, mit der wunderbarsten Harmonie gepaarten Dimensionen, die blendende Pracht des Marmorgetäfels, die Goldzieraten und die kunstvollen Mosaiken ließen sie allen Zeiten als einen Wunderbau erscheinen. Sie konnte zugleich als ein Denkmal für die glückliche Niederschlagung des Nikaaufstandes gelten und als Sinnbild der von Justinian erstrebten Einheit der Kirche auf Grund des *einen* Glaubens, der vom Staate sanktioniert war und durch alle staatlichen Zwangsmittel in der Alleinherrschaft bewahrt wurde. Daß es sich dabei für ihn nicht darum handelte, einer tiefinnerlichen Überzeugung zum siegreichen Ausdruck zu verhelfen, die er in ernstem Ringen um die Wahrheit gewonnen hatte, versteht sich von selbst, mag er auch sich selbst als theologischer Schriftsteller versucht und sogar dogmatische Abhandlungen in Briefform geschrieben haben. Kämpfte er auch gegen die Reste des Heidentums und die heidnische

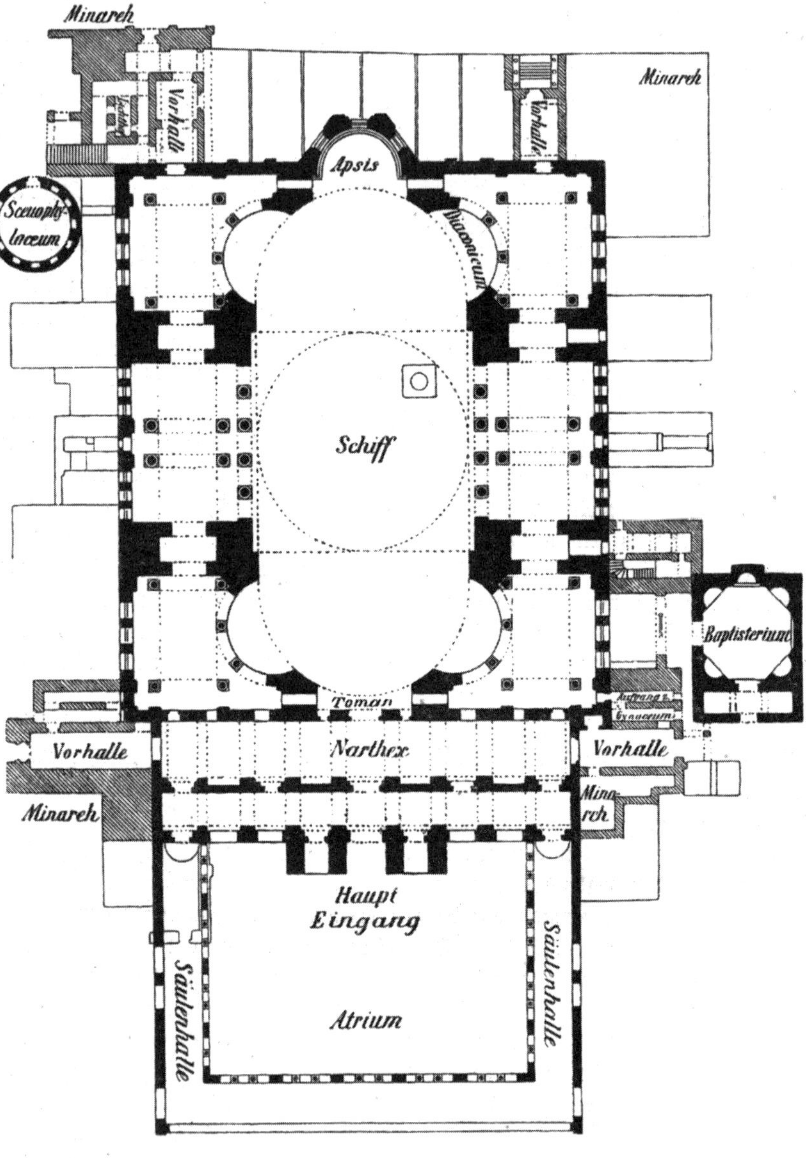

Grundriß (zu ebener Erde) der Sophienkirche in Konstantinopel.

Philosophie, verfolgte er die Manichäer so gut wie die Juden: im Grunde entsprang sein Eifer für die Durchsetzung der Geltung allein eines Dogmas vielmehr politischen Motiven. Er wußte nur zu gut, welche unerschöpfliche Quelle auch politischen Haders die dogmatischen Streitigkeiten geworden waren, welche die morgenländische Christenheit zerrissen, und welch furchtbare Nahrung sie neuen bürgerlichen Kämpfen zuführen konnten. Die Orthodoxie war ihm die natürliche

Die Sophienkirche in Konstantinopel.

Bundesgenossin der absoluten Monarchie. Justinian war es gewesen, der nach des Anastasius Tode und der Ausschließung des Hypatios von der Thronfolge seinen Oheim, den Usurpator Justin (S. 351), vermocht hatte, die Illegalität seiner Herrschaft in den Augen des Klerus und des von ihm geleiteten Volkes

Die Sophienkirche in Konstantinopel.

auszugleichen und vergessen zu machen durch die blinde Hingabe an die durch die Haltung der Vorgänger erbitterte orthodoxe Partei. Auch als Kaiser hat Justinian aus dem gleichen Grunde in der gleichen Richtung gewirkt. Nur stieß er dabei auf einen gewissen, allerdings vorsichtigen und geheimen Widerstand von seiten seiner Gemahlin Theodora, die zu den Monophysiten neigte und ihrer Opposition Vorschub leistete. Eigenmächtige Änderungen, die er, um die einander entgegenstehenden Meinungen vereinigen zu können, an den von dem chalcedonischen Konzil beschlossenen Formeln vornahm, erregten die Unzufriedenheit und das Mißtrauen beider Parteien und erzeugten eine nachhaltige Gärung, die an offenem Ausbruch zu hindern, er sich wiederholt genötigt sah, gegen beide mit strengen Repressivmaßregeln einzuschreiten. Namentlich von seiten der abendländischen Kirche, die sich von jeher durch ihren orthodoxen Eifer hervorgethan hatte, stieß er mit seinem Zwange zur Glaubenseinheit auf heftige Opposition. Doch gelang es ihm, dieselbe mit Hilfe der im Frühjahr 553 zu Konstantinopel gehaltenen fünften ökumenischen Synode durch die Unterwerfung des römischen Bischofs Vigilius und die Einsetzung des fügsamen Pelagius (555—566) zu brechen und damit auch das römische Bistum vorübergehend unter seine Hoheit zu bringen, ein Erfolg, welcher dem Ausbau seiner wiederhergestellten Herrschaft in Italien zugute kam und der Staatsautorität auch dort die dienstwillige Unterstützung der Kirche und ihrer Würdenträger bei der Verfolgung ihrer weltlichen Zwecke sicherte. Bestand aber hat das von ihm Erreichte auf diesem Gebiete nirgends gehabt. Denn bald genug haben sich die Monophysiten von der Reichskirche in aller Form losgesagt und als eine eigene Glaubensgenossenschaft konstituiert. Im Westen aber, wo sich das hartbedrängte Haupt der Kirche dem geübten Zwange notgedrungen gebeugt, die Kirche selbst aber in offener Auflehnung gegen dasselbe mit erbitterter Zähigkeit den bisherigen Standpunkt festgehalten hatte, bahnte das Aufkommen der langobardischen Macht und die dadurch beschleunigte und befestigte Verbindung des römischen Bistums mit dem fränkischen Königtum einen Umschwung an, der die kaum gewonnene kirchliche Machtstellung bald wieder vernichten und weiterhin auch den Verlust der eben eroberten Provinzen zur Folge haben sollte.

Auf allen diesen Gebieten ist es Justinian doch nicht gelungen die Entwickelung seines Reiches für die Zukunft in die Bahnen zu zwingen, die er sie weiterhin verfolgen zu sehen wünschte, damit das Kaisertum auf der Höhe der Macht erhalten würde, die er dafür in Anspruch nahm. Und ebendarin offenbart sich eine für seine historische Stellung sehr wesentliche Seite. Er war kein eigentlich schöpferischer Geist, der seiner Zeit vorauseilend seinem Volke neue Ziele zu weisen und neue Wege dazu zu öffnen vermocht hätte. Vielmehr lag seine Bedeutung in dem richtigen Verständnis für die geschichtlich gewordenen Zustände, die hinfällige Vergänglichkeit der einen und die Lebensfähigkeit der anderen. So hat er dem Verfall, der das Reich einem schnellen Untergang entgegenzutreiben schien, Einhalt gethan und in den bleibenden Ergebnissen der vorangegangenen Entwickelung feste Stützen für die Zukunft des Reiches gewonnen, das berufen schien, in sich die Gesamtsumme des römischen Kulturlebens zu festen Formeln verdichtet auf die Nachwelt zu bringen. Der vollkommenste und am meisten nachhaltige Erfolg, in einem Maße, das in seiner Art geradezu einzig dasteht, ist ihm da bezeichnenderweise mit der von ihm veranlaßten Kodifikation des römischen Rechtes beschieden gewesen, durch die er dem absterbenden Römertum einen fast unbeschränkten Einfluß auf die Rechtsentwickelung aller kommenden Kulturvölker gesichert hat. Aber auch hier ist sein Verdienst nur das des Sammlers, des Erhalters und Redaktors, und ein eigentlich schöpferischer Zug geht ihm hier wie überall ab. Die ungeheure Produktivität des über ein Jahrtausend alten römischen Rechtslebens hatte längst eine ordnende Übersicht und Auswahl des noch Geltenden oder zur Geltung Befähigten wünschenswert gemacht. Aus einer unendlich mannigfachen lebendigen Praxis erwachsen, bedurfte das römische Recht, sollte es nicht an der eigenen Überfülle zu Grunde gehen, einer systematischen Durcharbeitung und Gliederung. Frühere Versuche der Art waren mißlungen. Justinian kam gleich im Beginn seiner Regierung darauf zurück und fand in dem Kanzler Tribonian den Mann, der mit staunenswerter Gelehrsamkeit, zergliederndem Scharfsinn und ungeheurer praktischer Erfahrung einer solchen Riesenaufgabe gewachsen war.

Den ersten nicht eben erfolgreichen Schritt, der die Schwierigkeit des ganzen Unternehmens eigentlich erst recht erkenntlich machte, bezeichnet die Veröffentlichung des Justinianischen Codex im Frühjahr 529. Er enthielt eine Zusammenstellung aus den Konstitutionen der Kaiser seit Hadrian. Da es sich aber bei diesen doch immer nur um eine Ergänzung oder Berichtigung der in dem lebendigen Flusse der Entwickelung allmählich ausgestalteten Rechtswissenschaft, nicht aber um eine Darlegung der leitenden Ideen und der grundlegenden Principien handelte, so erwies sich der Codex den Anforderungen der Praxis gegenüber als unzureichend. Daher wurde eine Kommission von sechzehn Juristen unter Leitung Tribonians beauftragt, aus den Schriften der älteren Juristen auszugsweise alles auf die einzelnen Rechtsmaterien Bezügliche nach diesen geordnet zusammenzustellen, damit sich jeder leicht über den Gesamtstand der Rechtswissenschaft in den einzelnen Kontroversen unterrichten könnte und demnach im konkreten Falle rechtskundig zu handeln vermöchte. In dreijähriger Arbeit entstand so das Riesenwerk der in fünfzig Bücher geteilten Digesten oder Pandekten, die Ende des Jahres 533 Gesetzeskraft erlangten und hinfort im ganzen Reiche für die Entscheidung in allen civilrechtlichen Streitfällen maßgebend sein sollten. Aus diesem Hauptwerke ließ Justinian dann noch einen in vier Bücher geteilten, mehr für Anfänger bestimmten Leitfaden, die Institutionen, anfertigen. Diese drei Werke gaben das in dem gesamten Umfange seines Herrschaftsgebietes allein geltende Recht. In viel höherem Maße, als es ihm mit der administrativen und kirchlichen Einheit gelungen ist, hat Justinian seine Gedanken hier durchführen können. Geschickt hat er diesen Erfolg auch im übrigen auszubeuten gestrebt, indem er ihn als eine besondere Gnade Gottes darstellte und damit für sich selbst den Nimbus eines vom Himmel auserwählten Werkzeuges in Anspruch nahm. Nur wurde ihm auch in diesem Falle die Enttäuschung nicht erspart, selbst noch den Widerspruch recht erkennen und empfinden zu müssen, der zwischen jenen hochtönenden Worten und der Mangelhaftigkeit seines Werkes gegenüber den Anforderungen in der Praxis obwaltete. Ergänzungen, Berichtigungen und Nachträge aller Art waren alsbald erforderlich und haben auch in der Folge noch in beträchtlicher Zahl geliefert werden müssen. Dahin gehören namentlich die Neubearbeitung des Codex vom

Jahre 537 und dann die Novellen, welche, dem im Laufe der Zeit aufgetauchten Bedürfnis entsprechend, einzelne schwierige Rechtsfragen behandelten und damit auch ihre Lösung für die Zukunft an bestimmte Normen binden sollten. Immerhin bleibt diese Kodifikation des römischen Rechtes eine Leistung von unvergleichlicher Großartigkeit und Folgerichtigkeit. Sie hat das Fortleben desselben gesichert, indem sie es zugleich umgestaltete und weiterbildete, entsprechend den Anforderungen, welche die veränderten Verhältnisse und namentlich die zum Siege gelangten christlichen Anschauungen mit sich brachten.

Auch die Art, wie Justinian für die äußere Sicherheit des Reiches sorgte, trägt in ähnlicher Weise den Stempel seines scheinbar auf große Ziele gerichteten, in Wahrheit mit kleinen Mitteln arbeitenden Geistes. Große Entschlüsse und kühne Thaten sind ihm da ebenfalls fremd geblieben, und zwischen seiner mißtrauischen und scheuen Politik und den Verdiensten der großen Feldherren, die er unter seiner Regierung erstehen zu sehen das Glück hatte, offenbart sich mehr als einmal ein unrühmlicher Gegensatz. Obgleich er an zwei Stellen durch die geschickte Benutzung ohne sein Zuthun eingetretener günstiger Umstände Erobererruhm gewann, war er doch durchaus ein Mann der Defensive. Ein ungeheures Befestigungssystem sollte die Grenzen des Reiches sichern, namentlich längs des ganzen Donaulaufes, und auch weiter hinein wurde durch Thal- und Paßsperren, durch Burgen und Festungen vorgesorgt, um den Barbaren, sollten sie doch einmal eingebrochen sein, das Vorwärtskommen nach Möglichkeit zu erschweren. Dennoch hatte das Reich fast dauernd unter den kecken Raubzügen der barbarischen Nachbarn zu leiden, die plötzlich hereinbrechend allen Grenzwehren und Wegesperren zum Trotz bis tief in das Innere streiften und mit ihrer Beute entwichen waren, ehe etwas Ernstes gegen sie hatte geschehen können. War doch nicht einmal die Umgebung der Hauptstadt recht sicher. Unter ihren Mauern wurden vornehme Leute gelegentlich von Seeräubern aufgehoben, und der Kaiser selbst hat sich wiederholt in seinem Palaste von solchen beunruhigt gesehen. Namentlich aber wurde das Reich durch den ungestümen Ansturm der Bulgaren und Slawen an der unteren Donau jahrelang hart bedrängt. Im Jahre 540 ergossen sich die furchtbaren Feinde sogar bis tief nach Griechenland hinein und schleppten bei ihrem Abzuge Scharen von Gefangenen mit sich fort. Was das Land an dürftigen Resten seines ehemaligen Reichtums aus besseren Zeiten noch gerettet hatte, ist damals zu Grunde gegangen. Im Jahre 558 aber wälzte sich eine ähnliche Woge bis vor die Mauern der entsetzten Hauptstadt selbst, und nur der Umsicht und Thatkraft des greisen Belisar, den Justinian in dieser Bedrängnis noch einmal herbeirief, verdankte sie die Rettung vor dem ihr zugedachten Geschick der Plünderung. Immerhin wußte Justinian sich vor der Wiederkehr solcher Schrecknisse nicht anders zu sichern, als indem er den abziehenden Barbaren nicht bloß die Freigabe der Gefangenen, sondern auch einen Vertrag abkaufte, durch den sie ihren Einfällen zu entsagen und dem Reich hinfort als Bundesgenossen zur Seite zu stehen versprachen. Um dieselbe Zeit gewann Justinian gegen diese Völker Bundesgenossen in den Avaren. Vor der sich ausbreitenden Macht der Türken aus ihren bisherigen Sitzen weichend, erschienen diese am Kaukasus und wurden ihrem Antrage gemäß gegen Geld und Landverheißungen zum Kampf gegen Bulgaren und Slawen geworben, die sie hinfort an der unteren Donau erfolgreich bekriegten, mit ihren flüchtigen Reitergeschwadern gelegentlich weit nach Norden und Westen streifend. Natürlich aber emancipierten sich die Avaren von der anfangs zugelassenen byzantinischen Hoheit in demselben Maße mehr, als sie an Gebiet gewannen und allmählich ein eigenes Reich errichteten, welches schließlich die weiten Steppen und Weidelande an Donau und Theiß umfaßte. Dasselbe nahm dort eine in ähnlicher Weise nach West und Ost zugleich drohende Stellung ein, wie einst das ebendort wurzelnde Reich der Hunnen. Auch sonst schienen die Avaren zu deren Erben bestimmt und erneuten sowohl durch ihre Erscheinung wie die barbarische Art ihrer Kriegsführung weithin die Erinnerung an das mongolische Reitervolk, vor dem das römische Reich einst gezittert hatte. Zu voller Größe freilich entfaltete sich die Gefahr, welche Byzanz von dort her täglich und stündlich bedrohte, erst unter Justinians Nachfolgern.

In ein ähnliches Verhältnis wie zu dem Großchan der Avaren trat Justinian in Asien zu dem der immer weiter um sich greifenden Türken. Er bedurfte seiner gegen die Perser oder konnte diese doch nur dann zu bestehen hoffen, wenn er es nicht zu einem Bündnis zwischen ihnen und den Türken kommen ließ. Denn nach Beendigung der religiösen und bürgerlichen Streitigkeiten, welche das Perserreich der Sassaniden um die Mitte des sechsten Jahrhunderts zerrüttet und auch dem byzantinischen Reiche Frieden zu gewähren genötigt hatte, kehrte Chosroes I. Nuschirwan (531—579) zu der kriegerischen Politik seiner Ahnen zurück, ohne darum die Sorge für die Hebung der wirtschaftlichen und der geistigen Kultur seines Volkes zu vernachlässigen. Einem ersten Kriege machte ein angeblich auf „ewig“ geschlossener Friede ein Ende, den Justinian sich schweres Geld kosten ließ. Aber schon im Jahre 540 veranlaßte die Sorge vor der steigenden Macht des byzantinischen Reiches, das inzwischen Nordafrika zurückgewonnen und die Eroberung Italiens begonnen hatte, Chosroes zu einem neuen Angriff. Er brach in Mesopotamien ein, suchte Syrien bis nach Antiochien hin mit Greuel und Verwüstung heim und trug dann den gleichen Schrecken nach Palästina. Aber inzwischen war endlich Belisar mit einem eilig aufgebrachten Heere im Felde erschienen, hatte den Euphrat überschritten und bei Nisibis ein Lager aufgeschlagen, von dem aus er den Persern in Rücken und Flanke verderblich werden konnte. Gegen ihn mußte sich Chosroes daher wenden. Doch kam es nicht zu größeren Zusammenstößen. Aber trotz der ungünstigen Verhältnisse, mit denen Belisar zu ringen hatte, des Mißtrauens des Hofes daheim und der Unzuverlässigkeit der damit rechnenden Unterführer, gelang es ihm der Übermacht des Feindes erfolgreich die Spitze zu

Münze von Chosroes I.

Auf der Vorderseite das Brustbild des Königs; vor dem Kopf steht der Name **Chusrui**; hinter dem Kopf **afzu(t)**, ein Wort von unsicherer Bedeutung. Auf der Rückseite ist der persische Feueraltar zwischen seinen Wächtern abgebildet. Links steht **sidschwist** „23“, d. h. dreiundzwanzigstes Regierungsjahr; rechts **rd**, Abkürzung eines Städtenamens von unsicherer Deutung. Silber. Originalgröße. Berlin, Königl. Münzkabinett.

bieten und seine Kraft so zu beschäftigen, daß er von einer neuen Heimsuchung der byzantinischen Provinzen fürs erste absehen mußte. Das war immerhin ein bedeutender Erfolg. Nach zwei Jahren fand der ereignis- und ruhmlose Krieg im Jahre 543 durch die Erneuerung des ewigen Friedens sein Ende. Aber bereits im Jahre 549 begannen die Feindseligkeiten von neuem. Durch harte Bedrückung zum Aufstande gegen die byzantinische Schutzhoheit getrieben, riefen die in Kolchis sitzenden Lazen die Hilfe des Perserkönigs an. In kühnem Zuge eilte dieser durch die Bergwildnis des Kaukasus herbei und zwang die byzantinische Besatzung das feste Petra zu räumen. Bald aber bereuten die Kolchier, was sie gethan hatten. Denn Chosroes drückte sie durch harte Gewaltherrschaft und versuchte sogar sie zum Abfall vom Christentum und zur Annahme der Lehren des Zoroaster zu zwingen; ja, als er damit auf Widerstand stieß, plante er im geheimen die Wegführung des ganzen Volkes und seine Verpflanzung in das Innere seines weiten Reiches. Da wandten die Lazen sich wiederum dem alten Herrn zu, und dieser sandte ein Heer in das Land. Aber zwei Jahre leistete die persische Besatzung von Petra heldenmütigen Widerstand (549—551) und fand dabei bis auf den letzten Mann ihren Untergang. Schließlich aber gelang es den Byzantinern, welche durch die überlegene Kriegskunst der persischen Feldherren bis hart an die Küste gedrängt und dort am Phasis in einem festen Lager eingeschlossen worden waren, den ihnen vollends den Untergang zu bereiten bestimmten Ansturm der Feinde in einem Verzweiflungskampf abzuwehren und den Persern eine blutige Niederlage beizubringen, welche dieselben alle bisher in dem kolchischen Kriege gewonnenen Vorteile kostete. Aber noch mehrere Jahre blieb das Land der Schauplatz wechselvoller Kämpfe, und erst gegen Ende von Justinians Regierung kam endlich ein Friede zu stande, der um den Preis der jährlichen Zahlung von dreißigtausend Goldstücken an Chosroes die Gebiete von Kolchis unter der Hoheit des byzantinischen Kaisers beließ.

Und schon erhob sich damals eine neue Gefahr im Westen, welche den größten der von Justinian gewonnenen Erfolge unmittelbar wieder in Frage stellte — von dem altersschwachen Kaiser, der den übermächtig andringenden Sorgen der Regierung weniger denn je gewachsen war, teils selbst verschuldet, teils wenigstens unklug gesteigert. Von jenseits der mittleren Donau brachen die Gepiden in die nördlichen Grenzlandschaften ein, angeblich sich dem Kaiser freiwillig als Bundesgenossen zur Verfügung stellend. Gegen sie rief dieser in seiner Bedrängnis die ihnen benachbarten Langobarden zu Hilfe. Allerdings wandten diese nun ihre Waffen gegen die Gepiden, suchten aber zugleich auch ihrerseits die Gebiete südlich der Donau vielfach mit räuberischen Streifzügen heim, die sie bald bis zum Adriatischen Meere ausdehnten, während andere Haufen von ihnen den Griechen im Kampfe mit den Goten in Italien zur Seite standen. So begann damals bereits die Bewegung, welche von neuem Germanen nach Italien führen und ein neues germanisches Reich daselbst entstehen lassen sollte. Auch dort also sollte es Justinian nicht vergönnt sein, ein Werk von dauerndem Bestand zu schaffen.

Drittes Kapitel.

Der Untergang des Vandalen- und des Ostgotenreiches.

Etwa 534—556.

Um dieselbe Zeit, da in Italien der Heruler Odovaker auf den Trümmern des römischen Reiches seinen auf die Gewalt des Schwertes gegründeten Militärstaat errichtete, ging das thatenreiche und von seltenen Erfolgen gekrönte Leben des furchtbarsten, aber auch glücklichsten der in den Stürmen der letzten Jahrzehnte emporgekommenen germanischen Eroberer zur Neige. Am 25. Januar 477 starb Geiserich, der Gründer und erste Beherrscher des nordafrikanischen Vandalenreiches. In dem Wettkampf der auf der Suche nach Land immer weiter südwärts schweifenden germanischen Stämme war ihm und seinen verwegenen und verwilderten Genossen eigentlich die kostbarste Beute zugefallen. Schneller, als sie es nach ihren Leistungen verdient hatten, und zeitiger, als sie nach dem Fortgang ihrer Kultur, der äußeren sowohl wie der geistigen und der sittlichen, zu würdiger Ausfüllung der ihnen zugefallenen Stellung irgend befähigt waren, hatten die Vandalen die ausschlaggebende Stellung im Gebiete des Mittelmeeres gewonnen. Das hat sich dann auch an dem Volke und seinem Herrscherhause frühzeitig und schwer gerächt. Denn eine lehrreiche Vergeltung lag doch darin, daß kaum drei Menschenalter nach der Plünderung der ewigen Stadt (S. 300) dieser Räuberstaat wiederum zerstört, Afrika byzantinische Provinz geworden und der dort einst mit Schrecken gebietende Stamm so gut wie verschwunden war. Verschiedene Umstände haben zusammengewirkt, um diesen auf den ersten Blick überraschenden Gang der Dinge zu einer natürlichen sowohl wie einer sittlichen Notwendigkeit zu machen.

Unberührt von den verwüstenden Stürmen, die über die schon so schwer heimgesuchten europäischen Provinzen des weströmischen Reiches seit einem halben Jahrhundert verderbenbringend einhergegangen waren, unvergleichlich reich und herrlich blühend war Nordafrika in die Hände der Vandalen gefallen (S. 248). Denn einmal hatte seine herrliche Natur damals noch nicht die verheerenden Einwirkungen erfahren, die infolge des wiederholten Einbruchs barbarischer Eroberer und verwüstender Kriege mit der fortschreitenden Vernachlässigung seines Anbaues später einen großen Teil davon der immer weiter um sich greifenden Wüste haben verfallen lassen, und dann wurzelte die im Laufe von fast einem halben Jahrtausend eingebürgerte römische Kultur dank den ungewöhnlich günstigen wirtschaftlichen Verhältnissen noch so fest und lebenskräftig, daß sie von dem Elend des übrigen Reiches so wenig in Mitleidenschaft gezogen wie von der nie ganz bewältigten Feindschaft der einheimischen berberischen Bevölkerung ernstlich erschüttert worden war. Wald- und wasserreich bot das Land herrlichen Fruchtboden und war noch immer die Getreidekammer des römischen Reiches. Gab das Getreide doch hundertundfünfzigfachen Ertrag. Nero hatte einst gar ein Korn zugeschickt bekommen, aus dem dreihundertundsechzig Halme entsprungen waren! Die natürliche Fruchtbarkeit des Landes zu voller Entfaltung zu bringen, hatten die Römer durch eine Fülle künstlicher Anlagen für die gleichmäßige Verteilung seiner Wasservorräte gesorgt. Wein, Früchte, Gemüse aller Art gediehen in üppiger Fülle, weit über den Bedarf der Bevölkerung hinaus, so daß auch von diesen Produkten

Reste des Aquäduktes von Karthago.

ein gewinnreicher Export stattfand. Infolgedessen erstreckte sich damals auch die Besiedelung mit Städten und stadtähnlichen Anlagen viel tiefer in das Innere als späterhin und gegenwärtig. Nicht minder reichentwickelt war Nordafrikas Tierwelt. In den Bergen wurden kostbare Steinarten gebrochen, namentlich gelber Marmor, den Justinian bei dem Bau der Sophienkirche (S. 357) verwendet hat. Der Citrusbaum lieferte ein Holz, das zur Herstellung auf riesige Preise geschätzter Luxusgeräte diente, und aus dem Inneren brachten einheimische Händler das kostbare Elfenbein.

Dem unerschöpflich scheinenden Reichtum des Landes an Hilfsquellen aller Art entsprach seine starke und mannigfach thätige Bevölkerung, die sich zu einem kleinen Teil aus eingewanderten Römern, zum weitaus größeren aus romanisierten Einheimischen zusammensetzte. Die Städte, in denen sie lebte, standen an Glanz der Einrichtung hinter denen Italiens nicht zurück. Noch heute lassen Ruinen in Fülle das buntbewegte Leben ahnen, das einst in ihren Straßen und auf ihren Märkten und Plätzen pulsierte. Alles, was die hochentwickelte römische Technik zur Verbesserung der äußeren Lebensbedingungen und zur Verschönerung des Daseins zu schaffen vermochte, findet sich dort in reichem Maße und zuweilen mit imponierender Großartigkeit angewandt: Wasserleitungen und Bäder, Säulenhallen und Tempel, Theater und Rennbahnen — nichts von dem fehlte, was in jenem Zeitalter hochgesteigerter Genußfähigkeit und Genußsucht die Bürger einer römischen Stadt auch am Rande der Wüste zu einem ihren Ansprüchen genügenden Leben nun einmal für unerläßlich hielten. Allen diesen Städten, deren Dasein, in

Reste des alten Seethores von Karthago.

der Überlieferung sonst nirgends bezeugt, heute noch ungeheure, sich mehrere Kilometer lang erstreckende Trümmerfelder in jetzt völlig unbewohnten Gebieten erkennen lassen, stand an Einwohnerzahl, Pracht und Größe der Bauten und fieberhafter Beweglichkeit des Lebens Karthago natürlich weit voran: sechzehn Meilen weit wurde ihm von dem Gebirge her das Wasser zugeführt auf gewaltigen, bis zu hundertundzwanzig Fuß Höhe emporsteigenden, aus riesigen Quadern zusammengefügten Bogen.

Härter als sonstwo in dem Lande stießen aber auch gerade dort die in Natur und Geschichte begründeten Gegensätze zusammen. Die Hauptstadt Nordafrikas war übelberufen wegen der Schamlosigkeit, mit der in ihren Mauern allen großstädtischen Lastern gefrönt wurde, und doch zugleich weithin berühmt als Sitz hohen geistigen Lebens und alteinheimischer Gelehrsamkeit. Insbesondere war dort aus dem Boden des Christentums ein tief innerlich bewegtes, ungewöhnlich ernstes religiöses Leben erwachsen und hatte eine umfängliche und wertvolle kirchliche Litteratur zu Tage gefördert, die in ihren Hauptvertretern einer gewissen südlichen Leidenschaftlichkeit nicht entbehrte und durch die rigorose Strenge und Folgerichtigkeit des von ihr vertretenen Standpunktes auch auf die Gesamtkirche und ihre Entwickelung von mächtigem Einfluß geworden ist. Es genügt aus älterer Zeit an Tertullian und dann an Augustin, den Zeitgenossen der vandalischen Eroberung (S. 248) zu erinnern und an die Menschenalter hindurch mit Unbarmherzigkeit geführten Kämpfe der Orthodoxen gegen die Donatisten, die in ihrem heißen Eifer und ihrem Drängen zum Märtyrertum der alten afrikanischen Kirche ihr charakteristisches Gepräge gegeben hatten.

Daneben aber hatten sich nun in den halbwüsten Grenzstrichen des Inneren nicht unbeträchtliche Reste der alteinheimischen berberischen Bevölkerung erhalten, die nur zum kleinen Teil seßhaft und Ackerbauern geworden waren, zunächst noch nach Nomadenart lebten, allezeit zu Raub und Fehde geneigt blieben und nur durch dauernde Wachsamkeit und unnachsichtige Strenge in Zucht und Ordnung gehalten wurden. Bei jeder ernsten Erschütterung der römischen Herrschaft in dem städtereichen Küstenlande wurden sie durch den Rückfall in ihre alte angestammte Art eine Gefahr für deren Bestand, und zwar in um so höherem Grade, als in dem benachbarten Mauretanien die römische Herrschaft ohnehin viel weniger fest begründet war und kaum recht in das Innere reichte, wo eingeborene Häuptlinge geboten und sich mit den vorgeschobenen römischen Grenzposten in wechselvollem kleinen Krieg fast dauernd herumschlugen, bereit mit jedem Gegner der Kaiser gemeinsame Sache zu machen.

Münzen von Karthago
aus der ostgotischen Zeit.
Originalgröße. Berlin, Königl. Münzkabinett.

Diese Verhältnisse hatten der vandalischen Eroberung auf das wirksamste Vorschub geleistet. Namentlich waren den arianischen Eindringlingen ihre von den herrschenden Orthodoxen hartgedrückten Glaubensgenossen unter den Provinzialen nebst den seit lange schwerverfolgten Donatisten wie hochwillkommenen Befreiern zugeströmt, und auch die Berbern hatten dieselben als natürliche Bundesgenossen gegen die bisher vergeblich bekämpften Zwingherren begrüßt. Das erklärt den schnellen und vollständigen Erfolg, den die Vandalen trotz ihrer verhältnismäßig geringen Zahl gewannen. Unter solchen Umständen mußten auch die Versuche des Westreiches zur Wiedergewinnung des verlorenen kostbaren Landes vergeblich bleiben, selbst wenn es nicht durch die von allen Seiten hereinbrechenden Heimsuchungen und namentlich die Überflutung Italiens durch die Barbaren an der Konzentration seiner erschöpften Kräfte auf dieses Ziel gehindert worden wäre. Auch der gemeinsame Angriff, zu dem die beiden römischen Reiche sich vereinigten und ungeheure Mittel aufbrachten, endete nach einem ersten vielverheißenden Anfang infolge der List des erfindungsreichen Geiserich mit der Vernichtung der verbündeten Flotten (S. 304). Hinfort waren die Vandalen vollends die Herren des Mittelmeeres. Erst der Abschluß des ewigen Friedens zwischen Geiserich und dem byzantinischen Kaiser Zeno im Jahre 474 stellte bessere Beziehungen zwischen den beiden Mächten her. Die Vandalen entsagten den bisher regelmäßig erneuten Angriffen auf die ungeschützten Küsten des römischen Reiches, das dagegen ihren Besitzstand in Afrika anerkannte. Das so geschaffene Verhältnis hat im wesentlichen bis auf die Zeit Justinians bestanden. Als dann in Italien Odovaker zur Herrschaft kam, trat Geiserich auch mit ihm in freundschaftliche Verbindung und gab ihm sogar die in Sicilien gemachten Eroberungen zurück. Die beiden germanischen Staatsgründer waren Byzanz gegenüber naturgemäß aufeinander angewiesen.

Achtundvierzig Jahre hat Geiserich seit der Landung in Afrika, siebenunddreißig seit dem Fall Karthagos als König regiert — lange genug also, um mit dem ihm eigenen scharfen Blick die mannigfachen Veränderungen zu beobachten, welche die so gänzlich gewandelten Bedingungen seines Daseins in dem vandalischen Volke naturgemäß anbahnten. Läßt doch manche der von ihm getroffenen neuen Einrichtungen vermuten, daß er denselben Einhalt zu thun oder doch wenigstens ihren nachteiligen Wirkungen vorzubeugen bestrebt gewesen ist, jedenfalls sich der Notwendigkeit nicht verschlossen hat, zwischen der Eigenart seiner Vandalen und den fremdartigen Verhältnissen, deren vollem Einfluß dieselben nun mit einem Male ausgesetzt wurden, eine gewisse Vermittelung und Ausgleichung eintreten zu lassen. Nur kamen dafür bezeichnenderweise nicht bloß die Römer und die romanisierten Provinzialen, sondern auch — und zwar eigentlich mehr als diese — die natürlichen Bundesgenossen der Eroberer, die Berbern, in Betracht. Ohne Frage nämlich waren die Vandalen nach der Eroberung des römischen Afrika vor eine Aufgabe gestellt, zu deren Lösung ihnen zunächst eigentlich alle Voraussetzungen fehlten. Nicht bloß das numerische Mißverhältnis, in dem sie zu der zahlreichen Bevölkerung des Landes standen, war ein Hindernis für eine ersprießliche Erfüllung ihres Herrscherberufs: viel verhängnisvoller als in den übrigen germanischen Staaten, wo die Dinge in dieser Hinsicht doch meistens ganz ähnlich lagen, wurde hier das Verhältnis zwischen der Kultur der Besiegten und der Unkultur ihrer neuen Herren. Nötigte jenes die Vandalen zu einem eisernen Regiment, einer Art von Schreckensherrschaft, um die ihnen weit überlegene Masse dauernd zu bändigen und in Gehorsam zu erhalten, und gab dadurch ihrem Reiche einen Zug roher Gewaltsamkeit, der zu ihren wilden, weithin Schrecken verbreitenden Raubfahrten nur allzusehr paßte, so übten die bestrickenden Lockungen jener und der von ihr gebotenen ungewöhnten Genüsse auf das rauhe Kriegervolk unvermeidlicherweise einen Einfluß aus, der seine bisher unverdorbene Kraft bald lähmen und es im Laufe der Zeit einer Verweichlichung entgegenführen mußte, die es schließlich um die erste und vornehmste Voraussetzung zur Behauptung der gewonnenen Stellung brachte. Wenn das Bild zutrifft, welches nachmals der byzantinische Historiker Prokop (S. 347) von dem Zustande der Verweichlichung entworfen hat, in dem er die Vandalen zur Zeit ihrer Besiegung durch Belisar gefunden haben will, muß unter dem Einfluß des allzu milden nordafrikanischen Klimas, der bequemen Ausbeutung der reichen Mittel des Landes und der dort heimischen

Üppigkeit des Lebens ein erschreckend schnell verlaufender Prozeß der Entsittlichung über das einst so gefürchtete Krieger- und Seeräubervolk hereingebrochen sein. Denn von allen ihm bekannten Stämmen bezeichnet Prokop die Vandalen als den am meisten verweichlichten. Seit sie Herren Afrikas geworden, so berichtet er, hätten sie täglich dem entnervenden Genusse warmer Bäder gefrönt und ihre Tafeln mit dem Schönsten und Besten besetzt, was Erde und Meer irgend abzugewinnen war. Sie hüllten ihre einst so abgehärteten Körper in weite seidene Gewänder und liebten es, nach Weiberart goldenes Geschmeide zu tragen. Nicht mehr wie ehedem mit der Jagd allein füllten sie in kriegslosen Zeiten ihre leeren Tage, sondern thaten es dem vergnügungssüchtigen Volk der großen Provinzialstädte gleich in leidenschaftlicher Hingabe an die Freuden des Theaters und die Aufregungen der Wettkämpfe. Schnell wurden sie zu wählerischen Kennern der Tanzkunst und der Mimik, der Musik und des Schauspieles. Sie ergingen sich müßig in prachtvollen, wasserdurchrauschten Gärten, wo ihr Auge sich an den schönsten Bäumen weidete. Die altgermanische Neigung für die Freuden der Trinkgelage wird unter solchen Umständen bei ihnen sicher nicht vermindert worden sein, während die ihrem Volke einst nachgerühmte Reinheit des geschlechtlichen Lebens bald der Vergangenheit angehörte. Wie früh die Demoralisation namentlich auf letzterem Gebiete begann, lehrt die Thatsache, daß bereits Geiserich durch ein Gesetz dagegen einzuschreiten für nötig fand. Ein anderes war bestimmt, den Ausbruch von Unruhen bei öffentlichen Spielen zu hindern. Auch in dieser Richtung müssen die Vandalen demnach die üblen Eigenschaften ihrer römischen Unterthanen nur allzuschnell angenommen haben. Neben diesen aber kamen für die Stellung der Vandalen nun auch noch die Berbern in Betracht. Aber so gern Geiserich zur Zeit der Eroberung sich ihrer als seiner natürlichen Bundesgenossen bedient hatte und so sehr er sie auch in der Folge durch allerlei Gunsterweise zu Stützen der neuen Ordnung zu gewinnen gesucht hat: sie mit derselben zu versöhnen und zu selbstloser Einfügung in seinen Staat zu gewöhnen, ist ihm doch nicht gelungen. Bald standen diese unsteten, kriegsgewohnten und beutelustigen Scharen den Vandalen ebenso feindlich gegenüber wie einst den Römern und waren frühzeitig von dem ihnen Zuflucht bietenden Wüstenrande aus in allmählicher Ausbreitung nach Norden hin begriffen. Im Falle einer ernsten inneren Krisis oder eines mächtigen Angriffes von außen hatten die Vandalen demnach auch ihre Erhebung zu fürchten. Ganz ebensowenig Verlaß war für sie auf ihre römischen Unterthanen. Unvergessen lebten in deren Erinnerung die rohen Gewaltthaten fort, durch welche die Sieger ihren Erfolg entehrt hatten. Daß viele von ihnen durch sie um Hab und Gut gebracht und aus behäbigem Wohlleben in Not und Elend gestürzt worden waren, reizte und erbitterte immer von neuem. Vor allem aber hinderte auch hier der leidige religiöse Eifer jede ehrliche und endgültige Versöhnung. So wenig wie bei dem ersten Einbruch der Vandalen machten die Römer in der Folge aus dem frommen Abscheu ein Hehl, der sie, die auf ihre makellose Rechtgläubigkeit Stolzen, gegen die durch die arianische Ketzerei befleckten Eroberer erfüllte. Dieser mit Erbitterung genährte konfessionelle Gegensatz ist dem Reiche verhängnisvoll und mit der vornehmste Anlaß zu seinem schließlichen Sturze geworden. Denn selbst die Duldung, welche Geiserich nach anfänglicher harter Verfolgung den Orthodoxen gewährte, hat deren Eifer nicht beschwichtigt und den sich von Generation auf Generation forterbenden glühenden Haß nicht entwaffnen können.

Unter diesen Umständen war es für den Bestand ihrer Herrschaft nun vollends übel, daß die Vandalen ihren Unterthanen gegenüber sich dauernd in der Minderheit befanden. Denn wenn die fünfzigtausend, welche im Jahre 429 von Spanien herübergekommen waren (S. 248), nach der Beendigung des sie zunächst noch weiter mindernden Eroberungskrieges durch die rascher fortschreitende Vermehrung in den folgenden Generationen und durch größere Haufen von Nachzüglern, allmählich auf etwa zweihunderttausend angewachsen sein mögen, so wollte das im Vergleich mit der großen Masse der Römer und der Berbern immer wenig bedeuten, zumal davon doch höchstens vierzigtausend waffenfähige und kriegsgeübte Männer gewesen sein können. Ähnlich wie die Ostgoten den Bewohnern Italiens römischer sowohl wie germanischer Abstammung standen diese als der politisch allein berechtigte Kriegsadel der gesamten Einwohnerschaft der ehemaligen römischen Provinz gegenüber. Ebenso wie jene nur in einzelnen Teilen Italiens dichter bei einander saßen, weite Gebiete desselben aber eigentlich ganz unberührt gelassen hatten, lebten auch hier die Genossen des herrschenden Volkes ziemlich geschlossen bei einander in dem schönsten und reichsten Teil des Landes. Die ihnen zu erblichem Eigentum angewiesenen Güter lagen zumeist um die Hauptstadt Karthago. Sie genossen natürlich Abgabenfreiheit. Allein in einem anderen Punkte aber schlug die Entwickelung des Vandalenstaates frühzeitig eine Richtung ein, die ihn den anderen, unter gleichen Verhältnissen entstandenen germanischen Staaten seinem Wesen nach immer unähnlicher werden lassen mußte. Viel rücksichtsloser und konsequenter als Odovaker und als Theoderich hat Geiserich das Recht der Eroberung als einzige Quelle seiner Stellung geltend gemacht. Während jene ihren römischen Unterthanen gegenüber nur Statthalter des oströmischen Kaisers waren oder schienen, hat der Vandalenkönig irgend welche Autorität über sich nicht anerkannt, sondern sich kraft der für ihn ausgefallenen Entscheidung der Waffen als unmittelbaren Rechtsnachfolger des bisher in Afrika gebietenden Imperators betrachtet und bethätigt. Hier fehlte also jene bedenkliche Zweiteilung der Gewalt, an der die Stellung Odovakers sowohl wie die des großen Ostgotenkönigs krankte und die eigentlich beiden Staaten zum Verhängnis geworden ist. Ohne Rücksicht auf die ursprünglich so ganz anders gearteten Verhältnisse des eigenen Volkes übte Geiserich Römern und Germanen gegenüber alle die Herrscherrechte aus, die dem römischen Kaiser zugestanden hatten. Er war als Herr der kaiserlichen Güter und der Domänen der reichste Großgrundbesitzer und in viel weiterem Sinne, als es im Wesen des germanischen Königtumes irgend begründet lag, oberster Richter. Er ließ Münzen schlagen und schrieb Steuern aus, entschied über Krieg und Frieden und ernannte alle weltlichen und auch alle geistlichen Beamten. Denn ungeachtet seiner arianischen Ketzerei hatte er auch den Orthodoxen gegenüber in den Angelegenheiten der Kirche

Eine dem Vandalenkönig Geiserich zugeschriebene Münze.
Originalgröße. Berlin, Königl. Münzkabinett.

die höchste Gewalt. In dieser Hinsicht war des Geiserich Staat sozusagen römischer als irgend ein anderer von Germanen gegründeter. An Machtinhalt übertrifft des gefürchteten Vandalenkönigs Stellung selbst die des ehrfurchtgebietenden großen Ostgoten, und das hat auch darin seinen Ausdruck gefunden, daß derselbe auf seinen Münzen mit dem Diadem auf dem Haupte dargestellt wurde, dessen sich dieser nicht zu bedienen gewagt hat. Demgemäß war denn auch des Geiserich Hof wirklich der alles ordnende und regelnde, ausschlaggebende Mittelpunkt des Staates und seiner Verwaltung, mochte diese auch im wesentlichen die römischen Einrichtungen und Formen beibehalten haben. Aber ihre Träger waren hier nicht wie im Ostgotenreich Römer, sondern Glieder des herrschenden Volkes. Ermöglicht wurde das allerdings nur durch den gründlichen Wandel, den die von Geiserich gewonnene Machtfülle auch in betreff seines Verhältnisses zu seinem eigenen Volke naturgemäß hervorgebracht und den er selbst mit unverkennbarer Absichtlichkeit in der Richtung auf die Beseitigung möglichst aller ihm noch gesetzter Schranken gefördert hat.

Gegenüber den Zweifeln, denen die Rechtmäßigkeit seiner Herrschaft begegnet war (S. 247), war Geiserich von Anfang an eifrigst darauf bedacht gewesen, alle aus diesem Grunde etwa mögliche Opposition gleich im Keime zu ersticken. So kennzeichnet ihn im Vergleich mit den anderen germanischen Königen allezeit ein ausgesprochen despotischer Zug. Die Eroberung Nordafrikas befestigte und stärkte die bisher von ihm gewonnene Stellung, und dieser kam auch die dauernde kriegerische Thätigkeit seiner Vandalen, mochte es sich dabei auch oft genug nur um Seeraub im großen Stil handeln, doch insofern ebenfalls zugute, als er während ihrer Dauer die in dem germanischen Königtum liegenden militärischen Machtbefugnisse kraftvoll geltend machen konnte. Aber nicht bloß auf diesem Wege hat er die Autorität je länger je mehr herabgesetzt, die wie bei allen Germanen auch bei den Vandalen der über die Menge der Freien erhobene Adel dem König gegenüber besaß, sondern wiederholt hat er in jenen Kreisen gegen ihn angezettelte Verschwörungen benutzt, um die Reihen dieser gefährlichen Herren zu lichten. Gegen sie schuf er sich außerdem einen Rückhalt in dem neu emporkommenden Beamtenadel, der, aus den Freien hervorgehend, Träger der Verwaltung, der Rechtspflege und der Heeresleitung wurde. Ihren Abschluß fand diese stark absolutistische innere Politik Geiserichs mit der eigentümlichen Neuordnung der Thronfolge, die er, wiederum im Gegensatz zu dem alten Adel, nach Befragung und unter ausdrücklicher Zustimmung des Volkes einführte, indem er in Anlehnung, wie es scheint, an alten numidischen Brauch den Erbgang der Krone nach dem ganz ungermanischen Princip des Seniorates regelte. Die königliche Herrschaft sollte hinfort immer demjenigen zufallen, der aus seiner männlichen Nachkommenschaft der älteste wäre. Wie überall, wo wir ihr später anderwärts begegnen, z. B. bei den Slawen und zwar namentlich den Polen, so hat diese Thronfolgeordnung, welche das alte germanische Recht des Volkes zur Wahl des Königs aus dem königlichen Geschlecht (S. 96) kurzweg beseitigte und insofern zunächst allerdings eine Steigerung der königlichen Macht zu bedeuten schien, auch hier sehr bald unheilvolle Folgen gehabt, führte zu Streitigkeiten innerhalb des königlichen Hauses und Parteiungen im Volk und gab dabei doch durchaus keine Bürgschaft dafür, daß nun wirklich der Tüchtigste aus den Nachkommen Geiserichs die Herrschaft gewann.

Alle diese Umstände erklären es, daß die Zeit seiner Gründung und seines ersten Königs für das Vandalenreich in Nordafrika zugleich die seiner höchsten Blüte war. Noch kein halbes Jahrhundert war es alt, als die ersten Zeichen eines schnell hereinbrechenden Verfalles an ihm zu Tage traten. Solange Geiserich regierte, ist der innere Friede zwischen Herrschern und Beherrschten nicht gestört worden. Denn im Vergleiche mit den Lasten, welche ihnen die römische Herrschaft auferlegt hatte, fühlten sich Geiserichs römische Unterthanen nicht mehr beschwert; in mancher Hinsicht mögen sie die neue Ordnung der Dinge sogar als eine wohlthätige Erleichterung empfunden haben. Insbesondere atmeten die zahlreichen Anhänger der verschiedenen Sekten auf, obenan Arianer und Donatisten, die endlich ungehindert ihrem Glauben leben durften und den aufreibenden Druck dauernder Verfolgung von sich genommen sahen. Auch ließ es sich nicht vermeiden, daß neben den eigentlich als Träger des Staates geltenden Vandalen von Jahr zu Jahr mehr Römer und Provinzialen in den Dienst der Verwaltung und der Rechtspflege gezogen wurden und da und am Hofe gelegentlich zu hohen Ehren und großem Einfluß gelangten. Durch den Zwang der Verhältnisse also wurde hier ein erster Schritt gethan zu allmählicher Annäherung der beiden Völker, die in ihrem weiteren Fortgang vielleicht zu einer sie wirklich in voller Gemeinschaft des Lebens verbindenden Einigung führen konnte. Nur das Heer bewahrte auch hier seinen ausgesprochen national vandalischen Charakter, der dadurch nicht wesentlich beeinträchtigt wurde, daß neben dem herrschenden Stamme auch die kriegslustigen Eingeborenen zur Ergänzung herangezogen wurden und so eine militärische Schulung erhielten, die den Vandalen dereinst verderblich werden konnte. Da auch diese sich vornehmlich zum Reiterdienst eigneten, so verlor in der vandalischen Streitmacht das Fußvolk bald alle Bedeutung, und die Stärke derselben beruhte allein noch in der leichten Reiterei. Dem Auslande gegenüber spielte diese naturgemäß keine Rolle: da beruhte das Ansehen von Geiserichs Herrschaft auf der Flotte, für welche die Wälder Sardiniens und Korsikas prachtvolles Bauholz lieferten. So ergab sich im Laufe der Zeit der eigentümliche Widerspruch, an dem auch in der Folge noch manche seefahrende Nation zu kranken gehabt hat, daß die Vandalen mit ihren Schiffen das Mittelmeer beherrschten und seine Anwohner in Schrecken erhielten, dagegen dem Angriff selbst eines kleinen feindlichen Heeres im eigenen Lande eigentlich ohnmächtig und zu erfolgreicher Abwehr unfähig gegenüber standen.

Durch das hohe Alter, das Geiserich zu erreichen vergönnt war, wurde die von ihm eingeführte Senioratsordnung für den ersten eintretenden Thronwechsel insofern um ihre Wirkung gebracht, als der älteste des Geschlechts eben sein erstgeborener Sohn Hunerich war. Schon seine nur siebenjährige Regierung (477—484) brachte dem Reiche bedenkliche innere Erschütterungen, während sein Ansehen nicht bloß den Griechen, sondern auch den eingeborenen Bewohnern gegenüber zu sinken begann, indem diese sich in Numidien festsetzten, jene durch Zugeständnisse beschwichtigt wurden, die Geiserich niemals gemacht haben würde. Besonders unheilvoll aber wirkte Hunerichs leidenschaftlicher arianischer Eifer. Ein neues Zeitalter härtester Verfolgung brach über die afrikanische Kirche herein, die sich lange Jahre jedes rechtmäßigen Hauptes beraubt und die Zahl ihrer Märtyrer durch Tausende von Unglücklichen vermehrt sah, die ihres Vermögens beraubt, nackt und bloß in die Wüste getrieben wurden, um dort elend zu verkommen oder in Korsika und Sardinien nach Sklavenart zu den niedrigsten Diensten verwendet zu werden. Besonders hart war das Schicksal derjenigen Beamten, welche sich der Annahme des arianischen Bekenntnisses weigerten. So öffnete sich eine neue Kluft zwischen Vandalen und Römern, die sich bald als nicht zu überbrücken erwies. Beide Teile vergeudeten ihre beste geistige und sittliche Kraft in der immer erneuten hitzigen Erörterung von dogmatischen Spitzfindigkeiten, hielten Religionsgespräche und wechselten umfängliche gelehrte theologische Denkschriften, ohne einander auch nur einen Schritt näher zu kommen. Vor allem war Hunerich bemüht, durch die peinlichste Aufsicht und den strengsten Zwang seine Vandalen vor dem Einschleichen der von ihm unversöhnlich gehaßten Orthodoxie zu bewahren, deren Vertreter ihrerseits seine wiederholten Versuche zu einer notdürftigen Verständigung trotzig zurückwiesen. Auch Hunerichs Streben, die Wirkungen von seines Vaters Senioratsordnung durch die Beseitigung derjenigen älteren Verwandten aufzuheben, die zwischen seinem Sohne und dem ihm zugedachten Thron standen, blieb schließlich vergeblich und häufte nur eine Fülle von Haß und Rache in dem Königshause der Asdinger auf. Denn nach seinem Tode folgte ihm dennoch als der Älteste seines Geschlechts sein Neffe Gunthamund (484—496). Um sich gegen die Anfeindungen der in ihren Hoffnungen getäuschten Verwandten zu sichern, begegnete Gunthamund den Katholiken anfangs milde und versöhnlich, kehrte aber bald zu des Vaters harter Strenge zurück, wenn er sich auch der von jenem verübten blutigen Verfolgungen enthielt. Aber schon wurde der Verfall der vandalischen Macht auch nach außen hin erkennbar. Sicilien, das er anfangs gegen Odovaker zu behaupten versucht hatte, überließ er diesem schließlich. Auch vermochte er nicht der allmählichen Ausbreitung der Berbern gegen die Küste hin Einhalt zu thun.

Münze von König Hunerich.
Originalgröße.
Berlin, Königl. Münzkabinett.

Münze von König Gunthamund.
Originalgröße.
Berlin, Königl. Münzkabinett.

Münze von König Thrasamund.
Originalgröße.
Berlin, Königl. Münzkabinett.

Es mag damit zusammengehangen haben, daß sein Bruder, der durch Gaben des Körpers wie des Geistes gleich ausgezeichnete Thrasamund, der ihm als Geschlechtsältester folgte und bis 523 regierte, seinem Reiche durch engen Anschluß an die neubegründete ostgotische Großmacht festeren Halt zu geben trachtete, obgleich diese Wendung der Politik weder von den Vandalen noch von den romanisierten Provinzialen gebilligt wurde. Sie besiegelte aber des Königs Vermählung mit Theoderichs Schwester Amalafrida, welche ihm als Heiratsgut die wichtige Position von Lilybäum in Sicilien zubrachte und sein Heer durch die sie begleitenden tausend gotischen Edelleute nebst fünftausend Reitern beträchtlich verstärkte. Aber auch so war er nicht im stande, die südliche Grenze gegen den immer keckeren Andrang der Berbern zu behaupten: gegen Ende seiner Regierung brachten die im Tripolitanischen hausenden seinem Heere eine schwere Niederlage bei. Das Hauptgewicht seiner Thätigkeit aber legte auch Thrasamund auf Ausfechtung des religiösen Gegensatzes, nur daß er statt der von seinen Vorgängern angewandten gewaltsamen Mittel sein Ziel mehr durch trügerische Milde und listige Verführung zu erreichen suchte, indem er den Katholiken, die zum Arianismus übertraten, Ehren und Vorteile aller Art gewährte, ja, wenn sie gesetzlich Strafe verwirkt hatten, um den Preis des Abfalles von ihrem Glauben sogar Begnadigung zu teil werden ließ. Die demoralisierenden Wirkungen einer solchen Art von Propaganda konnten nicht lange ausbleiben, zumal die Verbindung mit dem Ostgotenreich, wie es scheint, alte nationale Antipathien der Vandalen mit erneuter Heftigkeit aufleben ließ.

So brachte bereits die Regierung Hilderichs (523—530) dem Reiche eine schwere innere Krisis. Hilderich war der Sohn des Hunerich, des mit der römischen Kaisertochter Eudoxia der jüngeren (S. 300) vermählt gewesenen Sohnes des Geiserich. Daraus erklärt sich zur Genüge seine Neigung zur Versöhnung und friedlichen Verständigung mit den Orthodoxen, der er je länger je mehr nachgab, obgleich ihn sein Vorgänger auf dem Sterbebette durch einen feierlichen Eid zu unverbrüchlicher Feindschaft gegen die Anhänger der athanasianischen Lehre verpflichtet hatte. Auch sonst gab der schon betagte König bedenkliche Beweise von Schwäche und verminderte dadurch die schon gesunkene Autorität der asdingischen Herrschaft. Gleich nach seiner Thronbesteigung entlud sich der längst gärende allgemeine Unwille gegen die mit Amalafrida in das Land gekommenen Goten, zumal die Königin-Witwe, wie es scheint, in Verbindung mit ihren Landsleuten und den Unzufriedenen unter den Vandalen die Thronfolge zu ändern oder sonst wie sich der Gewalt zu bemächtigen versuchte. Die Goten mußten zu den Berbern fliehen, mit deren Hilfe sie einen förmlichen Krieg gegen die Vandalen begannen. Doch wurden sie bei Capsa geschlagen. Theoderichs Schwester aber, die als Landesverräterin eingekerkert wurde, ist von den Siegern einem gewaltsamen Tode überliefert.

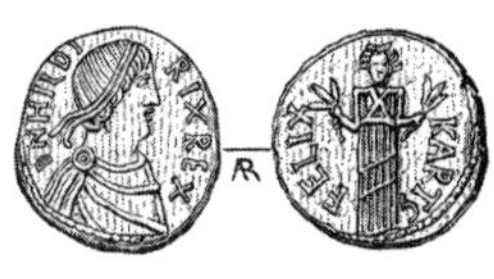

Münze von König Hilderich.
Originalgröße.
Berlin, Königl. Münzkabinett.

Die nächste Folge dieser Vorgänge war eine bittere Verfeindung mit dem Ostgotenreich, ein Verhängnis für beide Teile zu einer Zeit, wo Byzanz einen neuen Aufschwung nahm, der nach der arianerfreundlichen Regierung des Kaisers Anastasius (S. 351) wesentlich mit durch das Wiederaufleben der starrsten Orthodoxie veranlaßt wurde. Und auf deren Sieg auch bei dem eigenen Volke schien Hilderich es förmlich abgesehen zu haben. Ihre Anhänger erhielten volle Freiheit des Kultus. Den zum Teil lange Jahre verwaisten bischöflichen Sprengeln wurden in den von der Kirche gebotenen Formen wieder Hirten vorgesetzt, die sich mit ihren Geistlichen zu Synoden versammelten und sogar eine Landessynode halten durften. Lebhafter Verkehr herrschte mit Konstantinopel: Gesandte gingen häufig hin und her. Das erregte steigendes Mißtrauen bei den Vandalen, die in den Byzantinern nach wie vor ihre gefährlichsten Feinde haßten und fürchteten. Politische und nationale Antipathien verbanden sich also mit den religiösen. Vielleicht, daß ein kraftvoller, kriegerischer König, der sein erschlaffendes Volk aufzurütteln und zu neuer Energie zu begeistern vermochte, des wachsenden Unmutes Herr geworden wäre und es namentlich in Bezug auf den konfessionellen Frieden seinen Weg zu gehen gezwungen hätte. Aber gerade dazu fehlten Hilderich die Fähigkeiten vollkommen. Unkriegerisch überließ er die Führung des Heeres seinem Vetter Hoamer: eine Niederlage, welche dieser, der, als der „vandalische Achilles“ gepriesen, wenn ihm das Glück günstig gewesen wäre, wohl zunächst befähigt und berufen gewesen sein würde, den schon untergrabenen Thron des Hilderich zu Fall zu bringen, in dem ununterbrochen fortgehenden Kriege gegen die Berbern erlitt, in Verbindung mit der gesteigerten Besorgnis, welche der Aufbruch einer neuen Gesandtschaft nach Konstantinopel vor den geheimen Absichten des Königs erregte, brachte die Gärung endlich zu offenem Ausbruch. Eine ungestüm nationale Reaktion trat ein, die in Gelimer, einem Urenkel Geiserichs, ihr natürliches Haupt fand. Um diesen sammelten sich die vornehmsten Vandalen. Es war eine Rückkehr zu dem altgermanischen Recht, wenn Hilderich als unfähig des Thrones entsetzt und samt seinem gefährlichen Vetter Hoamer eingekerkert wurde. Ohne Kampf und ohne Blutvergießen vollzog sich die Revolution. Das System, zu dem Hilderich im Widerspruch mit der Vergangenheit seines Volkes und mit den in ihr beruhenden Anforderungen desselben an die Gegenwart sich bekannt hatte, entbehrte jedes Rückhalts; ja, nicht einmal die von ihm zunächst begünstigten Römer und Orthodoxen haben einen Versuch gemacht, die für sie so vorteilhafte Ordnung aufrecht zu erhalten.

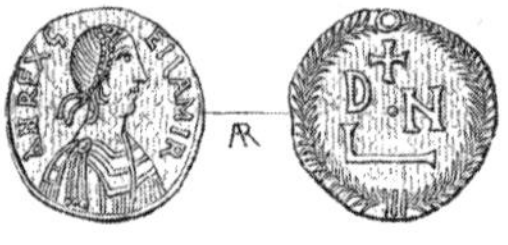

Münze von König Gelimer.
Originalgröße.
Berlin, Königl. Münzkabinett.

Man möchte annehmen, daß diese Leute sich längst gewöhnt hatten, nach dem Bosporus zu blicken und von dort her das Heil zu erwarten. Sie konnten sich sagen, welchen Eindruck diese Vorgänge am Hofe Justinians machen würden, und waren zum voraus seines energischen Einschreitens zu gunsten der Orthodoxie und ihres Beschützers sicher, zumal der mühelose Sieg der nationalen Partei und ihres Erwählten das Zeichen gegeben hatte zum Wiederbeginn der unter Hilderich endlich eingestellt gewesenen Verfolgungen um des Glaubens willen. Aber so schnell, wie sie gehofft haben mochten, entwickelten sich die Dinge doch nicht. Denn Justinian, selbst unkriegerisch, scheute die unberechenbaren Wechselfälle eines jenseits des Meeres und in so weiter Ferne zu führenden Krieges und versuchte es zunächst mit Verhandlungen. Doch wurde die Freilassung und Herstellung Hilderichs, die er durch seine Gesandten fordern ließ, natürlich verweigert. Durch die Blendung Hoamers, die er nun vollziehen ließ, gab Gelimer dieser Ablehnung obenein einen schwer beleidigenden Charakter. Wenn der byzantinische Kaiser dennoch weiter unterhandelte, indem er den Usurpator anzuerkennen bereit war, wenn Hilderich ihm ausgeliefert würde, so konnte eine solche Haltung die Zuversicht der nationalen Partei am karthagischen Hofe nur steigern. Die Antwort, welche derselbe nach Konstantinopel gelangen ließ, lautete vollends trotzig und herausfordernd. Dennoch schwankte Justinian, ob er seine Drohung, die Nichtentlassung Hilderichs als

Kriegsfall betrachten zu wollen, verwirklichen sollte. Aber ein starker geistlicher Einfluß machte sich dafür geltend, und einer seiner Bischöfe verkündete dem Kaiser den sicheren und glänzenden Sieg über die Ketzer. Am meisten freilich kam als Bürgschaft eines glücklichen Ausganges die wachsende Uneinigkeit der Bedrohten selbst in Betracht. Die Opposition gegen Gelimer stieg; an mehreren Stellen drohte bereits offener Abfall und sah man der baldigen Ankunft eines byzantinischen Heeres mit Verlangen entgegen. Der Statthalter von Sardinien, Godas, warb offen um die Gunst Justinians, und ein angesehener Provinziale, Pudentius, sagte den sofortigen Anschluß des tripolitanischen Gebietes zu. Auch sonst war Gelimer seiner Leute nicht sicher, und der wachsende Anhang Hilderichs ließ den baldigen Ausbruch einer Gegenrevolution erwarten. So fiel denn am Bosporus endlich die Entscheidung für den Krieg. Und damit schon konnte, wie die Dinge lagen, das Schicksal des Vandalenreiches als besiegelt gelten.

Unter dem Schutze von kaum hundert leichten Kriegsschiffen gingen fünfhundert Transportfahrzeuge von Konstantinopel aus unter Segel, mit einem Heere von etwa zehntausend Mann zu Fuß und fünf- bis sechstausend Reitern an Bord — meist barbarischen Söldnern, darunter namentlich auch germanischen. Den Oberbefehl mit weitester Vollmacht übergab Justinian, während er selbst in der ihm eigenen weibischen Art durch besondere fromme Übungen des Himmels Segen für seine Waffen zu erflehen nicht müde wurde, dem bewährtesten seiner Feldherren, Belisar, ebenfalls dem Sprößling eines thracischen Bauerngeschlechtes, der sich im Kampfe gegen die Perser und die Rebellen des Nikaaufstandes (S. 358) bewährt hatte. Durch den Glanz seiner imponierenden Persönlichkeit wußte er die aus den ungleichsten Bestandteilen bunt zusammengewürfelte Armee zu einer lebendigen Einheit zu beseelen. Nicht bloß ein tapferer Soldat, sondern auch ein genialer Feldherr, gewann er selbst dem überlegenen Feinde sicher die schwache Seite ab und fesselte durch unermüdliche Ausnützung jedes Erfolges den Sieg an seines Kaisers Fahnen. Außerdem aber war er — was bei der Natur der Momente, die an dem byzantinischen Hofe damals mehr denn je den Ausschlag zu geben pflegten, sehr entschieden zu seinen gunsten in die Wagschale fiel und seiner Stellung, die sonst leicht gefährdet werden konnte, einen ungewöhnlich festen Rückhalt gab — durch seine schöne, aber sittenlose Gemahlin Antonina, eine Jugendfreundin und Schicksalsgenossin Theodoras (S. 353), der Gunst der allmächtigen Kaiserin sicher.

Die Basis für den Angriff auf Nordafrika, für den bei der ungeheuren Ausdehnung der zu bewältigenden Gebiete die Mittel, die Justinian seinem Feldherrn zur Verfügung stellte, freilich nicht entfernt auszureichen schienen, konnten naturgemäß nur Unteritalien und Sicilien bilden. So rächte sich an den Vandalen gleich jetzt die thörichte Verfeindung mit den Ostgoten (S. 375), die unter anderen Umständen ihre natürlichen Bundesgenossen gewesen wären, nun aber den Byzantinern in jeder Weise Vorschub leisteten. Im Sommer 533 erreichte Belisar mit seiner Flotte nach kurzer Rast an der Küste Messeniens die Südspitze Siciliens, wo die Beamten Amalasuntas ihm jede Förderung gewährten und namentlich der mangelhaften Verpflegung seiner Truppen durch reichliche Lieferungen abhalfen. Er hatte nicht anders erwartet, als daß die Vandalen von ihrer auch jetzt noch zweifellosen Überlegenheit zur See Gebrauch machen, ihn, zwischen Sicilien und Afrika kreuzend, aufzuhalten und zu einer Seeschlacht zu nötigen versuchen würden. Die Aussichten auf einen Erfolg wären bei der Beschaffenheit seiner Flotte für ihn in diesem Falle sehr gering gewesen, zumal auch seine Soldaten, im Bewußtsein ihrer Unfähigkeit, einem Zusammentreffen mit den noch immer gefürchteten Feinden auf dem diesen besonders vertrauten Elemente mit Zittern und Zagen entgegensahen. Um so freudiger war seine Überraschung, als er die vandalische Flotte an der sicilischen Küste nicht vorfand, vielmehr in Erfahrung brachte, daß sie von dort nach Sardinien unter Segel gegangen sei, um den Abfall des Godas zu hindern. Damit war der Weg nach Nordafrika für ihn frei, und sofort eilte er, diesen verhängnisvollen Fehler der feindlichen Kriegsleitung auszunützen. Denn daß die Vandalen von der Expedition, die in Byzanz gegen sie vorbereitet worden war, wirklich ganz ohne Kenntnis geblieben sein sollten, ist trotz der Autorität des Prokop von Cäsarea nicht anzunehmen. Vielmehr wird man vermuten dürfen, daß sie durch die Diversion gegen den Byzanz verbündeten Godas den drohenden Angriff von Nordafrika abzulenken und Belisar an der Landung zu hindern dachten, indem sie ihn vom Rücken her bedrohten und ihm die Verbindung mit seinen Hilfsquellen daheim abzuschneiden Miene machten. Gewiß war es unter solchen Umständen gewagt, wenn Belisar sofort nach Afrika hinüber unter Segel ging. Aber einmal wußte er, daß die Tüchtigkeit seines Heeres allein im Landkriege recht zur Geltung gebracht werden konnte, und durfte darauf rechnen, von den römischen und orthodoxen Unterthanen der arianischen Vandalen mit offenen Armen aufgenommen zu werden, sobald er ihnen die Lasten und Heimsuchungen des Krieges möglichst fern hielt und die Fiktion durchführte, daß er nur den Usurpator Gelimer zu stürzen und den rechtmäßigen Herrscher und die von diesem geschaffene Ordnung herzustellen beauftragt sei. Ungehindert landete er, drei Monate nach der Abfahrt vom Bosporus, fünf Tagemärsche von Karthago bei Caput Wada und schlug dort ein festes Lager auf. Seine Truppen hielten tadellose Mannszucht und bestätigten dadurch des Feldherrn Erklärung über den eigentlichen Zweck seines Kommens. Freudig wandten sich die Provinzialen ihm zu, in der Hoffnung, nun endlich des harten Druckes und namentlich der Glaubensverfolgung entledigt zu werden. Keine Hand erhob sich gegen die Befreier, denen sich widerstandslos die Thore der Städte öffneten, während mit reichen Geldmitteln versehene Agenten Belisars vorauseilten, um die gleiche Stimmung auch weiter hin zu verbreiten und unter den Vandalen selbst Zwietracht zu säen. So näherte man sich, ohne ernsten Hindernissen zu begegnen, bereits Karthago. Aber am zehnten Meilensteine davor — ad decimum — stieß man endlich auf die wohlgerüsteten und zum Äußersten entschlossenen Feinde. Jede Verständigung auszuschließen hatte Gelimer den gefangenen Hilderich mit etlichen Genossen hinrichten lassen. Er hatte die nach Sardinien entsandten Schiffe und Mannschaften eiligst zurückgerufen und schnell ein stattliches vandalisches Heer aufgebracht, dem er freilich die ehemalige harte Kriegstüchtigkeit wiederzugeben nicht im stande war. Gleichzeitig schritt er mit unbarmherziger Strenge gegen alle diejenigen ein, die irgendwie der Begünstigung des Feindes oder des Einverständnisses mit ihm verdächtig schienen. Damit wurde Belisars Lage doch einigermaßen kritisch. Gelimer war ihm weit überlegen und konnte darauf rechnen, mit seinen zahlreichen leichtbeweglichen und mit dem Terrain genau bekannten Reitergeschwadern die fünfzehn- bis sechzehntausend Mann, die im Falle einer Niederlage von jeder rettenden Verbindung abgeschnitten waren, von allen Seiten zu umringen und elend zusammenzuhauen. Dahin ging auch sein Schlachtplan. Während sein Bruder Ammatas und sein Neffe Gibamund die Byzantiner von links her und in der Front faßten, wollte er selbst mit der Hauptmacht sie in weitem Bogen umgehen und im entscheidenden Augenblick mit Übermacht vom Rücken her angreifen. Es scheint, daß diese Bewegung mehr Zeit erforderte, als Gelimer angenommen hatte. Denn ehe er zum Angriff herankam, hatte die Überlegenheit der feindlichen Kriegskunst seines Bruders und seines Neffen Niederlage entschieden. Die Schwerter und Lanzen der Vandalen, welche in der langen Friedenszeit den rechten Gebrauch ihrer fernhin wirkenden Wurfgeschosse verlernt hatten, zerbrachen und zersplitterten an den schweren Rüstungen der Feinde, deren Reiterei sich trotz ihrer Minderzahl der ehemals berühmten vandalischen ebenfalls überlegen zeigte. So fand Gelimer, als er endlich herankam, den tapferen Ammatas bereits getötet. Gibamund war schon verwundet geflohen und ein Teil des Heeres in arger Auflösung, von den Siegern hart verfolgt, auf dem Wege nach dem nahen Karthago. Dennoch gelang es dem König, durch sein plötzliches Hervorbrechen noch eine Wendung herbeizuführen. Die überraschten Byzantiner wichen, und ein fortgesetztes Andringen gegen ihre sich lösenden Reihen würde ihren Widerstand bald vollends gebrochen haben. Da hielt Gelimer unbedachterweise ein, um erst seines Bruders Leiche zu bestatten. Dadurch gewann Belisar Zeit, seine Mannschaften wieder zum Stehen zu bringen, die Reiterei zusammenzuraffen und mit ihr einen überraschenden Vorstoß auf die sich bereits als Sieger fühlenden Vandalen auszuführen. Vor diesem wandten sich die Feinde kleinmütig zur Flucht. Auch Gelimer schloß sich ihr an. Aber er ging nicht nach Karthago hinein, dessen Einwohnerschaft er dem entthronten Hilderich anhänglich wußte, sondern barg sich in der numidischen Wüste. Damit war auch das Schicksal der Hauptstadt entschieden. Niemand dachte dort an Widerstand. Als Belisar am Tage nach der Schlacht am zehnten Meilenstein vor ihr erschien, fand er die Thore geöffnet und alles zu seinem festlichen Empfange bereitet. Vorsichtig wartete er dennoch bis zum nächsten Tage. Da zog er, von der Bevölkerung jubelnd empfangen, festlich ein. Seine Flotte fand in dem bisher gesperrten Hafen widerstandslos Aufnahme. Die bisherigen Gewalthaber und namentlich die arianischen Eiferer mochten erwartet haben, daß für die Mißhandlung der Orthodoxen nun strenge Vergeltung geübt werden würde: aber nichts derartiges geschah. Ohne Blutvergießen, ohne Gewaltthat irgend welcher Art vollzog sich der Herrschaftswechsel, und die aufatmende Bevölkerung wurde kaum inne, daß sie eben einen Krieg durchlebt hatte. Kein Mensch erhob sich für die Vandalen oder Gelimer. Dem neuen, so überraschend beglückenden Zustand Dauer zu verleihen, arbeiteten Belisars Soldaten und Matrosen mit der freudig herbeiströmenden Bürgerschaft zusammen, um die Stadt, deren Mauern von Geiserich, der alle anderen Städte entfestigt hatte, unversehrt erhalten, dann aber vernachlässigt und allmählich verfallen waren, in möglichst kurzer Zeit wieder in vollen Verteidigungszustand zu setzen.

Daß die byzantinische Herrschaft nicht wieder aufgegeben werden würde, stand also auch für die Karthager selbst bereits fest. Wäre es nach ihnen gegangen, so wäre sie völlig unbestritten geblieben. Aber Gelimer gab seine Sache doch noch nicht verloren, sondern meinte unter günstigeren Umständen als früher einen neuen Waffengang um die Krone wagen zu können. Denn inzwischen war die nach Sardinien entsandte Flotte zurückgekehrt, und zwar siegreich. Sein Bruder Tzazon, der sie befehligte, hatte Godas besiegt und getötet. Jetzt zog er dessen Macht an sich. Von den nach der Schlacht am zehnten Meilenstein zerstreut geflohenen Vandalen fanden sich viele wieder bei ihm ein. Gegen Ende des Jahres konnte Gelimer infolgedessen mit einem neuen Heere im Felde erscheinen, das dem Belisars wiederum weit überlegen war. Er marschierte geradenwegs auf Karthago, dem er durch Zerstörung der Leitung das Wasser abschnitt. Doch machten die Befestigungen, die Belisar eilig um die Stadt gezogen hatte, den Angriff für seine Reitergeschwader unmöglich, und er trat den Rückzug an. Die Byzantiner folgten ihm und holten ihn etwas über drei Meilen südwestlich, bei Trikameron ein. Die Vandalen, durch einen Bach von den Feinden getrennt, hatten Weiber und Kinder und ihre mitgeführten Schätze, die Beute ihrer früheren Raubfahrten, in einem Lager geborgen, unterließen es aber, Belisar, wie sie anfangs offenbar beabsichtigten, anzugreifen, ehe sein langsam nachrückendes Fußvolk herangekommen war. Damit gaben sie den Vorteil ungenützt aus der Hand, den ihre Überlegenheit an Reiterei ihnen gewährte. Da überschritten mittags die Vortruppen Belisars den Bach, um die Gegner endlich zum Schlagen zu bringen. Erst als diese auch jetzt noch unentschlossen zögerten, stürmte die Hauptmacht Belisars zum Angriff vor. In dem sich nun entspinnenden Handgemenge erwiesen sich die Schwerter der Vandalen, deren sich diese auf ihres Königs Befehl allein bedienten, wiederum den wirksamen Angriffs- und Schutzwaffen der Feinde nicht gewachsen. Als dann Tzazon tödlich getroffen zusammenbrach, lösten sich die Reihen und fluteten nach dem Lager zurück. Mit dem Angriff auf dieses aber wartete Belisar, bis abends sein Fußvolk vollends herangekommen war. Ernsten Widerstand fand er nicht. In wirrem Durcheinander lärmten, klagten und jammerten Männer, Weiber und Kinder. Gelimer selbst mit wenigen Getreuen hatte sich im entscheidenden Augenblick auf schnellem Roß davongemacht. In nichts mehr wie in diesem kläglich ruhmlosen Schlußakt seines Kampfes gegen Belisar offenbart sich die Entartung des einst so kriegstüchtigen Volkes. Beutegierig brachen die Sieger in das mit Kostbarkeiten aller Art gefüllte Lager, und in wildem Sinnenrausch überließen sie sich dem schrankenlosen Genuß des Sieges. Greuliche Scenen jeder Art von Gewaltthat und Ausschreitung spielten sich während der nächsten Nacht in dem Lager ab. Des ruhmgekrönten Feldherrn Autorität war ohnmächtig und mußte die entfesselte Soldateska gewähren lassen. Was von den Vandalen nicht zusammengehauen wurde, wurde entwaffnet und der Gefangenschaft überliefert, um nach Byzanz geführt zu werden. Weiber und Kinder wurden wie die erbeuteten Schätze verteilt. Das Schicksal des Vandalenreiches war entschieden, das in ihm herrschende Volk ruhmlos zusammengebrochen und sein Land nebst den auswärtigen Besitzungen zur Verfügung Belisars und seines kaiserlichen Herrn. Selbst das feste Hippo Regius, wohin der siegreiche Feldherr in Verfolgung des flüchtigen Königs eilte, machte keinen Versuch zur Verteidigung: ohne Schwertstreich ergab sich die Masse der dorthin Geflohenen mit ihren Kostbarkeiten. Bald danach ergab sich auch Sardinien, wohin Belisar seinen Unterfeldherrn Cyrillus mit einem Teil der Flotte sandte. Ein Gleiches geschah mit Korsika und den Balearischen Inseln.

Missorium von König Gelimer:
Metallschild mit dem afrikanischen Löwen im Centrum. Im Rande der Rückseite die Umschrift:
+ GEILAMIR REX VANDALORVM ET ALANORVM.

So war in kurzer Zeit ein Unternehmen glücklich durchgeführt, an dessen Gelingen der unentschlossene Justinian selbst nicht recht zu glauben gewagt hatte. An die Stelle, welche die Vandalen als seeherrschende Vormacht in den Mittelmeerlanden bisher eingenommen hatten, trat das byzantinische Reich, dem nun noch weitere Erfolge leicht gewinnbar erscheinen durften. Wie wenig die Vandalen des unterworfenen Landes wirklich Herr geworden waren und wie weit ihr Reich von einem eigentlichen geordneten Staatswesen entfernt geblieben war, das lehrte die mühelose Leichtigkeit, mit der seine Territorien nun in die neue Ordnung hinübergeführt, unter Anlehnung an die vorhandenen Reste römischer Einrichtungen der byzantinischen Administration unterworfen und als Provinz dem Reiche Justinians eingefügt wurden. Daß Gelimer noch lebte, änderte darin nichts. Bei seiner völligen Hilflosigkeit konnte man ihn ruhig seinem Schicksal überlassen, das sich ohne weiteres Zuthun in kürzerer oder längerer Frist erfüllen mußte. Glücklich hatte der landlose König sich zwar der Verfolgung Belisars entzogen und war von Hippo Regius aus in die numidischen Berge geflohen, wo er sich mit den wenigen bei ihm ausharrenden Vandalen und barbarischen Söldnern in einer unzugänglichen Festung notdürftig barg. Mit seiner Umstellung und Bewachung, infolge deren ihn schließlich Mangel zur Übergabe oder zu einem Verzweiflungskampf nötigen mußte, beauftragte Belisar einen Herulerhäuptling Fara mit seinen Leuten. Bald befand sich Gelimer in der drückendsten Not. Dennoch lehnte er Faras Aufforderung zur Übergabe ab: er hatte Grund, an der ihm verheißenen Gnade Justinians zu zweifeln. Aber ein Durchbruchsversuch mißlang. Fara erneuerte seine Anerbietungen, Gelimer jedoch erbat nichts als ein Brot, um einmal wieder seinen Hunger zu stillen, einen Schwamm, um seine Augen, die von den über sein Schicksal vergossenen Thränen entzündet waren, zu kühlen, und eine Zither, um den seine Seele erfüllenden Jammer in Klageliedern ergießen zu können. Die Bitte wurde gewährt, die Einschließung aber nicht gemildert. So beugte sich Gelimer endlich dem Unvermeidlichen, als Belisar ihm im Namen des Kaisers Schonung seines Lebens und ehrenvolle Gefangenschaft zusichern ließ. Mit den übrigen Gefangenen nahm ihn der Feldherr mit sich, als er im Frühjahr 534 mit einem Teile seines Heeres nach Byzanz zurückkehrte, das nun zum erstenmal das glänzende Schauspiel eines Triumphzuges genoß, den Justinian dem „dritten Africanus“ bewilligte, der sich so überraschend selbstlos und treu bewährt hatte. In diesem schritt auch der entthronte König einher, um sich vor Justinian in den Staub zu beugen und des Purpurs entkleidet zu werden. Wie hoch der Kaiser den Sieg, dessen ganze Tragweite ihm erst allmählich sich erschlossen zu haben scheint, schätzte, bewies die ganz außerordentliche Ehrung, die er dem Belisar zu teil werden ließ, indem er ihn für das Jahr 535 zum alleinigen Konsul ernannte und ihm bei dem Antritt des Amtes einen zweiten Triumphzug bewilligte, außerdem aber durch Denkmünzen und Bildwerke die Thaten des Vandalenüberwinders verherrlichte.

So leicht und schnell die Eroberung gelungen war, so erwies sich doch die Behauptung derselben nicht ganz so einfach, wie man zunächst angenommen hatte. Von den Vandalen war freilich nichts mehr zu fürchten. Gelimer wurde durch Anweisung reicher Ländereien in Galatien, wie ihm versprochen, standesgemäß versorgt und scheint in behaglichem Wohlleben die ihm beschieden gewesenen Wechselfälle des Schicksals schnell verschmerzt zu haben. Hätte er sich zur Abschwörung des Arianismus entschließen können, würden ihm auch die in solchen Fällen sonst üblichen byzantinischen Ehren und Titel nicht gefehlt haben. Ähnlich schonend wurden auch die Glieder der übrigen vandalischen Fürstenhäuser behandelt. Aus der waffenfähigen Jugend wurden fünf vandalische Reiterkohorten formiert, die im Dienste des Zerstörers ihres Staates bald Ruhm und Ehre gewannen. Die große Masse der gemeinen Soldaten mit den Weibern und Kindern verfiel der

Sklaverei. Die Landgüter, welche durch die Beseitigung der Vandalen verfügbar geworden waren, die besten Nordafrikas, nahmen der Fiskus, die Kirche und die Römer wieder. Bald war die vandalische Herrschaft eine flüchtig verrauschte Episode gewesen, die keine Spuren zurückließ.

Von Anfang an aber drohten der byzantinischen Herrschaft zwei große Gefahren. Die eine entsprang der Invasion der Berber. Von den Vandalen waren diese niemals völlig unterworfen, ja nicht einmal dauernd zur Ruhe gebracht und unschädlich gemacht worden, vielmehr hatten kühne Stammeshäupter größere Gruppen von ihnen zu mächtigen Bündnissen vereinigt. Sie verfügten über eine zahlreiche leichte Reiterei, die, zum kleinen Kriege vortrefflich geeignet, für die Byzantiner eine sehr unbequeme Nachbarschaft wurde, da sie bei den fast ununterbrochen andauernden Grenzkämpfen ihre schwerfälligen Truppen und deren umständliche Taktik arg in Verwirrung brachte. Bald war der byzantinische Besitzstand in langsamem, aber stetigem Rückgang begriffen. Eine zweite, nicht minder lästige Gefahr bereiteten demselben die bald chronischen Militäraufstände. Auch in Afrika bestanden die Besatzungstruppen zum großen Teil aus geworbenen Barbaren, habgierigen und aufsätzigen Kriegern, die, namentlich wenn ihnen der Sold nicht pünktlich gezahlt wurde, drohend meuterten und dann von jedem Ehrgeizigen, der sie zu befriedigen verhieß oder ihnen sonst Aussicht auf Beute eröffnete, leicht zu gewinnen und für seine Zwecke zu gebrauchen waren. Ging ein solcher Militäraufstand mit einem Berberangriff Hand in Hand, so stand der Besitz der Provinz ernstlich auf dem Spiel. Gleich in den ersten anderthalb Jahrzehnten nach der Eroberung war das zweimal der Fall, zuerst 534—539 und dann wieder 545—548, und Justinian verdankte die Rettung seiner wankenden Herrschaft nur der Umsicht und Energie der Statthalter Solomon und Johannes Troglita. Eine ähnliche Krisis trat dann unter seinem Nachfolger Justinus II. (565—578) ein. Danach erst gewannen die Zustände größere Festigkeit, und die Ruhe blieb hinfort ungestört. Zum Teil dankte man das der Neuordnung des Verhältnisses zu den Berbern, denen gegenüber ein umständliches Verteidigungssystem durchgeführt wurde, das in manchen Stücken an die einst an Rhein und Donau obwaltenden Beziehungen zwischen Römern und Germanen erinnerte. Die Berberhäuptlinge nämlich, die man nicht bewältigen konnte, gewann man durch kaiserliche Anerkennung ihrer Herrschaft und Zahlung jährlicher Subsidien, so daß sie in den ihnen untergeordneten Bezirken für Aufrechterhaltung der Ruhe sorgten und dem kaiserlichen Dienste bestimmte Kontingente aus ihren Leuten zuführten. Von diesen wurden die einen in Kantonnements an die Grenze gelegt und übernahmen unter byzantinischen Befehlshabern deren Deckung gegen ihre im kleinen Kriege beharrenden Stammgenossen, die anderen bildeten unter ihren eigenen Führern Hilfskorps, die je nach Bedarf in allen Teilen des Reiches militärisch verwendet wurden. Die Aufsicht über dieses Verhältnis, welches der wachsende Einfluß der römischen Kultur und die allmähliche Ausbreitung des Christentums bei den Berbern befestigte, lag bei den kaiserlichen Duces. Dasselbe hielt sich eigentlich sowohl außerhalb der bürgerlichen wie der militärischen Provinzialorganisation, wie ja auch die römisch-germanischen Grenzdistrikte lange Zeit eine ähnliche Ausnahmestellung eingenommen hatten. Gleich nach der Eroberung hatte Justinian die bürgerliche Verwaltung hergestellt, was ja ein Leichtes war, da sich dieselbe der Hauptsache nach unter der germanischen Militärherrschaft auch hier erhalten hatte. An der Spitze des gesamten afrikanischen Gebietes stand demnach hinfort ein praefectus praetorio, der in Karthago residierte. Dasselbe zerfiel in sieben Provinzen, drei konsulare, — nämlich Africa proconsularis, Byzacena und Tripolitana — und vier unter praesides — Numidien, das erste und zweite Mauretanien und Sardinien. Auch hier war, wie seit Konstantin durchweg im römischen Reich, die Militärorganisation von der bürgerlichen Verwaltung ganz getrennt. Die gesamte dort liegende Streitmacht befehligte der magister militum von Afrika, dem außer den Führern der Sondertruppen die duces untergeordnet waren, welche in den vier Militärdivisionen von Tripolis, Byzacena, Numidien und Mauretanien kommandierten. Nach dem damals überhaupt herrschenden Brauch zerfiel die gesamte in Afrika stehende Armee in zwei Aufgebote. Die comitatenses bildeten zusammen mit den berberischen und sonstigen eingeborenen Hilfsvölkern die mobile, jeder Zeit zur Verwendung bereit stehende Armee, während die limitanei an der Grenze angesiedelt waren und gegen Ausstattung mit Land und Zahlung von Sold zur Landwehr, d. h. zur gewaffneten Abwehr feindlicher Invasionen, verpflichtet waren. Erst gegen Ende des sechsten Jahrhunderts trat in dieser Organisation eine Änderung ein, insofern der praefectus praetorio zwar als Chef der Civilverwaltung belassen, aber dem Chef der Armee untergeordnet wurde, für den dann späterhin der Titel eines „neuen Exarchen" aufkam.

Bei der Unsicherheit des afrikanischen Besitzes hatte Justinian auf die Sicherung desselben durch ein umfängliches, wohlberechnetes System von ineinander greifenden und sich gegenseitig deckenden Befestigungen gedacht. Er konnte dabei ganz frei schalten, da die Vandalen ja alle bei der Eroberung vorgefundenen römischen Festungen zerstört und bloß Karthago als solche erhalten hatten (S. 379), um es dann freilich allmählich auch verfallen zu lassen. Entsprechend der Art der von den eingeborenen Nachbarn drohenden Kriegführung errichtete er längs der Grenze eine Reihe von festen Städten, die untereinander durch eine Kette sich gegenseitig stets sicher erreichender Posten verbunden waren. In entsprechender Entfernung dahinter, weiter in das Innere hinein, wurde dann eine Anzahl von größeren Städten dazu eingerichtet, um im Falle eines plötzlichen verwüstenden feindlichen Einbruches der flüchtenden Bevölkerung der Grenzdistrikte mit ihrer beweglichen Habe Aufnahme und für längere Zeit Schutz zu gewähren. Außerdem war noch über das ganze Land eine Menge von isolierten Festungen verstreut, namentlich in den Gebirgsgegenden, wie die Örtlichkeit dazu geeignet erschien.

Wenn Prokop von Cäsarea seinen Bericht über Belisars Vandalenkrieg 548 mit den Worten geschlossen hatte: „Wenige waren übriggeblieben von der Bevölkerung Afrikas; nach so großen Drangsalen hatten sie endlich Frieden: aber um welchen Preis! Sie alle waren Bettler" — so mag man das gelten lassen von dem Zustand, in dem sich die Provinz Afrika nach der endlichen Niederkämpfung des zweiten von den Berbern unterstützten Soldatenaufstandes befand (S. 383). Jedenfalls aber hat derselbe nicht lange angehalten, sondern rasch einem neuen und bald reichen Erblühen Platz gemacht. Denn unzweifelhaft hat sich das Land unter der byzantinischen Herrschaft bis zum Beginn der arabischen

Invasion im wesentlichen fröhlichen Gedeihens, wachsenden Wohlstandes und einer zufriedenen Bevölkerung erfreut. Der Ackerbau entwickelte sich zu neuer, hoher Blüte, dank der Sorgfalt, mit der man die Wasservorräte zu pflegen und zu benutzen verstand; erfreute sich das Land damals doch auch noch reicher Waldungen, die Trockenheit abwandten und das Klima milderten. Dem Produktenreichtum entsprach weiter die Lebhaftigkeit des afrikanischen Handels, der nun natürlich vorzugsweise nach dem Osten gerichtet war. Aber auch das geistige Leben nahm unter dem Einfluß dieses wirtschaftlichen Gedeihens einen neuen Aufschwung, gravitierte freilich der eigenartigen Vergangenheit des Landes entsprechend vorzugsweise um die kirchliche Entwickelung. Der Sieg der byzantinischen Waffen war zugleich ein Sieg der Orthodoxie gewesen. Die Herrschaft des Katholicismus war hergestellt und ist, durch keine Spaltungen erschüttert, fest begründet erhalten geblieben. Zahlreiche Konzilien, auf denen sie zu den neu auftauchenden Streitfragen im Sinne strengster Rechtgläubigkeit Stellung nahm, geben Zeugnis von dem regen Leben der afrikanischen Kirche. Ihm entsprach auch der neue Glanz, der sie äußerlich umgab. Schon Justinian hat zahlreiche Kirchenbauten ausführen lassen, darunter große Basiliken, deren Architektur durch die Verwendung orientalischer Motive einen besonderen Charakter erhielt. In Haidar und Dar el Kous finden sich solche noch gegenwärtig. Ebenso erfuhr die Zahl der Klöster eine beträchtliche Vermehrung. Auch als der Ausbruch der monotheletischen Streitigkeiten die Kirche von neuem in schwere innere Kämpfe und gefährliche Spaltungen stürzte, ist die afrikanische unentwegt orthodox und papsttreu geblieben. Dennoch hat von hieraus weiterhin eine rückläufige Bewegung ihren Anfang genommen. Die zeitweise Parteinahme der Regierung für die Monotheleten erregte bei Volk und Klerus Unzufriedenheit und begünstigte die Usurpation des Patricius Gregor, welcher ohne Reichshilfe allein mit den verbündeten Berbern den ersten Einfall der Araber abgewiesen hatte und nun 647 besiegt und getötet wurde. Die Araber zogen sich allerdings zurück, aber die Verwaltung blieb desorganisiert.

Zu den Ruhmestiteln des jugendlichen Germanentums gehört Gelimers Kampf gegen Belisar wahrlich nicht. Mag man für die bewiesene Schwäche die rasche und tiefe Entartung der verweichlichten Vandalen verantwortlich machen, mag man die Schuld an dem kläglichen Ausgang eines unter aussichtsvollen Umständen begonnenen Krieges der Unfähigkeit des Königs selbst zuschreiben, der erst durch leichtfertige Sorglosigkeit, dann durch übereilte Angriffshitze sündigte und alle in seiner Hand befindlichen Vorteile thöricht preisgab, oder aber den Zusammenbruch des Reiches Geiserichs als die notwendige Folge seiner unfertigen und unklaren, vielfach widerspruchsvollen Verhältnisse ansehen: auch die Nachwelt wird den letzten Vandalen gegenüber ohne lebhaftere Sympathie bleiben und mehr als ihnen ihr Interesse dem byzantinischen Feldherrn zuwenden, der, seiner Position daheim unter den dort herrschenden Zuständen keinen Augenblick recht sicher, mit den denkbar geringsten Mitteln überraschend große Erfolge gewann, dank seiner klug berechnenden Vorsicht in dem einen und seinem rasch entschlossenen und rücksichtslos energischen Handeln in dem anderen Falle, außerdem aber seinen Sieg durch den seltenen Verein schönster Mäßigung und edelster Menschlichkeit noch besonders zu verherrlichen wußte und dadurch auch die Herzen der Überwundenen bezwang und versöhnte. Auffallen freilich muß der eigentümlich — man kann kaum anders sagen als — sentimentale Zug, der in der Überlieferung des Gelimer und seiner vornehmsten Genossen Persönlichkeit umgiebt. Durchaus ungermanisch scheint er vielmehr durch die vermittelnde Eigenart byzantinischen Denkens und Fühlens hineingetragen zu sein, wenn man nicht annehmen will, daß die Entartung der Vandalen in ihnen einen gewissen theatralischen, um nicht zu sagen komödiantenhaften Zug hat aufkommen lassen. Nach Prokops Darstellung ging die Schlacht am zehnten Meilensteine (S. 379) eigentlich nur deshalb verloren, weil Gelimer, statt den ihm zuneigenden Sieg zu vollenden, kostbare Zeit mit der Totenklage um seinen beim Angriff auf die byzantinische Front gefallenen Bruder Ammatas verbrachte und demselben erst die letzte Ruhe bereitete. Bei dem Anmarsch auf Karthago Ende des Jahres 533 beweint er nach dem Zusammentreffen mit seinem von Sardinien heimgekehrten Bruder Tzazon zunächst das Geschick seines asdingischen Hauses. Einen fast noch übleren und unwahreren Eindruck macht seine Bitte an den ihn umlagernden Fara um Brot, einen Schwamm und eine Zither (S. 382). Unköniglich endlich und ungermanisch erscheint es, wenn Gelimer schließlich, als er in Konstantinopel im Triumphzuge seines mit Recht gefeierten Besiegers aufgeführt wurde, seinen zum guten Teil selbst verschuldeten Fall durch das Wort des Predigers Salomon von der elenden Eitelkeit alles Irdischen erklärt und gewissermaßen zu eigener Entlastung gerechtfertigt haben soll. Waren die Vandalen so, wie ihr König nach diesen Zügen gedacht werden muß, so waren sie freilich unfähig zur Behauptung einer mehr durch Glück als durch Verdienst gewonnenen Stellung und verdienten vollauf den ruhmlosen Untergang, der ihnen beschieden war. Sie verschwinden hinfort aus der Reihe der Völker, und nirgends mehr finden wir eine Spur von ihnen. Denn völlig unhaltbar ist die neuerdings aufgetauchte und durch eine äußerst künstliche Beweisführung nur scheinbar gestützte Meinung, Reste von ihnen wären westwärts entweichend an das Gestade des Atlantischen Oceans gekommen, und als sie auch dort sich nicht sicher seßhaft machen konnten, endlich zu Schiff hinüber nach den Kanarischen Inseln geflohen, wo sie dann in völliger Weltabgeschiedenheit, ohne Erinnerung an des eigenen Volkes Vergangenheit und ohne von dem Hauch historischen Lebens berührt zu werden, eine Art von Heroenzeitalter durchlebt haben sollen, bis die beginnende portugiesische Einwanderung und Eroberung sie als ein scheinbar völlig neues rätselhaftes Volk entdeckte.

Eine ganz andere Luft, voll frischesten, gewaltig bewegten historischen Lebens atmen wir dagegen, wenn wir im Anschluß an das rasche Emporwachsen der byzantinischen Macht unter Justinian dem weiteren Siegeslauf des Belisar nach Sicilien und Italien folgen und den zwei Jahrzehnte dauernden Heldenkampf der Ostgoten bis zu ihrem ruhmvollen Untergange begleiten. Da tritt uns gegen das Ende der germanischen Heldenzeit der Wanderung noch einmal in unvergleichlicher Großartigkeit und wahrhaft ergreifend eine Fülle erhebenden und zugleich tief erschütternden germanischen Heldentums entgegen, und die Geschichte scheint sich in ein einziges gewaltiges Epos zu verwandeln, um so mehr als im Hinblick auf des Theoderich Reich, das nach seiner ganzen Eigenart den Keim des Unterganges in sich trug, hier auch das tragische Moment einer Schuld nicht fehlte, die es gleichsam zu sühnen galt. Auch hier war der Anfang des Kampfes gegen die Byzantiner wenig rühmlich, aber in demselben Maße wie der Ernst der Lage wuchs, fand auch das Volk der Ostgoten sich mehr und mehr wieder, entriß sich der Gefahr drohender Uneinigkeit und Verweichlichung und setzte kühn sein Dasein an die Erhaltung seiner nationalen Eigenart und zugleich seiner nationalen Ehre.

Der Anfang dazu war gemacht worden mit der Entthronung Theodahats (S. 340) und der Erhebung Witichis' auf den Thron. Aber auch dieser entsprach den auf ihn gesetzten Erwartungen nicht. Denn er dachte zunächst vor allem an die Befestigung seiner anfechtbaren Herrschaft, indem er sich durch die Verbindung mit der zur Ehe gezwungenen Matasunta, der Tochter Amalasuntas, ein scheinbares Erbrecht zu erschleichen trachtete, demnächst aber an Versöhnung und Frieden mit den Byzantinern. Doch blieb sein Werben darum vergeblich. Seit der Bewältigung der Vandalen, welche die Ostgoten verblendet im Stich gelassen, ja, gegen die sie Belisar nach Möglichkeit Vorschub geleistet hatten (S. 377), befand sich Justinian Italien gegenüber in einer furchtbaren Angriffsstellung, eben der, die Alarich einst zu gewinnen gedacht hatte, als ihn ein jäher Tod abrief (S. 240). Nun hatte er außerdem auch noch die Sympathien der Bewohner Italiens für sich, das auf weite Strecken überhaupt jeder gotischen Bevölkerung entbehrte. Namentlich die von Belisar zunächst bedrohten Landschaften des Südens waren ganz ohne solche, wenn man absieht von den paar tausend Mann, die als Besatzung in Cumä, Neapel und Rom lagen. Ungehindert war der Feldherr Justinians daher bald von Neapel im Anmarsch gegen die ewige Stadt. Es wiederholte sich dort fast genau, was er wenige Jahre zuvor in Karthago erlebt hatte, nur daß die Römer noch offener und eifriger gegen die bisher getragene Herrschaft der arianischen Barbaren die Partei des rechtgläubigen Kaisers ergriffen. Von ihnen zu schneller Herankunft eingeladen, zog Belisar am 10. Dezember 536 von Süden her in Rom ein, während die gotische Besatzung am anderen Ende zur Stadt hinausmarschierte, um sich in Ravenna mit Witichis zu vereinigen. Auch die Rom benachbarten Städte nahmen Belisar mit den Seinen jubelnd auf. Überall war es namentlich der Haß gegen die Arianer und der Eifer für den rechten Glauben, was der Menge den so leicht vollzogenen Wandel als ein besonderes Glück erscheinen ließ. Bald aber sollten die Römer doch anders denken lernen. Der byzantinische Feldherr wiederholte nämlich für den Krieg, von dem, wie er am besten gewußt haben wird, die bisherigen mühelosen Erfolge nicht das Ende, sondern erst den Anfang bezeichneten, genau die Strategie, der er in Afrika unter ähnlichen Umständen die Überwältigung eines weit überlegenen Gegners zu danken gehabt hatte. Rom wurde von ihm stark befestigt, um, wie dort einst Karthago, zu dem festen Punkte zu werden, von dem aus, teils durch zähe Abwehr der Goten, teils durch plötzlich geführte Vorstöße, weit hinein in das bisher noch von jenen behauptete Gebiet, der Feind allmählich niedergerungen werden sollte.

Denn noch war Witichis mit seinen Rüstungen nicht fertig. Von den Franken erkaufte er um Geld die heimliche Stellung von Mannschaften, konnte aber schließlich deren Ankunft nicht abwarten, da die Griechen unter energischer Benutzung seiner Unthätigkeit und der ihnen günstigen Stimmung der Bevölkerung sich rasch nordwärts ausbreiteten und eine seiner Abteilungen bereits bei Perugia geschlagen hatten, so daß er sie bald vor Ravenna erscheinen zu sehen fürchten mußte. Da raffte er sich endlich auf, schickte einen Teil der gotischen Heerhaufen nach Dalmatien, um dort den eingedrungenen Griechen Halt zu gebieten, mit der Hauptmasse aber zog er selbst vor Rom. Um dessen Mauern konzentrierte sich nun für ein volles Jahr der Kampf. Auch wenn man die übertriebenen Angaben des Prokop von Cäsarea, das gotische Heer habe hundertundfünfzigtausend Mann gezählt, auf die Hälfte reduziert — was schon reichlich gemessen sein dürfte und dem Verdienste des viel schwächeren Belisar keinen Eintrag thut — bleibt der Kampf um Rom, der im Frühjahr 538 begann, eines der gewaltigsten kriegerischen Schauspiele jener von großen Völkerkämpfen erfüllten Zeit. Mit Rücksicht auf die Schwäche seines Heeres hatte Belisar alle nordwärts geschickten oder als Besatzungen der kleineren Städte verwandten Abteilungen auf die Kunde von dem Anmarsch der Goten nach der Hauptstadt zurückbeordert. Selbst seine Absicht, den Feind zunächst an der befestigten Milvischen Brücke aufzuhalten, wurde durch den eiligen Abzug seiner Leute vereitelt. Fast wäre er selbst dabei in die Gewalt der Feinde gefallen. Zu einem gleichmäßigen Angriff auf die ganze Umwallungslinie der Stadt reichten die Kräfte der Goten jedoch nicht aus. So schlugen sie an geeigneten Stellen sieben feste Lager auf, um durch die Berennung verschiedener Punkte die geringen Kräfte der Verteidiger zu teilen, dauernd zu beschäftigen und so schnell zu erschöpfen, während sie die Umgegend durch verwüstende Streifzüge heimsuchten, um die Römer mit wachsender Sorge für die Verpflegung der Stadt zu erfüllen. Aber so große Fortschritte sie gegen früher auch in dem Belagerungskriege gemacht haben mochten, so mußten die Goten sich doch bald von der Überlegenheit der von einem Manne wie Belisar geleiteten Verteidigung überzeugen. Wohl waren sie gleich bei dem ersten Sturmangriff, den sie am achtzehnten Tage nach ihrer Ankunft unternahmen, wenigstens bei dem Aurelischen Thor, nahe dem Grabmal Hadrians, beinahe in die Stadt eingedrungen, als die Verteidiger sie mit einem furchtbaren Steinhagel überschütteten, zu dem sie in ihrer Bedrängnis das Material beschafften, indem sie die das Grabmal schmückenden Bildsäulen zertrümmerten. Nur durch Aushungerung also ließ sich die Stadt bezwingen. Auch hofften die Goten zuversichtlich auf diesem Wege schließlich zum Ziel zu kommen, seit sie die Tibermündung in ihre Gewalt gebracht und damit den einzigen Weg gesperrt hatten, auf dem die in den Mauern zusammengedrängten Römer und Griechen bisher hatten verproviantiert werden können. Aber im Hinblick auf das üble Schicksal, das sie im Falle des ostgotischen Sieges als wohlverdiente Strafe für ihren Abfall sicher zu erwarten hatte und das die Schrecknisse der Plünderungen durch die Westgoten und durch die Vandalen zu übertreffen drohte, unterstützte die Stadtbevölkerung die byzantinische Besatzung anfangs mit Feuereifer und dank der militärischen Organisation, die Belisar ihr in aller Eile zu geben wußte, auch mit Erfolg. Als die Belagerung sich jedoch durch das Beharren der Angreifer unerwartet in die Länge zog, da wuchs ihre Besorgnis wegen des schließlichen Ausganges. Doch wußte Belisar sie immer wieder aufzurichten und mit neuem Vertrauen zu erfüllen.

So tobte der Kampf Woche auf Woche, Monat auf Monat. Der Sommer verstrich, die ungünstige Jahreszeit begann, und mit ihr wuchs die Bedrängnis der Belagerten. Der Hunger fing an sich bemerklich zu machen, obgleich Belisar, um die Zahl der Esser zu vermindern, von den Nichtkombattanten möglichst viel aus der Stadt entfernt und aus dem reichen Campanien nach Möglichkeit Vorräte herangeholt hatte, diese zudem nur in knapp gemessenen Rationen verteilen ließ. Aber da die Goten die Wasserleitungen abschnitten, fehlte es schließlich an Trinkwasser, für das die gelben Wellen des Tiber nur ungenügenden Ersatz gewährten. Bald traten infolgedessen allerhand bedenkliche Krankheiten auf. Die Römer fingen an ihre übereifrige Parteinahme zu bereuen, und manche von ihnen dachten auf Versöhnung mit den so schnöde verlassenen gotischen Herren. Einzelne sollten mit diesen bereits verräterische Verbindungen angeknüpft haben. Namentlich Bischof Sylverius (März 537) wurde solcher überführt, seiner Würde entsetzt und in Klosterhaft nach dem Osten abgeführt. Gefügig gegen den Einfluß Belisars und die hinter ihm stehenden Empfehlungen der beiden mächtigen Frauen Theodora und Antonina erhoben Klerus und Volk den Diakonen Vigilius auf den erledigten päpstlichen Stuhl (29. März 537). Wiederum aber wartete der Goten, die unter solchen Umständen demnächst Herren der Stadt zu werden dachten, eine schmerzliche und erbitternde Enttäuschung. Auf die Meldung, daß die Verstärkungen und Lebensmittel, die er längst dringend erbeten hatte, endlich auf einem Geschwader nach Ostia unterwegs seien, wußte Belisar die Goten durch verschiedene Angriffe an anderen Stellen so lange von der dorthin gelegenen Seite der Stadt abzuziehen und zu beschäftigen, bis jene gelandet und unter Leitung Antoninas und Prokops glücklich nach Rom gebracht worden waren. Nun wollten auch die Römer von Übergabe nichts mehr wissen. Die Goten aber verzweifelten nachgerade an der Möglichkeit eines Erfolges. Aber ihre Bitte um Frieden wies Belisar rundweg ab. Alles, was sie auswirkten, war eine Waffenruhe von drei Monaten, damit sie während derselben ihre Anträge in Konstantinopel selbst durch Gesandte anbringen lassen könnten.

Thatsächlich aber kam dieser Stillstand gar nicht zur Ausführung. Denn kaum hatten die Goten im Vertrauen darauf Ostia geräumt und die dort Not leidende Besatzung in das Lager gezogen, als Belisar es besetzen ließ und auch einige andere wichtige Punkte der Umgegend in seine Gewalt brachte. Zugleich schickte er Streifkorps aus, um im Rücken der gotischen Stellung möglichst diejenigen festen Plätze durch Handstreich in ihre Gewalt zu bringen, wo die Goten ihre Familien und ihre Kostbarkeiten in Sicherheit gebracht hatten. Solche Hinterlist zu vergelten, machten die Belagerer alsbald einen neuen Versuch, in Rom einzudringen, wobei sie, wie es Belisar in Neapel gethan hatte, einen der Aquädukte benutzen wollten. Aber auch jetzt mußten sie unverrichteter Sache abziehen. Als dann obenein die Meldung kam, daß die byzantinischen Streifscharen, meist aus den ihrer Wildheit wegen besonders gefürchteten Isauriern bestehend, sich sengend und brennend über das ungeschützte Land zwischen Apennin und Adriatischem Meer ergossen, Rimini zu ihrem Standquartier gemacht und dort eine Masse von Gefangenen und eine Fülle zusammengeraubter Schätze in Sicherheit gebracht hatten, außerdem aber noch neues und größeres Unheil drohe, indem Matasunta, um sich den verhaßten Fesseln der ihr aufgezwungenen Ehe zu entziehen, mit den Byzantinern in Verbindung getreten und die Hauptstadt Ravenna in deren Hände zu liefern geneigt sei: da erneuten die entmutigten Goten bei Witichis das schon früher vergeblich gestellte Verlangen nach Aufhebung der aussichtslosen Belagerung, und Witichis, der bisher trotz wiederholter Mahnung vor Rom ausgeharrt hatte, gab ihm nun endlich nach. Gerade nach einem Jahr vergeblichen Kampfes, nach Verlust also einer unersetzlich kostbaren Zeit, steckten die Goten im März 538 ihr Lager in Brand und zogen eilends über die Milvische Brücke ab, nicht ohne durch die nachdrängenden Byzantiner noch schweren Verlust zu erleiden. Aber so wenig durch die Belagerung Roms erreicht worden war: das Gute hatte sie doch gehabt, daß die feindliche Armee in der Hauptsache an einem Punkte festgehalten und an der weiteren Occupierung oder Insurgierung Italiens gehindert worden war.

Die Sache der Goten hatte in dem Augenblick eine ungünstige Wendung zu nehmen angefangen, wo die kaiserlichen Abteilungen in ihrem Rücken das Land durchschwärmen und ihnen die zur Fortsetzung des Kampfes unentbehrlichen Hilfsquellen abschneiden konnten. Jetzt konnte Belisar, was ihm erst unter Bruch des kaum geschlossenen Stillstandes in Mittelitalien gelungen war, auch in Oberitalien wiederholen und damit selbst die auswärtigen Verbindungen der Goten teils abschneiden, teils bedrohen. Der Krieg wuchs zu größeren Dimensionen empor und drohte durch das Eingreifen der benachbarten germanischen Völker weit über die Grenzen Italiens hinaus Bedeutung zu erlangen. Denn während die Goten auf dem Umwege über Orvieto, Todi und Cesena das von den Isauriern unter ihrem verwegenen Führer Johannes besetzte Rimini erreichten, dann aber vergeblich berannten und es daher trotz der eben vor Rom gemachten üblen Erfahrung durch Hunger allmählich zur Übergabe zu nötigen beschlossen, sandte Belisar eine Abteilung seines nun verstärkten Heeres zu Schiff nach Genua, von wo dieselbe sich nordwärts bis über den Po ausbreitete und namentlich Mailand besetzte. Bald jedoch war sie dort durch ein gotisches Heer, dem die Franken burgundische Mannschaften zu Hilfe sandten, eingeschlossen und hart belagert. Inzwischen aber gelang es dem Eunuchen Narses das dem Falle nahe Rimini durch einen kühnen, von der Flotte unterstützten Vorstoß zu entsetzen und Witichis zu eiligem Rückzug nach Ravenna zu nötigen. Mittelitalien schien für die Goten nun unrettbar verloren und der Untergang ihres Reiches kaum noch abzuwenden. Nur der Mangel an Einigkeit unter den feindlichen Führern, namentlich der sich verschärfende Gegensatz zwischen Belisar und dem im höfischen Dienst unkriegerisch in die Höhe gekommenen Narses gab ihm Zeit, seine Kräfte noch einmal zu sammeln. Denn nun gelang es den vereinigten Goten und Burgundern das feste Mailand, dem Belisar nicht helfen konnte, Narses nicht helfen wollte, gegen Gewährung freien Abzuges an die griechische Besatzung zur Übergabe zu nötigen. Die Bevölkerung traf ein furchtbares Strafgericht der erbitterten Sieger. Durch diesen Erfolg ermutigt, erschien im Jahre 539, den von ihm vorausgesandten Burgundern folgend, der Frankenkönig Theudebert in Oberitalien, um in der für seinen Stamm charakteristischen perfiden Weise auf Kosten der streitenden Parteien aus ihrem Hader Vorteil zu ziehen und sich zwischen ihnen in dem reichen Lande zwischen Alpen und Apennin einzunisten, indem er das Recht zur Verfolgung und Vertilgung der Goten ableitete aus der strafwürdigen Beharrlichkeit, mit der sie den arianischen

Glauben festhielten. Nur mit Mühe gelang es Belisar diese unbequeme Einmischung abzuwenden, die alle seine Erfolge bedrohte, und den Frankenkönig zum Rückzug zu bestimmen. Da nun um dieselbe Zeit auch Narses nach Konstantinopel zurückgerufen wurde, war Belisar seine beiden unbequemsten Nebenbuhler, den im Felde sowohl wie den im Hauptquartier, glücklich los und konnte, befreit von den ihn bisher lähmenden Rücksichten, nach außen und innen den Krieg in seiner zielbewußten und energischen Weise fortführen.

Unter so günstigen Umständen schien dieser seinem Abschluß mit dem Siege der kaiserlichen Waffen schnell entgegenzugehen. Doch war nur mit der Bewältigung der Hauptstadt Ravenna selbst, zugleich dem festesten Platz des Reiches, dahin zu gelangen. Den Weg zu dessen Einschließung, die es dann zugleich gegen die Entsatzversuche der Goten und ihrer germanischen Bündner oder eine erneute eigenmächtige Einmischung des Frankenkönigs zu decken galt, bahnte sich Belisar, indem er einerseits durch die Besetzung von Tortona die Goten in Mailand und Pavia bedrohte, andererseits Fiesole einschließen ließ und selbst das wichtige Osimo angriff und bald hart bedrängte. Trotz tapfersten Widerstandes wurden beide, von Witichis ohne die mehrfach erbetene Hilfe gelassen, schließlich zur Übergabe genötigt. Den Goten von Osimo bewilligte Belisar einen Vertrag, in dem sich, wie es scheint, ein neues politisches Moment offenbarte und ein Licht wirft auf die Art, wie der siegreiche Feldherr das Verhältnis zwischen Goten und Römern in Zukunft zu gestalten beabsichtigte. Gegen die Verpflichtung in des Kaisers Dienst zu treten oder aber hinfort als friedfertige Unterthanen desselben auf ihren Gütern zu leben, ließ er einen Teil der tapferen Besatzung mit ihren Reichtümern ungehindert abziehen. An eine Ausrottung der Goten hat Belisar demnach nicht gedacht: seine Absicht ging vielmehr augenscheinlich dahin, sie mit den Römern, denen Theoderich sie möglichst anzunähern gestrebt hatte, zu versöhnen und, wenn möglich, ihre Wehrkraft, deren Bedeutung trotz der schlechten Leitung durch Witichis der bisherige Verlauf des Krieges von neuem offenbart hatte, für das Reich nutzbar zu machen. Sein Verhalten erinnert da in gewissem Sinn an das des Stilicho. Da aber sah Belisar alle seine Entwürfe unliebsam gefährdet. Durch einen neuen Angriff der Perser in den Ostmarken seines Reiches schwer bedroht, wünschte Justinian seinen besten Feldherrn und dessen in mehrjährigen Kämpfen bewährtes Heer im Westen frei zu machen und wies ihn an, mit Witichis Frieden zu schließen, indem er sich bereit erklärte demselben mit der Hälfte seines Schatzes und dem königlichen Titel die Landschaften im Norden des Po zu überlassen. Witichis war nicht abgeneigt auf ein solches Abkommen einzugehen. Erneute Hilfserbietungen des Frankenkönigs Theudebert, der noch immer hoffte aus dem gotisch-byzantinischen Kriege für sich die Herrschaft über einen Teil Italiens zu gewinnen, lehnte er ab und unterhandelte hin und her mit Justinian. Belisar aber nahm darauf nicht die geringste Rücksicht, sondern führte die Operationen gegen Ravenna mit gesteigerter Energie weiter, um die höfischen Zwischenträgereien, welche ihn um die Frucht mehrjähriger heißer Kämpfe zu bringen drohten, durch eine vollendete Thatsache zu zerreißen und den kleinmütigen Kaiser wider seinen Willen an das einst erstrebte, nun plötzlich aufgegebene Ziel vorwärts zu nötigen. In offenem Ungehorsam gegen Justinians Weisungen setzte er die Bekämpfung der

Goten mit wachsendem Nachdruck fort und blockierte Ravenna, das zu belagern und zu bestürmen bei der Festigkeit seiner Lage inmitten von Teichen und Sümpfen nicht möglich war, um es allmählich durch Mangel zu bewältigen. Bald machten sich dessen Wirkungen denn auch in der Stadt bemerkbar, besonders seit Sendlinge Belisars die Getreidespeicher in Brand gesteckt und so große Vorräte vernichtet hatten. Der Fall der Stadt war nur noch eine Frage kurzer Zeit, als Justinian den Goten den Abschluß des inzwischen verhandelten Friedens auf die von ihm vorgeschlagenen Bedingungen anbieten ließ. Witichis war bereit darauf einzugehen. Belisar aber verweigerte rundweg den Gehorsam. Denn nachdem der von Pavia und von Mailand her unternommene Versuch zum Entsatz der Stadt mißlungen war, erklärte er, der Gotenkönig sei bereits so gut wie sein Gefangener, obgleich ein von ihm berufener Kriegsrat sich anders äußerte und die Stadt auch jetzt noch für unbezwingbar hielt. Aber auch dadurch ließ sich der Feldherr nicht irre machen, wobei man beinahe vermuten möchte, er habe im geheimen bereits Kunde gehabt von der überraschenden Wendung, die sich inzwischen bei den Goten vorbereitet hatte.

Längst waren diese von der Unfähigkeit ihres Königs überzeugt, aber sie billigten doch nicht die Verhandlungen, die er mit dem Kaiser angeknüpft hatte, und wollten von einem so schimpflichen Vertrage, wie er von Byzanz her geboten wurde, nichts wissen. Zudem scheint ihnen nicht unbekannt gewesen zu sein, daß Belisar sich mit seines kaiserlichen Herrn Willen in offenen Widerspruch gesetzt hatte, und nicht ganz ohne Grund konnten sie daraus den Schluß ziehen, daß er infolgedessen von Byzanz her schwer bedroht sei, vielleicht eines schnellen Sturzes gewärtig sein müsse und sich dieser Gefahr gegenüber zu einem äußersten Wagnis bereit finden lassen werde. Die Versammlung der gotischen Großen bot dem siegreichen Gegner ihres unfähigen Königs die Krone an. Daß die Goten ernstlich an die Durchführbarkeit eines solchen Abkommens geglaubt haben, darf wohl bezweifelt werden. Aber in der heillosen Bedrängnis, in der sie sich befanden, verschmähten sie auch den abenteuerlichsten Weg nicht, wenn er eine entfernte Aussicht auf Rettung bot. Belisar aber war natürlich von der Unausführbarkeit eines solchen verzweifelten Streiches zum voraus überzeugt und nicht im entferntesten gesonnen, eine ruhmreiche Vergangenheit gegen eine so unsichere Zukunft auf das Spiel zu setzen, zumal dieselbe seinen Namen obenein in den Augen der Nachwelt mit der Schmach des Verrates belastet haben würde. Den Antrag der Goten im Ernst anzunehmen, kam ihm demnach keinen Augenblick in den Sinn; aber ihn militärisch auszunutzen und sich durch ein scheinbares Eingehen auf die lockenden Erbietungen Ravennas zu bemächtigen, das seine eigenen Offiziere für unbezwingbar gehalten hatten, und so dem Kriege mit einem Schlage ein Ende zu machen und sich seinen Kaiser von neuem unvergleichlich zu verpflichten, trug er selbst angesichts der Anfechtbarkeit einer derartigen Kriegslist kein Bedenken. Als ob er wirklich auf den für ihn so außerordentlich ehrenvollen Antrag der Goten eingehen wollte, ließ er sich Ravenna als seine künftige Hauptstadt von ihnen übergeben und zog dort ein in Gemeinschaft mit den kaiserlichen Gesandten, die zum Abschluß des Friedens mit Witichis im Lager erschienen waren. Dann sorgte er vor allem für Aufhebung der Sperre und reichliche Zufuhr an Lebensmitteln. Bald wurden die Goten inne, welche unerhörte Thorheit sie begangen hatten, und bereuten es, einem so unbedeutenden Heere sich ergeben zu haben. Wurden sie doch von ihren entrüsteten Weibern ob der bewiesenen Feigheit mit leidenschaftlichem Hohn und Spott übergossen. Aber es war zu spät. Denn Belisar hatte gleich nach dem Einzuge alle Dispositionen so getroffen, daß jeder Aufstandsversuch in der Stadt sofort erdrückt werden konnte. Nicht für sich, sondern im Namen seines Kaisers nahm er von Ravenna Besitz, ließ sich den Königsschatz ausliefern und behandelte Witichis als Kriegsgefangenen. Als ob der Vertrag, den er früher eigenmächtig verworfen hatte, rechtsgültig geworden wäre, ließ er alle diesseits des Po heimischen Goten, da sie nun Unterthanen von Byzanz geworden sein sollten, ungekränkt auf ihre Güter ziehen. Eine große Anzahl gotischer Jünglinge nahm er in den kaiserlichen Heerdienst. Auf die Nachricht von dem unblutigen Fall der Hauptstadt beugten sich auch die meisten der bisher noch Widerstand leistenden gotischen festen Plätze, mochte mancher Befehlshaber dazu auch zunächst nur durch die irrige Meinung bestimmt werden, daß er in dem feindlichen Feldherrn hinfort seinen rechtmäßigen König zu ehren habe. Als er die Dinge in Ravenna dann so ganz anders fand, war es zu spät, den gefaßten Entschluß rückgängig zu machen.

In vier Jahren hatte Belisar, wiederum mit Mitteln, die, an denen des zu bewältigenden Feindes gemessen, sehr gering genannt werden durften und in sich keine Bürgschaft des Erfolges trugen, der Eroberung Afrikas die Siciliens und Italiens folgen lassen. Auch hier hatte neben seinem militärischen Genie den Hauptanteil an dem Erfolge, den er ohne jähe Wechselfälle, in langsamem, aber stetigem Fortgange erreicht hatte, seine glückliche Gabe, Menschen und Verhältnisse zu nehmen und ihnen die vorteilhafte Seite abzugewinnen, die feindlichen Elemente durch milde Nachgiebigkeit zu beschwichtigen, die zweifelhaften hinzuhalten und die versöhnlichen für sich in Wirksamkeit zu setzen. Belisar war den von ihm bekämpften und besiegten Nationen gegenüber wohl noch in höherem Maße als Diplomat ausgezeichnet denn als Feldherr. Ebendarum aber bedurfte es auch einer längeren Zeit, bis die von ihm geschaffene Ordnung sich in sich selbst recht festigte, in ihren einzelnen Teilen zusammenwuchs und damit die Gewähr dauernden Bestandes gewann. Das traf ganz besonders hier zu, wo nicht, wie in Afrika, der bisher herrschende Volksstamm gleichsam verschwand, sondern noch immer in beträchtlicher Zahl und ungebrochener Kraft vorhanden war und in einzelnen Landesteilen ein wesentlicher Bestandteil der Gesamtbevölkerung blieb. Auch war sein Erliegen hier nicht durch einen letzten großen entscheidenden Waffengang herbeigeführt worden, sondern durch eine sehr bedenkliche Art von Kriegslist, der die so Überrumpelten wohl für den Augenblick erlagen, deren Folgen sie aber, sobald sie ihres thörichten Irrtums recht inne wurden, rückgängig zu machen nicht bloß die brennende Begierde, sondern auch die Kraft in sich fühlen mußten.

Die Gefahren zu beschwören, die von hier aus der neuerrichteten byzantinischen Herrschaft in Italien drohten, wäre eine Persönlichkeit von den staatsmännischen und militärischen Fähigkeiten Belisars vielleicht im stande gewesen, zumal, wie die vor Ravenna eingetretenen Ereignisse unwiderleglich dargethan hatten, er auch dem überwundenen Gegner mächtig imponierte. Sein Platz wäre demnach noch möglichst lange in Ravenna oder Rom gewesen. Statt dessen wurde er im Jahre 540 abgerufen. Nicht bloß der Ausbruch des neuen Perserkrieges gab den Anlaß dazu. Auch andere Umstände bestimmten Justinian zu diesem Beschluß, der bald als unheilvoll erkannt werden sollte. Nicht ohne Sorge sah er, welcher Autorität sein Feldherr sich in Italien erfreute und wie selbst die Goten keinen Würdigeren finden zu können vermeinten, um ihm die durch Witichis verwirkte Krone aufs Haupt zu setzen. Gewiß werden höfische Klatschereien die Selbstlosigkeit und Treue, die Belisar bewiesen hatte, in ihrer Echtheit und Zuverlässigkeit angezweifelt und verdächtigt haben: was er im Augenblick abgelehnt hatte, konnte er nach der Meinung dieser Leute bei der nächsten günstigen Gelegenheit nur um so sicherer und schneller zu gewinnen denken. Freilich wurde all solches Gerede widerlegt, als der Feldherr dem Rufe Justinians ohne Zögern Folge leistete und im Sommer des Jahres 540 nach Konstantinopel zurückkehrte. Mit sich brachte er außer dem Schatze der gotischen Könige eine Menge edler Gefangener, obenan Witichis und Malasunta, denen der unkriegerische Sieger eine höfliche Aufnahme gewährte. Witichis wurde in Asien mit reichen Ertrag gewährenden Gütern fürstlich versorgt. Von dem Heldentum seines Volkes lebte nichts in ihm. Er hat es sogar nicht verschmäht — anders als einst sein Schicksalsgenosse Gelimer (S. 382) — durch Übertritt zu dem orthodoxen Bekenntnis sich den Weg zu der Würde eines Senators und Patricius zu öffnen und damit einen Platz unter den ersten Würdenträgern des Reiches zu gewinnen. Um so kärglicher freilich erschien dagegen der Lohn, der seinem Besieger zu teil wurde. Die Ehre des Triumphes blieb Belisar diesmal versagt — der beste Beweis dafür, daß es nicht bloß der Perserkrieg war, was den Kaiser zu seiner Abberufung bestimmt hatte. Um so begeisterter feierte das Volk den ruhmgekrönten Helden, und einem Triumphzuge im kleinen glich es, wenn er inmitten der sein Gefolge bildenden Vandalen, Goten und Berbern durch die Straßen der Hauptstadt schritt, der ihn begrüßenden Menge ebenso imponierend durch die Größe und Hoheit seiner Erscheinung, wie ihr sympathisch durch den Glanz menschenfreundlicher Milde und Leutseligkeit, der ihn heller als sein Kriegsruhm umstrahlte.

Niemand scheint Belisars Abberufung und Aufbruch überraschender gekommen zu sein als den Goten selbst, die hinter des Feldherrn eigentümlicher Haltung ihren glänzenden Anträgen gegenüber anfangs eine wohlberechnete Absicht zur Täuschung seines mißtrauischen Kaisers vermutet haben mochten. Durch das geheime Abkommen mit ihm, nicht aber durch den in Ravenna von den kaiserlichen Bevollmächtigten vorgelegten Vertrag wollten sie gebunden sein. Nun, da auch dieser hinfällig geworden war, freuten sie sich der wiedererlangten Freiheit des Handelns und eilten um so mehr, von ihr Gebrauch zu machen, als sie thatsächlich doch noch weit davon entfernt waren, völlig überwunden und zur Fortsetzung des Kampfes für ihre Unabhängigkeit unfähig zu sein.

So folgte gleich nach Belisars Abreise eine nationale Erhebung, welche, obgleich auch sie anfangs noch der Einheit und Planmäßigkeit entbehrte, doch durch ihre entschlossene Energie erkennen ließ, daß der alte tapfere, stolze, freiheitsfrohe Sinn in dem durch die Mißregierung der letzten Jahre auf Abwege geratenen Volk noch nicht erstorben war, sondern, durch die jüngsten Ereignisse von neuem erweckt, sich noch einmal vollkräftig zu entfalten im Begriffe stand.

Während Justinian den Gotenkrieg beendet gewähnt hatte, sollte sich demnächst zeigen, daß er vielmehr erst am Anfange desselben stand. Von den noch unbezwungenen Besatzungen Pavias und Veronas, die auch Belisar gegenüber sich noch nicht verpflichtet hatten, ging der entscheidende Anstoß aus. Vorschub aber leistete der gotischen Nationalpartei die Uneinigkeit und Mißwirtschaft, die gleich nach Belisars Entfernung in den leitenden byzantinischen Kreisen einrissen. Die Führer der einzelnen Abteilungen handelten ohne gemeinsamen Plan, jeder nach Lust und Laune. Die Einführung der byzantinischen Verwaltung mit ihrem drückenden Steuersystem, das die Unehrlichkeit und Gewaltthätigkeit des leitenden Beamten noch unerträglicher machte, erfüllte auch die Römer schnell mit bitterem Mißmut, denen die Zeit der Gotenherrschaft dem jetzt hereinbrechenden Zustande gegenüber als eine leichte und glückliche erschien. Dazu kam die häufige Zuchtlosigkeit der byzantinischen Söldner, die nun keines Belisar Strenge und Beliebtheit mehr im Zaume hielt und denen das Ausbleiben der fälligen Löhnung oft genug erwünschten Vorwand zu allerhand Ausschreitungen gab. Unter günstigen Umständen also erhoben die Goten in Pavia und Verona, die von dort aus noch die Lombardei im ganzen behaupteten, ihren Führer Ildebad als König auf den Schild, der neben seinen hervorragenden persönlichen Eigenschaften namentlich durch seine Verwandtschaft mit dem Westgotenkönig Theudis empfohlen wurde. In kurzer Zeit war er wieder Herr fast ganz Oberitaliens. Die kaiserlichen Feldherren blieben nicht unthätig. Vitalius, der mit den von ihm befehligten Herulern einen Angriff wagte, erlitt eine empfindliche Niederlage. Da drohte elender Weiberzwist die nationale Erhebung der Goten gleich in ihren ersten hoffnungsvollen Anfängen wieder zu knicken. Eine Beleidigung, die seiner Gattin von der des Uraias, eines Neffen des Witichis, dem zunächst die Königskrone angeboten worden war, zugefügt sein sollte, ließ der heißblütige Ildebad durch Uraias' Ermordung rächen. Die Folge der Blutthat war eine neue Krisis. Die Uneinigkeit des herrschenden Stammes scheint bei den seit langen Jahren mit demselben lebenden anderen Germanen den Gedanken angeregt zu haben, ihr Schicksal hinfort auf die eigene Kraft zu gründen. Die Rugier machten den Anfang, indem sie im Jahre 541 aus ihrer Mitte den Erarich zum König erhoben, der zunächst auch bei einem Teil der Goten Anerkennung fand. Als er aber mit Justinian zu verhandeln begann, um durch dessen teuer zu bezahlende Unterstützung seine bald wankende Herrschaft zu befestigen, wandten sich die Goten einmütig von ihm ab. Schon nach wenigen Monaten fand er ein gewaltsames Ende, und nun riefen die Goten einen Neffen Ildebads, der bisher mit seinen Mannschaften in Treviso gelegen hatte, Baduila, zum Könige aus oder, wie er in der historisch recipierten Form seines Namens allgemein bekannt ist, Totilas (541—552), einen klugen und thatkräftigen, aber auch gewaltthätigen Mann, dem manche die Urheberschaft an der Ermordung Erarichs zuschrieben.

Mit ihm kehrte nicht bloß die alte, ungestüme Tapferkeit, sondern auch das einstige Kriegsglück den Goten wieder. Das Beste freilich that dazu für den Anfang die Untüchtigkeit der feindlichen Heeresleitung. Denn selbst die schon gewonnenen Vorteile ließ sich diese durch Unachtsamkeit und Uneinigkeit der keinem einheitlichen Oberkommando untergeordneten Führer wieder entreißen. Verona

z. B. hatte eine byzantinische Abteilung mit Hilfe von Verrätern überrumpelt, ohne Kampf, da die erschreckte Besatzung, die Zahl der Eingedrungenen überschätzend, eilig in die nahen Berge entwichen war. Da aber das Gros des Heeres nicht rechtzeitig nachrückte, drangen die Goten, als sie ihres Irrtums inne geworden waren, in der Dämmerung des nächsten Morgens ihrerseits überraschend wieder in die Stadt ein und hieben die Byzantiner, die statt auf ihre Sicherung zu denken, um die Teilung der Beute haderten, blutig zusammen, so daß nur wenige ins Freie entkamen. Ohne einen Versuch zur Rettung der wichtigen Stadt gemacht zu haben, ging das byzantinische Hauptheer nach Faenza zurück. Dort erschien aber plötzlich Totilas, faßte es in der Front und vom Rücken her und brachte ihm eine vollständige Niederlage bei. Nachdem er dann über ein zweites feindliches Heer bei Florenz ähnlich glänzend gesiegt hatte, war er thatsächlich Herr des offenen Landes, da die byzantinischen Führer mit ihren eingeängstigten

Münzen von König Totilas (Baduila).
Originalgröße. Berlin, Königl. Münzkabinett.

Mannschaften sich nicht mehr über die Mauern der von ihnen besetzt gehaltenen Städte hinaus wagten. Dort aber steigerten sie durch ihre Gewaltthaten die Erbitterung der Bürgerschaften, welche unter den Ausschreitungen der nicht rechtzeitig abgelohnten Söldner ohnehin schon schwer genug zu leiden hatten. Totilas überließ sie einstweilen ihrem Schicksal, um die Herrschaft seines Volkes da, wo sie zuerst und am schnellsten zusammengebrochen war, wiederherzustellen und dadurch auf die nichtbyzantinische Bevölkerung Italiens moralisch einen mächtigen Eindruck hervorzubringen. Verhieß doch außerdem die Gewinnung der reichen Landschaften des Südens ihm für die Fortsetzung des Krieges unschätzbare Hilfsmittel zu gewähren. Eine Reihe von raschen Schlägen machte ihn zum Herrn Campaniens: Benevent wurde genommen und entfestigt, Cumä und Bajä fielen in seine Gewalt. Erst Neapel, wo eine stärkere Besatzung lag, setzte sich zur Wehr, ergab sich aber nach kurzer Zeit, als die Belagerer die zu seiner Verstärkung bestimmte byzantinische Flotte abgefangen hatten. Diese Erfolge der gotischen Waffen machten um so mehr Eindruck, als sie durch keine Art von Ausschreitung oder Gewaltthat verunziert wurden. Überall gewann Totilas die Unterlegenen durch Milde und ließ das Los der von ihm bewältigten Städte und Landschaften als ein fast beneidenswertes erscheinen im Vergleich mit dem derjenigen, die sich noch in der Gewalt der Byzantiner befanden. Denn während deren Führer nach wie vor in Unthätigkeit verharrten, aber die in ihrer Hand befindlichen Gebiete hart bedrückten, führte Totilas in Unteritalien eine geordnete und gerechte Verwaltung ein, die mit der neuen Ordnung der Dinge vollends versöhnte und den besten Beweis dafür lieferte, daß nicht der ferne Kaiser, sondern er der Herr Unteritaliens war und daß dieses sich dabei wohler befand denn je. Daß die Byzantiner unter diesen Umständen auch die in Mittelitalien bisher behaupteten Positionen nicht mehr lange würden halten können, war augenfällig: binnen kurzem mußten alle Erfolge Belisars verloren gegangen sein.

In dieser Bedrängnis wußte Justinian keinen anderen Rat, als noch einmal den Zauber für sich in Wirksamkeit zu setzen, der den Namen des Vandalen- und Ostgotensiegers in den Augen von Freund und Feind umgab, obgleich er denselben nach der Rückkehr aus dem Perserkriege in Ungnaden beiseite geschoben hatte. Aber die Mittel, welche nötig gewesen wären, um die Dinge in Italien zu seinen gunsten zu wenden, stellte der Kaiser demselben auch jetzt nicht zur Verfügung, wohl nicht bloß, weil er seine Kräfte nach wie vor vornehmlich im Osten beschäftigt wußte, sondern zum Teil aus einem bei seinem Charakter leicht begreiflichen Mißtrauen gegen den Mann, dem er so viel verdankte, ohne ihn entsprechend belohnt zu haben. So fand Belisar denn bei seiner Rückkehr nach Italien im Jahre 544 die Lage dort geradezu trostlos. Es fehlte an Mannschaften, Waffen, Pferden und Geld. Was er unterwegs in Thracien und Illyrien an Truppen zusammenbrachte, war zu wenig und von elender Beschaffenheit; die er in Italien vorfand, waren völlig demoralisiert, gingen dem Feinde geflissentlich aus dem Wege, entäußerten sich ihrer Waffen und Pferde oder zogen es vor zum Feinde überzulaufen. Als Feldherr ohne Heer, so ließ Belisar infolgedessen den Kaiser wissen, könne er absolut nichts ausrichten, zumal er in Italien, das ganz in der Goten Händen sei, nicht einmal Geld aufzutreiben vermöge. Er verlangte die sofortige Nachsendung seiner Leibwache, einer Elitetruppe, und schnell zu werbender Hunnen und anderer Barbaren. Fürs erste sah er sich natürlich zu völliger Unthätigkeit verurteilt und zog sich nach Epidamnus zurück. Sein einziger Erfolg war die Entsetzung des belagerten Otranto. Als er dann endlich ein paar tausend Mann bei einander hatte, fuhr er — das offene Meer vermeidend — längs der Küste über Pola nach Ravenna, um von diesem festen Stützpunkt aus Totilas endlich anzugreifen. Dieser hatte inzwischen die Städte Mittelitaliens, die bisher noch mit byzantinischen Abteilungen belegt waren, in seine Gewalt gebracht. Rings um Rom war er bereits des ganzen Landes Herr, als er dieses selbst einschloß und bald durch eine kraftvolle Belagerung hart bedrängte. So litt die Bevölkerung schon nach kurzer Zeit drückenden Mangel; schnell steigerte er sich zu einer furchtbaren Hungersnot, welche die greulichsten Akte der Verzweifelung zur Folge hatte. Ein Entsatzversuch, den Belisar machte, indem er in den Tiber einlief, und die Sperrung desselben durch die Goten sprengend, im Einverständnis mit den zu einem Ausfall rüstenden Belagerten über die Goten herfallen wollte, mißlang nach anfänglichem Erfolge schließlich durch den Übereifer und Ungehorsam eines Unterbefehlshabers, der seinen Posten zur Unzeit verließ. So hart geriet Belisar dadurch ins Gedränge und so bestürzt war er durch das für ihn ganz neue Unglück, daß er das Unternehmen sofort gänzlich aufgab, die hartbedrängte Stadt ihrem Schicksal überließ und mit Heer und Flotte eiligst auf und davon ging. Wenige Tage danach gelang es dem Totilas, den Überläufer von der unbegreiflichen Sorglosigkeit der Besatzung und der Bürgerschaft in Wahrnehmung des Wachtdienstes benachrichtigt hatten, von Verrätern eingelassen, sich des Asinarischen Thores zu bemächtigen. Als das mit Tagesanbruch bekannt wurde, zog die byzantinische Besatzung unter Bessas eiligst davon. Die vornehmen Römer schlossen sich ihr zumeist an. Aber von den erwarteten Gewaltthaten geschah keine: Totilas hielt strenge Mannszucht, wenn er natürlich auch nicht hindern konnte, daß seine siegreichen Krieger gegen die Habe der Bürger Erobererrecht übten, wie er selbst sich zunächst des ihm gebührenden Vorzugsanteiles von der Beute bemächtigte. Selbst die Senatoren gingen schließlich straflos aus, die er erst wegen ihrer den Goten bewiesenen Untreue und Undankbarkeit hart angelassen und mit Verlust von Gut und Ehren bedroht hatte. Das alles machte einen tiefen Eindruck auf die Römer. Wie mußte ihnen die byzantinische Herrschaft erscheinen, wenn sie dagegen sahen, wie der Gotenkönig seine Krieger unter Hinweis auf den für sie eingetretenen glücklichen Umschwung eindringlich zur Mäßigung und Gerechtigkeit ermahnte und seinen ersten Gang nach der Einnahme der Stadt nach der Peterskirche richtete, um dort am Grabe des Apostelfürsten seine Andacht zu verrichten. Vor allem aber bewies Totilas ruhmwürdige Mäßigung, indem er unmittelbar nach diesem glänzenden Erfolge Justinian die Hand zum Frieden bot, seinem Antrag freilich gleichzeitig dadurch Nachdruck gab, daß er seine Gesandten für den Fall der Ablehnung mit der Wüstlegung der ewigen Stadt drohen ließ. Die Antwort aus Byzanz lautete ablehnend. Roms Schicksal schien besiegelt, zumal die Byzantiner in Unteritalien die Feindseligkeiten wieder aufnahmen und einige Erfolge gewannen. Totilas befahl die Niederlegung der Stadtmauern und die Verbrennung der öffentlichen Gebäude: die Herden sollten da gehen, wo einst die weltherrschende Stadt gestanden hatte. Die Entfestigung wurde sofort in Angriff genommen und eine Anzahl klaffender Lücken in die Umwallung gebrochen. Von dem weiterhin angedrohten Strafgericht aber sah der König im letzten Augenblick ab. In einem eindringlichen Schreiben legte kein Geringerer als Belisar selbst bei ihm Fürbitte für Rom ein, indem er ihn beschwor, seinen Namen nicht durch ein solches Zerstörungswerk in den Augen der Nachwelt für alle Zeit zu beflecken. So ließ der König Gnade für Recht ergehen, ja, mehr noch, er meinte in der Stadt nicht bloß eine Zierde seines Reiches, sondern zugleich auch ein Unterpfand des Friedens und der Versöhnung zwischen Goten und Römern zu erhalten. Eine tiefe moralische Demütigung aber erließ er der Bürgerschaft doch nicht. Die gesamte Bevölkerung mußte auf einige Zeit in die Verbannung nach Campanien wandern, so daß an der in unheimlicher Stille entvölkert liegenden Stadt das ihr angedrohte Strafgericht gleichsam sinnbildlich vollzogen war. Von den Senatoren aber und den Reichen führte er eine beträchtliche Anzahl als Geiseln mit sich, als er zur weiteren Bekämpfung der Byzantiner südwärts zog. Als er nach einiger Zeit am

Monte Gargano lagerte, befanden sich von Unteritalien nur noch Otranto und Tarent in feindlicher Gewalt. Der Sieg der Ostgoten schien vollendet, die Wiederherstellung ihres Reiches eine Thatsache und den Gegnern durch die Entvölkerung Roms der Mittelpunkt endgültig genommen, ohne den eine neue Sammlung ihrer Kräfte zu energischem Kampf kaum möglich war.

Aber gerade da sollte ihm des erfindungsreichen Belisar überraschende Schnelligkeit und Energie noch einmal eine üble Enttäuschung bereiten. Kaum war das gotische Hauptheer nämlich nach Süden abgezogen unter Zurücklassung nur eines kleinen Beobachtungskorps in dem Hafen von Porto Romano, als der byzantinische Feldherr sich der Stadt näherte. Ein erster Versuch, sie zu besetzen, wurde durch die Wachsamkeit jener gotischen Abteilung vereitelt. Aber sobald sie ebenfalls aufgebrochen war, bemächtigte sich Belisar (im Februar 547) ungehindert der Stadt, rief die ausgewiesene Bevölkerung aus Campanien zurück und begann mit Aufbietung aller Kräfte die von Totilas in die Mauer gebrochenen Lücken durch eilig aufgeführte Erdwälle, Verhaue und Palissaden nach Möglichkeit zu schließen. In nicht ganz vier Wochen war das Werk vollendet, die Stadt außerdem durch von allen Seiten eilig herangezogene Zufuhr reichlich verproviantiert und von einem großen Teil der ehemaligen Bevölkerung wieder eingenommen, die nun in dem kaiserlichen Feldherrn dankbar ihren Retter verehrte und für die bevorstehenden weiteren Kämpfe voll Vertrauen zu ihm aufblickte.

Das war für die Sache der Goten ein schwerer Schlag. Der größte moralische Erfolg, den sie gewonnen hatten, war wett gemacht und durch einen die feindliche Sache ungeheuer stärkenden weit übertroffen. In Gewaltmärschen eilte auf die Kunde davon Totilas herbei. Mit äußerster Leidenschaft warf er gleich am ersten Tage sein Heer gegen die Thore, die noch nicht geschlossen, sondern nur notdürftig verrammelt, aber von den auserlesensten Leuten besetzt waren. Unter schweren Verlusten wurde der Angriff abgeschlagen, und auch seine Wiederholung am nächsten Tage hatte keinen besseren Erfolg. Der Sturm am dritten Tage, mit bereits erlahmenden Kräften unternommen, verschlechterte höchstens die Lage der Goten und steigerte das Ansehen des endlich wieder vom Glück begünstigten Belisar. Eine förmliche Belagerung Roms aber war unter den nun gegebenen Umständen für Totilas vollends ausgeschlossen. Freilich hatte die Stadt in diesen Kämpfen schwer gelitten. Unaufhaltsam schritt ihr Verfall fort, der sie allmählich in eine ergreifende Trümmerstätte umwandeln sollte. Um so mehr mochte Totilas bereuen, dem Gefühl der Ehrfurcht vor einer großen historischen Vergangenheit und des Mitleides mit einer an Schicksalsschlägen reichen Gegenwart, das Belisars fürbittendes Schreiben so mächtig in ihm angeregt hatte, nachgegeben und eine Maßregel unterlassen zu haben, die hinterher als militärisch und politisch eigentlich notwendig erwiesen wurde.

Während nun Belisar die Befestigung Roms ungehindert zu Ende führte, auch die Thore kunstgerecht herstellte und ihre Schlüssel an Justinian als den Herrn der Stadt übersandte, lag Totilas mit seinem erschöpften und verstimmten Heere in dem benachbarten Tivoli. Einen Teil ließ er Perugia belagern. Während er dann, zu größeren Unternehmungen zur Zeit unfähig, ebenfalls dorthin zog, nahm Belisars Unterfeldherr Johannes durch einen überraschenden Vorstoß von Otranto aus Capua weg und entführte die dort als Geiseln festgehaltenen römischen Senatoren. Freilich rettete ihn nur ein eiliger Rückzug vor der drohenden Vergeltung des bald heranziehenden Gotenkönigs. Aber auch dessen großer Gegner mußte sich auf kleine Unternehmungen beschränken. Denn es fehlte ihm an Mannschaften, Schiffen und Geld, so daß er jeden Augenblick von der feindlichen Übermacht erdrückt zu werden fürchtete und seine Märsche längs der Küste mit einer gewissen Heimlichkeit ausführte. Vergeblich mahnte er in Konstantinopel um Verstärkungen. Selbst seine einst so einflußreiche Gattin Antonina, die er als Fürsprecherin dorthin eilen ließ, richtete nichts aus. Denn mit dem inzwischen erfolgten Tode der Theodora hatte sie ihre mächtigste Freundin verloren. So gelang es ihm nicht einmal das von den Goten lange belagerte Rossano zu entsetzen, sondern er mußte auch diesen wichtigen Platz in die Hände der Feinde fallen lassen. Unaufhaltsam vermehrten sich nun die inneren und äußeren Schwierigkeiten. Die Truppen, deren Sold ausblieb, fingen an zu murren, hier und da kam es bereits zu Meutereien. Der Frankenkönig Theudebert erschien von neuem im Süden der Alpen und brachte einen Teil von Oberitalien in seine Gewalt. Die Verstärkungen aber, die endlich für Belisar abgeschickt worden waren, wurden auf dem Wege nach Italien festgehalten, als die Gepiden plündernd über die Donau setzten und die Langobarden Dalmatien und Illyrien bis gegen Epidamnus hin heimsuchten, anfangs untereinander hadernd, dann durch Justinians Einmischung gegen ihn verbündet. Unter solchen Umständen war Belisar froh, seines verlorenen Postens endlich enthoben zu werden: 548 kehrte er nach Konstantinopel heim, ärmer an Ruhm und mit dem verbitternden Gefühl, durch die thörichte Kurzsichtigkeit mißtrauischer Höflinge um die Möglichkeit energischen und erfolgreichen Handelns gebracht worden zu sein und trotz besseren Wissens und Könnens der Mit- und Nachwelt als schuldig zu erscheinen an dem immer kläglicheren Verlauf des Gotenkrieges, der einst von ihm so glorreich begonnen war.

Nun machten die Goten vollends rasche Fortschritte. Perugia fiel und die Flotte des Totilas trug Schrecken und Verwüstung bis an die Küste Dalmatiens, wo sie bei Salona einen Sieg gewann und reiche Beute machte. Seine Hauptmacht aber konzentrierte der König wiederum vor Rom. Obgleich die Stadt diesmal eine Hungersnot kaum zu fürchten hatte, da sie noch immer nur so dünn bevölkert war, daß innerhalb der Mauern Raum genug blieb zum Anbau von Getreide, erlahmte ihr anfänglich kraftvoller Widerstand doch bald, weil auch hier das Ausbleiben der Löhnung Unzufriedenheit erzeugte und dann die Wegnahme von Porto Romano die anfängliche Hoffnung auf Entsatz vernichtete. Doch verdankte Totilas seinen schließlichen Erfolg zunächst Verrat. Um die Römer irre zu leiten, ließ er durch eine Abteilung eine Demonstration ausführen, als ob er unter dem Schutze der Nacht den Tiber aufwärts zu Boot in die Stadt eindringen wollte. Während aber die Verteidiger ihre ganze Kraft dorthin zur Abwehr konzentrierten, drangen die Goten durch das ihnen verräterisch geöffnete Paulinische Thor vielmehr von der anderen Seite her in die Stadt ein. Der größte Teil der Verteidiger wurde niedergemacht. Auch die aus dem Gewirre des Straßenkampfes Entkommenen wurden auf dem Rückzuge nach Civita vecchia zusammengehauen. Von dem Reste hatten sich die einen in das längst zu einer festen

Burg gewordene Grabmal des Hadrian geworfen und leisteten dort so tapferen Widerstand, daß sie schließlich freien Abzug erhielten. Von den Gemeinen traten die meisten in den gotischen Dienst, der unter den jetzigen Umständen wieder lockend wurde. Den übrigen, welche an den Altären der Kirchen Schutz vor den Schwertern der erbitterten Goten gesucht hatten, gewährte Totilas großmütig Schonung. Denn nur notgedrungen hatte er die Stadt, deren Wert und Bedeutung er je länger je mehr schätzen lernte, seine schwere Hand fühlen lassen. Sie zu gewinnen schien ihm für den Bestand seines in der Neugründung begriffenen Reiches unerläßlich. Die unwiderstehliche Wucht der historisch gegebenen Verhältnisse, die in einer mehr als tausendjährigen Entwickelung begründet lagen, nötigte ihn unmerklich in dieselben Bahnen, die einst der große Theoderich verfolgt hatte, und was jener für den Umfang des ganzen Reiches durch die Versöhnung der Goten und Römer erstrebt hatte, suchte er zunächst für das Centrum desselben durchzuführen, in der Hoffnung, daß, was dort als möglich und segensreich erwiesen, dann um so leichter und sicherer auch in den Provinzen zur Anerkennung gebracht werden würde. Die früher weggeführten Senatoren und vornehmen Bürger durften nach Rom zurückkehren. Er sorgte für reichliche Verproviantierung und vollendete die von seinem großen Gegner wiederhergestellten Befestigungen. Durch glänzende Festspiele gewann er die Gunst der Menge: Rom sollte durch den erneuten Glanz seiner hauptstädtischen Herrlichkeit Freund und Feind recht augenfällig die Herstellung der Ordnung und des Friedens in seinem Reich zur Erkenntnis bringen. Vor allem dachte er dadurch Justinian, an den er damals neue Friedensvorschläge gelangen ließ, zum endlichen Verzicht auf die Fortsetzung eines, wie es schien, aussichtslosen Kampfes zu bestimmen. Denn nun mußten die Byzantiner im Süden auch Reggio und Tarent, im Norden Rimini räumen. Das italienische Festland war in der Gewalt der Goten, und immer enger zogen sich ihre Kreise wieder um Ravenna, den einzigen Platz von Bedeutung, den die Byzantiner noch hielten. Nun beugten sich auf das Erscheinen einer gotischen Flotte an ihren Küsten auch Sardinien und Korsika der Herrschaft Totilas', der dann einen verwüstenden Zug gegen Sicilien unternahm, um auch dessen Unterwerfung vorzubereiten. Selbst die Küste von Epirus suchten seine Geschwader mehrfach heim.

Aber trotz all dieser Erfolge kam Totilas doch eigentlich keinen Schritt vorwärts. Denn wie sich das Verhältnis zwischen Ostgoten und Oströmern nun einmal von Anfang an gestaltet hatte: der Gedanke eines von Konstantinopel völlig unabhängigen, ausschließlich im eigenen Recht wurzelnden Gotenreiches in Italien war den Goten nicht recht vertraut, den Italikern aber durchaus fremd und widerstrebend. Am Hofe am Bosporus aber war man trotz aller Mißerfolge und trotz der Knappheit der Mittel nach wie vor weit davon entfernt, den Verzicht auf die Herrschaft über die Diöcese Italien als die Konsequenz des bisher Geschehenen gelten zu lassen. Zudem kamen aus Italien wiederholte dringende Mahnungen, welche zeigten, daß in weiten Kreisen der Bevölkerung die gotische Herrschaft doch nach wie vor auf unüberwindliche Gegnerschaft stieß und daher mit ihrer Hilfe durch Einsetzung größerer Kräfte auch jetzt noch alles zu gewinnen sein würde. So siegte denn endlich am Hofe die Partei, welche für energische

Aufnahme des Krieges war, obgleich man eben im eigenen Lande durch verwüstende Slaweneinfälle heimgesucht wurde. Umfängliche Rüstungen erfolgten, zum Teil aus den fürstlich reichen Mitteln des zum Oberbefehlshaber bestimmten Germanus, eines hochangesehenen, allgemein beliebten Neffen Justinians. Aber ein eigentümlicher neuer Zug tritt dabei in dem Unternehmen zu Tage. Als Gemahl der Matasunta, der Witwe des Witichis, der Enkelin des großen Theoderich, die er geheiratet hatte, scheint Germanus ein mit deren Hand erworbenes Recht auf die Herrschaft über die Ostgoten haben geltend machen zu sollen. Jedenfalls lag dabei die Berechnung zu Grunde, daß er durch seine Verschwägerung mit dem Königshause der großen Menge der Goten als Oberhaupt annehmbar sein würde. Dann aber möchte man vermuten, daß ihm für den Fall eines glücklichen Ausganges des Unternehmens in Italien eine etwas selbständigere Stellung, nach Art etwa eines Vicekönigs zugedacht gewesen sei. Das aber würde des weiteren voraussetzen, daß man, durch den bisherigen Verlauf des Krieges belehrt, am Bosporus entschlossen war, mit der Nationalität der Goten als einem Moment zu rechnen, das endgültig anerkannt werden mußte. So würde der Byzantiner oder Römer Germanus bestimmt gewesen sein, als Herr Italiens vom römischen Standpunkt aus eine ähnliche Politik der Versöhnung der beiden Völker zu verfolgen, wie Theoderich sie vom gotischen Standpunkte aus durchzuführen gesucht hatte. Dazu würde auch die der Lage der Dinge so wenig angemessene Art stimmen, wie Justinian in der Ausführung des erst Beschlossenen wieder schwankend wurde, dem Germanus die ihm zugedachte Leitung des bereit gehaltenen Heeres wieder entzog, um ihn nachher doch damit zu betrauen. Erst auf die Nachricht von neuen Fortschritten des Totilas ließ er wenigstens die Flotte auslaufen. Denn schon hatte der Gotenkönig Messina zu belagern begonnen, indem er zugleich die Insel mit verwüstenden Streifzügen für ihre Anhänglichkeit an Byzanz züchtigte, während Reggio hart bedrängt dem Falle nahe war. Dann blieben den Byzantinern auf dem Festlande außer Ravenna nur noch einige wenige Seestädte. Welchen Fehler Justinian begangen hatte, indem er den drängenden Mahnungen des Belisar um Gewährung größerer Streitkräfte nicht nachgab, wurde jetzt erst vollends offenbar. Denn schon das Erscheinen seiner Flotte, erst unter Liberius, dann unter Artabanus genügte, um den Mut der Römer neu zu beleben und den Goten eine Reihe von empfindlichen Verlusten beizubringen. Die noch unbezwungenen Hafenorte wollten nun von der noch unlängst erwogenen Ergebung an die Goten nichts mehr hören; Sicilien erhob sich von neuem und fiel nach Verjagung der Goten wieder der byzantinischen Herrschaft zu. Nur wenige feste Plätze blieben in der Gewalt der Goten.

Denn inzwischen war das nach Italien bestimmte Heer des Germanus zum Aufbruch bereit bei Salona versammelt worden, und Totilas hielt es für geboten, alle Kraft auf seine Abwehr zu konzentrieren. Da erfuhr der Angriff abermals einen unerwarteten Aufschub. Germanus erkrankte und starb zu Salona. Sein führerloses Heer blieb nun in seinem Lager, um die Ankunft des neuen Feldherrn abzuwarten. Dadurch gewann Totilas den Winter 551/552 Zeit. Ein Teil seiner Flotte beunruhigte die griechische Küste, ein anderer machte gemeinsam mit dem Landheere die größten Anstrengungen, um das feste Ancona noch vor der Herüberkunft des byzantinischen Heeres zu bewältigen. Diesen wichtigen Punkt, den einzigen, den sie in jener Gegend außer Ravenna noch inne hatten, mußten die Kaiserlichen um jeden Preis zu behaupten suchen, da sonst die Landung des bei Salona liegenden Heeres kaum möglich erschien. Deshalb ging wenigstens ein Teil der byzantinischen Flotte hinüber und lieferte den ihr entgegeneilenden gotischen Schiffen ein siegreiches Gefecht, in dem die meisten derselben vernichtet wurden. Nun mußte auch das gotische Landheer von Ancona abziehen. Sonst wurde der Krieg damals vorzugsweise zur See geführt. Des Totilas Flotte gelang die Wiedergewinnung Sardiniens und Korsikas. Dagegen mußten die in Sicilien noch gehaltenen festen Plätze von den ausgehungerten Besatzungen übergeben werden.

So lagen die Dinge, als mit dem Jahre 552 endlich das so lange führerlos bei Salona liegende Heer in Aktion trat. Es hatte in der Person des Narses einen Befehlshaber erhalten, gleich bedeutend als Militär wie als Diplomat, der außerdem entsprechend seiner Laufbahn ein Meister war in allen den höfischen Künsten, die in dem Kaiserpalast am Bosporus Ansehen und Einfluß wirksamer sicherten als die hervorragendsten Verdienste um den mißtrauischen Herrscher. Der elenden Klasse der Eunuchen angehörig, von unscheinbarem Äußeren und ohne höhere Bildung, war Narses in dem intimen Hofhalt, zwischen Bedienten und Weibern in die Höhe gekommen und hatte durch seine geistige Beweglichkeit, das Verständnis für die persönliche Eigenart des launenhaften Justinian und seine daraus entspringende geschmeidige Anpassungsfähigkeit Vertrauen gewonnen, Einfluß erlangt und sich schließlich unentbehrlich gemacht. Ungewöhnlich vielseitig und bildsam, hatte er sich aber auch in den seinem Beruf eigentlich fern liegenden militärischen Dingen heimisch gemacht und im Lager und im Felde als Soldat und Befehlshaber Eigenschaften entfaltet, die nach dem Tode des Germanus gerade ihn dem Kaiser als den Mann erscheinen ließen, von dem sich eine rasche und glückliche Beendigung des sich nun schon so lange Jahre unentschieden hinschleppenden Krieges am ersten erwarten ließ. Zudem war Narses ein Meister in der Kunst der Verwaltung, ein hervorragender Organisator und erfindungsreicher Finanzmann, Eigenschaften, welche auf dem ihm nun angewiesenen Schauplatze der Thätigkeit besonders schwer ins Gewicht fielen. Nicht unwichtig war es auch gleich für den Anfang, daß er über beträchtliche Geldmittel verfügte, also die Soldrückstände endlich zahlen und dann durch den lockenden Glanz des von ihm freigebig ausgestreuten Goldes auch viele von den Soldaten zu sich herüberziehen konnte, die während der letzten Jahre aus Not zu den Goten übergegangen waren. So durfte er hoffen, die beträchtliche Streitmacht, zu deren Bewilligung er vermöge seines Einflusses Justinian vermocht hatte, in kurzer Zeit weiter zu vermehren.

Gleich seine ersten Schritte ließen Narses auch in militärischer Hinsicht als einen würdigen Nachfolger Belisars erscheinen. Denn als ein Meisterstück durfte schon die Art bezeichnet werden, wie er sich den Marsch nach Italien und Ravenna ermöglichte. Der Weg durch Venetien war ihm versperrt. Denn dort lagen die Franken, denen Totilas, um ihr drohendes Bündnis mit den Byzantinern zu hindern, die von ihnen eingenommenen Gebiete durch einen Vertrag förmlich überlassen hatte. Weiterhin aber, in der Gegend von Verona, stand ein gotisches

Heer unter dem tüchtigen Tejas, welcher die Etschlinie durch Schanzen und Gräben vollends unpassierbar gemacht hatte. Beide zu umgehen entschloß sich Narses den schwierigen und nicht ungefährlichen Weg längs der sumpfigen Küste zu nehmen, obgleich es da zudem noch eine Anzahl breiter Flußmündungen zu überschreiten galt. Doch gelang auch das mit Hilfe von Brücken, welche von einem Teile der Flotte aus Kähnen hergestellt wurden. Ungehindert kam Narses nach Italien und hielt seinen Einzug in Ravenna, wo sein Erscheinen den Mut der Bevölkerung neu belebte. Rasch gewann er ihr Vertrauen durch die musterhafte Mannszucht, die er unter seinen bunt zusammengewürfelten Truppen zu halten wußte. Denn nicht bloß Angehörige aller Provinzen des Ostreiches, sondern auch Hunnen und Perser und namentlich die verschiedenen germanischen Völkerschaften waren darin vertreten, besonders Langobarden, die König Audoin gesandt hatte, und Heruler unter ihrem Fürsten Philemuth.

Ein neuer Geist kam in die so lange plan- und ziellose byzantinische Kriegführung, seit Narses sie leitete. Er hatte aus seines großen Vorgängers Feldzügen gelernt, daß es vor allem darauf ankam, vermöge eines durchschlagenden moralischen Erfolges die Zuversicht der Italiker und ihren Glauben an Justinians Wollen und Können neu zu beleben. Demgemäß suchte auch er die Entscheidung zunächst in Rom. Nach kurzer Erholung brach er von Ravenna auf, wandte sich, ohne auf die gotische Besatzung in Rimini Rücksicht zu nehmen, südlich, um den Apennin zu übersteigen und geradeswegs auf die Hauptstadt loszumarschieren. Totilas, welcher die Absicht des Feindes richtig erkannte und die ihm von ihr drohende Gefahr nicht unterschätzte, hatte schnell den Tejas von Verona her an sich gezogen und in einer von Hügeln umkränzten Hochebene bei Taginä ein Lager aufgeschlagen, in dem er dem feindlichen Heere den Weg auf Rom sperrte. Narses forderte herankommend ihn auf, die Waffen niederzulegen und sich Justinian zu unterwerfen. Statt dessen bestimmte der Gote den achten Tag zur Schlacht. Narses aber ließ sich so leicht nicht überlisten. Eines früheren Angriffs gewärtig, bemächtigte er sich über Nacht eines die Gegend beherrschenden Hügels, von dem ihn die Goten am anderen Morgen vergebens wieder zu verdrängen suchten. Dann trat ein mehrstündiger Stillstand ein. Totilas zögerte den Beginn des Kampfes geflissentlich hin, um eine im Anmarsch begriffene Verstärkung herankommen zu lassen. Um so gespannter folgten die unbeschäftigten Heere den Wechselfällen des Zweikampfes, in dem ein riesiger Gote von einem tapferen Römer schließlich erschlagen wurde. Erst mittags griff Totilas an. In die erste Linie hatte er die Reiterei gestellt, in die zweite das Fußvolk. Seine Absicht war, in gewaltigem Ansturm mit der ersteren das feindliche Centrum schnell zu durchbrechen. Denn dort standen die am wenigsten zuverlässigen Truppen des Narses, die Germanen und übrigen Barbaren. Um sie an verräterischer Flucht zu hindern, hatte man sie absitzen lassen. Rechts und links davon stand das schwer gerüstete Fußvolk. An die äußersten Enden der beiden Flügel brachte Narses dann im letzten Augenblick, von Totilas unbemerkt, einige tausend von seinen bewährten Bogenschützen: sie sollten die gotischen Reiter mit ihren furchtbar wirkenden Geschossen in den Flanken fassen. Narses' Berechnung traf vollkommen zu. Mit eingelegten Lanzen stürmten die Goten vor, als sie plötzlich von rechts und links mit einem mörderischen Pfeilhagel überschüttet wurden, der sie so verwirrte und schwächte, daß der Durchbruch mißlang. In furchtbarem Handgemenge rang Mann gegen Mann, bis endlich mit sinkendem Tage die Kraft der Goten gebrochen war, ihre erschütterten Reihen sich vollends lösten und schließlich in wirrem Durcheinander sich zu eiliger Flucht wandten. Dabei stürzten sie sich auf das unthätig hinter ihnen stehende Fußvolk, das, von den nachstürmenden Feinden umdrängt, ebenfalls bald nur noch an Rettung dachte.

Die Kraft der Goten war mit dieser Niederlage bei Taginä gebrochen. Ihrer sechstausend deckten als Leichen das Schlachtfeld. Wo wäre für sie noch ein Ersatz zu hoffen gewesen? Damit aber konnte auch das Schicksal des Reiches Theoderichs als entschieden gelten. Es fragte sich nur noch, wie teuer der überlebende Rest inmitten des feindlichen Landes sein Leben verkaufen würde. Totilas selbst hatte den Tag des Unheils nicht überlebt, für den nicht ohne guten Grund seine unbesonnene, einem byzantinischen Heere gegenüber völlig verkehrte Führung verantwortlich gemacht wurde. Mit wenigen Gefährten hatte auch er sich der allgemeinen Flucht anschließen müssen. Einer der verfolgenden Gepiden brachte ihm vom Rücken her einen tödlichen Lanzenstich bei, dem er, in ein nahes Landhaus gebracht, erlag — ein Mann, der, wie selbst seine Feinde urteilten, wohl

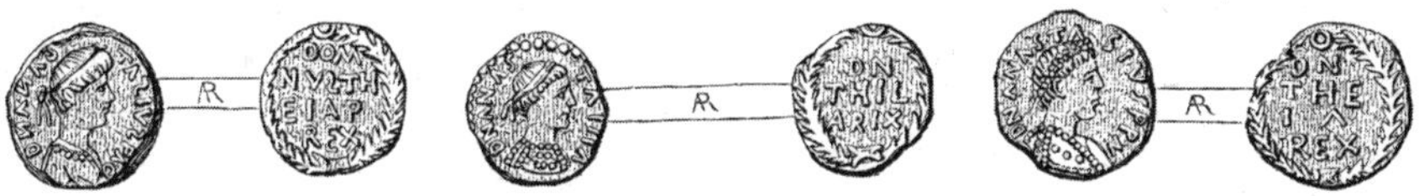

Münzen von König Tejas.
Originalgröße. Berlin, Königl. Münzkabinett.

ein besseres Schicksal verdient hätte. An unbekannter Stätte verscharrten ihn die Seinen eilig zur letzten Ruhe. Sein blutbeflecktes Gewand und den prachtvollen Helm, in dessen Schmuck und mit glänzender Rüstung angethan und kampffroh die Lanze schwingend er noch vor Beginn der Unglücksschlacht in prangender Manneschöne die Reihen der Seinen auf und ab gesprengt war, um erst mit Beginn des Kampfes unscheinbarere Waffen anzulegen, ließ Narses mit der Botschaft von diesem entscheidenden Siege nach Konstantinopel bringen.

Erst im Norden Italiens, in Pavia, sammelten sich die Reste des Gotenheeres. In Totilas' tapferem Unterfeldherrn Tejas erhob es einen neuen König. Von einer Rettung der Herrschaft als Ziel des weiteren Kampfes konnte schon nicht mehr die Rede sein: nur um die Erzwingung eines Ausweges aus dem einst von ihnen beherrschten Lande konnte es sich im günstigsten Falle für die Goten noch handeln, und dann blieb noch immer die schwer beantwortbare Frage, wohin das wiederum heimatlos gewordene Volk oder vielmehr, was von ihm noch übrig war, sich nun wenden sollte. Ein ruhmvoller Untergang war das einzige, was Tejas und seine Getreuen noch finden konnten.

Unter diesen Umständen begnügte sich Narses damit, seinen Unterfeldherrn Valerian mit der Besetzung Veronas und der Beobachtung des Tejas zu beauftragen. Erstere aber verhinderten die Franken, so daß Valerian eine Stellung am Po einnahm. Inzwischen setzte Narses den Marsch auf Rom fort. Nirgends fand er nennenswerten Widerstand. Narni, Spoleto und Perugia wurden besetzt. Bald ereilte Rom das gleiche Schicksal. Aber der Verlauf dieser fünften Eroberung der ewigen Stadt in diesem wechselvollen Kriege ließ furchtbar erkennen, wie sich die Zeiten und Stimmungen gewandelt hatten und wie an die Stelle eines mit einer gewissen Ritterlichkeit geführten Krieges, in dem beide Parteien trotz der Leidenschaft des Kampfes darauf bedacht blieben, die Bevölkerung Italiens nicht nur nach Möglichkeit zu schonen, sondern auch für sich zu gewinnen, allmählich ein nationaler Vernichtungskrieg getreten war, der nur mit dem Untergange des erliegenden Teiles enden konnte. Eine erfolgreiche Verteidigung der Hauptstadt war bei deren Größe, der Schwäche der gotischen Besatzung und der Übermacht des Narses von Anfang an ausgeschlossen. Während er durch einen Scheinangriff die Goten an dem einen Ende der gewaltigen Umwallung zur Abwehr festhielt, ließ der byzantinische Feldherr an einem anderen auserwählte Mannschaften die Mauer ersteigen und die nächsten Thore öffnen und fiel von dorther den überraschten Verteidigern in den Rücken. Noch versuchten die Goten sich in dem Grabmal Hadrians zu behaupten, kapitulierten aber gegen Zusicherung ihres Lebens. Blutiger, als der Kampf selbst gewesen zu sein scheint, war das Nachspiel, das ihm folgte. Während des Narses barbarische Hilfstruppen das Recht der Sieger unbarmherzig übten, hieben die nach Porto Romano entweichenden Goten jeden Römer nieder, der ihnen in den Weg kam. Die alte germanische Wildheit und die Freude am Vergießen von Feindesblut kam über die vom Glück verlassenen Goten. Was sich an Senatoren und Patriciern, die Totilas einst aus Rom weggeführt hatte (S. 398), noch in ihrer Gewalt befand, wurde getötet, und selbst weit ab von dem Schauplatz der letzten erbitterten Kämpfe, in Pavia, ließ Tejas dreihundert römische Jünglinge, die er als Geiseln festhielt, in einem greulichen Blutbade elend niedermachen.

Inzwischen breiteten sich Narses' Truppen in Unteritalien unaufhaltsam weiter aus. Sie nahmen Tarent und belagerten Tejas' Bruder Aligern in dem festen Cumä, das einen Teil des reichen gotischen Kriegsschatzes barg. Ihn zu retten beschloß Tejas dorthin zu eilen, zumal in Oberitalien die Möglichkeit, eine günstigere Wendung herbeizuführen, vollends geschwunden war, seit sein inständiges Werben um die Hilfe der noch immer im Lande stehenden Franken ohne Erfolg geblieben war und König Theudebald sich anschickte, mit den Byzantinern gegen die Reste der stammverwandten Goten gemeinsame Sache zu machen. Auch gelang es ihm die Wachsamkeit des Narses und seiner Unterbefehlshaber zu täuschen und, die von den Feinden besetzten Städte und Burgen umgehend, in heimlichem und eiligem Marsch längs der Küste des Adriatischen Meeres und dann quer durch das Land glücklich die Küstenebene bei Neapel zu erreichen. Am Ufer des Sarno, südlich vom Vesuv, nahe bei Nocera, nahm er eine geschickt gewählte gedeckte Stellung, welche die steilen Ufer des weiterhin zum Meere gehenden Flusses gegen einen plötzlichen Ansturm der feindlichen Übermacht sicherten. Zudem ließ er noch hölzerne Türme aufführen und Wurfmaschinen bereit stellen. In der Ebene ihm gegenüber vereinigte Narses sein ganzes Heer. Nicht durch das Wagnis einer Feldschlacht, deren Ausgang er bei dem Mut der Verzweiflung, den die Goten erkennen ließen, trotz seiner erdrückenden Übermacht für zweifelhaft gehalten haben mag, wollte er die letzte Entscheidung herbeiführen, sondern ließ es vorsichtigerweise auf einen sich Wochen lang hinziehenden Belagerungskrieg ankommen, in dem er die Kräfte der Feinde allmählich mürbe zu machen dachte.

Volle zwei Monate lagen sich die Heere am Sarno gegenüber. Alle Angriffe der Byzantiner wurden von den Goten abgewiesen. Aber auch hier half Narses seine Kunst im Verfolgen dunkler Schleichwege zusammen mit dem bestrickenden Zauber, den das reichlich ausgestreute Gold auf germanische Begehrlichkeit ausübte. Während den Byzantinern die herrliche campanische Ebene alles Nötige für Mann und Roß in Fülle darbot, außerdem aber die bequeme Verbindung mit dem nahen Meere die Zufuhr alles etwa Fehlenden erlaubte, waren die Eingeschlossenen nach einiger Zeit mit ihrem Unterhalt auf die Getreidevorräte angewiesen, welche die gotische Flotte nach der Mündung des Sarno heranführte. Als es Narses gelang, deren Führer zum Verrat zu kaufen und damit den Goten die Zufuhr abzuschneiden, sahen diese den nahen Untergang klar vor Augen. Nun drängten die Belagerer heftiger an. Von den Türmen aus, die Narses hatte aufführen lassen, suchten ihre Bogenschützen mit ihren sicher treffenden Pfeilen die Goten in ihrem Lager heim, ohne daß diese die Möglichkeit des Schutzes oder der Abwehr gehabt hätten. Zudem stieg der Mangel. Den qualvollen Hungertod zu vermeiden beschloß Tejas mit den Seinen lieber dem sicheren Tod in aussichtslosem Kampf gegen die erdrückende Übermacht entgegenzugehen. Zur Überraschung der Byzantiner und ihrer barbarischen Verbündeten, die sich solches Todesmutes nicht versehen hatten, stiegen die Goten eines Morgens von der Höhe herab, zu Fuß — denn ihren Rossen, die ihnen hier nichts mehr nützen konnten, hatten sie die Freiheit gegeben — allen voran mit Schwert und Schild Tejas selbst. Ein Kampf entbrannte, wie ihn Homer seinen Helden in der Ebene von Troja andichtete. Keinem von diesen, so bekennt Prokop, hat der letzte Gotenkönig nachgestanden. Denn natürlich wogte gerade um seinen Platz der Kampf bald mit der größten Wildheit. Fiel Tejas, das wußten die Feinde, dann war ihr Sieg entschieden. So stürmten sie immer wieder auf ihn ein. Aber alle gegen ihn geschleuderten Speere fing Tejas sicheren Auges und raschen Armes mit dem Schild auf, um dann in schnellem Ansprung den entwaffneten Gegner niederzuhauen. Als ihn aber endlich das Gewicht des mit Speeren gespickten Schildes zu behindern anfing, rief er die Seinen um einen neuen Schild an, um auf seinem Platze ausharrend mitten im Kampf den Wechsel zu vollziehen. Und das wurde sein Verhängnis. Denn in dem kurzen Augenblick, wo er während des Schildwechsels ungedeckt stand, traf ihn ein feindlicher Speer in die Brust, daß er sterbend zusammenbrach. Schnell waren die Feinde bei der Hand und hatten den Kopf des Helden von dem Rumpf getrennt, um ihn auf eine Lanze gespießt Freund und Feind weithin sichtbar zu machen, hier frohe Siegeszuversicht, dort verzagte Entmutigung zu verbreiten. Aber bis zum Sinken des Tages harrten des Helden Waffengenossen noch aus. Unbesiegt ruhten sie die Nacht in voller Rüstung, um am anderen Morgen die Blutarbeit von neuem zu beginnen. Immer mehr schwand die Zahl der Goten zusammen. Von ihren Führern fand einer nach dem anderen den gesuchten Heldentod, und wer noch am Leben war, vermochte die Qualen des Hungers und des Durstes nicht mehr zu ertragen.

So erbot sich endlich am Morgen des dritten Tages der Rest des gotischen Heeres gegen Gewährung freien Abzuges von dem aussichtslosen Beginnen abzulassen und ging Narses um Gewährung einer Waffenruhe an. Dieser scheint zunächst geschwankt zu haben: hielt er es für ruhmreicher oder der byzantinischen Herrschaft nützlicher, wenn er die kleine Heldenschar sich bis auf den letzten Mann zu Tode zu kämpfen nötigte? Erst auf den Rat eines seiner Unterfeldherren ging er doch auf den Antrag ein. Welcher Art das geschlossene Abkommen war, ist nicht völlig sicher erkennbar. Gewiß scheint, daß eine kleine Schar von tausend Mann auch jetzt noch von Kapitulation und Abzug nichts wissen wollte, sondern, wohl noch während der über den Vertrag geführten Verhandlungen, die feindliche Einschließung durchbrach und nordwärts zog, um sich in Pavia mit den letzten Resten der gotischen Wehrkraft zu vereinigen. Die übrigen sollen nach dem einen Bericht von Narses die Freiheit erhalten haben, Italien ungehindert zu verlassen, nach dem anderen von neuem angegriffen und so lange eingeschlossen gehalten worden sein, bis sie sich unterwarfen und als Unterthanen des byzantinischen Kaisers in Italien friedlich auf den ihnen belassenen Gütern zu leben verpflichteten.

Wenn Narses den Besiegten einen solchen Vertrag bewilligte, so würde das zeigen, wie er völlig gewonnenes Spiel zu haben glaubte. Bald genug aber sollte er seines Irrtums inne werden. Noch leistete Aligern, des Helden Tejas würdiger Bruder, in dem stark befestigten Cumä hartnäckig Widerstand, und die in den Städten Oberitaliens liegenden gotischen Abteilungen ahmten sein Beispiel nach, in der Hoffnung doch noch der wiederholt angerufenen fränkischen Hilfe teilhaftig zu werden. Thatsächlich drohte der wiederhergestellten byzantinischen Herrschaft die größte Gefahr auch gerade von dieser Seite. Noch während Narses vor Cumä lag, welches sich hielt, auch als die Angreifer durch künstliche Erweiterung der unter der Stadt gelegenen angeblichen Höhle der Sibylle einen Teil der Mauer zum Zusammensturz gebracht hatten, erschienen, wenn nicht gerade im Auftrage, so doch wohl auf Anstiften des Frankenkönigs Theudebald, gewaltige Scharen — angeblich fünfundsiebzigtausend Mann — Alemannen, Franken und Langobarden unter den alemannischen Herzogen Leutharis und Butilin in Oberitalien, überschritten den Po und standen bald vor Parma. Dort stießen sie auf einen Haufen Heruler, den Narses auf die Kunde von dem drohenden Einbruch eiligst nach Norden entsandt hatte, und rieben ihn völlig auf. Dieser Erfolg der germanischen Waffen ermutigte auch die in Italien gebliebenen Goten von neuem. Eine Reihe von Städten nahm die siegreichen Franken bereitwillig auf. Inzwischen war auch Narses selbst herbeigekommen, nachdem er eine Heeresabteilung zur Weiterbelagerung des immer noch unbewältigten Cumä zurückgelassen hatte. Er wurde aber durch den unerwartet hartnäckigen Widerstand des festen Lucca monatelang aufgehalten und konnte es nicht hindern, daß seine den Franken entgegengeschickten Unterfeldherren vor diesen immer weiter zurückwichen und in dem nahen Ravenna, wohin auch der Oberfeldherr sich für den Winter begab, einen Rückhalt zu erlangen suchten.

Trotz ihres Sieges war die Lage der Byzantiner im Winter 553 auf 554 demnach ziemlich kritisch. Wenn die Germanen sich verständigten und die Reste der Goten, die in Aligern einen würdigen Thronkandidaten hatten, mit den

Alemannen, Franken und Langobarden gemeinsam handelten, war das kaum gewonnene Italien so gut wie verloren. Aber wem hätte die kostbare Beute dann zufallen sollen? Auch waren die Scharen, mit denen Leutharis und Butilin über die Alpen gekommen waren, weder gewillt noch geeignet zu planmäßiger Eroberung und zur Begründung einer staatlichen Ordnung, sondern gingen nur dem Raube und der Beute nach. Entscheidend jedoch wurde wohl eigentlich erst die Haltung Aligerns. Neben den Germanenscharen der beiden alemannischen Herzoge war für sein Volk, das in einem langjährigen verlustvollen Krieg und zuletzt durch die furchtbare Metzelei am Sarno auf einen dürftigen Rest zusammengeschmolzen gewesen sein muß, ein seiner großen Vergangenheit entsprechender Platz kaum noch zu gewinnen. Aligern selbst war zu stolz, um aus der Hand so wüster Gesellen die gotische Krone entgegen zu nehmen und das Königtum, das ein Tejas und ein Alarich getragen, in den Dienst der Leidenschaften zu stellen, die bei jenen den Ausschlag gaben. Ehe er sich den Gefahren aussetzte, die von dieser Seite drohten, machte er lieber seinen Frieden mit den Byzantinern. Und das wurde für den schließlichen Ausgang dieses Kampfes um Italien entscheidend. Freiwillig erschien Aligern, aus dem noch immer unbezwungenen Cumä herbeieilend, in Ravenna vor Narses, um seine und der Seinen Unterwerfung zu erklären, und überlieferte ihm die gotischen Kroninsignien und den bisher seiner Obhut befohlen gewesenen Rest des gotischen Königsschatzes. Es war nur die natürliche Konsequenz aus einer solchen Haltung, daß Aligern sich nun überhaupt auf die Seite der Byzantiner schlug, der väterlichen Art und Sitte entsagte und im Dienste Justinians Ansehen und Auszeichnung zu gewinnen strebte.

Allein von den Goten hatte Narses nun nichts mehr zu besorgen. Aber die Germanengefahr überhaupt war damit von Italien doch noch nicht abgewandt. In Mittelitalien teilten Butilin und Leutharis ihre Haufen. Während der erste in dem westlichen Küstenland südwärts zog und Campanien und Lucanien schlimmer ausraubte, als ihnen von irgend welchen früheren Eindringlingen geschehen war, bereitete der letztere auf dem östlichen Wege vordringend Apulien und Calabrien das gleiche Schicksal. Narses mußte sie einstweilen gewähren lassen. Aber er rüstete, um im günstigen Augenblick eine späte, aber um so schwerere Vergeltung zu üben. Er rechnete dabei auf die zersetzende Wirkung, welche das räuberische Wohlleben in dem reichen Lande auf die solcher Üppigkeit ungewohnten Barbaren ausüben mußte, und auf die immer von neuem bewährte Unfähigkeit ihrer Führer ein fernerliegendes, nur in planmäßigem Bemühen erreichbares Ziel dauernd im Auge zu behalten. Beides traf zu. Während Narses mit dem neugerüsteten Heer in Rom die weitere Entwickelung der Dinge abwartete, zog Leutharis mit seinen Scharen, unter denen bereits seuchenartige Krankheiten zu herrschen anfingen, auf eigene Hand wieder nordwärts nach Venetien, wo eine weitere Verschlimmerung des Gesundheitszustandes sein Heer schnell vollends der Auflösung entgegenführte. Butilin dagegen blieb in Unteritalien, um sich dort dauernd festzusetzen, vielleicht noch in der Hoffnung, wie einst Odovaker König der Germanen in Italien zu werden. Da aber auch sein Heer von Krankheiten heimgesucht zu werden anfing, wollte er eine schnelle Entscheidung suchen. Er wandte sich zum Angriff auf Rom selbst. Da zog ihm Narses nach Campanien hin entgegen.

In der Gegend von Capua, bei Casilinum, am Ufer des Volturno, stieß er auf die Wagenburg, in der Butilin die verheißene Rückkehr seines Bruders zum gemeinsamen Angriff auf Rom zu erwarten gedacht hatte. Ihr gegenüber, nahe der einzigen über den Fluß führenden Brücke, schlug Narses sein Lager auf. Auch diesmal befand er sich weit in der Übermacht. Trotzdem eilten die Franken und Alemannen unbedacht zum Angriff über die Brücke. Sie fanden die Gegner vorsichtig zur Abwehr geordnet, das Fußvolk in dicht geschlossenen Haufen massiert in der Mitte, auf den Flügeln die Reiterei, hinter der sich auf beiden Seiten weitere Truppen zu plötzlichem Überfall verborgen hielten. Es war dieselbe Taktik, die sich bei Taginä bewährt hatte, aber nur bewähren konnte bei dem unverbesserlichen Ungestüm, mit dem die Germanen in der bei ihnen althergebrachten Art in keilförmiger Ordnung auf den Feind einzudringen pflegten, unbekümmert um das, was rechts und links von ihnen vorging. So geschah es auch hier. Unter betäubendem Kriegsgeschrei brach der germanische Schlachtkeil gegen das feindliche Centrum vor. Aber in dem Augenblick, wo er es sprengte und den Sieg gewonnen zu haben glaubte, wurde er von beiden Seiten von den schnell einschwenkenden Flügeln des feindlichen Heeres umfaßt und mit einem vernichtenden Hagel von Pfeilen und Lanzen überschüttet. Nun kam auch die weichende Mitte der byzantinischen Reihen wieder zum Stehen, und vom Rücken her drangen Narses' Reiter und Bogenschützen an. Trotz ihres verzweifelten Widerstandes wurden die Germanen zusammengehauen, und was der eisernen Umklammerung durch die siegreichen Feinde, in deren Reihen auch hier wieder Germanen, namentlich der Gote Aligern, fochten, endlich entkam, fand auf der Flucht in dem den Weg sperrenden Volturno ein sicheres Ende. Bis fast auf den letzten Mann blieben die Alemannen und Franken auf dem Schlachtfelde.

Obgleich nicht mehr gegen die Goten ausgefochten, bezeichnet doch erst das Blutbad am Volturno das Ende des Gotenkrieges, der nahezu zwei Jahrzehnte Italien von einem Ende zum anderen durchtost und zum Schauplatz immer neuer Verwüstung gemacht hatte. Als Triumphator zog Narses in Rom ein. Wie arm mochte die ewige Stadt, der Preis des so vielfach schwankenden Sieges, sich jetzt vorkommen angesichts der Beute, die der siegreiche Feldherr in ihr zur Schau stellte! Was er den Goten, Franken und Alemannen abgenommen hatte, war erst von diesen in Italien selbst zusammengeraubt worden. Als dann im Frühjahr 555 endlich auch die siebentausend Goten, die sich in die unzugängliche samnitische Bergfeste Campsa geworfen und dort bisher behauptet hatten, entmutigt durch den Fall ihres Führers, eines Hunnen, sich Narses freiwillig unterwarfen, war die byzantinische Herrschaft von den Alpen bis zu der Südküste Siciliens zur Anerkennung gebracht. Als Provinz trat Italien in den Verband des byzantinischen Reiches, um von dem festen Ravenna aus durch einen Exarchen als Statthalter regiert zu werden. Wohl mochte das selbstgefällige Römertum sich freuen, durch Justinians Heere von der Herrschaft der als Barbaren verachteten und als Arianer gehaßten Ostgoten befreit und dem Erben des römischen Reiches und dem Vertreter der triumphierenden Orthodoxie unterthänig gemacht zu sein. Aber es übersah in seiner Verblendung, um welchen Preis dieser Erfolg allein möglich geworden war. Unendlich viel schwerer als die Heimsuchungen, denen Italien durch die wiederholten Barbareneinfälle in den Zeiten der eigentlichen Völkerwanderung unterworfen worden war, hatte dieser wechselvolle, verwüstende, mit immer wachsender Erbitterung geführte Krieg den Wohlstand des Landes getroffen und seine eben in neuem Erblühen begriffene Kultur rettungslos zu Grunde gerichtet. Auf weite Strecken war der Ackerbau außer Übung gekommen und lag das Land so gut wie entvölkert. Von Handel und Verkehr konnte man kaum noch sprechen. Die Städte waren zum Teil in Trümmer gesunken; Rom hat damals angefangen zu einer traurigen Ruinenstadt zu werden. Das geistige Leben war erloschen, und die Zeiten, die nun folgten, waren nicht geeignet es von neuem anzuregen und sich wiederum heben zu lassen. Durch seine pragmatische Sanktion vom 13. August 554 verband Justinian Italien mit dem übrigen Reiche, regelte Gesetzgebung und Verwaltung, traf Vorkehrungen gegen die Willkür der unteren Beamten und ordnete die Verhältnisse der Bildungsanstalten. Aber so schön ihre Bestimmungen klingen mochten: thatsächlich wurde Italien durch sie erst recht mit dem eisernen Schematismus der byzantinischen Verwaltung beglückt, für die neben engherzigen kirchlichen Gesichtspunkten vornehmlich fiskalische Interessen maßgebend waren. Ein Heer von habgierigen Beamten wurde über das arme Land losgelassen, welche durch ihr rücksichtsloses Streben nach eigenem Gewinn den ohnehin schon so unbarmherzigen Steuerdruck vollends unerträglich machten, und was hier und da an bescheidenem Wohlstand noch übriggeblieben war, langsam dem unabwendbaren Ruin entgegenführten, so daß bald die Kirche in den Personen ihrer Bischöfe sich der unglücklichen Einwohner annahm und sie durch ihre Fürsprache gegen weitere Vergewaltigung und Ausraubung zu schützen versuchte. Und dabei war der ferne Kaiser nicht einmal im stande, das Land gegen neue feindliche Anfälle zu sichern und die raubsüchtigen Barbaren fernzuhalten, von denen die letzten Stürme des Gotenkrieges zuerst größere Massen herbeigeführt hatten und die nun draußen beutebegierig des Augenblickes harrten, wo sie das jetzt Mißlungene glücklich durchführen und sich selbst statt der Goten und Byzantiner zu Herren der entnervten Römer machen könnten.

Viertes Kapitel.

Die Reiche der Burgunder und der Westgoten in Gallien und der Langobarden in Oberitalien: die Entstehung der romanischen Völker und ihrer Kultur.

Mehr wie ein gewaltiges Epos, das, reich an tiefergreifenden tragischen Momenten, von Massen- und Einzelkämpfen nach Art der Homerischen Helden zu berichten hat, als wie der Verlauf eines geschichtlichen Prozesses, der einen bestimmten Fortschritt in der Entwickelung der daran beteiligten Völker herbeiführt, erscheint der Ausgang des Ostgotenreiches. So wenig wie die Vandalen hat das Volk Theoderichs des Großen, so glänzend die Stellung war, die es eine Zeit lang ruhmreich eingenommen hatte, vermocht sich einen dauernden Platz in der Geschichte der Germanen und einen nachwirkenden Einfluß auf deren Fortgang zu erwerben. Was von ihm die letzten blutigen Verzweiflungsschlachten überlebt und abziehend glücklich die Grenzen des ihm so verhängnisvoll gewordenen Landes erreicht hatte, ist inmitten der mancherlei germanischen Völker und Trümmer von solchen, die sich damals im Norden der Alpen drängten, spurlos verschwunden. Was sich, der alten kriegerischen Art in der neuen Heimat rasch entfremdet oder frühzeitig von der Aussichtslosigkeit des Kampfes gegen die byzantinische Übermacht überzeugt, bereits nach dem Siege Belisars demselben in dauerndem Gehorsam gebeugt hatte, ist allmählich in die umgebende überlegene römische Bevölkerung aufgegangen, hat deren Sitte, Art und Sprache angenommen, und nur hier und da noch zeugt gelegentlich das Wiederauftauchen des germanischen Typus mit dem blonden Haar und den blauen Augen von dem Vorhandensein einer gotischen Beimischung unter der späteren Einwohnerschaft Italiens. Einen bedeutenden Anteil an der Bildung derselben aber wird man den Ostgotenresten, deren es beträchtlichere nur in einzelnen Gebieten gegeben haben kann, kaum zuschreiben dürfen. Von dem Dasein der Vandalen sind selbst so geringe Spuren nicht übrig geblieben (S. 386).

Glücklicher gestaltete sich das Schicksal und ein reicherer Gewinn ergab sich daraus sowohl für die Entwickelung der eigenen Kultur wie für ihren Anteil an der Zukunft der abendländischen Völkerfamilie bei den Burgundern, Westgoten und Langobarden. Im südlichen Gallien, in Spanien und in Italien durch die Überlegenheit ihrer Waffen zur Herrschaft gelangt, wurden sie in Bezug auf die Kultur von den besiegten Römern und Romanen überwunden und erlebten an sich vollständig den Vermischungs- und Verschmelzungsprozeß, der, bei den Vandalen eigentlich überhaupt nicht in Angriff genommen, von Theoderich bei seinen Ostgoten trotz ihres wachsenden Widerstrebens eingeleitet worden war, aber doch nichts weiter bewirkte, als daß das reichbegabte Volk an dem dadurch in sein Dasein getragenen unausgleichbaren Widerspruch frühzeitig hinsiechte und schließlich zu Grunde ging. Jene germanischen Völker dagegen haben unter dem Einfluß günstiger territorialer und politischer Verhältnisse es vermocht, unter Beibehaltung des germanischen Grundzuges in ihrem Wesen sich doch der Ergebnisse der reifen römischen Kultur zu dauerndem Besitz zu versichern. So haben sie zuerst den Gegensatz zwischen Römer- und Germanentum überwunden und beide zu einem Neuen, dem Romanentum, verschmolzen. Aus ihnen sind die ersten von den romanischen Völkern hervorgegangen, denen die westlichen Lande des einstigen römischen Weltreiches zum Schauplatz ihrer ferneren Entwickelung bestimmt waren, und die, erst in Gemeinschaft und späterhin in mannigfachem Gegensatz mit den germanischen, die eigentlichen Träger der Geschichte des Abendlandes im Mittelalter geworden sind. Die Westgoten haben den Grundstock abgegeben für die nachmalige spanische Nation, zu deren Formation außerdem freilich noch andere, zum Teil höchst eigenartige Elemente späterhin wesentlich beigetragen haben. Auf der Vermischung der Langobarden mit den römischen oder romanisierten Bewohnern Ober- und Mittelitaliens beruht die Bevölkerung des mittelalterlichen Italien, die sich unter dem Einfluß innerer und äußerer Momente dann nach verschiedenen Seiten hin mannigfach differenziert hat. Die Burgunder, deren Reich frühzeitig wichtiger Gebiete beraubt und dann schließlich zerschlagen wurde, haben zwar ein Fortleben als eine besondere, in sich selbst beruhende Nation nicht gewonnen, wohl aber als einflußreiche Ingredienzien auf die Gestaltung der Nachbarvölker, namentlich späterhin des werdenden französischen, Bedeutung erlangt.

Der Ungleichheit dieses Ausganges ihrer geschichtlichen Laufbahn steht, unerachtet mannigfacher Verschiedenheiten im einzelnen, gegenüber eine unverkennbare Ähnlichkeit ihrer Anfänge und der ersten Stadien ihrer Entwickelung. Sie ist das natürliche Ergebnis der Gleichartigkeit der Verhältnisse, in welche diese Völker am Schlusse ihrer Wanderzeit eingetreten waren und die auch eine entsprechende Gleichmäßigkeit für die Art ihrer Einrichtung in denselben ergaben. Nicht von Hause aus werden sie in dem ihnen überlassenen römischen Gebiet selbständig kraft eigenen Rechtes gebietende Herren, sondern sie befinden sich vorher längere Zeit in einer unklaren, nach oben und nach unten Konflikte veranlassenden Zwitterstellung, insofern sie national geschlossene Völker sein wollen und zugleich doch dem ersterbenden römischen Reiche als Föderaten zu Dienst verpflichtet sind. Von da aus kommen sie erst allmählich in die Höhe in dem Widerstreit zwischen den Römern und den übrigen diesen verbündeten Germanen. Denn den letzteren waren sie entgegengestellt durch ihre Befreundung und das Schutzverhältnis mit den Römern, zugleich aber zu ihnen hingezogen mehr noch als durch die nie ganz vergessene Stammverwandtschaft durch die Gemeinschaft des arianischen Christentums und dessen wachsende Verfeindung mit der unduldsamen Orthodoxie des Athanasianismus. Daher haben diese Völker in ihrem arianischen Bekenntnis lange Zeit die wirksamste Schutzwehr gefunden für die Erhaltung ihres Germanentums gegenüber dem wachsenden Einfluß der römischen Kultur. Der Sieg der letzteren und damit die Wandelung des Germanentums in das neue Romanentum wurde für sie alle gleichmäßig entschieden mit ihrem Übertritt zu dem römischen Bekenntnis, das die gemeinsame Grundlage für ihr kirchliches und damit für ihr geistiges Leben abgab und sie dadurch allmählich zu einer gewissen Einheit verband. Äußerlich kam diese in der Folge namentlich darin immer schärfer und deutlicher zum Ausdruck, daß unter dem erstarkenden Einfluß der Kirche auch die Formen, in denen sich das staatliche und gesellschaftliche Leben dieser Völker bewegte und gestaltete, sich von dem alten germanischen Typus je länger je mehr entfernten, indem sie römische Anschauungen zum Ausdruck zu bringen und römische Einrichtungen nachzubilden suchten. Wie erst ihr Glaube, so wurde infolgedessen bei diesen Völkern allmählich auch ihr Staatswesen und die ihm zu Grunde liegende gesellschaftliche Ordnung immer mehr romanisiert. Denn bei ihnen fehlte eine fortdauernde Stärkung des noch rein germanischen Elementes, welche nachmals im Frankenreiche dem Germanentum ermöglichte sich gegen das Romanentum zu behaupten und dasselbe zur gemeinsamen Wiege ebenso des französischen wie des deutschen Volkes werden ließ.

Von ihren alten Sitzen an der Oder waren die Burgunder allmählich südwestlich gewandert. Nachdem sie längere Zeit am oberen Main gehaust und sich nicht bloß mit den Römern, sondern auch mit ihren germanischen Verwandten, namentlich den Alemannen, in mannigfachen Kämpfen gemessen, dann Teile von ihnen sich dem raublustigen Völkergemisch angeschlossen hatten, mit dem der Ostgote Radagais (S. 230) das kaum der Gewalt Alarichs entgangene Italien furchtbar heimsuchte, waren nach Preisgebung der Rheingrenze durch Stilicho auch sie in dem mittelrheinischen Gallien aufgenommen und in beträchtlicher Stärke als Föderaten angesiedelt worden im Jahre 413, während ein Teil des Stammes am Main und am Odenwalde zurückblieb. Von der Geschichte dieses ersten Burgunderreiches, dessen poetisch verklärtes Abbild in der Heldensage fortlebt, wissen wir sehr wenig. Der Versuch König Gundicars oder Gundahars, des Königs Gunther des Nibelungenliedes, seine Herrschaft weiter nach Gallien auszubreiten, trug ihm im Jahre 435 eine blutige Züchtigung durch Aëtius ein. Außerdem brachte dieser die ihm befreundeten Hunnen unter Attila gegen die Burgunder in Waffen. Ihnen erlag König Gundicar vermutlich im Jahre 437 (S. 276). Dem verstärkten Andrange der Germanen und Hunnen nun vollends nicht mehr gewachsen, mußten die Burgunder sich dem Schutze des Römerreiches befehlen. Sie verließen im Jahre 443 das bisher bewohnte rheinische Gebiet und erhielten in Sabaudia Wohnsitze angewiesen, wohin ein Teil von ihnen schon früher im Dienste des Usurpators Jovinus gelangt war. In diesem von der Natur so reich ausgestatteten schönen Lande — dem späteren Savoyen — an Rhone und Jura, mit seinen hochragenden Bergen und üppigen Fruchtthälern kamen sie nun in dauernde Berührung mit einer wohlhabenden und betriebsamen Bevölkerung celtischen Stammes, die sich gern ihrer Herrschaft fügte, da sie so der drückenderen römischen Hoheit und namentlich der mit dieser verbundenen unerträglichen fiskalischen Ausbeutung entrückt wurden, mochten die Burgunder selbst auch noch für Unterthanen und ihre Könige zunächst für Statthalter oder Vasallen der römischen Kaiser gelten. Dies Verhältnis fand seinen Ausdruck auch darin, daß die germanischen Einwanderer hier ebenfalls ursprünglich nur als eine ständige Einquartierung behandelt und demgemäß versorgt wurden. Der römische Besitzer eines Hauses war nämlich verpflichtet, dem ihm überwiesenen Soldaten ein Drittel, einem höheren Offizier sogar die Hälfte desselben zum Gebrauch zu überlassen. Auch hier also behielt die Ansiedelung zunächst noch durchaus den Charakter eines unfreiwilligen Gastverhältnisses, wie denn auch beide Teile als hospes bezeichnet wurden. In der Folge ist diese Ordnung dann freilich zum Nachteil der Römer geändert worden. Denn aus dem burgundischen Recht (lex Burgundionum), wie es um das Jahr 500 aufgezeichnet und publiziert worden ist, geht hervor, daß damals der Burgunder von dem Römer, dem er als Gast zugewiesen wurde, die Hälfte des Hauses nebst der Hälfte des Hofes, der Gärten und der zugehörigen Wälder und Weiden erhielt, von dem angebauten Lande aber gar zwei Drittel. Zur Bewirtschaftung aber mußte ihm der dritte Teil der zu dem römischen Besitz gehörigen Sklaven überlassen werden. Wie bei einer solchen Aufteilung im einzelnen verfahren sein mag, namentlich in betreff der Zuweisung der einzelnen Lose an die einzelnen germanischen Familienväter, wissen wir nicht. Doch scheint das Verhältnis in Sabaudia sowohl wie in den übrigen Gebieten, wo in jener Zeit Germanen auf diese und ähnliche Bedingungen hin seßhaft gemacht wurden, als ein für die Römer besonders drückendes nicht empfunden worden zu sein.

Burgundische Münzen.

1. Nachahmung eines Solidus von Leo I. (457 bis 474), in Ravenna geprägt. Gold. Originalgröße. 2. Nachahmung einer Münze von Theodosius I. (379—395), in Trier geprägt. Silber. Originalgröße. 3. Nachahmung einer Münze von Valentinian II. (375—392), in Trier geprägt. Silber. Originalgröße.

Mit der Auflösung des Westreiches kam die Fiktion natürlich endgültig in Fortfall, auf der dieses Verhältnis ursprünglich beruht hatte, und die Burgunder wurden auch hier aus Föderaten, die man statt durch die früher üblichen staatlichen Naturallieferungen durch dieses eigentümliche Einquartierungssystem in den Stand gesetzt hatte, selbst für ihren Unterhalt zu sorgen, vollends zu Herren des Landes kraft eigenen Rechtes, und ihre Könige erschienen dementsprechend nun als die Rechtsnachfolger der römischen Kaiser. Dadurch erhielt das burgundische Königtum einen beträchtlichen Machtzuwachs und wurde seine Autorität wesentlich über diejenige hinaus gesteigert, die dem germanischen Königtum seinem Wesen nach ursprünglich innewohnte. Damit zusammen fiel ein anderer wichtiger Wandel, der ebenfalls eine Stärkung der königlichen Macht herbeiführte, nämlich die Beseitigung des alten Doppel- oder gar Mehrkönigtums und seine Ersetzung durch eine strenge, nach dem Rechte der Erstgeburt forterbende Monarchie. Freilich entfernten sich die Burgunder damit auch wieder in einem wichtigen Stück von der bisher festgehaltenen echt germanischen Anschauung, wonach von den Söhnen eines Königs nicht einem einzelnen ein Vorzugsrecht auf die Krone und das

Reich zustand, sondern alle gleichmäßig auf einen Anteil an der Herrschaft Anspruch hatten.

Noch im Nibelungenliede erscheinen Gunther (S. 276), Gernot und Giselher als gemeinsam zu Worms herrschende Könige, wenn auch dem ältesten ein höherer Rang und eine größere Autorität eingeräumt gewesen zu sein scheint. Schärfer gesondert und zu einer wirklichen Doppelherrschaft ausgebildet stellt sich uns das Burgunderreich nach seiner Verpflanzung nach Sabaudia dar, wo zwei dem Geschlecht Gundahars entsprossene Könige, die Brüder Gundiok (um 434—474) und Hilperich (um 434—470), ersterer mit Genf als Residenz, gleichzeitig regierten. Doch scheint da Gundiok dem Bruder ebenfalls einigermaßen vorangestanden zu haben, wozu auch persönliche Beziehungen beigetragen haben mögen. Denn er war mit einer Schwester Ricimers, einer Enkelin des Westgotenkönigs Wallia, vermählt. Jedenfalls standen die Burgunder damals in engem Bundesverhältnis zu dem römischen Reiche. Gemeinsam mit Aëtius und seinen westgotischen Alliierten warfen sie sich im Jahre 451 der Hunnenflut entgegen und halfen zu dem Siege auf den Katalaunischen Feldern. Einige Jahre später (456) zogen sie im Auftrage des Kaisers nach Spanien, um der Ausbreitung der Sueben Halt zu gebieten. So wurden ihnen denn auch, wie damals so vielen in ähnlicher Zwitterstellung befindlichen germanischen Fürsten, als Lohn römische Titel und Ehren verliehen. Gundiok wurde magister militum, sein Bruder Patricius. Auch ihre Grenzen durften sie ungehindert weiter ausdehnen.

Zwei Münzen von König Gundobald.

1. Kleine Münze mit dem Namen des Königs als Monogramm. Silber. Originalgröße. 2. Nachahmung eines Solidus von Anastasius I. (491 bis 518) mit dem Monogramm von Gundobald. Gold. Originalgröße.

Dennoch scheint Gundioks erstgeborener Sohn Gundobald sein Glück zunächst weniger in der neuen Heimat seines Volkes als in dem noch immer lockenden Mittelpunkt des zerbröckelnden Römerreiches zu machen gedacht zu haben. Er diente dort unter seinem mächtigen Oheim Ricimer als Befehlshaber der germanischen Soldtruppen, und daß er in gewissem Grade an der von diesem geübten außerordentlichen Gewalt einen Anteil hatte, lehrt die Thatsache, daß jener, als er, nach der Eroberung Roms erkrankt, sein Ende nahen fühlte, seinen Neffen zum Nachfolger in der von ihm so lange Jahre innegehabten gebietenden Stellung ernannte (S. 305). Da rief die Nachricht von seines Vaters Gundiok Tod Gundobald nach Burgund zurück, wo er nun mit seinen Brüdern Godegisel und Hilperich in der Weise gemeinsam herrschte, daß er von Vienne, jene von Genf und Lyon aus die ihnen besonders zugewiesenen Landschaften verwalteten. Denn ihr Oheim Hilperich scheint keinen Erben hinterlassen zu haben. Bald aber änderte das rasche Aufsteigen der westgotischen Macht unter König Eurich die Lage wesentlich zu ihrem Nachteil. Seit der Eroberung der bisher noch römisch gebliebenen reichen Landschaften des südlichen Gallien mit den wichtigen Städten Arles und Marseille durch Eurich sahen sie sich den Weg nach dem Mittelmeer durch die Westgoten endgültig verlegt. Für ein höheres wirtschaftliches Gedeihen ihres Reiches war damit ein unüberwindliches Hindernis geschaffen. Als Eurich dann aber auch nordwärts sich auszubreiten versuchte und die Auvergne angriff, gebot ihm Hilperich, der wie sein Vater zum magister militum erhoben worden war, im Auftrag des weströmischen Kaisers Halt. Von dem schließlichen Untergang des Römerreiches hatten die Burgunder daher keinen Gewinn, sondern sahen sich hier durch die rücksichtslos um sich greifende Macht der Westgoten, dort durch einen Abenteurer vom Schlage Odovakers und seine germanischen Söldnerhaufen überflügelt, dem sie bald wieder überlassen mußten, was sie von dem westlichen Oberitalien an sich zu bringen gewußt hatten. Und schon wurde ihr Reich auch von der anderen Seite her schwer bedroht durch das ebenso gewaltthätige wie erfolgreiche Umsichgreifen des Merowingers Chlodowech.

Die Ursachen dieser Schwäche können wir nur vermuten. Sie scheinen eben in der herkömmlichen Teilung des Reiches und dem mehrfachen Königtum gelegen zu haben, welche das königliche Haus in so verhängnisvollen inneren Hader stürzten, daß es in heilloser Verblendung schließlich selbst dem Eroberer den Weg zu seiner Bewältigung öffnete. Zuerst soll Hilperich mit den Seinen durch Gundobald aus dem Weg geräumt worden sein. Über seinen Nachlaß geriet dann jener mit Godegisel in einen Streit, der zu dem Konflikt mit den Franken und von da aus schließlich zum Untergang des Reiches führte. Die Burgunderkönige hatten sich durch Eingehung verwandtschaftlicher Verbindungen mit den germanischen Nachbarn zu sichern gestrebt. Gundobalds erstgeborener Sohn Sigismund war mit einer Tochter Theoderichs vermählt und dadurch dem Westgotenkönig Alarich II. verschwägert. Gundobalds Nichte, des ermordeten Hilperich Tochter, Chrotichild (Klotilde) hatte der Frankenkönig Chlodowech heimgeführt. Da diese sich zum katholischen Glauben bekannte, dem sie bald danach dann auch ihren Gatten und so weiterhin das Volk der Franken zuführte, wird man vermuten dürfen, daß zu dem blutigen Familienhader, der in dem burgundischen Königshause entbrannt war, auch der leidige Glaubensgegensatz zwischen Orthodoxen und Arianern beigetragen habe. Er stand ohnehin trennend zwischen den Burgundern, zu denen, nachdem anfangs die katholische Kirche bei ihnen Anhang gewonnen hatte, von den benachbarten Westgoten das arianische Christentum gekommen war, und ihren romanischen Unterthanen, die eifrige Katholiken waren. Seit er selbst der römischen Kirche zugefallen war, entnahm der ländergierige Frankenfürst der Verpflichtung zur Ausbreitung des rechten Glaubens, die er damit angeblich überkommen haben sollte, nur allzugern einen Vorwand, um seine arianischen Nachbarn mit Krieg zu überziehen. Dessen soll er sich auch Gundobald gegenüber bedient haben, als er sich anschickte Blutrache für den Tod des Vaters seiner Gemahlin zu üben. Des Erfolges wird er um so sicherer zu sein geglaubt haben, als er wohl auch Gundobalds Sohn Sigismund den Katholiken geneigt wußte, außerdem aber auch Godegisel sich mit ihm in hochverräterische Verbindungen eingelassen hatte, so daß er darauf rechnen konnte, denselben im entscheidenden Augenblick auf seine Seite übertreten zu sehen. Wirklich soll denn auch dieser Verrat die Niederlage herbeigeführt haben, die Gundobald im Jahre 500 bei Dijon durch die Franken erlitt und infolge deren er bis in den südlichen Teil seines Reiches flüchten mußte.

Erst hinter den Mauern des festen Avignon konnte er erfolgreich Widerstand leisten. Da aber Chlodowech die Fortdauer der herkömmlichen Zweiteilung des Burgunderreiches der Vereinigung unter einem König, die Godegisel mit seiner Hilfe erstrebt zu haben scheint, dem fränkischen Interesse entsprechender gefunden haben wird, erhielt Gundobald von ihm schließlich doch einen Frieden bewilligt, der ihn gegen einen jährlichen Tribut im Besitz der Krone ließ. Kaum aber hatten die Franken unter Zurücklassung einer zum Schutz Godegisels in dessen Hauptstadt Vienne gelegten Besatzung das Land geräumt, als Gundobald, getragen, wie es scheint, von einer nationalen und popularen Bewegung, die als natürliche Reaktion gegen den fränkischen Angriff und den Verrat Godegisels eingetreten war, sich gegen den hochverräterischen Bruder wandte, Vienne angriff und in seine Gewalt brachte. Am Altar der Kirche, in die er sich schutzflehend geborgen hatte, wurde Godegisel erschlagen. Die kriegsgefangene fränkische Besatzung schickte der Sieger dem befreundeten Westgotenkönig.

Chlodowech hat das bezeichnenderweise ungeahndet gelassen. Sah er doch, wie das Burgunderreich nach dem tiefen und gefährlichen Fall, den es eben gethan hatte, sich rasch von neuem innerlich sammelte und einen vielversprechenden nationalen Aufschwung nahm, also sicherlich auch beträchtlich widerstandsfähiger wurde, als er es bei dem ersten Angriff gefunden hatte.

Wirklich wurde Gundobald der Reorganisator seines Reiches. Das Teilkönigtum machte der Monarchie Platz, die hinfort wahrscheinlich nach dem Rechte der Erstgeburt in seinem Hause forterben sollte. Faßte er dadurch das herrschende Volk der Burgunder zu festerer Geschlossenheit zusammen, so war er zugleich doch auch bemüht seine Stellung zu sichern durch Besserung seines Verhältnisses zu den römischen Unterthanen, indem er dieselben durch Einführung milderer Satzungen gegen willkürliche Bedrückung schützte, welche demnach bisher nichts Ungewöhnliches gewesen sein muß. Doch hat es sich dabei weniger um die Setzung eines neuen Rechtes gehandelt als vielmehr um die Festlegung des Rechtsbrauches, wie er im Laufe der Zeit im Anschluß an die Praxis ausgebildet, aber wohl noch umstritten war, jedoch mit der ausgesprochenen Tendenz Römer und Burgunder politisch gleichzustellen. Die so entstandene Lex Burgundionum, auf welche das römische Recht bereits in wesentlichen Stücken eingewirkt hat, betrifft demgemäß vorzugsweise die Vergehen und deren Bußen, insbesondere auch die strafbaren Verletzungen von Privatrechten, wie die Beschädigung von Grundstücken, Vieh u. s. w. — man sieht, gegen welche Art von Übergriffen des herrschenden Stammes die Römer vor allem Schutz nötig hatten — und ordnete namentlich das Gerichtswesen, enthielt jedoch auch eine Anzahl öffentlich rechtlicher Bestimmungen, welche die damals eingetretene Stärkung der königlichen Macht erkennen lassen. Ergänzt wurde dieses Rechtsbuch dann vermutlich ebenfalls noch unter Gundobald durch eine Aufzeichnung der Bestimmungen des römischen Rechtes, die für die im burgundischen Reiche lebenden Römer maßgebend waren, die sogenannte Lex Romana Burgundionum. Demnach ist König Gundobalds Streben also nicht eigentlich auf eine Verschmelzung der beiden unter seinem Scepter vereinigten Völker gerichtet gewesen, sondern auf die Herbeiführung und Sicherung eines friedlichen Nebeneinanderlebens derselben. Das wichtigste und folgenreichste Zugeständnis, das er in dieser Richtung machte, betraf die Religion. Denn der Zwiespalt, der da zwischen Herren und Unterthanen bestand, wird ihm in seiner ganzen Gefährlichkeit entgegengetreten sein, als der Frankenkönig das Verharren der Burgunder im arianischen Bekenntnis zur Rechtfertigung seines Angriffes zu benutzen versucht hatte. Während er selbst zwar Arianer blieb, suchte Gundobald sich doch mit der orthodoxen Lehre genauer bekannt zu machen, hatte auch seine Söhne, von denen der Erstgeborene, Sigismund, von jeher der römischen Kirche besonders geneigt gewesen sein soll, an dem Wechsel des Glaubens nicht gehindert. Im Verkehr mit Avitus, dem Bischof von Vienne, dem unermüdlichen und erfolgreichen Bekämpfer des Arianismus in Gallien, hat er sich, so scheint es, davon überzeugt, welcher von den beiden Konfessionen die Zukunft gehörte, und sich im Interesse seiner Dynastie derjenigen nicht mehr feindlich entgegengestellt, deren Sieg sich eben damals entschied. Hinfort zählte auch ein Teil der Burgunder zu den Vorkämpfern der Orthodoxie. Das hatte auch in der politischen Haltung ihres Reiches einen Wandel zur Folge. Aus Gegnern der Franken wurden sie deren Verbündete in dem Kampf gegen die Westgoten, bei dessen Beginn Chlodowech mit Unterstützung der glaubenseifrigen fränkischen Geistlichkeit ja wiederum seine Eroberungslust durch den Eifer für die Ausbreitung der rechten Lehre zu beschönigen wußte. Das Heer Gundobalds und Sigismunds nahm infolgedessen im Jahre 507 an dem Einfall in das den Burgundern alle Zeit gefährliche Nachbarreich teil, der zu dem Siege der Franken in der Schlacht bei Vouillé führte. Ob es dort mit gefochten hat, wissen wir nicht. Dagegen wirkte Gundobald im weiteren Verlauf des Krieges bei der Eroberung von Narbonne mit, unterstützte die Franken auch im Jahre 508 bei der Belagerung von Arles und wurde dadurch mit den Ostgoten in feindliche Berührung gebracht, da Theoderich seinen hartbedrängten Stammesverwandten Unterstützung schickte. Im Jahre 509 nötigte dann der Einbruch eines ostgotischen Heeres in ihr ungedeckt im Rücken gelassenes Gebiet die Verbündeten nach einem unglücklichen Kampf zur Aufhebung der Belagerung von Arles. Der gehoffte Landgewinn wurde Gundobald infolgedessen nicht zu teil. Auch setzte das Schutzverhältnis, in welches Theoderich das Westgotenreich nun aufnahm (S. 331), ähnlichen Entwürfen des Burgunderkönigs für die Zukunft unübersteigliche Schranken.

So ging die vierzigjährige, an Wechselfällen reiche Regierung Gundobalds friedlich zu Ende. Als er im Frühjahr 516 starb, wurde in altgermanischer Weise sein von ihm zur Nachfolge empfohlener Sohn Sigismund von den bei Genf zur Königswahl versammelten Großen des Reiches auf den Thron erhoben. Seine siebenjährige Regierung (516—523) wurde verhängnisvoll durch den übermäßigen Einfluß, den er dem Klerus einräumte, und die Dienstbarkeit, die er dem römischen Bischof gegenüber auf sich nahm. Sein ehemaliger Lehrer, Avitus von Vienne, sah die Zeit gekommen, seine Ideale zu verwirklichen. Als eines der ersten von allen germanischen Reichen hat er das der Burgunder der sich zuversichtlicher erhebenden Hierarchie unterworfen. Unbedingt galt diesem kirchlichen Eiferer das Recht des römischen Bischofs auf den Primat, das sonst noch so vielfach heiß bestritten wurde. Ein Zweifel daran brachte nach des Avitus Meinung den gesamten Episkopat zum Wanken und bedrohte damit den Bestand der Kirche selbst. Ähnlich leidenschaftlich war sein Eifer für die Ausrottung der unter den Burgundern noch immer weitverbreiteten arianischen Ketzerei. In Sigismund fand er für beide Tendenzen ein nur allzu williges Werkzeug. Die Satzungen, welche unter Avitus' Leitung eine Synode der burgundischen Bischöfe zur Ordnung der Landeskirche beschloß, machten Burgund für einige Zeit zu dem gelobten Lande der Hierarchie. Die entsprechend strengen Eheverbote, welche gleichzeitig ergingen, setzten sich mit dem bisher geltenden Brauch in schroffen Widerspruch und gaben, wie der Konflikt zwischen Staat und Kirche ja gerade auf diesem wichtigen Grenzgebiete alle Zeit besonders leicht entbrannt ist, Anlaß zu heftigen Streitigkeiten, die nach anfänglicher energischer Abwehr des Königs gegenüber den bischöflichen Anmaßungen schließlich mit seiner reumütigen Unterwerfung endeten. Autorität besaß Sigismund hinfort in kirchlichen Dingen gar nicht mehr. Zu treuer Anhänglichkeit aber hat er die Bischöfe darum doch nicht gewonnen. Vielmehr scheinen ihre Blicke schon damals vielfach auf das fränkische Reich als die Macht der Zukunft gerichtet gewesen zu sein. Das war doppelt bedenklich, da auch die dem Arianismus treu gebliebenen Burgunder dem König sich mehr und mehr entfremdeten, andererseits aber schon das Vorhandensein von solchen nach fränkischer Auffassung Chlodowech das Recht gab, auf seine früher verfolgten Pläne zur Eroberung Burgunds als ein Gebot des rechten Glaubens zurückzukommen. Dagegen durch die Intervention des großen Theoderich geschützt zu werden wie einst die Westgoten, durfte Sigismund dabei nach allem, was geschehen war, nicht hoffen.

1

2

Zwei Münzen von König Sigismund.

1. Nachahmung eines Solidus von Anastasius I. (491—518) mit dem Monogramm Sigismunds. Gold. Originalgröße. 2. Nachahmung eines Triens von Justin I. (518—527) mit dem Monogramm von Sigismund. Gold. Originalgröße.

Mit dieser besorglichen Isolierung des Burgunderkönigs hat man es in Verbindung gebracht, daß er bei dem byzantinischen Kaiser Anlehnung suchte, von dem er schon vor seiner Thronbesteigung durch die Ernennung zum Patricius geehrt worden war. In einem an ihn gerichteten Schreiben erging er sich in Wendungen, die, selbst wenn man der damals herrschenden überschwenglichen Rhetorik Rechnung trägt, durch die sich darin offenbarende Auffassung seines Verhältnisses zu dem Herrscher am Bosporus befremden müssen und bei ihm ein sehr geringes Gefühl für seine und seines Volkes Würde erkennen lassen: „Mein Volk," so sagt er, „ist das Eure; für mich bedeutet es mehr, Euch unterthan als König meines Volkes zu sein. Ehrfurchtsvoll erblicke ich den höchsten Ruhmestitel in der Würde, die Ihr uns dereinst verliehen habt, wie auch meine Vorfahren größeren Wert auf das gelegt haben, was sie kaiserlicher Gnade verdankten, als auf das, was sie von ihren Vätern ererbt hatten." Jedenfalls hatte Sigismunds Kanzler, aus dessen Feder diese blühenden Redewendungen geflossen waren, sich den in Byzanz üblichen und dort besonders wirksamen Ton anzueignen gewußt.

Aber auch der so demütig angerufene Herrscher am fernen Bosporus hätte Sigismund doch vor dem Unheil nicht schützen können, das er durch eigene schwere Schuld über sich und sein Haus heraufbeschwor. Es ist eine unleugbare, sittengeschichtlich überaus bedeutsame Thatsache, daß in den germanischen Fürstenhäusern, welche frühzeitig für die romanische Kultur gewonnen wurden, Familienhader und Verwandtenmord förmlich heimisch geworden sind und gelegentlich eine furchtbare Rolle gespielt haben. Sie zu erklären genügt aber wohl nicht der Hinweis auf den allgemeinen sittlichen Zersetzungsprozeß, der, wie immer bei der Berührung und Vermischung einer überreifen und bereits in der Auflösung begriffenen Kultur mit der noch in einer gewissen natürlichen Roheit befangenen Kraft eines jugendlich ungestüm aufstrebenden Volkes, so auch bei der der Romanen der savoyischen Alpenländer mit den derben Burgundern eintreten mußte, sondern man möchte manche der dabei zu Tage tretenden Erscheinungen vielmehr auf gewisse Konflikte zurückführen, die sich in einer so tief innerlich gärenden Zeit aus den hart zusammenstoßenden Gegensätzen zwischen römisch-christlichem und germanisch-heidnischem Denken und Fühlen ergaben. Namentlich in dem Gebiete des fürstlichen Familienrechtes, das damals ja eigentlich eins war mit dem Staatsrecht, standen die Anschauungen von dem Wesen und von dem Recht des Königtums, wie sie bei den Germanen geherrscht hatten, denjenigen schroff entgegen, die durch den wachsenden Einfluß des Römertums allmählich zu größerer Geltung gelangten und den Gedanken der königlichen Alleinherrschaft und infolgedessen den von dem alleinigen Nachfolgerecht eines und zwar des erstgeborenen Sohnes an die Stelle des ehemals geltenden Gesamterbrechtes aller Söhne setzten. Die in jener älteren Anschauung wurzelnden Ansprüche der jüngeren Söhne und das eventuelle Erbrecht auch der Seitenlinien erschienen den Vertretern der neuen Ordnung ebenso sehr als eine Gefahr für deren siegreiche Durchsetzung, wie sie, wo Söhne aus verschiedenen königlichen Ehen nebeneinander aufwuchsen, im Schoße des engeren königlichen Hauses vielfach unheilvolle Zwietracht und namentlich auch politisch verderblich wirkende Konflikte zwischen Stiefsöhnen und Stiefmüttern zur Folge gehabt haben. Wie späterhin die Geschichte der Merowinger und der Karolinger dafür eine Fülle von Beispielen bietet, so haben Vorgänge dieser Art auch dem Hause Gundobalds Verderben gebracht und den Untergang des burgundischen Reiches herbeigeführt. Auch tritt bereits dabei ein anderer, sittengeschichtlich nicht minder bedeutsamer Zug mit überraschender Kraßheit zu Tage, nämlich die allen Sittengesetzen Hohn sprechende Konnivenz der aufstrebenden Kirche gegenüber den königlichen Sündern, deren Gewissensangst sie gern durch die von ihr vermittelte Verzeihung des Himmels beschwichtigt, wenn ihr dafür ein Gewinn an Ehre, Macht oder auch nur an weltlichem Gut ausgewirkt wird. Nicht ohne Befremden sieht man, wie weit das Gewissen der Kirche in diesen Dingen war und wie sie ganz im Charakter jener harten und vielfach rohen Zeit ihres Amtes als Hüterin von Zucht und Sitte teils mit grob-, oft genug plump-sinnlichen Mitteln am wirksamsten zu walten weiß oder aber in Konflikten der Art handelt, als ob auch für sie bereits der Grundsatz gälte, daß der Zweck das Mittel heilige.

Auf diesem von der Zeit gegebenen Hintergrunde spielte sich auch die Blutthat ab, durch die der Burgunderkönig Sigismund sein von dem Vater gerettetes und neu gefestigtes Reich dem Untergange überlieferte. Der Haß, der seine zweite Gattin und seinen erstgeborenen Sohn Sigerich, aus der Ehe mit des großen Theoderich Tochter (S. 331), trennte und zu gegenseitiger Verfolgung und Schmähung verleitete, scheint in ihm die Sorge um die Bewahrung der Herrschaft und die Furcht vor einem drohenden Usurpationsversuch Sigerichs erweckt zu haben. In gewissenloser Nachgiebigkeit gegen die Einflüsterungen der Gattin ließ er den Thronerben durch Mord aus dem Wege räumen, um gleich danach die That mit heißen Thränen ungeschehen zu wünschen und sich jammernd und klagend über den Leichnam zu stürzen. Den Gewinn von der zerknirschten Reue des Königs, der durch fromme Übungen und kirchliche Werke die Verzeihung des Himmels zu erflehen brannte, hatte natürlich die Kirche, die dem Sohnesmörder durch den Mund des Bischofs Avitus die Anerkennung zollte, mit der zur Sühnung der Blutthat von ihm verfügten Einführung Tag und Nacht andauernder Chorgesänge der Mönche in dem von ihm gestifteten Kloster St. Moritz in Wallis — ein neuer frommer Brauch, der dann anderwärts Nachahmung und schließlich in der gesamten Kirche Eingang gefunden hat — hätte er alles, was er sonst an guten Werken gethan, weit übertroffen, obgleich die Kirche ja auch früher schon kaum im stande gewesen sei, der von ihm bewiesenen Tugend genügend Worte zu leihen. Der Vorgang — der nicht ganz vereinzelt dasteht — ist äußerst charakteristisch für den Zwiespalt, der die ganze Zeit zerreißt.

Wenige Monate nach der Ermordung Sigerichs erschienen im Jahre 523 — froh einen stichhaltigen Vorwand zum Angriff auf das längst umlauerte Burgunderreich gefunden zu haben — die Söhne Chlodowechs und Chrotichildens, die Frankenkönige, um unter Berufung auf die ihnen obliegende Pflicht zur Blutrache die früher von dem Vater vergeblich versuchte Eroberung des reichen Landes durchzuführen. Aber auch die Ostgoten, bei denen das Haus der Amaler in Sigerich einen seiner Sprößlinge zu rächen hatte, griffen zu den Waffen und drangen von der Provence her in die südlichen Landschaften ein. Freilich könnte man nach Lage der Dinge auch vermuten, diese Einmischung sei nicht sowohl gegen die Burgunder als vielmehr zunächst gegen die Franken gerichtet gewesen, deren Ausbreitung bis in jene Gebiete allerdings eine dauernde Gefahr für Italien hätte werden können. Denn sie hatten inzwischen Sigismund geschlagen, auf der Flucht gefangen genommen und als Gefangenen nach Orleans geführt. Nach ihrem Abzug aber erhoben sich die Burgunder von neuem unter Sigismunds Bruder Godomar und gewannen ihre Freiheit zurück. Die erbitterten Frankenkönige ließen den Gefangenen nun töten und drangen im Jahre 524 von neuem in Burgund ein, wo Godomar auf den Thron erhoben worden war. In dem Kampfe fiel der Frankenkönig Chlodomer. Daß derselbe auch sonst nicht zum Vorteil der Angreifer ausging, beweist die Thatsache, daß der Friede Godomar im Besitz der Herrschaft ließ. Hinfort war dieser augenscheinlich bemüht, das schwer erschütterte Reich für den sicher bevorstehenden neuen Kampf mit den Franken durch Sammlung seiner Kräfte und Begleichung alles inneren Haders erfolgreich vorzubereiten. Dazu verständigte er sich mit den Ostgoten. Gegen Anerkennung ihrer Oberhoheit erlangte er die Herausgabe der von ihnen eingenommenen und bisher einbehaltenen südlichen Landschaften. Er trat, begünstigt durch den eben um jene

Zeit erfolgten Tod des Avitus von Vienne, den kirchlichen Anmaßungen sowohl wie dem unduldsamen katholischen Eifer entgegen und suchte durch Begünstigung der Einwanderung das burgundische Element wieder zu stärken, lud aber auch Fremde ein, sich unter Beibehaltung aller ihrer Rechte und Freiheiten im Lande anzusiedeln. Aber noch ehe diese reorganisatorische Thätigkeit, deren Richtung deutlich erkennen läßt, wo die Schwächen des Burgunderreiches lagen, von durchgreifendem Erfolge hatte sein können, brach der neue Angriff der Franken herein. Bei dem Versuch, das von den Königen Chlotar und Childebert belagerte Autun zu entsetzen, wurde Godomar geschlagen, ohne von dem Ostgotenreiche, das bereits selbst von schweren inneren Wirren bedrängt war (S. 338) und nach dem Fall des Vandalenreiches den byzantinischen Angriff vorbereiten sah, die gehoffte Unterstützung gefunden zu haben. Godomars Ausgang ist unbekannt, und wir wissen nicht, ob er gefallen, gefangen und in der Haft der Sieger gestorben oder als landloser Flüchtling unbekannt in der Fremde verschollen ist. Das herrenlose Land teilten die Sieger im Jahre 534 unter sich. Später aber bildete Burgund in sich wiederum ein geschlossenes Ganze und als solches einen der drei Teile, in die das Frankenreich nachmals zerfiel. Es nahm infolgedessen insofern eine bevorzugte Stellung ein, als es im Besitz seiner geschichtlich gewordenen, eigenen Staatseinrichtungen blieb und die Burgunder nicht als minderberechtigte Unterthanen, sondern als gleichberechtigte Teilhaber an der Herrschaft in dem Gesamtreich neben den Franken standen. Trotzdem blieben Land und Volk der Burgunder auch damals noch von einer wirklichen inneren Einheit weit genug entfernt. Der eigentlich germanische Teil des im Laufe von drei Menschenaltern entstandenen Mischvolkes blieb auch in der Folge vorzugsweise in den schwerer zugänglichen Bergregionen heimisch, in denen sich dereinst ihre Vorfahren angesiedelt hatten. Was davon in den Thälern und in den Städten Wurzel geschlagen hatte, ist der germanischen Art im Laufe der Zeit völlig entfremdet worden. Die Romanisierung war hier eine gründlichere als bei den benachbarten Franken. Namentlich hat der Einfluß der Kirche, der hier zuerst zu so ungewöhnlicher und politisch gefährlicher Höhe gestiegen war, in dem gesamten Fühlen und Denken des Volkes bleibende Spuren zurückgelassen. Allezeit hat sich die burgundische Geistlichkeit durch besonderen Eifer ausgezeichnet und sich erfindungsreich bewährt in der Entwickelung neuer Formen für eine strenge Organisation des kirchlichen Lebens. Dadurch hat sie schon auf das verwilderte Frankenreich einen segensreichen Einfluß ausgeübt und ist nachmals durch die in Cluny aufkommende Richtung die Trägerin einer Reform geworden, die, von entscheidender Bedeutung für die Gesamtheit der Kirche, weiterhin auch für die Gestaltung des Staates und der Gesellschaft im Höhestande der mittelalterlichen Entwickelung ein neues Zeitalter heraufführen sollte.

Unter ähnlichen Umständen wie das Burgunderreich begründet und in den ersten Stadien seiner Entwickelung von ungefähr den gleichen inneren und äußeren Verhältnissen beeinflußt, bietet das Reich der Westgoten in dem Gesamtverlauf seiner Geschichte eine ganze Reihe von Parallelen zu der des Burgunderreiches, nur daß, was dort bloß dem Keime nach oder als erster Ansatz zu Tage tritt, hier sich völlig ausgestalten und bis in die letzten Konsequenzen entfalten konnte. Dieselben bescheidenen, in betreff der rechtlichen Stellung zu dem römischen Reich ursprünglich unklaren Anfänge, dieselbe wechsel- und widerspruchsvolle Art des Emporkommens zwischen der absterbenden Römer- und der konkurrierenden Germanenmacht, dieselben Kulturgegensätze, die es allmählich auszugleichen gilt, dieselben religiösen Konflikte, die auch hier mit einem vollen, den Staat im höchsten Grade gefährdenden Siege der Orthodoxie und der sie kampffreudig und siegesgewiß vertretenden Kirche enden, — nur alles im Maßstabe beträchtlich vergrößert, kraftvoller und erschütternder in der Bethätigung und daher schließlich auch gewaltsamer, tragischer im Ausgange, zugleich aber beständiger und dauernder in dem unvergänglichen und auf die fernere Entwickelung nachwirkenden historischen Ergebnis.

Nicht als Eroberer zu eigenem Recht, sondern als Feldherr des Honorius war dereinst Athaulf in Gallien erschienen (S. 245), um die so gut wie verlorene Provinz dem Westreiche zurückzugewinnen. Nur hatte er infolge seiner Ehe mit der Kaiserschwester von Anfang an den romanisierten Einwohnern gegenüber insofern eine bessere Stellung gehabt, als dieselbe trotz ihrer unklaren Zwitterhaftigkeit dadurch mit einem Schein der Legitimität umgeben wurde. Aber die Umtriebe des in seinen ehrgeizigen Entwürfen enttäuschten Constantius brachten es bald zu einem neuen Bruch zwischen den Höfen von Narbonne und Ravenna. Die Goten verloren die im südlichen Gallien gewonnene Stellung schnell wieder und entwichen nach Spanien, wo Athaulf ein vorzeitiges Ende fand (S. 243). Dort begann dann auch nach mancherlei Wechselfällen (S. 244) Wallia seine Laufbahn, welche ihn zum Lohn für die Wiederunterwerfung Spaniens unter des Honorius Herrschaft als König nach dem reichen Aquitanien führte und in dem stattlichen Toulouse einen glänzenden Königssitz gewinnen ließ. Unter geschickter Benutzung der Kriegsstürme der nächsten Jahre, bald im Bunde mit dem Westreich, bald als Genosse der germanischen Widersacher desselben, stieg das Reich von Toulouse rasch zu jener bedeutenden Macht empor, die sich auch jedes Scheines der Abhängigkeit von dem römischen Kaisertum glücklich erwehrte. Wallias Nachfolger Theoderich (419 bis 451) wurde zwar bei dem Angriff auf Arles von Aëtius im Jahre 432 geschlagen, erwehrte sich aber glücklich der Reunionspolitik, die der letzte Römer auch ihm gegenüber durchführen wollte, durch die erfolgreiche Verteidigung von Narbonne und den Sieg über ein römisches Heer bei Toulouse (439) und sicherte seinem Volke dadurch endgültig den Besitz des reichen und hochkultivierten Aquitanien. Aëtius war Staatsmann genug, um die damit geschaffene Lage, so wenig sie dem von ihm bisher verfochtenen Rechte Roms entsprach, nun anzuerkennen und das als so wehrhaft erwiesene Reich durch ein enges Bündnis zu gemeinsamem Kampf gegen die übrigen Germanen und dann namentlich die Hunnen zu gewinnen. Damit erst trat das Westgotenreich in die Reihe endgültig konstituierter Staaten und wurde ein Faktor, mit dem Freund und Feind der Römer zu rechnen hatten. An der Seite des Aëtius focht und fiel Theoderich in dem gewaltigen Völkerkampfe bei Chalons (S. 277). Auf dem Schlachtfeld wurde sein Sohn Thorismund zum Nachfolger erhoben, dessen Absicht zur Fortsetzung des Kampfes gegen das schwer erschütterte Hunnenheer bis zur Vollendung des Sieges Aëtius zu vereiteln wußte, vermutlich, weil er die germanischen Verbündeten sich nicht allzu große Verdienste und damit ein Anrecht auf noch größeren Lohn erwerben lassen wollte. Wenn er dazu den neuen Gotenkönig vor den Umtrieben seiner Brüder daheim warnte und zur Niederhaltung derselben nach Toulouse zurückzueilen veranlaßte, so war das freilich keine bloße Fiktion. Denn bereits im Jahre 453 ereilte Thorismund sein Schicksal, indem er von Verschworenen, an deren Spitze seine Brüder Theoderich und Friedrich standen, ermordet wurde. Den Grund davon kennen wir nicht: vielleicht, daß seine Erhebung irgendwie dem besseren Rechte jener entgegen gewesen war oder daß er durch seine Regierung Unzufriedenheit erregt hatte. Dann dürfte man allerdings annehmen, daß die Politik seines Nachfolgers Theoderich II. (453—466) sich in einer Richtung bewegt habe, die der von ihm verfolgten entgegengesetzt war. Dieser aber stand im engsten Bündnis mit dem römischen Kaisertum und hat dadurch wesentlich dazu beigetragen den drohenden Zusammenbruch des Westreiches noch aufzuhalten. Bei dem chaotischen Zustande, der damals in Italien herrschte, und dem thatsächlichen Verlust der meisten übrigen Provinzen teils an die Germanen, teils an Usurpatoren und die mit ihnen meuternden Legionen war damals Gallien eigentlich nicht bloß der letzte Rückhalt, sondern geradezu das Centrum des Reiches, dem dann eigentlich erst Theoderich II. in dem tüchtigen magister militum Avitus wieder ein fast allgemein anerkanntes Oberhaupt gab (S. 302). Für diesen zog der Gotenkönig dann wie einst Athaulf nach Spanien, um dieses der immer weiter um sich greifenden Gewalt der Sueben zu entreißen. In einem mit wilder Erbitterung und unter greulicher Verwüstung des Landes geführten Kriege überwand er diese, nahm, sie bis in die Berge Galiciens verfolgend, ihre Hauptstadt Braga und brandschatzte Lusitanien. Ihr König Rekila endete unter dem Beil des Henkers. Da aber wurde Theoderich II. durch neue Wirren daheim zurückgerufen. Das rettete die Sueben, die sich nun wiederum erhoben und nach wechselvollen Kämpfen schließlich ihre Selbständigkeit, wenn auch unter Aufgabe der früheren Eroberungen, behaupteten und zur Anerkennung brachten, namentlich weil der Gang der Ereignisse ihre Erhaltung auch dem Westgotenkönig wünschenswert machte. Denn dieser sah sich selbst von neuem ernstlich bedroht, als in Italien der „Kaisermacher“ Ricimer (S. 302), von Abkunft ein Suebe, mit Zustimmung des byzantinischen Hofes dem Avitus in dem thatkräftigen Majorianus einen Gegenkaiser entgegenstellte. Theoderich verweigerte seine Anerkennung und wollte die Gelegenheit zur endlichen Gewinnung des wichtigen Arles benutzen. Doch wurde er von dem herbeieilenden Feldherrn Majorians, Ägidius, zur Aufhebung der Belagerung genötigt. Aber das Bundesverhältnis mit dem Westreich, das er nun zunächst notgedrungen wieder auf sich nehmen mußte, erreichte bald danach thatsächlich sein Ende, als Ricimer den Majorianus, weil er einen eigenen Willen zu haben versuchte, entthronte und damit Italien seiner Stellung im Mittelpunkt des zerbröckelnden Reiches endgültig beraubte. Die Goten Galliens sowohl wie Ägidius, der bisher dort als Statthalter Majorians gewaltet hatte, entzogen sich bald jeder Einwirkung von dorther und wollten volle Selbständigkeit gewinnen. Vor allem eilte Theoderich II. nun den Rest des südlichen Gallien in seine Gewalt zu bringen. Durch Verrat gewann er jetzt das so oft vergeblich umworbene Narbonne, drängte Ägidius bis an die Loire zurück, erlitt dann aber bei Orleans eine Niederlage, die seinem Bruder Friedrich das Leben kostete und den nördlich der Loire noch bestehenden Rest römischer Herrschaft rettete. Nach Ägidius' Vergiftung (464) waltete dort, hart im Gedränge zwischen Franken und Westgoten aber thatsächlich unabhängig, sein Sohn Syagrius. Auch der Krieg in Spanien dauerte, durch Stillstände wiederholt unterbrochen, noch unentschieden fort, als Theoderich II. im Jahre 466 durch seinen Bruder Eurich ermordet wurde. Der Anlaß zu diesem blutigen Ende einer ruhmreichen Regierung ist unbekannt. Ohne Frage aber darf Theoderich als der Gründer der künftigen Größe des Westgotenreiches bezeichnet werden, denn er hat demselben mit aller Bestimmtheit die Wege gewiesen, auf denen es zwischen Römern und Germanen zur Stellung einer für beide Ausschlag gebenden Großmacht aufsteigen konnte. Denn eine wahrhaft gebietende Stellung mußte es einnehmen, wenn es im Norden der Pyrenäen einerseits bis zum Atlantischen Ocean und andererseits bis zum Mittelmeer und den Seealpen herrschte, im Süden derselben aber die Völker Spaniens seiner Hoheit beugte und so die kostbarsten westlichen Lande des hinsiechenden Römerreiches in seinem Besitz vereinigte. Auf dieses Ziel hatte zuerst Theoderich II. hingearbeitet. Durch Brudermord auf den Thron gekommen und durch Brudermord mitten aus seinem erfolgreichen Schaffen hinweggerissen, erscheint er selbst in dem Bilde, das ein ausgesprochener Feind seines Volkes, mehr der Äußerlichkeit nach als sein Inneres zu zeichnen befähigt, von ihm entworfen hat, als eine hochbedeutende Persönlichkeit, deren scharf ausgeprägtes Wesen auf einen hochstrebenden und selbständigen Geist und eine unbeugsame Energie des Willens schließen läßt. Ein romanisierter Arverner vornehmer Abkunft, Apollinaris Sidonius, der Schwiegersohn des von dem Westgotenkönig Theoderich eingesetzten und beschützten Kaisers Avitus (S. 301), ein Mann, welcher den Ereignissen seiner Zeit als Verächter der Barbaren gegenüberstand und es nicht verschmerzen konnte, vom Schicksal verdammt zu sein, unter ihnen sein Leben hinbringen zu müssen — er war, wie damals manchem vornehmen Manne weltlichen Standes geschah, im Jahre 471 durch die Erhebung zum Bischof von Clermont geehrt oder versorgt worden und ist als solcher nach dem Jahre 484 gestorben — schildert Theoderich als einen Mann von Mittelgröße, kräftigem und muskulösem Körperbau, breiten Schultern und hochgewölbter Brust, dabei blühendem jugendlichen Aussehen. Seine ernste Haltung spiegelte das ihn erfüllende Gefühl seiner hohen Würde wieder, wenn er auch nicht hochmütig war und sich gelegentlich beim Brettspiel heiter ergehen konnte. Er war vertraut mit der Führung der Waffen und eifrig thätig in der Erfüllung seiner Regentenpflichten. Ihnen waren regelmäßig die frühen Tagesstunden und der Nachmittag gewidmet. Daß er auch dabei seine Leibwache hinter einem Vorhange verborgen in nächster Nähe hatte, abends nur seine Freunde bei sich behielt und die Zugänge des Palastes sorgsam bewachen ließ, möchte man freilich so deuten, als ob er sich alle Zeit bedroht fühlte und auf seiner Hut sein zu müssen gemeint habe. Ahnte er, daß die Blutthat, durch die er sich den Weg zum Thron gebahnt hatte, dereinst doch noch gerächt werden würde?

Ein Gegensatz aber ist zwischen seiner Politik und der, die sein Nachfolger Eurich (466—484) verfolgte, eigentlich nicht erkennbar. Die Motive zu dem Brudermord müssen demnach auf einem anderen Gebiete gelegen haben. Auch in seinem Wesen scheint Eurich, wiederum nach des auch ihm nicht wohlwollenden Apollinaris Sidonius Angaben, Theoderich ähnlich gewesen zu sein, nur kraftvoller noch und feuriger, von größerem Ehrgeiz und daher auch von höherem Wagemut erfüllt. So hat er die von jenem gemachten Anfänge in größerem Maßstabe und mit wachsenden Erfolgen weitergeführt. Begünstigt durch den rasch fortschreitenden Zerfall des weströmischen Reiches, riß er, zeitweise mit den Vandalen verbündet, möglichst viel von dessen Spolien an sich. Als Verbündeter des Arvandus, des römischen Statthalters von Gallien, schlug er im Jahre 470 bei Bourges den Britenfürsten Riothimus, der vor den Angelsachsen auf das Festland hinüber geflüchtet war (S. 303). Dann wandte er sich gegen des Kaisers Avitus Sohn Ecdicius und entriß durch seine Besiegung den Römern das Land von der Loire bis zum Rhone. Zuletzt brach er sogar den verzweifelten Widerstand, der ihm in den schwer zugänglichen Bergen der Auvergne entgegengesetzt wurde (474), und erhielt im Jahre 475 dieses Gebiet von dem ohnmächtigen Kaiser Julius Nepos förmlich abgetreten. Bei der endlichen Auflösung des weströmischen Reiches machte er weiteren Gewinn: durch einen glänzenden Feldzug über die Pyrenäen brachte er den größten Teil Spaniens in seine Gewalt und nötigte selbst die Sueben in Galicien zur Anerkennung seiner Oberhoheit. Heimkehrend bemächtigte er sich dann der Provence, die zuletzt dem nach Dalmatien entwichenen Kaiser Julius Nepos gehorcht hatte. Die reichen Landschaften jenseits des Rhone zwischen dem Meere und der Durance mit Städten von der geschichtlichen Bedeutung wie Arles und der kommerziellen Wichtigkeit wie Marseille, fielen in seine Gewalt. Indem er dadurch den Burgundern den Weg nach dem Mittelmeer verlegte, gewann er nach der anderen Seite hin die unmittelbare Verbindung mit dem stammverwandten Reiche der Ostgoten in dem benachbarten Italien.

Diesem mächtigen territorialen Wachstum des Westgotenreiches unter der kriegerischen Regierung des rastlosen Eurich entsprachen seine fortschreitende Kräftigung und vervollkommnete staatliche Organisation im Inneren, von der freilich auch in diesem Falle eine allmähliche immer weitere Entfernung von dem germanischen Wesen und eine wachsende Annäherung an das Römertum untrennbar waren. Denn das Westgotenreich krankte von Hause aus an denselben, von der Art seiner Entstehung nun einmal untrennbaren Gebrechen, die allen diesen germanischen Staatengebilden anhafteten. Das war einmal, als das augenfälligste, das numerische Mißverhältnis zwischen den herrschenden Westgoten und ihren römischen und romanisierten Unterthanen. Mag auch die Zahl der letzteren unter dem Einfluß der Verwüstungen aller Art, die Menschenalter hindurch über jene Landschaften hinweggegangen waren, gegen früher eine beträchtliche Verminderung erfahren haben: jedenfalls war die halbe Million, welche die der ersteren sicherlich nicht überstiegen hat, ihnen gegenüber immer nur eine verschwindend kleine Minderheit, zumal das herrschende Volk hier ganz ebenso wie in dem benachbarten Ostgotenreich keineswegs gleichmäßig über das Gesamtgebiet verteilt war, sondern in einzelnen Provinzen verhältnismäßig dicht gedrängt saß, in anderen, von den mit Besatzungen belegten festen Plätzen abgesehen, nur ganz vereinzelt vorkam oder ganz unvertreten war. Denn die überwiegende Mehrheit der Westgoten war in dem zuerst besiedelten Aquitanien geblieben. Unter diesen Umständen bedurfte es auch hier zu dauernder Niederhaltung der Unterworfenen eines straffen Regimentes, namentlich rechtzeitiger und energischer Abwehr der geistlichen Prätensionen, welche durch die Selbstüberschätzung der auf ihre Rechtgläubigkeit stolzen Bischöfe den arianischen Herren gegenüber gesteigert wurden. Daß Eurich hier die Rechte seines Königtums kraftvoll vertrat und kirchlichen Übergriffen rücksichtslose und erfolgreiche Abwehr entgegensetzte, die auch nicht davor zurückschreckte, die geistlichen Herren mit gebührender weltlicher Strafe zu treffen, hat ihm nicht bloß den bitteren Haß der katholischen Eiferer vom Schlage des schönrednerischen Bischofs von Clermont, Apollinaris Sidonius (S. 426), eingetragen, sondern die von derselben Seite in Umlauf gesetzte unwahre Behauptung aufgebracht, er sei ein Feind und Verfolger der Katholiken gewesen. Dieselbe wird aber schon dadurch widerlegt, daß Eurich, unbeirrt durch den obwaltenden konfessionellen Gegensatz, sich den Römern in ähnlicher Weise geneigt zeigte wie Theoderich der Große, indem er sich ihrer Bildung und Erfahrung in der Verwaltung bediente und die Träger der wichtigsten Civilämter aus ihren Reihen nahm. Damit lenkte er in richtiger Würdigung der Verhältnisse ebenfalls in die Bahn ein, die allmählich zur Romanisierung seiner Goten führen mußte. Eine Parallele zu dem großen Ostgoten bietet er auch insofern, als er ähnlich wie dieser (S. 323) eine Aufzeichnung des westgotischen Rechtes unter Anlehnung an das römische vornehmen ließ: mit dieser wichtigen Arbeit betraute er den damals auch seiner sonstigen Gelehrsamkeit wegen hochgefeierten Leo von Narbonne.

Zweifellos nahm unter Eurich das westgotische den ersten Platz ein unter den jungen germanischen Reichen. Entsprechend der Eigenart seiner außerordentlich günstigen geographischen Lage hatte es eine geradezu centrale Stellung gewonnen und konnte mit Recht als die Macht bezeichnet werden, die in den großen politischen Konflikten der Zeit inmitten der wechselnden Konfiguration der übrigen Staaten eigentlich den Ausschlag gab. Dem entspricht die wechselnde Stellung, die Eurich zwischen Römern und Germanen eingenommen hat, wie er auch kein Bedenken trug, dem Vandalenreich durch eine Diversion Luft zu machen, als die Gefahr nahe lag, es könnte durch die vereinigte Macht der beiden römischen Reiche erdrückt und dadurch eine totale Verschiebung der Machtverhältnisse zum Nachteil des Germanentums überhaupt herbeigeführt werden. Selbst ein Apollinaris Sidonius muß diese imponierende Stellung des gehaßten Arianerfürsten anerkennen: denn daß eigentlich dieser der Schiedsrichter der römisch-germanischen Welt sei, war ihm klar zur Erkenntnis gekommen, seit er gesehen, wie an den Pforten von Eurichs Palast zu Bordeaux huldigende Gesandtschaften aus aller Herren Ländern sich drängten.

Aber wie in allen diesen auf die Gewalt des Schwertes gegründeten germanischen Eroberungsstaaten, so trat auch hier frühzeitig ein jäher Umschlag ein. Er zeigte, daß auch das rasche Emporkommen der Westgoten weniger das Verdienst eines in selbstbewußter Kraft kühn aufstrebenden Volkstums oder das Werk kriegerisch tüchtiger und politisch geschickter Könige war, als vielmehr das Ergebnis des allgemeinen Zersetzungsprozesses, der die älteren Staaten und die aus ihnen hervorgegangenen Teilstaaten ergriffen hatte, und der daraus entsprungenen heillosen Ohnmacht der den Westgoten benachbarten Reiche. Die Lage änderte sich nämlich sofort zu deren Nachteil, als ihnen auf der einen Seite in dem Frankenreiche Chlodowechs, auf der anderen in dem Ostgotenreiche Theoderichs, das sich bald von der anfangs zum Schein genährten Abhängigkeit von Byzanz löste, mächtige und vergrößerungslustige Nachbarn erstanden. Weder dem gewaltigen Merowinger noch dem edlen Amaler war Eurichs Sohn und Nachfolger Alarich II. (484—507) gewachsen, an kriegerischer Entschlossenheit so wenig wie an feiner politischer Berechnung und ausdauernder Konsequenz. Wohl suchte derselbe im Gefühl der eigenen Schwäche Anlehnung bei dem stammverwandten Ostgoten, dem er, als der Kampf gegen den von den Burgundern unterstützten Odovaker sich bedenklich zu wenden drohte, mit einem Heere Hilfe leistete (S. 317). Aber seit Chlodowech durch Bewältigung des Syagrius Herr des ganzen nördlichen Gallien geworden war, war die Ausbreitung der fränkischen Herrschaft auch weiter nach Süden nur noch eine Frage der Zeit. Hatte das Frankenreich doch für die römischen Unterthanen Alarichs II. schon aus religiösen Gründen eine unwiderstehliche Anziehungskraft. Es war aber sicherlich ein sehr verkehrter Weg, wenn Alarich II. die so von außen und innen drohenden Gefahren zu beschwören dachte, indem er des Chlodowech Gunst durch unterwürfige Dienstwilligkeit zu gewinnen trachtete, seine römischen Unterthanen aber durch immer größere Zugeständnisse an ihren anspruchsvollen Klerus mit seiner Regierung zu versöhnen und dieser dadurch Dauer zu erkaufen suchte. So hatte er den zu ihm geflohenen Syagrius dem Frankenkönige und damit dem sicheren Tode ausgeliefert und stärkte daheim eben die Partei, welche die endliche Beseitigung der Ketzerherrschaft als ein Gott wohlgefälliges Werk unausgesetzt im Auge behielt. Auch die Alemannen ließ er ohne Hilfe und ermöglichte dem Frankenkönig so eine neue Stärkung seiner gefährlichen Macht.

Unter solchen Umständen konnte Alarich eigentlich als verloren gelten, noch ehe der entscheidende Waffengang begonnen hatte. Denn als Chlodowech als Vorkämpfer des rechten Glaubens den Zug unter dem lauten Beifall der fränkischen Bischöfe antrat, waren auch die katholischen Unterthanen des Westgotenkönigs mit ihren Sympathien bei dem Landesfeinde. So stand Alarichs II. Hoffnung auf die rechtzeitige Hilfe des mächtigen Ostgotenkönigs. Sie zu erwarten wich er vor dem doppelten Angriff, mit dem ihn Chlodowech von Norden und die ihm verbündeten Burgunder (S. 419) von Osten her trafen, nach Süden aus, indem er sich bis Poitiers zurückzog. Dort verschanzte er sich in einem festen Lager. Als aber seine Westgoten nun sehen mußten, wie die Feinde sich unter Raub und Gewaltthat jeder Art weithin über das reiche Land ergossen, von der ersehnten Ankunft der Ostgoten jedoch noch immer nichts zu vernehmen war, da drangen sie ungeduldig in den König und verlangten, daß er dem nicht länger unthätig zuschauen, sondern durch eine Feldschlacht ein Ende machen möge. So kam es auf den Vocladischen Feldern, nicht fern von Poitiers, zum Kampf, in dem das Ungestüm der von Glaubensmut erhitzten Franken die Westgoten alsbald überrannte und zur Flucht nötigte. Alarich II. suchte und fand den Tod. In den Augen der Rechtgläubigen war damit ein neues Gottesurteil gegen die arianische Ketzerei ergangen, — eine Auffassung, die auch die geschichtliche Überlieferung stark beeinflußt und mit legendarischen Elementen durchsetzt hat. Daß auch die Römer des Westgotenreiches so dachten, geht aus der Leichtigkeit hervor, mit der Chlodowech nach dieser einen siegreichen Schlacht fast ganz Aquitanien in seine Gewalt brachte. Selbst Toulouse und Bordeaux fielen ihm zu.

Dennoch war der Krieg damit noch nicht beendigt. Verzweifelt genug stand es freilich um die Sache der Westgoten. Denn Alarich II. hinterließ aus der Ehe mit des großen Theoderich Tochter nur einen, erst fünf Jahre alten Sohn Amalarich. Deshalb erhob die Partei des nationalen Widerstandes einen älteren Sohn des Gefallenen, den er mit einer Nebenfrau gezeugt hatte, Gesalich, obgleich man sicher war, es dadurch mit Theoderich zu verderben. Demgemäß trat denn auch eine Partei für den jungen Amalarich ein. In dem denkbar kritischsten Moment wurde das Westgotenvolk also noch in zwei Parteien zerrissen. Dennoch blieben seine Anstrengungen nicht erfolglos. Es gelang den Franken nicht, das Land vollends zu bewältigen. Aber sie ganz zurückzudrängen konnte man doch nur mit ostgotischer Hilfe hoffen. Diese jedoch war ausgeschlossen, solange der Usurpator Gesalich die Krone behauptete. So wich dieser endlich von dem unhaltbar gewordenen Posten und flüchtete nach Spanien. Inzwischen belagerten die Franken mit äußerster Anstrengung das feste Carcassonne, eine der gewaltigsten Burgen in den nördlichen Vorbergen der Pyrenäen, die schon zur Zeit der römischen Herrschaft Bedeutung gehabt hatte, und lagen dann über ein Jahr vor Arles, ohne dessen Verteidiger bewältigen zu können. Da endlich, im Winter des Jahres 509 auf das Jahr 510, erschien die langersehnte ostgotische Hilfe, schlug das vereinigte fränkisch-burgundische Heer, nötigte es zur Aufhebung der Belagerung von Arles und gewann die verlorenen südlichen Landschaften zurück, während das Gebiet im Norden der Garonne nebst einzelnen Strecken südlich davon den Franken als Beute überlassen werden mußte.

Dieser Ausgang des Krieges ist charakteristisch. Er zeigt, wie der große Ostgote nichts weniger als selbstlos war, sondern schließlich kein Bedenken trug, die mit seinem Schwager Chlodowech entstandenen ernsten Schwierigkeiten dadurch endgültig zu lösen, daß er das Westgotenreich mit ihm teilte. Denn darauf lief die zunächst durchgeführte Ordnung thatsächlich hinaus, und zwar war aller Vorteil dabei auf Theoderichs Seite. Sein Heer machte nämlich in Spanien dem Königtum Gesalichs ein Ende. Die Regierung aber übernahm dort für den unmündigen Amalarich der von Theoderich bestellte Graf Theudis. Wie sehr Theoderich damit thatsächlich Herr des Westgotenreiches geworden war und nicht einmal den Schein einer Herrschaft seines Enkels zu wahren für nötig hielt, geht daraus hervor, daß auch dort jetzt in öffentlichen Urkunden nach Jahren seiner Regierung gerechnet wurde. Zudem mußte ihm Tribut gezahlt werden; den Königsschatz aber hatte er sich gar nach Ravenna ausliefern lassen. Über das Land verteilte Besatzungen hielten alles in Gehorsam.

Erst mit Theoderichs Tod trat darin eine Änderung ein. Zwar blieb das Land westlich vom Rhone dauernd mit dem Westgotenreiche vereinigt. Dort bildete nordwärts die Durance dessen Grenze gegen Burgund. Über den den Westgoten verbliebenen Teil Südgalliens aber, Septimanien, und über Spanien, das nun ihr Hauptland wurde, sollte der junge Amalarich als König herrschen. Seine Stellung war jedoch von Anfang an gefährdet. Im Süden der Pyrenäen nämlich scheint die Macht auch fernerhin in der Hand Theudis' gelegen zu haben, der eine reiche Eingeborene geheiratet und sich mit einer stattlichen Leibwache umgeben hatte. Der Besitz Septimaniens aber war dauernd durch die fränkischen Nachbarn bedroht. Vielleicht um sich nach dieser Seite hin zu sichern, heiratete Amalarich Chlodowechs Tochter Klotilde. Die Ehe wurde sein Verhängnis. Weil er seine Gemahlin mit Gewalt zum Arianismus bekehren wollte, geriet er mit deren Bruder Childebert in Konflikt, der ihn besiegte und die Schwester in die Heimat zurückführte. Unterwegs soll sie den von dem fanatischen Gatten erfahrenen Mißhandlungen erlegen sein. Amalarich hat bald danach ein unbekanntes Ende gefunden, ohne einen Erben zu hinterlassen. Das Königtum war erloschen, die Stellung der Westgoten im Norden der Pyrenäen vollends erschüttert, und hinfort kam Spanien allein als der eigentliche Sitz des Reiches in Betracht.

Dort gewann unter diesen Umständen jetzt der mächtige Theudis förmlich die Herrschaft. Obgleich der Mitschuld an Amalarichs Tod verdächtig, wurde er, offenbar entsprechend der Ordnung, die thatsächlich seit Jahren bestanden hatte, von den Großen zum König erhoben. Doch war er vom Glück nicht begünstigt. In Septimanien entbrannte der Krieg mit den Franken von neuem, die dabei sogar (543) siegreich in das nördliche Spanien eindrangen. Sein Versuch, den Ostgoten Italiens durch eine Diversion nach Nordafrika Luft zu machen, zog ihm bei Ceuta eine empfindliche Niederlage zu (545). Und welche Zerrüttung damit über das Land hereinbrach, beweist die Thatsache, daß auch seine beiden Nachfolger vorzeitig eines gewaltsamen Todes starben. Augenscheinlich hat die Rückkehr zu der altüblichen Königswahl, die mit Theudis' Erhebung erfolgt war, ohne daß ein zur Krone nächstberechtigtes Geschlecht vorhanden gewesen wäre, dem Machtstreben ehrgeiziger Emporkömmlinge und damit leidenschaftlichem Parteistreit freie Bahn gegeben, und der fränkische Geschichtschreiber Gregor von Tours irrt nicht allzuweit von der Wahrheit ab, wenn er von jener Zeit urteilt, die Goten hätten damals die abscheuliche Gewohnheit angenommen gehabt, ihnen mißfallende Könige mit dem Schwert zu beseitigen und auf den Thron zu erheben, wer ihnen gerade nach dem Sinn war. Natürlich suchten die so zur Herrschaft Gelangten sich ihrerseits auch durch die bedenklichsten Mittel im Besitz der Gewalt zu behaupten und forderten dadurch auch die Gegner zu ähnlichem Vorgehen heraus. So fiel Theudis' Nachfolger Theudegisel nach kaum anderthalbjähriger Herrschaft als Opfer einer Verschwörung (549), und gegen den an seine Stelle gesetzten Agila (549—554) erhob sich Athanagild, der die Byzantiner zu Hilfe rief. Wirklich erschien auch ein byzantinisches Heer unter dem Patricius Liberius in Spanien und bemächtigte sich einer Anzahl von festen Plätzen an der Küste. Es schien, als ob, wie erst die Vandalen und dann die Ostgoten, nun auch die Westgoten durch innere Zwietracht der Reunionspolitik Justinians verblendet in die Hand arbeiten wollten, um Spanien das Schicksal zu bereiten, dem Nordafrika verfallen und Italien eben zu erliegen im Begriff war.

Kam es nun auch zwar nicht zu diesem Äußersten, so hat Athanagild, als er nach längerem Bürgerkrieg und Agilas Ermordung allgemein anerkannt und dadurch die gefährdete Einheit des Westgotenvolkes endlich wiederhergestellt war, sich doch vergeblich bemüht, die Byzantiner aus der Stellung, die sie an der spanischen Küste gewonnen hatten, wieder zu verdrängen. Eine Anzahl von wichtigen Städten mußte er in ihrer Gewalt lassen. Dagegen verdankte er der erneuten Befreundung mit den Franken, bei denen seine Töchter Brunichild und

Gailswinth mit den Königen Sigebert und Chilperich den Thron und auch den katholischen Glauben teilten, die größere Sicherheit der Gebiete, die seinem Volke im Norden der Pyrenäen noch verblieben waren. Doch scheint dort das Gefühl der Zusammengehörigkeit mit dem Lande im Süden der Pyrenäen bereits im Erlöschen gewesen zu sein, namentlich seit infolge der wiederholten fränkischen Einfälle viele von den bisher dort seßhaften Westgoten ebenfalls nach Spanien gezogen waren. Solange Barcelona, von wo aus Theudis regiert hatte, Hauptstadt gewesen war, hatte sich ein solches Sonderstreben weniger geltend machen können. Seit aber Athanagild seinen Herrschersitz in das Innere Spaniens nach Toledo, das der es umfließende Tajo zu einer starken natürlichen Festung machte, verlegt hatte, lockerte sich die Verbindung mit jenem nördlichen Vorland mehr und mehr, und als Athanagild starb, erhoben die septimanischen Großen ihren Herzog Leova, während die Westgoten Spaniens dessen jüngeren Bruder Leovigild zum König machten. Obgleich dieser durch die Ehe mit Athanagilds Witwe seinen Anhang zu stärken suchte, dauerte die Zweiteilung des Reiches doch fort und ermöglichte einerseits den Byzantinern sich im Süden auszudehnen und andererseits den Großen des Reiches ihre Macht auf Kosten des Königtums zu erweitern. Dabei wandten sich auch hier die Sympathien der katholischen Römer von den arianischen Goten immer entschiedener den orthodoxen Franken zu, während im Süden von vielen die byzantinische Herrschaft aus dem gleichen Grunde der westgotischen vorgezogen wurde. Erst der Tod Leovas (572) und die Vereinigung des ganzen Reiches in Leovigilds Hand gaben die Möglichkeit, diesen von innen und außen drohenden Gefahren kraftvoll und in der Hauptsache erfolgreich entgegenzutreten.

Dadurch wurde Leovigild (567—586) der Neubegründer des Westgotenreiches. In einem mit schonungsloser Gewalt geführten Kriege entriß er den Süden der Halbinsel den Byzantinern, die Cordova zum Centrum ihrer Stellung gemacht und das Land bis zur Sierra Morena sich unterworfen hatten. Dann beugte er die aufständischen Großen der nördlichen Landschaften seiner Herrschaft und übte an den schuldigen Führern unbarmherzig blutige Vergeltung (574—576). Erst jetzt scheinen Aragonien und Cantabrien fest in den Verband des Reiches eingefügt zu sein. Dort führte er eine neue prunkvoll angelegte Stadt auf, seinem Sohn Reccared zu Ehren Recapolis genannt, deren starke Befestigungen zugleich bestimmt waren, das Land in Gehorsam zu halten. Eine Folge dieser Kämpfe war dann weiter ein siegreicher Krieg gegen die Sueben (576), deren König Miro den Rebellen Vorschub geleistet hatte. Solche Erfolge nach außen änderten auch Leovigilds Stellung zu seinem Volke und gaben dem westgotischen Königtum eine ganz neue Grundlage, die zu sichern und auszubauen ihm freilich jedes Mittel recht war. Die Macht der alten fürstlichen Geschlechter wurde durch eine unbarmherzige Verfolgung gebrochen. Leovigild tötete, so wird berichtet, alle, die sich gewöhnt hatten, Könige zu ermorden: nicht einen von ihrem Mannsstamme ließ er leben. Die Macht des westgotischen Adels ist von ihm auf lange Zeit völlig gebrochen und Raum gemacht worden für ein starkes Königtum, das ungehindert durch eine konkurrierende Aristokratie sich unmittelbar auf der großen Masse des wehrhaften Volkes aufbaute, als die von ihr gewollte Verkörperung des Staatsganzen erschien und sich dadurch stark und Herr der Mittel des Landes wußte. So wurde durch Leovigild dem westgotischen Königtum im Gegensatz zu seinem ursprünglichen germanischen Wesen ein entschieden römischer Zug aufgeprägt. Demgemäß umgab Leovigild sich denn auch äußerlich mit den entsprechenden Abzeichen dieser andersgearteten Würde. Im königlichen Schmuck saß er auf dem Thron: so stellten ihn hinfort auch die Münzen dar, die er nun schlagen ließ, während man sich bisher der nach römischem Vorbild geprägten bedient hatte. Er sammelte einen Staatsschatz an, der ebenfalls nach dem Vorbild der Kaiser außer durch den Ertrag der Steuern namentlich durch Güterkonfiskation gefüllt wurde. Auch als Gesetzgeber war er thätig, indem er die von Eurich (S. 428) veranlaßte Aufzeichnung des westgotischen Volksrechtes durch die Entfernung veralteter Bestimmungen den veränderten Zeitverhältnissen anpassen ließ. Von dem allgemeinen Aufschwung, den nach einem Menschenalter innerer Zerrüttung das Westgotenreich unter ihm nahm, legt endlich auch die Steigerung Zeugnis ab, die das geistige Leben erfuhr. Sie wurde namentlich auch in besseren Leistungen der Geschichtschreibung erkennbar. Damals setzte Johannes von Biclaro, ein in Konstantinopel gebildeter Gote, der im Jahre 586 das Kloster am Fuße der Pyrenäen gegründet, nach dem er genannt war, und im Jahre 591 Bischof von Gerona wurde, die schon von verschiedenen älteren Bearbeitern weitergeführte Chronik des Prosper bis zum Jahre 590 fort und empfing Isidor seine Bildung, der Sohn eines Provinzialen aus der Gegend von Carthagena, der seinem Bruder Leander auf dem bischöflichen Stuhl von Sevilla folgte und im Jahre 636 starb, ein Mann, der das gelehrte Wissen seiner Zeit beherrschte und in einer Art von großer Encyklopädie (den zwanzig Büchern Origines oder Etymologiae) übersichtlich zusammenfaßte und dadurch bei den beschränkten Hilfsmitteln jener Zeit auf den Betrieb dieser Studien auch noch bei den folgenden Generationen einen nachhaltigen Einfluß ausübte. Als Teil nahm er darin auch seine bereits früher geschriebene Chronik auf, worin er einer von Augustin gegebenen Anregung folgend, die gesamte Geschichte bis auf seine Zeit in sechs, den sechs Schöpfungstagen entsprechende Zeitalter gegliedert übersichtlich dargestellt hatte, trotz der natürlich knappen Fassung voll lebhaften Gefühls für sein Land und das Volk der Westgoten, an denen er bei der Schilderung ihrer großen Anfänge unter Alarich namentlich ihre Milde und Menschenfreundlichkeit rühmte.

1 2

Zwei Münzen von König Leovigild.

1. Umschrift der Vorderseite: † **LEOVIGILDVS RE**, das Kreuz, das den Anfang der Umschrift bezeichnet, gilt zugleich für das **X** von **REX**. Umschrift der Kehrseite: † **RODAS II IVSTVS**. Auf beiden Seiten Brustbilder, die den König und den Thronfolger darstellen werden. Das Beiwort Justus steht hier, wie das Beiwort fast immer auf den westgotischen Münzen, nach dem Namen der Stadt, wo die Münze geprägt ist: Rhoda in der westgotischen Provinz Tarraconensis, jetzt Rosas. 2. Münze aus einer anderen Prägstätte. — Diese Münzen sind das Drittel eines römischen Solidus; sie gehören zu den rohesten aller Münzen, der Typus ist aber ein originaler, keine Kopie gleichzeitiger römischer Münzen. Gold. Originalgröße. Berlin, Königl. Münzkabinett.

Aber trotz all dieser Erfolge und des durch sie herbeigeführten neuen Erblühens seines Reiches sollte Leovigild sein Lebenswerk noch einmal schwer gefährdet sehen. Die leidigen konfessionellen Gegensätze und mit ihnen sich unheil=

voll verquickende Streitigkeiten in dem königlichen Hause selbst drohten ihm verhängnisvoll zu werden. Seit nämlich die Westgoten ringsum von eifrigen Anhängern der Orthodoxie umgeben waren, verschärfte sich auch in ihrem Reiche die Feindschaft zwischen diesen und den arianischen Goten. Bereits Athanagild hatte manchen für einen geheimen Katholiken gegolten. Um so eifriger bekämpften daher die Anhänger des staatlich bisher allein anerkannten Arianismus alle Neigungen zum Katholicismus, die sich in ihren Kreisen zeigten. So büßte denn auch die fränkische Prinzessin Ingunthis, die Tochter Sigeberts von Austrasien und Brunichilds, die Leovigild mit einer glänzenden Ausstattung seinem erstgeborenen Sohne Hermenigild zur Gattin gewonnen hatte, ihre Anhänglichkeit an den katholischen Glauben und ihre standhafte Weigerung, sich nach arianischem Ritus taufen zu lassen, mit harter Verfolgung und unwürdiger Mißhandlung. Dieser Glaubensstreit im königlichen Hause selbst entflammte den religiösen Eifer beider Parteien von neuem. Leovigild ließ durch eine in Toledo gehaltene Synode Beschlüsse fassen, welche den Übertritt vom katholischen zum arianischen Bekenntnis erleichtern sollten. Es begann zu gunsten des letzteren eine energische Propaganda, die, wo sie auf Widerstand stieß, sich alsbald zur Verfolgung steigerte. Inzwischen jedoch war es der Dulderin Ingunthis gelungen, ihren Gemahl vielmehr für ihr Bekenntnis zu gewinnen. Aber ein so mächtiger Faktor in jenen Zeiten der religiöse Eifer gewesen sein mag — daß Hermenigild einzig und allein von ihm getrieben gewesen sein sollte, als er sich plötzlich von Sevilla aus, wo er Hof hielt, in offenem Aufruhr gewaffnet gegen den Vater erhob und mit den Byzantinern an der Südküste, den Sueben im Norden und mit den früher niedergerungenen Rebellen im Lande selbst zu gemeinschaftlichem Ansturm gegen dessen Thron verband, wird man füglich doch nicht annehmen können. Ein so außerordentlicher Vorgang wird noch besondere Anlässe von größerer und allgemeinerer Bedeutung gehabt haben. Es ist doch beachtenswert, daß auch die Hermenigild verschwägerten Frankenkönige alsbald bereit waren, ihm gegen den Vater Hilfe zu leisten und so die eigene Macht mühelos zu mehren. Aber welche persönlichen und politischen Motive bei Hermenigild neben dem religiösen wirksam waren, wissen wir nicht.

Münze vom Könige Hermenigild.
Gold. Originalgröße.
Berlin, Königl. Münzkabinett.

Mit verdoppelter Strenge schritt Leovigild nun gegen die sich sträubenden Katholiken ein. Eine grausame Verfolgung sollte sie mit blutigem Schrecken dem arianischen Bekenntnis zuführen. So furchtbar traf er im Jahre 583 die Basken, daß viele von ihnen als Flüchtlinge die alte Heimat verließen und sich im Norden der Pyrenäen ansiedelten, in dem nun nach ihnen benannten Wasconien, der Gascogne. In dem verlassenen Gebiet gründete der König zur Erinnerung an seinen Sieg und als Zwingburg die feste Stadt Victoria. Danach warf er in gewaltigem Ansturm die Sueben nieder und nötigte ihren König Miro, der den in Sevilla belagerten Hermenigild vergeblich zu entsetzen versucht hatte, ihn als Oberherrn anzuerkennen. Dann erstürmte er das ausgehungerte Sevilla und brachte so den Herd des Aufruhrs in seine Gewalt. Hermenigild entkam zwar nach

Cordoba und setzte dort den Widerstand fort, wurde aber schließlich ebenfalls zur Übergabe genötigt, da ihn seine byzantinischen Verbündeten ohne die verheißene Hilfe ließen. Als Gefangener wurde er nach Valencia gebracht. Da er es ablehnte, durch Rückkehr zum arianischen Glauben sein Leben zu retten und Verzeihung zu erkaufen, endete er im Jahre 585 in Taragona unter dem Beil des Henkers. Seine unglückliche Gattin Ingunthis und ein Knabe, den sie ihm geschenkt, verkamen elend in byzantinischer Gefangenschaft. Schließlich hatte Leovigild noch einmal mit den Sueben zu kämpfen. Ein ausgebrochener Thronstreit half ihm zu durchgreifenderem Erfolge als früher, so daß er das gefährliche Nachbarreich im Jahre 584 zur Provinz machen konnte. Auch einen Angriff, mit dem ihn die Franken und Burgunder zu Lande in Septimanien und zur See in Galicien heimsuchten, sah er durch seinen Sohn Reccared glücklich abgewehrt.

So war Leovigild, ein Herrscher von erstaunlicher Thätigkeit und eiserner Thatkraft, aller Schwierigkeiten und Gefahren glücklich Herr geworden: er ist der eigentliche Schöpfer des Westgotenreiches in Spanien, dem dort für seine fernere Entwickelung wesentlich andere und günstigere Bedingungen gegeben waren als dereinst im südlichen Gallien. Schon durch seine geographische Gestaltung leichter einheitlich fest zusammenzuhalten, war dieses Land auch bei jedem Angriff von außen her zu erfolgreicher Abwehr besonders befähigt. Andererseits aber hatte Hermenigilds Aufstand gezeigt, welche Gefahren auch unter den jetzt gegebenen günstigeren Verhältnissen die konfessionelle Spaltung seiner Unterthanen, der gotischen sowohl wie der römischen, dem erneuten und so wesentlich verstärkten westgotischen Königtum bereiten konnte. Ringsum war die katholische Orthodoxie in siegreichem Vordringen begriffen: daß man sich ihrer auch hier nicht dauernd werde erwehren können, war zweifellos, seit sie in dem neuen Königshause selbst Anhänger zu gewinnen angefangen hatte. Zudem drohten diese Glaubensstreitigkeiten auch den auswärtigen Feinden immer neue Handhaben zur Einmischung und zur Vergrößerung auf Kosten der Westgoten darzubieten, während der Übertritt zum katholischen Bekenntnis dem Königtum in der begüterten und einflußreichen Geistlichkeit eine mächtige Bundesgenossin zu gewinnen verhieß und die stärksten geistigen und sittlichen Impulse, die sich z. B. im Frankenreiche ja auch in politischer Hinsicht nach innen und außen so außerordentlich wirksam erwiesen, zu seiner Verfügung stellte. Wie die Dinge sich damals gestaltet hatten, hätte im Arianismus verharren nichts anderes geheißen, als sich einer mächtigen Zeitströmung, die eben damals die ihr bisher entgegenstehenden Hindernisse überall überwand, in gefährlichem Eigensinn entgegenstemmen. So erscheint der Übertritt zur katholischen Lehre als die notwendige Konsequenz aus der bisherigen Entwickelung des Westgotenreiches: sie ist von Leovigilds jüngerem Sohn und Nachfolger, Reccared, vollzogen, damit zugleich aber auch die weitere Entnationalisierung der Westgoten, der Sieg des Romanismus über ihr schon vielfach untergrabenes Germanentum entschieden worden.

Um dieselbe Zeit wie bei den Westgoten triumphierte die von der römischen Kirche vertretene athanasianische Orthodoxie auch bei den zu Herren Oberitaliens gewordenen Langobarden, deren Reich durch die centrale Stellung, die es einnahm, und durch seine wechselnden Beziehungen zu dem zum geistigen Mittelpunkte der romanisch-germanischen Welt gewordenen römischen Bistum schnell zu großer Bedeutung gelangte und in den Brennpunkt der weiteren Entwickelung trat, um dann ebenfalls in das zum abendländischen Weltreich erwachsende karolingische Frankenreich einzumünden. Aber auch schon in seinen Anfängen bietet das Reich der Langobarden ein besonderes Interesse, insofern kaum ein anderes germanisches Volk die den Römern so schreckhaft befremdliche barbarische Wildheit so lange und, wie man beinahe sagen könnte, mit so bewußter Absicht festgehalten und noch bei der Gründung und ersten Einrichtung seines Staates alle Eigenschaften eines kriegerischen Erobervolkes hat vorwalten lassen, so daß hier der Prozeß der Romanisierung erst verhältnismäßig spät einsetzte.

Von keinem germanischen Stamm ist uns die sagenumwobene Vorgeschichte so eingehend bekannt wie von den Langobarden. Denn bei keinem von ihnen allen hatten Krieg und Wanderung so lange und so ausschließlich den einzigen Inhalt des Volkslebens gebildet wie bei ihnen. Nirgends hat daher auch der daraus entspringende epische Ton die Überlieferung in dem gleichen Maße beherrscht: bis zu ihrer endlichen Niederlassung in Italien löst sich die langobardische Geschichte eigentlich auf in eine lange Reihe von Heldengedichten, in denen oft nur ein sehr dürftiger historischer Kern enthalten ist. Denn was in der Zeit Karls des Großen der langobardische Mönch Paulus Diakonus als Geschichte seines Volkes, das eben damals dem gewaltigen Bau des fränkischen Reiches eingefügt war, aufgezeichnet hat, giebt, wie das unter den zu jener Zeit obwaltenden Umständen so nahe lag und sogar als besonders verdienstlich erscheinen mußte, in naiver Freude an der Fülle des von den Vorfahren entfalteten Heldentums getreulich das Bild wieder, das die Langobarden selbst sich damals von den Anfängen und dem glorreichen Aufsteigen ihres nun der politischen Selbständigkeit beraubten Volkstums machten. Historisch ist darin der Grundzug, der dasselbe kennzeichnet, nämlich die ungewöhnlich kriegerische Natur, worin die Langobarden auch nach anderen, wohlbeglaubigten Zeugnissen allen Germanen thatsächlich vorangestanden haben.

Schon Tacitus meldet von ihnen, ihr Ruhm sei ihre geringe Anzahl gewesen: rings umgeben von vielen mächtigen Stämmen, suchten sie Sicherheit zu gewinnen nicht durch Unterwürfigkeit, sondern durch Kampf und Krieg, und noch Vellejus Paterculus bezeichnet sie als wilder denn wilde Germanen. Dieser Charakter offenbart sich auch in der langobardischen Volkssage, welche das kampffrohe Volk nicht selten als den Liebling und besonderen Schützling Wotans erscheinen läßt: er soll ihnen, die ursprünglich Winiler hießen, den Namen Langbärte gegeben haben, als sie, von den Vandalen zum Kampf herausgefordert, auf Anraten seiner Gemahlin Freia die Gegner über ihre geringe Zahl zu täuschen, ihre Weiber mit ausziehen und ihre langen Haare wie Bärte ins Gesicht hängen ließen. Auch daß ihre Heimat ursprünglich im hohen Norden gewesen sei, ist Erfindung späterer Zeit. Vielmehr finden wir sie sicher beglaubigt zuerst zu beiden Seiten der unteren Elbe angesiedelt, wo noch späterhin Namen wie Bardengau und Bardewiek die Erinnerung an sie erhielten (S. 86). Das erklärt sich wohl daraus, daß ein Teil des Stammes dauernd in jenen Sitzen geblieben und dort allmählich in den neu entstehenden Stamm der Sachsen (S. 155) aufgegangen ist. Ob der Namen unter diesen Umständen mit der als Hauptwaffe von ihnen geführten Hieblanze — das Wort ist auch in dem späteren Hellebarde enthalten — in Verbindung gebracht werden kann, wie man es hat thun wollen, erscheint zweifelhaft. Träger der einstigen Größe des Volkes aber wurde derjenige Teil desselben, der aus den Sitzen an der Elbe auswanderte. Den Anlaß dazu kennen wir nicht. Von Übervölkerung und durch sie erzeugtem Mangel kann jedenfalls hier nicht gesprochen werden, da im Vergleich zu anderen Stämmen die numerische Schwäche der Langobarden hervorgehoben wird. Zeitweise ist sie so arg und gefährlich für die Erhaltung des Volkes gewesen, daß zur Ergänzung desselben Unfreie in größerer Menge aufgenommen wurden. Zeit und Weg der langobardischen Wanderung nach dem Süden sind nicht genauer bestimmbar. Denn in den Langobarden, die zur Zeit des Markomannenkrieges an der Donau erschienen, wird man füglich nicht ein wanderndes Volk, sondern nur eine auf Raub und Abenteuer ausgezogene Streifschar sehen dürfen. Erst später wird die Hauptmasse sich südwärts nach der Mark Brandenburg vorgeschoben und weiterhin Böhmen zeitweilig inne gehabt haben. Zu Ende des fünften Jahrhunderts nahmen sie dann den bisher von den Rugiern inne gehabten Platz an der mittleren Donau ein, um den Strom abwärts nach den weiten Ebenen zu ziehen, die sich an Donau und Theiß ausbreiteten. Dort haben sie namentlich mit den ihnen nun benachbarten Herulern zu kämpfen gehabt. Die Einzelheiten, die von diesem mit der größten Erbitterung geführten Volkskrieg und seinen Wechselfällen erzählt werden, gehören durchaus der Sage an. Geschichtlich sicher aber ist, daß die Heruler schließlich fast aufgerieben wurden: was von ihnen die Niederlage überlebte, wuchs mit den benachbarten und stammverwandten Gepiden zu einem Volke zusammen. Jedenfalls hat das Langobardenreich an der Donau damals eine bedeutende Macht besessen und inmitten der sich dort noch drängenden Germanen eine gebietende Stellung eingenommen. Die Überlieferung knüpft diese erste Glanzzeit an den Namen des Königs Wacho, der als geschichtliche Persönlichkeit nicht in Zweifel zu ziehen ist.

Offenbar hat die aufkommende langobardische Macht auch die Besorgnis des byzantinischen Hofes erregt. Derselbe hat sich ihrer gelegentlich zu seinen Zwecken zu bedienen versucht. Namentlich gelang es ihm, sie zur Zeit des Krieges gegen die Ostgoten auf seine Seite herüber zu ziehen, so daß Witichis' Bitte um Hilfe gegen Justinian abgewiesen wurde. Später stellten sie dem Kaiser aber bedeutende Hilfstruppen, die des Narses Heer verstärkten und zur Überwindung der Ostgoten entscheidend beigetragen zu haben scheinen. Denn seit sie im Jahre 548 unter König Audoin Herren Pannoniens geworden waren, ohne daß Justinian einen ernstlichen Versuch gemacht hätte, ihnen dasselbe streitig zu machen, waren die Langobarden in einen erbitterten Krieg mit den Gepiden verwickelt, zu dem der Kaiser, der am liebsten die beiden unbequemen Nachbarvölker vernichtet gesehen hätte, eine wechselnde und nicht recht klare Stellung einnahm. Mehrfach durch Frieden und Stillstände unterbrochen hat derselbe im ganzen etwa ein Menschenalter gedauert. Mit ihm endet gewissermaßen das Heroenzeitalter der Langobarden, deren nationale Sage gerade diesen Kampf, bei dem es sich wirklich um ihre Existenz gehandelt zu haben scheint, mit unverkennbarer Vorliebe zum Gegenstand reichster epischer Ausschmückung gemacht hat. Als Held ist in ihren Mittelpunkt der Mann gestellt, der dann gleich danach der Stifter des Langobardenreiches in Italien wurde, Alboin, der Sohn des Königs Audoin. Natürlich werden dabei die nationalen und politischen Motive, die thatsächlich zu dem leidenschaftlichen Zusammenstoß führten, durch persönliche Gegensätze ersetzt und wird auch der Liebesleidenschaft eine entsprechend bedeutende Rolle angewiesen. Die Entführung Rosamundes, der Tochter des Gepidenkönigs Kunimund, an die Alboin bei dem gefährlichen Wagnis eines heimlichen Besuches an dem tödlich verfeindeten Hofe sein Herz verloren haben soll, wird da zum Anlaß für den Wiederausbruch des Krieges gemacht. Thatsache aber ist es, daß die Langobarden hart ins Gedränge gerieten, als Justin II. seines großen Vorgängers zweideutig zuwartende Haltung aufgab und offen die Partei der Gepiden ergriff. Da warben die Langobarden die Hilfe der Avaren, eines wilden Reitervolkes, das in den weiten Ebenen östlich vom Pruth seßhaft geworden war. Teuer freilich mußten sie dessen Beistand bezahlen — ein Beweis, daß die Lage der Langobarden damals wirklich eine verzweifelte gewesen sein muß. Nicht bloß die Hälfte der Beute, sondern auch das ganze Land der Gepiden und obenein noch den zehnten Teil des eigenen Besitzes an Vieh mußten sie den Bundesgenossen zusagen. Von der einen Seite durch die Langobarden unter des wilden Alboin verwegener Führung angegriffen, von der anderen durch die verwüstend einbrechenden Reitergeschwader der Avaren gefaßt, erlagen die Gepiden trotz verzweifelter Gegenwehr der feindlichen Übermacht. In der Entscheidungsschlacht soll ihr König Kunimund von Alboin selbst getötet worden sein. Der Name Gepiden verschwindet hinfort aus der Reihe der Völker.

Das Ergebnis des Kampfes, der im Jahre 567 zu Ende ging, war für die Langobarden zum mindesten fragwürdig. Einen bittergehaßten und höchst unbequemen Feind waren sie freilich losgeworden. Aber in den Avaren, denen der größte Teil des bisher von den Gepiden inne gehabten Landes zufiel, hatten sie noch viel gefährlichere Nachbarn erhalten. Befriedigt konnte man allein in Konstantinopel sein. Der Gepiden entledigt, sah man die dem Reiche so lange so unheilvollen Avaren nach der anderen Seite hin abgelenkt. Von dem ihnen überlassenen Pannonien aus wurden sie nun ihren bisherigen Verbündeten, den Langobarden, sehr unbequeme Nachbarn, und es scheint, daß die Unmöglichkeit, sich ihrer erfolgreich zu erwehren, bei diesen den Ausschlag gab für den bald danach gefaßten Entschluß, die bisherigen Sitze zu verlassen und weiter südwärts zu ziehen. Zudem kann gerade das Land, dessen Herren sie durch ihre letzte Bewegung geworden waren, wenig Lockendes geboten haben. War es doch seit länger als einem Jahrhundert der Tummelplatz aller möglichen Völkerschaften gewesen, die dort immer nur kurze Zeit gesessen und es daher ohne Rücksicht auf seine Zukunft und die späteren Einwohner möglichst ausgebeutet und infolgedessen wirtschaftlich ganz heruntergebracht hatten. Um so lockender mußte den Langobarden das sonnige und noch immer verhältnismäßig wohlhabende Land erscheinen, das sie jenseits der ihr Gebiet südwärts begrenzenden Berge wußten und von dessen Herrlichkeiten mancher Stammgenosse zu erzählen wußte, der als Söldner dorthin verschlagen war und unter Narses die Ostgoten bewältigen geholfen hatte.

Nun scheint damals auch zu ihnen die Kunde gedrungen zu sein, daß der Besieger des Totilas und des Tejas, der bisher als Exarch zu Ravenna gewaltet und seine Eroberung mit starkem Arme gegen Anfeindung von außen geschützt und im Inneren mit eiserner Hand in Ordnung gehalten hatte, mit seinem Hofe zerfallen und seines Postens enthoben worden sei. Der Augenblick erschien also besonders günstig, zumal auch den Langobarden nicht unbekannt gewesen sein wird, wie schwer das byzantinische Ausbeutungssystem auf Land und Leuten lastete und die Bevölkerung kaum geneigt sein würde, sich für die Erhaltung der Zugehörigkeit zu dem Ostreich gewissermaßen zu opfern. Konnte ein Herrschaftswechsel ihre Lage doch eigentlich in keinem Falle verschlechtern. Endlich wußten die Langobarden das byzantinische Reich durch den noch andauernden Krieg gegen die Perser vollauf beschäftigt und daher außer stande auf die Verteidigung Italiens irgendwie besondere Mittel zu verwenden. So günstig lagen die Dinge nach alledem für sie, daß die Meinung entstehen konnte, sie seien im Einverständnis mit Narses und auf dessen Aufforderung nach Italien aufgebrochen: der Exarch habe sich für den Undank rächen wollen, den er von dem Hofe erfahren, und sein Verdienst zugleich mit seiner Unentbehrlichkeit dort recht eindrucksvoll in Erinnerung bringen, indem er die durch ihn einst eroberte und bisher behauptete Provinz in die Hände der Germanen lieferte. Daß Narses sich eines solchen Verrates schuldig gemacht, ist völlig unerwiesen, und damit fallen auch die anekdotenhaften Einzelheiten haltlos in sich zusammen, durch welche die Sagen bildende Überlieferung den Vorgang des näheren auszumalen und gewissermaßen psychologisch zu erklären versucht hat, indem sie von Beschwerden wissen will, welche die Römer in Konstantinopel über des Exarchen strenges Regiment geführt haben sollen, und von der Gefahr, welche dieser nach ihm hinterbrachten angeblichen Äußerungen von seiten der ihm feindlich gesinnten Kaiserin Sophie fürchten zu müssen glaubte. Auch daß er als Eunuch unmännlich verstümmelt gewesen, wird dabei bezeichnenderweise als Motiv mit verwendet. Die Kaiserin soll ihm, so wird erzählt, eine Spindel haben übersenden lassen mit der höhnischen Bemerkung, ihm würde es besser anstehen einer Spinnstube vorzustehen als Völker regieren zu wollen. Und seine drohende Antwort soll darauf gelautet haben, er werde ein Gewebe zu stande bringen, das sie in ihrem Leben nicht werde entwirren können. In ihrem Kern erinnert die ganze Erzählung auffallend an das, was von den Intrigen berichtet wird, die Bonifacius zur Herbeirufung der Vandalen veranlaßt und zum Verlust Afrikas geführt haben sollen: es wiederholt sich hier ein Parallelismus, der auch an einigen anderen Stellen bemerkbar wird.

Um die Zeit des Osterfestes 568 brachen die Langobarden unter Audoins schon heldenhaft bewährtem Sohne, König Alboin, aus ihren pannonischen Sitzen auf, die nun vollends die Avaren einnahmen. Mit ihnen zogen zwanzigtausend Sachsen südwärts. Auch von den Gepiden schlossen sich viele an. Dazu kam ein buntes Gemisch von Vertretern der zahlreichen germanischen Stämme, die längere oder kürzere Zeit in jenem Durchgangslande geweilt und größere oder geringere Reste zurückgelassen hatten. Aber sie alle, so läßt der weitere Verlauf erkennen, fügten sich den Langobarden als dem eigentlich leitenden Stamm. So verwuchsen sie von Anfang an zu einer festeren militärischen Einheit, als sie sonst

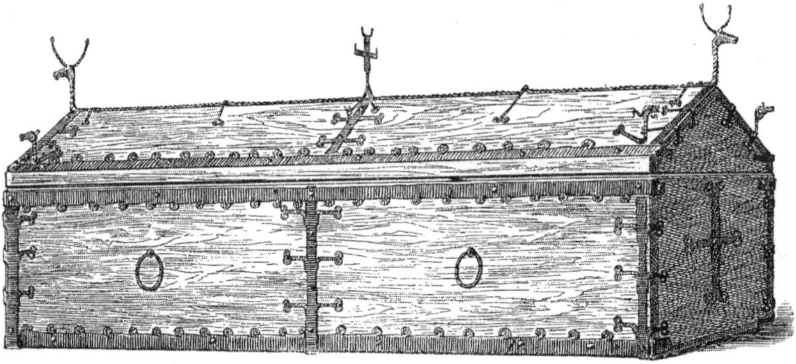

Sarg aus einem langobardischen Fürstengrabe.

Gefunden 1885 in dem Reihengräberfelde bei dem Dorfe Civezzano im Suganathal in Südtirol, östlich von Trient. Rekonstruktion. Das Eisenbeschläge fand sich vollständig erhalten; die Holzteile waren vermodert, aus Resten hat sich ergeben, daß der Sarg aus Lärchenholz war. Länge (bedingt durch die des Speers) 236 Centimeter, Breite am oberen Ende (bedingt durch die des Schildes) 80 Centimeter, Firsthöhe 80 Centimeter, Höhe des Sargkastens 51 Centimeter. Das in dem Grabe gefundene, gut erhaltene Skelett lag mit dem Gesicht nach Osten; rechts neben ihm ein zweischneidiges Langschwert, drei Pfeilspitzen und am Kopf eine blattförmige Lanzenspitze. Zur linken Seite des Skeletts lag ein einschneidiger Skramasax (Kurzschwert), ein reich verzierter Schildbuckel, ein eiserner Armring und eine eiserne Schere. Auf der Brust ein Kreuz aus gepreßtem Goldblech, in der Beckengegend zwei pyramidale Bronzeknöpfe und verschlungene Goldfäden, auf den Unterschenkeln ein großes Becken von Bronze. Außerdem Schnallen, eiserne Reife und Beschläge. Über alledem lag das Eisenbeschläge des Sarges, welches auf den Giebelspitzen des Deckels zwei Hirsch- und auf den vier Ecken vier Widderköpfe nachahmt.

Eiserner Schildbuckel mit vergoldetem Bronzebeschläge.

Aus dem langobardischen Fürstengrabe von Civezzano.

Waffen, Gerät und Schmuck aus dem bei Civezzano, im Suganathal in Südtirol, aufgedeckten langobardischen Fürstengrabe.

1. Goldkreuz, auf der Brust des Beigesetzten gefunden; die Kreuzbalken 14 Centimeter lang und $1^{3}/_{4}$ Centimeter breit; aus Goldblech mit eingepreßten Ornamenten; Gewicht 8,6 Gramm. 2. Mundstück der Scheide des Langschwertes; Bronze. 4. Riemenzunge mit Tauschierarbeit; Eisen. 5—6. Riemenbeschlag; Bronze. Vorder- und Hinteransicht. 8. Riemenzunge mit Tauschierarbeit; Eisen. 10. Armring; Eisen. 11. Schere; Eisen. 13. Langschwert (Spatha); Eisen; einschließlich der Griffzunge $102^{1}/_{2}$ Centimeter lang, 6 Centimeter breit. 14. Kurzschwert (Skramasax); Eisen. Klinge 38 Centimeter lang, $4^{1}/_{2}$ Centimeter breit, Griff 16 Centimeter lang. 15. Lanzenspitze; Eisen; $27^{1}/_{2}$ Centimeter lang, größte Breite 5 Centimeter. 18. 19. Pfeilspitzen, dreilappig; bei 19 sind die Schneiden der drei Lappen geflammt. 20. Becken, mit zwei Henkeln; Bronze, 43 Centimeter Durchmesser, $9^{1}/_{2}$ Centimeter tief. — Einige Gegenstände aus anderen Gräbern von Civezzano: 3. Gürtelschnalle; Bronze. 7. Riemenbeschlag; Bronze. 9. Riemenzunge; Bronze. 12. Meißel; Bronze. 16. 17. Pfeilspitzen; Eisen.

in ähnlicher Lage wandernde Germanen verschiedenen Stammes zu verbinden pflegte. Auch das wird zur Erleichterung des Erfolges beigetragen haben. Der Weg, den die Langobarden nach Italien einschlugen, folgte, wie man aus Gräberfunden hat nachweisen wollen, zuerst bis Cilli der pannonischen Reichsstraße und ging dann über Zollfeld, Villach und Tarvis nach dem Predillpaß. Von dort in die Ebene hinabsteigend nahmen sie ohne Widerstand Friaul in Besitz: Alboin übertrug es seinem Neffen Gisulf als Herzogtum. Besondere Furcht scheint vor dem arianischen Eifer der Eindringlinge geherrscht zu haben: aber die Milde, die Alboin beim Einzug in Treviso walten ließ, indem er dem ihm ehrfurchtsvoll entgegengehenden Bischof Felix die Güter seiner Kirche bestätigte, beschwichtigte so übertriebene Besorgnisse. Nun ergaben sich auch Verona und Mailand ohne Kampf, und im Laufe eines Jahres war alles Land im Norden des Po in der Gewalt der Eroberer. Daran änderte auch nichts der Widerstand einiger fester Städte, die wie Parma, Cremona und Piacenza sich gegen die in der Belagerungskunst unerfahrenen Barbaren eine Zeit lang erfolgreich verteidigten. Am längsten hielt sich Pavia, das erst im Jahre 572 bezwungen wurde, dennoch aber der ihm zur Strafe angedrohten Niedermetzelung aller seiner Einwohner entging. Auch bei der weiteren Ausbreitung nach Süden stießen die Langobarden nur ausnahmsweise auf größere Schwierigkeiten. Bald war das Land bis zum Apennin in Gehorsam gebeugt und Toscana unterworfen. Einzelne unternehmungslustige Haufen drangen noch weiter gegen Süden vor. So entstanden als vorgeschobene Posten mitten in Feindesland die Herzogtümer Spoleto und Benevent. Dagegen scheiterte der ungestüme Versuch mit der Eroberung Oberitaliens zugleich auch jenseits der Alpen auf Kosten der Franken und Burgunder Gebiet zu gewinnen.

Alboin hat nur noch kurze Zeit in der Königsburg zu Verona Hof gehalten. Bereits im Jahre 573 ereilte ihn jählings ein gewaltsames Ende, das wie seine ganze Laufbahn von der nationalen Sage umwoben ist. Echt altgermanisch sind die Motive, auf welche da das vorzeitige Ende des Reichsgründers zurückgeführt wurde. Historisch dürfte davon wohl nur das eine sein, daß er auf Anstiften seiner Gemahlin Rosamunde von seinen eigenen Leuten ermordet wurde. Daß Rosamunde dabei als Bluträcherin für ihres Vaters Kunimund Tötung gehandelt hat, zum äußersten gebracht, als der König sie im Rausche nötigte, ihm aus dem Becher Bescheid zu thun, den er sich aus des Gegners Schädel hatte anfertigen lassen, das und andere hochpoetische Einzelheiten lassen erkennen, wie sehr diese Vorgänge auch späterhin noch die Phantasie der Langobarden beschäftigten, wie wenig aber bei ihnen an Kenntnis der geschichtlichen Zusammenhänge übrig geblieben war. Diese führen vielmehr auf die Vermutung, daß es sich bei dem blutigen Ende, welches Rosamunde und ihr Mitschuldiger Helmichis Alboin bereiteten, um einen Versuch der unterworfenen und ihrer nationalen Selbständigkeit beraubten Gepiden gehandelt habe, die Gewalt in dem von den Langobarden beherrschten germanischen Völkergemisch, das Oberitalien erobert hatte, an ihren Stamm zu bringen. Trotz des momentanen Erfolges mißlang derselbe: Helmichis und Rosamunde flohen nach Ravenna und sollen dort gleichzeitig ihr Ende gefunden haben, ersterer durch das mitschuldige Weib vergiftet, dieses von ihm, als er des Frevels inne wurde, mit in den Tod zu gehen gezwungen. Daß innerhalb des Langobardenreiches noch eine leidenschaftliche Gärung herrschte und nationale und politische Gegensätze heftig miteinander rangen, geht auch daraus hervor, daß der zum Nachfolger Alboins erhobene Kleph bereits nach zwei Jahren (575) ebenfalls einen gewaltsamen Tod fand und daß man danach von der Wiederbesetzung des Thrones überhaupt Abstand nahm und eine neunjährige königslose Zeit eintreten ließ. Diese eigentümliche Wendung wird mit Konflikten in Verbindung zu bringen sein, die sich aus Anlaß der begonnenen Aufteilung des eroberten Landes zwischen den Königen und dem langobardischen Adel ergeben hatten.

Die Ansiedelung der Langobarden in Oberitalien unterschied sich nämlich von der anderer germanischer Völker in den von ihnen occupierten römischen Gebieten insofern sehr wesentlich, als sie nicht auf Grund eines — wenn auch erzwungenen — Vertrages zwischen ihnen und den Römern erfolgte, sondern einzig und allein auf dem Recht der Eroberung beruhte und demgemäß alle die sich daraus ergebenden Konsequenzen ziehen konnte. Daher griff jenes altübliche und für die Römer trotz seiner Härte immer noch erträgliche Einquartierungsverhältnis hier nicht Platz, sondern die Langobarden nahmen, was sie gerade brauchten, indem sie die Römer, die sich der Überlassung ihres dem Sieger verfallenen Besitzes weigerten, zusammenhieben, die Unterwürfigen aber der Freiheit beraubten. Das ganze Verfahren behielt hier etwas Regelloses und Willkürliches, führte jedenfalls nicht zu der sonst in solchen Fällen üblichen planmäßigen Verteilung des Grund und Bodens und der den neuen Herren zu seiner Bebauung nötigen Arbeitskräfte. Diejenigen Römer dagegen, welche frei blieben — und ihre Anzahl ist ohne Frage beträchtlich gewesen — standen zwar außerhalb des Heerdienstes und damit der politisch berechtigten Gemeinde, genossen aber den Schutz der Gesetze, wie es nach germanischer Auffassung in der Zubilligung eines Wergeldes zum Ausdruck kam, und lebten in ihren Rechtsangelegenheiten nach römischem Recht. Ihre Lage war also im Vergleich mit der byzantinischen Zeit eine günstigere, namentlich weil der damals auch auf ihnen lastende entsetzliche Steuerdruck nun in Wegfall kam.

Aber noch in einem anderen Punkte unterschied sich das langobardische Verfahren bei der Eroberung Italiens wesentlich von dem, das die Germanen sonst bei der anfänglichen Einrichtung ihres Staates beobachteten. Während nämlich Odovaker so gut wie Theoderich, die Burgunder so gut wie die Westgoten die römische Verwaltung, die sie vorfanden, zunächst unverändert ließen, dadurch ihrer Herrschaft einen festen Halt zu geben und sie den Besiegten leichter erträglich zu machen — mag dafür häufig zunächst auch nur die Erkenntnis maßgebend gewesen sein, daß sie ihrerseits nichts hatten, was an ihre Stelle hätte gesetzt werden können —, beseitigten die Langobarden auch in dieser Hinsicht den bisher geltenden Rechtszustand vollkommen, indem sie ihre langobardische Heeresverfassung einfach zur Staatsverfassung machten und auch die Verwaltung demgemäß umgestalteten. Selbst von der römischen Municipalverfassung, die bisher alle Stürme glücklich überdauert, wenn auch für die beibehaltene Form einen wesentlich andersgearteten Inhalt erhalten hatte, wurde nicht in Wirksamkeit gelassen. Damit hörte das Übergewicht auf, das gerade während der letzten Menschenalter das Städtewesen in Italien besessen hatte. Der außerstädtische Grundbesitz kam mehr zur Geltung, und die gesamte Verwaltung nahm demgemäß, wie man treffend bemerkt hat, einen geradezu bäuerlichen, d. h. eben ausgesprochen germanischen Charakter an, wenn es natürlich auch nicht an Langobarden fehlte, die sich nicht auf dem Lande ansiedelten, sondern in den Städten lebten und dort das Drittel verzehrten, das ihnen die Römer von dem Ertrag des ihnen zur Bebauung belassenen Landes abliefern mußten.

Denn die Regellosigkeit der anfänglichen Besitzergreifung scheint doch auch für die Langobarden selbst Mißstände im Gefolge gehabt zu haben, so daß sie es später vorzogen, zu dem sonst üblichen Einquartierungsverhältnis überzugehen und sich demgemäß als „Gäste" der Römer von diesen entweder aufnehmen oder doch unterhalten zu lassen. Es trat hier also eine allmähliche Besserung der anfänglichen Beziehungen ein, wozu auch der Umstand beigetragen haben mag, daß die argen Befürchtungen, mit denen die Römer der Herrschaft der arianischen Eroberer entgegengesehen hatten, sich als unbegründet erwiesen. Es erklärt sich wohl aus der kriegerischen Unruhe, in der die Langobarden so lange Jahre gelebt hatten, daß das arianische Christentum bei ihnen mehr etwas Äußerliches geblieben, nicht aber in dem Sinn eine mit Leidenschaft erfaßte Herzenssache geworden war, wie bei den anderen Germanen. Wohl haben sie daher in ihrer wilden Raublust gelegentlich auch reiche Kirchen ausgeplündert und die Geistlichkeit, um sich ihrer Schätze zu bemächtigen, vergewaltigt: aber von einer Verfolgung der Kirche um ihres katholischen Bekenntnisses willen ist nirgends die Rede gewesen, so daß selbst Papst Gregor I. mit der dankbaren Anerkennung nicht zurückhielt, so sehr habe die Gnade Gottes die Wildheit der Langobarden gemildert, daß er ihren gottesschänderischen Priestern nicht erlaubte die Rechtgläubigen zu verfolgen. Dennoch standen Langobarden und Römer einander zunächst wenigstens fremd gegenüber. Aber es ist, da das anderwärts am stärksten wirksame trennende Moment hier wegfiel, eine Annäherung zeitiger und leichter erfolgt.

Dazu hat weiterhin denn auch die eigenartige Entwickelung des langobardischen Rechtswesens beigetragen, welche dem römischen Recht nicht entfernt den Einfluß gewährte, den es sonst unter ähnlichen Umständen ausgeübt hat. Nur für ihre Person und die ihnen mit ihren Volksgenossen gemeinsamen Rechtsangelegenheiten lebten die Römer im Langobardenreiche nach römischem Recht: wo sie mit den neuen Herren sachlich in Berührung kamen, galt auch für sie deren Recht, das hier von Anfang an den den Germanen sonst nicht geläufigen Charakter eines Landrechtes angenommen hat. Das ging so weit, daß selbst die mit den Langobarden eingewanderten Germanen und Vertreter anderer Völker, obgleich sie nicht mit den Langobarden untermischt, sondern in für sich geschlossenen Gruppen angesiedelt waren, ebenfalls nach langobardischem Rechte leben mußten.

Trotz alledem aber entging auch dieses Reich nicht der üblichen, seine Einheit gefährdenden Krisis. Sie brach mit dem vorzeitigen Tode Klephs (S. 443) herein, der, ein heftiger Römerfeind, schon im Jahre 575 von einem Sklaven ermordet wurde. Indem sie den verwaisten Thron unbesetzt ließen, auch für des Ermordeten unmündig nachgelassenen Sohn eine Regentschaft nicht einsetzten, führten die Herzöge der einzelnen Provinzen in diesen selbständig die Regierung. Wie bei allen Germanen so wurzelte auch bei den Langobarden das Amt eines Herzogs (dux) in der nationalen Kriegsverfassung: der Herzog war der für die Zeit eines Krieges bestellte Führer der Mannschaft seines Gaues (S. 94). Daheim erlosch seine

Machtbefugnis naturgemäß mit der Wiederkehr des Friedens. Nach einer Eroberung in der Fremde aber, der den Besiegten gegenüber noch auf Jahre hinaus eine Art von Kriegszustand folgte, um dann allmählich durch ein friedliches, aber doch immer ausgeprägt militärisches Regiment abgelöst zu werden, nahm das Herzogtum neben dem ihm verbleibenden militärischen Charakter leicht auch einen bürgerlich administrativen an. So geschah es hier. Den einzelnen Bezirken, in die das eroberte Land geteilt wurde und deren jeder eine von den größeren Städten mit dem umliegenden Lande umfaßte, wurden die Herzöge vorgesetzt, welche neben der ihnen den Langobarden gegenüber zustehenden militärischen Autorität den sämtlichen Einwohnern des Bezirkes gegenüber nun auch eine richterliche und polizeiliche zu üben hatten, und da ihnen im allgemeinen auch die Nutznießung des innerhalb ihres Herzogtums gelegenen öffentlichen Gutes zufiel, für dasselbe die Vertreter der Staatshoheit überhaupt wurden. Neben ihnen standen als Vertreter der eigentlich königlichen Interessen und insbesondere als Verwalter des königlichen Gutes sogenannte Gastalden, welche zugleich eine Art von Aufsicht über die Amtsführung der Herzöge hatten. Doch hat sich dieses Verhältnis wohl erst in späterer Zeit so herausgebildet, als mit der Restauration des Königtums überhaupt eine bessere staatliche Ordnung und eine zweckentsprechender gegliederte Verwaltung Platz griffen.

Denn zunächst auf den Tod Klephs folgte eine Vielherrschaft der Herzöge, deren man im ganzen einige dreißig zählte. Man wird darin eine aristokratische Reaktion gegen die Stärkung des Königtums zu sehen haben, die sich aus dem siegreichen Krieg und der Eroberung ergeben hatte, aber gerade dem zuchtlosen, gesetzmäßiger Haltung abgeneigten Sinn der kriegerischen Langobarden um so weniger entsprach, als sie sich durch sie namentlich auch an der gewünschten willkürlichen Geltendmachung des Erobererrechtes den besiegten Römern gegenüber gehindert sahen. Daher haben die Herzöge die Freiheit, welche sie sich nach Klephs Tod verschafften, indem sie den Thron unbesetzt ließen, denn auch namentlich in dieser Richtung ausgenutzt. Harte Bedrückungen trafen die Römer und namentlich die Geistlichkeit. Vielfach wurden neue Landaufteilungen vorgenommen. Die Krongüter nahmen die Herzöge in Besitz — kurz, sie hausten so im Lande, wie sie, wäre ihnen freie Hand gelassen worden, gleich nach der Eroberung gern gehaust hätten. Außer den mißhandelten Römern trafen die Folgen davon zumeist natürlich das unvertretene Königtum, das an Macht und Besitz schwer geschädigt wurde.

Und wie nach innen hauste dieses vielköpfige Räuberregiment auch nach außen mit achtloser Willkür. Der Kampf gegen die benachbarten Byzantiner erschien freilich als eine Fortsetzung des Krieges zur Eroberung Italiens, dessen Verteidigung die erlahmenden Kräfte des Ostreiches kaum noch gewachsen waren. Schon im Jahre 578 lagen die Langobarden vor Rom selbst. Dann wurde Ravenna und mit ihm ein Teil des Exarchats erobert. Selbst in Neapel sahen sich die Byzantiner hart bedrängt. Gerade in diesen Kämpfen aber erhitzte sich je länger je mehr der Glaubenseifer beider Teile, und namentlich das römische Bistum, das hier seinen gefährlichsten Feind anstürmen sah, gewöhnte sich den Kampf gegen ihn als eine heilige Pflicht gegen die Kirche darzustellen, um alle Rechtgläubigen zu gemeinsamer Hilfe zu gewinnen.

Wie hätten da die ländergierigen Franken fehlen können? Hatten sie doch ihrerseits gleich nach der Eroberung Italiens im Jahre 569 sich durch einen räuberischen Einfall langobardischer Scharen in ihr Gebiet schwer bedroht gesehen (S. 442). Und das hatte sich seitdem mehrfach wiederholt: im Jahre 574 lagerte ein Heer, weithin alles mit Raub heimsuchend, längere Zeit bei dem Kloster des St. Moritz in Wallis, wurde dann jedoch bei Bex geschlagen. Als sich nun aber schließlich Franken und Byzantiner gegen diese unruhigen Nachbarn verbanden und erstere im Jahre 584 unter König Childebert ihrerseits siegreich in Italien eindrangen, gerieten die Herzöge um so mehr in Not, als diese Vorgänge zusammen mit der willkürlichen Gewaltherrschaft im Inneren bei Römern so gut wie bei Langobarden wachsende Unzufriedenheit erzeugten. So mußten sie sich endlich entschließen zu dem alten nationalen Königtum zurückzukehren. Im Jahre 584 wurde Klephs einst unmündig nachgebliebener Sohn Authari auf den Thron erhoben, wie es scheint, durch einen Beschluß des Volkes ohne Zuthun der Herzöge oder doch wenigstens unter dem Druck des Volkswillens, dem sich jene nicht länger zu widersetzen wagten. Einige freilich beharrten auch jetzt in trotziger Opposition; einer, Droktulf, ging sogar offen zu den Byzantinern über. Doch kam es schließlich zu einer Verständigung, durch welche zugleich dem Staat und dem wiederhergestellten Königtum eine neue Grundlage gegeben wurde. Die Herzöge mußten von dem, was sie in der königlosen Zeit widerrechtlich occupiert hatten, die Hälfte an den König überlassen. Das galt von dem Königsgut sowohl wie von dem den Römern nachträglich Entrissenen.

So kehrten endlich geordnete Zustände wieder. Die römischen Unterthanen, nun ihres Besitzes sicher, fügten sich williger und gewöhnten sich den nun zur Herrschaft gebrachten Zustand als einen endgültigen anzuerkennen. Damit verlor auch der noch fortdauernde Krieg mit den Byzantinern und die sich gleich bleibende Feindschaft der römischen Kirche an Gefährlichkeit für das Reich. Dennoch hatte Authari (584—590) noch einen schweren Stand. Zogen doch auch die zahlreichen Sachsen, die einst mit den Langobarden zusammen in das Land gekommen waren (S. 439), mißmutig davon, weil sie nicht nach fremdem Rechte leben wollten. Und auch der byzantinisch-fränkische Krieg brachte noch eine furchtbare Krisis, seit in Ravenna der thatkräftige Exarch Smaragdos waltete und der nachmalige Papst Gregor I. als Gesandter des römischen Stuhles in Konstantinopel zum Vernichtungskriege gegen die Ungläubigen zu hetzen nicht müde wurde. Auch die Franken erschienen mit verstärkten Kräften im Felde. Ihren Höhepunkt erreichte die Bedrängnis der Langobarden im Jahre 590, wo beide Gegner nach einem vereinbarten Plan gleichzeitig über sie herfielen. Zwei fränkische Heere drangen siegreich in Oberitalien ein, denen von Ravenna her ein byzantinisches die Hand reichen sollte. Von den Herzögen waren etliche bereit mit dem Landesfeind gemeinsame Sache zu machen. Da gelang es Authari, der schon hatte fürchten müssen, in Pavia eingeschlossen zu werden und dort der von allen Seiten andrängenden Übermacht zu erliegen, die Franken zu Unterhandlungen zu gewinnen und von ihnen die Bewilligung eines mehrmonatlichen Waffenstillstandes auszuwirken. Noch vor der Wiederaufnahme des Kampfes starb der König.

Er hinterließ eine kinderlose Witwe, des Bayernherzogs Garibald Tochter Theudelinde, deren Gewinnung durch den unerkannt an ihres Vaters Hof gekommenen Helden nach langobardischer Art zum Gegenstand poesievoller Sagen gemacht worden ist. Mit ihr war eine eifrige, aber besonnene und kluge Vertreterin der orthodoxen Lehre in die Königsburg zu Pavia eingezogen. Welch einflußreiche Stellung sie in sturmbewegter Zeit an der Seite des Gemahles gewonnen hatte, beweist die Thatsache, daß nach Autharis Tod von dem Volk und den Großen ihr die Verfügung über den Thron anheimgestellt wurde: mit ihrer Hand sollte sie ihn vergeben. So kam Herzog Agilulf von Turin zur Herrschaft. Durch einen schnellen Frieden mit den Franken machte er die Kraft des Reiches frei zu erfolgreichem Kampf gegen die Byzantiner, welcher seine ganze Regierung ausfüllte. Aus ihm entwickelte sich weiterhin eine heftige, nicht eben eigentlich kirchliche, sondern politische

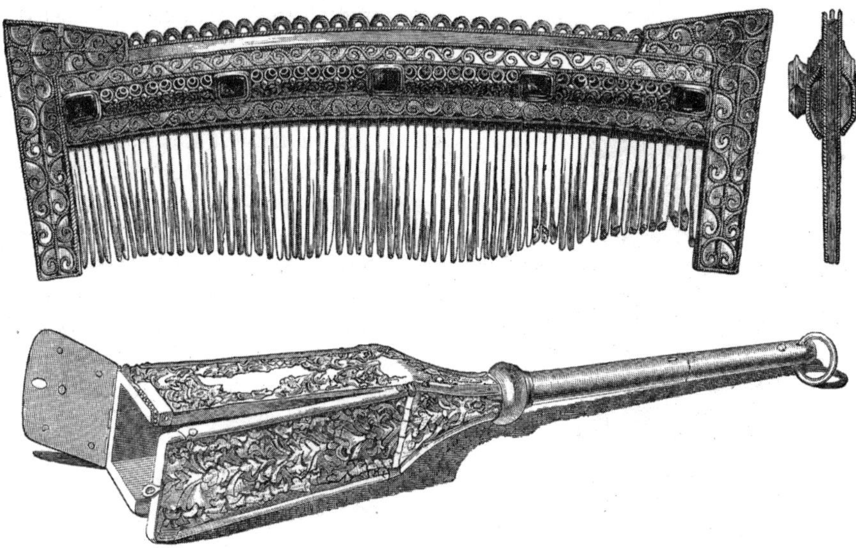

Fächerkapsel und Kamm der Königin Theudelinde.

Monza, Domschatz.

Gegnerschaft mit dem römischen Bistum, das damals, von Gregor I. getragen, den ersten entscheidenden Schritt zu seiner künftigen Größe that, indem es zwischen dem fernen byzantinischen Kaisertum und den Langobarden nach politischer Selbständigkeit strebte und über einen Teil Mittelitaliens die weltliche Herrschaft gewann. Wechselvolle Kämpfe, durch kurze und unsichere Friedenszeiten unterbrochen, erfüllten die ganze Regierung Agilulfs, der schon im Jahre 593 vor Rom erschien und nur durch Lösegeld und Tributzahlung zum Abzug bestimmt wurde. Ja, bis weit nach dem Süden der Halbinsel trugen die Langobarden ihre siegreichen Waffen, während ihre Streifscharen selbst Sardinien zu Schiff heimsuchten. Ohne die Aufsässigkeit der widerspenstigen Herzöge und wiederholte Aufstände einzelner von ihnen wäre Agilulf wohl Italiens Herr geworden. Entscheidender wurde für den schließlichen günstigen Ausgang namentlich, daß Agilulf die Macht der Franken dauernd von der byzantinischen zu trennen wußte, indem er seinen Nachfolger mit

König Theudeberts Tochter verlobte und die Avaren zu Bundesgenossen gewann, um freilich hinterher mit ihnen die von seinem Volke schon einmal gemachte üble Erfahrung (S. 438) zu wiederholen. Nach Herstellung des Friedens suchten ihre Reiterscharen das venetianische Gebiet durch einen verwüstenden Einfall heim, vermochten aber gegen die festen Städte nichts auszurichten und kehrten nach Befriedigung ihrer Raublust nach Pannonien zurück.

Erst mit dem Jahre 610 herrschte wieder Ruhe in Italien und den Nachbarlanden. Das Langobardenreich, das, mehrfach auf das äußerste gefährdet, den Kampf um sein Dasein glücklich bestanden hatte, ging aus der langen Kriegszeit hervor nicht nur an Gebiet abgerundet und erweitert, sondern auch innerlich gefestigt. Daß die Herzöge von Benevent und Spoleto sich unabhängig machten, hat Agilulf nicht hindern können: schon durch die Entlegenheit ihres Gebietes entzogen sie sich seiner Machtsphäre. Dagegen hat er die übrigen Herzöge zu größerer Fügsamkeit gegen das erneute Königtum gewöhnt, ohne sie demselben völlig unterthänig machen zu können. Aber die unbarmherzige Strenge, mit der er einzelne, die offen zu rebellieren gewagt hatten, niederwarf und züchtigte, machte doch auch auf die übrigen einen heilsamen Eindruck. So gewinnt das bisher so locker gefügte Reich durch ihn eine größere innere Festigkeit. Obgleich das aristokratische Gepräge unverändert bleibt, welches der dem König mehr neben- als eigentlich untergeordnete fürstliche Adel seiner gesamten Verfassung verlieh, ist das Königtum doch in weit höherem Sinne wiederum der Mittelpunkt des nationalen Lebens und die Verkörperung des Staatsganzen geworden. Hatte bisher Verona und dann Pavia als Königssitze gegenüber den Städten, von denen aus die Herzöge ihre Gebiete regierten, einen Vorrang kaum geltend machen können, so erhielt das Reich jetzt in Monza eine eigentliche Hauptstadt, die zugleich auf den sich allmählich vorbereitenden Sieg der katholischen Lehre hinwies. In Monza nämlich gründete Königin Theudelinde im Jahre 602 den Johannes dem Täufer geweihten Dom, den sie reichlich mit kostbaren Reliquien ausstattete, mit herrlichen Prunkgeräten aller Art schmückte und mit ertragreichen Gütern versorgte. In seiner Nähe befand sich der königliche Palast, dessen Wände mit Gemälden geschmückt waren, welche Scenen aus der sagenreichen langobardischen Geschichte darstellten. Dort genas die Königin des ersehnten Thronerben, der im Jahre 605 im Cirkus zu Mailand als künftiger Nachfolger Agilulfs anerkannt wurde. Es war entscheidend für die Zukunft des Reiches, daß der junge Adelwald auf Geheiß der Mutter

Brustkreuz des Königs Adelwald.
Monza, Domschatz.

katholisch getauft wurde. Damit war der Sieg der Orthodoxie auch bei den Langobarden zweifellos.

Unmerklich, aber unaufhaltsam hat sich der folgenreiche Wandel vollzogen, ohne die leidenschaftliche Erregung und die erschütternden Kämpfe, die ihn anderwärts begleiteten. Vielmehr lebten hier Arianer und Orthodoxe friedlich nebeneinander und verloren so allmählich das Bewußtsein des zwischen ihnen bestehenden konfessionellen Gegensatzes, der freilich der Vermischung von Langobarden und Römern durch Zwischenehen immer noch hindernd im Wege stand. War in dem Volksglauben der Langobarden der Erzengel Michael, mit Reminiscenzen an den ähnlich kriegerischen und geheimnisvollen Wodan gemischt, zum Schutzheiligen geworden und besonders verehrt worden, so daß die Michaelskirche in der alten Königsstadt Pavia als Nationalheiligtum galt und die Münzen und vermutlich auch die Reichsfahnen sein Bild aufwiesen, so rückte nun allmählich Johannes der Täufer in diese Stellung ein. Das Verhältnis zu Papst Gregor, der sich einst in der ewigen Stadt selbst von Theudelindens Gemahl hart belagert gesehen hatte, gestaltete sich durch die vermittelnde und versöhnende Einwirkung der ebenso frommen als staatsklugen Königin allmählich freundlicher. Auch die Bischöfe der oberitalischen Kirchen, die mannigfachen, durch ihre Haltung zur Zeit des Krieges verschuldeten Druck erfahren hatten, gewannen eine bessere Stellung und zuweilen Einfluß am Hofe. Theudelinde erwirkte dem heiligen Columban, dem gefeiertsten der im Frankenreiche thätigen irischen Missionare, als er nach Italien kam, bei ihrem Gemahl eine freundliche Aufnahme und die Erlaubnis zur Gründung eines reich ausgestatteten Klosters Bobbio im Apennin, dessen Mönche in der Folge in Schrift und Lehre eifrig bemüht waren die Langobarden vollends für die katholische Lehre zu gewinnen. In alledem ließ Agilulf die Gattin vertrauensvoll gewähren: blieb er selbst auch dem ererbten arianischen Glauben getreu, so war unter diesen Umständen doch jede Behinderung der katholischen Propaganda vollends ausgeschlossen. Ihr Sieg konnte durch eine vereinzelte Anstrengung der arianischen und national-langobardischen Opposition wohl noch etwas hinausgeschoben, aber nicht mehr verhindert werden, und damit war auch hier der weitere Fortschritt der Romanisierung für die Zukunft gesichert.

Votivkrone der Königin Theudelinde,
Votivkreuz des Königs Agilulf und
die eiserne Krone
der Langobardenkönige.
Monza, Domschatz.

Freilich hat es noch nahezu eines Jahrhunderts bedurft, um die von Theudelinde begonnene Katholisierung der Langobarden zu vollenden. Denn während die Königin selbst in engster Verbindung mit Papst Gregor I. und von ihm ob ihres frommen Eifers hochgeehrt und persönlich ausgezeichnet — er schickte ihr z. B. die von ihm verfaßten vier Bücher Heiligenleben — für die Ausbreitung ihres Glaubens wirkte und ihre Hingebung an ihn durch kostbare Geschenke namentlich an den Dom zu Monza bethätigte — noch bewahrt dort der Domschatz eine von ihr gestiftete kunstreich ausgestattete Evangelienhandschrift und ein Corporale, das vielleicht von ihr eigenhändig gestickt ist —, beharrte ihr Gemahl in dem arianischen Glauben, wohl mehr aus politischen Rücksichten als kirchlicher Überzeugung. Als er im Jahre 615 starb, war der Thronfolger Adelwald erst zwölf Jahre alt. So fiel die Leitung des Reiches vollends in Theudelindes Hände. Vielleicht ließ diese es nun als Regentin an der Vorsicht und Schonung fehlen, mit der sie bisher die Sache des Katholicismus vertreten hatte: namentlich scheint ihr Eifer für die Vermehrung des kirchlichen Besitzes bei den Langobarden Anstoß gegeben zu haben. Vielleicht spielten auch üble persönliche Eigenschaften mit, die der junge König entwickelte: schon nach zehnjähriger Regierung (615—625) wurde Adelwald, angeblich in Geisteskrankheit verfallen, entthront und getötet. An seine Stelle erhob man Ariwald, von dessen zwölfjähriger Regierung (625—636) nähere Kunde fehlt. Der Vorgang scheint am einfachsten aus einer arianischen und nationalen Reaktion gegen den Katholicismus und das mit ihm mehr Geltung gewinnende Römertum erklärt werden zu können. Auch Theudelindes Einfluß hatte nun ein Ende: sie ist zu Anfang des Jahres 628 gestorben und in der dem heiligen Vincentius geweihten Kapelle des Domes zu Monza bestattet worden. Aber wenn auch für den Augenblick abgelenkt, hat die Entwickelung des Langobardenreiches doch auch weiterhin die Bahn verfolgt, die sie ihm gewiesen hatte.

Zunächst freilich war auch noch Ariwalds Nachfolger Rothari (636—652) dem arianischen Bekenntnis treu, aber schon für seine Zeit wird bezeugt, daß die Gleichberechtigung der beiden Konfessionen äußerlich ihren Ausdruck fand, indem in den meisten Städten des Reiches zwei Bischöfe, ein katholischer und ein arianischer, nebeneinander wirkten. Offenbar haben die glücklichen Kämpfe, in denen der thatkräftige und kriegerische Rothari sich mit den Nachbarn maß und namentlich die Städte längs der Meeresküste seiner Herrschaft beugte, auch die Grenze des byzantinischen Gebietes weiter zurückschob, dazu beigetragen, die zuletzt störend einwirkenden konfessionellen Gegensätze abzuschwächen, indem sie die Kraft des Volkes auf einem anderen, allen gemeinsamen Gebiete beschäftigten. Das ermöglichte ihm auch ein strafferes Anziehen der Zügel im Inneren und führte weiterhin zu einer Stärkung des Königtums, das unter den beiden letzten Herrschern wieder an Besitz und Macht Einbuße erlitten hatte. Daher konnte Rothari auch die innere Ausgestaltung des Reiches wirksam fördern, indem er das langobardische Volksrecht aufzeichnen ließ und mit der Rechtspflege zugleich Verfassung und Verwaltung gegen Schwankungen und willkürliche Neuerungen sicherte. So entstand das Edictum Langobardorum oder Rotharis vom Jahre 643. Sein juristischer Inhalt, der auf Beschlüssen des langobardischen Reichstages beruht, ist durchaus germanisch und läßt erkennen, wie wenig die Langobarden trotz ihres langen Zusammenlebens mit den Römern und des steigenden Einflusses der römischen Kirche bisher von ihrem germanischen Wesen eingebüßt hatten. Schon aber hatte das Königtum viel von der Machtfülle verloren, die es zur Zeit der

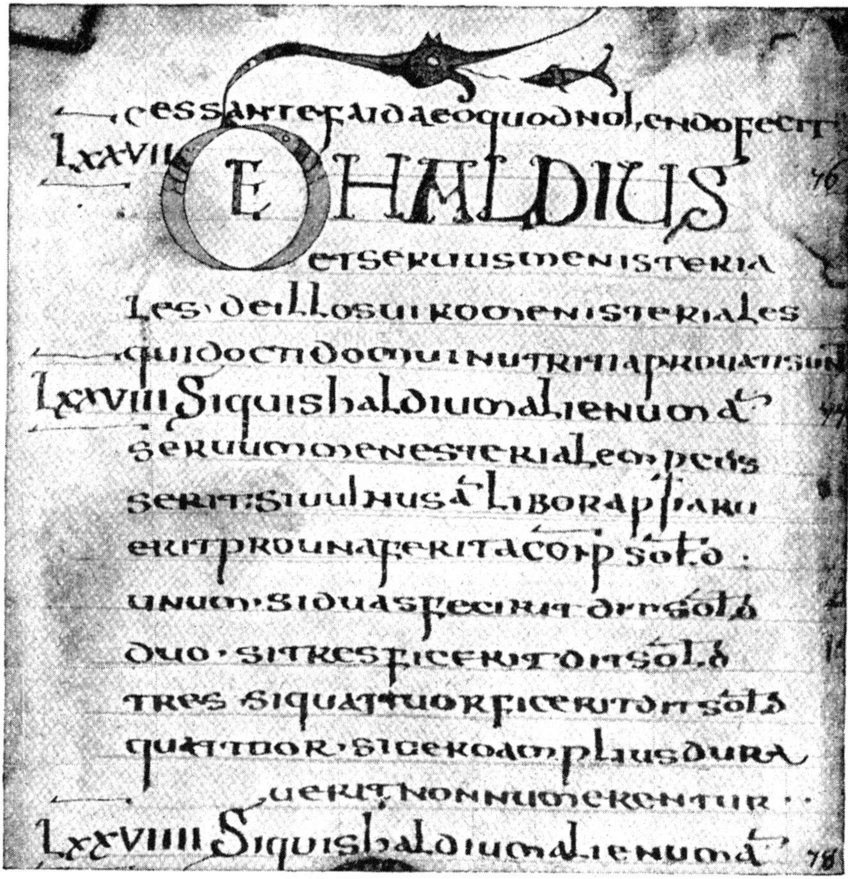

cessantefaidaeoquodnolendofecit
LXXVII De haldius 76
et servusmenisteria
les. deillosuiroministeriales
quidoctidomuinutritiaprouatisun
LXXVIII Siquishaldiumalienumaut 77
servumminesterialempercus
serit: siuulnusautliborapparu
eritprounaferitaconp sol.
unum. siduasfeciritditsol.
duo. sitresficeritditsol.
tres siquattuorficeritditsol.
quattuor. siveroampliusdura
verit nonnumerentur.
LXXVIIII Siquishaldiumalienumaut 78

Eine Seite aus einer Handschrift des Edictum Rotharis; St. Gallen, Stiftsbibliothek, cod. 730.

Umschreibung und Übersetzung:

LXXVII. De haldius et servus menisteriales. de illos viro menisteriales, qui docti domui nutriti aprouati sunt. — LXXVIII. Si quis haldium alienum aut servum menesterialem percusserit, si vulnus aut libor apparuerit, pro una ferita conponat sol. unum, si duas fecirit, dit solidos duo, si tres ficerit, dit solidos tres, si quattuor ficerit, dit solidos quattuor, si vero amplius duraverit, non numerentur.

77. Von den Aldien (d. h. den Italienern als dem unterworfenen Volke) und den Sklaven der Ministerialen; von jenen, welche im Hause gelehrt, genährt und erzogen werden. — 78. Wenn einer einen fremden Aldien oder den Sklaven eines Ministerialen schlägt, soll er, wenn es eine Wunde gab oder Blut floß, für einen Schlag einen Schilling, wenn er zwei zufügte, zwei, wenn drei, drei, wenn vier, vier Schillinge zahlen. Betragen die Wunden mehr, so werden sie nicht weiter gezählt.

Eroberung, welche die rein militärischen Gesichtspunkte besonders stark zur Geltung brachte, dank der Strenge und Härte Alboins gewonnen gehabt hatte. Namentlich war das Amt des Herzogs, das, der Grafschaft bei den Franken entsprechend, ursprünglich durch königliche Ernennung vergeben wurde, bereits fast durchweg erblich geworden, und waren nicht bloß die räumlich von dem Reichsterritorium getrennten Herzogtümer Spoleto und Benevent, sondern auch die den nordöstlichen Teil bildenden von Friaul und Benevent nahezu selbständig geworden. Einen Rückhalt gegen die Herzöge fanden die langobardischen Könige einmal in den Gastalden, ursprünglich den Verwaltern der in dem Lande verstreut liegenden königlichen Güter, welche dann die in ihnen da zustehende Übung der öffentlichen Rechte allmählich auf die benachbarten Gebiete ausdehnten und diese so unmittelbar unter den König brachten, und dann in der neuen, auf dem Besitz beruhenden ständischen Gliederung, welche, die alte Scheidung nach Adel, Gemeinfreien

Taufkapelle aus der Langobardenzeit in der St. Peterskirche in Asti.

und Freigelassenen durchbrechend, die Geltung des alten Adels schon dadurch minderte, daß sie Langobarden und Römer gleichmäßig umfaßte, den ehemaligen Vorzug der ersteren schließlich in Vergessenheit brachte und das aus der Verschmelzung der beiden Nationen neu erwachsende Volk dem Träger der Krone als dem allen gemeinsamen Herrn unterordnete.

Der Fortgang dieser Entwickelung, der die wiederholt eintretenden kriegerischen Perioden Vorschub leisteten, wurde aber doch vorübergehend aufgehalten durch den Ausbruch innerer Wirren, die zu Parteiungen, Thronstreitigkeiten und Bürgerkriegen führten, die herrschenden Langobarden unter sich zerspalteten und ihre Widerstandskraft gegenüber dem Römertum minderten. Dazu wird der Umstand wenigstens mitgewirkt haben, daß nach dem Tode Rodoalds, des Sohnes und Nachfolgers Rotharis (652—653), der bald als Opfer der Privatrache fiel, eine neue, nichtlangobardische Dynastie und damit zugleich zum erstenmal ein katholischer König auf den Thron kam. Ein Bruder der Königin Theudelinde, Gundoald, der mit ihr in das Land gekommen war, hatte das Herzogtum Asti erhalten: sein Sohn Aribert, also ein Bayer, wurde auf den durch Rodoalds blutiges Ende erledigten Thron erhoben. Besonderes wird von seiner Herrschaft (653—661) nicht berichtet. Daher entziehen sich auch die Gründe unserer Kenntnis, welche ihn bestimmten, entgegen dem bisher im Langobardenreiche festgehaltenen Brauche, bei seinem Tode eine Teilung oder doch wenigstens eine gemeinschaftliche Regierung seiner beiden Söhne Berthari (Perktarit) und Godibert eintreten zu lassen, von denen dieser in Mailand, jener in Pavia seinen Sitz nahm. Wie ihr Verhältnis zum Vater im einzelnen geordnet war, wissen wir nicht. Jedenfalls entbrannte bald ein heftiger Streit zwischen ihnen. Von dem Bruder bedrängt, wandte sich Godibert um Hilfe an Herzog Grimoald von Benevent, indem er ihm als Lohn die Hand seiner Schwester versprach. Bald nach seiner Ankunft in Pavia aber ließ dieser seinen Schützling töten. Da entsank Berthari vollends der Mut: indem er seine Gemahlin Rodelinde und das Söhnlein, das sie ihm geboren, Kunincpert (Kunibert) zurückließ, floh er eilends zu den Avaren. So konnte sich Grimoald des herrenlosen Reiches bemächtigen, in dessen Besitze er sich durch die Ehe mit der Schwester der beiden entthronten Könige zu befestigen suchte. Die zehn Jahre seiner Regierung (662—672) waren kriegerisch bewegt. Denn einerseits glaubten die Franken die Zeit gekommen, um den früher vergeblich gemachten Versuch zur Eroberung eines Teiles von Oberitalien mit mehr Aussicht auf Erfolg zu erneuern, erlitten aber, angeblich durch eine Kriegslist Grimoalds und der Seinen, in der Nähe von Asti eine blutige Niederlage.

Statuen von Fürstinnen im byzantinischen Kostüme des 8. Jahrh. aus der Kapelle in Cividale im Herzogtum Friaul.

Betkapelle des alten Benediktinerklosters in Cividale im Herzogtum Friaul.
Ein Langobardenbau aus dem achten Jahrhundert, zugeschrieben der Herzogin Gertrude von Friaul.

Andererseits griff der byzantinische Kaiser Constans Unteritalien an, indem er von Tarent aus in das Gebiet von Benevent eindrang, dem Grimoald bei dem Aufbruche nach dem Norden seinen Sohn Romoald vorgesetzt hatte, und Luceria und andere Orte eroberte. Die Belagerung der bereits hartbedrängten Haupt-

Steinplatte mit Skulpturen langobardischer Art aus dem Baptisterium (Taufkapelle) des Calistus, Patriarch von Aquileja, Zeitgenosse Papst Gregors III., in Cividale.
Erste Hälfte des achten Jahrhunderts.

stadt aber mußte er aufgeben, als Grimoald zum Entsatz heraneilte. Der Kaiser gab infolgedessen sein Vorhaben auf und zog nach Rom. Gefährlicher ließ sich der Kampf an, den Grimoald im Norden gegen Rebellen und deren ausländische Verbündete durchzufechten hatte. Um nämlich Herzog Lupus von Friaul, dem er während des Zuges zur Rettung von Benevent die Regentschaft anvertraut hatte, für den Mißbrauch, den er mit der Gewalt getrieben hatte, zu züchtigen, ohne selbst ins Feld zu rücken und die Langobarden auch in einen Bürgerkrieg zu stürzen, veranlaßte Grimoald die Avaren zu einem Angriff auf denselben, dem dieser auch in blutigem Kampfe erlag. Hinterher aber weigerten sich die Avaren, das ausgeraubte und occupierte Land wieder zu räumen. Doch gelang es Grimoald, sie schließlich ohne Schlacht zum Abzug zu bewegen, indem er sie listig über die Stärke seines Heeres täuschte und glauben machte, er sei mit unzähligen Mannschaften erschienen. Lupus' Sohn Arnefried, der sich des väterlichen Herzogtums zu bemächtigen versuchte, wurde ebenfalls zu entweichen genötigt und fand in den Grenzkämpfen den Tod. Diese Vorgänge

Münzen von König Kunincpert.
Gold. Originalgröße.
Berlin, Königl. Münzkabinett.

Münze von König Aribert.
Gold. Originalgröße.
Berlin, Königl. Münzkabinett.

müssen Grimoald überzeugt haben, daß das Herzogtum, wie es sich damals gestaltet hatte, mit der Sicherheit der königlichen Herrschaft unvereinbar sei, und er suchte dem abzuhelfen, indem er die herzoglichen Gebiete möglichst neu vergab, und zwar an Männer, die ihm in besonderer Treue oder verwandtschaftlich verbunden waren, den betreffenden Landschaften aber nicht durch Geburt angehörten. Doch scheint diese Maßregel den Widerstand des hohen langobardischen Adels nur gesteigert zu haben. Denn sobald Grimoald gestorben war, wurde der aus der Fremde heimeilende Berthari, dessen Schicksale — seine Versöhnung mit dem Usurpator, seine neue Bedrohung durch denselben und seine mit Hilfe listiger Getreuen gelungene Flucht — von der langobardischen Heldensage mit besonderer Vorliebe ausgemalt worden sind, überall freudig als König begrüßt und kehrte als Herrscher in den Palast zu Pavia zurück. Aber auch jetzt (672—690) blieb er von inneren Schwierigkeiten bedroht: ja eines Aufstandes des Herzogs Alachis von Trient wurde er nicht mehr Herr und sein Sohn Kunincpert (Kunibert), den er zum Mitregenten angenommen hatte, mußte zeitweise vor dem Usurpator weichen, gewann aber schließlich die Krone in der Feldschlacht wieder. Nach seinem Tode (704) folgten noch unruhige Zeiten. Gegen seinen unmündigen Sohn Liutpert, für den Herzog Ansprand die Regierung führte, erhob sich der Sohn des im Jahre 662 von Grimoald ermordeten Godibert, Herzog Raginpert von Turin, und gewann durch einen Sieg bei Novara die Herrschaft, der freilich sein Tod bald danach ein Ende machte. Durch einen neuen Sieg aber, den er bei Pavia erfocht, erzwang sein Sohn Aribert die Nachfolge: der Knabe Liutpert wurde gefangen, Ansprand flüchtete. Ein Versuch des Herzogs Rothari von Bergamo, sich zum König aufzuwerfen, mißlang: von Raginpert nach der Eroberung seiner Stadt gefangen genommen, fand Rothari ein blutiges Ende. Auch Liutpert wurde getötet. Ansprand aber entkam glücklich nach Bayern. Seine

Kapitell von den Säulen des Ciboriums (Altarbaldachin) in San Giorgio Inganna-poltron im Policellathale bei Verona.
Laut Inschrift unter der Regierung Liutprands errichtet.

Steinplatte der Vorderseite des Altars des Pemmo, Herzogs von Friaul, Vaters von Rachis, der im Jahre 744 nach Liutprand Langobardenkönig wurde.

Verwandten und Anhänger ließ der Sieger unbarmherzig verfolgen, nur seinem jüngeren Sohne Liutprand erlaubte er nach einiger Zeit dem Vater in die Verbannung zu folgen. Unermüdlich bemühte sich dieser, seine Beschützer zur Gewährung der zur Entthronung des Usurpators nötigen Hilfe zu vermögen. Erst im Jahre 712 wurde sie ihm zu teil: mit Heeresmacht erschien er in Italien. Aber ein erster Kampf ging unglücklich aus. Nur wußte Aripert den Sieg nicht auszunützen, sondern entmutigte und erbitterte sein Heer durch grundlosen Rückzug. Als er vor dem deshalb drohenden Aufruhr fliehen wollte, fand er — angeblich von den mitgeführten Kostbarkeiten in die Tiefe gezogen — durch Ertrinken ein ruhmloses Ende. So wurde nach jähen Wechselfällen endlich Ansprand als König der Langobarden anerkannt: schon nach drei Monaten starb er, und sein tüchtiger Sohn Liutprand trat an seine Stelle. Mit seiner dreißigjährigen Regierung (714—744) beginnt eine neue Epoche. Die endlich hergestellte Ordnung im Inneren zu befestigen, lenkt Liutprand die Kraft seines Volkes wiederum nach außen, um die Eroberung Italiens zu vollenden. Das führt ihn in den Konflikt mit dem römischen Bischof, der das Eingreifen der Franken zur Folge hat und damit einen welthistorischen Umschwung anbahnt.

Münze von König Liutprand.

Gold. Originalgröße.
Berlin, Königl. Münzkabinett.

Während dieses an inneren Erschütterungen reichen Jahrhunderts von dem Tode Agilulfs bis zum Regierungsantritt Liutprands war die Romanisierung der in sich zerspaltenen Langobarden im wesentlichen vollendet worden. Indem

Aquädukt und Brücke bei Spoleto.
Angeblich Brücke Liutprands, thatsächlich wohl elftes bis zwölftes Jahrhundert.

Kreuzgang in San Giorgio Inganna=poltron im Policellathale bei Verona.
Ein Langobardenbau um das Jahr 720.

die entsprechende Wandelung, lange vorbereitet und allmählich in Gang gebracht, gleichzeitig auch bei den Westgoten erfolgte und sich in größerem Maßstabe noch und unter Entwickelung universellerer Beziehungen in dem südlichen und westlichen Teile des Frankenreiches wiederholte, kam die seit Jahrhunderten in Vollzug befindliche Auflösung des Römertums zum Abschluß: was von ihm unvergänglich war und lebenskräftig und entwickelungsfähig geblieben war, vermittelte in neuer Form, von neuen, kraftvollen Trägern übernommen, den Übergang

Turm von San Giorgio Inganna-poltron im Policellathale bei Verona. Langobardenbau.

Turm des Palazzo delle Torri in Turin. Langobardenbau.

von der alten Zeit zur neuen, und lebte so in einer jüngeren Gestalt wieder auf und fort. Die von jenen Völkern zuerst gezeitigte romanische Kultur wurde das Bindeglied zwischen dem erstorbenen Altertum und dem zum Träger der Zukunft berufenen Germanentum. Daher sind gewisse charakteristische Formen des staatlichen und des geistigen Lebens diesen Völkern gemeinsam gewesen und erst in der Folge von ihnen unter dem Einfluß ihrer weiter auseinander gehenden Entwickelung mehr und mehr differenziert worden.

Gemeinsam ist ihnen allen zunächst das fest eingewurzelte Gefühl der Abhängigkeit von Rom, dem sie sich der Idee nach auch dann noch unterordneten, als sie ihm gegenüber jeder Art von Dienstbarkeit thatsächlich längst entlassen waren. Denn in ihren Vorstellungen lebte das römische Reich für sie alle fort, und sich als Teile oder Ausläufer desselben zu fühlen, wurden sie in demselben Maße mehr gewöhnt, als mit dem wachsenden Einfluß der katholischen Kirche ihr Denken und Fühlen überhaupt in die Formen gezwungen wurden, die von dieser entwickelt, energisch vertreten und als allein berechtigt anerkannt waren. Diese Auffassung erklärt sich schon aus dem Verhältnis der neuen germanischen Herrscher zu ihren römischen Unterthanen. In der letzteren Augen machte sie die Gewaltthat der Eroberung vergessen und legalisierte die durch sie begründete neue Ordnung. Bezeichnend für ihre unbedingte Geltung ist auch die Thatsache, daß keiner von den in Italien in den Besitz der Gewalt gelangten Germanenfürsten, Odovaker so wenig wie Theoderich und seine Nachfolger, noch nachher die langobardischen Könige, sich den Kaisertitel beizulegen gewagt hat. Dagegen scheinen die Ostgotenkönige sich von dem byzantinischen Nachfolger der römischen Herrscher Rang und Titel als Senatoren und Patricier haben verleihen zu lassen, und selbst ein Autokrat wie der Frankenkönig Chlodowech hat seine Stellung dadurch zu befestigen und zu verbessern geglaubt, daß er sich vom Kaiser Anastasius zum Konsul ernennen und dann feierlich mit Purpur und Diadem schmücken ließ. Nachmals haben namentlich die Könige der Westgoten und der Langobarden diesen — um so zu sagen — Schein des Römertums, der ihnen aus politischen Gründen wünschenswert war, dadurch zu erzeugen gesucht, daß sie den Beinamen Flavius annahmen, den Familiennamen Vespasians, der dann auch den Reichsordner Constantin geschmückt hatte und den daher auch die byzantinischen Kaiser zu führen pflegten. In besonders charakteristischer Weise aber tritt diese eigentümliche Anschauung in der Entwickelung des Münzwesens der neuen germanischen Staaten zu Tage.

Münzen der Stadt Mailand aus der Langobardenzeit.
Gold. Originalgröße.
Berlin, Königl. Münzkabinett.

Nach römischer Vorstellung nämlich durften goldene Münzen nur die Imperatoren schlagen lassen. Selbst Theoderich der Große und seine Nachfolger haben dem Rechnung getragen, indem sie ihre Goldmünzen auf der Vorderseite mit dem Bilde des zur Zeit regierenden byzantinischen Kaisers versehen ließen, während die Rückseite nur klein ihr eigenes Monogramm oder das einer der von ihnen beherrschten Städte aufwies. Davon scheint zuerst der Westgote Alarich II. abgewichen zu sein. Von den auf uns gekommenen Goldmünzen aber mit dem Bilde des sie prägenden germanischen Königs rühren die ältesten von dem Franken Theudebert I. (535—548) her. Silber- und Kupfermünzen dagegen sind in den jungen germanischen Reichen von Anfang an vielfach geschlagen worden. Doch lehnte man sich auch dabei natürlich einigermaßen an das byzantinische Vorbild an. Bei den Vandalen und Franken z. B. zeigen sie auf der Vorderseite das

Brustbild des Königs in Kaiserornat mit Paludamentum und Stirnband nach rechts gekehrt. Andere fränkische Münzen tragen das Bild des Königs mit dem Gesicht nach vorn, die Lanze über der Schulter und den Schild in der Linken. Auch der Reichsapfel ist bereits als Abzeichen verwendet. Einige Münzen des Vandalen Hilderich zeigen Bild und Aufschrift des Kaisers Justin ohne den Namen des Königs auf der Rückseite, und auch auf manchen fränkischen Münzen werden gewisse Buchstaben auf eine durch sie als erfolgt kenntlich zu machende Erlaubnis zur Prägung von seiten des byzantinischen Herrschers gedeutet (S. 350). Am abhängigsten von Byzanz blieben in dieser Hinsicht lange Zeit die Westgoten. Bis auf Leovigild (567—586) schlugen sie nur Münzen mit dem Bilde des dermalen regierenden Kaisers, ohne irgend welches auf den König selbst hinweisende Abzeichen. Auch noch Leovigild ließ dann zunächst die byzantinischen Münzen einfach nachahmen, jedoch ohne das herkömmliche Kaiserbild. Späterhin aber wurde auf die Vorderseite sein eigenes Bild geprägt, während die Rückseite ein Kreuz aufwies. Noch später finden sich auf seinen Münzen auf beiden Seiten Bildnisse, die wohl ihn und seinen mitregierenden Sohn darstellten. Hier spiegelt also die Entwickelung des Münzwesens die fortschreitende Lösung aus dem alten Verbande mit dem römischen Reich wieder.

Münze von König Theudebert.

Umschrift der Vorderseite: D(ominus) N(oster) THVODIBERTVS. Im Felde das Bildnis des Königs, statt der Lanze den Reichsapfel in der Hand. Auf der Rückseite der Erzengel, in der Umschrift VICTORIA CCC O VICTORI.

Gold. Originalgröße.
Berlin, Königl. Münzkabinett.

Schon diese Äußerlichkeiten zeigen, wie auch bei voller politischer Selbständigkeit die Könige der neuen Germanenstaaten sich doch noch immer von dem Römertum abhängig fühlten und wie sie den eigenen römischen Unterthanen gegenüber ihre Autorität dadurch zu stärken suchten, daß sie sie von der des römischen Kaisers herleiteten und gleichsam als einen Ausfluß derselben darstellten. Damit stand es nun freilich strenggenommen einigermaßen im Widerspruch, daß in allen diesen Reichen die Germanen den minderberechtigten Römern gegenüber die Stellung als die bevorzugten Vollbürger einnahmen. Im einzelnen haben die Dinge sich dann freilich verschieden gestaltet. Denn wenn die Römer, mit Ausnahme eines Teiles der afrikanischen Großgrundbesitzer und derjenigen, die sich in Italien den einbrechenden Langobarden feindlich entgegenstellten (S. 443), im allgemeinen persönlich frei blieben und von den neuen Herren streng gesondert nach römischem Rechte lebten, so scheinen nach den uns überlieferten Ansätzen des Wergeldes doch nur bei den Burgundern die Angehörigen beider Völker persönlich für gleichwertig gegolten zu haben. Eine ähnliche Ungleichheit fand vielfach in betreff der Besteuerung statt, der unterworfen zu werden im allgemeinen dem starken Freiheitsgefühl der Germanen widerstrebte. Bei den Vandalen hatten daher allein die Römer Grundsteuer zu zahlen, anderwärts unterlagen ihr dagegen auch die Güter der Germanen. Nirgends aber hat eine absolute Scheidung zwischen Römern und Germanen durchgeführt werden können, vielmehr haben überall die ersteren von Anfang an ein, wenn auch zunächst nur kleines, Kontingent zu dem neuen Adel gestellt, der an den germanischen Höfen in die Höhe kam. Besonders haben ihnen dazu die kirchlichen Ämter verholfen, die anfangs fast ausschließlich von Römern bekleidet wurden. Auch finden wir sonst vielfach vornehme Römer als Senatoren in einer bevorzugten Stellung, welche ihre allmähliche Verschmelzung mit dem eigentlichen germanischen Kriegsadel zu einem neuen Amts- und Hofadel wesentlich erleichterte. Vor allem aber als Träger der Verwaltung, die in allen diesen Staaten mit einziger Ausnahme des Langobardenreiches zunächst im wesentlichen römisch blieb, waren die Römer und die romanisierten Provinzialen den herrschenden Germanen unentbehrlich. Wurde doch namentlich das römische Steuer- und Finanzwesen in dem Maße beibehalten, daß die neuen Staaten gerade auf diesem Gebiete vielfach nur als Fortsetzungen des römischen Reiches erschienen. Dazu kam dann die Beibehaltung auch der römischen Zeitrechnung nach Konsulatsjahren und Indiktionen (d. i. vom Jahre 312 an berechneten Cyklen von je fünfzehn Jahren, nach denen, ohne Rücksicht darauf, der wievielste solche Cyklus lief, jedes Jahr Christi mit der Zahl des darauf treffenden Jahres in dem eben sich abwickelnden Cyklus bezeichnet wurde) und endlich die Herübernahme auch vieler römischer Amts- und Ehrentitel.

Unter diesen Umständen war es unvermeidlich, daß auch das römische Recht, obgleich es zunächst seinen territorialen Charakter einbüßte und den eines Stammesrechts für die Römer annahm, auf den Ausbau der neuen Staaten maßgebenden Einfluß gewann, der auch auf diesem Gebiete eine fortschreitende Mischung und schließliche Verschmelzung römischen und germanischen Wesens zur Folge hatte. Allerdings waltet auch hier eine große Verschiedenheit ob rücksichtlich des Grades, in dem das alte germanische Volksrecht sich den Gedanken und Formen des römischen Rechtes anpaßte, und der Zeitdauer, deren es zu diesem Prozeß bedurfte. Nur bei den Westgoten und Burgundern ist allmählich so viel römisches Recht in das alte Volksrecht aufgenommen worden, daß überhaupt nur noch wenig Germanisches übrig blieb, obgleich bei den ersteren die Sonderung der beiden Völker auch auf diesem Gebiete ursprünglich außerordentlich streng war und auch lange aufrecht erhalten wurde. Denn während Eurich das alte westgotische Volksrecht hatte aufzeichnen lassen, veranlaßte noch zu Beginn des sechsten Jahrhunderts (506) Alarich II. im Interesse seiner römischen Unterthanen eine Zusammenstellung der für diese geltenden Bestimmungen des römischen Rechtes in dem sogenannten Edictum Alaricianum.

Überall aber ist in demselben Maße, wie die Anschauungen des römischen Rechtes an Geltung gewannen, auch der römische Herrschaftsbegriff mehr in Aufnahme gekommen. Das hat allmählich einen Wandel zu gunsten des Königtums herbeigeführt, insofern auf dieses nun vielfach Befugnisse übertragen wurden, die nach jenem dem römischen Kaiser zugestanden hatten. Es ergab sich daraus eine wesentliche Steigerung der königlichen Gewalt und eine fortschreitende Minderung der Volksfreiheit. Am reinsten germanisch blieb dagegen in diesen Staaten das Heerwesen. Doch haben sich auch ihm frühzeitig fremde Elemente beigemischt. Die Vandalen ergänzten ihr Heer durch berberische Söldner. Die Ostgoten nahmen gelegentlich Römer in höhere Offizierstellen auf, während die Mannschaften rein gotisch blieben. Die Westgoten dagegen zogen von Anfang an auch ihre römischen Unterthanen zum Kriegsdienst heran, dem schließlich sogar die Unfreien unterworfen wurden.

Am augenfälligsten tritt für die Nachwelt der große kulturgeschichtliche Prozeß, der zur Entstehung der romanischen Nationen führte, in den romanischen Sprachen zu Tage. Auf diesem für das Geistesleben vor allem maßgebenden Gebiet haben die Besiegten ihre Herren vollständig überwunden. Nicht bloß infolge ihrer numerischen Überlegenheit, sondern auch weil sie die alleinigen Träger eines alten reichen Schatzes von Bildung waren und für diese obenein noch der ungeheure Einfluß der Kirche geltend gemacht wurde, ist mit dem geistigen Leben jener Völker zugleich auch ihre Sprache völlig romanisiert, d. h. bis auf gewisse übernommene Bestandteile durch die der romanisierten Provinzialen verschlungen worden. Das führte unter der Vermittelung des Vulgärlateins zu der Entstehung der romanischen Sprachen. Der vielverheißende Anfang, der für die Entwickelung der deutschen Sprache zur Schrift- und Litteratursprache dereinst durch Ulfilas' geniale Schöpfung gemacht worden war (S. 208), hatte in der dann hereingebrochenen krieg- und kampferfüllten Zeit eine entsprechende Fortführung nicht gefunden. Infolgedessen fehlt uns eigentlich jeder genauere Einblick in das geistige Leben der Germanen während der Zeit, wo sie in einer so tiefen und folgenreichen Wandelung begriffen waren. Denn selbst wo — ein seltener Fall — Germanen die Geschichte ihres Volkes aufgezeichnet haben, bedienten sie sich, wenn auch mühsam mit der Sprache ringend und gleichsam stammelnd, der Amts-, Gelehrten- und Kirchensprache, des Lateinischen und legten — wie Jordanis (S. 200) Wert darauf, das ihnen der Abstammung nach anhaftende Barbarentum recht nachdrücklich von sich zu weisen. Die Römer aber, die uns von jener Zeit Bericht erstattet haben, waren und blieben in der Auffassung und Beurteilung des germanischen Wesens naturgemäß immer Römer und standen dem innersten Kern desselben verständnislos gegenüber, auch da, wo sie nicht — wie nur allzu häufig der Fall war — Dinge und Menschen bloß vom kirchlichen Standpunkt aus erfaßten und vor allem auf die Verherrlichung der Kirche ausgingen und dessen, was sie an den Germanen gethan hatte. — Nur ahnen können wir etwas von dem reichen Geistesleben, das die Germanen in jener Heldenzeit und der ihr folgenden Periode der ersten Staatengründungen entfaltet und in Lied und Sage zum Ausdruck gebracht haben, aus den dürftigen Resten, die in später mannigfach gewandelter Gestalt davon auf uns gekommen sind — wie dem Bruchstück des Waltariliedes, dem angelsächsischen Epos Beowulf, den Merseburger Formeln, und hier und da begegnet uns noch ein Nachklang davon in dem, was daraus nachmals in den nicht romanisierten, rein germanisch gebliebenen Gebieten geworden ist, wie in den großen skandinavischen Dichtungen und den Liedern von den Nibelungen und der Gudrun.

Auch davon fehlt uns genaue Kenntnis, auf welche Weise und in welchen Formen zunächst sich dieser Prozeß der Annäherung und des Ausgleiches zwischen Germanen und Römern, der für das nationale Geistesleben der staatengründenden germanischen Völker so verhängnisvoll werden sollte, eigentlich vollzogen hat. Auf manchen Gebieten wird ihn anzubahnen und einigermaßen in Gang zu bringen ja schon das äußere Nebeneinanderleben beider Völker genügt haben. Gab es doch eine unübersehbare Masse von Dingen des alltäglichen äußeren Lebens, in denen die Germanen völlig auf die Römer und Romanen angewiesen waren.

Dahin gehörten außer mancherlei häuslichen Verrichtungen des nunmehr in die Städte übersiedelten Lebens namentlich alle Arten technischer und kommerzieller Thätigkeit. Mannigfaltiger und gründlicher aber wurde der Austausch doch erst, als durch Zwischenheiraten eine wirkliche Vermischung der beiden Nationen begann. Gerade diesen hat anfangs die Verschiedenheit des Glaubens unübersteigliche Hindernisse entgegengesetzt. Der katholische Eifer der Römer schloß jede Verbindung mit den heidnischen oder arianischen Germanen aus. Nur bei den am frühesten romanisierten Burgundern hat darin eine liberalere Praxis geherrscht. Doch wird der natürliche Zwang der Verhältnisse auch bei den Westgoten, Vandalen und Langobarden thatsächlich vielfache Abweichung von dem, was von Rechts wegen galt, zur Folge gehabt haben. Völlig aber fielen diese rechtlichen Schranken doch erst, als der Sieg des Katholicismus das Moment aus der Welt geschafft hatte, das die beiden Völker am schärfsten trennte und einander am feindlichsten gegenüberstellte. Bei den Westgoten verfügte erst König Receswinth (gest. 672), daß fortan Ehen zwischen freien Gliedern beider Völker gestattet seien mit Zustimmung der Familie der Braut und mit Genehmigung des Grafen. Auch in dem Recht der ripuarischen Franken, das zuerst wohl unter König Theuderich I. (511—534) aufgezeichnet, später aber überarbeitet und zur Zeit Dagoberts I. (628—638) neu redigiert worden ist, und vollends in dem Gesetzbuch des Langobardenkönigs Liudprand (gest. 724) wurde die Ehe zwischen Freien beider Nationalitäten als erlaubt behandelt. Hinfort vollzog sich die Mischung der beiden Völker in größerem Maßstabe, und die Romanisierung der Germanen machte vollends unaufhaltsame Fortschritte. Wenige Menschenalter genügten, um an den nun entstehenden romanischen Völkern die ehemals vorwaltenden germanischen Züge bis auf sehr dürftige Reste verschwinden zu lassen.

Dieses Erliegen und schließliche Verschwinden des germanischen Wesens bei Burgundern, Westgoten und Langobarden erklärt sich zumeist aus dem entnervenden und entsittlichenden Einfluß, den die Genüsse der überfeinerten römischen Kultur auf die ihnen allzu begierig sich hingebenden Germanen ausübten. Überall ist dieser Sieg des Romanentums mit einer argen Demoralisation verbunden, die zum Teil geradezu abschreckende Erscheinungen zu Tage förderte und einen unausgleichbaren Gegensatz offenbarte zwischen der äußeren Werkheiligkeit eines sich selbstgefällig in die strenge Regel der Kirche zwängenden Lebens und dem unersättlichen Streben nach Genuß und Macht, das zu befriedigen jedes Mittel für erlaubt gilt.

Allzusehr läßt so der Anfang der romanischen Völker noch die Nachwirkung des Verwesungsprozesses erkennen, der ihnen in der absterbenden römischen Welt den Boden bereitet hatte: ihn zu überwinden und der abendländischen Welt die zu weiterem Gedeihen nötige reinere und gesundere Luft zu erobern, war die fernere Aufgabe des nun als leitende Macht in die Geschichte eingetretenen Germanentums.

Malerei in einer angelsächsischen Evangelien=Handschrift des 7. Jahrhunderts.
Anfang des Evangeliums St. Lukas. London, Britisches Museum.

Für die Abbildungen und ihre Unterschriften benutzte archäologische und historische Literatur.

Die in diesem Verzeichnis nicht aufgeführten Abbildungen sind auf Grundlage photographischer Aufnahmen ausgeführt.
(Die Seitenziffern beziehen sich auf in diesem Bande enthaltene Abbildungen.)

Cichorius, Conrad, Die Reliefs der Trajanssäule: S. 187.

Dahn, Felix, Urgeschichte der germanischen und romanischen Völker. 4 Bde. I. Bd.: Tafel 1 bei S. 13, Tafel 2 bei S. 16, Tafel 3 bei S. 16, Tafel 4 bei S. 16, Tafel 5 bei S. 17, S. 21 alle, 22, 23 beide, 27 rechts, Tafel 7 bei S. 28, S. 105, 107 beide, 111 beide, 118, 119 alle, Tafel 14 bei S. 152, Tafel 15 bei S. 154, Tafel 20 bei S. 208, S. 221, 246, 273, 277, Tafel 23 bei S. 295, Tafel 24 bei S. 297, S. 312, 319 alle, 322 alle, 324, 325, 326, Tafel 25 bei S. 327, S. 327, 328, 329, 333 alle, 336, 338 alle, 339 alle, 340 alle, Tafel 28 bei S. 352, Tafel 29 bei S. 354, S. 366, 367, 368 alle, 371, 374 alle, 375, 376, 381, 396 alle, 405 alle, 433 alle, 434.

— — II. Bd.: S. 20 alle, 27 links, 37, 38 alle, 41, 43, 44 alle, 47 beide, 49 alle, 50, 52, 53, 58, 63, 70, 72, 76, 93, 97, 99, 109, 110, 112, 113, Tafel 10 bei S. 114, S. 116, 117, 120. 121, Tafel 11 bei S. 124, S. 125, 126, 127 alle, 130, 132 beide, 135, 140, Tafel 12 bei S. 140, 141, 142, 143, 144, Tafel 13 bei S. 145, S. 145, 146, 151, 156, 157, 158, Tafel 16 bei S. 158, S. 159 beide, 160, 161, 162 beide, 165 alle, 167, 171, 174 alle, Tafel 18 bei S. 175, S. 175, 176, 178, 185 alle, 191, 292.

— — III. Bd.: Tafel 8 bei S. 38 alle, S. 48 alle, 295.

— — IV. Bd.: Tafel 14 bei S. 152, Tafel 15 bei S. 154, Tafel 19 bei S. 193, S. 194 alle, 195 alle, Tafel 21 bei S. 210, S. 224, 415 alle, 416 alle, 420 alle, 440 alle, 441 alle, Tafel 32 bei S. 446, S. 447, 448, 449 alle, 451, 452, 453, 454, 455 alle, 456 alle, 457 alle, 458 unten, 459 oben, 460 alle, 461.

Henne am Rhyn, Kulturgeschichte des Deutschen Volkes. 2 Bde. I. Bd.: Tafel 1 bei S. 13, Tafel 2 bei S. 16, Tafel 3 bei S. 16, Tafel 4 bei S. 16, Tafel 5 bei S. 17, S. 17 alle, Tafel 7 bei S. 28, S. 66, 83 alle, 196 beide.

Hertzberg, G. F., Geschichte des römischen Kaiserreiches: S. 55, 136, 137, 215, 235, 242, 297, 302, 304, 306.

— — Geschichte der Byzantiner und des Osmanischen Reiches bis gegen Ende des sechzehnten Jahrhunderts: S. 216, 217, 294, 296, 343, 345, 350, 351, 352, 358, Tafel 30 bei S. 358, S. 359, Tafel 31 bei S. 361, S. 363.

Karpeles, Gustav, Allgemeine Geschichte der Literatur von ihren Anfängen bis auf die Gegenwart. 3 Bde. I. Bd.: S. 258.

Pflugk-Harttung, Julius von, und Hans Prutz, Geschichte des Mittelalters. 3 Bde. I. Bd.: Tafel 1 bei S. 13, S. 14 alle, 15 beide, 16 alle, Tafel 3 bei S. 16, Tafel 5 bei S. 17, S. 25 alle, 26, Tafel 6 bei S. 26 alle, S. 28, Tafel 7 bei S. 28, S. 29, 163, 169, 172, 198 alle.

Sallet, Alfred von, Münzen und Medaillen: S. XIV.

Westwood, J. O., Fac-Similes of the Miniatures and Ornaments of Anglo-Saxon and Irish Manuscripts: S. 465, 466.

Darstellung des Evangelisten St. Johannes.

Angelsächsische Malerei in Bischof More's Gebetbuch. 8. Jahrhundert.
Cambridge, Öffentliche Bibliothek.

zu Tafel c

Transskription und Uebersetzung zu dem

Faksimile aus den Pandekten des Justinian.

Diese Handschrift, eine der kostbarsten der Welt, enthält die Pandekten, einen beträchtlichen Teil des römischen Rechts, zusammengestellt aus Entscheidungen der älteren Juristen auf Befehl Justinians, der es kodifizieren ließ. Das Manuskript umfaßt zwei Bände, ist auf weißes Pergament geschrieben, prachtvoll in purpurfarbige Seide gebunden, mit Spangen und silbernen Schlössern geschmückt und in einem reichen Etui verschlossen. Es ist in Konstantinopel ausgeführt und in unbekannter Zeit nach Amalfi in Unteritalien gebracht worden. Als im Jahre 1134 Amalfi durch Kaiser Lothar II. erobert wurde, schenkte derselbe das Manuskript den Pisanern, welche in jenem Kriege seine Verbündeten waren. Pisa fiel im Jahre 1406 in die Gewalt der Florentiner: seitdem befindet sich die Handschrift in Florenz.

Transskription:

Expl(icit) Dig(estorum) seu Pandectar(um) exord(ium). Lib(er) quintus: de jud(iciis), autem lib(er) primus; feliciter.

Ευτυχῶς τῶ γϱάψαντι τουτο τὸ βιβλίον. Feliciter.

„Feliciter“ kommt in sehr alten Handschriften als Formel vor, durch welche der Schreiber seine Freude über die vollendete und gelungene Arbeit ausdrückt.

Incipit liber VII.

R(ubrica) De usufructu et quemadmodum quis utatur fruatur. R(ubrica).

Nun folgt der Text des Gesetzes:

Paulus libro tertio ad Vitellium: Ususfructus est jus alienis rebus utendi, fruendi, salva rerum substantia.

Celsius[1]) libro octavo decimo digestorum: Est enim ususfructus jus in corpore, quo sublato et ipsum tolli necesse est.

Gaius libro secundo rerum cottidianarum vel aureorum: Omnium praediorum jure legati potest constitui ususfructus, ut heres jubeatur dare alicui usumfructu(m) Dare autem intellegitur, si induxerit in fundum legatarium, eumve patiatur utifrui. Et sine[2]) testamento autem si quis velit usumfructum constituere, pactionibus[3]) et stipulationibus id efficere potest. Constitit autem ususfructus non tantum in fundo et aedibus, verum etiam in servis et jumentis ceterisque rebus. Ne tamen in universum inutiles essent propriaetates semper abscedente[4]) usufructu, placuit certis modis extingui usumfructum et propriaetatem reverti. Quibus autem modis ususfructus et constitit et finitur, isdem modis etiam nudus usus solet et constitui et finiri.

Uebersetzung:

Hier endet der Digesten oder Pandekten Beginn. Fünftes Buch: Von den Urteilen und zwar das erste Buch. Glückauf.

Zum Heil möge dem Schreiber das Buch geraten. Glückauf!

Beginn des siebenten Buches.

Überschrift. Vom Nießbrauch und wie jemand den Nießbrauch hat.

Paulus im dritten Buch an Vitellius (sagt): Nießbrauch ist das Recht, fremdes Gut zu benutzen und zu genießen, unbeschadet des Bestandes des Gutes selbst.

Celsius im achtzehnten Buch der Digesten (sagt): Denn Nießbrauch ist ein in dem Gegenstand beruhendes Recht; wird dieser beseitigt, so hört auch er notwendigerweise auf.

Gajus im zweiten Buch der **Res cottidianae** oder **aurei** (sagt): An allen Gütern kann auf dem Wege eines Legats der Nießbrauch begründet werden, in der Weise, daß dem Erben auferlegt wird, jemandem den Nießbrauch zu gewähren. Unter dem Nießbrauchgewähren aber ist zu verstehen, daß er den Legatar in das Grundstück einführt und ihn dasselbe gebrauchen läßt. Aber wenn jemand ohne Testament den Nießbrauch begründen will, so kann das durch Verträge oder Abmachungen geschehen. Der Nießbrauch besteht nicht bloß an dem Grund und Boden und den Baulichkeiten, sondern auch an Sklaven, Zugtieren und allem anderen. Damit aber Eigentum durch dauernden Abgang des Nießbrauchs nicht nutzlos werde, ist es angänglich, den Nießbrauch in bestimmter Weise aufzuheben und zum Eigentum zurückzukehren. In derselben Weise aber wie Nießbrauch hergestellt oder beendet wird, ebenso kann auch das einfache Recht der Benutzung in Wirksamkeit gesetzt oder aufgehoben werden.

---

[1]) Die Namen der citierten Juristen sind rot geschrieben. — [2]) Hier hatte der Schreiber statt u n geschrieben und hat sich korrigiert. — [3]) Noch eine Korrektur: Der Schreiber hatte rationibus geschrieben. — [4]) Nach absce ausgestrichenes n.

REICH
DER WESTGOTHEN
c. 475.
Maßstab 1:13,750 000
0 50 100 200 300 400 km
Franken
Brittones
REICH DES SYAG
Aquitania
Novempopulana
R. DER SUEBEN
Gallaecia
Tarraconensis
Carthaginiensis
Lusitania
Baetica
REICH DER WESTGOTHEN
OCEANUS
TYRRHENI
Caesariensi
Ligeris
Burdigala
Lucus
Conventus Lucensis
Conventus Asturicensis
Asturica
Palentia
Pampilona
Bracara
Portucale
Salamantica
Segobia
Caesaraugusta
Ilerda
Barcino
Tarraco
Dertosa
Conimbrica
Complutum
Toletum
Segobrica
Valentia
Ulixipona
Emerita
Oretum
Setabis
Ebusus
Corduba
Ilici
Hispalis
Carthago spartaria
Gades
Malaca
Fretum Gaditanum
Septa
Caesarea
Westl. Länge 0 Östl. L. v. Greenw. 2
Auf Grund d. Karten v. Spruner u. Menke entw. v. F. Dahn.
HISTORISCHER VERLA

a

UMGÄRTEL IN BERLIN.

F.A.Brockhaus' Geogr.-artist. Anstalt, Leipzig.

F. A. Brockhaus' Geogr.-artist. Anstalt, Leipzig.

b

HISTORISCHER VERLAG BAUMGÄRTEL IN BERLIN.

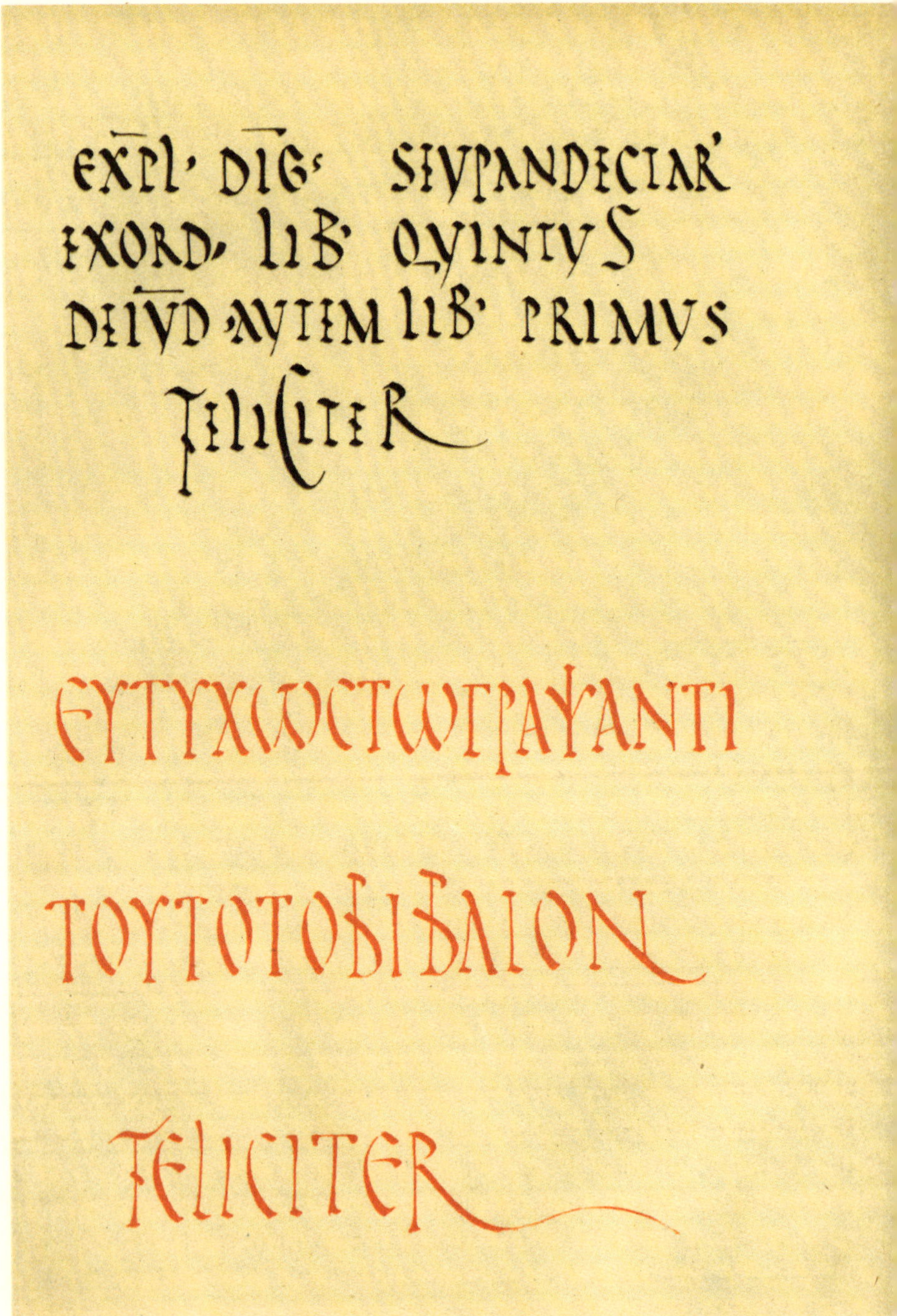

Aus einer Handschrift
Siebentes Jahrhundert. Florenz, Medic

C

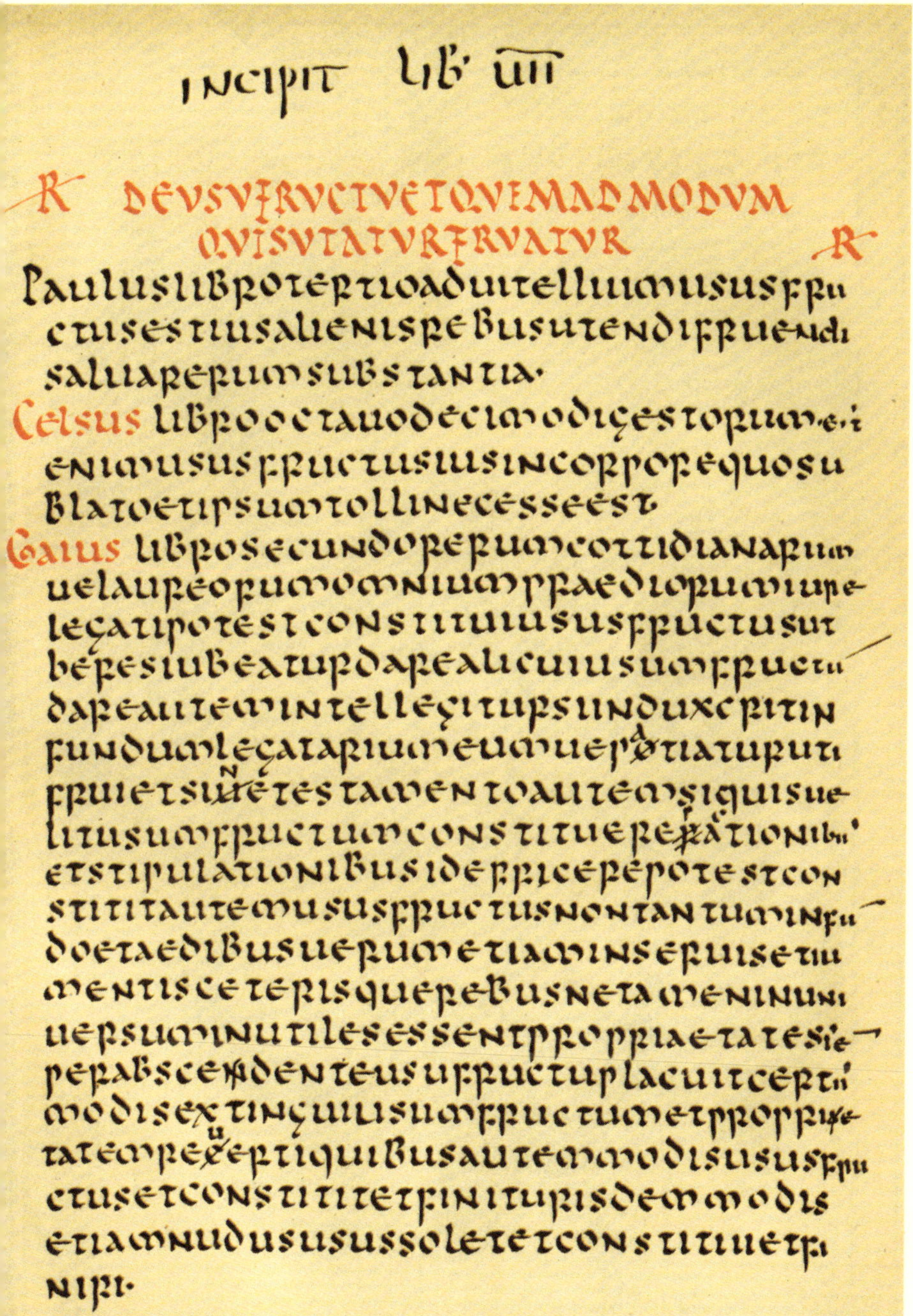
INCIPIT LIB VII

DE USU FRUCTU ET QUEMADMODUM
QUIS UTATUR FRUATUR

Paulus libro tertio ad Vitellium usus fru
ctus est ius alienis rebus utendi fruendi
salva rerum substantia.
Celsus libro octavo decimo digestorum est
enim usus fructus ius in corpore quo su
blato et ipsum tolli necesse est.
Gaius libro secundo rerum cottidianarum
vel aureorum omnium praediorum iure
legati potest constitui usus fructus ut
heres iubeatur dare alicui usum fructu
dare autem intellegitur si induxerit in
fundum legatarium eumve patiatur uti
frui et sine testamento autem si quis ve
lit usum fructum constituere pactionibus
et stipulationibus id efficere potest con
stitit autem usus fructus non tantum in fun
do et aedibus verum etiam in servis et iu
mentis ceterisque rebus ne tamen in uni
versum inutiles essent proprietates sem
per abscedente usu fructu placuit certis
modis extingui usum fructum et ad propri
etatem reverti quibus autem modis usus fru
ctus et constitit et finitur isdem modis
etiam nudus usus solet et constitui et fi
niri.

andekten des Justinian.
Bibliothek (Laurentiana). Originalgröße.

F.A.Brockhaus' Geogr.-artist. Anstalt, Leipzig.

HISTORISCHER VERLAG

d

GÄRTEL IN BERLIN.

Auf Grund d. Karten v. Spruner u. Menke entw. v. F. Dahn.